U0553223

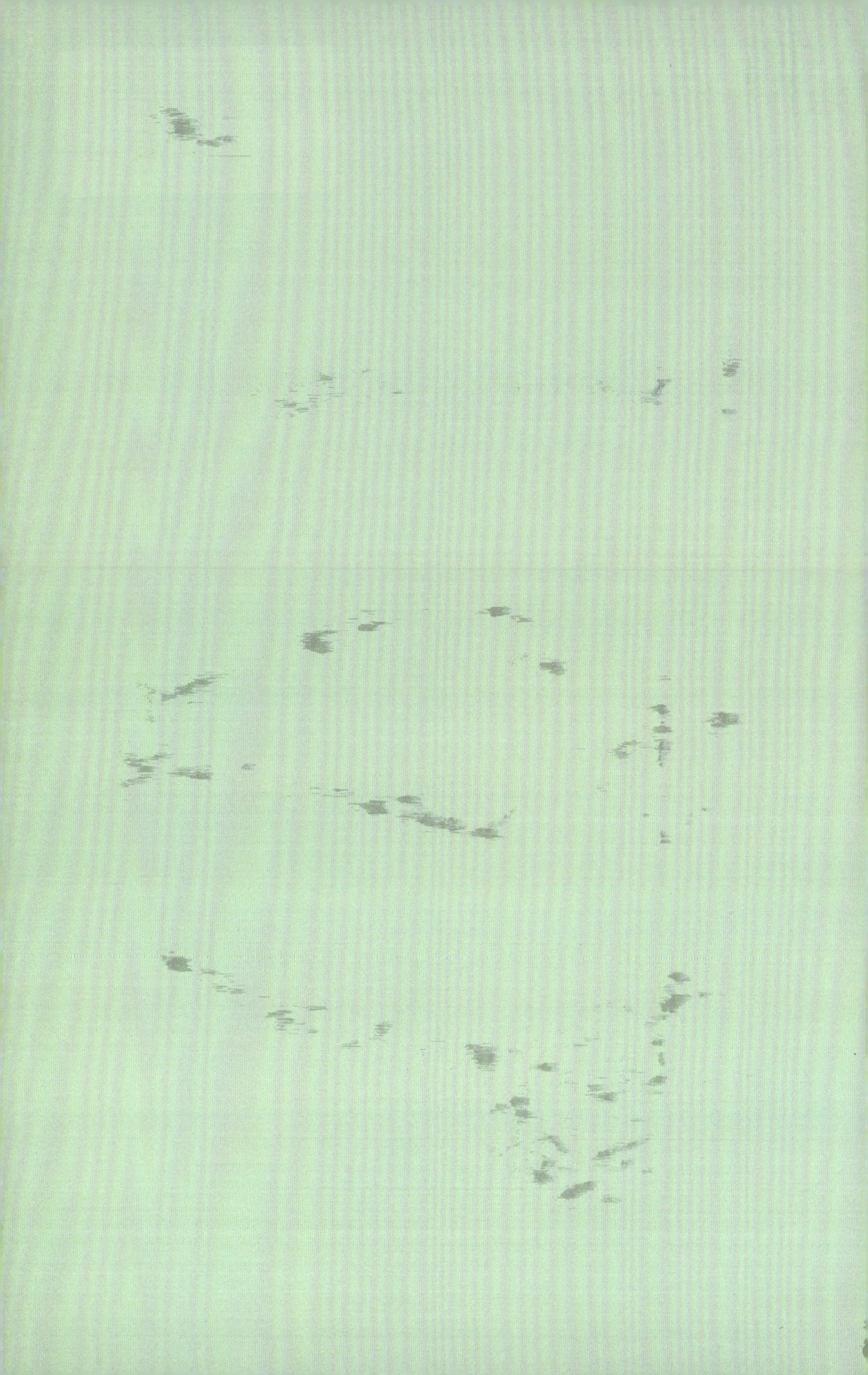

李向玉　刘泽生　主编

澳門理工學報叢書

中西文化

SINO-WESTERN CULTURE STUDIES

《澳门理工学报》专栏文萃（2011~2017）

JOURNAL OF MACAO POLYTECHNIC INSTITUTE COLUMN SELECTIONS 2011-2017

社会科学文献出版社
SOCIAL SCIENCES ACADEMIC PRESS (CHINA)

李向玉　1975年毕业于北京外国语大学英语系，同年赴澳门攻读葡萄牙语言文化课程三年，后赴葡萄牙里斯本大学深造一年。中山大学历史学博士、里斯本大学荣誉博士。1999年至今任澳门理工学院院长、教授，《澳门理工学报》编辑委员会主任。兼任国家行政学院教授、北京语言大学名誉教授、广东省社会科学院客座教授、英国伦敦大学名誉教授、葡萄牙里斯本科学院外国通讯院士、葡萄牙雷利亚理工学院名誉教授。主要著作有《汉学家的摇篮：澳门圣保禄学院研究》等。担任的主要社会职务有：中国人民政治协商会议第十一届、第十二届、第十三届全国委员会委员，澳门特别行政区人才发展委员会委员，葡语国家高等教育管理论坛副主席。获澳门特别行政区政府2017年度教育功绩勋章。

刘泽生 1982年毕业于中山大学历史系。现任澳门理工学院教授、澳门理工学院理事会顾问、《澳门理工学报》总编辑。曾任广东省社会科学院研究员、教授，孙中山研究所副所长，广东社会科学报刊出版中心副主任，港澳研究中心主任，广东港澳经济研究会常务副会长，《港澳经济》杂志社社长、总编辑，《广东社会科学》杂志社社长、总编辑。兼任中国人民大学、暨南大学等高等院校特邀研究员、客座教授，广东省第九届政协委员。主要从事港澳研究与教学工作，主持学术期刊的编辑出版。个人学术成果或主持的研究项目曾获第九届中国图书奖、第八届全国城市出版社优秀图书一等奖、广东港澳经济研究会10年优秀研究成果特等奖等奖项。获“全国高校社科期刊优秀主编”奖。

总　序

澳门理工学院院长　李向玉

学报之于大学，其重要性是不言而喻的。当年蔡元培先生为《北京大学月刊》撰写发刊词时，就高瞻远瞩地提出要把办好学报看作是将北京大学办成高水平学府的一个必要条件，认为要“尽吾校同人力所能尽之责任”，“破学生专己守残之陋见”，“释校外学者之怀疑”。其海纳百川、兼容并蓄的理念，成了大学学报办刊宗旨与原则的经典阐述。澳门理工学院正是秉承这样的一种理念，二十年如一日，坚持不懈地努力办好《澳门理工学报》。

澳门理工学院（Macao Polytechnic Institute）位于澳门半岛之东望洋山下，面朝大海，毗邻金莲花广场，成立于1991年9月16日。澳门理工学院以“普专兼擅，中西融通”为校训，以“教学与科研并重”为方针，以“小而美、小而精、出精品”为方向，以“扎根澳门，背靠祖国，面向世界，争创一流”为理念，以“教学标准国际化、科研工作规范化、校园设施电子化、行政工作法治化”为治校标准。学院下设语言暨翻译高等学校、管理科学高等学校、公共行政高等学校、艺术高等学校、体育暨运动高等学校、高等卫生学校等六所高等学校，以及社会经济与公共政策研究所、中西文化研究所、“一国两制”研究中心、澳门语言文化研究中心、葡语教学暨研究中心、博彩教学暨研究中心、文化创意产业教学暨研究中心等研究机构。2014年，澳门理工学院成为亚洲地区第一所通过英国高等教育质量保证局（QAA）院校评鉴的高等院校。澳门理工学院还是亚洲太平洋大学协会和葡萄牙语大学协会会员、葡萄牙理工高等院校协调委员会特邀委员、香港理工大学发起的持续教育联盟成员，在国际和区域间开展卓有成效的学术交流与广泛合作。澳门目前共有10所高等学校，澳门理工学院是其中成立较早的一所公立、多学科、应用型的高等学府。建校二十多年来，尤其是回归以来，澳门理工学院取得了跨越式的发展，已经成为澳门地区一所富有活力和影响的综合性高校，为社会培育了大批栋梁之才。《澳门理工学报》（人文社会科学版）正是依托澳门这块具有独特历史文化盛名、中西文化汇聚的莲花宝地，由澳门理工学院主办的综合性人文社会科学学术理论期刊。

《澳门理工学报》还是一份很年轻的刊物，创刊于1998年，最初为年刊、半年刊，后改为季刊。本人参与了学报创刊的全过程，在当年极其简陋的条件下创业，筚路蓝缕，几许艰辛，令人感慨。直至2011年，由于特殊的机缘，《澳门理工学报》得以改版，历史进入了一个全新的发展时期。

办好一本高质量的学报，乃理工人所追求之夙愿，学院理事会对此寄予厚望。2010年底，学院特别敦聘刘泽生教授前来主持《澳门理工学报》的改版工作。经过半年多时间的紧张筹备，2011年10月，一份全新的《澳门理工学报》（人文社会科学版）终于面世。新版《澳门理工学报》设有名家专论、港澳研究、总编视角、中西文化、文学研究、语言翻译等特色专栏，其学术之厚实、品位之高雅、特色之鲜明、编辑之规范，给读者留下了深刻的印象，受到学术界、期刊界的广泛好评。本刊发表的文章，广为《新华文摘》、《中国社会科学文摘》、《高等学校文科学术文摘》、中国人民大学“复印报刊资料”等二次文献转载。以“复印报刊资料”中国高校学报全文转载排行榜为例，改版次年（2012），《澳门理工学报》转载率为9.28%，位居全国第56名；2013年转载率为23.26%，位列第13名；2014年转载率为33.71%，上升至第6名。其后排名一直稳定在全国前列，2015年转载率为31.33%，名列第6位；2016年其转载率更上升至

38.2%，名列第 4 位，其转载量则为 34 篇（排名第 5 位），综合指数达到 0.658152（排名第 5 位）。改版七年来，《澳门理工学报》坚持开门办刊、海纳百川的风格，取得了很大的成功，被誉为学术期刊界异军突起的一匹“黑马”，甚至被学界称为一种值得研究的“《澳门理工学报》现象”。这是令人值得欣慰的事。

在本刊近年的专栏文章中，比较集中受到学界关注的是名家专论、港澳研究、总编视角、中西文化、文学研究等栏目。由于目前发行、传播渠道等条件的限制，本刊的学术影响受到较大的局限。承蒙广大读者、作者的厚爱，为加强海内外同行的学术交流，弥补学术传播上的缺陷，促进学科建设的发展，经学院理事会研究决定，将陆续精选《澳门理工学报》的部分专栏、专题文章，按专栏或学科、作者等不同类别重新编辑，以及部分知名学者精选的学术著作、由学报编辑部主办或承办的部分学术研讨会论文集等，分期分批出版“澳门理工学报丛书”。正是由于有了《澳门理工学报》近 20 年的艰辛努力，尤其是 2011 年以来的成功改版，有了学术界、期刊界以及广大读者朋友的支持，有了一支来自五湖四海、学识渊博、经验丰富的专家团队的热心参与，有了刘泽生总编辑主持的这个编辑团队卓有成效的工作，才有了这套丛书的陆续问世。这也是编辑出版本套丛书的缘起。

在七年前的本刊改版号贺词中，笔者曾经真诚地表示，学术乃天下之公器。学报既是学院的窗口与桥梁，又是学术的旗帜与殿堂。学报与大学、社会是不可分割的整体。学报之路与大学之道，其理相通。《澳门理工学报》不仅仅属于理工学院，属于澳门，更属于国际人文社会科学界。我衷心祝愿《澳门理工学报》、“澳门理工学报丛书”越办越好！谨此向我们尊敬的作者、读者和编者，向关爱我们的社会各界人士，致以由衷的感谢和诚挚的敬意！

2018 年 1 月 9 日于澳门

目录
Contents

前言

陈志雄

近四十年来，随着中国的改革开放，中西文化交流研究渐入繁荣期，俨然有跻身“显学”之势。相关研究成果一时蔚为大观，令人欣喜和鼓舞。

中西文化交流的历史源远流长。而澳门自16世纪中叶以来，即成为中国对外交往的重要桥梁以及东方文化与西方文化交流碰撞的舞台。四个半世纪的中西文化交融，极大地丰富了澳门多元文化的内涵，也吸引了众多研究者从中西文化交流角度研究澳门。

澳门理工学院自成立之初起，即倡导在教学与研究中注重“中西融通”。2001年，院长李向玉教授所著《澳门圣保禄学院研究》由澳门日报出版社出版（北京中华书局2006年出版简体字本，题为《汉学家的摇篮：澳门圣保禄学院研究》）。该书系统研究了圣保禄学院的发展演变过程，详尽阐述了这所学院在澳门早期历史、中国教育史、中西文化交流史以及中国天主教历史上的地位与影响，对相关领域的学术研究产生了极大的推动作用。同年10月，澳门理工学院创办中西文化研究所，将中西文化研究作为本院的主要学术发展路向之一。翌年6月，《中西文化研究》杂志创刊。时任澳门特区政府社会文化司司长崔世安博士在发刊词中指出：“为了在一个崭新的世纪，让世界的多元文化能够交融、并存和发展，我们应该深入研究中华文化、西方文化，研究中西文化交流的历史，探讨中西文化融合的规律，总结跨文化对话的经验。……这个研究所和这本杂志，广泛吸纳国内外优秀学者的研究成果，希望为澳门文化开辟一个百花齐放，万紫千红的园地！”

以中西文化研究所及《中西文化研究》杂志为依托，澳门理工学院的中西文化研究开始步入快车道。2004 年，澳门理工学院与中国第一历史档案馆、北京大学合作编辑的《清代外务部中外关系档案史料丛编——中葡关系》和《清代外务部中外关系档案史料丛编——中西关系》由中华书局出版。此后，崔维孝的《明清之际西班牙方济会在华传教研究（1579—1732)》，李长森的《明清时期澳门土生族群的形成发展与变迁》、《近代澳门外报史稿》、《近代澳门翻译史稿》等论著相继出版。同时，澳门理工学院与内地、香港、台湾及海外学术机构合作，举办多次有关中西文化交流的研讨会。《中西文化研究》也在十年间刊登了多篇深具影响力的论文，展示学者们最前沿的研究成果，充分揭示澳门所蕴含的中西文化元素，得到海内外学者的好评。

《澳门理工学报》自 1998 年创刊以来，即成为展示中西文化交流最新研究成果的平台之一，与有荣焉。2010 年本刊筹划改版时，总编辑刘泽生教授提出的目标非常明确，就是要打造一个高水平的学术平台。其编辑理念的大致脉络是，先关注栏目版块的更替，继而看重学术的更新，再专注于思想的深刻。遵循这一思路，本刊从 2012 年第 2 期起，正式辟设“中西文化”栏目。

一个学术栏目要形成自己的特色，清晰定位至关重要。张西平教授在“中西文化”栏目“主持人语”中强调，中国崛起时代的学术重建面临着双重矛盾：一方面，告别百年“以西为帝天”的学术路向，回到本土文化资源展开创造性研究；另一方面，又必须系统梳理明清以来西学东渐的演进与影响，方能完成在历史基础上的学术重建。正是基于这一学术关怀，中西文化研究栏目以历史为主线向东西两个方向展开。向东，对西学东渐的人物、著作及思想进行个案研究，在中西文化交流的背景下探究中国近代思想文化史；向西，展开中学西传的文本、人物、学派与影响的研究，借助对西方汉学史的研究，在世界文化的范围内揭示中国文化的影响与价值。由是言之，中西文化研究必须在更宏大的历史背景下进行学术重构，并赋予当代的生命与活力。《澳门理工学报》“中西文化”栏目所展示的研究成果，其视角不能仅局限于中国本土，而应是全球史背景下的中西文化研究。

为提升“中西文化”栏目的学术前沿性，本刊通过专题策划，又先后约请吴义雄、张先清、梅谦立（Thierry Meynard)、邹振环等先生担任栏目主持人，章开沅、蔡鸿生、汤开建、许平、谭桂林等名家也慨然惠赐鸿文。这批有影响力的学者对此一“幼苗”栏目的深情呵护，令人感念不已。借助于兼容并蓄的专家团队，经过六年的辛勤耕耘，“中西文化”及相关栏目共发表有关中西文化交流的文章60余篇，总字数逾百万，内容虽以历史类为主，但亦涵盖哲学、宗教、语言、翻译、文学、艺术、教育等多个领域。

保证栏目的学术质量，是学术期刊的基本诉求，也是其生存和发展的基础。本刊在选择学术论文时，尤为注重内容上的学术创新，即是否对所研究的问题具有实质性的推进。就“中西文化”栏目而言，很多作者不仅可以直接利用拉丁、法、意、西、葡、德、英、俄等外语文献，而且广泛搜求庋藏于海外的中文文献。他们在研究过程中不畏登高之艰，不惧识广之难，能够准确把握、合理运用前贤治学之良法，兼顾不同视域，不尚新奇，不为空论，对提升中西文化研究水平起到了积极的推动作用。

与此同时，要办好一个专题栏目，编辑必须要有敬畏学术之心和人文关怀，尊重学者，服务学术。“中西文化”栏目不仅主动约请名家赐稿，也注重发掘有潜质的青年学者，通过扶持新生力量来彰显刊物的活力。2012～2017年该栏目的作者群体中，具有副教授、讲师职称者各占22%，博士研究生占12%，总比重已达56%。从某种意义上说，《澳门理工学报》不仅仅是一个公共学术平台，也是培育学术梯队的苗圃。当然，文章的取舍，仍以学术质量为唯一标准。“中西文化”栏目对“小人物”的扶持，与“名家专论”栏目相得益彰。“长江后浪推前浪”，我们既为中西文化研究领域朝气蓬勃的新气象而欣喜，更为中华人文学术的薪火相传而雀跃。

在作者、主持人、审稿人与编者的共同努力下，“中西文化”栏目取得了较大成功，栏目特色、专题策划与学术质量均得到学界的普遍认可。《新华文摘》原总编辑张耀铭如此评价：“这个栏目有两点给我留下了深刻印象：一是多数论文在原始资料的挖掘上有所推进，并能在前人所未发之处探幽发微；二是栏目热心扶植‘小人物’，能够拿出不少版面发表青年学者的文章，虽然他们的论文暂时还不能引起众人瞩目，但他们的研究所体现的学术潜力和追求，却可以使我们对这个栏目和这本期刊的未来充满信心。”诚哉斯言！但我们深知，一本学术刊物要保持其生命力，一个栏目要办出特色，必须不断提升学术水准，致力于传播优秀的学术成果。这既有赖于编者的坚守，更有赖于作者的支持与读者的厚爱。

作为一种跨学科研究，中西文化研究需要博通古今中外，其标的之高，难度之大，非置身其中，难以体察。仔细梳理四十年来中国学术界有关中西文化的研究，便不难发现，尽管研究框架逐步拓宽，研究论题日渐细化，其中不乏创新之见，但中西文化研究的推进，依然任重而道远。由是而言，《澳门理工学报》的“中西文化”栏目，依然大有可为。

澳门回归祖国以来的稳定繁荣，为文化教育事业与学术研究事业的发展奠定了丰厚的物质基础和文化基础。而开放自由的学术环境和海纳百川的文化特质，形铸了《澳门理工学报》的学术追求与学术担当。正是在这样一个新的历史时期，在澳门理工学院理事会的大力支持下，《澳门理工学报》得以博采众家之所长，迅速崛起并实现了转型发展。

弹指一挥间，《澳门理工学报》已迈入弱冠之年。我们扎根在南海之滨的这片文化沃土上，期盼着海内外学者继续给予哺育和扶持，共同为传承学术和推动中西文化交流贡献力量。

2018 年 3 月 1 日

欧洲人东方认识的拐点

许　平

[提　要] 自古以来，欧洲存在肯定与否定两种迥然不同的东方认识。18 世纪中叶至 19 世纪上半叶是肯定的东方认识被否定的东方认识取代的拐点。欧洲人东方认识的变化不仅反映历史的变化，而且给历史变化以精神上的支撑。

[关键词] 东方主义　耶稣会士　启蒙运动

有史以来，欧洲人存在两种不同的东方认识。一种是肯定性的、令人向往的，另一种是否定性的，甚至贬低的。直至 18 世纪中叶以前，在西方人的东方认识中，肯定的因素占主导。但是，当西方人靠着对东方的向往，走向世界，又借助对东方文明的想象完成自我批判，实现自身向现代跨越的时候，情况发生了变化：富庶而优雅的东方，变成停滞而愚昧的东方，肯定的东方认识被否定的东方认识所取代，萨义德称之为具有文化帝国主义性质的“东方主义”（Orientalism）应运而生。[①]这一变化是在 18 世纪晚期至 19 世纪发生的，与欧洲建立“欧洲对东方的霸权”的世界体系同步。

欧洲人的东方认识不仅是知识问题，还涉及权力。权力以知识的面貌出现，知识的运用又体现了权力。肯定的东方认识向否定的东方认识的转化，体现了东西方不同时期的历史进步与停滞，内含着权力的变化和力量的博弈。解读欧洲人对东方的认识及其变化，不仅可以理解“欧洲人了解别人的能力”及由此而产生的发展动力，而且还能够考量东西方关系演变的历史内涵。

一　向往东方

欧洲人对东方的向往由来已久，“东方几乎是被欧洲人凭空创造出来的地方”。

早在公元前334~前325年，马其顿国王亚历山大东征南伐，在横跨欧亚大陆的辽阔土地上，建立起了西起古希腊、马其顿，东到印度恒河流域，南临尼罗河的疆域广阔的国家。他所向无敌的战矛一直指向欧洲的东方——波斯、埃及和印度。他的东征，不仅有战略考虑，还有文化向往。因为在他年幼时读过无数次的荷马史诗《伊利亚特》传说中，东方美丽而富饶，是令人神往的地方。亚历山大带着东方梦想而进行的对东方的军事征服，带来了人类历史上东西方之间的第一次大融合。他的征服把希腊的影响远播到了中亚和印度，东方的思想元素也被带到希腊世界，促进了欧亚地区民族与文明的交往和发展。因此，两千年后的德国哲学家黑格尔，把他比作碧空中的一轮皓月，把最灿烂的光辉传给了后世。

欧洲人的东方认识随着历史的变化而变化，无论是地理范围，还是文化形象。在地理上，西方人对东方的认知有一个逐渐向东的过程。希腊人把强大的东方邻国波斯帝国看作是东方，中世纪的欧洲人把中东阿拉伯伊斯兰世界认作是东方，到地理大发现前后，欧洲人的东方认识才延伸到了中国和日本。欧洲人东方地理概念的东扩，伴随着他们东方认识的变化。

在希腊神话的传说中，东方是想象中的异域空间，广阔而神秘，浩浩渺渺，烟波荡荡。在东方的尽头，是太阳升起的地方，反抗众神之父宙斯的提坦神就居住在那儿。希腊时期，中国的丝绸传到西欧，于是，便有了用树上长出的羊毛织成丝绸的传说。希腊的作家称中国为“塞里斯”（Seres），后来英文是silk。塞里斯处于陆地的最东端，那里的人们“向树木喷水而冲下树叶上的白色绒毛，然后再由他们的妻室来完成纺线和织布两道工序”。[②]公元3世纪左右，希腊人又这样描述：“塞里斯人平和度日，不持兵器，永无战争。他们性情安静沉默，不扰邻国，那里气候温和，空气清洁，适卫生，天空不常见雾，无烈风。森林甚多，人行其中，仰不见天。”[③]那是一个遥远而美好的国度。此后，在古罗马时期兴起的基督教教义中，中国虽然是异教徒的世界，但那里的国家法律和人们道德都与基督教的教义相符，是大洪水到来之前的东方伊甸园。可见，古代欧洲人对东方的想象，就已经附加了他们自己的理想。

在大航海之前很长的时间内，无论是在地理概念还是在文化意义上，波斯、埃及，整个中东的阿拉伯世界是欧洲人东方想象的核心。美女如云、醇酒似水、宫阙华丽的波斯古国，神秘的金字塔，夕阳下的萨拉丁城堡和清真寺，蜿蜒流淌的尼罗河，都是让西方人着迷又向往的东方。

10世纪左右，欧洲人眼中东方的代表阿拉伯人走在欧洲的前面。阿拉伯世界地处西方之东，东方之西，地域辽阔，经济多元，特别适合各种文化的传播与交融。阿拉伯文化对欧洲文化起了继往开来的作用。巴格达城是当时著名的科学文化中心，波斯人、希腊人、犹太人和阿拉伯人等各种文化在这里相遇、交流。这里有一个学府，专门翻译希腊文、叙利亚文、波斯文和梵文的哲学、文学和科学著作。古希腊亚里士多德等人的著作在这里得到很好的翻译和保存。阿拉伯人吸吮了东西方文化的营养，在数学、天文学、地理、医学和光学等方面有突出的成就，对当时以及后来西方的发展产生了重要影响。

当时处于文化低落的“黑暗时代”的欧洲人，既羡慕阿拉伯世界的财富，又敌视伊斯兰教，意欲征服之。11～13世纪，在天主教的旗帜下，欧洲人带着宗教狂热，怀揣着对中东地区世俗财富的向往，发动数次十字军东征，给中近东的叙利亚、巴勒斯坦和拜占庭的人们带来可怕的灾难。仅君士坦丁堡一地，十字军占领后烧杀劫掠一个星期，将金银财宝和艺术珍品抢劫一空，使这座富庶繁荣的古城变成尸山火海的废墟。在这里，欧洲人发现了在欧洲已经消失、却被当地人保存了的古代希腊文化，这对后来的文艺复兴发生深刻影响，同时也使得欧洲人直接接触了拜占庭文明和伊斯兰文明。在十字军东征的刀光剑影之中，欧洲人看到了更加广阔的东方世界。

就在十字军东征即将结束的1271年，15岁的威尼斯富商的儿子马可·波罗随着父亲和叔叔到蒙古帝国的钦察汗国经商。因为战争的关系，他们阴差阳错地来到更远的东方——元大都。元世祖忽必烈非常喜欢聪明伶俐的小马可，带他一起狩猎、品酒，等他长大后，还派他做过元朝的外交官和地方官。他们一家直到1291年才返回家乡。后来，在家乡发生的威尼斯和热那亚的海战中，马可·波罗作为战俘被投进监狱。在狱中，马可·波罗巧遇小说家鲁斯梯切诺。于是，二人合作，很快于1298年完成了轰动世界的《马可·波罗游记》。

《马可·波罗游记》（以下简称《游记》）被称作“世界一大奇书”。全书4卷229章，详细介绍了马可·波罗东游的沿途见闻，元代中国大都、西安、杭州、福州、泉州等地的宫殿城池、政府朝廷、节日庆典、风土人情，还有日本、印度、印度洋沿岸诸岛的基本情况。《游记》揭开了中国神秘的面纱，使欧洲人的眼光超越波斯、埃及和阿拉伯世界，看到了欧亚大陆的最东端。在那个叫中国的地方，元大都的宫殿“壮丽富赡，世人布置之良，诚无逾此者。顶上之瓦，皆红黄绿蓝及其他诸色。上涂以釉，光泽灿烂，犹如水晶，致使远处亦见此宫光辉”。[④]南方杭州城里的宫阙，“内有世界最美丽而最堪娱乐之园囿，世界良果充满其中，并有喷泉及湖沼，湖中充满鱼类。中央有最壮丽之宫室计有大而美的宫殿二十所，……其天花板及四壁，除金色外无他色，灿烂华丽至堪娱目”。[⑤]马可·波罗向欧洲描绘了一个金碧辉煌的东方，富庶无比的中国。

关于“他者”的认识和想象，只有在当时母体社会和文化背景中解读，才能理解其中的历史意义。《游记》问世恰逢文艺复兴的前夜。漫长的中世纪长夜即将过去，意大利及整个欧洲社会正孕育着巨大的历史变革。随着《游记》的传播，遥远东方的宫阙城池、石桥流水、遍地的金银财宝、数不尽的美女美食都进入了欧洲人——上至公子王孙，下至平民百姓的想象。正如19世纪致力于研究欧洲文化史的著名历史学家、瑞典人雅各·布克哈特所说的：“他们不厌其烦地描绘契丹的财富，无外乎是在这种表现中置换地实现自己文化中被压抑的潜意识欲望。表面上看，他们在谈论一个异在的民族和土地，实质上他们是在讨论他们内心深处被压抑的欲望世界。中世纪晚期出现的契丹形象，是西方人想象中的一种解放力量……”[⑥]《游记》对东方富庶的描述启迪了欧洲人中世纪以来长期蛰伏着的欲望。欧洲人渴望解除压抑，释放人性，追求像东方一样的富裕的世俗生活。

《游记》向欧洲人展示了一个远比地中海更加广阔的世界，扩展了欧洲人的世界观念。对比地中海更加遥远的东方的崇拜，对更加广阔世界的向往，转化成欧洲自身发展的一种动力。向往东方的财富，寻找东方的航路，是那个被后来人称作大航海时代的所有西方航海探险的终极目的。现在西班牙塞维尔市的哥伦布图书馆里还保存着哥伦布当年读过的《马可·波罗游记》。很多材料证明，他是带着对中国和印度的向往，带着对黄金和香料的渴求开辟新航路的。在航海途中，面对没有海图记载的水天一色的茫茫海域，《游记》不仅是他战胜苦难的动力，还是他前行的航标。哥伦布根据《游记》的叙述，断定沿着北纬29度航线航行就可以到达离中国东海岸

2400公里的日本。幸运的是，正是这一错误判定，使得其率领的船队一直在“贸易风”带航行。当大西洋的海风把他们吹到美洲的一个小岛时，哥伦布以为自己踏上的土地就是《游记》描写的契丹，即中国，意欲递交西班牙国王写给元朝大汗的国书。他到达美洲佛罗里达东南的一个岛的时候，举行仪式，宣布西班牙王国对这里的占领。至死他都相信，他所发现的大陆就是东方。

《游记》对中国历历如画的精彩描述，也吸引了野心勃勃的葡萄牙君主若奥二世。他相信东方遍地是黄金和财宝。通过《游记》中讲述的模糊概念，他感觉可以有一条更近的进入亚洲的道路。1497年，达·伽马受葡萄牙国王派遣，从另一个方向寻找东方，他的船队向南绕过非洲好望角，找到了通往印度的海上航线。1511年，葡萄牙人占领了印度洋东端的马六甲。穿过马六甲海峡，就是浩瀚的太平洋。1522年，麦哲伦的船队完成环球航行，整个世界合围了。

因为仰慕东方，为了寻找中国，欧洲人像德国歌剧中永不满足、绝不栖息止步的浮士德一样，怀揣着殖民扩张的野心，完成了大航海的壮举。无形之中，东方和中国，更准确地说，是被欧洲人表述和想象了的东方和中国，成为欧洲发展和世界变化的一个推动力。

从此，欧洲不再封闭，世界彼此连接，新的时代来临了！

二　东方之光

自从葡萄牙人以晾晒海货的名义在中国东南方的一个小岛——澳门长期驻扎下来，澳门就成为欧洲人透视中国的一个窗口，东西方文明碰撞的一个交汇点。到这里来的，不仅有满载货物的欧洲商船上的大班，还有传播上帝福音的传教士。传教士中有方济各会、多明我会等不同修会的成员，其中以耶稣会士居多。16～18世纪，在中国活动过的耶稣会士共九百多人，来自葡萄牙、意大利、西班牙、法国等十余个欧洲国家和地区。

耶稣会士具有较高的文化素养，每个会员必须通过不少于14年的系统训练，包括神学和其他自然科学知识的专门学习，是当之无愧的传教士中的“知识阶层”。这些传教士先在澳门学习汉语，然后进入中国内地传教。他们讲华语、读华书、穿华服、奉华俗，长期在中国居住，深入了解民情民俗，广交各界人士，活动遍及大江南北。其中优秀者，如利玛窦、汤若望、南怀仁、戴进贤等在北京伺奉朝廷多年，有的担当皇帝的老师，有的担当过钦差，还有的官至二品。1644～1775年，掌管清朝天文历算的钦天监监正几乎全部是耶稣会士，德国耶稣会士戴进贤担任这个职务达30年。[⑦]他们绘制中国地图，参与中国外交，把西方的科学知识引进中国，又把中国的典籍宝藏如四书五经等翻译成欧洲文字，介绍到欧洲，大大深化了欧洲人对中国的认识。

特别值得一提的是法国传教士在这次中西文化交流中的突出贡献。17世纪中叶，在欧洲大陆日益强盛起来的法国意欲向东方扩张，太阳王路易十四下令在全国遴选"饱学之士"，派往中国，去了解考察这个文物众多、繁荣昌盛的国家，发展在华势力。路易十四的重臣科尔伯召见被选中的耶稣会士洪若翰时说，"希望在你们布道福音不很忙的时候，能在当地以一个观察员的身份，去观察那些完美的艺术和科学，而这一点，正是我们所缺乏的"。[⑧]1685年3月3日，由法国科学院精心挑选出来的洪若翰、张诚、白晋、李明、刘应和塔夏尔六人，以"国王的数学家"的名义，携带科学仪器和礼品在法国布列斯特港启程。他们途中几经周折，除一人留在暹罗传教外，其余五人于1687年7月23日抵达宁波，次年2月27日进入北京。

这5位法国传教士秉承了路易十四国王"改进科学与艺术"的指令，肩负着了解中国、弘扬法兰西之国威的使命。卫青心神父称他们"既是上帝的使臣，又是法国国王的非正式代表，同时也是欧洲自然科学的盗火者"。[⑨]张诚和白晋被留在宫廷，为康熙讲授数学、天文、哲学、人体解剖等科学知识，深得器重。1693年，康熙命白晋以清朝皇帝"钦差"的身份，返回欧洲，招募新的传教士来华服务。他随身携带着康熙赠给法国国王的珍贵礼物和49卷汉文书籍。白晋耗时近四年，历尽波折回到巴黎，向路易十四献上康熙皇帝的礼物，同时献上他自己写的介绍康熙皇帝和中国情况的报告，即著名的《中国皇帝历史画像》(*Portrait historique de l'Empereur de la Chine*)。该书出版后，在欧洲引起巨大反响。1697年，白晋在巴黎还做了一次关于中国《易经》的演讲。他告诉法国人，中国的《易经》和古希腊柏拉图、亚里士多德的作品一样高深，应该从理性的角度去理解《易经》深邃的内涵。

1687年以后，相继来华的法国传教士共120名。他们中很多人是数学家、天文学家、生物学家、地理学家、语言学家、哲学家、历史学家和画家。冯秉正著有12卷本的《中国通史》，被后来人誉为"西方唯一最全的以中国史料为基础的中国通史"。[⑩]宋君荣写下《元史及成吉思汗本纪》《大唐史纲》《中国天文史纲要》，翻译并注释了《书经》《易经》和《礼记》等80多部译作和著述。钱德明以《乾隆帝御制盛京赋之法释》《中国兵法考》《中国音乐古今记》《孔子传》而闻名遐迩。他还编有《满语语法》《满法字典》《中国诸属国文字》等字典。钱德明亦擅长绘画，向巴黎王室图书馆赠送了25本画册、35卷画卷，它们都是关于中国的庙宇亭台、宫殿牌楼、各地风景、风土人情、陶瓷器皿的描绘。韩国英留下《中国古代论》《野蚕说与养蚕说》《象形文字之转为字母文字》《论中国语言文字》《中国陶器》等60多种著、译作品。1709～1718年，康熙根据张诚的建议测量土地，绘制全国地图，负责此项工作的9名传教士中，7名是法国人。据统计，1687～1773年，在华耶稣会士与汉学有关的著作共353种，作者55人，其中法国耶稣会士占作者人数的64%，其作品占总数的83%。[11]由此可见，在华法国耶稣会士的著述和写作已经成为向欧洲提供中国知识的主要来源。与此相对应，法国也就自然成为18世纪欧洲人关注东方、认识中国的中心。当时巴黎出版了欧洲汉学的三大名著。

一本是《耶稣会士通信集》(*Lettres édifiants et Curieuses écrites des Missions étrangères par quelques Missionaires de la Compagnie de Jesus*)。1702年，巴黎耶稣会哥弼恩神父主持编辑，出版了8卷，1709～1743年杜赫德神父主持了第9～26卷，随后，巴杜耶神父主持了第27～34卷。由于耶稣会创始人要求其弟子在外传教时，必须提供所传教地区的地理、风俗、物产的报告，因此几乎所有耶稣会士都与欧洲的宗教机构、家人亲戚和朋友们保持密切的信件联系。在中国长期居住的耶稣会士们发回的书信，对中国做了真实生动、详细具体的报道。这些书简原本就在民间广为流传，搜集出版后，很快被译成欧洲多种文字，成为欧洲人了解、认识中国的一个重要窗口。

第二本书是1735年出版的《中华帝国全志》(*Description géographique, histoirque, chronologique, et physique de l'Empire de la Chine et de la Tartarie chinoise*)。杜赫德神父在编辑《耶稣会士通信集》之余，对100多年来在华耶稣会士的通信、书简、著作做深入研究后，加工、整理编辑而成此书。全书共四卷，分别介绍中国各省的地理和历史大事记，政治、经济、教育和科举制度，宗教、道德和物产风情、园林建筑，以及少数民族。书中还收录了翻成法文的《诗经》里的十几首诗歌、《今古奇观》里的几篇小故事和戏剧《赵氏孤儿》，可谓是中国知识的百科全书。它很快被译成英、德、俄文，在全欧洲传播。

第三套书是《北京耶稣会士中国论文集》(*Mémoires concernant l'Histoire, les Sciences, les Arts, les Mœurs, les Usages des chinois par les Missionaires de Pékin*)。出版时间是18世纪下半叶到19世纪初，到1814年共出了17卷。该论文集的三位主编，分别是研究蒙古史、东方学和阿拉伯文的学者，他们都是法国文学院和法兰西学院的双料院士。该论文集收集了曾经在北京的法国耶稣会士议论中国的各种观点和文章，涉及关于中国各个领域的研究和探索，类似于今天的学术研究丛书。这表明，欧洲人对中国的认识超越了直观报道，进入学术层面，但这是18世纪下半叶的事了。

如此大量的、密集的关于中国的报道进入欧洲，大大扩展了《马可·波罗游记》时代欧洲人的中国认识。传教士们对中国的描述感染了欧洲人，上至国王，下至庶民，引发了席卷欧洲的“中国热”。一时间，欧洲劲吹中国风，中国的茶叶、丝绸、瓷器、漆器、玉器、家具、园林、建筑、戏剧风靡欧洲。中国的审美趣味，被欧洲人吸吮，成就了在欧洲风行一时的洛可哥艺术风格。[12]连中国皇帝春耕开始时的祭祀大典也在法国得到效仿复制。1756年，路易十五模仿中国皇帝的“籍田大礼”举行了农耕仪式，后来的法王路易十六也在1768年上演了类似的一幕。

“热”表现的是一种强烈的兴趣和向往，它由羡慕和欣赏牵引出来。仅从这几乎遍及整个欧洲的“中国热”现象中就可以判断，传教士们对中国的认识是肯定的、颂扬的。翻读《耶稣会士通信集》可以看到，虽然他们记载了深入中国腹地传教所经历的千辛万苦，“礼仪之争”让他们领教了东西方不同文明之间的隔阂与龃龉，但从总体上说，在传教士们的眼中，这个延续了四千多年的中华古国，尽管烟雾缭绕，但还是充满光明。《耶稣会士中国书简集》的法文版前言这样概述中国的民风、政治经济与文化：“中国民风柔顺”，“中国的教育是出色的”，“人们因尊重而服从，君主以仁慈来统辖”，“所有法庭都是一级从属一级的，因此，偏见、权势或收买几乎不可能支配判决”，“没有任何东西比城市里所严格遵守的管理对这个广袤帝国享有的安宁所起的作用更大了，它是准确、审慎和严厉的”，“农业在中国极受重视，商贸发达，天文学和几何学在中国也受到关注”，“生活于约公元前500年前的著名哲学家孔子的学说则是一切学问之基础”。[13]显然，呈现在欧洲人眼前的是这样一个文明的中国。

16～18世纪来华传教士对中国的介绍，无疑是欧洲人认识中国的一个新的阶段。与之前欧洲对东方的神化和渲染相比，这时期欧洲传教士们关于中国的报道很像是新闻记者的现场报道和摄影照相，它们是直观的、平视的。在传教士平视中国的目光中，有不同于自己的差异，以及由此而来的新奇，而不存在中国比自己落后的差异，及由此而来的鄙视。这很重要的一个原因是当时欧洲与东方的中国大致处于同一水平线上，中国的康乾盛世与法国路易十四的鼎盛时代并驾齐驱。东西方历史发展的差距还没有显现，现代人对“他者”认识中的先进与落后、文明与愚昧的价值判断还没有形成。当然，既然是拍照摄影，就难免过滤掉一些在摄影人看来不美丽的东西，传教士的报道中含有美化和理想化的成分。因为那时的欧洲正是一个孕育生机、充满理想的时代。

三　他山之石

正当传教士们关于中国的信息报道铺天盖地传入欧洲的时候，欧洲本土一场新的文化运动正在氤氲成形。“在这场震撼西方的运动中，中国，至少是耶稣会士们看到的中国，有它的责任。”[14]两种文化潮流交融汇合，造成了意想不到的文化和历史效应。如400年前欧洲文艺复兴的前夜，《马可·波罗游记》激发了欧洲人对世俗生活的渴望和对东方财富的迷恋，催生了近代地理大发现一样，这一次的“中学西被”又在欧洲掀起轩然大波，它催生了欧洲人继地理大发现之后的又一次重大发现——文化大发现。中国绵长悠久的历史、高深玄妙的哲学、严肃井然的政治、醇厚质朴的道德，以及精巧雅致的建筑风格和园林艺术都被欧洲人作为效仿的楷模和批判的武器，参与构筑启蒙时代自由与进步的神话。如萨义德所说，“欧洲通过亚洲获得新生”。[15]

16~18世纪欧洲人发现新世界，不仅是地理意义上的，而且是文化意义上的。在撒哈拉以南，欧洲人看到了一个气候极其炎热、处于原始野蛮状态的黑色大陆；在美洲丛林，欧洲人发现了淳朴自然生活着的美洲印第安人；在太平洋塔希提岛上，欧洲人看到了在阳光、沙滩、棕榈和海风中自由生活的“高贵的野蛮人”；在印度，他们看到了信仰奇形怪状的神明，种姓等级森严，在道德、制度、智力和体力上低于西方人，需要欧洲人拯救的“低贱”的东方人。唯有在中国，他们看到了“不再是野蛮人和处于可悲的奴役中的民族的景象。他们是久已组成社会的民族，且享有明智的立法带来的惠泽，拥有关注秩序与治安的政府”。[16]16世纪法国著名人文主义作家蒙田（Michel de Montaigne）这样描述中国：“在中国，没有我们的商业性和知识性，但王国管理和艺术之超越绝伦，在若干方面超过了我们的典范，它的历史使我们觉得世界是如此广阔而且丰富多彩，这是无论我们的古人和今人所不能体会的……”[17]地理发现之后，欧洲人对国家力量不那么强大、文化传统相对稀薄的地区开始进行殖民掠夺与侵略，而在历史悠久、文化发展、社会昌盛的中国文明面前，欧洲人低下了高傲的头，开始赞美、学习与思考。

“发现世界的文化意义，在于发现自我，美化异域的意义，在于表达自己的正义期望与自我怀疑精神，这是欧洲文化的独特与深刻之处。”[18]在欧洲统领全球的世界秩序建立起来之前，欧洲人的这种对异域的、东方的文化态度，使得他们总是能够在历史变革的关键时刻，从对外域的美好向往中汲取发展的力量。15 世纪，欧洲人把对东方的向往，变成一种自我解放和自我发展的力量。而在 17 ~ 18 世纪，欧洲本土的封建制度和文化精神已经显露出残败的端倪。在这新的变革的时代，欧洲孕育着新的思想，需要用新的想象中的伊甸园来支撑自己、表达自己。就在这时，欧洲兴起了史无前例的向往“他者”的“中国热”。从热气腾腾又喜气洋洋的中国图景中，从古老的中国文化中，欧洲人寻找到了自我救赎的启示，借助中国这块“他山之石”进行自我批判和自我启蒙。这一次思想文化上的批判和启蒙是实现欧洲新的巨大历史跨越的前奏曲。

与马可·波罗时代对中国富庶的向往不同，这一次对中国的赞扬，与其说是物质的，不如说是精神的、文化的。如伏尔泰在他的《风俗论》中所说：“欧洲的王公及商人发现了东方，追求的只是财富，而哲学家在东方发现了一个新的精神的和物质的世界。”这是因为，欧洲启蒙运动本身就是一场在物质和精神层面颠覆旧秩序、开创新世界的思想革命。

在所有启蒙思想家中，伏尔泰对封建制度的批判是最为激烈的，他对中国的赞颂也是为最的。正如阎宗临先生所指出的：“对这种文化的热爱与厌恶，往往不是建立在它的正确价值的基础上，而是建立在对一种意见或学说在自我辩护中所提供的使用价值的基础之上的。”[19]伏尔泰的特别之处，是在 18 世纪法国的时代精神中、在自己的理想观念中解读中国，把古老的中国文明与法国的时代精神相结合，开创了一个时代。

伏尔泰是自然神论者。他猛烈地抨击欧洲基督教教会势力，认为它束缚了人的自由意志的发展。伊斯兰教和佛教等异域的宗教，也不是他所寻找的那种宗教，只有传教士所介绍的中国文人信奉的儒教，才是他所向往的那种没有教条、没有神秘性的自然宗教。在《哲学通信》中他这样写道："文人之宗教，是值得再次赞赏的。它没有迷信，没有荒谬传说，没有亵渎理性和自然的教条。"当"礼仪之争"高潮的时候，伏尔泰站出来为中国的无神论辩护："人们多次考察这种旨在用西方神学意识来反对世界另一端的中国政府的对无神论的指控，这无疑是我们疯狂的、充满学究气的矛盾行为。"[20]伏尔泰在孔子那里看到了他孜孜以求的既严格淳朴又与人为善的道德，在自己的著作中多次介绍孔子。如《哲学辞典》记载，孔子的弟子说："吾师孔子的办法就是'善终吾身，死而无怨；己所不欲，勿施于人'。"[21]伏尔泰还在自己的书房里悬挂孔子的画像，并书写了这样的字句："唯理才能益智能，但凭诚信照人心；圣人言论非先觉，彼士人皆奉大成。"[22]这里，伏尔泰把法国的理性益智与孔子的诚信人心结合起来，"不使国王听命于教士，只教导人崇拜上帝、正义、仁恕和人道"的中国儒教，被看作是合乎理性社会的道德规范。

伏尔泰的政治理想是开明君主制。被法国传教士记载传颂的英明、睿智的中国皇帝，正好符合他想象中像哲学家一样英明的君主。《路易十四时代》和《风俗论》中有相当多的篇幅谈论中国，他赞扬中国古代的尧帝亲自改革文字，赞扬清朝康熙帝的宽容睿智、雍正帝的"爱法律、重公益"、乾隆皇帝的为文作诗。他认为中国皇帝像父亲一样统治着幅员广大的国家，关心子民幸福，维护公共利益，这特别适合以父权为基础的自然法。中国的行政制度也被他大大赞扬："一万三千六百名官员，管理着一亿五千万人民，他们分属于不同的部门，这些部门的上面是六大部，六大部则同受一个最高机构的监督。一想到这些我就情不自禁地异常兴奋。"[23]伏尔泰还认为，"中国人是最有理性的人"，而仁义的道德、贤明的君主、得当的法律、有效的行政机制，通过科举制度层层选拔出来的贤达能人管理中国社会，是合乎理性的理想社会。

当然，在如何看待中国的问题上，启蒙思想家们存在歧义。孟德斯鸠和卢梭是启蒙时代批评中国的代表。在遍及欧洲的"中国热"的时尚中，孟德斯鸠保持了一个学者的清醒与冷峻。

孟德斯鸠的著作《论法的精神》《波斯人信札》中都有相当篇幅论及中国，对中国政治和法律的批评是他中国观的主要部分。孟德斯鸠是三权分立原则的倡导者，当法国和其他欧洲国家普遍称赞中国的时候，他几乎是毫不犹豫地把集立法、司法和行政权于一人的中国政治体制认定为专制制度。因为他看到中国的皇帝是一国之主，拥有至高无上的权力。中国没有强大的教会势力与皇帝的权力抗衡，中国的法律与习俗相混，对皇帝不具备约束力。他的结论是“中国是一个专制的国家，它的原则是恐怖”。[24]那么，中国为什么能治理得这么好？孟德斯鸠认为是民众的道德和礼教使然。他认为，“生活上一切细微的行动都包括在这些礼节之内。所以，当人们找到使它们获得严格遵守的方法的时候，中国便治理得很好了”。[25]

尽管这两位法国思想界的泰斗对中国的认识不同，但无论他们是颂扬还是批判，本质上都是在借助中国来表达自己，都是在法国启蒙时代的历史情境之中，来解读中国。传教士们所传播的中国知识被思想家们用来做自己政治观点的图解：孟德斯鸠对中国政治制度的分析，是基于他反对君主专权的政治理念和国家三权分立的未来设想，伏尔泰对中国皇帝的赞扬里面包含着对法国专制制度的强烈批评，而他对孔子和中国儒教的尊崇，寄托的是他对理性而人道的和谐社会的殷殷期盼。应该说，他们对中国的解释里面存在着明显的文化误读。

但是，欧洲启蒙时代对“他者”的文化误读是西方现代精神的一个重要部分。当这种文化误读与西方文化中的怀疑精神和批判意识连在一起的时候，其意义就非同一般了。在抨击旧的制度和信仰、构筑理性的理想世界的时候，欧洲思想界需要有一个理想的标杆，来支撑他们超越自我、批判现实，完成向现代的历史跨越。于是，古老而智慧的中国就成为他们想象中的理性世界的伊甸园，给了他们一个向往的空间，而向往的目标是他们心中的理想社会；与此同时，批判者们也需要一个承受批判的靶子，对中国的批判实际上针对的是欧洲本身的封建制度。无论如何，附会了启蒙理想的对中国的理解和诠释，使欧洲人的中国认识具有了适合欧洲的时代意义。可以说，是被思想家心中的理念理想化了的中国给了启蒙运动一个强劲的支撑，给法国大革命一个有力的推动，启蒙思想家们“用借来的语言，演出世界历史的新场面”。[26]这是功垂千古的历史功绩！当初千辛万苦地来到中国的传教士们万万没有想到，他们介绍中国的文化努力最终促成了欧洲本身的历史变革。

四　话语与权力

历史的吊诡在于，正是在西方借助东方、欧洲借助中国完成对旧制度的现实批判和对新社会的思想启蒙，为欧洲自身的破茧成蝶准备条件的时候，欧洲人对东方的认识，悄然发生变化。肯定、景仰的维度向否定、批判的维度转化，欧洲从马可·波罗时代开始的连续五个世纪对中国的崇拜与美化渐行渐远了。

17~18世纪欧洲对中国的理想化，在很大意义上，是那个时代欧洲普遍精神状态的一种结果。那是一个哲学的世纪。当遥远而陌生的中华文明被介绍到欧洲的时候，人们首先是从哲学层面上去关注它、理解它。“中国风”之吹拂欧洲，实际上是哲学之中国弥漫于欧洲。对中国的欣赏与其说是物质的，不如说是精神的。有这样一个很有意思的逸事。一天，路易十五和他的大臣贝尔坦一起策划如何革除国家流弊，请他寻找行之有效的良策。几天后，贝尔坦提出对普遍精神进行改造的方案。路易十五问：“你有何打算？”贝尔坦答道：“陛下，就是为法国人灌输中国精神。”阎宗临先生指出，“这种对中国强烈的兴趣不是唯一的归因于中国自身的品质。它同样是17世纪思想演变的一种结果。这个世纪首先是一种智慧、理性和心理分析的世纪”。[27]

实际上，启蒙思想家在哲学文化层面上对中国大加赞赏的同时，已经注意到东西方之间科学技术层面的差距。尽管伏尔泰说，“当我们还在阿德尼的丛林里漫游时，中国人那广袤无垠、人烟稠密的帝国就已经被管理得像一个大家庭了”，但他还是注意到“中国人在看到我们的温度计时，在看到了我们用硝酸钾结冰时，看到了托利拆利[28]和奥托·冯·盖里克[29]的实验时，表现出了极大的惊奇，一如我们第一次看到这些科学实验时一样地惊奇”。他认为，“在科学方面，中国人还停留在我们200年前的水平上”。[30]亲临中国的传教士们，更是清楚地认识到这一点。“以科学与理智征服知识阶层”“把科学和理性灌输给执政者”，这是明清之际在华传教士屡试不爽的传教策略。法国传教士白晋曾说：“借科学的力量，可以击溃偶像的崇拜。”[31]更有历史意味的是，当中国的园林建筑、茶叶瓷器、书籍戏曲、儒教哲学在欧洲大行其道的时候，来自欧洲的观察天体的望远镜、水平仪等精确度很高的现代仪器，摆进了康熙的寝室。这差异，是历史发展的差异，也是文化的差异。

西方的文化核心是理性，其源远流长。古典时代的欧洲人就显现出把各种知识系统化、理性化的才能，“聪慧的希腊人把源自东方的许多知识元素进行第一次伟大的综合”。[32]古希腊的自然哲学对古代埃及和巴比伦的科学知识进行理性的综合考察，试图发现世界本源的单一“元素”，这成为后来以德谟克利特为代表的“原子论”思考的滥觞，由此开启了具有现代精神的科学思潮。其后，毕达哥拉斯学派关于地球运动的思考、希波克拉底对人体解剖的研究、希腊化时代阿基米德浮力定律和杠杆定律的发现，还有托勒密的“地心说”，都体现了希腊人数学与实验相结合的极强的抽象推理能力和知识综合能力。中世纪早期，欧洲的科学精神遭遇基督教一统天下的压抑。13～14 世纪理性又借“经院哲学”得到复苏。文艺复兴复兴了人性，也复兴了人的理性。哥白尼经过长期的思考与计算，于 1543 年发表了《天体运行论》，造成近代早期的“哥白尼革命”。其后，德国的“开普勒定律”、意大利人伽利略的天文学和动力学理论，都极大地影响了欧洲的精神世界。17 世纪 80 年代牛顿“万有引力”定律的发现，使整个欧洲思想界为之振奋，理性之风上扬，科学思维普及，铸造出一个气势恢宏的科学革命时代。

在欧洲，18 世纪是思想启蒙的时代，也是科学革命的时代。而法国既是思想启蒙的主战场，又是科学革命的中心。当中国还沉浸在有着深厚历史底蕴和文化积淀的康乾盛世之时，整个欧洲在科学技术上大踏步前进。17 世纪培根“知识就是力量”的名言在 18 世纪的欧洲得以体现。法国人拉普拉斯发表了“星云假说”，法国化学家拉瓦锡在 1777 年发表了《燃烧概论》，提出了“燃烧即氧化”的理论，随后又提出“质量守恒定律”。法国的笛卡尔、英国的洛克，还有法国的爱尔维修、狄德罗、孔狄亚克和霍尔巴赫等人在思想、科学、科学思维和科学传播方面都功彪史册。科学的发展为欧洲开辟了通往现代社会的路径，也更加扩大了东西方历史发展的差异。

当欧洲对世界的地理发现进入最后阶段，欧洲对异域的文化发现，特别是对中国的文化发现从传说描绘进入哲学思考和文化批判阶段的时候，欧洲的思想启蒙运动乘科学革命和历史进步之风，借助对中国文化的“误读”完成自我批判和自我更新，为欧洲未来的发展树立起了自由、平等与博爱的旗帜。从此，不仅人类历史有了民主与专制、文明与愚昧之分，而且整个世界有了进步与停滞、理性与非理性、科学与非科学的隔断。特别值得一提的是，法国的启蒙运动与后来的德国启蒙运动不同，它是革命前夜的现实批判。因为要号召人们对封建制度进行战斗，就需要美与丑、好与坏、理性与愚昧、进步与落后截然分明的对立。这样，法国的启蒙思想就停留在历史矛盾的绝对对立之上，缺少历史发展的辩证法，表现为一种形而上学的历史观点。这种思想方法上的弱点，使得它在树立现代价值标准的同时，不仅割断了与它之前欧洲中世纪的联系，而且也割断了欧洲与东方之间、法国与中国之间的关系。

无形之中，启蒙运动为东西方二元对立的世界秩序提供了一种进步与停滞、文明与野蛮的衡量标准。它的形成过程和后果是双向的：西方借助东方之光实现了思想变革，而西方思想变革所确立的现代价值标准，反过来把东方推到了西方的对立面。东西方文明的差异，从此变成了文明之优劣之分。在欧洲人的认识之中，东西方的概念渐渐地发生变化。西方与东方不再仅仅是地理的概念，而且是一种新的文化表述。西方理性、科学、进步，一片光明，东方非理性、愚昧、停滞，一片黑暗，有待于西方人用理性之光来照耀。从此，历史有了标准，世界有了隔断。

正是借助这样一种对东西方文明不同的认定，西方确认了自身文明的意义与价值。这种否定的、意识形态的东方认识在 19 世纪达到顶峰。“它不仅生产出一种文化与物质霸权，而且还培养了一种文化冷漠与文化敌视。”[33]借助它的伪饰与遮掩，19 世纪欧洲对全世界的征服，披上了完成上帝造物主的使命、拯救处于野蛮黑暗中的人类的神圣外衣，欧洲殖民者也由赤裸裸的沙文主义掠夺者，装扮成负有文明拯救使命的救赎人。如萨义德所指出的：“东方学在研究体制和内容上获得巨大进展的时期正好与欧洲急遽扩张的时期相吻合。”[34]“东方学在殖民统治之前就为其进行了合理的论证，而不是在殖民统治之后。”[35]文明与野蛮、进步与停滞、民主与专制、理性与非理性等话语是由力量和权力决定的。否定东方的东方主义，是在资本主义生长、殖民主义扩张的历史语境下产生并成形的。它带有强烈的帝国主义文化傲慢，体现了西方文化中的扩张性，是西方对东方的权力和优势的体现。直到今天，这些话语还在影响着我们。

应该承认，文明与野蛮、进步与停滞的衡量标准是由历史的停滞与历史的进步造成的。它是特定历史时期的产物，它是话语，更是力量和权力。欧洲文化中肯定的东方主义向否定的东方主义的转变反映的是历史的变化。在 18 世纪中叶至 19 世纪初，这种历史的变化和认识的转变正在发生，还没有完成。而文化认识本身也是杂生的、多样的，它接受历史变化的影响，但又不是亦步亦趋地与历史变化同步。对它做出绝对化的结论和简单化的描述都将是违背历史的。更何况，历史变化的内容本身也是纷繁复杂的。例如，19 世纪，当欧洲在全世界大踏步前进、把整个世界纳入它的殖民体系的时候，德国却成为印度崇拜的中心。印度“这块最古老最智慧的土地”，成为德国浪漫主义哲学和文学向往的圣地。康德的学生、德国著名思想家赫尔德称印度为“神圣的土地，音乐与心灵的家园”。叔本华认为印度是“欧洲文化的发源地，在许多方面对欧洲都有决定性的影响”。第二次世界大战时期，当欧洲战事正酣之际，有德国学者发出这样的呼吁：“今日奄奄一息的西方，重新面向涌现神灵的阳光之处，人类和人所有的关于上帝和神灵宏伟梦想的真正诞生地——东方。”㊱

美国学者史景迁在《文化类同与文化利用》中说：“中国在西方人眼中，在不同的场合被赋予了许多相互对立的特性，时而色彩妍丽、光鲜夺目，时而黯淡晦涩、风采尽失，犹如一条变动不居、难以捉摸的‘变色龙’。”㊲色彩斑斓、变动不居的中国认识，是欧洲人从自身历史出发，对中国的“镜像”观测和自我反思相结合得出的结果。从总体上说，18 世纪下半叶到 19 世纪上半叶，是欧洲人东方认识的拐点，逆向转变的原因是东西方历史的变迁。

---

①1978 年，以色列学者萨义德出版了《东方主义》（Edward W. Said, *Orientalism*. New York: Vintage Books, 1978）一书。他在书中指出，近代以来西方人对东方的观察中存在一种预设的态度，他谓之为“东方主义”。其主要含义是，近代以来，西方人在观察东方的时候总是夹着西方优越的有色眼镜。在他们的视野中，东西方之间文明和文化的差异变成了预设的先进与落后之分。这里借鉴“东方主义”的概念，来表述欧洲人的东方认识。

②戈岱司：《希腊拉丁作家远东古文献辑录》，耿昇译，北京：中华书局，1987，第 10 页。

③张星烺：《中西交通史料汇编》第 1 册，北京：中华书局，1982，第 149 页。

④⑤冯承钧译《马可·波罗行记》，上海：上海书店出版社，2001，第 201、266 页。

⑥雅各·布克哈特：《意大利文艺复兴时期的文化》，北京：商务印书馆，1988，第 445 页。

⑦⑪⑬⑯杜赫德编《耶稣会士中国书简集》第 1 卷，郑德第、吕一民、沈坚译，郑州：大象出版社，2001，中文版序，第 6 页；中文版序，第 12 页；法文版序言，第 23 ~ 24 页；法文版序言，第 19 页。

⑧⑩阎纯德、吴志良：《法国汉学史》，北京：学苑出版社，2009，第 37 ~ 38、49 页。

⑨卫青心：《法国对华传教政策：清末五口通商和传教自由（1842 - 1856）》，北京：中国社会科学出版社，1991，第 4 页。

⑫关于洛可哥艺术与中国艺术风格的关系，详见利奇温《十八世纪中国与欧洲的文化接触》，朱杰勤译，北京：商务印书馆，1962。

⑭⑰⑲⑳㉗㉛阎宗临：《传教士与法国早期汉学》，郑州：大象出版社，2003，第72、5、77、85~86、98~99、137页。

⑮㉞㉟萨义德：《东方学》，北京：生活·读书·新知三联书店，1999，第149、51、49页。

⑱㉝周宁：《在真实与虚构之间——重新认识西方文化中的东方主义》，福建厦门：《人文国际》创刊号，2010年。

㉑㉒伏尔泰：《哲学辞典》，北京：商务印书馆，1991，第269、322页。

㉓许明龙：《欧洲十八世纪中国热》，北京：外语教学与研究出版社，2007，第164页。

㉔㉕孟德斯鸠：《论法的精神》，张雁深译，北京：商务印书馆，1987，第129、313页。

㉖中共中央马克思、恩格斯、列宁、斯大林著作编译局译《马克思恩格斯全集》，第8卷，北京：人民出版社，1961，第121页。

㉘Torricelli（1608~1647），意大利物理学家，发明了水银气压计。

㉙Otto von Guericke（1602~1686），德国物理学家，发明了抽气机。

㉚何兆武、柳卸林主编《中国印象——世界名人论中国文化》，广西桂林：广西师范大学出版社，2001，第65页。

㉜详见马克垚、高毅主编《世界文明史》中册，北京：北京大学出版社，2004，第58~62页。

㊱利奇温：《十八世纪中国与欧洲文化的接触》，第3页。

㊲参见史景迁《文化类同与文化利用》，廖世奇、彭小樵译，北京：北京大学出版社，1997。

作者简介：许平，北京大学历史系教授、博士生导师，澳门科技大学特聘教授。

［责任编辑：刘泽生］

（本文原刊2012年第4期）

观念、知识与西方形象的建构：以乾隆三大家为例*

李　鹏

[提　要] 袁枚、蒋士铨、赵翼号称清代乾隆诗坛三大家。三家均有诗文涉及西方事物，从中可以略窥他们所建构的西方形象。在看待异己的西方他者时，三家均受儒家经典“天下”“夷夏之辨”等观念传统的影响，体现了相当的优越感以及警惕感，但是赵翼从中西地理间隔以及文化交流史实出发，强调中西文化各有创辟，突破了自清初至乾隆时一直占据意识形态主流的“西学中源”说。三家有关西方的知识，在亲历亲闻之外，主要来自他们对《明史》、本朝实录、其他历史著作乃至档案文件等的阅读。

[关键词] 袁枚　蒋士铨　赵翼　西方形象　西学中源

袁枚、蒋士铨与赵翼一起被称为清代乾隆诗坛上的三大家。由于清初钱谦益、吴伟业、龚鼎孳号称“江左三大家”，袁、蒋、赵三人又被称为“江右三大家”。三家中，袁枚有《小仓山房诗文集》，蒋士铨有《忠雅堂诗文集》，而赵翼除诗集《瓯北集》外，并无文集留存，但著有《廿二史札记》《陔余丛考》及《檐曝杂记》等学术著作及笔记。三家诗文集中，均有文本涉及西方事物，本文拟以此为中心，勾勒其中所建构的西方形象，分

* 本文受中央高校基本科研业务费资助以及中央财经大学学院科研支持计划资助。

析乾隆朝中国精英对西方所持态度，并进一步探究相关观念的形成过程以及知识的获得途径。由于现存海量清代别集中蕴藏着丰富的与异域有关诗文，借此个案研究，管窥蠡测，或有抛砖引玉之用。

一

乾隆三大家诗文中，与西方人或物有关诗文题如下：

（1）袁枚《小仓山房诗集》卷一九《嘲眼镜》、卷一〇《颂眼镜》、卷三六《余五十岁用眼镜，今八十矣，偶尔去之，转觉清明。作别眼镜诗》、卷三五《谢镜诗并序》以及《小仓山房文集》卷八《记富察中丞四事》、《小仓山房续文集》卷三四《庆远府知府印公传》。

（2）蒋士铨《忠雅堂诗集》卷二《泰西画》、卷四《自鸣钟》、卷二六《为陈约堂题大西洋狮子图》。

（3）赵翼《瓯北集》卷七《同北墅、漱田观西洋乐器》、卷一〇《初用眼镜》、卷一七《番舶》、卷二九《西岩斋头自鸣钟分体得七古》、卷四三《静观二十四首》其十六。

从内容上看，上述诗文主要涉及玻璃制品（大玻璃镜、眼镜、望远镜、显微镜等)、西洋画（包括壁画)、自鸣钟、狮子、教堂及教士、西方的使团、西方商船及舰队等。其中袁枚与眼镜有关的三首诗歌，内容主要是感叹年老导致的身体机能变化，虽然所咏之物来自异域，但诗歌并没有提及这点。这至少说明眼镜在当时的使用已经日渐普遍，[①]有人已经习焉不察，不太注意其源自异域这一属性。不过，这就使得我们无法由此窥测袁枚心中的西方形象，因为“一切形象都源于对自我与‘他者’，本土与‘异域’关系的自觉意识之中”。[②]

鉴于此，本文对这三首诗不予讨论。三家其他诗文，则对于“他者”“异域”有明确意识，而他们对于西方的看法也或隐或显地体现其中。例如，同样是写戴眼镜，赵翼《初用眼镜》就明确提到眼镜“相传宣德年，来自番舶驾。内府赐老臣，贵值兼金价。所以屠公馈，瓠庵作诗谢（见《吴瓠庵集》)。初本嵌玻璃，薄若纸新研。中土递仿造，水晶亦流亚”。[③]

具体而言，三家对于西方的看法分为以下几个方面：

其一，三家对于西洋器物及制作工艺的精巧都表现出了由衷的好奇与惊叹。袁枚自称有“镜癖”，家中收藏了铜镜、玻璃镜三十余种。浙江方伯张松园投其所好，“亲唤波斯造大镜”，赠给他一面“其高八尺横六尺”的西洋镜，袁枚在《谢镜诗并序》中赞叹："秦宫古制久闻名，道我西洋镜更精。"[④]而蒋士铨《自鸣钟》则云："西法巧窥测，尺寸具宇宙。"[⑤]赵翼则更是一再感叹：《初用眼镜》云"奇哉洵巧制，曷禁频叹讶。直于人力穷，更向天工假"；[⑥]《番舶》云"张帆三桅竿，卷舒出意创。颓若垂天云，足使红日障。瞬息千百里，凌虚快奔放。操舟不以力，役使罡风壮"；[⑦]《西岩斋头自鸣钟分体得七古》云"神哉技乃至乎此，问是西洋鬼工作"；[⑧]《静观二十四首》其十六云"所以显微镜，西洋制最巧"。[⑨]

其二，对于西方艺术，蒋、赵二人均注意到其与中国本土艺术之间的差异，承认西方艺术在某些方面为中国艺术所不及。蒋士铨《泰西画》描绘了他观看西洋画的感受，由于图中画楼朱阁太过逼真，以致他竟然想登临一眺："有阶雁齿我欲登，踏壁一笑看文绫。"[⑩]由此，他感叹：

> 乃知泰西画法粗能精，量以钿尺累黍争，纷红骇绿意匠能。以笔着纸纸不平，日影过处微阴生，远窗近幔交纵横。红蕖欲香树有声，小李楼阁莫与衡。

西洋绘画重视图中所绘之物的大小比例，注意阴阳向背凹凸的不同，再加上彩绘设色，立体感与真实感极强，蒋士铨甚至认为中国绘画史上以着色山水闻名的"小李"李昭道也不能与其相抗衡。[⑪]在诗的后半部分，蒋士铨曲终奏雅，对于"宫室峻丽如蓬瀛，蛮夷以此相夸惊"颇不以为然，塑造了"设险以德""太平有道"的"中国"形象与"蛮夷"相对照。而赵翼《同北墅、漱田观西洋乐器》中也提到教堂内的壁画："引登天主堂，有像绘素壁。观若姑射仙，科头不冠帻。云是彼周孔，崇奉自古昔。"[⑫]而在其《檐曝杂记》卷二"西洋千里镜及乐器"条中则将其观感说得更清楚："所供天主如美少年，名邪酥，彼中圣人也。像绘于壁而突出，似离立不著壁者。"[⑬]显然，西洋画的立体感也给他留下了深刻印象。在天主堂内，赵翼等人还欣赏了西洋乐器演奏，诗中对于西洋音乐有一段描写，认为"虽难继《韶》《頀》，亦颇谐噭绎。《白翎》调漫雄，《朱鹭》曲未敌"，即虽然无法与上古圣王的音乐相比肩，但节奏很是和谐，一般的教坊乐曲根本无法与其匹敌。

其三，对于西方人，袁、赵描绘了其与中国人差异极大的形貌及其带给中国人的心理冲击感，而赵翼甚至还注意到西方人脱帽、鞠躬等礼节。

对形貌自然特征及礼俗差异的强调说明袁、赵明确意识到西方人“非我族类”，而这一自觉背后潜藏的是对“其心必异”的警惕与担忧。[14]袁枚《庆远府知府印公传》记载了英国军舰闯入中国的情形：“海大风，有二巨舶进虎门，泊狮子洋，卷发狰狞，兵械森列，莞城大震。”[15]赵翼《同北墅、漱田观西洋乐器》里提到住在教堂里的钦天监正刘松龄，说是“中有虬须叟”。[16]而其《番舶》则更为详细地描绘了西方商人的形貌、穿着打扮、行为举止以及风俗习惯：

> 贾胡碧眼睛，魋曷迥殊状。窄衣紫裹身，文绸不挟纩。腰带金错刀，手斟玉色酿。免冠挟入腋，鞠躬作谦让。云以敬贵客，其俗礼所尚。[17]

引诗第二句“魋曷”典出《史记·蔡泽列传》，唐举在给蔡泽看相时说后者是“曷鼻……魋颜”，即长着像蝎子一样的鼻子和往外突出的额头，赵翼以此形容西方人的钩鼻凸额；“迥殊状”，则强调前述形貌加上发绿的眼睛使得这些外商与中国人形貌差异极大。

其四，对于西方人不远万里来中国的行为，无论其真实目的是逐利，还是传教，三家都认为这充分体现了“天朝”声威远播，以致远人主动向化，但袁、赵二人也已经注意到西方人飞扬跋扈后面的日渐强势，中国对此必须予以警惕。

袁枚《庆远府知府印公传》中，印光任两次与英国军舰交锋：一次是利用地利人和之便加以智取，“先遏籴以饥之，再匿船匠以难之”，让英人既得不到补给，又无法修理破损的船只，最终只好答应把俘获的战俘交给中国处理（《记富察中丞四事》中第一事所叙与此大同小异）；另一次是当六艘英舰想劫夺来澳门贸易的法国商船时，印光任调集水师拦截英舰。在袁枚的叙述文本中，前一次英人的形象是“卷发狰狞”，再加上“兵械森列”，令人害怕；后一次，“番部呿唧哂入澳贸易，暎咭唎贪其利，先后发六艘，诡言来市，阴谋篡取”，英人不仅贪图利益，还狡诈凶狠。虽然传记中“暎夷”“诸夷种”以及印光任的话语如“天朝柔远，一视同仁”等居高临下，[18]但英人凭借其舰船枪炮实际上已经一再给中国制造麻烦、带来威胁。

蒋士铨《为陈约堂题大西洋狮子图》中更是充满这类圣朝柔远的话语：

圣朝万国来梯航，西洋谨献百兽王。上表称臣阿丰素，本多白垒陪臣将。天主降生一千六百七十四年三月十七日，乃是康熙戊午当秋阳。大清宠光被属国，永怀尊敬胪职方……狮子自随麟凤至，正服视此同戎羌。[19]

蒋士铨诗中所述有令人费解处，康熙戊午为康熙十七年，即西元1678年，该年秋天也不可能是3月17日。实际上，1674年3月17日是撰写奏表的时间，而狮子被送到北京的时间才是1678年秋天。康熙时著名文人学者毛奇龄躬逢其盛，写有《诏观西洋所进狮子，因获遍阅虎圈诸兽，敬制长句纪事和高阳相公》，其中也有"不为珍禽为怀远"[20]这样的诗句。

赵翼《番舶》中认为这些"海外人"之所以"不惜九死行"，乃是"为冀三倍偿"。与袁枚笔下的英人一样，赵翼眼中的西方人也是贪图重利的。但诗中以同情的语气写商船"混茫一气中，孤行空所傍"以及在航行中遇到各种艰险危难时船员们"奋死起相抗"，又从另一侧面勾勒出西方人敢于冒险的特性。不过，"天实间隔之，谁能使内向？惟中国有圣，休气远乃望。睹兹重译通，足征景运旺"等诗句说明，在赵翼的观念里，他更愿意相信，中国和西方之间远隔重洋，只是在中国圣人、圣王的感召下，这些化外之民才主动"内向"，他们的到来，足以证明圣朝国运昌盛。但是，敏感的赵翼也极为清醒地看到："逐末犯风涛，其气颇飞扬。奸民暗勾通，市侩谀供养。"他认为，怀柔是必要的，但也须预防潜在的危险，因此中国对于这些外来的西方人"亦贵抚驭宜，俾奉条约谅"。[21]

可见，在他者与自我、西方与中土的比较对照中，三家在诗文里表述了他们对于西方的认识，后人能够从中一窥他们心目中的西方形象，而这一形象在当时具有相当的代表性。

二

上述袁、蒋、赵对于西方的认识，表现出极大的趋同性：夷人来自遥远的大西洋，形貌奇特，贪婪凶狠，应采用适当的方式予以安抚及驾驭；西器奇巧，西洋艺术神奇，充满异国情调，令人着迷惊叹。这种趋同性最显在的表现是遣词用语上的雷同，例如将西方人称为"夷""胡"，强调他们"卷发""碧眼"等身体自然特征，将他们的到来视为"远人朝贡"，是"天朝柔远"的结果，体现了"圣朝"的荣光。这些套话的形成可以远溯至先秦儒家经典中的“天下”“夷夏之辨”等观念传统。

儒家经典让中国人相信，“溥天之下，莫非王土。率土之滨，莫非王臣”，[22]天下由位于中心的“夏”与散落四边的“夷”构成。[23]与地理位置相应的是文化秩序等级，华夏文化的等级高于蛮夷拥有的文化，因此，应该“以夏变夷”，反对以夷乱夏。[24]“以夏变夷”一般是“远人不服，则修文德以来之”，[25]相对柔软平和，但“文化不改，然后加诛”[26]的后手说明其与以夷乱夏一样蕴涵着剧烈文化冲突的可能。而一旦“夷”对“夏”构成实质威胁，则必须“尊王攘夷”。[27]“夷”与“夏”二元对立的观念，强调彼此地理位置的不同以及由此带来的文化差异，地理上的中心主义支撑了文化上的中心主义。明清时期，越来越多的西方人来到中国，他们被理所当然地视为“夷”，先秦“夷夏之辨”中蕴含的华夏文化中心主义也相应转变为中华文化中心主义。尽管满洲在入主中原之初，也被明朝遗民视为“夷狄”，但其政权稳固之后，合法性不容置疑，自居于中华文化正统君临万国，将西方各国视为“夷”，将他们来华视为朝贡。乾隆时绘《皇清职贡图》，英吉利、法兰西、荷兰、俄罗斯等西方国家与朝鲜、琉球、安南、日本等东方国家列在一起，乾隆帝赋诗说这是“皇清职贡万方均。书文车轨谁能外……西鲽东鹣觐王会，南蛮北狄秉元辰”。[28]在《皇朝文献通考》中列有《四裔考》，其中同样有上述国家。至于按语中谓“中土居大地之中，瀛海四环，其缘边滨海而居者，是谓之裔，海外诸国亦谓之裔。裔之为言，边也”，“列圣宅中驭外”以致“四裔宾服”，则跟先秦一样，用地理上的中心与边缘支撑等级秩序上的控制与从属关系。对于中西关系这种一厢情愿的想象，我们在乾隆帝咏外国使者来访的一些诗里也可以一再看到，例如《宴西洋博尔都噶里雅国使臣》中云“勤远非吾事，柔遐借国灵”，[29]《红毛嘆咭唎国王差使臣吗嘎哝呢等奉表贡至，诗以志事》中云“博都雅昔修职贡，嘆咭唎今效荩诚……怀远薄来而厚往”[30]，等等。前诗题中的“博尔都噶里雅”即后诗中的“博都雅”，即葡萄牙，在乾隆眼里，他们都是“远夷效贡，恭顺自属可嘉”。至于英国使者带来的自诩为“精巧”的“上等器物”，不过是夸大其词，“现今内府所制仪器精巧高大者尽有此类”，[31]压根不足为奇。不过，厚往薄来是“天朝柔远之道”，给予这些外国使者远超他们带来贡品价值的赏赐，关乎天朝上国的体面。在乾隆居高临下的俯视下，马戛尔尼为了“显示欧洲先进的科学技术”、希望“能给皇帝陛下的崇高思想以新启迪”而精心准备的各种器物显得微不足道，[32]其自夸精巧显得十足的小家子气，因为这些东西中国都有。实际上，马戛尔尼他们更没想到的是，即便西方科学技术有值得称道处，在乾隆他们看来，也不过再次证明了中国文化的伟大。因为经过乾隆帝的钦定，明清之际中国知识界倡言的“西学中源”说此时早已深入中国知识精英之心，《四库全书总目》便于相关提要中多次亮出此观点。[31]一旦把西器背后的西学想当然地认定为源自中国，便在类似于阿Q“我们先前比你阔得多啦”的自我安慰中重新恢复了“夷夏之辨”的秩序等级。文化自尊获得维护之后，既可以像袁、蒋、赵三家那样选择对于西器精巧的大方承认，也可以像乾隆帝一样表示对奇技淫巧的不屑，真可谓进退裕如。

可见，袁、蒋、赵三家诗文中西方形象趋同的根本原因在于三人处于同一个文化传统中，程式化的表达表明他们的思维、话语都不可避免地打上了该文化传统的烙印。当然，这也表明，尽管西方文化已经进入中国，但至少直到乾隆朝，由于中国在政治、经济、军事等方面仍未面临强有力挑战，中国固有的文化传统仍具有难以撼动的影响力，依然左右着中国士人对西方的想象。不过，裂痕还是出现了。赵翼笔下的西方形象的另一个侧面，让我们看到“由一个作家特殊感受所创作出的形象”是如何偏离、修正了“出自一个民族（社会、文化）的形象”。[34]

乾隆二十四年（1759），赵翼和两位友人来到北京宣武门内天主教堂参观，《同北墅、漱田观西洋乐器》即咏此事。[35]虽然认为西方音乐比不上中国上古圣王音乐，但登楼之后赵翼发现众多乐器居然是由一个人操纵，他大感新奇，惊呼“奇哉创物智，乃自出蛮貊”。[36]赵翼袭用“夷夏之辨”的说法将西方人称为“蛮貊”，说明他浸润在文化传统里，意识也不可能完全摆脱其影响，仍然存在优越感。但赵翼高出时人的是，他以历史学家的客观理性，回顾了中华文化的形成，认为西方和中国远隔重洋，其文明的形成不太可能是受中国的影响，西方对中国的圣人也未必知道：“迢迢裨海外，何由来取则？伶伦与后夔，姓名且未识。音岂师旷传，谱非制氏得。”经过思索后他得出这样的结论：“始知天地大，到处有开辟。人巧诚太纷，世眼休自窄。域中多墟拘，儒外有物格。”

赵翼断然否定了“西学中源”说，认为西方文明是由西方人自己创辟出来的。他奉劝时人眼光不要太窄，不要仅仅被儒学拘役，在儒学之外仍有广阔的天地。在接触域外文化后，赵翼又将眼光收回来反省自己所背负的文化传统，提倡一种开放的文化心态。其视野之宏阔、思想之开通，在士人为朴学所笼罩的乾嘉时代实属罕见！

这件事情给了赵翼极大的震动，在《檐曝杂记》卷二“西洋千里镜及乐器”条里，他再次详细记载了望远镜和乐器的制作及功用。而在该书同卷“钟表”条下，他再次表达了西学源于西方人自创的观点：“洪荒以来，在睿玑，齐七政，几经神圣，始泄天地之秘。西洋远在十万里外，乃其法更胜。可知天地之大，到处有开创之圣人，固不仅羲、轩、巢、燧而已”。[37]除了这些之外，卷一〇《初用眼镜》中的“始识创物智，不尽出华夏”，以及《西岩斋头自鸣钟分体得七古》中的“乃知到处有异人，聪明各把混沌凿”等，都在反对所谓“西学中源”说，强调西方在文化上也自有其独到创获。而反复陈述，说明赵翼对自己观点确信不疑。

有意思的是，早在明代，李之藻在《〈天主实义〉重刻序》中就注意到西方“自古不与中国相通，初不闻所谓羲、文、周、孔之教，故其为说亦初不袭濂、洛、关、闽之解”，但西学虽然“不类近儒，而与上古《素问》《周髀》《考工》《漆园》诸编，默相勘印”。[38]由此，李之藻得出“东海西海，心同理同”这一结论，[39]强调的是中西文化在学理上的相通。虽然赵翼论证的起点是一样的，也是从中西地理间隔以及文化交流史实出发，但他强调的是中国文化和西方文化各有源头，各有创辟。李之藻的比附，主要是为了消除中国人对于西方文化的异己感，促进西学在中国的传播，是出于特定时期文化传播的策略考虑，自有其睿见。但相比较而言，赵翼正本清源的论说更斩截，在举世滔滔、众人皆醉时独持异说尤为难得。

令人遗憾的是，赵翼用差异化表述塑造的西方形象并没有产生多大的影响力。在强大的文化传统规训下，中国士人精英绝大多数倾向于通过对西方他者的否定来确认自我。例如，与赵翼同为武进人且与他交好的晚辈赵怀玉也写有一首《游天主堂即事》，诗中述“番人”，说是“客多虬髯种，食配鸡卵料（饼饵数器，皆以鸡卵汁和面为之）”，也咏及教堂壁画、音乐、千里镜等，但最后却说“徒争象数末，讵析理义奥”，[40]将西方的天文历法视为末学，鄙夷之情溢于言表。而汉学后期代表阮元作诗也说“中法原居西法先”。[41]实际上，一直到清末都有人站在中华文化中心主义的立场上，死守“西学中源”说，甚至像黄遵宪这样出过洋、思想较为开通的近代著名人物也作诗云：“削木能飞诩鹊灵，备梯坚守习羊羚。不知尽是东来法，欲废儒书读墨经。”[42]在该诗自注中，黄遵宪还说：“余考泰西之学，墨翟之学也。”诗句和自注，让读者觉得时间似乎一直停留在康熙朝。[43]

其实，即使是赵翼，他承认的也主要是西洋人的“创物智”，即科学及艺术方面的成就。一旦涉及哲学宗教，赵翼的文化优越感就表露无遗了。例如，在论及天主教时，赵翼认为孔教、佛教、伊斯兰教与天主教同为天下四大教，但从传播的范围来看，“集大成，立人极，凡三纲五常之道无不该备”的孔教反而不如佛教、天主教之广，其原因在于“精者惟中州清淑之区始能行习，粗者则殊俗异性皆得而范围之”。[44]而《檐曝杂记》中有关西方的表述，如谓俄罗斯“其国历代皆女主”“康熙中，圣祖尝遣侍卫托硕至彼定边界事。托硕美须眉，为女主所宠，凡三年始得归。所定十八条，皆从枕席上订盟”，[45]又谓“大西洋距中国十万里，其番舶来，所需中国之物，亦惟茶是急”“俄罗斯则又以中国之大黄为上药，病者非此不治”“天若生此二物为我朝控驭外夷之具”[46]等，则更是暴露赵翼在涉及国族等问题时以中国为本位的鲜明立场，而其对于西方的认识同样有来自传闻的荒诞想象。

三

从袁、蒋、赵三家诗文中的有关表述，我们能清晰地看到文化传统以强大的力量影响着他们对于西方的想象。如果进一步追索，这一文化传统又主要是通过经学与史学完成对士人尤其是其中精英分子的观念塑造以及知识普及。上文已分析过儒学经典有关“夷”“夏”的言说如何影响了乾隆朝士人心目中的西方形象，作为官方唯一学术，经学所倡导的意识形态对于士人的规训作用毋庸置疑，因此下文将着重考察史学中有关西方的载记对于三家相关表述的具体影响。需要注意的是，史学中相关知识的生产同样受到经学中夷夏观念的影响。

在中国古人的知识体系里，史学的重要性仅次于经学。在四库馆臣眼里，“与稗官野记异也”的正史即二十四史地位尊崇，“义与经配”。[47]而二十四史自《史记》始，即立有《南越列传》《东越列传》《朝鲜列传》《西南夷列传》等，到康熙朝修《明史》，其中《外国传》多达九卷，记述异国他邦近九十个，从中可以窥见清代前期中国所拥有的异国知识概况。而乾隆朝像袁、蒋、赵这类士人，他们有关西方的知识，恐怕主要来自《明史》、本朝实录、其他历史著作乃至档案文件等。

赵翼中探花后授翰林院编修，曾参与《通鉴辑览》的修纂，有修史经历。而作为乾嘉时与钱大昕、王鸣盛并称的著名史学家，著有《廿二史札记》，书中于各史多所讥弹，独独对本朝所修《明史》赞誉有加，这一态度背后自然不无清代酷烈文字狱的威慑，但多少也反映了他对《明史》的重视程度。该书卷三四“海外诸番多内地人为通事”“外番借地互市”及“天主教”诸条，均据《明史·外国传》相关记载缕述，可见《明史》对其异国知识的影响。此外，赵翼还曾在《檐曝杂记》卷六“汤若望、南怀仁”条中更明确提及史学阅读对其西方知识获得的影响：

> 余年二十许，阅时宪书，即有钦天监正汤若望、监副南怀仁姓名，皆西洋人，精于天文，能推算节候。然不知其年寿也。后阅蒋良骐《东华录》……后阅《明史·徐光启传》……《明史·外国传》……[48]

除了《明史》，赵翼在这里还提到了蒋良骐《东华录》，该书主要取材于《清实录》，编年叙清初至雍正十三年事。由于传教士精通天文历算，主持历法的修订，所以赵翼最早接触到他们的名字是在历书上，而更深入的了解则是通过阅读《明史》及本朝实录等史书获得。

袁枚虽不以史学闻名，但他中进士后曾入选翰林院庶吉士，只不过三年期满后被外放任县令。正因为有入翰林院的经历，袁枚才在《庆远府知府印公传》文末自称“旧史氏”，文中相关叙述均来自印光任孙子提供的行状。袁枚《小仓山房文集》前附《古文凡例》，其中关于碑、传、行状体例的议论说明他对于修史并不陌生。而文集卷一〇《史学例议序》谓“古有史而无经，《尚书》、《春秋》，今之经，昔之史也。《诗》《易》者，先王所存之言；《礼》《乐》者，先王所存之法。其策皆史官掌之”，[49]即章学诚后来倡言的“六经皆史”论，更可见他对史学颇有研究。

与袁枚不同，蒋士铨入选翰林院庶吉士后表现优秀，“自朝考及散馆皆列第一，授编修。前后充武英殿、国史馆、《皇清开国方略》、文献通考馆纂修官”，[50]与赵翼一样有过修史经历，这使得他有机会直接接触与西方有关的文献档案。而《为陈约堂题大西洋狮子图》作于乾隆四十八年（1783），其时蒋士铨任翰林编修，诗中所述在《正续东华录》有记载：

> 西洋国王阿丰素遣陪臣本多白垒拉进表贡狮子。表文曰：谨奏请大清皇帝万安。前次所遣使臣玛讷撒尔达聂，叨蒙皇帝德意鸿恩；同去之员，俱沾柔远之恩。闻之不胜欢忭，时时感激隆眷，仰巍巍大清国宠光。因谕凡在西洋所属，永怀尊敬大清国之心，祝万寿无疆，俾

> 诸国永远沾恩，等日月之无穷。今特遣本多白垒拉斋献狮子。天主降生一千六百七十四年三月十七日奏。[51]

与蒋良骐《东华录》一样，王先谦《东华录》主要抄录的也是《清实录》。而《清实录》最主要的史料来源之一即各类章表奏疏等原始档案文件。[52]由于清代国史馆馆臣在修国史时，会从实录馆抄录实录作为参考，因此曾在国史馆任职的蒋士铨完全有机会读到康熙朝实录。当然，参与修史的他也有机会直接接触这些原始档案文件。将该记载与蒋诗两相比较，蒋诗中“大清宠光”“永怀尊敬”等词语袭用表文中原文，这说明蒋士铨肯定读过该表文。

此外，蒋士铨有些西方知识则源自其他历史著作。蒋士铨《泰西画》后半部分云：

> 我闻海南古里名，僧伽柯枝诸番迎，浮屠梵唱能以诚。其间所产宝藏盈，大布蕃马香椒并。瘠田种麦妇子耕，风俗淳厚无陵倾，石灰画地刑罚轻。[53]

诗中所述如“瘠田种麦”与《明史》卷三二六《外国七·古里》“其国，山多地瘠，有谷无麦”不合，[54]而“石灰画地”亦为后者所无，显然另有所据。明代前期费信在永乐、宣德年间曾随宦官出使海外，著《星槎胜览》，该书卷三“古里国”云：

> 锡兰山起程，顺风十昼夜可至其国。当巨海之要屿，与僧伽密迩，亦西洋诸国之马头也。山广地瘠，麦谷颇足，风俗甚厚，行者让路，道不拾遗。法无刑杖，惟以石灰画地，乃为禁令……地产胡椒……有蔷薇露、波罗蜜、孩儿茶、印花被面手巾……其好马自西番来。[55]

在传统目录学分类中，《星槎胜览》这类地理博物体笔记归于史部地理类，属于史学范畴。将这条记载与蒋诗中所述比较，费信没有提到古里国信佛的信仰。但在费信之前、曾随郑和下西洋的马欢著有《瀛涯胜览》，其中“古里国”条提到“国王系南昆人，崇信佛教，钦敬象牛”。[56]明代后期陈仁锡纂辑《皇明世法录》，卷八二“南蛮”有“古里”，[57]其中所述综合了

《星槎胜览》及《瀛涯胜览》相关内容。该书在传统目录学分类中属于史部政书类，乾隆修《四库全书》时曾遭禁毁，但蒋士铨《泰西画》作于乾隆十五年（1750），远在乾隆三十八年四库馆开设之前，因此蒋士铨有可能读到该书。考虑到此类载记大多前后因袭、辗转传抄，蒋士铨也可能读的是另一综合了上述内容的历史著作。无论如何，我们可以肯定的是，在清代，像蒋士铨这样的士人，其有关异域的知识很重要的一个来源即传统目录学中的史部地理类图书。

可见，从写作缘起来看，是直接接触乃至辗转听闻西方人或物之后，异己的存在激发了乾隆三大家诗文中对西方的表述；而真正支配西方形象建构的其实是三家所身处的文化传统。这一传统中的经史典籍深深地影响了他们有关西方知识的获得以及对西方态度的形成。在乾隆时代，由于中国相对于西方仍保有政治、经济及军事上的优势，固有文化传统对于精英士人仍具有强大规训力，像赵翼那样偏离主流意识形态的对西方差异化的表述宛若空谷足音。

---

①《清高宗御制诗文全集》余集卷18《戏题眼镜》诗后附识语云："眼镜古无此物，自元、明始来自西洋，今则其用渐广。"台北：故宫博物院，1976年影印本。按，除了袁枚和赵翼有诗歌提及他们使用眼镜外，查慎行《敬业堂诗集》卷26有《眼镜》一诗，同书卷29有《谢赐玻璃眼镜二首》，而据王士禛《居易录》卷33所载，康熙也曾"命取西洋近视眼镜令试之"，可见康熙时查、王二人都戴过眼镜。因此，谢贵安《西器东传与前近代中国社会》（《学术月刊》2003年第8期）谓"上层文人士大夫中较少有戴眼镜的记载"，其实并不然。

②巴柔《形象》，见孟华主编《比较文学形象学》，北京：北京大学出版社，2001，第155页。

③⑥⑧⑨⑫⑯⑰㊱赵翼：《瓯北集》，李学颖、曹光甫校点，上海：上海古籍出版社，1997，第186、186、646、1089、127、127、345、127页。

④⑱㊾袁枚《小仓山房诗文集》，周本淳标校，上海：上海古籍出版社，1988，第985、1911、1382页。

⑤⑩⑲53蒋士铨：《忠雅堂集校笺》，邵海清校，李梦生笺，上海：上海古籍出版社，1993，第396、243、1741、243页。

⑦赵翼：《瓯北集》，第244页。按，《檐曝杂记》卷4"西洋船"条载："西洋船之长深广，见所咏之《番舶》诗，而其帆尤异。……又能以逆风作顺风，以前两帆开门，使风自前入触于后帆，则风折而前，转为顺风矣，其奇巧非可意测也。红毛番舶，每一

船有数十帆，更能使横风、逆风皆作顺风云。”见赵翼《檐曝杂记》，李解民点校，北京：中华书局，1982，第65页。

⑪蒋士铨的乡党前辈、清初古文大家魏禧对西洋画也赞不绝口，其《魏叔子文集》卷12《跋伯兄泰西画记》谓：“甲寅嘉平伯兄出示泰西画，叹其神奇，甚欲得之。……然中国人自古无有是，此以知泰西测量之学为不可及。”见《续修四库全书》第1408册，上海：上海古籍出版社，2002，第689页。

⑬赵翼：《檐曝杂记》，第36页。按，方豪《中西交通史》（长沙：岳麓书社，1987，第912页）谓赵翼因为厌憎天主教，因此将耶稣称为“邪酥”，恐为诛心之论。“邪”字有一读音与“耶”同，而赵翼《廿二史札记》卷34“天主教”条用的正是“耶”字。

⑭《左传》成公四年载季文子引《史佚之志》中语：“非我族类，其心必异。”见杨伯峻《春秋左传注》，北京：中华书局，1981，第818页。

⑮袁枚：《小仓山房诗文集》，第1910页。按，详情可参看萧致治、杨卫东《西风拂夕阳：鸦片战争前中西关系》，武汉：湖北人民出版社，2005，第206～207页。该书谓此为“英国兵船第一次来华”，然有论者谓中英第一次正式接触当在崇祯十年（1637），当时也是兵戎相见，见张维华《明清之际中西关系简史》，济南：齐鲁书社，1987年，第74页。

⑳毛奇龄：《西河集》卷163，文渊阁本四库全书。

㉑赵翼：《瓯北集》，第344～345页。参见《廿二史札记》卷34“外番借地互市”条：“近日英吉利国遣使入贡，乞于宁波之珠山及天津等处，僦地筑室，永为互市之地。皇上以广东既有澳门听诸番屯泊，不得更设市于他处，所以防微销萌者至深远矣。按珠山即舟山也，……可见此山乃浙海中要地，番人得之，即可据为巢穴，固不可轻授也。”赵翼：《廿二史札记》，王树民校证，北京：中华书局，1984，第790页。

㉒《诗经·小雅·北山》。按，有关中国古代的“天下”观，可参看葛兆光《“天下”“中国”与“四夷”——作为思想史文献的古代中国的世界地图》，见王元化主编《学术集林》卷16，上海：上海远东出版社，1999，第44～71页。

㉓在先秦典籍中，狭义的“夷”指“东方之地”或东方之民，广义的“夷”则可泛指四方偏远之地或“四方之民”。“夏”在《说文解字》中的训释为“中国之人”，段玉裁注进一步解释所谓“中国之人”是“以别于北方狄、东北貉、南方蛮闽、西方羌、西南焦侥、东方夷也”。在“夷夏之辨”中，“夷”与“夏”对举，指的是与中国人相对的四方之人。可参看陶绪《晚清民族主义思潮》，北京：人民出版社，1995，第12～13页。

㉔《左传》定公十年载孔子言“裔不谋夏，夷不乱华”，见杨伯峻《春秋左传注》，第1578页。又，《孟子·滕文公上》：“吾闻用夏变夷者，未闻变于夷者。”见朱熹《四书章句集注》，北京：中华书局，1983，第260页。

㉕《论语·季氏》，见朱熹《四书章句集注》，第170页。

㉖刘向：《说苑》卷15《指武》，见向宗鲁《说苑校证》，北京：中华书局，1987，第380页。

㉗《论语·宪问》中孔子对管仲"相桓公，霸诸侯，一匡天下"的功业给予高度评价，认为"民到于今受其赐"，若不是管仲，披发左衽的夷狄文化就取代华夏文化了。而《春秋公羊传》甚至认为齐桓公"救中国而攘夷狄"是"王者之事"。参见樊文礼、史秀莲《先秦儒家的民族观》，《烟台大学学报》2006年第3期。

㉘《清高宗御制诗文全集》三集，卷15《题职贡图八韵》。

㉙《清高宗御制诗文全集》二集，卷41。

㉚《清高宗御制诗文全集》五集，卷84。

㉛《清高宗御制诗文全集》五集，卷84，诗句自注。

㉜佩雷菲特：《停滞的帝国：两个世界的撞击》，王国卿等译，北京：三联书店，1993，第85页。

㉝邓建华：《明清之际"西学中源"说考析》，郑州：《河南社会科学》1998年第5期。另参见周仕敏《〈四库全书总目提要〉与乾隆朝西学观》，《广东技术师范学院学报》2012年第2期。按，值得一提的是，尽管佛教在传入之初也被中国人视为"西戎虚诞"而遭受排挤，但有了泰西之学后，与认为"西学中源"相比较，四库馆臣似乎反倒给予了佛教更客观的评价。例如，《四库全书总目》卷41《重修玉篇》一书提要谓"中国以双声取反切，西域以字母统双声，此各得于聪明之自悟，华不袭梵、梵不袭华者也"。不过，考虑到认为音韵学的昌明与佛经传译有关的人要远多于像戴震那样认为佛教徒有关音韵论说剽窃自儒家学说者，这一看似两袒的调停之说更多维护的仍是中国文化的尊严。同理，这篇提要结尾捎带提及"岂可谓欧罗巴书全剽窃洛下、鲜于之旧术"，真正落脚点仍在中国文化的尊严。引文见《四库全书总目》，北京：中华书局，1965，第347页。

㉞莫哈：《试论文学形象学的研究史及方法论》，见孟华主编《比较文学形象学》，第25页。

㉟参看钱仲联主编《清诗纪事》，南京：江苏古籍出版社，1989，第5843页。

㊲㊺㊻㊽赵翼：《檐曝杂记》，第36、20、20~21、103~104页。

㊳徐宗泽：《明清间耶稣会士译著提要》，北京：中华书局，1989，第147页。

㊴此语源自陆九渊《象山集》卷22《杂说》："四方上下曰宇，往古来今日宙。宇宙便是吾心，吾心即是宇宙。千万世之前，有圣人出焉，同此心，同此理也；千万世之后，有圣人出焉，同此心，同此理也。东南西北海，有圣人出焉，同此心，同此理也。"见《陆九渊集》，钟哲点校，北京：中华书局，1980，第273页。明清之后，随着西学的传入，渐成话头，习见于推介西学者笔下，除李之藻一再提及外，明代杨廷筠、瞿式谷、王英明以及清初梅文鼎等人都说过类似的话。

㊵赵怀玉：《亦有生斋集》卷14，见《续修四库全书》第1469册，上海：上海古

籍出版社，2002，第425页。

㊶龙顾山人：《十朝诗乘》，卞孝萱、姚松点校，福州：福建人民出版社，2000，第426页。

㊷黄遵宪：《日本杂事诗》，见王慎之、王子今辑《清代海外竹枝词》，北京：北京大学出版社，1994，第112～114页。

㊸康熙和赵宏燮讨论数学时说："演算法之理皆出于《易经》，即西洋演算法亦善，原系中国演算法，彼称为阿尔朱巴达。阿尔朱巴达者，传自东方之谓也。"见王先谦《正续东华录》，康熙朝第89卷，撷华书局光绪十三年摆印本。

㊹赵翼：《廿二史札记》卷34"天主教"，王树民校证，北京：中华书局，1984，第792页。

㊼《四库全书总目》，北京：中华书局，1965，第397页。

㊿洪亮吉：《翰林院编修记名御史铅山蒋先生碑文》，《洪亮吉集》，刘德权点校，中华书局，2001，第304页。

51王先谦：《正续东华录》，康熙朝第22卷。

52参见谢贵安《试述〈清实录〉史料的来源与流向》，北京：《北京联合大学学报》2012年第2期。

54《明史》，北京：中华书局，1974，第8440页。

55费信：《星槎胜览》，见《续修四库全书》第742册，上海：上海古籍出版社，2002，第421～422页。

56马欢：《瀛涯胜览》，见《四库全书存目丛书》史部第255册，济南：齐鲁书社，1996，第236页。

57陈仁锡：《皇明世法录》，见《四库禁毁书丛刊》史部第16册，北京：北京出版社，2000，第407页。

作者简介：李鹏，中央财经大学文化与传媒学院教授，博士。

［责任编辑：桑海］

（本文原刊2015年第3期）

追寻平等的百年心路

高瑞泉

[提　要] 19世纪末以来，“平等”观念在中国经历了一场“古今之变”。与一系列政治、社会革命相联系，平等从古代中国主要是形上学的观念，转变为以“权利”为中心的政治学或社会学的观念；它不再仅仅是抗议性原则，同时也是建构性原则，涉及建构现代社会制度、规范公民和政府行为，有远为强烈的实践品格。追寻平等的百年心路同时是激进主义、自由主义、保守主义三个主要派别博弈的结果。与西方主流意识形态在契约论传统中的平等观念不同，中国人有关平等的诸多诉求以经济平等（包括分配正义）最为突出，它和民族平等的追求一起，时而超过现代性的其他追求。与西方个人主义基础上的社会合作不同，中国主流意识中的“平等”，通常指在权威的支配下，通过权力的垂直运用，使民众都得到平等对待的观念。“平等”之路深刻地折射出现代价值世界“诸神纷争”的复杂性，同时也必将深刻地影响中国社会变革的现实面貌。

[关键词] 平等　自由主义　保守主义　激进主义

一

19世纪末以来，“平等”观念在中国经历了一场“古今之变”。由此导致的观念史的复杂性部分地表现在西方观察家的眼光中，中国人的“平等”观念——或者是通过解读历史文献得出，或者是对现实制度、风俗与习惯的直观解读——如果不是最有争议的，至少也是极有争议的。

英国人斯当东的《英使谒见乾隆纪实》[①]记载了关于中国皇帝接见英国使节的礼节之争论，生动地说明了长期以来自居于天朝大国的清代官吏，基本上没有与其他国家或民族平等相处的经验。同时该书也提供了一个生活在现代社会、已经习惯了权利平等的社会风尚的外国观察家，如何评价晚清中国社会不平等状况的丰富材料。尤其是我们将它们与同时期中国学者对西方政治生活的描写和评价相对照，可以窥见中西平等观念的差异。[②]

在此后的两百年间，有许多海外中国学的论著关注到中国社会的伦理关系，尤其是家族制度、等级、特权、权威的状况，关注到中国人的观念世界及其变化。包括对传统中国的社会不平等的批评，以及中国与西方世界在此问题上的种种差别。作为对照，当亨廷顿用政治制度的发达程度与社会动员及政治参与的程度之间的关系来解释政治秩序的时候，他似乎相信洛克伍德的论断：

> 比较起来，在亚洲民族之中，只有中国给现代世界带来了平均主义的传统，个人自由和社会流动的传统，私有财富自由买卖的传统，今世的实用主义和唯物主义传统，庶民有权反抗的人道主义政治理想的传统，以及学而优则仕的传统。[③]

不过，亨氏在解释政治体制似乎优胜于日本的清帝国何以没有如日本那样在现代化的过程中迅速建立起一个强大的政府时，又认为“在中国，儒家的价值观念延误了政治精英投身改革事业。而且，一旦政治精英转向改革，权威的集中又妨碍了和平地对现代化所造就的社会团体进行同化”。[④]这里的“儒家价值观念”和“权威的集中”显然都和政治平等相关。

事实上，在亨氏描写的中国在政治现代化的初期所发生困顿的时期，正是被称作早期改良派代表之一的王韬在日记里批评西方平等观念的日子。[⑤]在此前后，平等观念在中国发生了一场历史性的嬗变。它依然是“古今中西”争论的结果和某种理论综合。简单地说，因为认识到人都有某种共同点，因而“相对平等的原始观念”原来就是非常古老的观念。古代中国思想家从人的相同性出发所创造的平等的形上学却颇为富赡，并在儒、释、道诸家形成了各具特色的理论。关于这些，我已在《平等观念史论略》一书中做了较仔细的描述。不过，我们同时也注意到，“平等”在形上学方向的繁复发展，与现实的另一种景象同时存在：作为一个高度发达的农业社会，传统中国同样存在着巨大的不平等，其森严等级来源于政治系统，形成了“中国特色”的“官本位”体制，即“文官级别变成了社会分层尺度，行政管理体制与社会身份高度重合”。[⑥]19 世纪晚期开始，随着中国现代化的最初进程，“平等”在中国渐渐转变为以权利为中心的政治学和社会学观念。就是自由主义政治哲学家所说的，从“前民主的平等”开始向“民主的平等”转变，或者如近代思想家严复所区分的那样，从“消极的平等”转变为“积极的平等”。[⑦]古代“平等”其实也蕴涵着某种抗议精神，但现代中国的“平等”观念，不再仅仅是某种微弱的抗议性原则，同时也是建构性原则，涉及建构现代社会制度、规范公民和政府行为，有远为强烈的实践品格。

平等观念在现代中国的嬗变，既是一连串社会革命的产物，同时也是传统观念的“创造性转化”的结果。换言之，从观念史的向度看，它首先表现为对古典时代文献的现代诠释。它大约可以还原为“异端翻为正统”、“边缘进入中心”和“新知附益旧学”三种形态或三个渠道的综合。“转化”的实质，是社会史突变的一部分，它包含了知识精英观念世界的一个飞跃，由此开启了现代性的传统，使古代的传统以一种新的形态与当代生活构成了连续体。说到“新知”，19 世纪末主要来自西学，因此西方思想这个“转辙器”的作用就不能避开。换言之，像任何一项中国现代哲学或思想文化研究都不能没有起码的中西比较一样，讨论平等观念在现代中国的嬗变，也是在比较研究的视野之下。就与现代生活的平等状况相比，中古社会大抵都属于不平等的社会，不过各有各的不平等罢了。经过一个世纪的“古今之变”，我们依然可以发现平等观念的中西差异，或者说中西社会平等状况的差异。简单来说，作为西方主流意识形态的平等观念，即所谓“民主的平等”，是在契约论传统中与个人主义连接在一起、以个人权利为中心的平等，而且首先是政治平等，即作为公民原则上每个人都有平等参与建构政治意志的权利，进而扩展为社会平等、经济平等诸多方面的诉求。按照这一分类，中国人的平等观念似乎表征了现代性的不足。但是按照传统主义的看法，中国传统具有的超越意义的平等，虽非政治意义的平等，但却是“理性之内容的表现”；相对于西方人所有的“理性之外延的表现”，反而显出中国观念的超胜。我以为，重要的不是争论东风压倒西风还是西风压倒东风，而是对中国人的观念世界有一个真切的诊断。通观 20 世纪中国——她是欧洲以外第一个废除帝制的国家，又经历了激进的社会主义实验及其反思以后的新改革，并重新崛起有望再次成为强大的国家——经过那场古今之变，平等已经是一个极其有活力的现代精神，它很大程度上改塑了我们的生活和观念世界。在平等的诸多诉求中，经济的平等（尤其是所谓分配正义问题）最为突出，它和民族平等（独立富强）的追求一起，有时会压倒现代性的其他追求。与西方个人主义基础上的平等合作不同，中国主流意识形态中的“平等”，通常是指在一个超出社会之上的权威支配下，通过权力的垂直运用，使民众都得到平等对待的观念。无论就其是一个结构，还是就其涉及的社会心理，文化差异的存在都是显而易见的。理论界正在热烈讨论中国经验或中国道路，平等观念在20世纪中国的嬗变，其实深刻地反映了甚至或多或少地决定了中国政治改革的道路和前途。

二

平等观念在现代中国嬗变的历史，并不能简单地归结为某一种观念的历史：通过古今之变形成了某种新的社会共识的同时，也是各种思想派别争论的历史。换言之，即使我们可以大致地描写出现代中国人平等观念的主要面貌，也是在对人们的纷争和歧见有充分理解的基础上做到的。像其他现代社会一样，20世纪中国是一个诸神纷争的时代，始终存在着激进主义、保守主义和自由主义的种种纠缠，不过这三种“主义”对于“平等”观念的历史作用和意义并不相同。就以权利平等为中心的现代平等观念属于“民主的平等”范畴而言，平等是现代社会的共法，尤其是激进主义和自由主义的共法。这里特别强调激进主义与自由主义，是因为典型的或极端的保守主义，通常对“平等”价值持某种拒斥态度。

且不说洛克出版《政府论》，根据基督教的信仰提出所有人都平等地享有自由、财产和生命权利的时候，他批判的正是主张人与人并不平等的菲尔麦的《父权制，或国王的自然权利》。在19世纪中后期维多利亚时代的英国，保守的法学家詹姆斯·斯蒂芬批评约翰·密尔的自由主义哲学，还公开说虽然平等是现时代一种最强大的感情，但却是“最低贱、最有害的感情”。“人类事实上是不平等的，他们在相互交往中应该承认存在着真正的不平等。”[8]即使是当代西方，典型的政治保守主义也依然拒绝“平等”的价值。用罗杰·史库顿（Roger Scruton）的说法，“保守主义直接起源于这样的观念：个人从属于某种持续的、既存的社会秩序，这一事实在决定人们所作所为时是最重要的”。对既成秩序的敬畏和从属感会使人获得“一种一成不变的（institutional）态度”。[9]问题不在于政治所必需的某种秩序，而在于所有以往的政治社会的“秩序”都是某种等级制的，而保守主义对于秩序的崇拜，使得不平等的权力制度具有天然的权威，所以他坦陈“保守主义以怀疑主义的眼光来看待平等和社会正义的神话；他厌恶地注视着普遍的政治骚动；在他看来，‘进步’的大声疾呼不过是转瞬即逝的狂热，只有当它威胁到政治秩序的时候，保守主义才会认真对待这种呼声”。[10]就保守主义自己的历史而言，它也经历了从旧的与等级制相结合的保守主义到现代保守主义的过渡，但是就反对“平等”作为社会生活基本的原则这一点而言（因而他们会以不同的方式强调权威、特权、地位或者秩序），它们属于一个家族。所以卡尔·曼海姆说：

在一个等级制的世界，统治阶层的统治尚未成为问题，人们也以一种特权制的等级方式镇定自若地行事。随着公民平等的观念的兴起，任何类型的特权主义，不管是左翼还是右翼都要以全体的名义使自己合法化。[11]

换言之，保守主义从维持既有秩序和权威——它们是任何有效的统治之所必需——出发（这里我们没有讨论社会意识与社会存在如地位、利益等的关系），通常不会诉诸平等来证明其合法性，而是诉诸人民的福祉、某种神圣性的因素或者传统。

同西方相类似，与现代“平等”观念在中国兴起的历史相应的，是传统的保守主义向现代保守主义的过渡。我们可以把张之洞等的“中体西用”论看作其最初的代表。近代思想史研究者称张为“洋务派”，以表明他与“顽固派”的不同。后者是传统的保守主义的概念，而张之洞已经意识到某些改变是不可避免的，譬如工具性的器用，但是所谓“中学”，首先就是“伦常名教”，或者说是以伦常名教为中心的中国固有思想文化，却是不能改变的。张之洞将之归结为“明纲”：

君为臣纲，父为子纲，夫为妻纲……五伦之要，百行之原，相传数千年更无异义，圣人所以为圣人，中国所以为中国，实在于此。故知君臣之纲，则民权之说不可行也；知父子之纲，则父子同罪、免丧废祀之说不可行也；知夫妇之纲，则男女平权之说不可行也。[12]

“明纲”是政治保守主义，它所要保存的秩序或传统、权威等都并非抽象的价值，而具体化为不平等的等级制度。这一点是“中学”的“纲”，背后则有文化保守主义为学理基础：

> 今欲强中国、存中学则不得不讲西学。然不先以中学固其根柢，端其识趣，则强者为乱首，弱者为人奴，其祸更烈于不通西学者矣。
>
> 今日学者，必先通经以明我中国先圣先师立教之旨，考史以识我中国历代之治乱、九州之风土，涉猎子、集以通我中国之学术文章，然后择西学之可以补吾疾者取之，斯有其益而无其害。知养生者，先有谷气而后可饫庶羞；疗病者，先审脏腑而后可施药石。西学必先由中学，亦犹是矣。[13]

这与当时被称为“顽固派”的“保守”有本质的区别，“顽固派”的“保守”只是简单的反应性行为，拒绝一切外来的事物和变革。“中体西用”说已经是某种程度的理性反思的结果，即以富强为目的，在中国传统伦理政治的基础上采用西方的科学技术，所以是一种理性的行为选择。但依然是在维护等级制度的意义上的保守主义，所以保留了传统的保守主义的基本特征。对于三纲的维护、对于民主政治的排斥、对于平等（首先是政治平等）的否定，虽然似乎是当时的家常便饭，但是根本的是对于隐蔽在现存秩序后面的地位、特权、等级的肯定，这些才是保守主义真正留恋的东西。与此相匹配的是权威主义的文化气质，所谓“先圣先师立教之旨”是绝无讨论余地的。

保守主义尤其是以保存“三纲五常”为主旨的政治保守主义，在从戊戌经辛亥到五四短短 20 年的时间内受到一连串的重大打击，“王纲解纽”导致了我们现在人尽皆知的传统的断裂，以至于余英时先生后来说近代以来中国始终没有出现可供“保守”的“现状”，没有形成“某一种秩序：社会的、文化的、政治的秩序”。[14]因此，我们大致可以说，保守主义对于中国近代平等观念的兴起，其作用总体上是消极的。不但因为作为传统保守主义向现代保守主义过渡形式的“中体西用”论者曾经坚决地反对“平等”，而且以“返本开新”为号召的新儒家那样的文化保守主义，对于“平等”

价值，也很少做有创造力的深度关注，甚至很少有创造性的批评，除了少数倾向于自由主义或社会主义的人物以外，他们的重心在心性形上学，而不在社会哲学与政治哲学。他们虽然不必反对“平等”，但是其内在的权威主义气质和“将存活到现在的过去作为出发点”的思维方式，都与特权、等级、权威、地位等更易匹配。经过20世纪初的失败，保守主义在政治理论上虽然不够强大有力，但并不妨碍中国政治文化的连续性可以继续十分坚韧。这多少也是中国现代保守主义转变为文化保守主义，并且重在为传统文化的连续性辩护的原因。

三

对于“平等”观念在现代中国的嬗变起过积极推动作用的是激进主义和自由主义，更确切地说，在很长的时间里，是激进主义和自由主义的联盟，推动着“平等”成为改变20世纪中国的重要观念力量之一。保守主义依靠传统的权威和固有的秩序，自然在“古今中西”之争中倾向“古”或“中”，这与他们实际上代表了原先享有的特权和精英地位有无庸置疑的联系。与此相对应，激进主义和自由主义的联盟，作为主张改革的政治派别，要改变社会政治制度和权力分配格局，祭起“平等”的旗帜几乎是势所必然。面对一个等级制的社会，“平等”首先就意味着重新分配权力和利益，意味着社会关系的全盘性调整，甚至意味着革命。改革或革命，“它意味着社会、经济或政治上的进一步平等，意味着人民对社会和政治生活的更为广泛的参与”。从戊戌到辛亥，中国历史不过是遵循了这一条逻辑而已：现代社会不可能长期安于严重的社会不平等。它的一项历史性的结果，是保守主义失去意识形态的主流地位达八十年之久，作为其补充，20世纪中国人的“平等”观念，几乎先天地就具备某种强烈的激进主义倾向。它几度走上前台，改塑了中国的政治文化版图。

所谓“平等”观念的激进倾向，首先是因为它所包含的政治平等的理想，最初在中国是以纯粹外来的方式出现的，尽管从戊戌到辛亥的思想家曾经尝试着用“新知附益旧学”的方式来寻找它的中国根源，但是就“民主的平等”之整体而言并非中国所固有，乃是一种直观上自明的道理。要用一种中国人前所未见的规范来改变中国社会，此之谓激进。其次，但是同样重要的是，政治平等威胁到已经存在了两千年的帝制，以政治平等的标准看，传统的帝制并无其合法性，因为它的合法性来自另一种学说，因而连带着的是整个政治文化受到否定。用谭嗣同的话说，就是“大盗”与“乡愿”的结合。激进主义的“平等”观念一开始就不但要推翻整个政治制度，而且要否定该政治制度的文化基础，这种文化格式塔心理今天已经受到许多责疑。但是就它的格式塔心理而言，保守主义与之并无根本不同，这一点张之洞的《劝学篇》写得十分明了，他把三纲五常的等级制度与整个“中学”联结在一起。因此我们有理由说，激进主义“平等”观念一开始表现出强烈的反传统色彩，至少其中的一条原因，是占据主流地位的保守主义出于格式塔心理，试图运用全部文化传统的权威来防止“平等”观念的颠覆性。或者说，正是保守主义将政治改革最初的动机，从对于“富强”的追求，上升到摧毁民族文化的高度，试图调动整个文化的力量，来限制对于旧秩序和不平等制度的批评和改变，促使思想的博弈走向极端主义的两极对立。

在围绕着政治平等问题展开的争论中，辛亥革命意味着保守主义的一次失败，“平等”开始写入中国的法律，表示它开始成为规范政治生活和社会生活的原则。但是辛亥革命并没有解决“平等”尤其是“政治平等”的社会植根性，尚未获得存在论基础的“平等”观念，至少在政治文化的领域，其激进只是形式的或字面的，其胜利将为中国政治文化实质上的连续性所抵消。

20世纪初中国人的平等观念的激进倾向，不但表现为上述两点，如果与西方（譬如英国自由主义的鼻祖洛克）的理论相比，还有两点颇值得注意。

其一，在社会平等的某些方面，譬如教育平等、男女平等这些问题上，最前卫的中国意识觉醒比较早。这当然是在相对的意义上说的。西方人一开始并没有全面地提出平等的要求，洛克的《政府论》表明，“平等”主要是政治原则而不是普遍的伦理原则，从上帝面前人人平等的神学解释推导出来的，只是政治社会的平等，即公民的法权平等。因此在一定条件下，夫权和父权乃至主仆关系，都可以不服从“平等”原则。换言之，洛克和英国革命所解决的，只是围绕着政治权力的起源、使用和分配等所涉及的平等原则，那是“民主的平等”的起点，既是逻辑的更是历史的。只是在政治平等获得某种程度的实现以后，英国人才渐渐将平等扩张到越来越广泛的社会平等——也是在经历了一连串的社会冲突和阶级之间的博弈以后。中国人则将自己的平等诉求在短时间内迅速扩张至各个方面，远在政治平等没有实现以前，男女平等、教育平等的主张已经为许多人所熟悉。中国的现代大学制度建立不久即实行男女同校，讨论“娜拉出走”成为新文化运动的一个热点，都说明虽然现代“平等”观念在中国是后起的，但是在社会生活的某些领域，却并非全面落后于同时代的西方世界，所以确实呈现出“激进”的面貌。更不用说，中国曾经有强大的无政府主义的潮流，无政府主义者在社会平等方面做过多方面的实验，也说明中国社会存在着强烈的社会平等的动力。

其二，与政治平等方面的实质性进展并不明显堪成对照的，是中国人对于经济平等的热情曾经持续高涨，并且在社会主义实验中一度发展为破坏性的平均主义。

20 世纪 40 年代末国内战争的结局已经决定了中国的社会主义道路的历史性选择，由此也决定了此后数十年经济平等从马克思主义的意识形态到国家制度、政策的转变。它突出表现在社会主义改造的一系列运动中。其目标不仅停留在现在我们注重的分配正义上，按照马克思主义的经典理论，资产阶级的法权平等和资本主义经济不平等之间的冲突最后只能导致危机和崩溃。真正的平等是消灭阶级，首先改变生产资料的私人占有为社会公有，同时要以不断革命的精神缩小乃至消除三大差别、限制资产阶级法权，从社会主义向共产主义转变。如何认识激进的平等主义的社会变革与经济发展之间的关系，需要非常专门的研究。按照比较大略的观察，“1950 年以来，中国人取得了实现现代化的高增长率，超过大多数尚未实现现代化的国家”，但是低于“东亚四小龙”。[15]扣除因为“大跃进”和“文革”所造成的破坏，中华人民共和国成立以后三十年经济的发展不容小觑。它一度被人们看作中国可能寻找到了一条不同于发达资本主义国家的现代化之路：“它能建立一种更加平等、更具集体道向和更加公正的社会，从而减少了在其他地方可以发现的那种牢骚满腹和社会分裂的源泉。”[16]

但是，为了实现激进的经济平等（和某些社会平等）而采取的无休止的“阶级斗争”和“无产阶级专政”，不仅损害了生产效率，而且出现了一种新形式的政治不平等，导致了“文革”那样的社会动荡。换言之，在激进主义的社会改造方案中，“平等”本来因为它是未来社会的理想而成为社会动员的工具，这在有着悠久的“不患寡而患不均”的传统的中国，确实呈现出强烈的动力性。但是“经济平等”最后事实上异化为严重的不平等，激进的平等主义走向了它的反面。

四

作为现代价值之一的“平等”，原来是现代社会的一条共法，与其他最主要的现代价值一样，都与启蒙主义有密切的联系。如果说马克思主义和社会主义属于激进的平等主义的话，自由主义则属于温和的平等主义，所以我们说，是激进主义和自由主义的联盟推动了“平等”观念在现代中国的嬗变历程。不过自由主义在此过程中有不同于激进主义的立场、观点和作用。另一方面，由于“平等”几乎是自由主义天然认可的价值，至少在它不与自由冲突的情况下是如此，因此自由主义在对待“平等”的立场上与保守主义原则上就不相同。但是，像西方自由主义一样，中国近代历史上的自由主义者对待“平等”的态度比较复杂。这种复杂性的表现之一，是它们经常摇摆在保守主义与激进主义（社会主义）之间。当自由主义与激进主义结盟的时候，社会的主流意识似乎被平等所左右，当他们与保守主义结合的时候，“平等”就比较受忽视。这与自由主义对于“平等”价值本身的理解与态度密切相关，即既不像早期保守主义那样拒斥，也不如社会主义那样肯定其优先性。总体上说，平等是自由主义价值的重要向度之一，不过他们通常强调的是人的权利平等，或者说形式的平等，一般很难接受实质的平等，或者说结果的平等（尤其是经济平等）。这样一种派别立场也是在平等观念的现代嬗变历史中逐渐呈现的。至少在五四新文化运动中——这场运动是激进主义和自由主义合作的结果——平等还只是作为一个总体性的价值被自由主义所追寻。不管中国社会实际上如何依然保持着严重的不平等，与“平等”为法律所明文规定相配合，五四作为中国的启蒙运动的一项积极成果，都是“平等”占据了话语优势。平等是好的，不平等是不好的。在新式知识分子阶层，这是一条社会常识。

随着“新青年”派的分裂，激进主义走向社会主义革命，把平等高高地写在自己的旗帜上，自由主义则主要追求“自由”——尤其是知识分子的言论自由和批评政治的自由。在“新月派”和“人权运动”中的自由主义者，虽然不必有反对实质平等和结果平等的理论，却实际上远离了追求平等的土地革命和农民战争。20 世纪 40 年代，随着国内政治形势的变化和自由主义高潮的到来，自由主义者们的平等观念也有所深化，不仅意识到平等的悖论，更意识到平等和自由之间的冲突。在当时《观察》《新路》等著名杂志上展开的争论，可以很好地说明这些问题。不过，20 世纪 40 年代中国自由主义对此问题的认识，基本上反映了西方自由主义的主流立场。当时英美社会的主要思潮是自由主义向左转，与社会主义形成某种结合。这突出反映在英国费边派和著名思想家拉斯基对于中国自由主义的决定性影响上。拉斯基曾经因为立场介于费边社自由主义和基尔特社会主义之间而被称作“温和的自由主义”，后来又因为受马克思主义影响而被称作“温和的马克思主义”。他对于第二次世界大战前后西方知识界的影响，最具有象征意义地说明了在20世纪30～50年代，由于社会主义运动的全球影响，整个世界如何朝左转。中国著名的自由主义知识分子，如张奚若、钱昌照、罗隆基、储安平、吴恩裕等一大批人士，几乎都受到拉氏的深刻影响。他们中尽管也有人认为自由主义的价值排序是自由优先于平等，但是更强大的一派，是认为平等和自由同样重要。换成当时的标题：人人有饭吃，各自选路走。或者说，既要“人人一碗饭”，又要“每人一张票（选票）”。在政治上是在美国和苏联之间走出第三条道路，在价值上是政治自由和经济平等兼而有之。

自由主义在中国大陆再次上升为知识分子的正面陈述，是20世纪90年代以后。罗尔斯的《正义论》给中国知识分子提供了一个在民主的框架内协调平等与自由的偏左方案。按照罗尔斯的理论，正义的核心是平等。他对所提出的两个正义原则的陈述，虽然兼顾了自由，但是总倾向是平等，或者说分配正义。在学院哲学内部，罗尔斯成为政治哲学和伦理学讨论的焦点。围绕着它们出现了一大批学术论文和若干著作。但是，就通俗哲学或社会影响而论，罗尔斯的对立面诺齐克所表达的保守的自由主义，其实更为重要。诺齐克反对国家以强制方式进行财产再分配来实现社会平等，这与哈耶克的自由主义经济理论有内在的重合。事实上，在当代中国，哈耶克的自由主义比诺齐克更为人熟知，尽管哈耶克之所以成为20世纪末的学术明星，有中国自由主义试图将自由主义与传统文化结合这一历史原因，[17]但是无论是哈耶克，还是像政治儒家那样的保守主义，都同样拒斥平等的价值。我们知道哈耶克认为社会正义是空洞的毫无意义的概念。下面这一点也决非纯粹的巧合：在1990年代流行的“启蒙反思”和对法国大革命的批评中，英国人柏克和他所写的《法国革命论》为许多中国的自由主义者所称道，柏克主张传统、秩序和权威，当然也赞成所谓在人的自然才能基础上形成的贵族制，所以不平等是人的德行、才能和气质乃至环境的自然反映，它表现为传统和制度。

总之，与20世纪上半叶中国的自由主义在“平等”与“自由”的矛盾关系中倾向于平等不同，20世纪末的中国自由主义在其价值排序中更钟情于自由优先。此段时间内的部分自由主义者表现出与以传统主义面目出现的保守主义结盟的趋势，这与主流意识的“效率优先论”以及由此决定的忽略平等的社会政策，构成了某种共鸣，尽管“效率 vs. 平等”与“自由 vs. 平等”是两种不同的关系。

五

在现代社会三种基本思想派别的争论中来观察平等观念的嬗变，平等观念史的实际进程并没有终止思想的博弈。在这场旷日持久的争论中，主要有三种不同的思想派别。当然实际上平等观念的争论有更为复杂的向度，无论是激进主义、保守主义，还是自由主义，对于“平等”的理解和解释都没有那么规正齐一，但是这种类型学的方式还是可以大致描画这场讨论的总体画面。其原因之一，是中国的自由主义和激进主义，都与西方发达国家的同类思想派别有直接的关联，中国的保守主义在摆脱了最初单纯防守的困境以后，也很快从西方理论中获得了某种支撑。从这个意义上说，平等观念在现代中国的嬗变过程以及它所呈现出的种种困境，只是现代世界普遍的价值困境的一部分。

在不同思想派别的争论中探讨“平等”的观念史，也使我们意识到平等只是现代社会理想的一个向度或者一个要素。当现代社会将“平等”作为一个改造自身基本结构的原则的时候，不但由于社会体制所造成的深刻的不平等是不可能避免的，而且“基本结构和社会安排一般说来不但有正义或不正义的，还有效率高的或效率低的，开放的或不开放的，等等”。[18]更不用说，前面我们多次谈论到的自由也是现代社会理想的一个重要方面；而要维持一个社会的持续进步，秩序一定是必不可少的。从民族价值的现代重建角度来看平等或不平等，就不能把平等观念与其他现代价值分离开来，视其为独立的理想，而应该注意到各个向度之间的平衡。

曾经有过一种“平等”的要求，使得中国近代几乎所有思想派别都暂时搁置分歧而取得一致，那就是“民族平等”。在“国家/民族平等”的要求后面，是民族社会共同体的生存危机和福祉祈求，是国家富强的目标。虽然我们现在讨论的主要是“民主的平等”即公民之间的平等，但是至少现代中国人的平等意识是随着现代民族意识和某种民族主义情感一起发展起来的。事实上，它既有国际政治的指向：要求民族独立和民族平等；又有国内民主的指向：民众认同与全民参与。它更是随着现代产业制度和人的解放——包括各种欲望的解放——的潮流一起发展起来的。因此，在围绕着“平等”的争论中，甚至就在各种“平等”的背后，事实上有一个价值世界的诸神纷争。

由于中国人是在近代以来“古今中西”的大争论中逐渐展开平等观念的现代嬗变的，因此围绕着它的价值重建过程，实际上需要处理三个重要价值的排序问题：秩序（权威、传统）和自由、平等，它们分别被保守主义、自由主义和激进主义（社会主义）列为优先的价值。处于两端的是保守主义和激进主义，而当自由主义倾向于自由和平等并重时，他们实际上就倾向于激进，当自由主义倾向于与传统秩序结合，他们实际上就趋于保守。虽然我们通常会说，自由、平等都是现代社会的价值原则，但是秩序、权威和传统也是一个健全的社会之所必需。从这个意义上说，以上三个文化—政治派别都有自己存在的理由。当然，正像自由、平等的具体内容是在历史中展开的，秩序、权威和传统也需要在历史条件中获得其具体规定。换言之，随着自由、平等这类观念的现代嬗变，秩序、权威和传统或早或迟地也要取得它们新的历史形态。章太炎说过，“因政教而成风俗，因风俗而成心理”，指出政治文化——一个民族处理其政治活动的心理——也是可以改变的。现代社会所需要的秩序、权威与传统将在社会现代化进程中经过“创造性转化”，能够逐渐与自由、平等价值相匹配。它的一个较为乐观的前途是在民主的框架内，渐渐养成中国人参与型的政治文化，不再仅仅依赖得到一个超出社会之上的权威垂直施与的“平等对待”，相信自己有参与政治生活的权利，相信自己的积极活动可以某种程度上影响现实，相信使生活本身更加平等既是可欲的也是可能的，并且更进一步，能够将平等意识转变为德性。这种理想的前景是否能够实现，端赖我们观念的长期博弈。

---

①〔英〕斯当东：《英使谒见乾隆纪实》，叶笃义译，上海：上海书店出版社，1997。

②⑤譬如后来成为著名知识精英的王韬在1859年5月6日的一则日记中写道：“西国政之大谬者，曰男女并嗣也；君民同治也；政教一体也。”见方行、汤志钧整理《王韬日记》卷2，北京：中华书局，1987，第112～113页。

③④〔美〕塞缪尔·P. 亨廷顿：《变化社会中的政治秩序》，王冠华等译，北京：三联书店，1989，第155页。

⑥阎步克：《从爵本位到官本位：秦汉官僚品位结构研究》，北京：三联书店，2009，第26页。

⑦严复说："盖佛固言平等矣，而意指平等于用慈，亦言自由矣，而实明自由于解脱。即使求诸犹大之旧与夫基督之新经，固言于上帝前诸色人平等。然其平等者，平等于不完全，平等于无可比数。然则宗教之所谓平等者，乃消极之平等，而与卢梭民约所标积极之平等，倜乎相远，而必不可强同者矣。"见《严复集》第2册，北京：中华书局，1985，第338页。

⑧〔英〕詹姆斯·斯蒂芬：《自由·平等·博爱——一个法学家对约翰·密尔的批判》，冯克利等译，广西桂林：广西师范大学出版社，2005，第196页。

⑨⑩〔英〕罗杰·史库顿：《保守主义》，王皖强译，台北县：立绪文化事业有限公司，2005，第18、27页。

⑪〔德国〕卡尔·曼海姆：《保守主义》，李朝晖等译，南京：译林出版社，2002，第194～195页。

⑫⑬张之洞：《劝学篇》，上海：上海书店出版社，2002，第12、22页。

⑭李世涛主编《知识分子立场：激进与保守之间的动荡》，长春：时代文艺出版社，2000，第3页。

⑮⑯〔美〕吉伯特·罗兹曼主编《中国的现代化》，南京：江苏人民出版社，1988，第528、605页。

⑰关于自由主义的这一转变，笔者受益于张世保教授的论文《"拉斯基"还是"哈耶克"？——中国自由主义思潮中的激进与保守》，见高瑞泉主编《中国思潮评论》第4辑，上海：上海古籍出版社，2014。

⑱〔美〕罗尔斯：《正义论》，上海：上海译文出版社，1991，第10页。

作者简介：高瑞泉，华东师范大学哲学系教授、博士生导师。

［责任编辑：陈志雄］
（本文原刊2014年第4期）

当代社会变迁之中的基督宗教

卓新平

[提　要] 基督宗教在当代发展中正面对“全球化”、“世俗化”和“多元化”的种种挑战，其古典形态已留存不多，甚至因其本土嬗变而几乎面目全非；虽然自二十世纪初开始的基督宗教信仰整合没有根本完成，其作为世界第一大宗教却必须以其信仰宣称来对上述挑战做出表态和应对。特别是在当下中国处境中生存与发展的基督宗教，更需回答关涉其目前定位和未来走向的“全球化”、“中国化”诸问题，在中国倡导的“一带一路”国际合作和“人类命运共同体”建设中体现出其意向和努力。对此，基督宗教“普世”发展的经历和经验，可能会对“全球化”、“人类命运共同体”这种走向提供启迪和借鉴。也正是在这种思考和应对中，基督宗教则会给中国与世界，以及其信仰本身带来新的机遇和未来希望。

[关键词] 基督宗教　全球化　中国化　一带一路　人类命运共同体

当今世界的人际关系是前所未有的密切，而形成共聚之人的思想文化却是前所未有的多元复杂。社会共在使矛盾对抗加剧，也使对话了解机遇增多。基督宗教作为“大一统”的信仰体系，经历了约两千年的整合共融，但在“全球化”面前却发现国际社会的信仰文化乃如此多元，其沟通、对话的任务是如此的巨大、艰辛。在基督宗教视野下的中国与世界都如同万花筒那般绚丽多彩，已经目不暇接，而中国与世界视域中的基督宗教表面看似清晰却有着深层次上的模糊，很难根本看透、说清。这里，现代社会与基督宗教都有着自我反思和彼此认知的当务之急，其关系的妥善处理和积极调试，将影响到世界的走向与人类的未来。概言之，基督宗教在当代社会变迁中必须理顺一些重要关系，其中涉及世界发展变化的包括“全球化”问题和“人类命运共同体”的建设，而直接与中国当代发展相关联的则有其本身的“中国化”以及对“一带一路”发展合作的参与问题。

一　基督宗教与“全球化”

只是步入二十世纪下半叶以来，自以为早就进入“全球性”发展的基督宗教才真正领悟到什么是“全球化”景观。它由此经历了从其地域性、局部性关注到对人类全球性存在及其相关问题之注重的重大转型。美国学者史密斯（Wilfred Cantwell Smith）和斯马特（Ninian Smart）曾论及一种“全球化宗教探究”,[①]由此提醒人们要认真注意其普遍关联。基督宗教在其跨国度、跨民族发展上曾经引领了这一全球化潮流，故而曾憧憬某种“基督化时代”的到来。不过，现实景观却给这种乐观情绪泼了一瓢冷水。今天的“全球化”并非基督宗教的全球化，甚至过去乐于将美国梦与全球化相结合的基督教美国在今天也有了犹豫和动摇，开始尝试与之不同的退出国际合作之“逆全球化”选择。现实世界的多元混杂使基督宗教作为“全球化宗教”的身影开始显得模糊，多种宗教的竞相发展引发了新的张力，而思考究竟什么是全球化的宗教特征之斯马特已经感觉到“一种即将来临的全球性文明”[②]与以往不同，人们在失去对未来的把握及信心。

与基督宗教的全球发展极为相似，当代世界的各种宗教都已经不再是分块的、隔断的单独存在，而是有着这种全球性普遍关联，任何宗教都可能牵一发而动全身，形成世界级震荡。以往所谓世界宗教与民族宗教的划分已经落伍，不少原属局部性的民族宗教实质上都有了世界宗教传播的规模和速度。正是这些宗教的世界性、全球性扩散，形成了新的竞争、冲突和较量。尽管有着自十九世纪末以来世界宗教和平运动的努力，宗教之间的张力并没有根本消减，其全球化对话的需求越来越紧迫。与全球化发展相对应的，则是继政治、军事的冲突之后，“文明的冲突”紧接着登台，其根源性的经济问题、社会不公却被掩盖。这样，人们在全球化的时代有了更多的犹豫、彷徨和惆怅。“全球化”走向何方，这对于作为世界第一大宗教的基督宗教既是问题，更是责任。在这种“全球性”紧张之中，基督宗教不能加剧这种张力，而应该以其能力和影响来消减、缓释世界的紧张局势，但基督宗教的这一责任意识似乎并不强烈，甚至很不明显。实际上，对话的声音在弱化，以往大国对世界的“责任”和“担当”在出现嬗变，“全球化”的发展趋势以及逆全球化或反全球化的对流使国际关系趋于复杂，世界正向着越来越危险的方向滑动。如果基督宗教不能在这种危机之中选择正确之途，不能引导世界走向缓和与共处，其世界第一大宗教的使命则会终结，而其信仰的“大一统”共在也会分化瓦解，成为回返局部利益、狭隘民族主义或地方保护主义的精神代言，其结果恐怕则是“基督化时代”的真正结束。

回想二十世纪六十年代，基督宗教曾经领引了当时世界范围的对话，不同宗教之间、不同政治利益之间以及不同思想意识形态之间的矛盾冲突得以部分消解，其中基督宗教的作用非常明显，人们对基督宗教的“普世合一”运动也有着足够的信心。那是“全球化”开始萌芽的时期，特别是以科技发展为引擎、以信息网络为特征的全球化会将人类引向何方，人类并没有充分的思想准备或较为清晰的预案。本来，伴随着全球化到来的“冷战”结束给人们带来了和平对话的希望，宗教的重新活跃使人有着“第二轴心时代”（the Second Axial Age）的期望，但仅从当今宗教发展的实际来看，其相互排斥对立似乎在加剧，文明冲突意义上的对抗也在逐渐升级；以前政治对立的战场明确、阵营清楚，两大政治集团的双峰对峙使国际关系反而简单明朗，但现在却出现到处是战场、人人会自危的局面；暴恐活动给人带来了冤家窄路相逢的绝望，不知何为净土、何处安全，不得不担心随时随地都可能祸从天降；而其冲突、对抗之精神背景中的宗教因素更是让人震惊、沮丧。在这种新形势下，各宗教寻求和平的努力没有形成合力，各自零散的声音也不具备和声的规模，基督宗教亦尚未起到二十世纪六十年代那种呼唤、领引的作用。如果找不到和合共生之道，政治、民族的分歧就可能失控，最终导致偏激者借助高科技大规模杀伤性武器毁灭这个星球。因此，“全球化”是对基督宗教生存及其作用的巨大挑战，也是其如何面对危机并化解危机的重要机遇。

天主教神学家孔汉思（Hans Küng）在论及基督宗教的全球发展时曾提到其“范式的转变”，为此，他认为面对世界的全球化发展不仅需要基督宗教自身的“普世信仰”，而更为迫切的则是要尽快创立一种“全球伦理”（Weltethos），因为“这种伦理为一种更好的个人秩序和世界秩序提供了可能，这种伦理引导着个人摆脱绝望，引导着社会摆脱混乱”。[③]孔汉思意识到，基督宗教在全球化的世界已不可能唯我独尊、包打天下，也不可能建立一种以基督宗教为主导的“统一宗教”，因而只能以一种普世宗教神学的眼光来“不断督促各宗教在未来着重强调共同的东西，少提造成分裂的东西”，由此“将现存的共同性提高到普遍的意识上来”。④既然作为根本价值体系的宗教在建制上不可能整合，那么首要任务则应该是找寻一种在各宗教教义中可能存在的“共同的核心价值”，在社会共有道德层面作为一种“世界伦理”来达成共识、实现联合。这里，孔汉思找到了基督宗教应对及适应全球化的基本思路，即不能做自命不凡的先知或颐指气使的教主，而是通过“革新”和“自我改革”来达到“和睦”，通过“自我批评”来实现“宽容”。⑤找到国际社会全球化关联中共同生存的社会底线和价值共识，此乃当务之急，基督宗教理应意识到这一点，并须马上采取积极的行动。

随着全球化时代的到来，人类精神思想也出现了巨大转变，局部思维必然会被整体思维所取代，单一的思考也势必让位于综合考虑。为了迎接并适应这个全球化时代，基督宗教需要一场思维革命，也有必要推动其新的范式转变。在全球化思维上，基督宗教思想好像不太活跃。在二十世纪神学群雄相继退出历史舞台之后，神学界几乎陷入“万马齐喑”的窘境，人们在期盼着出现登高一呼的当代智者，渴望能看到巨星闪耀。所以，基督宗教不可被动适应或应对全球化的挑战，对之表示沉默或抵触，而应该有其主动、积极的全球化意识表达，以便能在方兴未艾的全球化意识、生态保护意识、宗教多元意识和全球对话意识中获得自己的凸显地位和强有力的发声。

二　基督宗教与“人类命运共同体”

所谓“全球化”实际上基于人类存在的整体意识和人类社会的共同体化这种全新发展。人类作为集体之在，其最大特点就是其共同体的存在方式。但共同体的意识乃经历了漫长的嬗变和调适，这种以利益共同体为基准的发展经历了氏族部落共同体、社会政治共同体、经济合作共同体、宗教信仰共同体、民族国家共同体、跨国集团共同体、国际联盟共同体等发展，大小变更、分合重组屡屡不绝。与全球化相伴随的，则是相关共同体的不断扩大并获得全球性影响。这种共同体反映出人类不同的经济文化圈文明，而这种文化圈认识恰好就是亨廷顿（Samuel P. Huntington）“文明冲突论”的社会及时代背景，他认为正是在不同文化圈的交接之处容易产生碰撞、造成文明冲突。显然，由文化圈所折射的共同体乃局部利益共同体，即以其相同的经济、政治、民族、宗教信仰及文化利益诉求而形成联盟、构成共同体存在，以便与其他共同体博弈、竞争。这种共同体所达成的统一、共构，既有和平整合、协商联合之结果，也会通过战争、征服来取得，而全球化时代的利益共同体则更多是经济需求并通过磨合使然。以欧洲为例，“长期以来，欧洲人一直在寻求着欧洲统一的途径——宗教、文化、军事、政治——就在多少政治家、军事家试图统一欧洲的宏图大业相继失败之后，市场经济的发展却在悄悄地逐步地将欧洲各国的经济融合在一起”，这种欧洲联合的结果就是其经济一体化，并以其经济联盟为基础而奠立其军事、政治等联盟。[⑥]在欧洲历史上，基督宗教曾试图建立其宗教信仰共同体，中世纪天主教信仰的整合成功曾使欧洲人缅怀过去、浮想联翩。但这种信仰共同体在宗教改革、民族独立、工业发展的大潮中已被冲得四分五裂，荡然无存。而今天方兴未艾的人类共同体发展进程却基本与基督宗教的存在无关，其信仰共同体只可能是多元宗教共在的共同体，以反映人类命运共同体在艰难险阻中的诞生及其披荆斩棘的发展。虽然，当今人类命运共同体的构建已经基本上与宗教无直接关联，但宗教尤其是基督宗教却可以为这一当代人类共同体的构建献计献策，提供启迪和智能。基督宗教所保存的原始社团共同体、教会共同体及修会共同体存在，可以为今天的共同体建设提供经验教训，给出警醒和启发。共同体得以存在的一大原则就是求同存异、包容他者，形成各宗教派别及其信众之间对话宽容、多元通和、和而不同、和合共生的良好局面。基督宗教作为迄今仍然最大的基督信仰共同体，在化解宗教冲突、构建共同社会上可以充分发挥其作用。

事实上，共同体的发展乃是寻求人类不同群体的共存，这就需要各自不同的人与人、社团与社团、社会与社会、宗教与宗教、民族与民族、国家与国家之间的相互接触、彼此沟通和共同合作。这对于宗教而言，只能是宗教对话、宗教共存，故此必须告别以往的宗教冲突和宗教战争。欧洲近代以来，基督宗教各教派之间、各势力范围之间曾发生过剧烈冲突和流血战争，只是在十九世纪末、二十世纪以来，才出现了寻求共同存在与发展的“基督宗教合一运动”即“普世教会运动”，在此，基督宗教的所谓“普世”诉求，实际上就是基督教会的共同体努力。其经验教训当然也可以给今天人类命运共同体的建设提供借鉴和警醒。基督宗教在这一运动中的名言“同一个世界或没有世界”、“教义造成分裂，工作有利合一”，为当代共同体意识的形成及成熟亦营造了积极的氛围，并在一定程度上缓减了其宗教中的矛盾冲突。基督宗教的现代合一意识，促进了其宗教之内、各宗教之间以及宗教与教外的主动对话，二十世纪的“教会作为共融”之处，曾为多元对话提供了重要平台。也正是在这一语境中，孔汉思在争取达成“全球伦理”时才喊出了“没有宗教和平就没有世界和平，没有宗教对话就没有宗教和平”这一振聋发聩的口号。今天我们要合力共建人类命运共同体，其基本前提就是要从对抗走向对话，从对立走向并立，从争议走向共识。

在全球化的时代，以往的社会共同体显然仅有局部意义，只是一种较小范围利益集团的共存，从而很难避免在更大范围中的争夺和冲突。因此，今天的世界共存之唯一出路，只能是人类命运共同体的共建，已经别无选择。对此，有着普世教会之合一运动的基督宗教，实质上在全球规模之小范围内曾起过先锋探路作用，其经验教训都弥足珍贵，值得今天认真开发和借鉴。而今人类共生存、同命运的时代已经真正到来，曾具有先知般远见及努力的基督宗教不应后劲不足，而需发掘、调动其潜力来积极应对。

必须看到，现代社会的世俗化已给基督宗教造成了直接的冲击，其社会作用和世界影响已经明显在减退，如果基督教会在当下人类命运共同体的共建中不挺身而出、反而急流勇退，其颓势将不可避免，其处境也会每况愈下。从世界全局来审视，基督宗教好像对之仍然处在十字路口，有其犹豫不决或动摇彷徨。对于这种麻木或茫然，需要及时呼唤和叫醒。在基督宗教的精神资源中，其对人类命运共同体的肯定及支持，可以表现在多个方面，如其信仰观念中“与神共在”这一神与人的共同体世界，会使其视野开阔、境界超越，有助于克服局部自我的局限性，而有关照他者的全局综观；其教会作为“神圣联盟”的意识可以帮助其超越自我、扬弃传统观念而寻找更为广泛、更大涵括的神圣意义及神圣价值；而其遍及全球的教会存在也可跨出自身教会的藩篱而争取文明对话、文化沟通上的更多合作与联合，为人类命运共同体的真正实现奠立坚实基础，创造有利条件。因此，基督宗教对共建人类命运共同体的参与乃时不我待，势在必行。

三　基督宗教与“中国化”

对比国际发展，与基督宗教视野相关联的中国当代发展，其关键词当然是“中国化”。作为世界性第一大宗教的基督宗教，其在中国发展中有没有必要“中国化”，为什么要“中国化”以及究竟如何“中国化”，都是需要认真思考的重大问题，关系到基督宗教在当代中国的生存处境及发展前景。如果能够审时度势地冷静分析，则不难看到中国当今发展给基督宗教理顺其与中国社会及文化的关系提供了绝好机会，如果不及时完成其“中国化”的华丽转身，则会错失良机，留下难以弥补的遗憾。

基督宗教虽然自我宣称为“普世宗教”，却仍有其“在地化”、“处境化”的义务和使命。其世界传播的历史，也是自身不断处境化、地域化适应、变化的过程。特别是基督宗教在华传播的历史轨迹，亦提醒其中国化的重要和必要。其理由至少包括如下几点：

第一，从基督宗教中国化的社会政治原因来看，基督宗教与中国政治的深层面心结未解，留有不少可能发生纠缠、导致碰撞的疙疙瘩瘩，当代中国社会对基督宗教至少仍存在潜意识的政治警惕和相应排拒。究其原因，在于基督宗教作为信仰社团本来就是重要的社会组织和政治力量，它并不存在于政治真空之中，而摆不脱其复杂、多变的政治处境；特别是自鸦片战争以来，基督宗教传华被认为与西方政治反华脱不掉干系，这种关联被不断肯定，并且直至今日仍在一定程度上延续。在政治及文化这两大层面，基督宗教在中国都仍未获得如佛教那样的信任，虽然中国基督教三自爱国运动基本上摆脱了对西方的依附，但在中国社会教内外，这种彼此不信任感和距离感仍旧是心照不宣，双方在猜忌、试探中共进，相互之间会客客气气，但也小心翼翼，不会也不敢深交，其长期以来所造成的心灵撕裂在眼下仍很难弥合。所以，基督宗教在面对中国社会对其在政治层面上的隔膜时，还需要足够的耐心和必要的冷静，如何使自己达到其政治层面的中国化乃是首选，这一了断可以起到快刀斩乱麻、四两拨千斤的神奇作用。但对这种适应及其真正“中国化”，基督教会中似乎仍有抵触和对抗，不合作的选择仍很强烈，尤其是海外教会的抱怨和反感，暴露出其对政治智慧及敏锐感的严重缺失。基督宗教如果在政治上仍要选择反中国化或非中国化之路，将会面临多蹇命运。

第二，基督宗教在思想文化上中国化的任务尚未完成，历史上其输入传送的意识要远远强于其接受吸纳的意愿。佛教在中国的传播的确也传入、输进许多印度思想文化理念及语言逻辑表达，然其对中国思想文化也持完全敞开之态，融入了大量中国元素，以致通过漫长的磨合而使中国人不再觉得佛教是外来宗教，佛教本身也形成强烈而自觉的中国意识、中国感觉，不再有外来宗教之虞。来中国的基督宗教自耶稣会开始有着自觉、主动对话中国思想文化的意向，但这一过程刚刚开始就因“礼仪之争”而夭折，导致历史的遗憾和今天必要的补课。虽然今天仍有人认为耶稣会适应中国文化乃另有所图、暗藏取代中国思想文化的谋划，但这种意欲仅在开端，若文化对话交流真正深化，其走向和结局则很难预料，并不必然是“吃掉”中国文化的结果。既然历史是这样的走来，那么基督宗教今日就仍然需要接着走下去，有必要完成其融入中华思想文化传统这一历史任务。其实，这种在思想文化上的对话与沟通，完全可以带来双赢，并不会有谁真正彻底“吃掉”谁的后果，而只可能是交融互渗，彼此包容，有机合一。因此，基督宗教在思想文化深层面走入中国，是其在华发展的必由之路，也是其真正可持续发展之路。

第三，基督宗教的中国化还需有其民族意识上的转型，中华民族意识源远流长、博大精深，特别因其近代的弱势挨打这一挫折经历而使之有着更强的民族自尊、自强、自立的心境。其心灵的触动关涉与基督宗教的交往，所以对这种强烈的民族感情、民族自尊更要有特别的注意和尊重。西方列强侵华史客观上导致基督宗教曾染指其“文化侵略”，西方教会历史上曾在华取居高临下之势，那种包办代替、颐指气使给中国人留下了心理阴影，至今记忆犹新。而当前国际上民族意识加强、民族之间的纷争加剧，因而对中国基督徒之中国民族意识的提醒或唤醒乃是一种大势。过去中国半殖民地半封建时期那种“多一个基督徒，少一个中国人”的现象切不可因为今天的海外移民而重演，海外华人基督徒及其华人教会在这种敏感时刻、以其敏感身份，更需要一种“海外赤子”的见证。在基督信仰问题上，远走他乡之华人的洒脱，却不要成为持守乡土之士的负担，中国人走到天涯海角，都需保留一份乡情、乡愁和乡思；一个好的中国基督徒，理应是精神气质上和文化修养上的中国人。中国人跨境而不忘祖，仍留有其民族情结和气节也是久远中国优秀传统的有机部分。在今天有上千万华人分布世界各地，其中不少成为基督徒的情况下，这种心灵沟通和相互关照，在正确认识基督宗教中国化的民族意义上已经具有迫在眉睫的需求。

第四，基督宗教的中国化关涉到中国教会的健康和可持续发展。中国教会的多元走向已是不争的事实，其间就涉及到这些教会究竟走向何方的问题。中国教会在近代曾尝试创办各种本土教会、本色教会和自立教会，道路艰险，沉浮各异，自二十世纪五十年代以来的三自爱国教会才确定了中国当代教会的底色。无论其成功与否，这都是中国教会建设发展的积极实践，其旨归就是基督教会要在中国社会扎根成长；其实，中国化的教会在今天也仍然是多姿多彩的教会，在中华民族、中国社会的大范围内保留着浓郁的地方特色与民族气质。甚至海外华人教会在其本土适应之际，亦可尝试如何推进其中国本色教会的创建。

第五，基督宗教的中国化还必须与时俱进，跟上时代的发展变迁。中国社会自二十世纪七十年代的改革开放以来变化巨大，人们的思想空前活跃和多元，而中国教会正是乘改革开放的东风才得以重新崛起，经历了全新发展，并以这种新的面貌步入了二十一世纪；改革后的中国社会充满了活力与动感，人们的思想见识开阔开放，这种时代发展促使中国教会必须及时调整自己的心态和前进步伐，不能停留在改革前的思想认识，也不能仅仅满足于教会内涵式发展的自娱自乐和自我满足。这种随中国社会发展的改进一方面包括中国教会的自我改革，理顺教会内部教义神学思想、礼仪礼规和教务管理的关系，具有现代教会的发展意识；另一方面则要积极适应中国当代社会的迅猛发展，跟上随之而来的问题意识和任务要求，见证并推动社会的积极发展，服务于快节奏发展中人们的精神需求和灵性修养，帮助解决这一发展中经济及精神上弱势群体的社会问题和心理问题，奉献教会及时、清新的灵性关怀、精神安慰和信仰渴求。基督宗教的中国化应该是充满现代活力的中国化，使其深厚的历史积淀转换为当代特色鲜明的勃勃生机。

第六，基督宗教的中国化是充满思想蕴涵的中国化，在其神学上必须有体现中国精神、中国意识的创意。当今“中国神学”建设内容丰赡，范围极大，已不再是过去对西方神学的翻译、诠释、借鉴和采纳。以往中国教会吸收、借鉴、采用的多是西方神学，自我意识和自我创见不强，民族色彩不浓，因而需要补充中国智慧，彰显中国精神，体现中国思想特色。二十世纪下半叶的世界神学曾见证了由西方神学到亚非拉美神学的迁移，“第三世界神学”曾一度活跃，神学的地方色彩鲜明、清新。这一发展也曾影响到中国的神学创建，但因“文化大革命”而一度中断，即使在中国改革开放的初期也未见再现高潮。对中国神学建设具有筚路蓝缕之功的吴耀宗、王治心、赵紫宸、丁光训等人先后辞世，新中国新时代神学的构建仍未完成，新的一代教会思想家神学建设使命依在，任重道远。如果在中国社会发展空前活跃的今天却没有反映这一特点的中国神学出现，则会愧对这一历史时机。

总之，基督宗教的中国化是对当今中国积极引导宗教与社会主义社会相适应的积极应对，是对建设中华民族命运共同体、建设中华民族精神共同体的积极参与。“千里之行，始于足下”，要积极有效地在全球化时代参加并引导人类命运共同体的建设，首先则需要搞好中国自身的建设，包括经济、政治、法律、社会、思想、文化等各方面的建设，只有打好我们自己的基础，以中华民族自身的团结、富强为资本，才可能有实力走向世界，成为全球化时代的弄潮儿、引领者。在此，中国基督宗教乃义不容辞，是其见证、有为的大好时机。中国化并不要消解从外而传入的基督宗教，而是使之有更好地适应，做出融入社会、与中国共同发展前进的积极贡献。在一个需要现实根基的真实世界，基督宗教的“普世情怀”在华则须基于其“中国心”的基本定位，而“人类拯救”之梦也需要以追求实现“中国梦”而得以圆梦。

在研讨基督宗教与中国化的关系及关联时，我们有必要认真思考基督宗教与中华民族命运共同体的建设究竟应该如何联系起来，基督宗教应该怎样去参与中华民族命运共同体的建设等问题。面对世俗化的挑战和冲击，世界基督宗教衰弱之势颇为明显，而中国的基督宗教却呈现出一种奇特的兴盛，由此而给整个基督宗教世界带来启迪和期望。中国社会的转型亦出现了新的问题，其贫富不均、金钱至上、实用倾向、功利主义、社会冷淡、人世炎凉等发展趋势的抬头，已给中华民族命运共同体的共建带来了障碍和阻力，对此，基督宗教的社会关爱、慈善事业和对底层弱势群体的使命并没有过时，反而更加需要，且更应该加强。在此，基督宗教对参与中国化发展的态度和选择，实质上就是其对待中华民族命运共同体建设的态度和取向，迫切需要的不是其麻木而乃其热情。这已成为检验基督宗教与中国究竟有什么关联、能否融为中华一体的试金石。

四　基督宗教与“一带一路”

“一带一路”国际合作的提出，是当代中国积极理顺其与世界关系的一种建设性尝试。实际上，参与这一国际合作的国家和地区远远超过海陆丝绸之路沿线的60多个国家，体现出一种海纳百川、开放包容的中华文化精神。习近平主席在“一带一路”国际合作高峰论坛的主旨演讲中指出：“古丝绸之路跨越尼罗河流域、底格里斯河和幼发拉底河流域、印度河和恒河流域、黄河和长江流域，跨越埃及文明、巴比伦文明、印度文明、中华文明的发祥地，跨越佛教、基督教、伊斯兰教信众的汇集地，跨越不同国度和肤色人民的聚居地。不同文明、宗教、种族求同存异、开放包容，并肩书写相互尊重的壮丽诗篇，携手绘就共同发展的美好画卷。”[⑦]其实，历史悠久的丝绸之路更多体现出的是精神传播、文化交流之路，在这一古老之路上曾经最为活跃的行者就是各种宗教的传播者。除了佛教、基督宗教和伊斯兰教这世界三大宗教经由丝绸之路的传播之外，历史上还留下了许多其他宗教传播的身影。在这条沟通中外的路上，基督宗教的传播者也曾属于其最为繁忙的旅行家。

追溯到景教最初的来华之旅，基督宗教从此就与丝绸之路结下了不解之缘，其传播之途也是与不同文化比较、相互交流和吸纳之旅。“景教”本是典型的中国术语，其历史之用乃反映出中国古人对基督宗教受古代波斯宗教信仰熏染后东来的体认及理解。这里已经留有多元文化交融互摄的痕迹。天主教自元朝传入中国，其传教士也是经历了陆海丝绸之路的艰苦跋涉，沿途接触到更多的民族及其文化，由此而展开了中西文化的深层面交流，并扩展到对更多民族文化及其精神生活的接触和了解。《马可波罗游记》及前后来华传教士的手记，对丝绸之路风土人情有着生动精彩的描述，传为古代丝绸之路的佳话。明末清初以耶稣会为代表的天主教东传，使以丝绸之路为媒介的中外文化交流达到高潮。天主教传教士所推动的“西学东渐、东学西传”，使欧洲人真正了解到代表中华信仰传统的儒教、道教等宗教精神，开始在多方面受到中国思想、文化的影响。中国人亦大开眼界，形成新的世界观、宇宙观，开始对西方学问的全面探究。这一时期的东西交流奠定了中国与西方系统了解的基础。其在巩固陆地丝绸之路作用的同时，海上丝绸之路的意义也得以凸显。而在天主教经海上丝绸之路来华的历史上，澳门曾有过举足轻重的作用。在当时所处的“大航海”时代，澳门成为连接海上丝绸之路与陆上丝绸之路的重要枢纽，而且在文化史上亦乃西方汉学之肇端，其实施这种研究的天主教学院实质上也是中国近代高等教育之始。基督宗教与海陆丝绸之路的这段渊源，为今天中外文化交流的可持续发展提供了重要积淀，是一笔宝贵的精神财富和文化遗产。

当中国现今推动“一带一路”展开国际合作时，基督宗教的这一关联史仍在延续。从陆上丝绸之路沿途国家和地区来看，大多信奉基督宗教（尤其是东正教或天主教）的包括爱沙尼亚、白俄罗斯、保加利亚、波兰、俄罗斯、格鲁吉亚、捷克、克罗地亚、拉脱维亚、立陶宛、罗马尼亚、马其顿、摩尔多瓦、黑山、塞尔维亚、斯洛伐克、斯洛文尼亚、乌克兰、匈牙利、亚美尼亚等20个国家或地区，其中波斯尼亚和黑塞哥维那有着伊斯兰教、东正教和天主教等信仰并存交织的复杂局面。而从与海上丝绸之路相关联的国家或地区来看，大多信奉基督宗教各派的则包括埃塞俄比亚（其中人口的45%信奉东正教，40%以上为穆斯林）、澳大利亚、比利时、德国、东帝汶、法国、菲律宾、荷兰、瑞士、西班牙、新西兰、意大利、英国等13个国家或地区。这些国家及地区的基督宗教信仰使“一带一路”有了与整个基督宗教世界的复杂关系，而其对待“一带一路”发展的态度也会直接影响到中国与世界的这一合作。

“一带一路”的提出并非缅怀过去的“思古之幽情”，而是有着重要的现实考虑。不少国家积极参与，也有一些国家在犹豫、观望和彷徨。虽然“一带一路”主要基于经济、政治上的合作，但若无文化上的理解、宗教层面的关注，则很难持续发展、长期坚持。所以，丝绸之路沿途及相关地区的宗教形势分析评估，在推动“一带一路”国际合作时必须认真考虑和特别关注。“一带一路”沿线国家和地区的宗教现状及其宗教文化传统，会影响到这种政治经济合作，其中虽然伊斯兰教所涉及的范围较大，而基督宗教信仰的作用亦不可小觑。实际上，这也是世界基督宗教重新调整与中国关系的一个重要机遇，应该主动抓住这一契机而有所作为。同理，中国的基督教会在这种大规模的“走出去”之探中，完全可以续写基督宗教促进中外友好交流的史话，缓解世界紧张局势，赢来新的和平发展，共同改变世界经济、政治所处的僵局。虽然基督宗教的全球性影响已不如过去，却仍然有着积极发声、影响舆论、推动社会变革发展的能力。世界的话语不该一直聚焦于各地各种暴恐活动及其背后的宗教势力或宗教影响，给世界对宗教的现代审视带来误导和偏见。为此，包括基督宗教信众的“沉默的大多数”应该行动起来，积极发声，以寻求、维护和平、稳定、安宁的正义之力来压倒暴恐势力的猖獗，改变宗教在民众中的形象和印象，推动并保障国际社会的良性发展，使我们生存的地球能够确保平安。对此，“一带一路”国际合作是摆脱世界窘境的创举，可以带来“柳暗花明”、充满希望的未来愿景。世界范围的基督宗教若能参与其内并积极发挥作用，则可重新推动基督宗教与伊斯兰教、佛教等世界宗教的对话，使世界整体重返“对话”时代，缓解国际紧张局势，并由此而重塑基督宗教自身的形象，再现其国际影响。如若在这些关键发展及其稍纵即逝之时机上仍然熟视无睹、无动于衷、无所作为，相关的信仰传统、价值体系则可能脱离时代潮流和社会主流，难免其颓废、隳沉之势。百舸争流、大浪淘沙，古老的信仰有必要焕发青春、跟上时代，故此才能“苟日新、日日新、又日新”。在扬帆“一带一路”航程时，基督宗教乃面对着新的潮起潮落，其理应乘潮涨而高扬。

综而述之，基督宗教在当代社会变迁中有着新的机遇，可做新的选择。这在世界如此，在中国依然。从整体来看，基督宗教面对世界的发展、中国的巨变，反应较为平淡，其社会的参与和作用也不如以往那样明显，给人一种在当今世界舞台上退隐的印象。与之相关联，世界与中国对基督宗教的关注及关心也大大减少，形成对其认知的边缘化，持一种淡然之态。这促使人们重新反思二十一世纪究竟是“世俗化”时代的延续，还是所谓“第二轴心时代”的宗教“复魅”？这种评估充满着困惑及不定因素，有待进一步观察审视。至于基督宗教在当代中国的发展，尚未步入其正常轨道。由于对其“中国化”的茫然或不确定，基督宗教与中国社会发展上的巨变明显拉下了距离，需要奋起直追。至于其底层、草根范围的迅猛发展，却呈现出一种无序、失控的走向，故而只给中国社会带来了担忧、猜忌和疑虑，甚至促使基层政府组织加强对其“境外渗透”的防范，而相应的积极评价似乎微乎其微，也难显其正能量之在。因此，基督宗教在当代国际发展中并没有止住其向社会边缘滑动之步，对其误解并未减少，对其淡忘却在增大。应该说，当代发展机遇仍然很多，中国对基督宗教的认知评价也还充满变数，对此，无论是世界范围的基督宗教，还是中国境内的基督宗教，不知是否真正认识到、也不知真正准备好了没有？

---

①Mark Juergensmeyer, ed., *The Oxford Handbook of Global Religions*, “Acknowledgments”. New York: Oxford University Press, 2006.

②Mark Juergensmeyer, ed., *Global Religions, An Introduction*. New York: Oxford University Press, 2003, p. 13.

③参见《世界伦理宣言·导言》，1993 年 9 月 4 日芝加哥世界宗教议会通过。

④汉斯·昆：《世界伦理构想》，周艺译，香港：香港三联书店，1996，第 IX 页。

⑤汉斯·昆：《世界伦理构想》，第 196 页。

⑥王鹤：《欧洲经济货币联盟》，北京：社会科学文献出版社，2002，第 1 页。

⑦习近平：《携手推进“一带一路”建设》，《学习活页文选》，北京：《党建》杂志社，2017年5月16日，第8页。

作者简介：卓新平，中国社会科学院学部委员、世界宗教研究所所长，中国宗教学会会长，太湖世界文化论坛副主席。

［责任编辑：陈志雄］

（本文原刊2017年第4期）

宋代广州蕃长辛押陁罗事迹

蔡鸿生

[提　要] 11世纪中期，担任广州蕃长的辛押陁罗，来自波斯湾的阿曼，是一名亦贡亦贾、政教合一的华化蕃官。其人其事，异彩纷呈，涉及市舶史、职官史、教育史、香药史和法律史。辛押陁罗的事迹，是宋代跨文化贸易的历史标本之一。

[关键词] 辛押陁罗　广府　蕃长

宋代是市舶贸易的黄金时代。作为中国头号舶市的广州，在阿拉伯海商中享有"广府"（Khanfu）的盛名。香药集散于此，蕃商也寄寓于此。[①]唐代在广州设置的蕃长，到宋代获得充分发展的机遇，并出现典型人物辛押陁罗。这名来自波斯湾的阿曼富商，亦贡亦贾，政教合一，商学并举，体现了蕃汉跨文化贸易的显著特征。本文对其入华之后的事迹略加考述，虽有集腋之劳，未必有成裘之功。区区之意，只在通过为"广州蕃长"造像，把"海上丝路"的泛论，还原为具体的人物研究。

一　南海航程与蕃商"住唐"

自汉武帝以来，南海道长期被看作"遣使贡献"的贡道。贡使、僧徒和海商，接踵而来，互通有无。经过长达千年的拓展，到唐代中期以"广州通海夷道"之名出现，才具有丰富的地理内涵。宋代的海外交通，是沿着这条中世纪的著名国际航路展开的。其东西走向，是从广州启碇，到溽洲放洋，经屯门山、七州列岛、马六甲海峡，越印度洋，入波斯湾，直抵东非海岸。沿途所经的山、洲、城、国，共有百余处之多。[②]航程如自西徂东，必经下列三大贸易港：

1. 没巽，又译“勿巡”，是辛押陁罗的故乡。位于波斯湾西侧，今阿曼的苏哈尔港。“在中世纪时期，阿曼不仅在海湾地区具有航海、文明的优势，而且在整个东方的海域都留下了它那快捷的帆影。阿曼人也不仅仅局限于到东非沿岸的有秩序的航行，他们还涉足远东，在印度和中国沿海地区留下了几个阿拉伯人聚居点（引者按，指广州和泉州的‘蕃坊’），阿曼人在那里传播了伊斯兰教。”[③]

2. 故临，又译“俱蓝”，即印度半岛西南的奎隆。“其国有大食国蕃客，寄居甚多”，“中国舶商欲经大食，必自故临易小舟而往，虽以一月南风至之，然往返经二年矣”。[④]

3. 三佛齐，位于苏门答腊东南部。“大食诸蕃所产，萃于本国。蕃商兴贩用金、银、瓷器、锦绫、缬绢、糖、铁、酒、米、干良姜、大黄、樟脑等物博易。其国在海中，扼诸蕃舟车往来之咽喉，古用铁索为限，以备他盗，操纵有机，若商舶至则纵之。”[⑤]三佛齐是著名的转运中心，“大食国之来也，以小舟运而南行，至故临国易大舟而东行，至三佛齐国乃复如三佛齐之入中国。其他占城、真腊之属，皆近在交阯洋之南，远不及三佛齐国、阇婆之半，而三佛齐、阇婆又不及大食国之半也。诸蕃国之入中国，一岁可以往返，唯大食必二年而后可”。[⑥]

南海航程处于印度洋的季候风区，因此，宋代往来中国的商舶，必须靠季候风航行。其规律是夏来冬去：“船舶去以十一月、十二月，就北风。来以五月、六月，就南风。”候风期约半年，“诸国人至广州，是岁不归者，谓之住唐”。[⑦]市舶贸易的季节性，“住唐”候风的必要性，逐步形成蕃商聚居的社区，于是所谓“蕃坊”在广州应运而生。“蕃坊”之名，首见于唐人房千里《投荒杂录》，此书撰于文宗太和年间（827～835），可知9世纪初期，蕃客寄寓已经成为广州一种新的风尚。此风到11世纪中期大盛，按其历史地位而言，似乎可以称为广州蕃坊的辛押陁罗时代。

二 “蕃长”的起源和职权

唐代“广州通海夷道”的开拓，加强了印度洋区域与南中国海的经济联系，使广州的市舶贸易日益繁荣。8世纪中期，诗人杜甫已用“海胡舶千艘”之句概括了广府舶商云集的盛况。[8]同时代的僧人行纪，也留下了可供印证的直观实录。天宝九年（750），鉴真和尚路过广州，目睹“江中有婆罗门、波斯、昆仑等舶，不知其数；并载香药、珍宝，积载如山。其舶深六、七丈。师子国、大石国、骨唐国、白蛮、赤蛮等往来居住，种类极多”。[9]“大石”即“大食”，指阿拔斯王朝统辖下的阿拉伯国家，主要分布于两河流域和波斯湾。

种类庞杂的蕃商，在广州并不是群龙无首的。正如陆路入华的“兴生胡”有商主（音译“萨宝”）一样，海路来广的“海胡”也有号称“蕃长”的头领。开元二十九年（741）的“番禺界蕃客大首领伊习宾”，[10]就属于这类头面人物。“蕃客大首领”的规范化名称为“蕃长”，首见于《唐国史补》卷下：

> 南海舶，外国船也。每岁至安南、广州、师子国舶最大，梯而上下数丈，皆积宝货。至则本道奏报，郡邑为之喧阗。有蕃长为主领，市舶使籍其名物，纳舶脚，禁珍异，蕃商有以欺诈入牢者。[11]

从上引的简略记述中，可知在唐代市舶使监管下，蕃首之责涉及督促蕃舶完纳下碇税、遵守舶来珍异物品“禁榷”（官专卖）的规定，以及追究蕃商的贸易欺诈行为，等等。至于历史文献对蕃长职权的详确介绍，则到北宋时代才出现。“广州蕃长”的全称，首见于宋淳化四年（993）大食舶主蒲希密的报告：“昨在本国，曾得广州蕃长寄书诏谕，令入京贡奉，盛称皇帝圣德，布宽大之泽，诏下广南，宠绥蕃商，阜通远物。”[12]可知招商引贡，责在蕃长。宋徽宗崇宁年间（1102~1106），朱彧随父宦游广州，写下了一段亲身的见闻：

> 广州蕃坊，海外诸国人聚居，置蕃长一人，管勾蕃坊公事，专切招邀蕃商入贡，用蕃官为之，巾袍履笏如华人。蕃人有罪，诣广州鞫实，送蕃坊行遣。缚之木梯上，以藤杖挞之，自踵至顶，每藤杖三下折大杖一下。盖蕃人不衣裈袴，喜地坐，以杖臀为苦，反不畏杖脊。徒以上罪则广州决断。[13]

佚名的阿拉伯人著作《中国印度见闻录》（撰于回历237年，即西元851

年），也为广州蕃长的行政职能和宗教职能提供了佐证：

> 商人苏莱曼（Solaiman）提到，在商人云集之地广州，中国官长委任一个穆斯林，授权他解决这个地区各穆斯林之间的纠纷；这是照中国君主的特殊旨意办的。每逢节日，总是他带领全体穆斯林作祷告，宣讲教义，并为穆斯林的苏丹祈祷。此人行使职权，做出的一切判决，并未引起伊拉克商人的任何异议。因为他的判决是合乎正义的，是合乎尊严无上的真主的经典的，是符合伊斯兰法度的。[⑭]

这两段中阿历史资料，虽不同时，却具有历时性的价值，可供互补互证。开元二年（714），市舶使出现于广州，标志着市舶制度的兴起，属于盛唐气象之一。应运而生的蕃长，被赋予“管勾蕃坊公事”和“招邀蕃商入贡”两大任务。他并非由蕃商推举，而是“中国官长委任”的社区官吏。严格来说，蕃长既非蕃官，也非汉官，而是“照中国君主的特殊旨意”而设的“汉置蕃官”。因此，服饰上，“巾袍履笏如华人”；权限上，没有“鞫实”审判之权，只有“行遣”惩罚之责。其独特性十分明显，不仅与近代洋人在通商口岸的“治外法权”大异其趣，[⑮]与荷属东印度名为“甲必丹”的华人港主也不可相提并论。唐宋时代广州的蕃长，既是行政官员，又是宗教领袖（伊斯兰教），具有政教合一的法权特征。他们既然是来自大食帝国的蕃商首领，就难免被打上“哈里发”行政体制的烙印了。本文考述的辛押陁罗事迹，按其名称、身份和功业，堪称“跨文化贸易”时代的人物典型。以下诸节，对历史的碎片略加整合，是把“蕃长”从概念变成实体的初步尝试。

三　辛押陁罗入贡及授官

在宋代市舶史上，辛押陁罗犹如天方来客，起初是以阿拉伯贡使身份出现的。从入贡到授官，是他舶商生涯的一大关键。

宋神宗熙宁五年（1072）四月五日，“大食勿巡国遣使辛毗（押）陁罗，奉表贡真珠、通犀、龙脑、乳香、珊瑚笔格、琉璃水精器、龙涎香、蔷薇水、五味子、千年枣、猛火油、白鹦鹉、越诺布、花蕊布、兜罗绵毯、锦襈、蕃花簟”。[⑯]

同年六月二十一日，朝廷下诏嘉许：“大食勿巡国进奉使辛押陁罗辞归蕃，特赐白马一匹、鞍辔一副。所乞统察蕃长司公事，令广州相度。其进助修广州城钱银，不许。”[17]

上引史文，除“助修广州城”一事另立专节讨论外，其余有关国名、人名、官名和贡品，逐一释证如后。

（一）国名

“勿巡”又作没巽，波斯湾苏哈尔港，波斯语称为Mezoen，[18]今属阿曼，即宋代“瓮蛮”。其风土物产，宋人已略知悉：“地主缠头，缴缦不衣，跣足；奴仆则露首跣足，缴缦蔽体。食烧面饼、羊肉、并乳鱼菜。土产千年枣甚多，沿海出真珠，山畜牧马，极蕃庶。他国贸贩，惟买马与真珠及千年枣，用丁香、豆蔻、脑子等为货。”[19]

（二）人名

辛押陁罗作为大食属国的进奉使，其名称当应源于阿拉伯语，可能就是Shaykh ‘Abdullāh（谢赫·阿卜杜拉）的音译。其对应的音节，似可比拟如下：辛（谢赫）、押（阿卜）、陁（杜）、罗（拉）。“谢赫”即“长老”，是穆斯林对教内长者的尊称。所谓“辛押陁罗”，其实就是“阿卜杜拉长老”。由长老出任贡使，说明入宋的勿巡使者具有政教合一的特征。

（三）官名

宋朝对辛押陁罗授官，不止一次，既有实职，还有散官。前引神宗诏令，有“所乞统察蕃长司公事，令广州相度”之句，《宋史·大食传》作“诏广州裁度”，即由广府安排他出任“蕃长”的实职。此外，为了对这位进奉使表示嘉勉，辛押陁罗还被授予“将军”头衔，任命书《辛押陁罗归德将军勅》是由大学士苏东坡草拟的，全文如下：“勑具官辛押陁罗，天日之光，下被草木，虽在幽远，靡不照临。以尔尝诣阙庭，躬陈琛币，开导种落，岁致梯航，愿自比于内臣，得均被于霈泽，只服新宠，益思尽忠，可。”[20]按，“归德”一名，使用甚早。北魏洛阳城南，为安置归化之民而设置的四夷里，已有“归德里”之称。[21]唐贞元十一年（795）正月十九日正式设置“归德将军”，以授蕃官。北宋前期沿袭唐制，“归德将军”附于武散官二十九阶之第五阶，授蕃官，从三品。[22]可知，广州蕃长辛押陁罗，是兼有散官和实职两重身份的。

（四）贡品

据前引的贡品名单，可知种类繁多，来源不一。其中真珠、龙脑、乳香和千年枣，均为辛押陁罗故国方物，可以无疑。除此之外，则多为沿途采购的马来群岛物产。属于家居用品的席子，原不足以入贡，但“蕃花簟”却是爪哇岛国丹戎武啰的特产：“山产草，其状似藤，长丈余，纹缕端腻，无节目，名曰椰心草。番之妇女采而丝破，织以为簟，或用色染红黑相间者曰花簟，冬温而夏凉，便于出入。”[23]贡品中唯一的活物白鹦鹉，也是南海珍禽，早在唐代已经成为后宫宠物。“开元中，岭南献白鹦鹉，养之宫中，岁久，颇聪慧，洞晓言词。上（玄宗）及贵妃皆呼为雪衣女。性既驯扰，常纵其饮啄飞鸣，然亦不离屏帏间。上令以近代词臣诗篇授之，数遍便可讽诵。”后来这只“雪衣女”被鹰搏而毙，“上与贵妃叹息久之，遂命瘗于苑中，为立塚，呼为鹦鹉塚”。[24]像这样的慧鸟，当然也是宋代宫廷乐于接受的。白鹦鹉能言，但所言何语，如果不是汉语而是蕃语，那就要劳太监或宫女重新调教了。不然的话，即使是贡品，也会像朱彧一样扫兴的：“余在广州，购得白鹦鹉，译者盛称其能言，试听之，能蕃语耳，嘲哳正似鸟声，可惜枉费教习，一笑而还之。”[25]

赵宋一代，致力于招徕远人，旨在增加岁入。贡使受到礼遇，原是情理中事。但宋廷对其授官愿望，并非有求必应，而是区别对待的。下列一事，足以为证。熙宁六年（1073）十月五日，“大食陁婆离慈进奉都蕃首、保顺郎将蒲陁婆离慈，表男麻勿将贡物，乞赐将军之名，仍请以麻勿自代。诏蒲麻勿与郎将，余不行”。[26]较之“归德将军”辛押陁罗，蒲陁婆离慈父子，确实大不如人。“郎将”是无定员的低级散官，谈不上多大体面。他们与辛押陁罗相比，虽然也是“大食”的臣属，并进奉国贡物，但却欲求“将军”头衔而不可得，显然是业绩欠佳。那么，辛押陁罗又有何德何能呢？前引苏东坡所拟的神宗勅文，已列举出“尝诣阙庭，躬陈琛币，开导种落，岁致梯航”四项，显然就是这名蕃官致身通显的原因。下面将进一步探讨辛押陁罗在广州蕃长任期内的事功，特别是他对设置蕃学所做的贡献。

四　辛押陁罗与“西城”和“蕃学”的修建

11世纪中期的广州，并不处于河清海晏的年代，尽管市舶贸易兴旺，但也经历过严酷的战火。皇祐四年（1052）四月，广源州蛮首侬智高起事，率众七千多人，围困广州近两个月，不克而去。至次年五月，狄青在归仁铺击溃了侬智高的队伍，广州才转危为安。

侬智高围攻的广州，是一座临江而筑的子城，无左右辅翼，势孤防弱。

城郊民户，也毫无屏障，唯有逃散而已。经此一役之后，当地官府力求亡羊补牢，除加固子城城垣外，又向两侧扩建，遂成“广州三城”。其中东城修建于熙宁二年（1069），面积只有四里，地基为古越城废墟。西城修建于熙宁四年（1071），周十三里，蕃汉杂居，共开七个城门。面向珠江的东南四门依次命名为“航海”“朝宗”“善利”“阜财”，[27]反映出追求市舶之利的社会心理。辛押陁罗“助修广州城”之“城”，指的就是西城。据现代学者研究，西城四至如下：“西界即和今天西濠相当。南界即和玉带濠相当。东界与西湖相当。北界与天濠街相当。”[28]与子城和东城相比，西城风情，别具一格。这里是“蕃坊”（又称“蕃巷”）的所在地，“蕃塔”（光塔）高矗，犹如城标。还有粤楼一座，立于大市，高五丈余，下瞰南濠，气象雄伟，是广州知府程师孟标榜与民“共乐”的政绩工程，观其所作《题共乐亭》一诗，即知寓意所在：“千门日照珍珠市，万瓦烟生碧玉城。山海是为中国藏，梯航犹见外夷情。”[29]“碧玉城”虽属夸饰之词，但“外夷情”中确实有辛押陁罗一份心意，则是于史有征的。至于宋神宗没有批准他的赞助，大概是因为修城属官方市政建设，不宜“外夷”插手。

为外族立学，是宋代文教设施的创举，对后世产生深远影响。[30]广州办蕃学，也是程师孟任期内的事。辛押陁罗助修西城受阻，但置蕃学的愿望却实现了。蕃长与蕃学结缘，是值得后人回顾的。

熙宁七年（1074）程矩撰《学田记》云：

> 郡人试将作监主簿刘富，居一日，趋拜（程师孟）墀下曰：“富有负郭不腴之土，而廪庾居舍卒，尝改治之，总其直与废，为钱百五十万，乞赀于学官。”怀化（归德）将军卒（辛）押陁罗，亦捐赀以完斋宇，复售田以增多之，其数亦埒富之入；且愿置别舍，以来蕃俗子弟，群处讲学，庶太平德泽，无远迩之限也。夫厚藏之人，锥刀之末，何尝惮而不争之；至有以死生罪福，夸说胁诱，则胠箧探囊，未尝为之憾恨，岂有意于儒者之聚敛？然于是也，非狃陶教诲而辄悟道哉？夫圣贤之道，虽充足于己，而油然乐于胸中，必恃食以生。始公以圭田之收，继生员之给，今有不待戒告而愿赡其用，是可语于善也。[31]

广州官学从草创到完善，得力于蕃汉富户共襄盛举。刘富其人，出身南海县乡贡进士，并有出使海外的经历。据《续资治通鉴长编》卷二九〇载，刘富曾“赍诏赐真腊国王，及管押本国贡物上京。中书初未曾拟赏，而令客省发归本路。上（神宗）批：昨朝廷以交蛮犯顺，令广州选募富往真腊国宣谕。闻往来海上，亦颇勤劳，可量与酬赏”。[32]可知刘富之“富”，也与海外贸易有关。辛押陁罗为教育“蕃俗子弟”，甚至不惜变卖田产，置别舍于官学斋宇之侧。如此苦心孤诣，究竟成效如何呢？到了大观二年（1108），广州蕃学确实已经上了正轨。请听一位“广州蕃学教授”的评价：

前摄贺州州学教授曾鼎旦言，切见广州蕃学渐已就绪。欲乞朝廷据南州之纯秀练习土俗者，付以训道之职，磨以岁月之久，将见诸蕃之遣子弟仰承乐育者相望于五服之南矣。诏曾鼎旦充广州蕃学教授。其应合行事件，并依也。[33]

蕃学就绪，教授到位，赞助人辛押陁罗可以无憾矣。

五　辛押陁罗和香方分析

宋代广州的市舶贸易，尽管“舶来品”的结构相当复杂，但以香药为大宗，故有“广通舶，出香药”之说。[34]原生态的香药，进口后还要加工，包括鉴定、保藏和配制，这样便促使广州出现了“和香人”的新行业。著名的“吴宅心字香”，就是番禺人吴兴在淳熙年间（1174～1189）配制成功的。[35]

制香的技术规范来自“和香方”。内中开列香种、分量、火候、剂型等项，像药方一样。传世的辛押陁罗和香方，是宋代香谱中的外来文化，颇具分析的价值。抄录如后：

辛押陁罗亚悉香

沉香（五两）　兜娄香（五两）　檀香（三两）
甲香（三两，制）　丁香（半两）　大石芎（半两）
降真香（半两）　安息香（三钱）　米脑（二钱白者）
麝香（二钱）　鉴临（二钱另研，详或异名）
右为细末，以蔷薇水、苏合油和剂，作丸或饼，爇之。[36]

此方以植物香为主，动物香微量。主剂用香十一种，和剂用香两种。

剂型为丸或饼。按其基本成分而言，应属海药本草之列。现分主剂、和剂两类，略释诸香的性状和用途。

（一）主剂

1. 沉香——树脂凝结而成，气味馨郁，是著名熏香料，又名沉水香。“沉香入水即沉，其品凡四：曰熟结，乃膏脉凝结自朽出者；曰生结，乃刀斧伐仆膏脉结聚者；曰脱落，乃因木朽而结者：曰虫漏，乃因蠹隙而结者。生结为上，熟脱次之。坚黑为上，黄色次之。角沈黑润，黄沈黄润，蜡沈柔韧，革沉纹横，皆上品也。”[37]经海路入广的沉香称“舶香”，与海南黎峒的“土沉香”不同：“舶香往往腥烈，不甚腥者，意味又短，带木性，尾烟必焦。”[38]

2. 兜娄香——“兜娄香出海边国，如都梁香。亦合香用，茎叶似水苏。”[39]

3. 檀香——檀香在宋代，是阇婆和三佛齐的特产。“其树如中国之荔支，其叶亦然，土人斫而阴干，气清劲而易泄，爇之能夺众香。色黄者谓之黄檀，紫者谓之紫檀，轻而脆者谓之沙檀，气味大率相类。树之老者，其皮薄，其香满，此上品也。次则有七八分香者。其下者谓之点星香，为雨滴漏者谓之破漏香。其根谓之香头。”[40]檀香在宗教上是著名的供香，也是理气之药。留香持久，在诸香和合时，能起定香作用。

4. 甲香——甲香即螺掩，为螺壳口之圆片状物，由螺足部表皮分泌物而成。《南州异物志》曰：“甲香大者如瓯面，前一边直才长数寸，围壳岨峿有刺。其掩杂众香烧之使益芳，独烧则臭。一名流螺。诸螺之中，流最厚味是也。其蠡大如小拳，青黄色，长四、五寸。人亦啖其肉，今医方稀用，但合香家所须。”[41]方中对三两甲香附加“制”字，指经酒蜜煮制后才可和合。

5. 丁香——其状似“丁”字，因此为名，或称鸡舌香。“三月、二月开花，紫白色。至七月方始成实，大者如巴豆，为之母丁香；小者实，为之丁香。”[42]一说其花蕾之干制成品名为丁香，而其果实之干制成品名为丁香母。[43]味芬芳，能正气，治口臭，止心腹痛。

6. 大芎——《本草衍义》称：“芎䓖，今出川中，大块，其里色白，不油色。嚼之微辛，根者佳。他种不入药，止可为末，煎汤沐浴。此药今人所用最多，头面风不可缺也，然须以他药佐之。”[44]

7. 降真香——一名紫藤香，形似鸡骨，又名鸡骨香。俗传舶上来者为

"番降"。"生南海山中及大秦国，其香似苏方木，烧之初不甚香，得诸香和之，则特美。入药以番降紫而润者为良。"[45]方中所用降真香，当为"番降"。

8. 安息香——树脂，状若桃胶。"出波斯国，波斯呼为辟邪。树长三丈，皮色黄黑，叶有四角，经寒不凋。二月开花，黄色，花心微碧，不结实。刻其树皮，其胶如饴，名安息香。六七月坚凝，乃取之。烧之通神明，辟众恶。"[46]此香是著名熏香，畅达心脾，行气活血。

9. 米脑——又名脑子，龙脑香之一。固体凝脂，气芳烈，挥发力极强，有通窍散血之功。"土人入山采脑，须数十为群，以木皮为衣，赍沙糊为粮，分路而去。遇脑树则以斧斫记，至十余株，然后裁段均分，各以所得，解作板段，随其板旁横裂而成缝。脑出于缝中，劈而取之。其成片者谓之梅花脑，以状似梅花也。次谓之金脚脑。其碎者谓之米脑。碎与木屑相杂者，谓之苍脑。"[47]

10. 麝香——又名麝脐香，是从雄性麝鹿肚脐和生殖器之间的腺囊内提取的粒状晶体。《药性解》云："麝香为诸香之最，其气投入骨髓，故于经络不所不入。然辛香之剂，必须损耗真元，用之不当，反引邪入髓，莫可救药，诚宜谨之。"[48]合香中不宜多用，故方中特标出微量"二钱"。

11. 鉴临——此物须"另研"，附注"详或异名"，待考。

（二）和剂

1. 蔷薇水——又称古刺水，是波斯语 Gulab 的音译。大食蔷薇水在宋代享有盛名："旧说蔷薇水，乃外国采蔷薇花上露水，殆不然。实用白金为甑，采蔷薇花蒸气成水，则屡采屡蒸，积而为香，此所以不败。但异域蔷薇花气，馨烈非常。故大食国蔷薇水虽贮琉璃缶中，蜡密封其外，然香犹透彻，闻数十步，洒着人衣袂，经数十日不歇也。至五羊效外国造香，则不能得蔷薇，第取素馨、茉莉花为之，亦足袭人鼻观，但视大食国真蔷薇水，犹奴尔。"[49]方中的和剂，当为"大食国真蔷薇水"，不会是五羊仿制品。

2. 苏合油——苏合油与苏合香是二物，不可混为一谈。"广州虽有苏合香，但类苏木，无香气。药中只用有膏油者，极芳烈。大秦国人采得苏合香，先煎其汁，以为香膏，乃卖其滓与诸国贾人，是以展转来达中国者，不大香也。然则广南货者，其经煎煮之余乎。今用如膏油者，乃合治成香耳。"[50]苏合油曾讹传为"狮子屎"，实则是植物性香油。

以上各种成分，经和合而成"辛押陁罗亚瑟香"，无论是香丸还是香饼，均非口服药物，而是专供熏热的养生怡神之香。

六 辛押陁罗的遗产纠纷

蕃商的遗产继承问题，也是市舶贸易中人际关系的大事。唐宋时代，屡有此类案件发生。从以下两个例子即可看出问题的复杂性。

《新唐书》卷163《孔戣传》载："旧制，海商死者，官籍其赀。满三月，无妻子诣府，则没入。戣以海道岁一往复，苟有验者，不为限，悉推与。"宽限处理，就算德政了。

《癸辛杂识》续集卷下又有具体案例："泉南有巨贾南蕃回回佛莲者，蒲氏之婿也。其家富甚，凡发海舶八十艘。癸巳岁殂，女少无子，官没其家赀，见在珍珠一百三十石，他物称是。省中有榜，许人告首隐寄债负等。"[51]女少无子，即为"绝户"，家赀就被充公了。

较之以上案例，辛押陁罗"住唐"更久，家产更大，散官级别也更高，其遗产如何继承，自然引起公私双方的共同关注。由于涉案多人，而又不是在广州而是直上汴京（开封）起诉的，因此，办案经过颇有周折。苏辙在《辨人告户绝事》文中备记其事如下：

> 广州商有投于户部者，曰："蕃商辛押陁罗者，居广州数十年矣，家赀数百万缗，本获一童奴，过海遂养为子。陁罗近岁还蕃，为其国主所诛，所养子遂主其家。今有二人在京师，各持数千缗，皆养子所遣也。此于法为户绝，谨以告。"李公择既而为留状，而适在告，郎官谓予曰："陁罗家赀如此，不可失也。"予呼而讯之曰："陁罗死蕃国，为有报来广州耶?"曰："否，传闻耳。""陁罗养子所生父母、所养父母有在者耶?"曰："无有也。""法告户绝，必于本州县，汝何故告于户部?"曰："户部于财赋无所不治。"曰："此三项皆违法，汝姑伏此三不当，吾贷汝。"其人未服。告之曰："汝不服，可出诣御史台、尚书省诉之。"其人乃服。并召养子所遣二人，谓之曰："此本不预汝事，所以召汝者，恐人妄摇撼汝耳。"亦责状遣之。然郎中终以为疑，予晓之曰："彼所告者，皆法所不许。其所以不诉于广州，而诉于户部者，自知难行，欲假户部之重，以动州县耳。"郎中乃已。[52]

苏辙于宋哲宗元祐二年（1087）十一月为户部侍郎，四年（1089）调离户部，辨告之事，当在这两年内。[53]从投状中，可获知有关辛押陁罗的若干信息，分述如次：

第一，“居广州数十年”，按一世三十年计，则辛押陁罗“住唐”始于宋仁宗嘉祐年间（1056～1063）。大概他是先为海商，致富后才兼贡使的。亦贡亦贾，遂被勅授“归德将军”。

第二，“家赀数百万缗”，这是一个庞大数字。试与北宋国库岁入相比，即可知其家当非比寻常。《建炎以来朝野杂记》卷十四云：“国朝混一之初，天下岁入缗钱千六百余万，太宗皇帝以为极盛，两倍唐室矣。天禧之末，所入又增至二千六百五十余万缗。嘉祐间，又增至三千六百八十余万缗。其后月增岁广，至熙、丰间，合苗役税易等钱所入，乃至六千余万。元祐之初，除其苛急，岁入尚四千八百余万。”两相比较，这位广州蕃长，堪称富可敌国了。

第三，辛押陁罗在广州的家属，只有养子人一，原为“童奴”（或即“昆仑奴”）。至于他“近岁还蕃为其国主所诛”，虽未得其详，但“近岁”当距投诉之时不远，似可断在元丰末至元祐初。因此，本文推测辛押陁罗寄寓广州的年代，可能在 1056～1086 年这个时段。偏差难免，聊备一说而已。

在辛押陁罗的遗产纠纷中，苏辙所起的作用是“辨”，而不是“判”。他认定那位向户部投诉的“广州商”行为违法，紊乱官司，应予斥责。所谓“三项皆违法”，指的是：其一，死无确证，仅据“传闻”；其二，“养子”并非血亲；其三，越过广府，直诉户部，是越级上诉。因此，不予受理，并揭露其投诉动机不纯：“欲假户部之重，以动州县耳。”

辛押陁罗的遗产纠纷，最后如何结案，史无明载。倘若全数“没入”官府，这位“蕃长”漂洋过海的半生辛劳，也就烟消云散，只留下历史的遗憾了。

结　语

宋代广州的市舶贸易，是一种以香药珠犀为特色的跨文化贸易。纷然杂陈，丰富多彩，屡见吟咏。北宋诗人郭祥正的《广州越王台呈蒋帅待制》一诗，说得有声有色：

番禺城北越王台，登临下瞰何壮哉。
三城连环铁为瓮，睥睨百世无倾摧。

蕃坊翠塔卓椽笔，欲蘸河汉濡烟煤。
沧溟忽见飓风作，雪山崩倒随惊雷。
有时一碧渟万里，洗濯日月光明开。
屯门钲铙杂大鼓，舶船接尾天南回。
斛量珠玑若市米，担束犀象如肩柴。[54]

郭氏生于11世纪中期，是辛押陁罗的同时代人。诗中对市区结构（三城连环）、人文景观（蕃坊翠塔）及舶货类别（珠玑犀象）等的描述，再现了广州蕃长活动的历史场景，亦诗亦史，确实耐人寻味。

宋代广州的历任蕃长，见于文献的寥寥无几。就算名著一时的辛押陁罗，也只留下零散的片段记载。经过本文的整合和考述，可知其人其事涉及市舶史、职官史、教育史、香药史和法律史，体现了异质文化的接触和交融，堪称华化蕃官的历史标本。

辛押陁罗的事迹表明，广州蕃长的法权地位有明显的时代性，与后世的领事裁判权不可同日而语。在朝贡体制下，他具有海商兼贡使的复合身份；在蕃坊社区里，他是政教合一的头面人物；而按宋代官制，他又是带有“将军”头衔的朝廷命官（散官）。因此，蕃长的设置，仅仅植根于市舶时代（和平贸易）的独特环境，没有也不可能向洋船时代（商业战争）延伸。

“唐宋八大家”中的苏轼、苏辙兄弟，尽管与辛押陁罗同时而不相识，但并不等于绝缘。“二苏”中一人为他的授官草勅，一人为他的遗产辨明是非。这种出人意料的巧合，为中国阿曼关系史增添了意味深长的佳话。

---

①参阅全汉昇《宋代广州的国内外贸易》，《中国经济史研究》下册，台北，1991，第478～519页。

②前人对“广州通海夷道”的研究，以地名考释为多，可参看伯希和《交广印度两道考》，冯承钧译，北京：中华书局，1955，第63～138页；张星烺《中西交通史料汇编》第2册，北京：中华书局，1977，第154～159页；冯承钧《中国南洋交通史》，上海：商务印书馆，1937，第42～45页；邱新民《东南亚文化交通史》，第14章，新加坡：新加坡文学书屋，1984，第204～220页；苏继卿遗著《南海钩沉录》，台北：商务印书馆，1989，第373～378页；曾昭璇《广州历史地理》，广州：广东人民出版社，1991，第251～258页。

③阿曼苏丹国新闻部：《阿曼苏丹国》，北京：世界知识出版社，1991，第17页。

“蕃坊”相当于“跨文化的贸易聚落”，参看 Philip D. Curtin，*Crosscultural Trade in World History*. Cambridge University Press，1984，pp. 2 – 3.

④⑥周去非著，杨武泉校注《岭外代答校注》，北京：中华书局，1999，第 91 页；第 126 ~ 127 页。

⑤赵汝适原著，杨博文校释《诸蕃志校释》，北京：中华书局，2000，第 35 ~ 36 页；藤善真澄：《诸蕃志译注》，大阪：关西大学出版部，1990，第 47 ~ 53 页。

⑦⑬㉕朱彧：《萍洲可谈》，北京：中华书局，2007，第 133 ~ 134 页；第 134 页；第 137 页。

⑧《全唐诗》卷二百二十三，杜甫：《送重表侄王砅评事使南海》。

⑨真人元开著，汪向荣校注《唐大和上东征传》，北京：中华书局，2000，第 74 页。

⑩赞宁：《宋高僧传》卷一，北京：中华书局，1987，第 7 页。廖大珂认为：“蕃长的职责与外国沙班达尔几乎完全相同，因此蕃长就是波斯语中的沙班达尔，在唐代又称作‘蕃客大首领’或‘伊习宾’；在元代则称为‘亦思巴’或‘亦思八奚’。”见《“亦思八奚”初探》，《海交史研究》1997 年第 1 期，第 80 页。

⑪李肇：《唐国史补》卷下，上海：上海古籍出版社，1979，第 63 页。

⑫《宋史》卷 490。

⑭穆根来、汶江、黄倬汉译《中国印度见闻录》，北京：中华书局，1983，第 7 页。

⑮早期研究广州市舶史的日本学者，对蕃长职能屡有以今喻古的说法，是不能苟同的。如桑原骘藏云：“蕃坊似有治外法权”，见《蒲寿庚考》，北京：中华书局，1957 年，第 48 页；藤田丰八也持此说：“蕃坊有蕃长，管辖蕃人，并处理其公务，略如后世之领事馆，且带有几分治外法权”，见《宋代之市舶司与市舶条例》，上海：商务印书馆，1936，第 32 页。

⑯《宋会要辑稿》，蕃夷七之三二，北京：中华书局，1957，第 7855 页。

⑰㉖《宋会要辑稿》，蕃夷四之九二，第 7759 页。

⑱张星烺：《中西交通史料汇编》第 2 册，北京：中华书局，1977，第 159 页；陈佳荣等：《古代南海地名汇释》，北京：中华书局，1986，第 208 页。

⑲赵汝适原著，杨博文校释《诸蕃志校释》，第 107 ~ 108 页。现存河南巩义市的北宋永定陵石雕，仍存有一尊缠头客使形象，可供参考。见《北宋皇陵》，郑州：中州古籍出版社，1997，第 121 页。

⑳《苏轼文集》，外制集，卷中。

㉑杨衒之撰，周祖谟校释《洛阳伽蓝记校释》，北京：中华书局，1963，第 130 页。

㉒龚延明编著《宋代官制辞典》，北京：中华书局，2007，第 562 页。

㉓㊵㊸㊼赵汝适原著，杨博文校释《诸蕃志校释》，第 193 页；第 179 页；第 181 页；第 161 页。

㉔郑处诲：《明皇杂录》，北京：中华书局，1994，第58页。

㉗郭棐：《广东通志》卷十五“城池”。

㉘曾昭璇：《广州历史地理》，第288页。

㉙《舆地纪胜》卷八十九。

㉚《吕思勉读史札记》，上海：上海古籍出版社，1982，第1100~1102页。

㉛程矩《学田记》是杨宝霖先生从《永乐大典》卷21984“学字韵·郡县学三十”中辑出的，全文见《元大德南海志残本（附辑佚）》，广州：广东人民出版社，1991，第164~166页。

㉜参阅森田健太郎《刘富与辛押陁罗》，东京都：早稻田大学《史滴》第23辑，2001年12月，第23~39页。

㉝《宋会要辑稿》，崇儒二之一二，第2193页。

㉞详见关履权《宋代广州的香料贸易》，《文史》第三辑，北京：中华书局，1963，第205~219页。

㉟㊳《范成大笔记六种》，北京：中华书局，2002，第115页；第94页。

㊱㊴㊺㊿周嘉胄撰《香乘》，卷十七；卷四；卷四；卷四。

㊲李时珍：《本草纲目》卷三十四。

㊶㊷尚志钧辑校《海药本草》，北京：人民卫生出版社，1997，第81页；第42页。

㊹林天蔚：《宋代香药贸易史》，台北：中国文化大学，1986，第64页。

㊻段成式：《酉阳杂俎》，前集卷之十八，北京：中华书局，1981，第177页。

㊽叶岚：《闻香》，济南：山东画报出版社，2011，第259~260页。

㊾蔡絛：《铁围山丛谈》卷五，北京：中华书局，1983，第97~98页。参阅F. Hirth, Chau Ju-kua, *Chüfan Chi*（St. Petersburg, 1912）, pp. 203-204.

51周密：《癸辛杂识》，北京：中华书局，1988，第193页。

52苏辙：《龙川略志》卷五，北京：中华书局，1982，第28~29页。

53孔凡礼：《苏辙年谱》，北京：学苑出版社，2001，第381~404页。

54郭祥正：《青山集》卷八，影印文渊阁《四库全书》第1116册，第614页。

作者简介：蔡鸿生，中山大学历史系教授。

［责任编辑：刘泽生］

（本文原刊2011年第4期）

立足于文字学的马若瑟《易经》研究

——以《周易理数》与《太极略说》为例*

陈欣雨

[提　要] 随着基督宗教与中华传统文化的第三次历史相遇，法国耶稣会士马若瑟在其老师白晋的带领下从事易学研究。他在其《周易理数》《太极略说》等易学著作中显现出以文字学为视角的《易经》研究特色。他从"六书"进阶到《易经》，将《易经》作为文字之祖；透过《圣经》与《易经》相合以书契代天之言；类比"太一含三"之象与"三位一体"思想以合中西文化之本；以伏羲造字著《易》之功等同于赫诺格撰《圣经》之功，统合中西造文始祖等。马若瑟的文字学研《易》不仅拓展了传教士易学索隐学派的研《易》理路，而且生发了以文字学为基础的"儒耶对话"新模式，使得宗教信仰与学术研究在传统经学中得到了有益的探索。

[关键词] 文字学　马若瑟　《易经》《六书实义》

法国耶稣会士马若瑟（Joseph-Henri-Marie de Prémare），又称"马龙周"，[①] 自号"温古子"[②]或者"文古子"[③]。他于 1698 年随其老师白晋（Joachim

* 本文系北京市社会科学基金课题"西学东渐与'利玛窦与外国传教士墓地'碑文研究"（项目号：16ZXC016）的阶段性成果。

Bouvet）来华，大部分时间都在江西饶州、建昌、南昌、九江等地传布教务。他不仅精研汉文，传教布道，而且对中国经文古籍进行阅读研究，且颇有心得。“公精究中国经书，知我国古先王昭事上主，有迹可寻，因著书以阐明之。”[4]荣振华（Joseph Dehergne）将其称为“我们曾有过的最好的汉学家”[5]且“非当时之同辈与其他欧洲人所能及”[6]。

马若瑟在白晋的影响下开始《易经》研究，于“1703年已经开始为白晋做一些辅助性的工作”。[7]1714年被派往北京协助白晋从事易学研究，他们共同探讨《易经》《春秋》《老子》等古籍，从中寻求与天主教教义类似的词句，[8]并对其进行索隐式的诠释和注解。马若瑟在给傅尔蒙（Étienne Fourmont）的信件中用了很大的篇幅专门介绍《易经》，称其为“令人惊叹的作品”。[9]在研究《易经》上，马若瑟一方面认同白晋的索隐易学，[10]他在其著作《中国的三部古代著作——〈三易〉》（*De tribus antiques monumentis qui Sinic vocant San Y*）中认为，白氏所论的“三易”“找到了一条可以向中国人展示天主教基本教义的美妙方法”，[11]且将白晋的某些易学思考作为“建立自己独特的索隐学体系的基础”。[12]另外，他也形成了自己的易学著作和易学思考。鲁保禄（Paul A. Rule）认为马若瑟区别于白晋的“预言”（Prophetic）方式，他更看重中华文化中的天主“遗迹”（Vestiges），[13]即从《易经》中索隐出基督宗教存在的痕迹。魏若望（John Witek）将马若瑟作为“索隐主义”的代表人物之一。[14]孟德卫（David E. Mungello）称他为索隐派成员中“极其富有创造性的思想家”。[15]马若瑟在《关于中国书籍和文字的一篇论文——选自梅尔希奥·达拉·布列加译自易西斯女神腰带的一封信》（*Dissertation sur les lettres et les livres de Chine, tirée d'une letter au R. P. de Briga, Interprète de la bande d'Isis*）及《中国古籍之基督宗教主要教条之遗迹》（*Selecta quaedam vestigia praecipuorum religionis christianae dogmatum ex antiquis Sinarum libris eruta*）等文中均对《易经》的历史以及六十四卦的内容有所介绍。在他看来，“《易经》是一部神圣的书籍，而且事实上，它是一部关于弥赛亚的预言性的著作”。[16]博尼蒂（Augustin Bonnetty）称：“他（马若瑟）将所有在他看来包含有这种原初基督宗教之暗示的地方汇集起来，并借助于这些文献来为中国撰写最美妙、最深奥的天主教护教论文。”[17]更进一步，马若瑟立足于文字学，从“六书”进阶到《易经》，将《易经》作为文字之祖；透过《圣经》与《易经》相合以书契代天之言；类比“太一含三”之象与“三位一体”思想以合中西文化之本；以伏羲造字著《易》之功等同于赫诺格（Enoch）撰《圣经》

之功，统合中西造文始祖，从而推动着索隐易学的进一步发展。

一 《易》为文字之祖

在马若瑟眼里，天主教教义“存在于中国古代经典著作之中，存在于汉字这种世界上最古老的文字之中”。[18]故自来华以后，他花了大量的心血在中国语言文字、语法等方面。比如他所著的《汉语札记》（*Notitia Lingae Sinicae*）被认为“真正开拓了中国语法研究”，[19]此书甚至在一定程度上促使了后世汉语语法研究乃至欧洲“学院式汉学”[20]的建立。他的文言小说《梦美土记》是“中国小说史上首见的第一部中西合璧之作”。[21]此外他还翻译了《书经》部分内容、《诗经》的第八章，特别是翻译的元代杂剧《赵氏孤儿》被视为“欧洲最初认识之唯一中国戏曲”，[22]“开创了中国戏剧向欧洲传播的历史”。[23]雷慕沙（Jean Pierre Abel Rémusat）称他为“在传教中国诸传教士中，于中国文学造诣最深者”。[24]

然而对马若瑟来说，文字学研究并非其最终的学习目的。他如是总结自己学习中国文化的进阶：“愚臣等生长西土，审择指归。幸至中华，由六书而进读六经。”[25]可见他来华以后是通过了解“六书”进而研读“六经”，把“六经”作为学习中华传统文化的重中之重，试图在其中寻求到传统文化中与天主教教义相符的元素。他进一步引用明代章潢的《图书编》一书，认为《易经》的卦爻辞不仅体现心学，而且包含诸经之道，“六经皆心学也，说天莫辨乎《易》，六十四卦，三百八十四爻，孰非心乎？是知诸经典籍之道，既全具于《易》，皆实惟言天学，心学而已”。[26]由此将他的为学旨归放置于《易经》之上。马若瑟所言的“六书”实指许慎的《说文解字》中的“六书”。[27]他专门著《六书实义》[28]一书，即是从汉字形成的角度，对许慎《说文解字》中的“六书”产生来源、作用等方面进行了补充的诠释。

> 按上古史皇制字，皆本于《易》。爰立六书，一曰指事（上下是也。指事者，观而可识，察而可见，在上为上，在下为下）；二曰象形（日月是也。象形者，日满月亏，效其形也）；三曰形声（江河是也。形声者，以类为形，配以声也）；四曰会意（武信是也。会意者，止戈为武，人言为信也）；五曰转注（老考是也。转注者，以老寿考也）；六曰假借（长是也。假借者，数言同字，其声虽异，文意一也），六书之义，本粲然俱备。[29]

在他看来，首先文字的创生本源于《易经》，其次按照许慎的理解，文字的基础“六书”（指事、象形、形声、会意、转注、假借）皆含有神圣的启示意义。“依六书次序，凡指事之字，惟、（古主字）、一、二、三、丨、丄（古上字）、丅（古下字）共七文而已”。[30]而这七个文字，“、God，一、二 and 三：the three persons of the Holy Trinity，丄 Heaven，丅 Earth，丨 Incarnation”。[31]从而通过“六书”将上帝、三位一体、道成肉身等天主教教义纳入到中华文字当中。

在此基础上，马若瑟认为《易经》不仅是六经之本、大道之原，而且是理解中华文字的基础。“欲明经者，先明乎字。欲明字者，先明乎《易》，至哉《易》其万学之原乎！”[32]从《易经》理解文字，再到典籍经义，这是理解中华文化深意的进阶。在《六书实义》中，他多次提及《易经》与文字的关系。首先，将《易经》作为文字之本，“《易》者乃文字之祖，五经之宗也”，认为《易经》不仅是中华文字的源头，而且为中华经典的宗本。其次，认为《易经》卦爻辞与文字相合，皆是义理之所归。“大《易》与书契同一原一向一道一理，一言以蔽之曰象书契、大《易》。”马若瑟认为《易经》与文字无论是本源、发展和其中所含义理皆相同，可以同等视之。“故大《易》一书，卦卦爻爻，句句字字，皆妙象焉。”[33]再次，关于文字之数。马若瑟将文字之数等同于天干、地支合数二十二，“其字之数，不过十与十二，古配之为天文用，同天皇氏天干地支，合之为二十二也”。[34]马若瑟认为，文字之数与天干地支之数相合，主要是天文之用。而此处言天皇氏[35]所作天干、地支之功，与伏羲观象于天、观法于地从而创造了《易经》八卦相合，二者皆为圣人，“古圣奥秘之圣人，其在斯乎”。[36]故文字与天干、地支皆为圣人所作，且合于《易经》。[37]最后，关于文字之形。马若瑟认为文字主要是由纵、横、斜、正相合而成，皆本于一点、（古主字）。“夫一点至微也，……自此相参而成万殊之字文，皆不过点与画而已。”[38]在他看来，西方“钦崇上主”之“主”与中国“皇天天主”之“主”均为至尊、（古主字）。“、者，古文字即主宰也。”[39]故天主教教宗所带绒帽或者小瓜帽（Camauro 或者 Zucchetto）和中国天子所带的冕旒相同，皆为一点、之象征。

由此可见，马若瑟一方面认为“所谓书契也，经也，史也，三坟五典也，一而已矣”，[40]将文字书契与中华经典等同。另一方面又认为文字起源于《易经》，《易经》不仅为文字书契之祖，而且二者相合共同体现涉及基督宗教的神秘奥义。值得注意的是，在文字、《易经》和天主教教义之间，马若瑟并没有混而论之，而是首先论证文字与《易经》的关系，比如他借用天干、地支对应文字之数以拉近《易经》和文字的距离。其次又通过丶（古主字）对应中西文字本原，从而使得中西经典有共同的文化象征，在此基础之上再论证《易经》中所蕴含的基督深义。

二　书契代天之言

据统计，“从1703年到1708年的五年里，马若瑟连续给白晋写了36封书信”。[41]这些书信中论述了中华文字中所索隐的天主信息，并且他在给格里蒙神父的信中谈及，正是在白晋的指导下，他有幸能够理解中国经典中汉字背后所隐含的神秘含义。[42]

在马若瑟看来，文字即为信息载体，在汉字中隐藏着丰富的《圣经》故事，暗示着天主的启示。比如他延续白晋的说法，以“船”字象征《圣经·创世纪》中关于诺亚方舟以渡洪水之灾的故事。白晋认为诺亚一家八口人乘一舟，“乃天下第一之船（船字从八、口、舟原本于此）”，[43]存留人类之根。而马若瑟更注重从文字学方面阐释，认为“船”字左从舟，右从八、口，象征诺亚及其子女，“上主欲立之作君作师，新民之祖，特命造制大船（船字从舟从八口）保存一家八口”。[44]针对“八口”，马若瑟又在《六书实义》中训“四”字为“从口从八”，“八者，别也，有四焉，则可别；口者，四方也，象形有形焉，可别四方”。[45]“八”，诺亚一家人为八口，父母子女四男四女。“口”，象征四方方位，表明诺亚一家人处于洪水之中，无定之方。马若瑟又用“和”字象征上主对诺亚的指示，因为“从口从丨，口者金口也，丨上下通也”。[46]上主开金口以指示诺亚，上主与诺亚形成上下互通之象。最后用“亾”字象征诺亚一家人悄悄逃离之事，“亾”字本训“逃”也，凡亡之属皆从亡，“本义从人从乚，乚训匿也，象迟曲、隐蔽，形读若隐”。[47]由此将诺亚方舟的故事用中文汉字形象表现出来。马若瑟认为汉字足以证明“谁创造了它们，谁就告知了我们所有的奥秘”。[48]此外，马若瑟在《六书实义》中对“一”（为上主）、“乘”（耶稣基督乘十字）、“来”（耶稣受难缚在十字）、“佥”（亚当、夏娃二人犯罪）、“午”（耶稣受难时间）、“史”（布道者，形容耶稣）等字进行了解析。[49]

在此基础上，马若瑟将《圣经》与《易经》结合起来，在《易经》中记录着天主圣言以及弥撒亚的启示，“中国古代典籍里刻画了耶稣基督的形象”。[50]他在与傅尔蒙的数十封通信中，亦常常提及《易经》隐含基督圣义。

“所有关于‘至圣’那些令人惊叹和鼓舞的证据……都是我从《易经》这部书中发现的。”[51]由于一方面在传统认知中，关于文字起源的基本认识，如八卦造字、结绳造字、仓颉造字等，皆出自《周易·系辞》，[52]特别是作为中华“文字学”代表作的《说文解字》，更是从《易经》中汲取营养，“许君放《周易》而作《说文》”。[53]而《说文解字》正是马若瑟最为看重的。另一方面，就索隐派而言，自白晋开始，就重视语言在思想中的重要性。而《易经》被他们视为最重要的中华典籍，故试图从其文字中索隐《圣经》的遗迹，探求古籍的深层含义，分析汉字结构背后的内涵，从中国儒家文化中寻找基督宗教的影子，特别是对上帝的喻指。白晋即说过：“大易乃真为文字之祖。”[54]故马若瑟不仅继承了白晋索隐易学中对文字的重视，更是将文字内化为理解《易经》与《圣经》关系的媒介。比如马若瑟把先天卦《乾》卦（☰）作为君，后天卦《震》卦（☳）作为帝，利用先天、后天首卦“乾为震之父，震为乾之子”的关系，[55]乾、震的卦象及其象征意义君、帝来对应《圣经》中圣父、圣子的关系，认为先天之君生后天之帝，从而理解三位一体的思想。此外借用《夬》卦（䷪）的卦象，内乾（☰）外兑（☱），其中乾为天，象征天主；兑为口舌，象征说话，二者相合表明《夬》卦蕴含着天主的圣言。“书契其代天之言乎!”[56]这里明确提到书契（文字）即是天主的圣言。在西方看来，天主的圣言就是《圣经》，从而通过《易经》中兑卦的文字学解读说明了《易经》与《圣经》的联系，二者共载天主圣言。

在马若瑟看来：“将《易》之数理、图像阐发尽致，作者之意谓《易》之原旨，有合于天主造化之功，且亦预示天主降生救赎之奥义。而吾国已失之真道，从天主教中重得之。”[57]故《易经》的原旨正好体现出了天主教教义，索隐着救世主的信息，并且道出了中华真道在基督宗教之中。

三 “太一含三”与“三位一体”

马若瑟在其主要中文易学著作《周易理数》[58]中提出了《易经》的“太一含三”之象，即他对“太极”的解说。在他看来，天地之数始于一（无极而太极之象），成于三（太极含三之象），终于十（混沌太极之象），最终成《天尊地卑图》（*T'ien-tsun ti pei t'u*）[59]全数。“无极而太极”主要是将太极定为至一，蕴其天、地、人三才，为天地万物之根本。“太极含三为一”分“太极含三未衍”和“太极含三已衍”两部分。“太极含三未衍”即一本（太极）、二元（阴阳）、三才（天、地、人）之理。“太极含三已衍”主要是以天地、乾坤、动静、奇偶等对应范畴论说太极含三之道。而“混沌太极”将天一、地二、天三、地四象相合而成。

更进一步，马若瑟引入了天主教教义，他涉及最多的即是《圣经》中“三位一体”（Trinitas）的思想。在《圣经》里，天主的身份即造物主，而出现的“父”与“子”的称谓实为拉近造物主与被造之人的距离，“圣”与“神”（或“灵”）的对应为造物主化生万物的显现，而马若瑟“整个体系包含着相信中国古籍中圣三位一体的神秘启示和道成肉身的理论观点”。[60]马若瑟带着这样的神学认知体认中国传统文化典籍特别是《易经》的天、地、人三才之道，形成独特的中华“三位一体”思想。他认为第一位圣父一体三位，至尊无对；由他而生的第二位圣子，拯救万世；而圣父与圣子互合神感，成第三位圣神，合三为一。故“三位一体，三极三才合一，不测至神之妙，三而一，一而三”。[61]马若瑟试图通过《易经》的“太极含三”思想与“三位一体”做同一化的比附，即认为中国也有“三位一体”思想。

首先，马若瑟将“三位一体”与《易》之阴阳、奇偶相对应，一为万数所生之本；一与一为二，为偶数之元：二与一为三，为奇数之元也。夫一、二、三，始于一，成于三，为奇偶、天地、阴阳之基础。“万数一本二元，三才合一，自然之理也。”[62]“全知全善之二德，一本二元，三才合一之大主，握权衡而陶成之焉。”[63]

其次，他结合《说文解字》中对一、二、三的解释，其“一”由于“造分天地，化成万物”，[64]故“一”为天地万物之本；“二”为“地之数也”，[65]故从偶，对应范畴之基本；“三”为“天、地、人之道”，[66]而三个数其实皆出自于“一”，故“三”即“一”。

再次，“四”为众数之意。马若瑟在《六书实义》中言及训“三”与训“四”的区别，“训三，合也，象三角之形，口、吅、品、日、昍、晶、く、巜、巛等”，而“解㗊、㸚等始训众中也，众口也”。[67]“一”“二”“三”“四”合为“十”，而“十”纵为上下，横为左右，故定天地方位，与河图洛书之数相对应，且火、气、水、土四行万物之象皆寓其中，为至全之图。

最后，马若瑟将《易经》中的“太一含三”之象与《圣经》中的“三位一体”思想相等同，认为二者皆是从丶（古主字）出发，始于一，成于三，衍生出三（丶丶丶），含圣父、圣子、圣神之未发之态，故三极三才相合而成万有之大本。

由此可以看到，马若瑟将《圣经》中的“三位一体”思想化入到《易经》“太一含三”之象中，从而以一种“遗迹”[68]的方式来索隐中国经典著作有关基督宗教存在的证据。

四 著《易》造字之祖：伏羲

伏羲作为中华的人文始祖，西方对其形象多有研究。门泽尔（Christian Mentzel）、巴耶尔（Gottlieb Siegfried Bayer）等人都将伏羲等同于《圣经》中的亚当（Adam）。而约翰·韦伯（John Webb）认为中国人是诺亚（Noah）的直系子孙。此外，还有人提出伏羲是诺亚，是诺亚次子含（Ham），或者是以诺等。[69]而马若瑟的老师白晋比较柏应理（Philippe Couplet）、卫匡国（Martino Martini）、伯里耶（Paul Berurrier）及基歇尔（Athanasius Kircher）等人对伏羲的研究，将中华古代圣人与《圣经·旧约》中的人物进行对比，[70]认为伏羲先于诺亚的赫诺格，这意味着把伏羲置于《圣经》所称的世界性大洪水之前，且试图通过神奇的卦象和象形文字索隐基督宗教的真理。“白晋认为《易经》的作者为伏羲，伏羲是该隐的后代以诺（Henoch，亦称艾诺克），其事迹在《圣经外传》（*Apocrypha* 或 *Pseudepigrapha*）的《以诺书》（*The Book of Enoch*）中亦有记述。伏羲知道天主创造世界的自然律法及和谐规则，并且曾将之记录下来，以求在华得以传递延续。”[71]由此白晋认为伏羲不仅是中华圣人，更是天主所派来的先知，不仅在中华大地体现出基督宗教的光环，更是理解中西文化的关键人物。

马若瑟在白晋的基础上，将造字之功归结到了伏羲身上。在他看来，伏羲不仅是《易经》的作者，更是草创文字的始祖。在其《六书实义》中，关于“造书契者为谁”的问题，马若瑟虽提及伏羲，但并未给出确切答案，认为“诸说纷纷，并无可考，故曰不知也”。[72]但在《周易理数》和《太极略说》中，马若瑟就明确提到造书契者为伏羲。由于这两篇文章成文于马若瑟在京协助白晋工作之时，[73]故马若瑟当时可能受白晋的影响，白晋明确提出圣人“在东传为包牺氏，在西传为赫诺格”。[74]故马若瑟不仅认为伏羲是创造文字第一人，“天主为天下，垂《河图》、《洛书》之象，命圣人易之以书契”，[75]“伏羲画八卦，造书契”，而且将伏羲等同于以诺（赫诺格），“赫诺格号再三大之先师，一如中国之太昊伏羲也”。[76]具体言之，其一，二者在时间上都为自古史开始的第七代。“由盘古氏，至于太昊伏羲先师，成七代之序”；“考之于大秦经，载自元祖亚当氏，至于大圣先师赫诺格，亦为七代”，[77]从而在历代圣人接续上统一了二者。其二，二人同功同劳，同为人类先师，制器尚象以造文字书契，“即洪水之先，赫诺格先师……为千古模范，岂不又同于皇帝为五帝之宗（伏羲）。始受河图，创制文字，为百代文明之祖乎”，从而统合了二人的历史功绩。其三，二人的尊号相同，皆为先知先师。赫诺格掌教化之柄，“故后世乙太昊再三大之尊号称之，岂非如中国称太昊伏羲氏之尊号乎？”在尊号上二人同称太昊先师。其四，二人形象相同，马若瑟认为赫诺格以犬首人身作为隐秘之象，为上主所宠信之臣，“岂非如中国伏羲之伏字，乃从犬从人之秘文字”，[78]从“伏”字中找到二人形象的契合点，从而在文字与《易经》的角度上将伏羲作为人类文化的圣人先师。

值得注意的是，马若瑟在后期努力要将自己的观点和白晋的观点区分开来。“早些时候我曾经赞同白晋认为伏羲就是以诺（在本书指赫诺格）的看法，可是我们必须从不同的角度看这两个人。”[79]马若瑟通过对伏羲和女娲的区别，证明“伏羲不是以诺”的观点。之所以有这样的理论转变，一方面可能是他在白晋去世以后重新对索隐易学有了自我认知，认为白晋“对中国书籍的夸张之辞和对天主教的曲解”[80]是他所不能认同的；另一方面，也可能他对白晋有“某种情感因素”，[81]认为白晋是“固执的，持有谬误观点的人”[82]等，导致他后期的学术观点也与白晋大相径庭。

基督宗教神学与中国经学之间的诠释系统，自利玛窦开始就已经发展开来，传教士一直都试图能够进行更深层次的学术文化交流。他们在理解儒家传统本质的基础上和合天主教教义与儒家思想，从而将基督宗教介绍到中国。整体而言，马若瑟亦是秉承着这样的信仰，通过文字学方法，结合索隐易学派的易学研究，以义理互释使得基督宗教和儒学在《易经》中得到了融合。他不仅挖掘中国传统经学中与天主教相合的思想素材，而且通过对中华文字的分析和论证，寻求到与天主教教义不谋而合的文化根源。他的《易经》文字学研究不仅是传教士易学索隐派思想的重要组成部分，而且打通了“儒耶对话”的新模式，使得宗教信仰与学术研究在传统经学中得到了新探索。

---

①③⑤荣振华：《在华耶稣会士列传及书目补编》，耿昇译，北京：中华书局，1995，

第280～281页。

②㉝㊴㊺㊻㊼56㊸72钟鸣旦、杜鼎克、蒙曦等编《法国国家图书馆明清天主教文献》第25册，台北：台北利氏学社，2009，第441、448、456～457、466～467、469、475、449、466～467、449页。

④57徐宗泽编著《明清间耶稣会士译著提要》，北京：中华书局，1989，第402、134页。

⑥㉒㉔费赖之：《在华耶稣会士列传及书目》，冯承钧译，北京：中华书局，1995，第528、530、525～534页。

⑦⑪㊶李真：《来华耶稣会士马若瑟（Joseph de Prémare，S. J.）生平及学术成就钩沉》，日本吹田：《东亚文化交涉研究》，第5号，2010。

⑧方豪：《中国天主教史人物传》，北京：中华书局，1988，第430页。

⑨㉛Knud Lundbk，*Joseph de Prémare（1666－1736）S. J.*：*Chinese Philology and Figurism.* Aarhus：Aarhus University Press，Acta Jutlandica，1991，pp. 38，112.

⑩“索隐”二字，是与圣经《旧约》里的“Figura”（Figurisme 或 Figurism）相对应的中文翻译。“索隐学派”（Figurism）亦可称为“索隐学”，即传教士在研究中华传统经典特别是《易经》上所形成的学说。白晋结合经典言义，将《易经》不仅作为诸经典的主旨，而且将其放置到理解圣人之大旨的至高地位，以此对应西方的《圣经》，从而对《易经》的意义进行追索，以探寻中华宗教文化根源，这即是《圣经》在异域国度索隐研究的体现。法国汉学家戴密微（Paul Demiéville）将白晋称为“旧约象征说者”，将《易经》作为《圣经》的文本载体通过“象征”的形式试图在中国经典中能够预示《新约》的教义。参见戴密微《中国汉学研究概述》，北京：《中国文化研究》1993年第2期。

⑫⑯⑳㊷㊽㊾㊿51 60 79 80 81 82龙伯格：《清代来华传教士马若瑟研究》，李真、骆洁译，郑州：大象出版社，2009，第10、160、1、150、189、171～172、64、32、32、181、153、181、151页。

⑬68Paul A. Rule，*K'ung-tzu or Confucius?*：*the Jesuit interpretation of Confucianism.* Allen & Unwin，Sydney，London，Boston，1986，p. 167.

⑭魏若望：《耶稣会士傅圣泽神甫传：索隐派思想在中国及欧洲》，吴莉苇译，郑州：大象出版社，2006，第135页。

⑮孟德卫：《奇异的国度：耶稣会士适应政策及汉学的起源》，陈怡译，郑州：大象出版社，2010，第343页。

⑰Augustin Bonnetty & Paul Hubert Perny，*Vestiges des principaux dogmes chrétiens tirés des anciens livres Chinois.* Paris：Bureau des Annales de philosophie chrétienne，1878，p. 86.

⑱柯兰霓：《耶稣会士白晋的生平与著作》，李岩译，郑州：大象出版社，2009，第61页。

㉙㉓张西平：《清代来华传教士马若瑟研究》，北京：《清史研究》2009年第2期。

㉑李奭学：《中西合璧的小说新体——清初耶稣会士马若瑟著〈梦美土记〉初探》，台北：《汉学研究》2011 年第 2 期。

㉕㉙㉜马若瑟：《太极略说》，梵蒂冈：梵蒂冈图书馆，Borgia · Cinese，317 – 5°，第 9、7、7 页。

㉖㉞㊱㊳㊵㊹55 61 62 63 75 76 77 78马若瑟：《周易理数》，梵蒂冈：梵蒂冈图书馆，Borgia · Cinese，361 – 4° – I，第 20、42、41、40、43、12、122、39、30、31、41、43、9、10 页。

㉗64 65 66许慎撰、段玉裁注《说文解字注》，北京：中华书局，1985，第 2、1、451、5 页。

㉘在梵蒂冈图书馆中，马若瑟所著《六书实义》藏于两处：一处为梵蒂冈图书馆 Borgia · Cinese，357 – 10；另一处为 Borgia · Cinese 443 – 3°。

㉚白晋：《易学外篇（九节）》，梵蒂冈：梵蒂冈图书馆，Borgia · Cinese，361 – 5，第 7 页。

㉟白晋在诸多地方使用到“天皇”。例如：（1）白晋将天皇比作西方《圣经》人物塞特（Serh，Seth，Sheth），参见罗马耶稣会档案馆，Japonica-Sinica IV5，第 43 页；（2）白晋将“三易”与“三皇”联系，称“天皇、地皇、人皇，连山、归藏、周易、是也”，参见白晋《易引原稿》，梵蒂冈：梵蒂冈图书馆，Borgia · Cinese，317 – 6°，第 2 页；（3）白晋结合《圣经》，认为天主造万物之初，天下无恶而吉为易简连山先天之景，此对应“天皇”。参见白晋《易考》，梵蒂冈：梵蒂冈图书馆，Borgia · Cinese，317 – 4°，第 16 页。

㊲关于《易经》与干支纪法相联系的做法，另一位索隐易学代表傅圣泽（Jean François Foucquet）在其著作《易经诸家详说》中以易学经典文本为基础，论述每一个文本中分别包含哪些核心概念。他最大的特色即是采用天干、地支与二十二个核心易学概念相对。参见傅圣泽《易经诸家详说》，梵蒂冈：梵蒂冈图书馆，Borgia · Cinese，380 \ 5° – 8°。而在传统易学特别是自汉代开始，对将天干、地支与《易经》相合解释已成为共识，尤其是在象数易学中。在西汉，以孟喜的“卦气说”、京房的“纳甲说”最为典型。参见任蕴辉《论汉代易学的纳甲》，济南：《周易研究》1993 年第 2 期。

㊸54白晋：《易钥》，梵蒂冈：梵蒂冈图书馆，Borgia · Cinese，317 – 2°，第 9 页。

52孟琢：《论〈说文〉文字学思想与〈周易〉的历史渊源》，北京：《民俗典籍文字研究》2013 年第 1 期。

53王筠：《说文解字句读》，北京：中华书局，1988，第 602 页。

58《周易理数》又称《易理易数》，存于 Borgia · Cinese，361。其中在第一页的装订线内写有标题《周易原旨探》（与 Borgia · Cinese，317 – 1 所存《周易原旨探》同）。内容详尽，共 188 页，约 37000 字。在文章的页眉以及诸多章节前面均有“dans exemplaire du De Prémare”、“dans les exemplaire de P · Prémare”、“P · de Prem”、“Exemplaire de Prem”（“从马若瑟那里复制而来”、“复制于马若瑟”）字样。由于伯希和将 Borgia ·

Cinese 361 的 2° – 6° 本统称为“与耶稣会士《易经》研究有关的各种汉语手写本”(Manuscrits variés en chinois se rapportant aux travaux des Jésuites sur le *Yijing*)，因此其具体内容被忽视。

⑲《天尊地卑图》(T’ien-tsun ti pei t’u) 形状为三角形，自上而下分天、人、地，天为白圈，地为黑圈，人为半白半黑，象征天地万物。其详细说明参见 Albert Chan，S. J.，*Chinese Books and Documents in the Jesuit Archives in Rome*. Armonk，N. Y.：M. E. Sharpe，2002，p. 549. 白晋对《天尊地卑图》的研究非常上心，一方面是《天尊地卑图》不仅单独出现在他的作品中（分别出现于梵蒂冈图书馆 Borgia · Cinese，361 – 1° [C] IV 和耶稣会档案馆 Japonica-Sinica，IV25 – 1)，而且亦是梵蒂冈图书馆所存白晋最主要中文易学著作之一——《易学外篇》的核心内容。另一方面，《天尊地卑图》亦是他给康熙帝进献的《易经》成果的体现，在康熙帝的御批中多次提及《天尊地卑图》。

⑳张国刚、吴莉苇：《启蒙时代欧洲的中国观——一个历史的巡礼与反思》，上海：上海古籍出版社，2006，第 85 页。

⑳Albert Chan，S. J.，*Chinese Books and Documents in the Jesuit Archives in Rome*，p. 550.

㉑卓新平：《索隐派与中西文化认同》，参见王晓朝、杨熙楠主编《沟通中国文化》，广西桂林：广西师范大学出版社，2006，第 8 页。

㉓《周易理数》中提到，“后儒学法太史公，将后史继续于古史，自黄帝至今康熙五十四年，共四千四百余年，为一统全史”。(马若瑟：《周易理数》，梵蒂冈：梵蒂冈图书馆，Borgia · Cinese，361 – 4° – I，第 62 页)。康熙五十四年即 1715 年。马若瑟 1714 年到达北京开始帮助白晋从事《易经》研究，1716 年返回江西，由此可知此书著于 1715 年，成书于当年或之后。《太极略说》写作时间不详。由于其文与“一含三、三为一验说”、白晋《易学外篇》的第七节、第八节合编在一起，放置于 Borgia · Cinese，317 – 5°中，一种情况为此书本为马若瑟自己编纂，其时间根据文后附白晋《易学外篇》中的七节、八节，可知成文在白晋《易学外篇》(1711 年) 之后。此外，马若瑟在文中的页眉处对“六书”进行了详细的修改，其“六书”的论述顺序、内容与马若瑟的《六书实义》所言相同。《六书实义》(Borgia · Cinese 357 – 10°) 其序作于 1720 年，后记作于 1721 年。然无法判断此文与《六书实义》的时间先后。另外一种情况，此文可能为后人将马若瑟与白晋二人的著作合编而成，时间即为 1721 年之后。

㉔白晋：《大易原义内篇》，梵蒂冈：梵蒂冈图书馆，Borgia · Cinese，317 – 9°，第 9 页。

作者简介：陈欣雨，北京行政学院哲学教研部讲师，博士。

[责任编辑：陈志雄]

(本文原刊 2017 年第 1 期)

如何解读中国上古史：柏应理《中华帝制历史年表》*

梅谦立（Thierry Meynard）

[提 要] 耶稣会士很早就开始使用中国史料来认识和研究中国古代历史，并将其与圣经历史相对照，例如卫匡国认为中国历史中关于大洪水的记载与《圣经》中的洪水记载是同一个历史事件，但他无法解释中国古代史在大洪水前后的连续性，不得不将中国古代史与圣经历史并列。不过，柏应理的《中华帝制历史年表》通过挖掘中国上古史中关于创造论、原始人长寿以及原初技艺的观念，将中国古代史与圣经历史更加紧密地联系起来，将中国古代史融入更大的世界框架中。

[关键词] 柏应理　中国上古史　圣经历史　《中国哲学家孔夫子》

许多学者对比利时耶稣会士柏应理（Philippe Couplet，1623～1693）所写的《中华帝制历史年表》评价并不高（该书收入《中国哲学家孔夫子》，1687）。[①]比如，吴莉苇认为，卫匡国的作品是原创的，然而柏应理“主要承担汇编角色”。[②]更有甚者，美国学者范克雷（Edwin Van Kley）认为柏应理

* 本文系教育部人文社会科学研究规划基金项目“柏应理《中国哲学家孔子》（1687年）的翻译及研究”（项目号：14YJA720005）及广州市科技计划项目“西学东渐与广州21世纪海上丝绸之路”的阶段性成果。感谢肇庆学院汪聂才老师对本文的宝贵建议，同时感谢中山大学哲学系陈起塔及赖丹丹同学梳理文字。

抄袭了他人的作品。[③]钟鸣旦（Nicolas Standaert）最近考察了柏应理所用的中国史料，对他的贡献做出了比较公正的评价。[④]

如果试图从思想的角度去理解《中华帝制历史年表》，首先需要分析柏应理是如何继承其他耶稣会士工作的，他又是怎样使用新史料的。其次，前辈耶稣会士提出了中国古代史与圣经史的相似之处，却认为两个古代史保持并列关系，然而柏应理有根据地证明了两个历史之间的连续性。第三，柏应理很大胆地推理出，只有把握人类的完整历史才能理解中国史。因此，笔者认为柏应理提出了崭新的历史框架，这对于西方传统及中国传统来说都十分具有挑战性。

一　耶稣会士对中国历史材料的使用

首先必须说明关于圣经史观的基本知识。圣经是犹太民族宗教信仰的记载。《创世纪》从第十二章起陈述犹太民族族长亚伯拉罕（Abraham）的故事，但前十一章讲述了整个人类的共同起源，因此，亚当、加音（该隐）、亚伯尔（亚伯）、诺亚（挪亚）等都非犹太人。在大洪水之前没有民族，只有家族。在大洪水发生不久之后，人们建立了巴贝耳塔（巴别塔），然后分散开来，才开始有了各个民族。因此，来华的不少传教士都相信：（1）亚当是全人类的共同祖先；（2）大洪水覆盖了全世界，毁灭了除诺亚家族之外的各个家族所记载的历史；（3）伏羲是诺亚的子孙，离开了中东，并移居到中国。[⑤]下文将分析传教士的论证，即如何处理中国古籍对于早于大洪水及伏羲之前的事物的记载。

现在，需要简略地回顾柏应理之前的耶稣会士关于中国历史的研究。第一位描述中国史的是来日本的葡萄牙耶稣会士陆若汉（João Rodrigues），著有《日本大文典》（1604）。[⑥]在华的葡萄牙耶稣会士曾德昭（Alvaro Semedo）在《大中国志》（1642）中向欧洲人介绍了中国的文化、社会和风俗等。他没有专门的章节论述中国史，但有好几次提及。[⑦]

之后，意大利耶稣会士卫匡国（Martino Martini）在《中国上古史》（1658）中，按照从伏羲至耶稣基督诞生的时间顺序来介绍中国史。[⑧]按照甲子纪年及（西方）公元纪年，他共介绍了136个皇帝，标示了皇帝的统治年，比如公元前2952年伏羲开始统治，公元前2697年黄帝开始统治等。后来大部分耶稣会士沿用卫匡国所定的年份，而这些年份基本上也符合现在所用的纪年。卫匡国也许写了汉代之后的历史，不过还没有被发现，然而他在《鞑靼战纪》（1654）中描述了清史的开端。柏应理的年表也参考了这本著作，虽然他并没有引注。

随后，葡萄牙耶稣会士何大化（António de Gouvea）写了从伏羲到清朝的《分为六个时期的中华帝国》。如同手稿所言，何大化于1654年在福州完成了手稿，但没有出版。[9]在《中华帝制历史年表·前言》手稿里，柏应理提到他在广州看到了卫匡国及何大化的中国史。[10]由此可以知道，1666年，当何大化和柏应理住在广州时，何大化给柏应理看过他的手稿。同一年，柏应理完成了自己的编年史手稿。1668年，殷铎泽把柏应理的年表带到欧洲，但也没有出版。从1668年起，柏应理曾多次修订他原来的手稿，当他1683年回欧洲时还在补充新材料，把年表补充至1683年为止。他主要补充了康熙八年（1669）的“历案”，概括了汤若望《在中国传教的开端与进展以及鞑靼——中国人的新历史》（1665）及鲁日满《鞑靼中国史》（1673）的内容——在年表中柏应理明确地提到这两本书。[11]

从该书的封面可知，《中华帝制历史年表》印刷于1686年，但书没有装订，也没有发行。直到1687年，该书才与《中国哲学家孔夫子》汇成一册，一起发行。卫匡国按照各个皇帝年号标示历史，不过，这种方法不能提供确定的时间标志。何大化意识到这种缺点，他对每件事都提供两种纪年方法，即大洪水及皇帝年号。如同何大化一样，对柏应理而言，只用年号不能正确地标示历史，甲子纪年法更为准确，正如他所说：“六十甲子的排序是非常正确的，能修正错误，所有计算方面的偏差都应该通过转换到六十甲子而得以纠正。”[12]如此，在一个具体的甲子里，他按照统治年或者甲子年的顺序来记载各个事件。

卫匡国与何大化对于历史事件的描述很丰富，但柏应理的目标不同，他并不打算做很详细的历史陈述，他只想写一个纪年表，简略地提及重要的事件。因此，柏应理概括了卫匡国、何大化、鲁日满等人所写的许多内容。

近年来，一些学者考察了耶稣会士所使用的历史材料。吴莉苇在其2005年出版的《当诺亚方舟遭遇伏羲神农》一书中证明，卫匡国用了宋明时期的“通鉴纲目”，如朱熹的《资治通鉴纲目》（1172，涵盖三家分晋至宋太祖）、金履祥的《资治通鉴纲目前编》（1264，涵盖从尧舜至三家分晋）、陈桱（明初）的《资治通鉴纲目续编》（涵盖宋元两朝）和南轩（1553年进士）的《资治通鉴纲目前编》（1595）。吴莉苇写到：

从伏羲到帝挚的在位期限都可以看出卫匡国参考了《通鉴续编》，尽管不能排除在某些地方还同时借鉴其他文献。关于尧和禹，他参考了《史记》。[13]

同样：

卫匡国却看中了他针对金履祥《前编》仅断自唐尧而补写的论盘古至帝喾事的那一卷……但还有另一种可能，即卫匡国参考了南轩的《通鉴纲目前编》……那么卫匡国似乎更应该是参考陈桱的原著。[14]

吴莉苇只分析了卫匡国《中国上古史》中从伏羲到帝喾的时间段。2010年，意大利学者陆商隐（Luisa Paternicò）沿着吴莉苇的方向继续努力，分析了卫匡国按不同时代所用的主要史料。她得出的结论是：自盘古至帝喾的历史，卫匡国参考了陈桱的《通鉴续编》；自尧舜至周考王，参考了金履祥的《资治通鉴纲目前编》；至汉哀帝，参考了朱熹的《资治通鉴纲目》。[15]

2012年，钟鸣旦则认为，卫匡国《中国上古史》的主要来源并不是“通鉴纲目”，而更有可能是明朝的“纲鉴”，如袁黄（袁了凡）的《鼎锲赵田了凡袁先生编纂古本历史大方纲鉴补充》。袁黄的著作也是何大化《分为六个时期的中华帝国》的文献来源之一。同样，在《中华帝制历史年表》的手稿里，柏应理似乎提及了袁黄。柏应理可能采用另一个“纲鉴”，即钟惺的《鼎锲钟伯敬订正资治纲鉴正史大全》。[16]

与“通鉴纲目”相比较，我们可以发现“纲鉴”的三个特点。第一，明朝的“纲鉴”比较简略，因此它们的发行量比较大，传教士更容易使用。第二，与“通鉴纲目”这些官方历史不同，“纲鉴”对于中国史提出不同的观念，使传教士更容易把握国史的复杂性。第三，一般来说“通鉴纲目”开始于伏羲，不过，“纲鉴”追随了更早的历史，即从盘古开始。下文将说明这个“纲鉴”的第三个特征，它对柏应理有很大的影响。

历史学家往往重视宋朝的“通鉴”及《四库全书》的历史著作。这样，陆商隐及吴莉苇两位学者都提出了耶稣会士的史料来源于南轩的“通鉴”。不过，如同钟鸣旦所言，耶稣会士还看到了其他史料，特别是当时在民间更流行的钟惺和袁黄的“纲鉴”——虽然今天这些著作并不出名，没有列入《四库全书》而只列入了《四库全书存目丛书》。

二 柏应理：中国古代史与圣经史之间的联系

1. 卫匡国所面对的困境

按照圣经《创世纪》的传统解释，诺亚时期所发生的洪水覆盖了全世界，毁灭了除诺亚方舟上的八个人（诺亚及妻子，还有三个儿子及其妻子）之外的整个人类。[17]关于洪水之前所发生的事（如亚当等故事），只有这八个人可以传达给后裔，而其他家族或部落的回忆随着他们自己一同全部被毁灭了。可以说，大洪水是人类的新开始。

关于大洪水发生的时间，有两个传统说法。按照圣经通俗本（Vulgata）的计算，大洪水发生在公元前2300年左右，不过，按照圣经七十贤士译本（Septuaginta）的计算要再早700年，发生在公元前3000年左右。曾德昭最早发现的中国史可以追溯到公元前3000年，与圣经有矛盾，所以他认为中国历史的记载有误。[18]卫匡国则认为中国史很正确，不会有错，并且他还注意到中国古书记载了九年的洪水。[19]按照他的算法，这场洪水发生在公元前3000年，这符合圣经七十贤士译本所记载的时间。这样，他推测中国古书的记载与圣经所记述的是同一件事。也就是说，大洪水发生不久之后，伏羲动身往东方来，前2952年在中国开始他的统治。如此可以理解中国古书记载大洪水的方式。不过，中国古代历史可以追溯到伏羲之前的事情。即便伏羲在发生大洪水不久之后从中东迁移到中国，也很难解释清楚伏羲为何能突然发明天文学、历法等，除非在伏羲之前中国已经积累了很多知识。1932年，法国学者毕诺（Virgile Pinot）这样解释卫匡国当时所面临的困境：

> 因此，如果中国天文学在诺亚洪水时代相当发达，而且中国的历史又要追溯到比伏羲更古老的时代，那么中国在诺亚洪水前就必定有人居住。卫匡国神父没有排除这种结论，他非常诚心诚意地接受了它："我谈到的远东亚洲的这部分地区，在洪水之前就有人居住过，我对此深信不疑。"他声称，其意图绝不是解释对诺亚洪水前事实的记忆是怎么样才保存下来的，即使除了诺亚家族之外的所有人类世系都被洪水毁灭过也罢。[21]

如果中国真正地遭遇了大洪水，也就是说，如果这次灾难破坏了一切，那么，卫匡国无法解释中国古书如何可能记载大洪水之前的人名与所发生的事件。为了维护中国传统历史的连续性，卫匡国必须假定大洪水没有完全毁灭中国文明，也不造成一种绝对的断绝。当然，卫匡国没有怀疑中国祖先最终可以追溯到人类鼻祖亚当，不过，他假定中国人并不是在大洪水之后分出去再来到中国，而是在大洪水之前就已经来到中国的，并且大洪水没有构成绝对性的断绝，因为中国文明在大洪水前后有着连续性。这样一来，卫匡国就否定了大洪水覆盖全球，毁灭了整个人类（除了8个人），这是很大胆的说法，在当时的西方很难被接受。另外，卫匡国认为中国人在诺亚之前就分出去，由此推论出中国人很早就独立地发展自己的历史，跟《创世纪》的历史没有关系。这样，卫匡国就把中国古代史与圣经史并列起来，除了都遭受了一次大洪水之外，这两个历史之间没有直接联系。

与卫匡国不同，柏应理试图把中国古代史与圣经史更紧密地连接起来，说明中国如何继承了诺亚所积累的技艺。这样就可以理解为什么中国文明发展那么迅速，并且在很长时间内保留了最初的一神教。通过《中华帝制历史年表》的分析可以看到，中国古代保存了《创世纪》所记载的对原始人类的基本知识：创造论的知识、关于原始人长寿的知识以及关于原初技艺的知识。

2. 关于创造论的知识

卫匡国认为，中国的历史记载有很高的权威性，不过其中也有不少神话。在《中华帝制历史年表》的前言里，柏应理则表达了他的历史主义观点，说明中国古书所记载的创造论并不是神话，而是从中东传过来的历史事实：

> 由于我坚信，几乎所有传说的事物都有其非传说的起源，我不知道，在以上传说之中是否仍有某种古老的真理，就像在浓密的黑暗中仍有某种微弱的光亮在照耀一样。我确信，中国人从诺亚的子孙那里接受了关于创世之初万物创造的某些事情。[22]

为了证明这一点，柏应理详细地说明了中国人如何解释世界的来源：

> 中国人记录，在夜晚十一点钟和十二点钟之间（子时）天产生，地在晚上一点钟和两点钟之间（丑时）产生；第一个男人在早上三点钟和四点钟之间（寅时）产生，女人在午后三点钟和四点钟之间（申

时）产生。[23]

其实，这句话来源于卫匡国，唯一的不同是卫匡国没有提及女人的产生。也许读者会认为，中国没有这样关于世界来源的记载，而是传教士自己发明了这种世界产生论。其实，在《资治通鉴纲目前编辨疑》中，南轩写道：

> 《皇极经世书》以元经会，所谓天开于子，地辟于丑，人生于寅，至寅始为开物之初，意三皇之号，由此而称。[24]

这里，南轩引用了邵雍的《皇极经世书·观物内篇》。不过，如同卫匡国在《中国上古史》中说明的那样，他是在《性理大全》中看到了邵雍的说法。卫匡国自己对这样的论述比较谨慎，不那么确定它们的正确性。[25]无论如何，邵雍、南轩和卫匡国都没有提及女人的产生，而这点是柏应理加进去的。

柏应理加上男女产生之时间顺序的主要原因，是为了对应《创世纪》第一、二章。[26]柏应理试图以此证明中国记载了创造论。卫匡国原来很谨慎地描述“产生”的过程，避免使用“创造”（creatio）这种神学概念。不过，柏应理把这种“产生论”理解为“创造论”：

> 因为他们［中国人］指出了天地男女是在特定时间中的创造物，所以他们已经足够明确地承认，宇宙并不是永恒存在的，这不同于众多哲学家及亚里士多德本人的［错误］主张。[27]

柏应理试图证明，与古希腊和当时的欧洲哲学家不同，中国古人早已持有创造论。他们的这种认识不是从自然理性或者特殊启示来的，而是从圣经来的，从中东传过来的。不仅中国历史记载了世界的创造，而且大自然也提供了根据，因为柏应理提出了《性理大全》中一个自然界的根据：

> 中国人认为，这些山曾经被水覆盖过，并且，山上的海洋贝壳可以证明这一点——若非群山曾经深藏于海水中，这些随处可见的贝壳怎么会被带到山顶上呢？[29]

这番话对应《性理大全》的原文："是谓鸿荒之世，尝见高山有螺蚌壳或生石中，此石即旧日之土螺蚌……"按照圣经，天主首先分开了地和海，然后创造了鱼类贝壳，如此，贝壳不可能出现在山顶上，除非发生了大洪水。这种自然现象证明了圣经所记载的事实。这种论点很可能是传教士为应对中国士大夫所做的发挥，以说服他们接受创造论。

3. 关于古人长寿的知识

除了创造论之外，中国古人也从圣经中获得了原始人长寿的知识。卫匡国本来提到伏羲统治了115年，神农140年，黄帝100年，但他认为这些说法"很可笑"（ridicula）。[30]柏应理则认为，中国人"并非对初代人类的长寿一无所知"，[31]他完全接受了这些关于长寿的中文记载，甚至还提到活了700岁的老彭。[32]确实，中国古人长寿的记载符合圣经的记载。按照圣经，有一些人活到969岁；诺亚也活到950岁。[33]因此，老彭的700岁是合理的。当然，柏应理不承认"万岁"的夸张说法，因为这会超出圣经的历史框架。

与卫匡国不同，柏应理相信全球大洪水在中国也毁灭了所有人，没有留下任何记载。这样，中国历史只能是在伏羲之后才有一个全新的开始。那么，古人长寿的中国记载并非如卫匡国所言"很可笑"，反而是它们保存了圣经的痕迹，这是对圣经史的回忆性知识。长寿的故事发生在圣经《创世纪》里，也发生在原始人居住在中东的最初阶段。伏羲是诺亚的孙子，他知道这些事实，把这些讯息传到中国，不过，随着时间的流逝，中国人忘记了他们的真正来源，把长寿的故事归于中国本土的祖先，甚至于把"老彭"的故事错误地放在商朝。

4. 关于原初技艺的知识

卫匡国肯定了在伏羲之前中国古代已经有了天文学。同样，柏应理也肯定了伏羲之前的一些事情：

> 据说，在国王伏羲之前曾有过许多国王和王室家族，也有一些卓越人物，其中有的分辨年时，有的观察星象，也有的是历法、六十年甲子循环以及其他技艺的创造者。在那些起初的时代，人类在山林中尚未开化，过着茹毛饮血或诸如此类的群居生活，曾有一些天资聪慧而有远见卓识的卓越人物，征服了粗鲁的野蛮人，使得四处游走的原始人类逐渐被塑造成开化的人，并遵循法律和职责。[34]

如同卫匡国一样，柏应理也承认中国所记载的技艺先于大洪水。不过，卫匡国很难解释这种知识为何能经历全球大洪水而传下来。为了解决卫匡国所面临的难题，柏应理认为，伏羲之前的故事并没有在中国发生过，而是从中东传过来的事情。这样就可以理解，伏羲和神农继承了诺亚时期的技艺，并在这个基础上他们能够迅速地发展中国文明。后来，中国人忘记了大洪水的事情，对于大洪水完全无知，因而他们把很多发明归于伏羲之前的祖先，但是在大洪水之前没有人住在中国，或者如果有，他们也都遭遇了灾难，都毁灭了，无法留下任何记载或口传。因此，中国人把这些发明追溯到伏羲之前，这是对的，但他们错误地认为这些发明来源于中国祖先。其实，中国文明是继承了诺亚文明。

总之，柏应理提供了三个例子证明知识如何从中东传到中国古代：创造论、原始人的长寿和古代技艺。不过，我们需要进一步理解这些知识后来如何变成了记忆的碎片，变得很模糊，使中国人忘记了他们的最终来源。

三　关于大洪水和中东来源的无知

在柏应理看来，中国人从中东继承了诺亚的文明及信仰，然而随着时间流逝，他们关于大洪水、关于中华民族的中东来源一无所知。按照柏应理的解释，只有中国人完全忘记了他们的真正来源，他们才把所保存的记忆碎片错误地归于自己的祖先。这样，柏应理必须支持中国没有关于全球大洪水的观点。然而，这样的观点违背了前辈耶稣会士的观念，因为，曾德昭和卫匡国刚好注意到了中国古书记载了洪水，并试图与圣经的全球大洪水联系起来。对他们来说，全球大洪水是圣经与中国史共同记录的世界性事件，使两个历史传统能互相证明。与此完全相反，柏应理强烈地反对卫匡国的立场：

> 有人认为在中国的编年史中提到过全球大洪水，这一错误显然来自于：在尧统治的第61年（第7个甲子的第41年），被提到发生过洪水灾害，洪水淹没大片的土地达九年之久。按《圣经》通俗本的计算，大洪水［发生在］诺亚六百岁的时候，对于欧洲人而言，尤其因为没有明确的编年史记载，很容易就陷入这样的错误之中。[35]

按照柏应理的这种说法，在尧时期的九年洪水发生于公元前2296年。

按照圣经通俗本的计算，大洪水发生于公元前2300年左右。因此，卫匡国的错误在于把圣经记载和中国古书记载混合，以为它们指同一件事。但需要注意的是，卫匡国本人没有把大洪水放在公元前2300年左右，而是放在公元前3000年左右。虽然当时教会当局只承认通俗圣经，但这并不妨碍卫匡国使用圣经七十贤士译本的算法。从这里可以看到，柏应理更谨慎，这里提及了圣经通俗本的算法，而事实上，如同卫匡国，他自己坚持圣经七十贤士译本的算法。无论大洪水什么时候发生，柏应理的重点在于说明，我们无法在中国古籍中找到对于世界性大洪水的记载。这是因为中国人完全忘了这件事，使他们后来把伏羲神农时期所发生的许多事情托名于他们自己民族的历史中，完全忽略了其文明的外在来源。

柏应理试图用全球大洪水、中华民族的中东来源去解释中国史料的模糊之处。只有把握了圣经史，才能使中国古书的记载显得更明白：中国思想所保存的创造论痕迹来源于圣经；长寿记载不是指中国贤王，而是指圣经人物；中国古代发明是在中东技艺上发展起来的。这样，全球大洪水成为中国历史的盲点。一旦理解全球大洪水，中国历史模糊之处就变得清晰了。柏应理的这种方法使他可以保留基督宗教传统中的世界性大洪水观念，并且可以肯定中国古籍在伏羲之前所记载的事情，只是他把这些事情跟圣经史更亲密地连接起来了。

可以说，柏应理的出发点是指出大洪水覆盖了全世界，因此中国的历史记载不能先于大洪水。然而，后来他论证的重点在于：中国人记载了大洪水之前的事情，不过这些事情很模糊，因为它们指的是在中东发生的事情，而中国人很早就忘记了他们的中东来源，他们关于全球大洪水的发生也是无知的。因此，全球大洪水这个盲点就是对中国历史古籍的诠释要点。这样，柏应理延续了利玛窦对中国文化的新诠释学：如同利玛窦在《天主实义》里教中国人如何解读四书五经，同样，柏应理告诉中国人如何解读中国的历史古籍。

结　论

柏应理是第一个把中国古代史与圣经史之间连接起来，试图说明只有圣经能够解释中华民族的来源及其最初文明的人。他否定了卫匡国关于中国古籍记载了全球大洪水这种表面的连接，而更系统地发挥中国古代史与圣经史之间的连接。在《中华帝制历史年表》中，柏应理的写作对象是欧洲读者，要说服他们相信中国古代文明及信仰来源于诺亚，要把孔子视为合格的一神论者。他这样的解释把中华民族加入了当时西方人的世界历史中，使中国获得了很突出的历史地位，因为中华民族的祖先，即伏羲、黄帝、尧、舜，直接继承了诺亚的文明及信仰。在《中国哲学家孔夫子·前言》中，柏应理试图证明，在犹太民族形成之前，已经有了中华民族，并且它是第一个朝拜天主的民族、第一个给天主建造圣殿的民族。这样，柏应理把中国提升到在西方从未有过的历史地位。

不过，柏应理的观念造成了一系列神学问题。比如，中国为什么得到了天主的特殊恩宠？如何理解中华民族与以色列选民之间的关系？如果中国古代继承了诺亚的信仰，那么，现在中国能不能回到尧、舜、孔子的信仰，是否需要耶稣基督的救恩？这些棘手的神学问题是很难处理的，在当时的欧洲有非常大的挑战性，跟礼仪之争有密切关系。后来，“索隐派”（figurists）更系统地研究中国古代记载与圣经之间的相似之处，不过，与柏应理不同，他们不太强调历史，而更强调经典及汉字所包含的神秘寓意。

即便《中华帝制历史年表》针对的是西方读者，我们也可以看出，柏应理的论证也针对中国士大夫，他要说服他们相信圣经更能帮助他们理解自己的来源和自己的古代历史。很多中国思想家如司马迁、朱熹、南轩等都认为伏羲之前、甚至于尧舜之前的记载是不可靠的。相反，柏应理受到了明清的“纲鉴”影响，肯定了从盘古至伏羲之间的历史记载，并且把这段中国历史追溯到圣经史，使中国历史变得更丰富、也扩大了其地理范围。这样把中国古代历史扩大到更大的世界框架里，表现了中国历史向世界历史的迈进。

其实，在柏应理之前，从利玛窦开始，传教士都向中国人提到整个人类的共同祖先亚当。1664 年，天文学家李祖白与意大利耶稣会士利类思（Lodovico Buglio）合著《天学传概》，其中提到“中国之初人实如德亚之苗裔”，后来杨光先在《不得已》（1665）中激烈反对——这是引发康熙历狱的原因之一。在当时的中国，大部分士大夫很难接受中华民族的外在来源这种学说，把中国传统作为自生自足的。与此不同，犹太民族构思了自己民族之外还存在共同人类的鼻祖。不过，几百年之后，传教士所提出的观念间接影响了刘师培和章太炎，使他们两位接受了中华民族起源于中东这种观念。今天看来，传教士的具体论说大多数是无根据的猜测，但在思想方面，我们也许可以肯定他们的努力，把不同文明放在同一个人类史的框架中。

①Philippe Couplet, *Tabula chronologica monarchiae sinicae juxta cyclos annorum LX*; *ab anno ante Christum 2952 ad annum post Christum 1683*. Paris, 1686.

②⑬⑭吴莉苇：《当诺亚方舟遭遇伏羲神农》，北京：中国人民大学出版社，2005，第97页；第115～116页；第125～126页。

③范克雷指出，柏应理抄袭了法国学者德维诺 Melchisédech Thévenot 的 Synopsis chronologica monarchiae sinicae（*Relations de divers voyages curieux*, vol. II, Part IV）。参见 Edwin Van Kley, Chinese history in Seventeenth-century European reports, *Actes du IIIe colloque International de Sinologie*, *Chantilly*, *1980*. Paris: Les Belles Lettres, 1983, pp. 199－200。其实，并不是柏应理抄袭了德维诺，而是相反。

④参见钟鸣旦《耶稣会士的中国史与纪年著作及其所参考的中国文献》，北京：《世界汉学》，第11卷，第55～102页。原文：Nicolas Standaert, Jesuit Accounts of Chinese History and Chronology and their Chinese Sources, *EASTM*, 35（2012）, pp. 11－88.

⑤比如，在《诠人类原始》（1610年撰，1617年左右出版）中，庞迪我（Diego de Pantoja）陈述："今举其略，通计经中历年，自开辟以迄洪水，凡二千二百四十二载，此谓天地幼时；自洪水至天主降生，计二千九百五十四载，即天地壮时；自天主降生，至今万历庚戌，一千六百一十载，此即天地强也。强斯定矣，其终有时，不可测也。总计自开辟至今，六千八百零六载而已矣。"（《明清之际西方传教士汉籍丛刊》第一辑第二卷，南京：凤凰出版社，2013年，第323页）；"洪水之后，天下人稀，而又分析于多方，故经一二百年，然后及于中土。今译《天主经》历年之纪，此时似当伏羲、神农之时"（第327页）。

⑥João Rodrigues, *Arte de la lingoa de Iapam*. Nagasaki, 1604；其中有一章："中国的编年及其他重要的事情"（235r－236r）。

⑦Alvaro Semedo, *Imperio de la China*. Madrid, 1642（从原文葡萄牙文翻译）；*Relatione della grande monarchia della Cina*. Rome, 1643；*Histoire universelle du grand royaume de la Chine*. Paris, 1645（从意大利文版本翻译）；History of the Chinese monarchy. London, 1655（从意大利文版本翻译）；*Histoire universelle de la Chine*. Lyon, 1667（新法译本）。在曾德昭之前，已经有了奥斯定会士门多萨的著作：Juan González de Mendoza, *Historia de las cosas más notables ritos y costumbres del gran reyno de la China*. Rome, 1585。关于综合介绍，参见 John Witek（魏若望）, Chinese chronology: a source of Sino-European widening horizons in the Eighteenth century, *Actes du IIIe Colloque International de Sinologie*, *Chantilly*, *1980*. Paris: Cathasia-Les Belles Lettres, pp. 223－252.

⑧ Martino Martini, *Historiae Sinicae decas prima*. Munich, 1658; Amsterdam, 1659; *Histoire de la Chine*, 1692. 现代版本：Martino Martini, *Opera omnia*, *vol. IV*, *Sinicae Histo-*

riae Decas Prima，Federico Masini 及 Luisa M. Paternicò 编，*Università degli studi di Trento*，2010，两卷。

⑨António de Gouvea，*Monarchia da China dividida por seis idades*，1654 年的手稿，收藏于西班牙国家图书馆（Biblioteca Nacional de España，Madrid），Ms 2949。参见：http://bdh-rd. bne. es/viewer. vm? pid = d – 3475116（2015 年 11 月 13 日浏览）。

⑩参见 Philippe Couplet，*Prologomena ad synopsim chronologicam monarchiae sinicae*，1666 年的手稿；收藏于法国国家图书馆（BNF）Latin 17804。

⑪*Tabula*，p. 101. Adam Schall，*Historica narratio de initio et progressu missionis Societatis Jesu apud Chinenses.* Vienna，1665；修订补充本：*Historica relatio de ortu et progressu fidei orthodoxæ in Regno Chinensi per missionarios Societatis Jesu ab anno 1581. usque ad annum 1669.* Ratisbona，1672；Rougemont，*Historia Tartaro-Sinica nova.* Leuven，1673。

⑫*Tabula*（p. 106）：Emendabit ea constans & irrefragabilis ordo Cyclorum，ad quos calculi omnes，sicubi aberraverint，revocandi sunt，prout in Praefatione indicatum est.

⑮⑯参见钟鸣旦《耶稣会士的中国史与纪年著作及其所参考的中国文献》，第 64 页；第 69 ~ 70 页。

⑰《创世纪》9：18。

⑱参见 Semedo，*Histoire universelle du grand royaume de la Chine.* Paris，1645，Livre I，chap. 22，p. 156。

⑲指尧时历时九年而不得治理的洪水，后来在舜的时代被禹治理好，见司马迁：《史记》卷一《五帝本纪·大禹治水》，北京：中华书局，1982。

⑳毕诺：《中国对法国哲学思想形成的影响》，耿昇译，北京：商务印书馆，2013，第 226 页。我稍微修正了耿昇的翻译。Virgile Pinot，*La Chine et la formation de l' esprit philosophique en France.* Paris，1932；Genève：Slatkine Reprints，1971，p. 201。亦参见卫匡国：*Sinicae historiae decas prima*，第 10 页："Hanc enim qua de scribo，extremam Asiam ante diluvium habitam fuisse pro certo habeo"。

㉑㉒㉖感谢吴嘉豪提供的译文（《中华帝制年表》将由大象出版社出版）。原文见 *Tabula*《中华帝制年表》，praefatio，iv。

㉓参见收入《钦定四库全书》的《御批资治通鉴纲目前编》，诸子百家网页：http://ctext. org/wiki. pl? if = en&chapter = 980550（2016 年 4 月 3 日浏览）。

㉔参见 Martini（卫匡国），*Sinicae historiae decas prima*（《中国上古史》），Liber Primus 第一卷，第 4 页。

㉕明朝李时珍《脉诀考证》同样表述了男女产生的时间程序："越人以为男生于寅，女生于申。"也许，柏应理听说了这种观念，把《皇极经世书》和《脉诀考证》的两个观念结合起来。

㉗㉜吴嘉豪译；原文见 *Tabula*《中华帝制年表》，praefatio，vi。

㉘Martini（卫匡国），*Sinicae historiae decas prima*（《中国上古史》），Liber Primus 第一卷，第 9 页："Et sanè multa insunt ridicula Sinicis annalibus，sive hominum aetatem consideres，sive annos regnantium"。

㉙*Tabula*《中华帝制年表》，praefatio，v："Ad haec non ignaros fuisse longaevae aetatis primorum hominum"．

㉚宋初乐史《太平寰宇记》"彭城县"条引《彭门记》云："殷之贤臣彭祖，颛顼之玄孙，至殷末，寿七百六十七岁，今墓犹存，故邑号大彭焉。"

㉛关于 Mathusalem，参见《创世纪》5：27。

㉝吴嘉豪译；原文见 *Tabula*《中华帝制年表》，praefatio，viii。

㉞当时在西方，用中国这种外来文化来决定圣经的解释，是很敏感的问题。

㉟拉克伯里（Terrien de Lacouperie）从柏应理获得启发，撰写了《古代中国文化西源考》（*Western Origin of the Early Chinese Civilization from 2300 BC to 200 AD.* London：Asher & Co.，1894）一书。参看 Frank Dikotter，*The Discourse of Race in Modern China*（《近代中国之种族观念》），London：C. Hurst，1992，pp. 119－122。

作者简介：梅谦立（Thierry Meynard），中山大学哲学系、中山大学广州与中外文化交流研究中心教授、博士生导师。

［责任编辑　陈志雄］

（本文原刊 2017 年第 4 期）

帝国斜阳：荷兰使臣德胜使华考述

林发钦

［提　要］乾隆五十九年（1794），即英国马戛尔尼使团出访清廷后的一年，荷兰东印度公司向中国派出有清一代最后一个使团，以德胜为正使，范罢览为副使。这个使团也是鸦片战争前欧洲本土派往中国的最后一个使团，其使华活动成为中荷关系史，乃至中欧关系史上一个重要的里程碑。本文在前人研究的基础上，通过对汉文、荷兰文和英文史料的考证比较，详细记述德胜使团使华的始末。

［关键词］乾隆　荷兰使臣　德胜　范罢览　中荷关系

雍正元年至乾隆六十年（1723～1795）的70余年是早期中西贸易获得迅速发展的时期，也是明清时代荷兰与中国贸易最重要的时期，广州在这一时期发展成最重要的中西贸易口岸。

乾隆五十七年（1792），马戛尔尼（George Macartney）率领英国使团访华；两年后，德胜（Isaac Titsingh）也率领荷兰使团访华。英荷两国使节同在乾隆晚年访华，名为向皇帝贺寿，实则为拓展对华贸易。这是中西关系史上两次重要的外交活动，一个使团保持了自己的“尊严”，另一个使团服从了中国的“礼制”，态度迥异，成效却没有重大的区别。回国后，两个使团都有不少成员出版了访华记述，在西方引起很大的回响。然而，对比起马戛尔尼使团后来引起的关注和效应，德胜使团明显受到学术界的“冷落”。这种“厚此薄彼”的学术研究现状，一方面固然是因为近二百年来，英国的国际影响力比荷兰大；另一方面是因为，英语作为世界语言，被大多数学者所认识，相反，认识荷兰语，特别是古荷兰语的学者却不多。这种情况在中国学界更是如此，中外关系史向来是学术界的研究热点，学术名人辈出，但专研中荷关系史的学者并不多，对乾隆五十九年荷兰使节访华做深入探讨者更是凤毛麟角。然而，荷兰曾经是世界上最强大的海上帝国，其对华关系，不仅只影响中荷两国，而且关涉当时欧美列强之间及这些国家与中国之间的关系。即是说，清代中荷关系实质上是一种多边关系，如果不厘清中荷关系，就无法全面而准确地把握清代的中外关系。故此，乾隆五十九年的荷兰使团访华，作为中荷关系史上的大事，对之展开深入的研究饶有意义。

一　原始史料及研究状况

乾隆五十九年访华的荷兰使团，留下了几种重要的访华纪实，属第一手史料。使团一行 20 多人访京，在难苦的行程中，有三人坚持写作，或以日记，或以游记的形式，详细记录了这次访华的种种经历。

使团正使德胜写了一本日记。[①] 副使范罢览（André Everard van Braam Houckgeest）离开中国后，在美国费城以法文出版了《荷兰东印度公司使节访华纪实：1794 – 1795》（*Voyage de l'ambassade de la Compagnie des Indes Orientales hollandaises vers l'empereur de la Chine, dans les années 1794 et 1795*）[②]。该书分两卷，先后于 1797 年及 1798 年出版。1797 年，范罢览将第一卷的 500 本书从美国经水路运往英国，此时美法关系已经破裂，这艘船被法国武装船只俘获。一个名为加奈黎（Garnerg）的巴黎书商将其全部买下，为图利他将第一卷的内容分成两小册当“足本”出售。因为广告已说过该书共有两卷，很多人于是以为这个“足本”就是两卷。这个法文“海盗”版很快被译成英文（1798）、德文（1798 ~ 1799）、荷兰文（1804 ~ 1806）等欧洲语言，广为发行。费城法文版第二卷因第一卷已经消失，找不到市场，故未被译为其他语言，后世极难寻得，使该书的全本极为缺乏。[③] 该书今通行的英文版（*An Authentic Account of the Embassy of the Dutch East India Company, to the Court of the Emperor of China, in the Years 1794 and 1795, Vol. I*）于 1798 年由伦敦 R. Phillips 公司出版，并非真正的“足本”。范罢览此书以日记形式，详细记录了荷兰使团在华的活动以及所见及闻，成为研究这次荷兰使团访华最重要的西文原始文献。

使团的法籍翻译员岐恩（Chrétien Louis Joseph de Guignes，或译为“吉涅”）的《北京、马尼拉、毛里西亚岛游记》[④]于1808年在巴黎出版，其中第357～439页就专门记述此事。有西方学者认为，范罢览对中国礼制的服从，已到了近乎受侮辱的程度，但范罢览的日记，却把这些待遇刻意淡化，甚至美化。岐恩的记述则与此大相径庭。他已在广州住了10年，对中国人十分了解。他担任使团翻译后，出版的《北京、马尼拉、毛里西亚岛游记》用词尖刻，对美化一切的范罢览的日记起了平衡的作用。佩雷菲特（Alain Peyrefitte）指出：

> 1794年11月22日，荷兰使团离开广州；除了蒂津与梵·布拉姆（范罢览）还有7人，其中包括德·吉涅骑士。这个法国人在广州已住了10年，对中国人十分了解。他将担任翻译。他在这次事件后写了一本用词尖刻的书，正好对美化一切的梵·布拉姆的报告起了平衡的作用。[⑤]

对比西文，中文关于乾隆五十九年荷兰使团访华的记录，主要集中在官方文书当中。从德胜率领使团抵达虎门，到离京回国，乾隆皇帝一直通过奏折与地方官员沟通，了解使团的情况，并做出决策安排。所以，后世留有不少相关档案，《清实录》和《清会典》亦有记载。1930年，故宫博物院文献馆将搜集到的相关清宫档案，汇编成《荷兰国交聘案》，作为《掌故丛编》第五辑的一部分出版。[⑥]至于私人文献，中文所载极为稀缺。通过比对，不难发现梁廷枏《海国四说》和《粤海关志》两书关于这次荷兰使团访华的记录，基本是抄录自这些原始档案。所以，梁廷枏的记述，不应看作是私人记录，仅为官方文书的转引而已。反而是王文诰目睹荷兰使节在广州的情况，留下若干荷兰使团在华活动的诗作，成为目前所知唯一的私人记录。[⑦]

关于德胜使团访华，西方学者比中国学者研究得更为深入和细致。荷兰汉学家戴宏达（Jan Julius Lodewijk Duyvendak）和英国历史学家博克塞（Charles R. Boxer）就是这方面的佼佼者。戴宏达的《最后的荷兰访华使团》（*The Last Dutch Embassy to the Chinese Court*）是研究乾隆五十九年荷兰使团访华的杰作，[8]大半个世纪后，中西学人的相关研究仍然只是在其基础上左修右补。戴宏达此文利用了德胜、范罢览、岐恩等人的大量原始记录，以及西方其他相关的史料与研究成果，可惜中文史料利用得不够充分。文章刊出后，他从哥伦比亚教授彼克（Cyrus H. Peake）处得知，早在1930年，中国故宫博物院就辑录出版了《荷兰国交聘案》。所以，他紧接着写了《荷兰使节访华文献补录》（*Supplementary documents on the last Dutch embassy to the Chinese court*）[9]，介绍相关档案，作为前文的补充。

二　德胜使华的缘起

清朝的国力于乾隆皇帝在位期间达到了巅峰，欧洲诸国纷纷东来叩关，希望拓展对华贸易。就在大清帝国的文治武功最盛之际，即乾隆皇帝在位的晚年，英国和荷兰两个西方国家先后派遣使团访华，成为中外关系史上的大事。后世总喜欢比较这两个使团在中国的遭遇和结果，事实上，有关马戛尔尼使团的研究，大多数都会提及德胜使团，并通过史料分析，研究彼此之差异。

1792年9月26日，马戛尔尼率领的使团从英国英格兰东南部港口朴茨茅斯启航，揭开出访中华帝国的序幕。马戛尔尼勋爵是使团的正使，其长期工作伙伴兼挚友斯当东（George Leonard Staunton）出任副使。中外史学界关于马戛尔尼访华的研究成果颇丰，本文仅做扼要记述，以便更清楚地说明荷兰使团访华的背景。马戛尔尼先后担任驻俄国公使、爱尔兰大臣、加勒比海总督和马德拉斯总督。斯当东也有相当的资历，在马戛尔尼担任后两个职位时，斯当东一直辅佐他工作，并表现出色。使团人员有近百人，包括外交官、青年贵族、学者、医师、画家、乐师、技师、士兵和仆役，算上水手则有近700人，光是上船登记就花了几天的时间。[10]

马戛尔尼访华，名义上是补祝乾隆皇帝八秩大寿，实质为拓展对华贸易。乾隆皇帝感到很高兴，以为英国因仰慕天朝国威而来，其性质就像朝鲜、安南、缅甸等四夷属国来贺一样。显然，对这次英国使团访华，中英两国的主观意愿和目的都很不同，虚幻的“天威扬播”与现实的“贸易诉求”形成强烈的矛盾，似乎从一开始就预示这次外交往来不会有实质性的成果。但无论如何，马戛尔尼使团访华是中英关系史上的重大事件，两国特别是英国留下大量相关的原始文献资料，为后世详细了解使团访华的始末，提供了坚实的文献基础。

1793年8月11日，马戛尔尼使团到达天津。这时，一个年轻的中国天主教徒给他们送来了两封极其重要的信件，对使团在华的部署起了很大的指导作用，也与荷兰使团后来访华关系重大。信中让英国使团提防一个名叫索德超的葡萄牙传教士。[11]这两封信以法文写成，“写信的人是一个法国传教士，名叫梁栋材（J.- B. Joseph Grammont）。他曾是耶稣会传教士，47岁，住在中国已有四分之一个世纪了”。马戛尔尼没有马上回复梁栋材，但他一到北京就对查核报信的内容是否属实。结果是，梁栋材所言不假，“尽管索德超神父既不会说英文，也不会说法文，但他的确已被朝廷指定为英国使团的正式翻译”。[12]上述例证说明，梁栋材与葡萄牙耶稣会士有积怨，希望通过向英国示好，毛遂自荐，取代索德超担任英国使团的翻译。事实上，另一位法国传教士、法国在华传教区的长上罗广祥（Nicolas-Joseph Raux）也在北京与马戛尔尼有密切的交往。罗广祥为摆脱葡萄牙保教权的束缚，曾打算在广州设立一位司库，负责法国传教区与中国的交涉，从而可以避开澳门葡萄牙传教士的干预。他本来希望任命梁栋材出任司库，并设法游说中国皇帝接受，但中国商会却想方设法让人把梁栋材召回北京。[13]

梁栋材与马戛尔尼在中国的交往，使他清楚英国使团在中国的整个过程和当中的许多细节。梁栋材和当时在中国的许多西方人都认为：“假如马戛尔尼勋爵无条件地遵从中国人认为合宜，而坚持要求于他的一切有伤自尊的礼仪，使团之行也许就会有更为圆满的结局。”据马戛尔尼使团成员之一的巴罗记载，这些想法使梁栋材写信给范罢览，具体列举英国使团失败的原因：

> 无论就马嘎尔尼勋爵和乔治·斯当东出色的经验、智慧和人品而言，还是就随从人员的能力、知识和谨慎的举止而言，或是就呈交皇帝的那些贵重而新奇的礼物而言，没有哪一个使团会有可能比他们取得更好的结果了。但是，说来也怪，没有哪一个使团会比他们失败得更惨了！
>
> 你一定想知道是甚么导致了这种令人沮丧而又不可思议的结果吧？
>
> 简而言之，跟所有对中国只有书本知识的外国人一样，这些先生对觐见的规矩、清廷的习俗和礼仪一无所知。更不幸的是，他们带了一个比他们自己更孤陋寡闻的中文翻译。其结果便是：
>
> 首先，他们既没有给内阁大臣，也没有给皇亲贵戚带任何礼物；

第二，他们拒绝行觐见皇帝通常所用的礼仪，并且提不出令人信服的理由；

第三，他们的服饰过于朴素和普通；

第四，他们没有预备给那几个指派了主管他们事务的官员 graiffer lapatte，即贿赂；

第五，他们的要求没有按照该国的惯例呈递。

他们之所以失败的另一个原因，在我看来亦是主要的原因，是遭受了某传教士的破坏。他认为该使团可能对他本国的利益有害，因而不遗余力地制造对英国不利的印象。⑭

当然，梁栋材所举关于英国使团失败的原因并不完全正确，但这封信的内容却大大激起荷兰商行派使团出访北京的意愿。此为德胜使团访华的最直接原因。

乾隆五十九年，即马戛尔尼使团出访清廷后的一年，黄昏的余晖特别美丽，对乾隆皇帝、荷兰国和荷兰东印度公司而言，都尽是一派“夕阳西下，斜阳晚照”的景象。这一年，荷兰东印度公司向中国派出有清一代最后一个访华使团，即德胜使团。这个使团也是鸦片战争前欧洲本土最后一个派往中国的使团，成为中荷关系史，甚至是中欧关系史上一个重要的里程碑。

此时，中荷两国特别是荷兰的政治局势即将发生重大转变，夕阳的余晖散尽以后，迎来的是截然不同的另一番景象。1795 年，乾隆皇帝以圆满在位 60 年而退位；同年，荷兰本土被法国占领，荷兰东印度公司江河日下，卒于 1799 年 12 月 31 日被解散。所以，在种种复杂的局势下，乾隆五十九年荷兰使团访华的意义显得特别深远。

三　德胜使团在中国的活动

事实上，范罢览在广州商馆时，已有中国官员向他表示，皇帝登基 60 周年是个很好的时机，荷兰应该考虑派遣使节访京，中国官员相信英国、西班牙和葡萄牙都会在 1795 年为乾隆在位 60 年庆典送上祝贺。范罢览的中国官员朋友还说，荷兰作为中国的老邦交，中国十分希望他们派出使节，如果真的不能够从老远派人来，范罢览作为荷兰广州商馆大班，很欢迎他代表荷兰出席。⑮在这种情况下，范罢览收到梁栋材的信后，马上给巴达维亚总督写信，表示在广州的各国商馆都有意派使团到北京，庆贺乾隆皇帝

84岁大寿和登基60周年。所以他希望代表荷兰共和国一行，并要求尽快给他相应的证明文件。[16]事实上，范罢览也一直希望能代表荷兰政府出使北京。乾隆皇帝登基60年庆典当然是一个上好的机会，所以他除了写信给巴达维亚总督外，还在广州到处活动，“敦促在广州的西方同僚同他一起向天子致以敬意”，他对自己颇有信心，“怎样做才能受到中国人的欢迎，应该在礼节和效果方面给傲慢的英国人上一课”。[17]

在寄往巴城的信中，范罢览保证出使支出不会很昂贵，25000元荷兰盾的费用就足够，出使的人会乘坐公司的船航行于巴城和广东之间。最后，范罢览建议如果公司董事会不愿意从巴城派出特使，他会自己去，但他要求一个更高的职衔好让他在中国顺利完成使节任务。[18]范罢览向巴城发信要求派遣访华使团后，一直焦急地等待巴城东印度公司的回复：

> 东印度公司收到我的信后，决定派遣一个使节团访华。公司认为要物色一位高级人员出使北京，所以公司顾问德胜被委任为使团正使。
>
> 1794年7月17日，一艘来自巴达维亚的英国船，给我带来了一个约定通告。德胜大使亲自写信告诉我，我被聘为使节团的副使。我赶紧将这个消息由澳门传达到广州荷兰商馆，要求他们与Tsongtou联络，为迎接使团做好准备。几日后，我得回复，*Tsongtou*，*Fou-yuen*，*Hou-pou*，以及其他中国官员非常高兴得悉这个消息……[19]

就是这样，范罢览一边等候德胜船队到来，一边为访京做各种事前准备，他一直在澳门等候到9月初。

1. 广州遭遇

德胜于1794年8月15日从巴城出发，9月初到达虎门河口，与范罢览会合。范罢览告诉他，除了荷兰，没有其他欧洲国家派出贺使到北京，这消息使德胜有点不知所措，他在日记中写道：“消息把我吓着，我告诫他，因为公司董事会肯定英国、西班牙和葡萄牙等国家都派出使者到北京，才会有今次的决定，目前公司的经济条件并不好，所有不平常的开支都极不受欢迎。”[20]当然，德胜最后还是决定不惜一切前往北京。

《清史稿》载：“癸亥，荷兰入贡。”[21]梁廷枏所记更详细：“（乾隆）五十九年，荷兰国王嘁啉哗囒嘡哪嗖，遣陪臣余悚第生（即德胜——引者按）奉表入贡。”[22]护送荷兰使团上京的伴送官王仕基奏报：“荷兰贡使德胜等于九月内到广东省城。”[23]时任两广总督的长麟，最先向乾隆皇帝奏报德胜率领荷兰使团访华。乾隆五十九年九月二十二日（1794 年 10 月 15 日），长麟会奏：

本年九月十六日，据洋商禀称：“有荷兰国使臣啰嗤恭赍表贡到粤，叩祝明年大皇帝六十年大庆。船只已抵虎门，恳求代奏。”等语。臣等当即派员将该贡使照料到省。[24]

9 月 24 日，粤海关监督苏楞额登上暹罗号与德胜会面。德胜表示“此次使节之来，只欲恭贺皇帝之大典，并无丝毫提出任何要求，或申诉之意图。”[25]德胜同时呈上给乾隆皇帝的贡表和给两广总督长麟的信。贡表称：

和兰国王勃嗪氏，委吧国公勃沙里仁直唠，兼管牛屿暨公班衙等处地方事务，泥律帽禄、沃力丁、勃里稽哖、时袂力等顿首奉书：皇帝陛下以德临御，宜履四海之福；以仁恤众，将来无疆之寿。溯自圣祖仁皇帝以至于今，敝邑在粤东贸易，永承圣泽之广被，而远迩无不向化者也。来岁恭逢国寿，天下咸庆之期，万民乐德之秋，历稽开古以来，未有我皇上圣神建极之盛也。勃嗪属在遐陬，历受惠泽，敢不闻风而致庆焉。谨遣来使余悚第生，恭赴阙下，谨行朝贡，兼贺皇太子来年践祚，庆万国之咸宁，叶千龄之广运。来使倘礼法疏略，万乞包容。仍恳速赐旋棹，曷胜激切仰慕之至。伏惟圣慈垂鉴。谨奉表以闻。[26]

除上述贡表外，荷兰使团还呈交了一份“副启”，即《上两广总督大人书》，内容如下：

总督大人阁下，溯自百余年来，敝邑具舟通商贵治，深蒙惠恤俯下，实仰荷圣泽之所远被，而外方莫不向化者也。来岁恭逢圣上在位六十年，天下恭庆国寿，当此天下升平、万国欣庆之秋，历稽前史，暨览于今，未有若斯之盛也。勃嗪虽隔遐方，应为闻风而预向，兹谨差来使余悚第生职居奚黎力协理公班衙事务，又差治下广班和兰伴勿南侯屹为副使，同进发赴恭贺国寿，兼庆皇太子来年践祚。欣万国之

> 咸宁，叶千龄之广运。敝使恐有礼数疏略，曲荷成全，道之礼法，无致获愆。所差之使倘有不虞，以副代之。敝舟到时，更恳垂照，曷胜感激之至。临楮神遥，统祈炳监，不宣。[27]

上述的表和书言辞谦恭恳切，行文用字很符合中国作为天朝大国的“礼制”。但有一点却令德胜和长麟都感到为难，那就是写信人不是荷兰国王，而是巴达维亚总督。这种上款与下款的“不对口”，在当时看来明显有损朝廷礼制。所以使团又奏称：

> 至大普惠仁慈中外洋溢天朝大皇帝陛下：呢嘧哝、啡呢唑哧吐㗰喇吖㖔啤喱四人，专主办理喷囒国事务，恭代国王喊咻哗囒咥哪嗖具奏：保佑天朝大皇帝万事遂心，吉祥如意。天降征祥，从心所欲。因为声教覃敷，天下一人。圣明睿智，天下无不感颂。再，喷囒国来广东贸易，感沐天朝列祖大皇帝、天朝大皇帝格外施恩。……[28]

德胜虽以极度谦卑的言辞解释荷兰国王早有朝贡之心，唯远洋万里，一直未碰到合适的时机。如今他们得悉乾隆皇帝登基六十载庆典，若回国禀报，一来一回，恐已错过时机。但这种解释是否被乾隆皇帝接受，则是不可预料的。这当中，长麟的角色非常重要，因为北京对使团情况的了解，主要来自长麟的奏报，并以此作决策。

长麟是乾嘉年间一位颇具才能的大臣，乾隆四十年起任刑部主事，在乾隆朝历任郎中、山西按察使、湖南按察使、江苏按察使、江苏布政使、刑部右侍郎、山东巡抚、江苏巡抚、两广总督、太子太保衔、闽浙总督、库尔喀拉乌苏领队大臣等职；在嘉庆朝历任喀什噶尔参赞大臣、陕甘总督、协办大学士等职。[29]长麟上任两广总督不久，即遇上德胜率领使团访华，注定他要成为中荷关系史上的一位重要人物。同时代的昭梿称长麟“历抚两粤，以能吏名”，“性聪敏，历任封圻，以廉明称。任吴抚时，擒获强暴，禁止奢侈，尝私行市井间访察民隐。”[30]

有马戛尔尼使团失败在前，加上梁栋材等传教士的劝道，德胜、范罢览二人及其率领的使团，对中国制法非常配合，只要有需要，都会行“三跪九叩”礼。他们的表现，明显得到长麟的信任，并支持其上京，所以他婉转奏报：

据该贡使呈出表文，译出汉字，词意极为诚敬。臣等当即会令贡使啰雕进见。据该贡使先向北望阙行三跪九叩头礼，并跪称国王嘁啉哗喃哇哪嘍仰慕大皇帝仁德，倾心已久。因相距天朝甚远，每遇庆典，得信较迟。且系海外远夷，不谙天朝体制，是以未敢造次冒昧。[31]

在长麟眼中，此次荷兰使团“词意诚敬”“词色恭顺”，故转达其“恳恩准其进京”的要求。如果说上述奏报主要是陈明事情原委，如下一通奏报则明显充满了议事感情，帮了荷兰使团很大的忙：

今荷兰国遣使进贡，臣等查其表文，系公班大臣呢嘘哝等恭代国王出名，以与体制不符。但经臣等再三盘诘，据称该国王实在诚心，早要纳贡，呢嘘哝等因得信已迟，计算日期，不及回国缮表属实。并非呢嘘哝等敢替国王擅作主意等语。倘蒙圣恩准其趋诣阙廷，随班叩祝，不惟该国君臣幸叨恩宠，即在广贸易之各国夷人，亦必更深钦仰，共戴宽仁，合并陈明。[32]

果然，长麟等广东地方官员对荷兰使团的正面态度，使北京对荷兰使节产生很大的好感，即使礼制不符，也同意其进京朝贡。十月初九日，乾隆皇帝圣谕：

长麟等奏荷兰国遣使赍表纳贡，恳求进京叩祝一折。此系好事，披阅长麟等译出原表，该国王因明年系朕六十年普天同庆，专差贡使赍表到京叩贺，情词极为恭顺。长麟等因其表文系公班大臣呢嘘哝等代伊国王出名，与体制稍有不符，复加盘诘，何必如此深论。自应准其来京瞻觐，遂其向慕之忱。[33]

清廷对荷兰使节上京的时间、沿途情况、翻译等事有较周详的考量，乾隆皇帝十月初九日圣谕曰：

着长麟等即传谕该使臣等知悉，并派委妥员护送起程，只须于十二月二十日封印前一、二日到京，俾得与蒙古王公及外藩诸国使臣一体同邀宴赉。并着知会沿途经过省份，令各督、抚一体派员按例照料，以使如期到京。再，荷兰国所进表文，在京西洋人不能认识，并着长麟等于住居内地之西洋人，有认识荷兰字体兼通汉语者，酌派一、二人随同来京，以备通译。将此由六百里谕令知之。[34]

此圣谕下发于西历 1794 年 10 月 31 日；乾隆要求荷兰使团到京的时间为该年十二月二十日封印前一二日，即西历 1795 年 1 月 10 日以前的一两天。当圣谕传到广州时，已是 1794 年 11 月，这就是说，使团大约有不到两个月的时间，要从广州赶赴北京。而且，出发前，长麟等广东地方官员还要奉旨为荷兰使团指派适合的中国官方翻译人员。其时，澳门开埠 200 多年，华洋杂处，不少居澳中国人懂外语，居澳洋人也懂汉语，所以澳门应是最容易找到通晓中荷双语人员的地方。时间紧迫，长麟与督理粤海关舒玺等人迅即责令香山知县李德舆负责物色翻译员，李德舆不敢怠慢，即亲自到澳门，下谕澳督“觅通事二名，随使进京”。葡萄牙东波塔档案馆藏有两通中文残档，记录了这件事的过程：

谕兵头知悉：

本县□□〔现奉〕两广总督部堂长、督□□□〔理粤海〕关部堂舒札开：□□□嗹嘣国遣使进京叩□〔觐〕因嗹嘣国夷字京中□□〔无人〕认识，钦□〔奉〕谕旨：饬令寻觅在广居住认识□□〔嗹嘣〕夷字者二名，□□□□□〔进〕京。□〔等〕因。

奉此，本县亲临澳地寻觅，特仰兵头□□□□□〔觅通事二名〕，即□〔速〕赴省，以便随使进京，断难片刻迟□〔延〕。□〔事〕关奉旨事件，毋得稍迟。速□〔速〕。□〔特〕谕。

乾隆五十九年十月廿五日。[35]

乾隆五十九年十月二十五日（1794 年 11 月 17 日），距荷兰使团动身上京只剩几天。中国文献记载，使团于十月二十八日（11 月 20 日）起程，王仕基称，“我于十月二十八日就伴送他们起程”[36]，李德舆引长麟等宪札也称，“贡使定于本（十）月二十八日开行”[37]。所以长麟等人显然没有将寻觅通事之事完全寄望于澳门，为保险起见，广东当局同时在广州展开招募行动。澳门总督和议事会喽嚟哆接报，马上做出积极的回应，推举“能认夷字的夷人若亚敬”和“能识汉字并通夷语的彭廷贵”北上。只是，广州十三行洋人众多，通汉语者不少，卒先于澳门找到合适的人选，此二人才中途折返澳门。李德舆于十月二十九日（11 月 21 日）谕夷目唛嚟哆曰：

案奉督、关二宪札：饬在澳寻觅认识嗬囒国夷字兼识汉字之人一二名，随同贡使进京。等因。本县当即亲临澳门，据该夷目举报：夷人若亚敬能认夷字，彭廷贵能识汉字并通夷语。等情。前来。随经向试，捐给盘费，交委员带同赴省。[38]

但有一点要说明的是，根据范罢览的日记，荷兰使团离开广州的准确时间却延至 11 月 22 日，[39]而非中国官方所载的 11 月 20 日。

2. 离穗赴京

德胜使团于 1794 年 11 月 22 日离穗赴京，沿传统的朝贡之路——粤道上路，于 1795 年 1 月 9 日，即在乾隆皇帝指定的日期之前一天赶抵北京。11 月下旬至翌年 1 月，正是中国的冬季，北方天气异常寒冷，加上赶时间，实际日程不足 50 天，路途艰苦，使团各成员的身体状况受到严峻的考验。佩雷菲特引用使团的法籍翻译员吉涅的记录，描述当时的情况：

应该加速进行：只有 50 天时间，却要从陆路从南到北穿越整个中国，沿途的住所都极不舒适。……冬天寒风刺骨，路很难走，住处又没火，雨水穿透了轿子。一过长江就飘起了广州的中国人未见过的雪花。一路上事故不断，有一处要坐木筏过河，人呀、马呀、加上行李乱成一团。[40]

闻达教授也有类似的记载：

两位大使坐轿，其他先生则骑马，一同进发。但不久，行李押运队不能追及，故彼等不得不在恶劣得难以言喻之旅店过夜。既无床榻，只好卧硬板上，又无适当之食品，甚至无酒。输运行李之苦力凡百人，而此百人，因劳资为贪官所克扣，有时拒绝行动。此种工作非常沉重，中途因疲乏而死者，已有八人，补充苦力实不容易。[41]

使团的伴送官王仕基奏称：

荷兰贡使德胜等于九月内到广东省城，闻知皇上准他进京，他们甚为欢喜。我于十月二十八日就伴送他们起程。他们急于要瞻仰大皇帝，在途还催趱行走，一路也甚是安静。至从前英吉利国的使臣，由京回到广东时，我也曾看见的，他们甚为欢感，亦颇恭顺。此次荷兰贡使到广东时，礼貌尤为恭谨，瞻观诚心亦甚真切。他们要紧走路，我怕该贡使等过于劳苦，他们还要求着快走。所有经过各处，沿途供应无误，虽行程较速，仍可按程歇息。他们甚是欢喜，亦不致过形劳顿。[42]

荷兰使团上京路途遥远艰辛，且因为赶时间，沿途各省未有设筵宴招待，与上一年英国马戛尔尼使团的待遇明显不同。天朝传统观念怀柔远人，虽说时间紧迫，但终究是失诸厚此薄彼。这种情况引起了部分地方官员的注意，认为有失“中国正大之体”，时任江西巡抚的陈淮上奏朝廷，陈明有关情况。乾隆皇帝得悉后，于五十九年十二月下圣谕曰：

上年嘆咭唎国遣使来京，恭进表贡，所有经过各省，曾令各该督、抚给与筵宴。此次荷兰国遣使来京，本日据陈淮具奏，未经给宴。但该国慕化输诚，航海远至，自因知上年嘆咭唎使臣到京时，得蒙天朝恩锡优渥，宴赉骈蕃，是以闻风踵至。今该使臣等在途经过省份，未与筵宴，是同一西洋进贡使臣，转似区分厚薄，失中国正大之体。该贡使等闻知，未免稍觉觖望。除俟该使臣等到京后，一体酌加赏赉外，着传谕各该督、抚，将来该使臣等回程经过时，俱仍依照嘆咭唎使臣之例，酌给筵宴。[43]

乾隆皇帝为补偿荷兰使团路上遭受的艰苦，承诺待使团到京后会给予特别的赏赐，并下令沿途各省，在使团回程时依照英国马戛尔尼之待遇，酌给筵宴，公允照顾。

3. 抵达北京

《清实录》载，乾隆五十九年十二月乙亥（1795 年 1 月 12 日），乾隆皇帝第一次接见了德胜和范罢览：

乙亥。上幸瀛台。回部吐鲁番多罗郡王伊斯堪达尔等十三人。土尔扈特多罗郡王巴特玛乌巴锡、固山贝子沙喇扣肯、和硕特多罗贝勒腾特克、杜尔伯特来使根敦札布，及朝鲜国正使朴宗岳、副使郑大容，荷兰国正使德胜、副使范罢览等于西苑门外瞻觐。[44]

及后，乾隆又于十二月癸未（1795年1月20日）分别在保和殿和紫光阁接见荷使，《清实录》记载了每一次的情况：

上御保和殿。筵宴朝正外藩。……朝鲜国正使朴宗岳、副使郑大容，荷兰国正使德胜、副使范罢览，及领侍卫内大臣等。……赐酒成礼。[45]

御紫光阁。赐蒙古王贝勒贝子公额驸台吉，及回部郡王，朝鲜、荷兰国使臣等宴。赏赉有差。[46]

御山高水长。赐王公大臣、蒙古王贝勒贝子公额驸台吉，及回部郡王、朝鲜、荷兰国使臣等宴。[47]

乾隆帝第一次接见荷兰使团之情形也载于德胜的日记：

上午三时，有一尖锐之声，将全寓之人震醒。吾人动身时，尚未及上午五时也。……六时，引吾人出外面，入于旁边的建筑物。两户之间有一小阶庭，搭起一寻常之帐幕，有高丽大使借以取暖者。……

有四名官吏，引导吾人，忽然此处，忽然彼处，似乎彼等对于吾人应站之地，尚未有一致意见者。最后彼等带吾人至中央之步径，且嘱吾人当皇帝出来时须跪于此。我以为应该将书呈于皇帝座前，不料在此办理。半小时后宫门乍启，门内两边人群向前拥出，各人均自归其位置，人声静后不久，忽宣布皇帝驾到，皇帝坐皇舆由大门来矣。于是扈从及官员与直冲向前之马又混起来，秩序大乱，……然后有大臣多名拥一皇舆而出。所遇之处，各人皆跪。吾人亦如命跪下，我本人及范罢览先生伏于路旁，而其他先生亦在吾人之后。有若干官吏执刀，为皇舆作前驱，行近吾人，止而熟视，其中一人执一黄帜。皇帝行近高丽使前停小顷，然后临近吾人，吾双手捧匣高与额齐，一大臣由舆前走来，将匣接去。吾人于是免冠行礼，九叩首于地。皇帝乃垂询于我，问吾之康健，吾等觉冷与否，吾等元首之年纪，一问一答，均由伏于吾身后之一通事译之……御宴赐来矣，其秩序一如第一次赐宴之日，皇帝取其桌上黄瓷茶托之小饼赐吾等，吾人叩首谢之。不久又赐吾等一碟野味，视之宛如嚼过之骨头，此物倒于案上，但又需叩头。此虽为皇帝情谊之具体表示，亦足为粗野及欠缺文明之明证矣。此事在欧洲似不可信，然事体昭彰，无为讳言。教会以其报告使世界人士为之向往者多年，即我亦以其人为一极有文明之开明民族。此种观念根深蒂固，须用一种破坏力根除之。而此次之招待，加以吾等过去一切之遭遇，正可对旧观念根本纠正……[48]

1795 年 1 月 27 日在御祭天坛之时，外国人中只许荷兰人参观。而且在圆明园恭和御制诗时，荷兰国贡使虽不能和诗，但乾隆仍照朝鲜例，赏赐了荷兰国王及使臣。赏赐物件如下：

赏荷兰国王物件：御笔福字一个、龙缎二匹、漳绒二匹、玉器二件、珐琅器二件、红雕漆器四件、瓷器八件、文竹器四件。

赏荷兰国使臣一员德胜：大卷八丝缎一匹、锦缎一匹、瓷器四件、茶叶四瓶、大荷包一对、小荷包四个。

副使大班一名范罢览：大卷五丝缎一匹、锦缎一匹、瓷器二件、茶叶二瓶、大荷包一对、小荷包四个。[49]

德胜使团回程时，乾隆皇帝写了一封致荷兰国王的敕书：

朕仰承昊绛，寅绍丕基，临御六十年来，四海永清，万方向化，德威远播，禔福毕臻，统中外为一家，视臣民若一体，推恩布惠，罔间寰瀛，亿国梯航，鳞萃徕贺。朕惟励精图治，嘉纳款诚，与尔众邦共溥无疆之庥，甚盛事也。兹尔国重洋遥隔，舟悃克抒，敬赍表章，备进方物，叩祝国庆，披阅之下，周详恳切，词意虔恭，具见慕义输忱，良可嘉尚。尔邦自贸易岙门，历有年所，天朝怀柔远人，无不曲加抚恤，如博尔都噶尔亚、意达哩亚、暎咭唎等国效顺献琛，天朝一视同仁，薄来厚往，尔邦谅备闻之。今来使虽非尔国王所遣，而公班衙等能体尔国王平时慕化情殷，嘱令探听天朝庆典，具表抒忱。兹值天朝六十年国庆，公班衙等因道远不及禀知尔国王，即代为修职来庭，则感被声教之诚，即与尔国王无异，是以一律优待，示朕眷怀。所有赍到表贡之来使，小心知礼，已令大臣带领瞻觐，锡予筵宴，并于禁苑诸名胜处悉令游览，使其叨兹荣宠，共乐太平。除使臣恩赉叠加，及各官、通事、兵役人等正赏加赏各物件，另单饬知外，兹因尔使臣归国，特颁敕谕，锡赉尔王文绮珍物如前仪，加赐彩缎、绮、文玩、器具诸珍，另有清单。王其只受，益笃忠贞，保乂尔邦，永副朕眷。[50]

这一次出使，从荷兰的目的而言，应该也是失败的。马士（Hosea Ballou Morse）认为，荷兰使团注意避免重蹈英国使节马戛尔尼的覆辙。英国使节曾拒绝行叩头礼；而他们甚至还准备就荷兰历次使节的所作所为再加以改进，无论中国方面要求对其宗主权怎样表示承认，也不惜一应照办。他们的这番出使，除去使中国人更加相信自己的文明是万民所应向化的文明，自己的帝国是万国所应臣服的帝国而外，是毫无结果的。[50]

---

①⑳Isaac Titsingh, *Unpublished Official Report to the Commissioners-General at Batavia, Canton, January, 1796*, Manuscript at Leiden University Sinological Institute Library, The Netherlands.

②A. E. van Braam Houckgeest, *Voyage de l'ambassade de la Compagnie des Indes Orientales hollandaises vers l'empereur de la Chine, dans les années 1794 et 1795*. Philadelphia: M. L. E. Moreau de Saint-Méry, 1979.

③戴宏达（Jan Julius Lodewijk Duyvendak）和博克塞（Charles R. Boxer）对范罢览《荷兰东印度公司使节访华纪实：1794－1795》一书各语种出版和翻译的始末有详细的考证。详见戴宏达《荷兰对汉学研究的贡献》，马军译注，《史林》2007年第Sl期；博克塞：《乾隆时代荷兰使节来华记》，朱杰勤译，新加坡：《南洋学报》第3卷第1辑，1947年（该译文后改名为《18世纪荷兰使节来华记1794－1795》，载朱杰勤译《中外关系史译丛》，北京：海洋出版社，1984，第248～268页）。

④Chrétien Louis Joseph de Guignes, *Voyages à Pékin, Manille et l'île de France, faits dans l'intervalle des années 1784 a 1801*. Paris, 1808.

⑤⑩⑫⑰㊵〔法〕佩雷菲特：《停滞的帝国——两个世界的撞击》，王国卿等译，北京：三联书店，2007，第431，3、486、488，86，430～431，431页。

⑥《掌故丛编》创刊于1928年1月，自第11辑起改称《文献丛编》，至1943年共出版62辑，包括6辑增刊。1964年台北国风出版社曾影印出版，内容按专题归类，重新编排，并编有目录。

⑦㉗参见蔡鸿生《王文诰荷兰贡使纪事诗释证》，载蔡鸿生主编《澳门史与中西交

通研究》，广州：广东高等教育出版社，1998，第 225 页。

⑧Jan Julius Lodewijk Duyvendak，"The Last Dutch Embassy to the Chinese Court（1794－1795），" *T'oung Pao*，Volume 34，No. 1－5，1938，pp. 1－137.

⑨Jan Julius Lodewijk Duyvendak，"Supplementary documents on the last Dutch embassy to the Chinese court，" *T'oung Pao*，Volume 35，No. 1－5，1939，pp. 329－353. 该文有朱杰勤译本。

⑪索德超（Joseph-Bemard d'Almeida），葡萄牙籍耶稣会士。乾隆四十六年补钦天监监副，乾隆五十八年晋钦天监监正，深得清廷信任和重用。

⑬罗广祥（Nicolas-Joseph Raux）是遣使会总会的神学教授，1783 年被教廷传信部任命为法国在华传教区的长上，1784 年到达广州，1785 年 5 月在北京正式就职，并当选为清朝钦天监的成员，逝世后安葬于正福寺。详见耿昇《遣使会传教士在华活动考述》，《中西文化研究》2008 年第 1 期。

⑭⑯〔英〕约翰·巴罗：《我看乾隆盛世》，李国庆、欧阳少春译，北京：北京图书馆出版社，2007，第 6～8 页。

⑮⑱Patricia Owens O'neill，*Missed Opportunities*：*Late 18th Century Chinese Relations with England and the Netherlands.* Seattle：University of Washington，1995，pp. 393－394.

⑲㊴A. E. van Braam van Houckgeest，*An authentic account of the embassy of the Dutch east-india company*，*to the court of the emperor of China*，*in the years 1794 and 1795*，pp. 4－5，37－40.

㉑《清史稿》卷 15《高宗六》。

㉒㉔㉖㉘㉛㉜梁廷枏：《海国四说》，北京：中华书局点校本，1993，第 211、207、211～212、212、213、213～214 页。

㉓㊱㊷㊾故宫博物院：《荷兰国交聘案始末》，《文献丛编》第 5 辑。

㉕〔英〕C. R. 博克塞：《十八世纪荷兰使节来华记》，载朱杰勤译《中外关系史译丛》，北京：海洋出版社，1984，第 248～268 页。

㉙根据中研院历史语言研究所"明清档案人名权威资料库"之"长麟"条目整理。

㉚昭梿《啸亭杂录》续录卷三，"牧庵相国"条。

㉝㉞《清实录》，乾隆五十九年癸亥条。

㉟㊲㊳刘芳辑、章文钦校《清代澳门中文档案汇编》下册，澳门：澳门基金会，1999，第 680～681 页。本档为残档，"□"为残脱之字，"〔〕"内之字为辑校者所加。

㊶J. J. L Duyvendak，"The last Dutch Embassy to the Chinese Court，1794－1795，" *T'oung Pao*，Vol. XXXIV Livr，p. 44.

㊸《清实录》，乾隆五十九年甲寅十二月条。

㊹㊺㊻㊼《清实录》，乾隆五十九年十二月乙亥条。

㊽C. R. 博克塞：《十八世纪荷兰使节访华记》，原文见 J. J. L Duyvendak，*The last*

Dutch Embassy to the Chinese Court，1794－1795。

㊿杨继波、吴志良、邓开颂总主编《明清时期澳门问题档案文献汇编》第1册，北京：人民出版社，1999，第617页。这道敕谕的正式形式，是以满、汉、拉丁文三种文字对照书写在黄色纸张上。台湾曾展出的这“乾隆皇帝致荷兰国王敕谕”的拉丁文稿本，一般认为拉丁文出自宫中西洋传教士之手，若不比照汉文，单纯地阅读拉丁文，语气用词与汉文本以上对下的官样性大为不同。

51〔美〕马士（Hosea Ballou Morse）、〔英〕宓亨利（Harley Farnsworth MacNair）：《远东国际关系史》，姚曾廙等译，上海：上海书店出版社，1998，第40～51页。

作者简介：林发钦，澳门理工学院成人教育及特别计划中心主任、副教授，博士。

［责任编辑：陈志雄］

（本文原刊2013年第1期）

他者想象与自我认同：鸦片战争前夕传教士笔下的南中国海地区报道*

——以《东西洋考每月统记传》为中心

龙其林

[**提　要**]《东西洋考每月统记传》是第一份在中国本土出版的近代中文报纸，它由西方传教士负责编辑、出版，其中用相当篇幅介绍了南中国海地区的中外商业贸易状况、早期的移民者和商贾，充分表现了19世纪30年代传教士眼中的南中国海地区情景，反映了西方传教士对于中国文化、中国形象的感知，是早期中西方文化交流的产物，其中的文化偏见与误读折射了西方传教士对于进入古老中国文化的渴望与焦虑。

[**关键词**] 传教士　南中国海　文化报道　《东西洋考每月统记传》

《东西洋考每月统记传》(*Eastern Western Monthly Magazine*) 1833年8月1日创刊于广州。这份报纸在中国报刊史、新闻史和出版史上具有十分重要的意义，它不仅是我国本土出版的第一份中文近代报刊，而且所反映的

* 本文系澳门大学大型研究项目“南中国海历史文化研究”(项目号MYRG196 [Y2－L4]－FSH11－YY)的阶段性成果。

传教士笔下的鸦片战争前夕的南中国海地区中西交流报道，为我们理解这一时期西学东渐的程度与中国本土文化对于西方文化的接受途径、态度也有了更直接的认识。鸦片战争前，外国人在广州的活动受到十分严格的限制，在这种情形下，《东西洋考每月统记传》在广州的创办更具有重要的文化传播意义，它面向中国人尤其是广州民众宣传西方宗教思想、科技观念和新闻报道，形成了对于鸦片战争前夕中国社会、文化的生动描述。黄时鉴、罗大正、姚远、郭秀文、赵少峰等学者已对《东西洋考每月统记传》作了较为详细的研究，他们从这份刊物创办的社会历史背景、宗旨及编辑特色、宣传策略、在中国新闻传播史的地位乃至对近代中国社会的影响，以及刊物在近代中西文化交流中所呈现出的过渡形态等角度出发进行探究。在此基础上，本文将这份刊物置于南中国海历史文化的大格局下审视，考察编撰者对这一地区的经济贸易、文化交流等所做的报道及其传达的文化信息，分析鸦片战争前夕传教士在刊物报道中所呈现出的对于南中国海地区的认识和想象。需要说明的是，本文讨论的南中国海是一个广义的地理概念，即南部边界位于南苏门答腊和加里曼丹之间，北边及东北至广东、广西、福建和台湾及台湾海峡，东边至菲律宾群岛，西南至越南与马来半岛。从明朝后期开始，南中国海地区即成为西学东渐的主要通道，西方思想、文化和科技经由南海及其周边地区向中国内陆传播，在中国近代化发展过程中具有十分特殊的意义。

一　关于贸易问题的主张

《东西洋考每月统记传》力图向中国读者介绍近代西方的科学技术和西方文化，希望通过这些科学、技术、思想的输入，改变中国人固有的蛮夷观念和自我中心主义意识。正是出于对中国人自视为世界中心观念的解构，该刊将重点放在对于西方科学文化的介绍上。刊物既有对于西方历史文化的宏观介绍，如《东西史记和合》《地理》等栏目，又有对于西方科技、事件的介绍，如《天文》《新闻》等栏目。在这些内容当中，能够直接反映出鸦片战争前夕南中国海地区中西文化碰撞、交流景观的则是有关中西商业贸易的介绍。对于中西商业贸易情形的描述，多半出现在《论》《贸易》等栏目之中，这些文章的内容有时从中外贸易中的坚守诚信、遵从商业道德等角度入手，劝诫中国人应诚恳对待外国远客：

奈何德行之道，人皆知之。但守之者鲜矣。故此必诠解劝四方君子，尽力以仁义为重，以利益为轻，实是生意公平之状。欲以哄骗谎言利其业，呜呼，远哉其错乎？譬如开盐糖油之铺，杂其货以卑物，特意增价。固积米谷者，待顶价未敢发卖。于此时际，贫民饥死，恁船獘作行甚可恨。莫说取人之憎，还上帝令祸灾坏该人也。匪徒用鬼巧在秤杆索上，莫非是可恶的动举乎。[①]

该刊力图拓展中国民众知识、展现中西贸易的益处，因此在如何用中国民众最喜闻乐见的方式宣传对外贸易的重要性上下了许多功夫。在宣传对外贸易的重要性时，最喜欢通过《通商》《贸易》等栏目加以立论，详细论述对外通商不仅对于中国百姓获取生活物资有利，更能够增加国家税收，实现中国的民富国强。为此，编撰者不遗余力地强调：

禁止通商，如水底捞月矣。故明君治国必竭力尽心，以务广其通商也。诚以国无通商，民人穷乏，交易隆盛，邦家兴旺。且国禁其买卖，民成蛮狄矣。使有愿治之君，教化庶民，而不开其通商之道，以广其财源之路，欲其国之攸宁者，是犹缘木以求鱼者也。[②]

如果说上述文章还只是编撰者对于海外贸易重要性的强调，希望能够从理性的角度启发中国人的商业意识、对外友好态度的话，那么该刊的其他报道则根据中国文化习惯，编辑了一些颇富小说意味的文章阐述中西贸易的价值。这类文章通常以两人对话为主，编撰者为其设置两个中国人，他们居住于广州府，对于西洋事物颇感兴趣，因此经常在对话中涉及西方文化、科技、商业，其中商业内容较为常见。刊物中讨论的两人，一为思想开放、亲近西方文化者，一为观念保守，对西方科技、文化持犹疑态度者。随着此两人对话的进行，最后多以思想开放者说服观念保守者为结局，从而印证着西方文化较之中国文化的优越性和先进性。例如，在道光戊戌年（1838）三月的《东西洋考每月统记传》中，编撰者以辛、曾二人的辩论为线索，以主张对外贸易利国者的胜利，反映出在鸦片战争前夕中国社会对于对外贸易优劣的长期争执：

话说自五月至于十月，各国之甲板，陆续进广州口。事物殷繁，俗务纷纭，洋舶交易，流通出入，生理十分兴盛。艇来艇去，出载，装载不绝矣。且说在珠江边，有两个同僚一姓辛，名铁能，一姓曾，名植产。两人虽攻书，勤读史书，然识世务，一分明白。每年亲眼看见各国通商，易正项货物，就莫不四处巡查问访，与外国贸易裨益否。但两朋友意见向不相侔，辛只说，此样贸易损国，害民。而曾话，易正项货物，为民生之大利，于国家关系綦重。③

这对朋友经过长时间的争论尚未达成共识，一次他们又偶然相遇在河边，彼此又谈论起对外贸易的利弊，从而将这场为时持久的争论推进到了更深的层面。辛铁能代表的是传统士大夫对于海外贸易的态度，认为海外贸易将中国物产载出国门，将导致民众无法满足自己的各类需要："如今停泊互市之船只云集辐辏，诚恐载出我中国之嘉物，令庶民乏需矣。但床头如洗，巧妇无米难炊。"而在他的朋友曾植产看来，对待海外贸易不能只看到其载出货物的一面，更应该看到外商载入货物、互通有无的意义："各船只入口，不空来，而载货物，或各项洋布、呢羽，或棉花、铁、药材等货，以此易买回国货物，如此无损而有益矣。设使无益，我商伶俐，不肯卖也。如此贸易不损而裨益。所载出之物件，不是罕有之货，价昂之物，远客买这项，只折本，连草野之夫，不敢作此。"接下来，编者又借辛相公之口，传达出一般百姓对于海外贸易过程中将国之金银载出海外的担忧："所纳饷几百万银，亦不打紧，但所载出十百万纹银，甚为害也。十年以后，我库项空，日锁愁眉，只为床头金尽。"曾植产则运用商品生产和交换的基本价值规律予以反驳，认为海外贸易不仅不会导致国库空虚，而且还会带来丰富的收益："我中国滨海港汊，各国花银，居民用为通行国宝，谁载入之，莫非远客乎？至于纹银载出，载入，不可管束。设使银起价，所载入者繁多；落价，所载出者不胜数，此乃自然之理，则不可查禁也。倘载出银者，亦取其价值之货，何谓之损哉？"④

在这段文章中，编撰者就对外贸易对于民用、国库的影响展开了辩论。其中曾相公以其对于商品经济价值规律的模糊感知，以及认识到的海外贸易的有利影响，实质上表现的是鸦片战争前夕，西方传教士希望向中国民众传达的对于海外贸易重要性的认识。刊物的编撰者很清醒地意识到海外贸易对于民众生活物资和国家赋税所具有的重要意义，因此不断在各期报刊中反复强调这一主题，试图从思想角度转变国人的华夷观念，将西方国家视为贸易上的伙伴。事实上，仅以中国茶叶的对英贸易而言，在鸦片战争前夕中国依然从这项海外贸易中获得了丰富的收入。“茶叶大量输入英国，英国输华物资在铅、锡、棉花之外，却无相应的货物输出，为求贸易上的平衡，英国只得支付白银，每年从本国和印度流入中国的白银在100万两以上，最高年度（1820～1821）达到556万两以上。”[⑤]

同时，对于海外贸易中的盈亏、盛衰，刊物的编撰者也能抱着理性、乐观的态度。如对于广州地区的海外贸易，刊物对其阶段性的兴衰有过多次描述：

> 世事不定，或兴或废，或盛或衰矣。近省城之贸易渐盛，英商船数只载货出口，尚有四五只贸易买回国货物。而财帛未多，本钱缺乏，生意难作。花旗船三只载银，来买紬缎各项也。米粟平价，庶民满用，而未缺汤饼之需矣。[⑥]
>
> 茶叶湖丝等货，载于外国起价，及省城之生意繁盛，洋舟俱载货返棹，经商远地跋涉，劳顿，或火速发重财，或率然损重财，这也常理不改。今年之贸易始亏乏，终于盛矣。[⑦]

由于海外贸易条件经常变化，因此相关的商品价格也会发生相应的涨跌。“1834年东印度公司解散后，怡和公司立即起而接替，继续经营茶叶贸易。1834年4月后，英国商船改从新加坡输入大批华茶，不但质量和广州一样，而且节省时间，免得在广州交纳重税，因此茶价反而有所降低。”不仅如此，由于西方国家民众商品消费习惯的变化，也导致一些产品在中国形成截然不同的销路。“英国东印度公司初期运输茶叶，到1760年以后，由于绿茶在伦敦市场上掺假严重，信誉扫地，改运红茶，多属武夷茶、工夫茶、小种茶，贡熙茶。英国人因此嗜饮福建红茶，红茶在英国畅销。1792年东印度公司运到英国的红茶有15.6万担，值3413054银两，而绿茶仅1500担，值624640银两，只占极小部分。”[⑧]这种现象，在《东西洋考每月统记传》中也留下了烙印。在道光戊戌年六月的刊物中，编撰者记录下了这样一段细节，反映了中国国内的茶叶种植者因无法获知海外消费习惯的变迁，而依然生产大量绿茶，导致茶叶价格低廉，无法获利；与之形成鲜明对照的，却是属于红茶之一种的武夷茶十分畅销：

年纪之贸易已完焉。若论绿茶叶之客，失本无利矣。武夷茶庶乎尽发卖了。湖丝之价无高无低，却载出外国之者少也。⑨

俄罗斯航海家伊·费·克鲁森什特恩曾对19世纪早期所见的广州茶叶市场的销售情况有过一段描述，从另一个角度验证了《东西洋考每月统记传》中所记载的不同茶叶销路迥异的情形，反映了不同的消费群体及其消费习惯对于茶叶输出国产业的影响：

美国人和英国人很少购买各种优质茶叶。前者主要购买绿茶“贡熙”，广州商人称之为“新贡熙”，那里一担卖36~40两银子，即60~70戈比一磅。英国人和美国人在广州买得最多的茶叶品种是“功夫”茶和“武夷”茶，后一种是最差的，但在英国很多普通人喝它，茶叶对他们来说也是必需品。在英国常常把“功夫”茶和“武夷”茶混在一起，这样卖得最多。“武夷”茶的价格在广州低到不值一提，10~12两银子一担，也就是18~20戈比一磅。⑩

在道光甲午年（1834）正月的刊物上，曾经刊登了一则《省城洋商与各国远商相交买卖各货现时市价》⑪，其中所列举的“出口的货”中，工夫茶、小种茶的价格要高于其他茶种，甚至安溪小种茶还处于缺货状态，供不应求。《东西洋考每月统记传》所撰写的商品市价报道，反映了当时的商业贸易信息和价格行情，是我国中文报刊刊登物价广告的肇始，蕴含着丰富的市场信息和历史背景。

二　南中国海地区的早期移民者和商贾

随着南中国海地区中西交往的不断增多，越来越多的中国人开始通过海外贸易获取利益。在这一过程当中，有人从不愿出洋到来南海从事贸易后思想观念发生了巨大转变，表明了安土重迁的农业文明观念在南中国海地区得到了一定程度的修正。有的人则直接出国居住，长期淹留国外，这既是早期南中国海地区移民者生活的反映，也产生了诸如户籍等相关问题。

在《东西洋考每月统记传》中，曾经描写了一位来自厦门的商人到新加坡一带从事海外贸易，最后赚取了丰富的利润，解决了家庭生活的窘困。这则报道说的是道光八年（1828）的时候，厦门有一富家子弟叫林兴，本来是家中“堆金积玉，财帛盈箱，到处扬名”，但是后来事业浮沉，船只载几万货遭大风沉没，导致损失惨重，负债累累，店铺关闭。正在他因家事萧条忍饥挨饿时，忽然收到江苏上海寄来的书信一封，原来是他的一位朋友请林兴赴新加坡，买胡椒、燕窝、豆蔻、丁香等货，并寄来银三千两。林兴读完书信，心里颇为踌躇。他“自知经商远地，只为蝇头微利，汲海凌山，马背风霜，舟车劳顿，耐不住矣”，最后由于经济压力“无奈何而乘洋舶到新嘉坡”。但是出乎意料的是，当林兴来到新加坡却发现是另外一种情形。“当是之时，经营纷纭，闹热，商贾奔驰，如影及西方，人云集矣。三月期，林兴置买各货，恨不能插翅飞归家庭，就反棹而旋。到港发卖洋货，除盘费船租银外，获利八百两。”⑫

南中国海地区的贸易固然使沿海的人们通过海外经商获取了利润，但更深远的影响则在于通过这种对外交往方式，沿海人们的思想观念发生了巨大的转变，他们不再以农耕文化的保守观念看待海外贸易，不再将其视为洪水猛兽，而是较为客观地指出了中外贸易过程中的货币流通现象及其内在规律，这对于拓展当时中国民众的海外视野、经济知识具有重要的意义。在该刊中，编撰者传达了林兴回国之后的态度转变和思想认识的落差，揭示了海外贸易对于纠正人们保守的思想观念所具有的影响。当朋友闻知林兴从海外贸易获利回来后，都来庆贺。其中一人姓梁，是一个孤陋寡闻的迂腐书生，他对林兴从事海外贸易颇为不屑，认为南洋人此举不过是“或卖船与人，或载来接济”，并不损害国家利益，倒是中国沿海地区人们的海外贸易对国家构成了威胁：“异域所运出金银财帛，损内，利外，大关于国家者。设使晚生权在掌握之中，立示禁止其舶出洋，以省盗案。”⑬林兴对这种谬论进行了辩解和驳斥，他首先从南洋人们的友好入手，认为他们并不怀有恶念：“自尧舜之时，至于今日，南方土人恒怀友心，莫不厚待唐人，连一次也未结衅隙。况贸易彼此获益，甚推雅谊殷情。莫说结仇，就睚眦之怨亦未有。”在此基础上，林兴从不同地域的人口数量、物产差异、价值等入手，指出与海外贸易对于中国的诸多益处：“又其南方之山林深密，材木比内地更坚固，且无昂价。商人每购买而用之，如鼎冧桅一条，在外国不过十几两，至内地则值千金。我中国人每年造许多船只，便是洋商与外客不造卖船，而尚买其材木也。至于米粟，南方丰盛，每石二员有余。中国人烟稠密，户口繁滋，五谷自然价昂。然买贵、卖低，虽至愚者不为也。反载南方之谷，运入我国，大关于国家民生矣。又其沿海各省，不生银矿，皆需外国花银，每年所载入者，几十万，而船所运出者，数万而已。由是观之，与南洋贸易有利而无害。”林兴更进一步意识到了海外贸易对于提高国家税收、满足物资需求以及提高人们生活水平所具有的重要意义：“外通货财，内消奸宄，百万生灵，仰事俯畜之有资。各处钞关，且可多征税课，以足民裕国，其利甚大。”值得注意的是，林兴已经意识到国内由于人口众多，就业不足，容易导致游手好闲群体的出现，主张通过向海外输送劳动力来解决本省劳动力过剩的问题：“夫本省之民繁多不胜数，其游手无赖，若不出外国经营，就诚恐滋事。但移南方，铢积寸累，稍有微积，或回国以济亲戚，或寄银两以着人子之孝心，岂不美哉？自是言之，民人与海外贸易，载其国之余物，以补内地之用，甚广黎民之营生。设使营生无计，何异鼠入牛角哉。”最后，人们在林兴的高谈阔论中意识到海外贸易的诸多好处，都“赞誉外海贸易经营，而不住口欣仰矣”。⑭

在这段论述中，有几个细节值得注意：第一，朋友们得知林兴海外贸易获利后都在庆贺，并且赞誉海外贸易，“欣仰”不已，这是人们商业意识的萌生，也暗示着生活在沿海的这群人们的思想观念已经发生了微妙的转变；第二，林兴在海外贸易中通过买低、卖贵来赚取中间差价，认为商船运入和运出货物的价值呈贸易顺差状态，表明了南中国海地区的人们对于经济现象具有了一定深度的认识；第三，报道对海外贸易的优势进行了确认，认为海外贸易不仅可以解决本国民众的就业问题，而且可以载他国之物补内地之用，足民裕国，具有十分重要的意义。

一些南中国海地区的中国商人，甚至上海、泉州、厦门地区的商人也都纷纷参与对外贸易，他们中的一些人漂洋过海，在新加坡等东南亚国家生活、贸易。刊物中对于这类商人有过描述：

> 此小岛，是大英国之宪所管。叫名新甲埔，虽然极小，其埔头之生理，在南海至盛。莫说西洋甲板继续往来，武吉兼马莱酉船无数进出。就是安南、暹罗，各国船，至彼，盖大英国之官，不纳饷税，准各人任意买卖贸易，无防范，无勒索，安然秩序发财。虽然其正饷不足为意，但因商贾辐辏，国家莫不沾润国币。上海县、泉州府、厦门、湖州府、广州府并琼州府之船，都往新埔头做生理。并几千福建与广东人住此为商匠士农，各悦兴头，英吉利有营汛建炮台。⑮

随着南中国海地区中国人与海外交往的日益增多，谋求在海外定居者开始不断增多。对于这种现象，《东西洋考每月统记传》中专门撰有一文《迁外国之民》做了描述。在谈到中国早期的海外移民时，刊物认为主要是南中国海地区的人们为生活所迫，不得不为之：

> 广东潮州、广州府、嘉应州、福建漳州、泉州府，而人稠地狭，田园不足于耕，日食难度。故市井之穷民迁安南、暹罗、南海各洲地方，觅图生意。[16]

由于南中国海地区外出谋生的人越来越多，持续的时间也越来越长，相应地产生了许多问题，其中对于是否允许这些人返回原籍便成为当时地方官员关注的问题。两广总督、广东抚院上奏皇帝，希望能够允许这些出洋之人返回原籍：

> 据称出洋贸易之人，皆挟赀求利，素非为匪。且内地各有妻孥产业，原未有肯轻弃家乡，只因海洋商贾通信靡常，账目取讨非易，又或疾病难归，栖身番地，或在船充当舵水，遭风流落，凡此皆系欲归不得，初非有意淹留。[17]

由于康熙五十六年（1717）清政府曾禁贩南洋，而雍正五年（1727）又复开洋禁，因此如何处理那些长期滞留海外的人们，显得较为复杂。上奏官员强调在确定欲回籍者并无为匪经历后，可以准其回国，家室子女也可一并带回。对于那些本国民人的遗孀，也准其自愿回中国：

> 责成船户查明，实系内地良民，在番并无为匪，果因欠账疾病诸事逗遛，及遭风避难淹滞者，出具切实保结，无论例前例后，一概准其附载回籍。所娶家室生有子女，准其随带。若本人已故，所遗家属，情愿附搭，亲友熟识，便船回籍者，一体准其带回，交与各亲属，安插宁居。其携有赀财货物，地方官不得借端索扰。[18]

对于不同的出洋滞留者，文章中认为应该区别对待，对那些品行不端者严行查禁，而对于良民则应查明缘由，出具保结，准予回籍。

洋贩既不禁止，则办理亦需权衡。其中如游惰私渡，及水手人等逗留在番，哄诱外洋妇女娶有家室，迨无以为生，复图就食内地者，自应严行查禁，不准回籍。并船户在洋逾限，亦请照例将舵水人等，不许再行出洋外。其余实系贸易良民，因欠债疾病遭风等事，致逾三年定限者，应仍令船户查明缘由，出具保结，准其搭船回籍，如此则内地良民，均得陆续还乡，不致终沦落异域等语。[19]

南中国海地区人们逐步参与到各类贸易过程之中，有机会与不同民族、文化的人们互通有无，增长见识，并以自身经历现身说法，打破了儒家农耕文化观念的束缚。其间虽然也因为早期沿海居民的出洋滞留，引发了户籍留存与否的争议，但这并不能遏制人们对于与外国贸易、出洋觅求发展机会的渴望，诚如当时两广总督、广东巡抚在奏折中所言，“现在开洋贸易之民源源不绝”[20]。

三　他者想象抑或自我需要

应该看到，《东西洋考每月统记传》对于鸦片战争前夕南中国海地区文化景观的勾勒，在某种意义上折射的是传教士们自身文化的投影，刊物中所表现的也正是他们对于中国文化的期待。换言之，编撰者着力通过《东西洋考每月统记传》试图展现的，并不是完全符合现实情形的南中国海地区的历史和文化，而是经过了其文化过滤和精神筛选之后，精心建构起来的一个文化他者的形象，这个形象很显然是经过了传教士们的信仰、立场、思想、情感等多重需要净化之后的图景。因此，在传教士们以自身文化为中心的坐标体系中，南中国海地区的那些与其接近的文化景观、社会现象、人物观念，自然容易被刊物加以记录、赞同；而一旦与刊物编撰者的立场、价值观念相差较远甚至背道而驰的文化景观和人物、现象，则容易被忽略、遗忘或指责。

在《东西洋考每月统记传》创刊号的序中，编撰者阐述了其出版动机和理想，为我们理解这份刊物的创办背景提供了契机：“人之才不同，国之知分别，合诸人之知识，致知在格物，此之谓也。”又说：“子曰，四海之内皆兄弟也。是圣人之言不可弃之言者也。结其中外之绸缪，倘子视外国与中国人当兄弟也，请善读者仰体焉，不轻忽远人之文矣。”[21]这是刊物为中国读者撰写的出版说明，显示出其对中国文化的亲近与友好态度，强调中外文化的互补性。“郭士立不似那些谨慎的传教士，他向来认为应该尽可能去了解中国人，好让他们皈依基督教：‘须从彼等之口，知其偏见，目睹其恶行，听其辩解，方能知彼等……吾人应完全顺应中国人之所好。’”[22]由于《东西洋考每月统记传》面对的是华人读者，因此该刊在表述办刊方针、目标以及用语时都极为注意读者的感受，编撰者在涉及办刊目的、价值态度时往往非常谨慎，避免将自己的内在动机和心理呈现在华人读者面前。于是，刊物的编撰者在《东西洋考每月统记传》和同时期的外文报刊上表述办刊动机和目标时，就存在着很大的差异。如果说在《东西洋考每月统记传》创刊号上，编撰者们对于刊物的宗旨主要强调为宣扬中外友好、文化共通的话，那么郭士立在英文报纸《中国丛报》（*Chinese Repository*）撰写的文章中，则在传教士同行面前直接透露了创办《东西洋考每月统记传》的深层目的：“当文明几乎在地球各处取得迅速进步并超越无知与谬误之时，——即使排斥异见的印度人也已开始用他们自己的语言出版若干期刊，——唯独中国人却一如既往，依然故我。虽然我们与他们长久交往，他们仍自称为天下诸民之至尊，并视所有其他民族为‘蛮夷’。如此妄自尊大严重影响到广州的外国居民的利益，以及他们与中国人的交往”，《东西洋考每月统记传》“其出版是为了使中国人获知我们的技艺、科学与准则”，“编者偏向于用展示事实的手法，使中国人相信，他们仍有许多东西要学。又，悉知外国人与地方当局关系的意义，编撰者已致力于赢得他们的友谊，并且希望最终取得成功。”[23]不难看出，《东西洋考每月统记传》的编撰者出于对中国人盲目自信、妄自尊大心理的反拨，以及对“华夷”观的痛恨，因而表现出纠正华人印象、展示西方文明优越性的强烈愿望。从本质上而言，刊物编撰者的目的还是在于维护广州及其他地区的外国居民的利益，以便他们能够与中国人较为顺利的交往。事实上，郭士立从1831年起就在中国沿海许多地区游历，对中国社会和文化较为熟悉，他通过创办《东西洋考每月统记传》，展现西方人的文化价值和特点，使华人可以借此渠道了解西方的科学技术、文化艺术，促进中国人对于西方的了解、接受和认同，进而为西方传教士及西方商业、文化的输入创造条件。

同样地，《东西洋考每月统记传》在对待西方国家向中国输入鸦片的问题上也表现出了这种身份上的微妙差异。1835年2月，郭士立被英国商务监督律劳卑聘为翻译，他曾先后十次游历中国沿海，搜集了大量的政治、经济、军事资料，这对其日后参与鸦片战争和起草《南京条约》积累了条件。而在鸦片战争时，郭士立更成为英国海军司令的向导，协助其指挥作战。在参与签订《南京条约》的过程中，郭士立也起到了重要的作用，并在后来担任港英政府的中文秘书。鸦片战争前，虽然新教传教士们在对华战争问题上多持赞同态度，但在输入鸦片问题上则多持反对立场。他们基于普遍的人道主义精神，反对西方国家向中国大量运输鸦片。在《中国丛报》上，西方传教士们撰写了许多文章，纷纷对鸦片贸易的合法性和合理性提出了强烈的质疑。[24]在这种情形下，作为《东西洋考每月统记传》主要编撰者郭士立的态度和行为就显得尤为引人注目。“1840 年前，传教士中与鸦片贸易有直接关系的，只有鼓吹迫使中国‘开放’的郭士立。郭士立参与鸦片贸易的主要活动，就是跟随鸦片贩子在中国沿海售卖鸦片，充当鸦片贩子的助手和翻译。他充当这种角色一方面可以说是由于情势所迫，另一方面也是心甘情愿。大鸦片贩子查顿在邀请郭士立为‘气精号’飞剪船带路并做翻译时坦率地说：‘我们主要依靠的东西是鸦片……很多人认为这是不道德的交易，但这种交易是绝对必要的，它可以给任何船只提供合情合理的、可以赚取其所支出的费用的机会，我们相信您在每一个需要您提供服务的场合，都不会拒绝充当翻译。……这次冒险越是利润丰厚，我们拨给您支配的、可供您今后用于推进传教事业的（金钱）数目就越大。’查顿还答应负责郭士立将要创办的《东西洋考每月统记传》（月刊）6 个月的费用。渴望经济来源以支持其野心勃勃的传教活动的郭士立，无疑为查顿开出的条件所吸引。”[25]

值得说明的是，郭士立在对待鸦片问题上，不仅充当鸦片贩子的助手和翻译，而且还在《东西洋考每月统记传》中为鸦片贸易辩护。该刊曾多次刊登名为《奏为鸦片》的文章，内容均为引用中国官员对于鸦片贸易意见的奏折。如引述太常寺少卿许乃济《奏为鸦片》一折的内容，先对鸦片贸易带来的经济损失进行计算：“嘉庆年间每岁约来数百箱，近竟多至二万余箱，每箱百斤。计算耗银，总在一千万两，其恶弊日增月益，贻害将不忍言，银有偷漏原易尽矣”。该奏折分析其中的原因，认为禁烟愈严反而流弊愈多，“烟例愈严，流弊愈大，请变通办理，仰祈圣鉴密饬，确查事。虽鸦片恶毒，然其性能提神，止泻辟瘴，惟吸食愈久，愈害矣。”甚至，奏折还提到了鸦片能够提神、止泻辟瘴的积极作用，并提出了鸦片大量流入中国的对策，即“莫若仍用旧例，准远客商将鸦片照药材纳税入关，交行后，只准以货易货，不得用银购买。纹银，禁其出洋”。[26]奏折虽为中国官员所写，但《东西洋考每月统记传》对此全文转引，实则隐藏着郭士立对于鸦片贸易的支持态度，他借助中国官员的奏折，间接地传达出将鸦片贸易合法化的企图。其后，该刊又引用内阁学士兼礼部侍郎朱嶟的奏折，对于当时饱受西方新教传教士批评的鸦片贸易及其危害的解决提出了如此主张："立志绝鸦片，莫若定例云，汝食鸦片不可进考，不可为士，不可为官，良民咸宜与食鸦片之徒绝交，避之如瘟疫，逃之如贼盗。事情如此，谁肯食鸦片哉？倘行此，不禁用，而自止矣。辗转行查，试此方法，就诸匪徒化向。"[27] "其货罕，价起；丰，价落，此不可易之通商之法。禁其货，却民用之价钱高昂，漏税获益不胜，或给贿赂私人入关焉，此天下之通理。由是观之，武力不可绝弊，而民必弃之，若愿民弃必教化之。故教化民为绝食鸦片之真法，不然不可也。"[28]也就是说，在其他传教士纷纷对鸦片输入中国后造成的危害进行揭示时，《东西洋考每月统记传》则站在外国商人的角度，为鸦片贸易进行辩护。在后一则奏折中，编撰者用商品的价值规律现象，劝说中国人放弃武力禁烟的主张，转而代之以向鸦片贸易收税。在《东西洋考每月统记传》对这些奏折的全文转载中，我们可以看出编撰者将自身的身份、立场和观点进行了遮掩，试图借助他人的观点来传递本身的思想、情感。

出于宣传效果的考虑，《东西洋考每月统记传》在报道一些人物、事件或现象时，会有意地过滤掉其中的宗教、利益因素，而只保留能够较为有效地展现西方文明优越性和中外文化友好性的内容。著名的美国医药传教士伯驾，在《东西洋考每月统记传》中被描述为医术精湛、道德高尚的伟大人物，尤其是伯驾所体现出的不分华夷、一视同仁的态度以及分施药物、接济贫穷的行为，更是被推到了一个至高无上的地位。编撰者借助汉人感谢伯驾的赋诗，对于伯驾的神妙医术和无私医德予以描绘："我居重楼越兼句，所闻疗治皆奇新。治法迥与中国异，三份药石七分针。"这是鸦片战争前夕的广州民众对于西医的较早接触。接下来，编撰者具体描写了不同患者的症状，有些病症在诗中至今读来还让人颇为震动："痈疽聋瞽杂焉坐，先生周历如车轮。有女眉生斗大瘤，血筋萦络光轮囷。自言七岁遘此疾，今又七年半等身。先生抚视曰可治，但须稍稍受苦辛。乃与刀圭日一服，五日再视扃楼门。缚女于塌戒弗惧，霜镵雪刃烂若银。且挑且割约炊许，脱然瓜落如逃鹑。遏以瓶药日洗换，旬余肤合如常人。"另外还有耳疾患者求医，也在伯驾的高超医术下得以痊愈："有儿生无两耳窍，坦然轮廓皆平湮。先生为之凿混沌，实以银管香水歕。涂膏抹药频改换，轮廓隐起耳有闻。”更让人啧啧称奇的是，有的看似病入膏肓的患者，也在伯驾的治疗下起死回生，颇富传奇色彩：“有妇患臌腹如鼓，肢体黄肿死已滨。银锥三寸入脐下，黑血涌注盈双盆。须臾肌肉倏瘦皱，精神渐复回阳春。”在编者的笔下，精通医术的伯驾最擅长的还是治疗眼疾：“至如治目尤专技，挑剪钩割无虚辰。治愈奚啻百十计，奇巧神妙难具陈。”难能可贵的是，伯驾不仅医术高超，而且设身处地为病患着想，医德高尚：“得效忻然无德色，不治泫然悲前因。呜呼先生心何苦，噫嘻先生术何神。神术不嫌狠毒手，毒手乃出菩提心。是法平等无贵贱，物我浑一无疏亲。”[29]

应该承认，报道中对于伯驾面对疑难杂症的冷静治疗给人留下了很深的印象，尤其是他在治愈病人不果后对于病人的悲悯，显示出伯驾作为一名传教医生所具有的人道主义精神。但是如果与伯驾的医药传教实际情形相对照，我们发现该刊的报道只保留了对于伯驾医治中国病人场面的描写，却对伯驾借此机会传播新教的目的和方式予以回避。从根本上看，“伯驾是合格的医生，也是按立过的传教士。对他和美部会而言，医药毕竟只是传播基督教福音的手段或工具，他的目的不仅是通过医药治疗华人的肉体，更在于拯救他们的灵魂，希望华人能因此而接受基督教信仰，因此伯驾十分在意随时传播福音的机会”。[30]其实，伯驾在广州行医期间的完整的工作场景是，他一边为华人患者治病施药，一边借助治愈病人、得其感激之际加紧宗教传播活动。“伯驾白天的医务工作十分繁忙，只能抽出零星时间开展福音传播工作，为使传教工作能够得到有效补充，他做了一个很成功的安排。他安排了当地一个有名的中国皈依者——梁阿发在医院中充当传教士，让他每周一在病人入院以前对他们进行演说。梁阿发向每个病人散发小册子和手写的传单，绝大多数病人都会以‘认真而崇敬’的态度接受小册子。考虑到当时广州传教区域的隔离状态，以及到那时为止传教活动尚无甚进展的状况，伯驾通过建立医院使他突然可以接触数以千计满怀感激之情的中国人，其对传教工作的巨大促进作用是显而易见的。”[31]伯驾借助行医而推进的宣教工作，在《东西洋考每月统记传》中被过滤了，原因或许是刊物的编撰者们不希望华人读者对于伯驾的医药传教活动引起不必要的警惕，而只希望借此传达出西方人对于中国人民的友好、慈爱，以及西方文明的先进性。在刊物的报道中只提伯驾的仁心仁术，而忽略其宗教背景和目的，在当时传教活动受到严格限制的情形下，显然是理性的选择。伯驾的医药传教，让广州及周边地区的中国人对近代西方医药有了新鲜的、深刻的体验，并帮助中国人形成了对于西方医疗技术、宗教及文明先进性的局部认知，这也有助于《东西洋考每月统记传》的读者由此形成对于西方近代文明的感知和西人的良好印象。而这，恰恰是刊物的重要创办目标之一。

《东西洋考每月统记传》对于南中国海地区历史文化景观的描述，虽然不可避免地带有编撰者的立场、情感和态度，但是它仍然为我们提供了鸦片战争前夕这一地区的社会、文化风貌，对于我们了解南中国海地区人们的生活、宗教、习俗等有着极为重要的参考价值。人们习惯以鸦片战争为限，将此后的阶段视为中西文化深入交流的时期，却忽略了在鸦片战争之前中国人尤其是南中国海地区的人们，已经较多地参与中外经济、文化交流的事实。他们一方面接触、了解西方的器物文明，另一方面出洋贸易、移居海外，成为中西文化交流的践行者。《东西洋考每月统记传》中所勾勒的南中国海地区文化景观，虽然遮蔽了一些背景和史实，却在一定程度上真实地描绘出中国民众对于西方文化的接受和认识程度。对于刊物文本进行细致的解读，并结合其他史料、著述及当事人的文章，我们才可能看到在中西文化碰撞与交流并存的时期，西方传教士在中文与英文报纸中表现出的看待中西文化的微妙态度差异，在此过程中基于不同主体思想、观念、立场的差异而导致的叙述视野的迥异、对于事物不同侧重点的呈现，以及充满文化隐喻意味的、惊心动魄的精神细节。

---

①②③④⑥⑦⑨⑪⑫⑬⑭⑮⑯⑰⑱⑲⑳㉑㉖㉗㉘㉙爱汉者等编《东西洋考每月统记传》，黄时鉴整理，北京：中华书局，1997，第 43、301、344、344、334、373、384 ~ 385、81、331、331、332、46、392、392、392、392、393、3、227、237、248、405 页。

⑤⑧沈伟福：《中西文化交流史》，上海：上海人民出版社，2006，第 439、438 页。

⑩伍宇星编译《19 世纪俄国人笔下的广州》，郑州：大象出版社，2011，第 33 页。

㉒〔美〕史景迁：《太平天国》，朱庆葆等译，广西桂林：广西师范大学出版社，2011，第 121 页。

㉓Charles Gutzlaff, "A Monthly Periodical in the Chinese Language," *The Chinese Repository*, Vol. 2, p. 187 (Aug. 1833).

㉔当时的许多传教士都撰写文章表达对于吸食鸦片的危害的分析，如合信刚、裨治文、雅裨理、卫三畏等。其中，英国伦敦会传教医生合信刚曾在《中国丛报》上发表了一篇文章《一个瘾君子的自白，以及吸食鸦片的后果》，通过一个鸦片吸食者的感受分

析了吸毒成瘾的危害。

㉙吴义雄：《在宗教与世俗之间：基督教新教传教士在华南沿海的早期活动研究》，广州：广东教育出版社，2000，第234～235页。

㉚苏精：《基督教与新加坡华人1819－1846》，新竹：清华大学出版社，2010，第139页。

㉛〔美〕爱德华·V. 吉利克：《伯驾与中国的开放》，董少新译，广西桂林：广西师范大学出版社，2008，第54页。

作者简介：龙其林，澳门大学中文系博士后研究人员。

［责任编辑：陈志雄］

（本文原刊2013年第3期）

十九世纪俄罗斯汉学家与欧洲对中国植物的认识

柳若梅　李　欣

[提　要] 自俄罗斯汉学的奠基人比丘林起，俄罗斯汉学家从农用、医用两个方面向欧洲介绍中国植物。适逢欧洲植物学迅速发展时期，俄罗斯汉学家对于中国植物的关注、记录与研究，极大地推进了欧洲对中国植物的认识。早期俄罗斯汉学家把在中国采集的植物种子寄往俄国和欧洲其他国家，他们以画面记录中国植物，将中国植物状况直接传达给欧洲的植物学界，开阔了欧洲植物学者的知识视野，从根本上肯定了中国植物学对于欧洲植物研究的意义。与欧美学者交往密切的布列特施涅德关于中国植物的著作及其对于西方人认识中国植物的历史的梳理，是欧洲植物学史上的重要文献。布列特施涅德对中国古代典籍所涉及的植物进行科学整理，将中国植物学引入世界植物学视野，对于世界植物学研究的发展，有着极其重要的意义。
[关键词] 中国植物　俄罗斯　布列特施涅德　植物学

在近代，随着科学技术突飞猛进地发展，欧洲的视野不断扩大，处于遥远东方的印度和中国成为被关注的焦点，这种关注是全方位的，从自然界到人文学术，植物是其中不可缺少的一项内容。欧洲最早出版的关于中国的书无一例外地都提到中国的植物，适逢欧洲植物学迅速发展时期，俄罗斯汉学家对于中国植物的关注、记录与研究，极大地推进了对中国植物的认识。

一 19世纪俄国东正教驻北京使团成员与中国植物

如同人类认识植物从采集供食用的植物果实和块根开始一样，俄罗斯汉学家对中国植物的关注始于为中国人提供生存用食物的农业的关注。1807年来到北京的第九届俄国东正教驻北京使团团长比丘林（Н. Я. Бичурин）在其1839年发表的《中国粮食供应的方法》[①]一文中提到，中国以其区区4300万俄亩的耕作土地养活全国约三亿六千万人口，在粮食供应问题上有独特之处，接着他介绍了中国北方粮食作物小麦（пшеница）、黍（просо）和南方的稷（срацинское пшено）。1844年比丘林在《中国农耕》[②]一书中提到，中国远古时期的最初耕作从豆类开始，逐渐出现谷物耕作，书中介绍了中国的稻、小麦、黍、大豆等植物的耕种，以及《授时通考》中关于中国各类果实树木、粮食和蔬菜作物、棉花、桑树等的详细描述。作为俄罗斯汉学的奠基人，比丘林把中国的农业耕作介绍给俄国，使中国的农作物进入俄国植物学界的视野。比丘林之后，俄国政府重视对俄国东正教驻北京使团的管理，制定了详细的使团管理条例，并为使团中的每名成员拟定了任务，其中特别提到要将"可以在俄国种植的植物种子、植物、矿物、有助于准确认识中国的一切珍奇稀少之物传往俄国，丰富俄国的艺术和科学"[③]。从1820年到达北京的这一届使团开始，俄国为使团派出了随团医生。俄国外交部亚洲司委托莫斯科自然体验者协会为随团医生沃伊采霍夫斯基（О. П. Войцеховский）拟定了工作指南，要求随团医生必须收集植物标本，并列出需要采集标本的中国重要植物的名称，要求将收集到的标本研究清楚后送到协会。[④]在北京期间，沃伊采霍夫斯基还编写了一部《植物手册》。"使团按亚洲司的要求收集了中国农业信息、粮草播种信息、园艺信息，以及草药、花卉、葱蒜的种子，还介绍这些植物的栽培知识。"[⑤]1820～1830年驻扎北京的俄国东正教使团对于中国植物的关注，丰富了俄国植物学界关于中国植物的认识，是对俄国探险考察所得的中国植物知识的重要补充。

第十一届俄国东正教使团在北京期间（1830～1840年），随团医生基里洛夫（П. Е. Кирилов）按使团工作指南的要求，大量收集植物标本，送回俄国的标本数量有200余种。这些植物持续为俄国植物学界所关注，相关研究于1837年发表于法文期刊《莫斯科自然体验者协会会刊》，从而闻名于欧洲。后来有6种植物以基里洛夫的名字命名。除关注中国的药用植物之外，基里洛夫还曾尝试将茶树种子带回俄国并成功栽培，证明了茶树在俄国生长的可能性。在基里洛夫之后入华的第十二届使团团长图加里诺夫（Н. С. Турчанинов）曾在《莫斯科自然体验者协会会刊》[⑥]上发表文章，介绍基里洛夫收藏的部分中国植物。20世纪苏联所编的植物学家词典《俄罗斯植物学家》词条也谈到了基里洛夫和他收藏的中国植物。[⑦]这一届使团的随行画家列加舍夫（А. М. Легашов）的工作任务是沿途以画做记录，目标包括"人物服饰、生活物品、乐器、武器、建筑、动物、树木、植物、花草、果实"，并且"所有东西都要惟妙惟肖，与原物一模一样"[⑧]。

除使团成员外，俄国植物学家本格（А. А. Бунге）随第十一届东正教使团进入中国。本格在北京近郊山区进行植物调查，将420种植物标本带回俄国，其中有四五个植物学新属，新种众多，如榆叶梅（Prunus triloba）、白皮松（Pinus bungiana）、迎春花（Jasminum nudiflorum）等都是经本格发现并记录下来新的现植物，本格的相关研究见其《中国和蒙古植物新属种》[⑨]一文。

第十二届俄国东正教使团（1840～1850年）随团医生塔塔里诺夫（А. А. Татаринов）不仅大量收集中国植物样本，还请中国画匠按他的要求到北京各个地区收集样本，画出了一幅北京的植物区系图册，包括中国植物452种。这452帧图片精美逼真[⑩]，为俄国植物学研究提供了宝贵的材料。[⑪]塔塔里诺夫还节译了岐伯的《本草》，以《几种药用物品和植物根》为题发表于1888年《俄罗斯东正教驻北京使团成员论集》第三卷。[⑫]1889年，塔塔里诺夫撰写并出版了《蒙古植物》一书。经彼得堡植物园的植物学家马克维奇（К. И. Максимович）研究确定，塔塔里诺夫带回俄国的570多种植物中，有60多种属于在欧洲尚不为人知的新种。第十二届使团随团学生戈什盖维奇（И. А. Гошкевич）研究中国山药和"御香米"，并专门撰文介绍其特征和栽培方法。

1851年到达北京的第十三届俄国东正教使团随团学生、负责天文观测的斯卡奇科夫（К. А. Скачков），由于早年受过专门的农学教育，在北京期间非常关注中国农业，他试种的中国作物有：蔬菜类60种、瓜类23种、豆类26种、谷物16种、稻类20种、高粱22种、草药22种、药用块根17种、果树26种、野花90种、家花41种。与丝绸关系密切的桑树和柞树的树种、小树样本也被他带回俄国。斯卡奇科夫将中国粮食、蔬菜、水果和其他经济作物的共500种种子送往俄国农业部，中国的苜蓿及大量花园和菜园植物也是在他的推动下得以在彼得堡植物园栽培试种。欧洲的植物爱好者和植物园也得到了斯卡奇科夫从北京寄出的植物种子。除实际栽种外，斯卡奇科夫还摘译《授时通考》《尚书·尧典》中关于农作物、蔬菜、花卉、草药、果树的内容。随团医生巴济列夫斯基（С. И. Базилевский）前往北京的旅途中便收集制作植物标本 112 种并送往俄国。此后，在 1852 年、1853 年都留下了巴济列夫斯基将中国植物种子送往北京的记录。巴济列夫斯基还翻译中医经典《本草纲目》，并与俄国的植物学家费舍尔（И. Э. Фишер）保持书信联系。

二　俄国驻华外交公使馆医生布列特施涅德与欧洲对中国植物的认识

（一）布列特施涅德与中国植物

1860 年中俄北京条约签订后，俄国得以在中国派驻外交公使馆，由此自 1715 年派驻中国、发挥俄国驻北京外交事务代表处作用的俄国东正教驻北京使团，得以专注于宗教事务而脱离原有的政治外交功能。俄国也不再为东正教使团安排随团医生，而将医生安排到驻华外交公使馆内。1866 年来到中国的布列特施涅德（Е. В. Бретщнедер，英文名 Emil Vasilyevich Bretschneider）就是直接派驻到俄国驻华外交公使馆的第一位医生。布列特施涅德早年在俄国取得医学学位后，又在巴黎、柏林和维也纳接受两年医学教育。1860 年回国后开始在外交部工作，1862 年曾被派往德黑兰任俄国驻伊朗公使馆医生。在北京，布列特施涅德很快就掌握了汉语。由于早年的欧洲学习背景，布氏与欧洲在华人士来往密切，成为皇家亚洲文会最活跃的会员，他的名字在《皇家亚洲文会北中国支会会报》（*Journal of the North-China Branch of the Royal Asiatic Society*）上时常出现。当时一些影响较大的英文杂志如《教务杂志》（*The Chinese Recorder and Missionary Journal*）和《北华捷报》（*North-China Herald*）等也经常刊登他的文章，其中很多都涉及欧洲人的中国植物研究史。布列特施涅德从考察北京地区的植物入手，大量阅读中外文植物学文献，撰写了很多有影响的、关于中国植物学的论文和著作。

1870 年，布列特施涅德在《教务杂志》上发表关于中国植物的文章——《中国植物学文献研究及价值》。[13]文章介绍中国人研究植物方面的成就，认为研究中国植物学典籍有助于西方医学发展。文章还梳理欧洲人发现中国植物的历史。1880 年布氏在《皇家亚洲文会北中国支会会报》发表《早期欧洲对中国植物的研究》一文[14]，回顾耶稣会士及其他来华人士对中国植物的收藏和研究的历史，特别介绍了英国医生和植物学家孔明汉（James Cunningham)、法国自然科学家索内拉特（Pierre Sonnerat）以及植物学家罗瑞洛（Loureiro）。这篇文章荣获法国儒莲奖，欧洲学界把布列特施涅德视为中国植物学研究奠基人。

布列特施涅德在研读中国植物学典籍方面用功甚勤。1881～1895 年在《皇家亚洲文会北中国支会会报》第 16 卷、25 卷、29 卷上先后发表系列文章《中国植物志》[15]，将其长期辛勤钻研中国古代植物学文献之大成奉献于欧洲学界。

布氏晚年最后一部关于中国植物的著作是两卷本《西人在华植物发现史》（1898）[16]，这部著作是在 1880 年《早期欧洲对中国植物的研究》一文的基础上补充修改而来，内容更为丰富翔实。在这部著作中，布氏汇总并梳理西方人对中国植物的认识过程和研究成果，详细考察自马可·波罗时代至 19 世纪末研究中国植物的 650 位欧洲旅行家、植物学家的生平、著作、旅行路线以及植物收集情况。这部著作在国际学术界引起良好反响，俄国皇家地理学会授予这一著作谢苗诺夫金奖。布氏关于中国植物的其他著述还包括《与中国出口贸易相关的一些植物问题》《中国的桑树》《一些中国植物的收集》以及《植物名录》[17]等。除在皇家亚洲文会[18]会刊上发表著述外，布氏还先后在文会举办了 3 次演讲，以“早期欧洲对中国植物的研究”为题的演讲作于 1880 年 11 月 19 日，以“中国植物志”为题的演讲作于 1881 年 9 月 26 日。

随着西方生物学的发展，19 世纪的欧洲各国相继设立专业研究机构植物园，如俄国彼得堡植物园、英国皇家丘园（Kew Garden）、法国巴黎自然博物馆植物园、美国阿诺德树木园等。[19]植物园派出专人到世界各地收集植物标本，或者接收来自各地的植物标本，由植物学家鉴定、命名甚至试种栽培。游历东方的人士特别是医生大都与植物园保持密切联系。

最初，布列特施涅德将他在北京附近山区采集到的植物标本送给在华南的英国领事官汉斯（H. F. Hance）。自 1874 年起，他开始将这些标本寄往俄国彼得堡植物园，由植物学家马克沁维奇鉴定。布列特施涅德有时也会把植物标本、经济植物的种子寄往丘园、巴黎自然博物馆植物园和阿诺德树木园，并介绍这些植物的种植方法。[20]他的《欧人在华植物发现史》一书记述：“我考察北京附近山区的主要目的就是获得欧洲尚未知的有价值的植物种子，尤其是树木、灌木和经济作物的种子。”[21]

在布列特施涅德引种到欧洲的诸多植物中，值得一提的是一种名为甘露的植物。它在中国名气不大，但传到法国却十分受欢迎。几经努力，“1882年，贝勒（引者按：即布列特施奈德）成功地把甘露子（Stachys siedoldii）的块根送到法国的动植物物种引种驯化协会。该会的副会长亲自在科罗斯耐斯（Crosnes）庄园栽培，种植获得成功，并且产量很大。第二年，他再次种植，每株获得300只块根，这意想不到的成功，使他欣喜若狂，并马上开始大量种植。数年后他把这种美味的蔬菜投放巴黎市场，结果这种被称作‘科罗斯耐斯’的蔬菜很快风靡法国”。[22]由于“科罗斯耐斯”的栽培方法简单、产量大、营养价值高，后来它不仅在法国被广为栽培，在英国、德国及北美也得到推广，成为欧美餐桌上重要的菜肴。

在参考西方前人成果的基础上，布列特施涅德系统整理和研究中国古代植物学文献，并结合其在北京的实地考察将这些成果呈现给欧洲，彰显出研究中国植物学文献之重要意义，在此基础上梳理西方人认识中国植物的历史，为西方人了解中国植物和中国植物学研究做出了突出贡献，在中国植物和中国植物学文献西传的历史上占有重要的位置。

（二）布列特施涅德与中国植物学

同中华文化深厚的历史传统一样，中国研究植物也走过了以食用、医用目的了解直至深入研究的漫长道路，最早关于植物知识的记录见于《诗经》（成书于春秋时期的公元前770～前476年），其中记载了132种植物，还涉及植物采集、种植、利用等。“植物”一词最早见于《周礼》（成书于战国时期的公元前475～前221年）。[23]《尔雅》（成书于汉代的公元前三世纪与前二世纪之交）中关于植物的“释名”分为草、木两类，记载了近300种植物和一些植物形态的术语。中国第一部药物植物汇编《神农本草经》编于东汉时期的公元25～220年，记载了365种药物。与此同时的西方，最早关于植物的著述是希阿弗莱士塔士（Theophrastus）的《植物史》（*Historia Plantarum*）和《植物本原》（*De Causis Plantarum*）（成书于公元前370年左右）。至公元2世纪末，西方虽然出现了一些农业、园艺、本草著作，如卡托（Cato）、瓦罗（Varro）、维吉尔（Vergil）、迪奥斯科雷德（Dioscorides）和加伦（Galen）等人的著作，但其中只有迪奥斯科雷德的重要著作《本草》（*Materia Medica*）沿用多个世纪。此后直至16世纪以前再无体现植物学重大进展的著作。

与西方早期植物学的发展相比，中国古代植物学成就从春秋至明代一直层出不穷，如梁代陶弘景的《本草经集注》、北魏贾思勰的《齐民要术》

以及后来的《唐本草》等。[24]除了有诸多本草类书籍和农书的问世外，专志类著作也出现得较早，如南朝戴凯之的《竹谱》，唐代陆羽的《茶经》，北宋欧阳修的《洛阳牡丹记》、蔡襄的《荔枝谱》等等，这些著作在世界古代植物学史上都具有特殊的意义。此外，嵇含的《南方草木状》堪称世界上最早的一部“地方植物志”。明代中国关于植物的记载已非常丰富，如朱橚的《救荒本草》（1406 年刊刻）收录了开封以及豫北、晋南野生可食植物 414 种，每种植物都经栽培观察记录，据实绘图，图精美准确；李时珍著《本草纲目》（1596 年刊刻）参考图书 800 多种，收药 60 个类目共 1892 种，其中新增 374 种，编制药图 1109 幅，附有药方 11096 首，改正前人错误之处甚多，总结了我国历代本草的精华并有新的重大发展，在国内外都产生了重大影响，有日、英、法、德、俄等文字的全译、节译本。在西方植物学作为近代科学之一开始萌芽的时期，中国的药物学依然发展繁荣，如王象晋的《群芳谱》（1621 年刊刻）和汪灏以此书为基础改编的《广群芳谱》（1708 年刊刻）、已有综合性植物学著作特点的 1628 年前成书的徐光启的《农政全书》。1846 年前成书的吴淇睿的《植物名实图考》，作为中国古代植物学发展后期的最后一部重要著作，其绘图描述和记载之精确、收录植物种类之多，在古代植物学中已达到最高水平。

布列特施涅德是较早从植物学角度关注中国古代植物学成就并进行科学描述和研究的欧洲人。他研读俄国东正教驻北京使团图书馆所藏中国药用植物著作，自 1870 年起发表大量关于中国植物学的著述。布氏 1881 年发表在《皇家亚洲文会北中国支会会报》第 16 卷上的《中国植物志》，全面地介绍中国古代植物学典籍。1890 ~ 1891 年和 1894 ~ 1895 年，布列特施涅德又发表其研究中国古代植物学典籍的成果，结合中外文文献和中外学者的成果，详细考证了中文植物学典籍中的植物。这三篇冠以同一标题《中国植物志》的长文，是布列特施涅德长期钻研中国古代植物学典籍而形成的对中国古典植物学的认识的集大成之作。

（三）布列特施涅德的《中国植物志》

布氏的第一篇《中国植物志》副标题为“基于中西文献的中国植物学注解”，[25]于 1881 年发表在《皇家亚洲文会北中国支会会报》第 16 卷，长达 213 页。文中介绍中国古代植物学典籍及其作者，并论及日本、韩国等东亚国家以及满洲、蒙古和西藏地区的植物。文章发表后在欧洲引起强烈关注，第二年就在伦敦出版了单行本。[26]第二篇《中国植物志》正副标题与第一篇完全相同，于1890～1891年发表在《皇家亚洲文会北中国支会会报》第25卷[27]，是该刊当期刊载的唯一一篇文章，长达401页，作者分析中国古代典籍《尔雅》《诗经》《周礼》中所记载的植物，继而用少量篇幅（67页）介绍德国传教士汉学家花之安（Ernst Faber）关于日本的植物著作、中国植物名称、植物分类等方面的文章和花之安整理的布氏《中国植物志》中的植物名录。该文发表的第二年，上海别发洋行（Kelly & Walsh）以《中国植物志基于中西文献的中国植物学注解，第二篇，中国典籍中的植物学，附有花之安神父的评注、附录和索引》[28]为题出版单行本。布列特施涅德的第三篇《中国植物志》于1894～1895年发表于《皇家亚洲文会北中国支会会报》第29卷，题为《中国植物志：基于中西文献的中国植物学注解，第三篇，古代中国医药的植物学考察》[29]，也是该刊当期的唯一一篇文章，长达623页。作者根据中西文献，考察中国最早的两部药物学典籍《神农本草经》和《名医别录》中的药物植物。上海别发洋行随即为之出版了单行本。[30]

在《中国植物志》第一篇的第一部分即前言中，作者提到该文的目的是向西方人介绍中国人对待自然科学尤其是植物学的态度和研究模式，并认为欧洲人如果研究中国植物典籍将十分受益。布列特施涅德从中国植物学典籍中发现欧洲植物学家感兴趣的大量信息和有价值的资料，帮助欧洲植物学家考证世界栽培植物的历史轨迹。在西方人鲜有涉足中国植物学典籍的当时，布列特施涅德首开先河地以西方植物研究的方式向西方系统介绍中国古代典籍，从《诗经》到晚清的《植物名实图考》均有涵盖。文章的第一部分为“东亚国家的植物知识发展史”，作者先对散见于中国古代各类文献中的植物进行了梳理，继而由《诗》《周礼》《尔雅》开始，对医药典籍《神农本草经》（中国最早的药物学著作）、《本草纲目》（药物学著作的集大成者），植物典籍《南方草木状》，资料汇编性的集大成植物学著作《广群芳谱》《植物名实图考》等，农业典籍《齐民要术》《农政全书》《授时通考》等都进行了细致的整理，含有植物信息的地理类著作也受到布氏的关注，如《太平寰宇记》《大清一统志》《元一统志》及各类县志等。在此基础上，布氏还以少量篇幅介绍日本、韩国等东亚国家以及满洲、蒙古和西藏地区的植物知识。第二部分标题为“中文典籍中植物的科学命名”，篇幅为26页。布列特施涅德不是像欧洲植物学家那样，根据标本观察植物形态将观察对象归类到相应种、属后确定拉丁文学名，而是依据中文文献的记载，考证各家注解，再结合自己的实地考察和欧洲学者对中国植物的研究，最终确定植物的中文名应与哪个拉丁文学名相对应，从而为其《中国植物志》第二篇奠定了基础。

第二篇《中国植物志》共4个部分：前言、中外参考文献、正文一、正文二。在前言中，作者说明这篇文章的目的是考察中国经典和早期中文典籍中出现的植物的中文名称，以及中文名称对应的拉丁学名。布列特施涅德认为，鉴于一些文献年代久远，植物名称较为混乱，一些植物名称随词汇发展的演变意思已发生变化，因而有必要进行中国植物的科学正名。作者回顾西方前辈学人已取得的成果，如西方为中国植物科学命名的第一部著作——罗瑞洛（Loureiro）的《中国植物》（*Flora cochinchinensis*，1788），并认为马礼逊（Robert Morrison）、裨治文（E. C. Bridgman）、卫三畏（S. W. Williams）、塔塔里诺夫和斯卡奇科夫等人均对中国植物的科学命名有所贡献。第二部分“中文典籍和作者名录”的篇幅近百页，列举涉及植物知识的中文文献（大部分文献是《本草纲目》所引用的）1148部，涉及药物、历史、地理、哲学等多个领域。布列特施涅德以文献中文名、拼音和英文解释、文献作者、出版年代为义项进行介绍，为关注中国古代科技特别是中国植物学状况的外国学者提供了很有参考价值的资料。为解决外国学者阅读、理解、研究中国古代典籍普遍存在的诸多障碍，如成书年代不详，作者的姓、名、字、号混淆不清等问题，布列特施涅德全面查阅中外文献，参考诸多中文图书目录（如《四库全书总目》《四库全书简明目录》等）、史书（如《隋书》《宋史》等）等古代文献，以及前文提到的《竹书》《山海经》《离骚》《种植书》《方言》《说文》《广雅》《救荒本草》《本草纲目》《广群芳谱》《植物名实图考》和《康熙字典》等，文章最后罗列出植物重要产区——中国名山录。这部分提到的外文文献有马礼逊的《英华字典》、卫三畏的《汉英拼音字典》（*A Syllabic Dictionary of the Chinese Language*，1874）、福勃士（F. B. Forbes）和赫姆斯利（W. B. Hemsley）合著的《中国植物名录》（*Index Florae sinensis*，1888）、韩尔礼（A. Henry）的论文《植物的中文名称》（*Chinese Names of Plants*，1887）和几部日文著作。第三部分“正文一”为“《尔雅》中的植物”。《尔雅》虽然是一部字书，但其内容大都与物种类别相关，涉及大量的植物，因此也是中国古代重要的自然科学著作。布列特施涅德在介绍《尔雅》的作者、成书情况以及后人对《尔雅》的注疏后，便以115页的篇幅梳理了《尔雅》中出现的334种植物。他按照《尔雅》对植物划分的方式，分为“释草”和“释木”两部分，并借助郭璞、邢昺等的《尔雅》注疏，梳理同一植物在不同时期、不同文献中的名称；接着还借助外文文献，确定该植物的拉丁文学名。第四部分“正文二”为“《诗经》《书经》《礼记》《周礼》和中国典籍中的其他植物”。作者从中国最早有文字记载植物知识的典籍中发现古代中国人的植物知识，将这些经典中的植物分为谷类、蔬菜、栽培葫芦科、纤维植物、染色植物、水生植物、草本植物、水果和树木九类，并针对每一种植物，采用和第三部分同样的方法，参考中外文文献，梳理这些植物的中文名称，结合西文文献中确定其对应的拉丁文学名。

《中国植物志》第三篇是关于《神农本草经》和《名医别录》中药用植物的专论，也由四部分组成。前言中说明文章宗旨是考察《神农本草经》和《名医别录》这两部中国早期重要的药物学典籍所记载的中药植物。第二部分是布氏撰写该文时参考的中外文文献，外文文献与第二篇参考的文献大致相同，中文文献则以药物学典籍为主，包括《本草纲目》《图书集成》《植物名实图考》和《救荒本草》。第三部分是这篇文章的主体，标题为“《神农本草经》和《名医别录》中的药用植物”。布列特施涅德按照《本草纲目》引用这两部药物典籍中的植物的顺序依次介绍了358种植物，梳理了中外文典籍和中外学者对每种植物的记录和研究，考据细致，材料丰富。第四部分包括《本草纲目》中的地理名称、本文中所出现的植物的中文名称索引、本文中出现的植物的属名索引共3项内容。

布列特施涅德耗费14年之功完成的《中国植物志》规模庞大，内容丰富，考据精细，是作者潜心钻研中国古代植物学典籍的重要成就，为后世学者树立了良好的研究榜样和奠定了坚实的史料基础。

三　布列特施涅德的《中国植物志》与欧洲对中国植物学的认识

欧洲人对中国植物的关注常常体现为描述新发现的物种、采集植物标本、为之命名这三个阶段。然而，面对中国丰富的植物世界，大多数关注中国植物的欧洲人只热衷于发现新的植物种类，尽可能多地采集标本寄给欧洲的植物研究机构，期望以自己的名字来命名新发现的物种，而疏于关注中国两千多年积累下来的植物知识典籍。布列特施涅德的《中国植物志》是第一部向欧洲人系统介绍中国植物典籍的著作。

在科学发展进程的早期，植物学并非作为一门独立的学科而存在，含有植物信息的典籍亦散见于卷帙浩繁的书海之中。中国古代农业发达，在农业生产活动中，中国先民栽培了众多植物，总结出种植经验，留下不少有关农业的著作，其中也包含许多有价值的植物信息，特别是栽培植物。另外，最早的植物学者也往往是采药之士，对植物的认识源于探索植物的药用价值。因此，在医书中存在大量的植物信息和中国先民对植物的认识。除了农书、医书外，中国典籍如四书五经中也有大量关于植物的内容，如孔子认为学习《诗经》可以“多识草木鸟兽之名”。此外，由于植物与其生长的地理环境有着密切联系，一些地理类著作也或多或少地记载了植物的知识。由此可见，中国植物典籍包含的范围广泛，医药、农业、经书、地理等典籍中均含有植物知识。布列特施涅德正是了解了中国植物典籍的这一特点，所以广泛涉猎中文文献，整理汇总了大规模的植物典籍。

布列特施涅德不仅介绍了大量的中文植物典籍，而且对中国植物典籍的理解和把握也非常准确。在长达两千多年的历史中，出现了无数有关植物的著作，布列特施涅德梳理这一历史后认为，中国植物文献中最有价值的是《神农本草经》《尔雅》《南方草木状》《本草纲目》和《植物名实图考》。从中国古典植物学发展史看，布列特施涅德所言虽不全面，却很有见地。

布列特施涅德在其著作中详细介绍了这些重要的植物文献。他介绍《神农本草经》由神农氏所记述，分三篇，列举了 347 种药物，据李时珍《本草纲目》序所述，最初是口头相传，何时成书难以断定。然而，可以确定的是，这是中国的第一部本草书籍。他介绍《尔雅》时称，这是一部记载有中国初民所知植物知识的词典，共 19 章，一半陈述天然物类，列举近 300 种植物，并附有图画，郭璞于公元 4 世纪为之注。《南方草木状》被介绍为中国第一部纯粹的植物学著作。书分草、木、果、竹四章，一共列举了 79 种南方植物。布氏认为《本草纲目》是中国本草名著，此书足以代表唐宋两代之本草著作。此后，也无类似著作能超越其成就。布列特施涅德认为，中国本草学著作多为医事所作，《本草纲目》也不例外。书中大部分为药方、各种药物之效用及其所治疗之疾病。另外，按照李时珍的自然分类系统，植物被分为五部——草部、谷部、菜部、果部和木部。部再分类，如草部分为山草类、芳草类、湿草类、毒草类、蔓草类、水草类、石草类、苔类和杂草九类。类下是各个物种。布氏按照李时珍的分类列举了大量植物，并附有这些植物的拉丁学名。布列特施涅德介绍《广群芳谱》时称，《广群芳谱》共 100 册，卷帙浩繁，大部分似乎沿袭自《本草纲目》，然而所征引之古今著述较《本草纲目》更广，所以增订之处亦有不少。他同时认为《授时通考》一书在农业、园艺和工业三方面均有不小成就，这部著作考订了栽培植物的历史，插图精美。欧洲汉学家如果研究中国农业，则往往取材此书。中国最后一部较有价值的植物学著作是吴淇睿的《植物名实图考》，1848 年（道光二十八年）出版。书的一半为中国现知植物的记载，共分 60 章，布氏认为记载大部分紊乱混淆。剩下一半为图画，共计 1800 幅，刻画尤其精美。虽然全书有些纰漏，但在中国植物学著述中，仍可视为经典。

在布列特施涅德来华之前，西方对中国植物已有一定的认识和研究积淀。到 19 世纪下半叶，西方已经对北京及其附近、烟台、广州、上海、宁波、九江、宜昌、峨眉山、长白山等地的植物进行了较为全面的考察。然而，热衷于标本采集或为新发现的植物命名，以及商业利益刺激之下对中国的经济植物、观赏植物和药物植物的关注，导致西方对中国植物的认识零散纷乱。布列特施涅德亲身生活在中国，在接触大量鲜活植物的同时，还掌握了大量中国古代植物学文献，他不仅采集植物标本，引种有价值的经济植物，还钻研中国古代植物学典籍并向西方做了详细全面的介绍，把典籍中的中国植物引介到了西方。

随着近代植物学的发展，到 19 世纪中期，植物学的各分支学科已基本形成。其中，由于欧洲人在世界各地采集植物标本，植物的地理分布研究日趋完善，植物地理学发展迅速。在植物地理学领域中，关于栽培植物的源流问题一直是植物学家关注的重点。例如，在美洲和亚洲都栽培的植物，究竟是原生于美洲，后经引种到亚洲，还是原生于亚洲，后被引种到美洲呢？栽培植物的起源地研究影响到植物地理学学科的发展。1885 年，瑞士植物学家德堪多（Alphonso de Candolle）在其著作《植物地理学》（*Géographie Botanique*，1885）中指出，中国文献对于阐明这类疑难植物问题具有重要意义。他说："研究中国及日本之辞书字典，对于栽培植物之历史，实有绝大助力。"[31]他的《农艺植物考源》一书根据当时的植物学和地理学的证据以及一些历史资料，采用了包括布列特施涅德等西方在华采集者所收集的资料，经研究指出中国是重要的农业起源地之一，许多作物都发源于中国。[32]而在德堪多之前，布列特施涅德就意识到中国植物学文献的重大意义。在 1870 年第一篇关于中国植物的论文《中国植物学文献及其价值》一文中，布氏曾说："植物学上若干问题之解决，大有待于中国植物学典籍之研究；栽培植物之源地一问题，所赖尤多。”[33]在涉猎中国植物学文献之初，他就意识到这些典籍对世界植物学有重要价值，认为植物学家也能从中受益匪浅。然而这些价值重大的典籍却没有受到西方应有的重视。对中国植物学典籍的研究成为世界植物学研究领域的盲点。布列特施涅德在这一领域开创先河，开辟了一条研究中国植物学的新路。他从中国植物学文献中发掘线索，做出假定：在中国还未与邻近的亚洲其他国家民族有所往来的最初期，中国文献所记载的植物应该都可以被认定为原生于中国。因此，《神农本草经》、中国经典（《诗经》《礼记》《周礼》《春秋》等）、《尔雅》中所记载的植物，皆为中国固有之植物，而非来自异域。[34]这也是布列特施涅德专门撰文考察《尔雅》《诗经》《神农本草经》中植物的原因，从古代文献上考察中国植物的源流，为世界栽培植物源流的研究奠定基础。

从布列特施涅德对中国古代植物学文献的研究整理中，植物学家可以发现很多有价值的信息，诸多植物的源流问题都可以得到解决。诸如植物学家曾对茶的原产地产生过争论。英国植物学家林德利（J. Lindley）在《植物学纲要》一书中认为，茶的真正野生地在今天印度东北部的阿萨姆邦（Upper Assam）。根据日本的传说，茶是由一名天竺和尚于公元6世纪，自天竺传入中国。林德利所引的日本传说见于坎佩（Kaempper）的《日本》一书：据说在公元519年（梁武帝天监十六年），有西域僧来至中土，许身如来，发愿心念佛，昼夜不寐，如是数年，一旦不支，忽焉成寐。诘朝苏觉，始大悔恨，乃自剜双眼，弃之于地。异日过此，则眼各化为一小树，即茶也，是为中土有茶之始。然而在中国却并没有此传说。林德利据此传说而断言茶的原产地不在中国，实在缺乏科学依据。根据中国古文献的记载，可以推断，茶应是原产中国之植物。《尔雅》中就已经有茶的记载，写作“槚”和“苦荼”，指的都是茶。4世纪郭璞注《尔雅》时，称槚“树小似栀子（栀子即Gardenia属之一种，其叶洵似茶叶）冬生（其叶常绿）叶可煮作羹饮”。郭璞之时代称“早采者为荼，晚采者为茗。蜀中谓之苦荼”[35]。《本草纲目》中也有阐明，茶树是中国固有，“茶”字出于古代的“荼”字。从早期文献可以断定，茶并非原产于印度，而是中国。根据中国古代植物学文献，既可考证中国传入异域的植物，也可考证由异域传入中国的植物。由于记载中国与其他国家交往历史的大量文献中也包括植物的交流，故据这些文献记载，也可考察出源自异域，后经引种在中国生长的植物。据布氏考证，诸如胡瓜（即黄瓜）、胡桃（亦名核桃）、豌豆、菠菜、西瓜、丝瓜、胡萝卜、辣椒、马铃薯、落花生、燕麦等植物均来自异域。

通过《中国植物志》，布列特施涅德向欧洲人展示了古代中国人在植物学上取得的巨大成就，将中国典籍及其中的植物大规模地介绍到西方，他的《中国植物志》成为西方人认识和了解中国植物学典籍及中国植物的窗口。

自俄罗斯汉学的奠基人比丘林关注中国植物起，俄罗斯汉学家从农用、医用两个方面向欧洲介绍中国植物。欧洲认识中国植物的过程也伴随着欧洲植物学的不断发展。在这一过程中，俄罗斯汉学家对于中国植物的关注、记录与研究，极大地推进了欧洲对中国植物的认识。早期俄罗斯汉学家把在中国采集的植物种子寄往俄国和欧洲的学术机构和植物研究爱好者，他们以画面记录中国植物，将中国植物的信息直接传达给欧洲的植物学界，开阔了欧洲植物学者的知识视野，从根本上肯定了中国植物学对于欧洲植物研究的意义。与欧美学者交往密切的布列特施涅德关于中国植物的著作、对于西方人认识中国植物的历史的梳理，是欧洲植物学史上的重要文献。布列特施涅德对中国古代典籍中涉及的植物的科学整理，将中国植物学引入世界植物学视野，对于世界植物学研究的发展，都有着极其重要的意义。

---

① Меры народного продовольствия в Китае, “Отечественные записки”, 1839, №12, с тр. 47 – 56.

② Земледелье в Китае, с семьдесятью двумя чертежами разных земледельческих орудий. СПб., 1844.

③④⑧⑩П. Е. 斯卡奇科夫：《俄罗斯汉学史》，柳若梅译，北京：社会科学文献出版社，2011，第 181、281、208、217 页。

⑤Краткая история Российской духовной миссии я в Китае. М. – СПб., 2006. стр. 74

⑥*Bulletin de la Société impériale des naturalistes de Moscou*, 1837, X, No 6, ст pp. 148 – 158.

⑦С. Ю. Липщиц, Русские ботаники, -- “Биографобиблиографический словарь”, т. 4, М., 1947, стр. 163 – 164.

⑨А. А. Бунге, Описание новых родов и видов китайских и монгольских растений, “Ученые записки Казанского университета”, 1835, кн. Ⅳ, стр. 154 – 180.

⑪关于塔塔里诺夫与中国植物，后世俄罗斯学者有如下的记述：Д. И. Литвинов, Библиографияфлоры Сибири, СПб., 1909, стр. 291 – 196. И. П. Бородни, Коллекторы и коллеции по флоре Сибири, СПб., 1908, стр. 231 – 235. Васильев, Журнал Министерства

Народного Провсещения. 1888, No6, отд. 2, стр. 420.

⑫A. A. Татаринов, Описание некоторых лекарственных веществ и корней, “Труды членов Российской духовной миссии в Пекине”, Ⅲ, 1853, стр. 71 – 81; Краткая история Русской Православной миссии в Китае, составленная по случаю исполнившегося в 1913-году двухсотлетнего юбилея ее существования. Пекин, Типография Успенского монастыря. 1916. стр. 88.

⑬E. Bretschneider, “On the Study and Value of Chinese Botanical Works. With notes of the History of Plants, etc., from Chinese sources,” *Chinese Recorder*, Vol. Ⅲ, 1870.

⑭E. Bretschneider, “Early European Researches into the Flora of China,” *Journal of North-China Branch of Royal Asiatic Society*, Vol. XV, 1880.

⑮E. Bretschneider, “*Botanicon Sinicum*. Notes on Chinese Botany from Native and Western Sources,” *Journal of North-China Branch of Royal Asiatic Society*, Vol. XVI, 1881.

⑯E. Bretschneider, *History of European Botanical Discoveries in China*. London, Sampson Low, 1898, 2vols.

⑰E. Bretschneider, “Notes on Some Botanical Questions Connected with the Export Trade of China,” *North-China Herald*, Peking, 7th Dec. 1880, p. 14; “On Chinese Silkworm Trees,” *North-China Herald*, Peking, 26th May 1881, p. 9; “On Some Old Collections of Chinese Plants,” *Journal of Botany*, 1894, pp. 292 – 299; Index Plantarum, *Manuel de langue mandarine*. Shanghai, 1895, pp. 820 – 843.

⑱皇家亚洲文会是在华外国人为对中国进行探索和认识而成立的文化机构。前身为1857年成立于上海的“上海文理学会”。文会的宗旨在于调查研究中国，范围包括博物学、地质学、物理学、地理学、民族学、人类学、历史学、哲学、文学的学科对象，以及中国的政治制度、法律、中外关系等。详见王毅：《皇家亚洲文会北中国支会研究》，上海：上海书店出版社，2005，第138页。

⑲丘园全名为英国皇家植物园（Royal Botanic Gardens, Kew），是世界上处于科学领先地位的植物学科基地。阿诺德植物园（Arnold Arboretum of Harvard University）是主要的植物研究中心，以收集东方观赏乔木和灌木闻名，1872年建立。

⑳这些植物的种子被送往这些知名植物园试种，其中巴黎植物园和阿诺德树木园的栽培效果较好。阿诺德树木园的第一任园长沙坚德（Charles Sprague Sargent）在阿诺德植物学报《花园与森林》（*Garden and Forest*）中曾撰文描述该园种植的来自中国北方的树木，这些树木的种子正是布列特施奈德寄去的。自然历史博物馆的 Max. Cornu 教授曾专门就布氏在植物园中所种的花草做过一篇报告，刊登在1882年的《植物学会年报》（*Bull. De la Soc. d'Acclimatation*）上。

㉑E. Bretschneider, *History of European Botanical Discoveries in China*, Vol. 1 – 2. London, 1898, p. 1049.

㉒㉜罗桂环：《近代西方识华生物史》，济南：山东教育出版社，2005，第 378～379、32 页。

㉓夏纬瑛：《〈周礼〉书中有关农业条文的解释》，北京：农业出版社，1979，第 133 页。

㉔《本草经集注》对 730 种药用植物分类，继而细分三品说明药用特性，是中国医药史上一部划时代的本草著作。遗憾的是现存仅有敦煌石室残本。《齐民要术》成书于 533～544 年，是一部较为系统的古代世界农业科学技术名著，介绍了我国黄河流域各种农作物、蔬菜、果树、林木的栽培、动物饲养和农产品加工等。《唐本草》成书于 659 年，是世界最早的一部药典和附图的本草书籍，比欧洲最早的弗罗伦斯药典（1494 年）和纽伦堡药典（1535 年）早近九个世纪。

㉕E. Bretschneider, "Botanicon Sinicum. Notes on Chinese Botany from Native and Western Sources," *Journal of North-China Branch of Royal Asiatic Society*, Vol. XVI, 1881.

㉖E. Bretschneider, *Botanicon Sinicum. Notes on Chinese Botany from Native and Western Sources*. London: Trübner, 1882.

㉗E. Bretschneider, "Botanicon Sinicum. Notes on Chinese Botany from Native and Western Sources," *Journal of North-China Branch of Royal Asiatic Society*, Vol. XXV, 1892.

㉘E. Bretschneider, *Botanicon Sinicum. Notes on Chinese Botany from Native and Western Sources. Part Ⅱ. The Botany of the Chinese Classics. With Annotations, Appendix and Index by Ernst Faber*. Shanghai: Kelly and Walsh, 1892.

㉙E. Bretschneider, "Botanicon Sinicum. Notes on Chinese Botany from Native and Western Sources. Part Ⅲ. Botanical Investigations into the Materia Medica of the Ancient Chinese," *Journal of North-China Branch of Royal Asiatic Society*, Vol. XXIX, 1895.

㉚E. Bretschneider, Botanicon Sinicum. *Notes on Chinese Botany from Native and Western Sources. Part Ⅲ. Botanical Investigations into the Materia Medica of the Ancient Chinese*. Shanghai: Kelly and Walsh, 1895.

㉛㉝㉞㉟〔俄〕布列特施奈德：《中国植物学文献评论》，石声汉译，北京：商务印书馆，1957，第 29、64、29～30、45 页。

作者简介：柳若梅，北京外国语大学中国海外汉学研究中心教授、博士生导师；李欣，北京外国语大学中国海外汉学研究中心硕士，自由研究者。

［责任编辑：陈志雄］

（本文原刊 2015 年第 2 期）

美部会在华第一间印刷所

——布鲁恩印刷所考论

谭树林

[提　要] 布鲁恩印刷所是美部会在广州创办、当时中国境内最大的使用金属活字印刷的出版机构，开美国基督教会在华印刷出版之嚆矢。长期以来，国内外学术界对布鲁恩印刷所的研究停留在偶尔提及或一笔带过之状态，迄今尚无专论。本文爬梳相关史料，对布鲁恩印刷所的创建缘起、沿革、印刷活字及工匠等进行详细考证，并以重要出版品为例，论述其对中外关系、中西文化交流及西方汉学发展所产生的深远影响。

[关键词] 布鲁恩印刷所　禅治文　卫三畏　美国汉学

一　布鲁恩印刷所创建之缘起

1832 年 5 月，美国海外传教部总会（The American Board of Commissioners for Foreign Missions，以下简称美部会）来华传教士在广州创建一间印刷出版机构，称美部会印刷所（A. B. C. F. M. Press），也有学者将其称为美国海外传道会会长理事会书馆。[①] 因其最初为出版英文月刊《中国丛报》（*The Chinese Repository*）而建，因此亦称《中国丛报》印刷所。[②] 但从卫三畏（Samuel Wells Williams）《拾级大成》（*Easy lessons in Chinese: or progressive exercises to facilitate the study of that language, especially adapted to the Canton dialect*）一书的中文页标注来看，“香山书院”很可能是这间印刷所的中文名

字。因为该书中文页标注为“咪唎㗎卫三畏鉴定”、“道光辛丑年镌”（1842年）、“香山书院梓行”；英文页上的出版地及出版机构则标为“Macao：the Chinese Repository Press”。所以称其为“布鲁恩印刷所（the Bruen Press）”，实为纪念美国长老会牧师马蒂亚斯·布鲁恩（Matthias Bruen）而以其名字命名。但目前国内学者提及这间印刷所时，就笔者目力所及，均称其为“布鲁因印刷所”（the Bruin Press），实乃将“Bruen”误写成“Bruin”所致，其中文名宜音译为“布鲁恩印刷所”。它是美部会在华创建的第一间出版印刷机构，后发展为当时中国境内最大的使用金属活字印刷的出版机构。美部会之所以要在广州建立这样一间出版机构，实与基督教会在华传教传统尤其是英国传教士马礼逊（Robert Morrison）的影响有着密切关联。

自印刷术传入欧洲后，印刷出版就极受基督教会青睐。来华传教士历来重视印刷出版对传教的重要性。晚明时期首位获准在华居留的耶稣会士罗明坚（Michel Ruggieri）就指出印刷出版“这种哑式宣教法的重要”，在他看来，“书籍是最能言的，又是最有效的，它能责备中国人生活的无系统，而不致伤及他们的雅意；它能光照他们的心地，而不致和他们的理智发生冲突；可以使他们在不知不觉之中认识真理”。被誉为中国天主教史奠基人的利玛窦（Matteo Ricci）也认为：“在中国有许多处传教士不能去的地方，书籍却能走进去，并且仗赖简捷有力的笔墨，信德的真理，可以明明白白地由字里行间，透入读者的心内，较比用语言传达更为有效。”[③]尤其“在该帝国中，文化如此昌盛，以至于在他们之中只有很少的人不会读某种书。他们的所有教派都更应该是以书籍的手段，而不是以在民间的布教和演讲的方法来传播与发展的。这种做法曾为我们的人向基督徒传授必要的日课经提供了很大帮助。因为他们或自己阅读或让其亲属朋友为其阅读刊本基督教理书时，立即就能牢记心田，而且那里从来不缺乏能阅读书籍的人”。[④]19世纪初，基督教新教决定在华开拓传教事业时，亦颇为重视印刷出版。最先决定在中国开展传教事业的英国伦敦传教会（The London Missionary Society），在其派遣第一位传教士马礼逊来华前，就已经多方打听中文印刷的情形。[⑤]1807年9月马礼逊抵华后，不久即认识到“书籍的果效不声不响，却强而有力（silent but powerful）”[⑥]。1813年，作为马礼逊的助手被派往中国的米怜（William Milne）亦认为：“每一种文明的语言中，印刷在传播人类或神圣知识方面具有十分显而易见的优势。在汉语中，书籍作为一种提高改进自身的工具，也许比任何其他现有的传播工具都更为重要。

阅读汉语书籍的人数比其他任何民族都要多。”[7]正是这种识见，使马礼逊在华传教时积极从事印刷出版，创下了中国印刷出版史上的多个“第一”：翻译出版了第一部中文《圣经》全译本；编纂出版第一部华英、英汉字典《华英字典》；协助创办第一份近代化中文报刊《察世俗每月统记传》。尤其是《华英字典》“既可以当一部字典，又可以当作一部百科全书来使用，它包括了有关中国的传记资料、历史和民族风情、礼仪和国家制度的评介，是一部汇集了有关中国人的生活和历史文献的最丰富的资料的工具书”[8]，“奠定了马礼逊作为十九世纪第一位汉学家的地位”[9]。在其影响下，来华的伦敦传教会教士像米怜、麦都思（Walter H. Medhurst）等均在印刷出版方面卓有建树。而美国来华传教士在广州建立印刷所从事印刷出版，亦是马礼逊呼吁的结果。

马礼逊虽为英国传教士，却与美国基督教会联系密切，这很大程度上归因于其取道美国来华的经历。马礼逊本打算乘坐英国东印度公司商船赴华，但遭到公司董事会拒绝，因为他们认为“使用我们的船队载送传教士驶往我国在东方的殖民地是最愚蠢的、最过分的、代价最高的和不可原谅的方案”。[10]无奈之下，马礼逊只好取道美国，最后乘坐美国商船抵达中国。但假道美国来华，却给马礼逊日后在华传教事业带来一些始料未及的益处。朱佑人牧师即认为：

> （一）使他获得美国国务卿的专函介绍给广州的美国领事；（二）使他由美国免费坐船到广州；（三）使他到广州后得到洋行大班（也是美国的广州领事）招待到家中住宿，日后且一再的支持和资助他的工作；（四）使他给人以为是美国人而廉价租得法国洋行的房子居住（当时英法正处于交战状态，英国人不能租得法国人的地方）；（五）又因在美国时和一些宣教团体打了交道，以致日后能得到美国教会的支持，以及派遣宣教师到华参与工作……[11]

确然如此。马礼逊取道美国赴华传教，使美国基督教界开始认识到开拓对华传教的重要性，尽管“美国的基督教界早已意识到传教的重要性，从未忽略中国以及东方的千百万人，期待着那里能像其他地方一样，‘来帮助耶和华攻击勇士’”，但在马礼逊取道美国来华之前，美国基督教会并未付诸行动。正是借马礼逊取道美国，与美国基督教界人士的广泛接触，才真正引起美国基督教会对华传教事业的重视，并在马礼逊的呼吁下，最终开拓了在华传教事业。对此，马礼逊遗孀艾莉莎·马礼逊（Eilza Morrison）指出："他此时和美国牧师以及基督徒的接触，让他极为振奋，而且可以被视为联系后来发生的一系列事情的纽带，这些事情让美国的基督教界加入了中国的福音化进程。"[12]

马礼逊来华后，一直与美国基督教会保持密切联系。囿于对中国的了解，美国基督教会虽然向亚洲的孟买（1817 年）、欧洲的马耳他（1822 年）等地派遣了传教士，并建立印刷出版机构，[13]却没有向中国派遣传教士，更遑论计划在华开办印刷出版机构，这从马礼逊与美部会的通信可以看出。1827 年 11 月，马礼逊致信美部会，呼吁该会要重视在中国开展印刷事业。美部会司库埃瓦茨（Jeremiah Evarts）在复信中称："在你来信提到的计划中，有一项工作是我们没有想到的，就是应在广州设立一间英文印刷所。我认为，经过审慎的安排，成立印刷所可能是极为有用的。"[14]1830 年 10 月，埃瓦茨再次致信马礼逊："我们非常感谢在有关东方的海外传教事业上你给我们的任何建议，特别是关于我们在何时可以运送一部印刷机去协助在中国的圣工。"[15]美部会首位派往中国的传教士裨治文（Elijah Coleman Bridgman）抵华后不久亦认识到："由于中国政府不容许公开讲道传播福音，因此，传播基督教相关知识的最好办法就是刊印宗教书籍和手册。如此看来，新教传教士到中国后的首要任务，就是刊印和散发书籍。"为此，裨治文在给美部会的报告中强调建立一家教会印刷所的重要性：通过"印刷一些宗教书册，将基督教的精神要旨传达给中国人，这样也能逃避中国政府对外国人活动的限制"[16]。未及美部会回复，马礼逊和裨治文建立印刷所的请求就得到广州美商同孚行老板奥立芬（D. W. C. Olyphant）的响应。奥立芬虽为商人，但对新教在华传教事业热情赞助：1807 年马礼逊来华即是奥立芬提供免费舱位，1830 年美部会派裨治文来华亦得到奥立芬资助。并且他向美部会承诺：凡愿意到中国从事传教事业的美国传教士，他都提供免费舱位以及在广州第一年的食宿等费用。[17]25 年间，奥立芬给予来华传教士免费乘坐他的商船达 51 人次，而且在其他方面也尽力提供帮助。裨治文夫人称奥立芬为"美国对华传教之父"[18]是当之无愧的。对裨治文和马礼逊提出建立印刷所的请求，奥立芬不仅安排他所属的纽约布利克街（the Bleecker-Street）长老会教堂将一台印刷机和英文铅字捐赠给在华的美国传教士，而且还表示"愿意承担出版方面的亏损"，并免费提供商馆的一个房间作为印刷场所。1831年12月，印刷机运抵广州，但英文铅字迟至翌年4月才由“罗马号”（Roman）运到。这样，印刷出版所需的各种设施已经齐备，裨治文即在奥立芬提供的房间设立印刷所，此即“布鲁恩印刷所”。它是美部会在中国建立的第一间印刷所，开美国基督教会在华印刷出版之嚆矢。

二　布鲁恩印刷所之沿革

1832年5月，布鲁恩印刷所在广州美国商馆后排的一个房间创建，最早的出版物就是利用英文铅字排印的英文月刊《中国丛报》。1833年10月26日，美部会派遣的熟练印刷工卫三畏抵达广州。[19]因为他是作为专职的印刷工身份来华的，不久即接替裨治文，执掌布鲁恩印刷所。由于当时清政府严禁印刷出版基督教书刊，为逃避清政府的查禁，1835年12月，美部会决定将布鲁恩印刷所迁往澳门。[20]实际上，在五口通商前，广州官方不允许外国人长年在此逗留，每年4月到8月的所谓非贸易季节，从事贸易和其他活动的外国人必须离开，大多数人选择暂时迁居澳门。抵华后的卫三畏出于工作方便，除印刷《中国丛报》需短期在广州外，其大半时间是在澳门度过的。印刷所迁往澳门，对从事印刷出版事务的卫三畏而言，倒是方便之举。很可能由于此时卫三畏已全盘负责印刷所事务，所以这间印刷所又迳称“卫三畏印刷所”[21]。实际上，迁往澳门的印刷所就设立在卫三畏住所客厅的下面。在1836年8月26日写于澳门的信中，卫三畏这样描述：

> 我的住处是一个两层楼，楼上有12个房间，每间周长20英尺。因为房子建在山坡上，所以它有一边是三层，也就外加了两个房间。两棵树（一棵无花果，一棵接骨木）构成了我的花园，厨房在对面并且和我住的小楼有一段距离。房子底层住着一个搬运工、一个管家、一个苦力、一个厨师、一个印刷工和四个小男孩，总共九个人。印刷所在客厅下面，是一个明亮的房间——当太阳照进来的时候。此外在房子的一边还有一个游廊，大约60英尺长，它为我们纳凉提供了极大的方便，在这样的天气中确实是非常需要的。[22]

从卫三畏的描述可见，其住处宽敞舒适，这里成为广州贸易季节结束后美部会传教士在澳门活动的据点，也就不难理解。

布鲁恩印刷所在澳门一直持续到1844年。1842年8月《南京条约》签订，香港被割让给英国，其作为华人传教新基地的环境与条件吸引了英美新教差会。洛维特（Richard Lovett，M. A.）在谈到香港的特殊优势时写道：

> 香港与在教会推动下展开传教活动的中国任何其他地方都不同。……香港具有作为英国殖民地的优势，居民可以感受到浓厚的欧化气氛。在这样的环境下，中国人的生活比其他地方更为自由，由于受欧洲人的影响，他们的思想也更为开放。加上在英国的统治下，生命与职业的安全得到保障，……然而，香港布道会存在的重大意义，并不局限于其活动的区域，或活动对象人数的多寡。香港恐怕是西洋社会在东方最重要的中心地。[23]

实际上，美部会传教士好像具有未卜先知之能力。中英《南京条约》签订前的1842年7月，裨治文就已前往香港，觅地“开始修建一个传教会所”。裨治文之所以有此举动，很可能是布鲁恩印刷所迁往澳门后，虽然避开了清政府的阻挠，但澳门毕竟是葡萄牙租借地，受澳葡政府支持的天主教会极不愿意新教在澳门发展壮大。在此种情势下，与澳门毗邻的香港，如能成为英国殖民地，无疑是新教建立对华传教站的首选之地。经过两年的筹建后，美部会在香港的新传教站建成，1844年10月19日，布鲁恩印刷所迁往香港新址。[24]旋即（1844年11月），在离家11年后，卫三畏从香港乘邮船回国，布鲁恩印刷所重新由裨治文负责。

然而，布鲁恩印刷所在香港持续时间不长。因为香港作为英国殖民地，实际上并不太利于美部会开展传教活动。特别是1845年清廷允准传教士在通商口岸自由传教后，香港无论从开放环境还是人口方面，都无法与大陆的口岸相比。裨治文在致美部会咨询委员会（the Prudential Committee）秘书鲁弗斯·安德森（Rufus Anderson）的信中提到将离开香港返回广州的决定：

> 您清楚我们当初搬到这里来的情况。现在情况已经发生了变化，因此我们可能一部分人或者全部都从这里搬回广州去。波乃伊先生和我都对在这个殖民地继续待下去的意义表示怀疑。尽管我们已经找到并会继续找到一些我们可以布道、散发经文和《圣经》的对象，但我们的责任是到对传教站更有好处和前景的地方去。[25]

当然，还有其他因素之影响。但无论实情如何，1845 年 7 月，美部会将传教站由香港迁往广州，布鲁恩印刷所也随迁广州原址。1848 年 9 月，卫三畏返回中国后，重新执掌印刷所。但是，这时他发现自己日益与美部会咨询委员会的观点相左：咨询委员会认为应当关闭印刷所，因为印刷所主要被用于出版像《中国丛报》及哲学著作之类的世俗书刊。不仅印刷机构，甚至学校、医院也应停办。对此，卫三畏在 1852 年 6 月致信 W. F. 威廉斯牧师："我觉得在中国这样一个贫穷的国度里，一些辅助性的方式，比如说开办宣讲和奉行基督教教义的学校、医院等，对于传教事业是相当重要的。伯驾博士的医院还在办，主要依靠外国人募捐的基金来维持。他的医院里宣讲基督福音，还有几家医院也是如此。我并不否认这些学校、医院等机构占用了我们相当多的时间和精力。……我想，如果失去了这个印刷所，我会深感遗憾，虽然现在这样说也许为时过早。"[26]

卫三畏的辩解未能改变咨询委员会的想法，美部会决定将印刷所卖掉。1856 年秋，卫三畏编写的《中国商务指南》(*A Chinese Commercial Guide*) 第四版印刷出版，该书为印刷所出版的最后一本书。不久，第二次鸦片战争爆发，所有传教士被驱逐出境，广州处于一片混乱之中。12 月 14 日，一场大火将广州所有外国商馆烧毁，设在商馆中的布鲁恩印刷所化为灰烬，这批活字完全焚毁无存。[27]据卫三畏估算，美部会在这场大火中的损失，包括全部活字及其他材料的价值共计 20000 美元，他本人也"由于书信和各种设施被毁所造成的损失共计达到 1550 美元（包括利息）"[28]。本来卫三畏最有可能买下印刷所，[29]现在印刷所被毁，似乎成为他在事业上做出改变的一个契机。[30]卫三畏不久即向美部会提交了辞呈，脱离美部会，接任美国驻华使馆秘书，从此转向对华外交事务。1868 年，美部会以所得清政府的赔偿费在北京重建新馆开业，但已不能再称为布鲁恩印刷所，它实际上在 1856 年的火灾后已经完全消失了。北京重建的新馆，在 1900 年八国联军侵华期间被民众烧毁。

三 布鲁恩印刷所之印刷活字及工匠

布鲁恩印刷所初建时，仅有一台手动印刷机（a hand press）和一套英文铅活字。1835 年，为印刷麦都思编纂的《福建土话字典》(*A Dictionary of the Hok-Këèn Dialect of the Chinese Language*)，卫三畏从马礼逊之子马儒翰 (John Robert Morrison) 那里借来英式印刷机（Albion Press）与英文活字。

据卫三畏书信提供的资料，1839年时布鲁恩印刷所已拥有大、小两套英文铅字：大号铅字有60盒，“大小相当于四个12点活字，共25000多个，几乎没有两个是相同的”；小号英文铅字有20盒，“一盒一盒地放在架子上，……其中的间隔用18点铅字填充。所有的铅字都是背面朝下、正面朝上的”[31]。此时印刷所拥有的英文铅字已达80盒，当时在华印刷所中，这样的规模堪称是独一无二的。

布鲁恩印刷所初建时没有中文活字，需要印刷中文作品时，就只能请中国刻工帮忙进行雕版印刷。1834年，美国教会将中国木刻汉字送到波士顿，用浇铅版法制成活字，再输入中国，用于印刷中文教会书刊。从此，中文木刻字模改为铅模。[32]据美国学者科克利（J. F. Coakley）研究，1835年12月，美部会决定将印刷所迁往澳门时，仅将印刷所的英文印刷机与英文活字迁往澳门，而采用木刻版印刷的“中文印刷所”（Chinese Press）则迁往新加坡。科克利因印刷方式而将布鲁恩印刷所称为“英华印刷所”（Anglo-Chinese Press）。[33]然而事实是，迁往澳门后的布鲁恩印刷所仍然拥有中文铅活字。在1839年1月写于澳门的一封信中，卫三畏明确提到：“首先我们这里有中文铅字，它们被安放在屋子四周的架子上，正面朝上，因为只有将铅字一个个看过去才能找到其中需要的那一个”，甚至“中文铅字占了半个房间的面积”。[34]

那么，此时布鲁恩印刷所的中文铅活字从何而来呢？实际上，这批中文铅活字是原属于英国东印度公司澳门印刷所（The Honorable East India Company's Press in Macao）的那批中文铅活字。1814年9月，为印刷马礼逊的《华英字典》（*A Dictionary of the Chinese Language in Three Parts*），公司董事会雇用印工汤姆司（Peter Perring Thoms）携带一台印刷机和一副英文活字等到澳门，成立东印度公司印刷所，印刷出版《华英字典》。因印刷《华英字典》需采用中英文夹排，汤姆司在经过最初一段尝试后，发现中英文都以金属活字印刷的效果比雕版和活字并用要好得多。经马礼逊提议，先由汤姆司用含锡的合金制成铸模柱体，再由中国工人在柱体上逐一雕刻汉字。这样，汤姆司和几个中国工人合作制成一批中文铅活字。除《华英字典》外，在20年的出版历程中，东印度公司印刷所共出版和代印了20余种图书、杂志和报纸，它们“对于增进十九世纪西方国家对于中国的知识与态度，不论是了解、同情、歧视或野心，都产生相当的作用”[35]。

1834年，英国东印度公司对华贸易垄断权被取消。失去对华贸易专利的英国东印度公司认为没有必要再继续印刷所的存在，东印度公司印刷所最终被迫关闭，其拥有的中文铅活字亦闲置起来。然而印刷所承印的麦都思的《福建土话词典》此时尚未完成全书的一半。为了完成词典的出版，麦都思向在广州、澳门的外商募得资金后，敦请卫三畏代为印刷词典的剩余部分。鉴于布鲁恩印刷所已有的中文字模不敷应用，卫三畏乃借用了东印度公司印刷所已经闲置的全部中文字模，至 1837 年中最终完成《福建土话字典》的印刷出版。[36]东印度公司对华贸易专利被取消后，英国当局曾派律劳卑（William John Napier）任驻华贸易商务监督，但未几即发生“律劳卑事件”而病逝于澳门。1841 年 4 月，璞鼎查（Henry Pottinger，又译砵甸查、砵甸乍、波廷杰）被任命为英国驻华全权代表，负责处理英国东印度公司遗留事务，就是他将东印度公司印刷所的中文活字全部赠予卫三畏：“1842 年，亨利·波廷格爵士代表英国当局将这些活字正式赠予了我。”[37]“亨利·波廷格”即璞鼎查。当然，璞鼎查的赠予是有条件的，即布鲁恩印刷所要承印英国官方文件。[38]关于这套中文铅活字的详细情况，虽然马礼逊、汤姆司等当事人没有留下确切记载，但从卫三畏的记述中可窥见一斑：

> 这套活字是应东印度公司的要求于 1814 年开始制作的。从 1835 年开始由我掌管使用。当时共有两套，一套字体较大，装在 60 个字盘中；另一套字体较小，装在 16 个字盘中。此外，还有几百个手写体和草字的铅字。所有这些铅字都是由工匠们用铅块或锡块手工制作而成的。他们先把字写在金属块光滑的一端，然后用凿子雕凿出来。
>
> 字体较大的一套每个活字 1 英寸见方，在制成时包括了所有的汉字，共计约 46000 个，其中一些是重复的，但是在长期的使用中遗失了很多。
>
> 字体较小的一套使用率很高，共有 22000 个不同的汉字。由于一些常用字有好几个备用活字，所以这套活字的总数达到了七万多个。在我使用的 21 年中，我不断地对这两套活字进行增补，字体较小的一套的增补量尤其多。到最后，这两套活字的总数都比最初有所增加。[39]

这批中文铅活字究竟多少，已无法确知。但就金属活字的数量而言，说布鲁恩印刷所是当时中国拥有金属活字最多的印刷所，应非臆断。

布鲁恩印刷所设立之初，裨治文兼《中国丛报》编辑、印刷及发行事务于一身，虽然他聘请了一位印刷工，但这位印刷工“是个葡萄牙人，不太懂英语，这样使得工作更是困难”，实际上对裨治文帮助不大。除《中国丛报》外，裨治文还要忙于“学习、教书、写作”等其他工作，颇感缺少人手。1832 年 12 月，裨治文就曾致函美部会，提出增派一名熟练印刷工的请求。1833 年 2 月，他再次致信美部会咨询委员会秘书鲁弗斯·安德森，称自己已不堪重负，迫切需要一名“忠诚、虔诚和受过良好教育的印刷工”[40]。1833 年 10 月，卫三畏抵达广州，不久即开始全面负责印刷所的日常事务。当时印刷所雇用了一些当地人印制中文《圣经》及布道手册，梁发就曾在印刷所从事木刻版印工作。然而印刷所更多的印刷工是来自澳门的葡萄牙人，因此卫三畏发现为了指挥这些印刷工，他首先要学习的是葡文而不是中文。[41]之所以出现这种情形，是因为当时清政府严禁出版和散发宗教书刊，华人印刷工一旦被官府发现，就会被逮捕判刑。梁发的三名印刷工曾遭官府拘捕关押，梁发本人亦因刊印和散发宗教书刊被官府追捕，幸赖裨治文的帮助，他得以从澳门逃往新加坡。[42]这应是美部会决定在 1835 年 12 月将印刷所迁往澳门的根本原因。

迁往澳门后，布鲁恩印刷所在业务上面临三家竞争对手：一家葡萄牙人开办的、一家中国人开办的，还有一家是日本人开办的。[43]到 1839 年时，据卫三畏写于澳门的一封信可知，布鲁恩印刷所有三位工人：“一位葡语排字工，他对英语一无所知，也几乎不认识一个汉字，但却为有这两种文字的书排字，我和他用葡语能够勉强交流；另一位中国小伙子既不懂葡语也不懂英语，他负责排汉字，活干得很好；最后一位是日本人，他不懂英文、葡文、中文（几乎不懂），所以从架子上取铅字时常犯错误。当他们三个人干活时，我必须用他们各自的语言与他们交流，并且指导他们去印一本本他们丝毫不知道其内容的书。”[44]不久之后，又有两名华人加入，印刷工人增至 5 人。布鲁恩印刷所在澳门期间，印刷工人就保持在 5 名左右。迁往香港后的情况，因时间不长资料缺乏而无法确知，但大概不会与在澳门时有多大差别。1845 年迁回广州，甚至到 1856 年时，布鲁恩印刷所规模仍然不大。据卫三畏说：“我的印刷所规模很小，而且还在使用木版印刷大部分中文小册子。”[45]可见，维持 3 ~ 5 名印刷工成为印刷所的常态。之所以如此，除安全因素外，更大的可能是因为经费问题。美部会对出版，甚至包括学校、医院等在传教上的作用不甚满意，投入的经费十分有限，伯驾（Peter Parker）在广州的医院主要靠从外国人募捐的资金来维持，布鲁恩印刷所同样如此。据卫三畏说，印刷所“没有任何外来的资金援助。我们的印刷所完全是靠我们自己出版的书刊来自给自足，其中就包括《丛报》（引者按：即《中国丛报》）。如果仅从经济利益上来考虑，《丛报》并不成功”。[46]为节省开支，印刷所自然不便雇用更多人手。

四　布鲁恩印刷所的出版品及其影响

布鲁恩印刷所从1832年5月成立，到1856年12月被烧毁，辗转广州、澳门、香港三地。除多次承印的各种小册子，如医学方面即有《医学传教会报告》（*Report of the Medical Missionary Society containing An Abstract of its History and Prospect*）、《1841－1842年澳门医院报告》（*the Report of the Hospital at Macao, for 1841－2; together with Dr. Parker's Statement of his Proceedings in England and the United States*）、《中国医学传教会第一和第二个报告》（*The First and Second Reports of the Medical Missionary Society in China; with minutes of proceedings, Hospital reports*）等不计算在内，其在存续的25年间，出版的书刊（含重印数）就达38000册。[47]其出版品中，卷帙最为浩繁者非《中国丛报》莫属。该刊从1832年5月创刊，至1851年12月停刊，共出版20卷，包括1～5卷的重印册数，总印数达23000册之多。至于刊物的宗旨，首任主编裨治文在创刊词中宣称：

> 要对外国人出版的有关中国书籍进行评论，旨在注意已经发生的变化……关于博物方面，最适宜和有利的是调查下列情报：气象，包括气温、风、雨及气象对健康的影响；土地，包括矿藏、植物、畜产、土地肥沃程度及耕作状况，还包括江、河、海中的出产；……关于商业方面，必须特别引起关注的是要调查其过去到现在的发展情况，特别要考察当前商业状况的利弊；……关于社会关系方面，必须对社会结构详细调查，在考察中国人的道德品质时，要对他们政治事件的相互关系，包括统治者与百姓、丈夫与妻子、父母与子女之间的相互关系，进行仔细和长时间不间断地观察；……我们对中国人的宗教特征也感兴趣，将给予非常强烈的关注。[48]

可见，裨治文创办该刊的目标就是收集中国各方面的情况。报史专家白瑞华（Roswell S. Britton）在谈到《中国丛报》时也指出，其宗旨就是向西方“提供有关中国及其邻近地区的最可靠的和最有价值的资料”[49]。然而就其终极目标而言，还是希望它有利于传播福音。这从裨治文日记可窥见一斑：“愿它无论在开端，还是在这之后，都全然成为主的事业；愿它所有的篇章都能够增加神的荣耀和真理。”[50]据统计，《中国丛报》共刊文1378篇，其中关于中国国情的达514篇，关于中外关系的396篇，外国类的142篇，宗教类的289篇，与中国有关者约占90%[51]，内容广泛涉及中国历史、宗教、法律、政治、语言、农业、儒家经典、文学作品等方面，尤其注意报道中国时事与对外关系，并记载了鸦片战争的全过程。由于其销售几乎遍及全球，该刊就成为西方人了解中国各个领域的一个最可靠的、最基本的知识来源。谭维理甚至称该刊“是当时唯一的汉学杂志”[52]。的确，由于撰稿者都是当时在华的英美汉学家，说它是一份汉学杂志可谓实至名归，它对西方汉学的发展影响是深远的。

《中国丛报》确以其丰富的史料为当时乃至后来治学者所重视。卫三畏即称“有关当时中国与东亚方面之事实与意见的记述，这是一部有用的文学作品”[53]，“其中包含着当时中外关系的历史”[54]。美国宗教史家赖德烈（Kenneth Scott Latourette）认为《中国丛报》“是有关中国知识的矿藏”，“这是当时中国对外关系最好的史料”，是研究当时的中国“不可缺少的史料”[55]。罗家伦也说：“研究鸦片战争的人，不能不参考当时广州英国人出版的定期刊物……名叫 *Chinese Repository*，这是一种重要的史料。”[56]尽管罗先生误将《中国丛报》说成是英国人所办，他对《中国丛报》的学术价值却是充分肯定的。王树槐也指出：“《中华丛刊》[57]在今日的价值，则为其丰富的史料。”[58]诚为的论。总之，《中国丛报》是当时在中国境内出版的影响最大的外文期刊之一，在中国报刊史上占有重要地位，时至今日仍然具有重要的史料价值。

除《中国丛报》外，布鲁恩印刷所出版最多的是供西人学习汉语用的字典、词典和教材。据不完全统计，即有麦都思的《福建土话字典》（1835－1837）、裨治文的《广州方言中文文选》（1841）、卫三畏《拾级大成》（1842）、《英汉对照词汇表》（*Ying Hwa Yun-fu Lih-Kiai*, *An English And Chinese Vocabulary*, *in The Court Dialect*, 1844）；法国汉学家马若瑟（Joseph de Prémare）的《中国语文札记》（*Notitia Linguae Sinicae*）英译本（1847）、博尼的《广东话词汇和口语习惯用法》（1854）、卫三畏的《英华分韵撮要》（*A Tonic Dictionary of the Chinese Language in the Canton Dialect*, 1856）等。进入19世纪

后，新教各差会纷纷派遣传教士来华。为了开拓传教事业，与中国民众直接交流，传教士必须首先掌握汉语，当然也包括他们所在传教地区的中国方言。从马礼逊开始，这些新教传教士在学习汉语的过程中，还编写了大量的字典、词典以及教材，目的是给后来传教士及来华西人学习汉语提供帮助。布鲁恩印刷所大量出版此类出版品，也是出于同样考虑。下面重点介绍《福建土话字典》《广州方言中文文选》《拾级大成》及其影响。

《福建土话字典》是印刷所在澳门期间出版的第一部字典，这是继马礼逊的《广东省土话字汇》(*Vocabulary of the Canton Dialect*) 之后传教士编纂的第二部方言字典，也是目前所见的第一部福建方言尤其是闽南语字典。共分为七个部分，分别是致读者（Advertisement)、前言（Preface)、福建简史与统计资料（A short historical and statistical account of the province of Hok-keen)、福建方言正字法（On the orthography of the Hok-keen dialect)、正文、笔画索引（Table of the radicals）和汉字索引（Index of characters which occur in this dictionary)。正文中每个词条包含了该字的闽南话读音和英文解释，还给每个主要汉字组词引用名著或典故中的一句话来解释它的用法，并将该片语或句子翻译成英文。麦都思 1823 年即完成该字典初稿，到新加坡、马六甲、槟榔屿等地寻求出版未果后，1829 年东印度公司表示同意资助出版，此后麦都思对其又做了大量增补。1831 年开始，该字典交由东印度公司澳门印刷所出版，但仅印刷了三分之一的篇幅，因东印度公司对华贸易专利权的取消而中止。由于出版资金不足，1835 年 12 月，麦都思来到广州、澳门寻求资助，美国商人奥立芬慨允资助，该字典遂交由已迁往澳门的布鲁恩印刷所出版其余部分。直到 1837 年 6 月，《福建土话字典》的印刷工作终于全部完成。

布鲁恩印刷所出版的第二部此类作品就是裨治文编纂的《广州方言中文文选》[59]，1841 年在澳门出版。全书共分 17 篇：(1) 习唐话；(2) 身体；(3) 亲谊；(4) 人品；(5) 日用；(6) 贸易；(7) 工艺；(8) 工匠务；(9) 耕农；(10) 六艺；(11) 数学；(12) 地理志；(13) 石论；(14) 草木；(15) 生物；(16) 医学；(17) 王制。这部辞典是美国人撰写的第一部汉语学习的工具书。裨治文发现，随着来华西人的增多，越来越多的人希望学习汉语，而在广东的西人首先要学会的自然是广东方言——粤语。但“西方人与广东人交往的两百多年，一直忽视了粤语这种方言，这种情况不应再继续下去。在这种情况下，我们编写了这部《广州方言中文文选》，希望它能够得到大家的认可，并对那些有志于此的人提供一些帮助”。[60]实际上在此之前，马礼逊在1828年已经出版了一部有关广州方言的字典，即前揭之《广东省土话字汇》。《广东省土话字汇》虽试图用于粤语发音参考，但诚如雷孜智（Michael C. Lazich）所指出的，其“内容过于简单，没有标注粤语的语法和用法介绍”[61]。裨治文编纂一部新的粤语辞典，就是要弥补《广东省土话字汇》之不足，使它不仅可以“帮助外国人学习中文”，而且能够“帮助中国年轻人掌握英语，使中国人认识到罗马字母所组成的英语是多么易于表达和简单易学”[62]。基于此目标，该书在排版上进行创新，大部分文本采用三栏式排版，将同一内容分别用英语、中文和罗马拼音的粤语三种形式表达出来。卫斐列认为：“该书最吸引人的地方是：它是在中国写作完成的第一本有关广州方言的实用手册，在长期没有同类教科书出现的情况下，它一直是学中文的好帮手。”[63]该书的出版给裨治文带来极高荣誉。为了表彰裨治文的这一大贡献，纽约大学在同年授予他神学博士学位。鲜为人知的是，卫三畏在这部辞典上也花费了大量心血。他在接印这部辞典后，曾花费全力对其进行扩充，其扩充的内容“包括搜集成语加以翻译和选择现成的中文作品片段”，但卫三畏最后并没有署名。

但是，大八开本、693页的部头，使这本工具书使用起来不太方便，而且价格偏贵，这就促使卫三畏决心编纂一部关于广州方言的教材，而扩充《广州方言中文文选》的经历为他奠定了基础。经过一番辛劳，到1841年春，一部八开本、287页的《拾级大成》编成，1842年由布鲁恩印刷所出版。《拾级大成》共包括10章，即部首（of the radicals）、字根（primitive）、读和写（of reading and writing）、阅读课程（lessons in reading）、对话练习（exercises in conversation）、阅读节选（selections for reading）、量词（the classifiers）、翻译练习（exercises in translating）、英译汉练习（exercises in translating into Chinese）、阅读和翻译课程（lessons in reading and translating）。该书除了通过一系列练习和对照互译来帮助外国人学习广州方言外，还力图起到汉语通用语法书的作用。卫三畏运用西方语言学习的方法来教习汉语。他首先介绍了汉字的部首和字根，以《康熙字典》的214部首法讲解部首和字根的含义，以便让学生理解汉字的构成法。会话、练习题则主要针对广州方言学习，其中包含便于西方人与不懂英语的汉语老师和中国仆人交流的基本日常用语。有趣的是，这些日常用语保留了当时在华西方人与中国人交往的生活细节，是现代学者进行社会生活史考察的基本史料。《拾级大成》保存下来的大量广州方言语音资料，即使只从语言学研究角度看，其学术价值也弥足珍贵。

新教传教士编纂的字典和教材的突出特点，就是在方便西人学习汉语的同时，也加深了他们对中国文化的了解。麦都思的《福建土话字典》共收 12000 个汉字，涉及的词汇有 22 类，每个词条不仅包含了该字的闽南话读音和英文解释，而且还给每个主要汉字组词引用《四书》《五经》等名著中的一句话来解释它的用法，并将该片语或句子翻译成英文。这部字典后来成为西方人学习闽南语的重要工具书，同时也成为他们了解中国文化的重要资料。正如雷孜智所评价的："尽管该书表面上向语言学习者提供一系列关于基本语法和词汇学习的简单课程，但实质上，它还承担着向西方人介绍中国与向中国人传播西方历史成就的基本知识的双重使命。"[64]《文选》中还包括了海外的地理和历史知识，像"法兰西王者号路易·菲利，建都城曰巴犁""推布地球，以亚细亚、欧罗巴、亚非利加为正面，美理哥为背面"等浅显易懂的介绍在书中也甚为常见。卫三畏的《拾级大成》同样如此。其中的汉译英、英译汉练习，所选材料大部分来自《四书》《三字经》、康雍的《圣谕广训》以及中国古典文学《三国演义》《聊斋》《女学》《玉娇梨》等，这些选材不仅文字优美，而且也极能反映中国文化的特殊之处，如《聊斋》是反映中国人对鬼神一事的看法，并且许多故事也能体现"善恶终有报"这一在中国人心中根深蒂固的观念；《女学》则更具代表性，它反映了中国封建社会对妇女的束缚。这些显然有助于西方人了解极具中国特色的文化传统。阅读与翻译部分的内容，则选自中国人的日常文书，包括按照中文格式书写的家信、请柬、对外布告、奏表、圣旨，最后一篇是林则徐致英国女王的信，后面都有详细的英译对照。这些都在一定程度上帮助汉语学习者获得有关中国的各类信息，从而将语言的学习和知识的学习结合起来。美国华裔学者邓嗣禹在评价马礼逊《华英字典》的影响时说："马礼逊辞典的出版使西方社会掌握了理解中国文化的钥匙，并且比以往更深刻具体地认识了中国的制度。"[65]布鲁恩印刷所出版的上述字典、辞典和教材，亦可作如是观。

综上所述，似可这样说，布鲁恩印刷所及其出版品，不仅在中国印刷出版史，而且在中外关系史、中外文化交流史与西方汉学史上，均极具意义与贡献。

①万启盈：《中国近代印刷工业史》，上海：上海人民出版社，2012，第54页。

②杨万秀主编《广州通史》近代卷·下册，北京：中华书局，2010，第491页。

③裴化行：《天主教十六世纪在华传教志》，萧浚华译，上海：商务印书馆，1936，第261~262页。

④谢和耐：《中国与基督教——中西文化的首次撞击》（增补本），耿昇译，上海：上海古籍出版社，2003，第2页。

⑤William Moseley, *The Origin of the First Protestant Mission to China*. London: Simpkin and Marshall, Stationers' Hall Court, 1842, p. 31.

⑥未亡人编《马礼逊回忆录——他的生平与事工》，邓肇明译，香港：基督教文艺出版社，2008，第183页。

⑦米怜：《新教在华传教前十年回顾》，北京外国语大学中国海外汉学研究中心翻译组译，郑州：大象出版社，2008，第72页。

⑧汤森：《马礼逊——在华传教士的先驱》，王振华译，郑州：大象出版社，2002，第111页。

⑨刘羡冰：《双语精英与文化交流》，澳门：澳门基金会，1995，第48页。

⑩顾长声：《马礼逊评传》，上海：上海书店出版社，2006，第23页。

⑪朱佑人：《基督教在华一八〇周年纪念特刊》，澳门：澳门基督教会教牧同工会、马礼逊堂等，1987，第16页。

⑫艾莉莎·马礼逊编《马礼逊回忆录》（1），北京外国语大学中国海外汉学研究中心翻译组译，郑州：大象出版社，2008，第67页。

⑬㉙㊳㉝㊸J. F. Coakley, "Printing Offices of the American Board of Commissioners for Foreign Missions, 1817 - 1900," *Harvard Library Bulletin*, Vol. 9, No. 1 (1998).

⑭⑮Eilza A. Morrison, *Memoirs of the Life and Labours of Robert Morrison*, Vol. 2. London: Longman, Orme, Brown, Green, and Longmans, 1839, pp. 406, 435.

⑯㊵㊷61 64雷孜智（Michael C. Lazich）：《千禧年的感召——美国第一位来华新教传教士裨治文传》，尹文涓译，广西桂林：广西师范大学出版社，2008，第73、80、84~85、134、135页。

⑰李定一：《中美早期外交史》，北京：北京大学出版社，1997，第46页。

⑱㊿Eliza J. Gillet Bridgman ed., *The Pioneer of American Missions in China: The Life and Labors of Elijah Coleman Bridgman*. New York: A. D. F. Randolph, 1864, pp. 37, 74.

⑲Alexander Wylie, *Memorials of Protestant Missionaries to the Chinese: Giving a list of their publications and obituary notices of the deceased*. Shanghai: American Presbyterian Mission Press, 1867, p. 77.

⑳卫斐列：《卫三畏生平及书信——一位美国来华传教士的心路历程》，顾钧、江莉译，广西桂林：广西师范大学出版社，2004，第 24 页；J. M. Braga，*The Beginning of Printing at Macao*. Lisboa，1963，p. 100；J. F. Coakley，*Printing Offices of the American Board of Commissioners for Foreign Missions*，*1817－1900*。关于布鲁恩印刷所迁往澳门的时间，也有学者认为是在 1836 年，见赵春晨、郭华清、伍玉西《宗教与近代广东社会》，北京：宗教文化出版社，2008，第 316 页。

㉑1841 年裨治文的《广州方言中文文选》（*Chinese Chrestomathy in the Canton Dialect*）由卫三畏完成印刷，出版信息标注为"澳门：卫三畏"（Macao：S. Wells Williams）。

㉒㉖㉘㉚㉛㉞㊴㊶㊹㊺㊻㊼63卫斐列：《卫三畏生平及书信——一位美国来华传教士的心路历程》，第 36、105、153～154、156、56、56、154、24、56、151、103、155、53 页。

㉓Richard M. A. Lovett，*The History of the London Missionary Society 1795－1895*. London：Henry Frowde，1899，Vol. 1，pp. 453－454. 中译文转引自卓南生《中国近代报业发展史（1815－1874）》（增订版），北京：中国社会科学出版社，2002，第 68 页。

㉔*The Chinese Repository*，Vol. 13，p. 559. 施白蒂则认为《中国丛报》是在 1844 年 12 月起转去香港印刷的，见施白蒂《澳门编年史》（十九世纪），姚京明译，澳门：澳门基金会，1998，第 110 页。

㉕裨治文致安德森，香港，1845 年 5 月 26 日，转引自雷孜智《千禧年的感召——美国第一位来华新教传教士裨治文传》，第 208 页。

㉗Samuel Wells Williams，"Movable Type for Printing Chinese，" *The Chinese Recorder*，Vol. 6（1875），pp. 22－30.

㉜刘圣宜：《近代广州社会与文化》，广州：广东高等教育出版社，2004，第 196 页。

㉟㊱苏精：《马礼逊与中文印刷出版》，台北：台湾学生书局，2000，第 80、107 页。

㊲卫斐列：《卫三畏生平及书信——一位美国来华传教士的心路历程》，第 154～155 页。科克利（J. F. Coakley）认为璞鼎查赠予布鲁因印刷所活字是在 1844 年，显误。见 J. F. Coakley，*Printing Offices of the American Board of Commissioners for Foreign Missions*，*1817－1900*.

㊽*The Chinese Repository*，Vol. 1，pp. 1－5. 中译文引自顾长声：《从马礼逊到司徒雷登——来华新教传教士评传》，上海：上海人民出版社，1985，第 28～29 页。

㊾Roswell S. Britton，*The Chinese Periodical Press 1800－1912*. Shanghai：Kelly & Walsh，1933，p. 28.

51 58王树槐：《卫三畏与〈中华丛刊〉》，载林治平主编《近代中国与基督教论文集》，台北：宇宙光出版社，1990。

52谭维理：《一八三〇至一九二〇年美国人之汉学研究》，新竹：《清华学报》新第 2 卷第 2 期。

㉝*The Chinese Repository*, Vol. 21, "Editorial Notice".

㉞Samuel Wells Williams, *The Middle Kingdom*, Vol. 2. New York: Charles Scribner, 1882, p. 333.

㉟K. S. Latourette, *A History of Christian Missions in China*. New York and London, 1929, p. 265; *The History of Early Relations between the United States and China*. New Haven, CT: Yale University Press, 1917, p. 40, Note 4, p. 180.

㊱罗家伦:《研究中国近代史的意义和方法》,武汉:《武汉大学科学季刊》第2卷第3期,1931年。

㊲*The Chinese Repository* 本无中文刊名,中文译写为《中国文库》《澳门月报》《中华丛刊》《中国丛报》等,目前学界通行译名为《中国丛报》。

㊴该书原无中文名,故出现多种译名:日本学者曾译为《广东语模范文章注释》《广东语句选》等;中国学者则有《广东方言读本》《广东方言撮要》《广东方言唐话读本》《广东方言中文文选》等译名。

㊵㊷裨治文:《广州方言中文文选》(Bridgman, *Chinese Chrestomathy in the Canton Dialect*. Macao: S. Wells Williams, 1841),导言,第1页,转引自雷孜智《千禧年的感召——美国第一位来华新教传教士裨治文传》,第135页。

㊺邓嗣禹:《中国科举制在西方的影响》,载中外关系史学会、复旦大学历史系编《中外关系史译丛》第4辑,上海:上海译文出版社,1988。

作者简介:谭树林,中国南海研究协同创新中心、南京大学历史学院教授、博士生导师。

[责任编辑:陈志雄]
(本文原刊2016年第3期)

十九世纪后半期的汉学书刊*

——以《中国评论》“学界消息”栏目的报道为例

王国强

[提　要]《中国评论》是1872～1901年在香港出版的一份汉学期刊，该刊的“学界消息”栏目较为系统地报道了19世纪后半期的汉学书刊。该栏目所报道的书刊，从一个侧面展现了19世纪后半期汉学书刊的研究内容、出版机构、出版地点和作者群体等基本状况，也透露出汉学研究多元化并逐步严肃深入、汉学研究与西方人文学科密切关联以及“侨居地汉学”不断发展等重要信息。

[关键词] 汉学书刊　出版史　中国评论　侨居地汉学

学术期刊的主要功能是为学界同仁提供发表最新研究成果的平台，交流研究心得和学术信息。故而从历史回溯的视角来看，一份刊物就是其所属领域的一部学术史，可为后来者了解该领域的学术源流及其发展提供诸多信息。本文拟以《中国评论》（*The China Review, or Notes and Queries on the Far East*）所设的“学界消息”（Notes of New Books and Literary Intelligence）栏目为例，通过分析该栏目对汉学出版物的报道，讨论19世纪后半期汉学书刊的出版状况并尝试分析其时汉学研究的若干特征。

* 本文系国家社会科学基金项目“侨居地汉学研究”（项目编号10CZS024）的阶段性成果。

一 "学界消息"栏目的基本情况

《中国评论》是晚清时期在香港出版的一份英文期刊，创办于1872年，1901年停刊，持续长达29年，共出版25卷、150期。《中国评论》专注于中国研究，旁及日本，还有极少内容涉及其他一些属于东方的国家和地区，故总体而言，为一较纯粹的汉学期刊。

《中国评论》的主要内容按栏目可约略分为："专文""学界消息""目录选集"（Collectanea Bibliographica）和"释疑"（Notes and Queries）。《中国评论》所刊登的"专文"有论文、书评和翻译三大类，每期专文数量在2篇至10余篇不等，是该刊的主要内容。"目录选集"收录的是汉学家感兴趣的与中国相关的学术成果，所涉领域较为庞杂，收录的原则是只收目录，不做任何评论。"释疑"则是通过问答方式来讨论关于远东地区尤其是中国的问题，短小精悍，互动性强，类似于今天的"名词解释"。[①]

《中国评论》的"学界消息"栏目，主旨是报道汉学界主要的学术活动和新近出版的论著、发表的文章，前者如英、美等国的汉学研究状况、国际东方学家会议等。如《中国评论》第2卷第3期就报道了1873年东方学家会议的一些情况；第6卷第1期有一篇短文专门谈论美国汉学的基本情况，包括卫三畏（S. W. Williams）担任耶鲁大学中国语言与文学教席，哈佛大学也正在计划开设中文课程以及鼐德（F. P. Knight）向美国总统建议从中国招募两位教师以便于培养外交人员等；1875年，"学界消息"栏目又及时地报道了理雅各（J. Legge）即将成为牛津大学汉学教授的消息。[②]

"学界消息"栏目尤其重视新近出版的汉学书籍和相关期刊中关于中国研究的内容。"这些著作并非严格意义上的新书，而是指最近两个月内出版的书。"[③]《中国评论》的编者声称，其目标是"使本栏目完整地记录与中国相关的学术事业。如果出版商或者著者希望在本刊的当期刊登书籍的相关信息，请在上一期出版后尽可能早地与我们联系，在提供的信息中请特别注意出版社的名字和地址、其在香港的办事机构和价格等相关内容。重要的著作会在《中国评论》中占有较多的篇幅"。[④]这个栏目的内容大部分都出自《中国评论》主编的手笔，除了对书籍的相关信息进行报道外，还会引述其主要内容并进行评论，篇幅不一。由于"学界消息"能够相对及时地报道汉学书刊的出版状况并对其内容进行专业性的评论，故很快获得了关注汉学研究者的认可，如《北华捷报》（*North-China Herald*）就认为："《中国评论》关于新近出版著作的报道一直非常吸引人的注意。"[5]

二 "学界消息"栏目所报道的汉学书刊

据笔者统计，《中国评论》29 年间所出版的 25 卷内容中，仅"学界消息"栏目报道的书籍即达 507 种/次（下文再提及时将略去"/次"），报道期刊 49 种。[6]该栏目所报道的书籍和期刊，不仅详细地记录了这些出版物的版权信息（如责任者、出版机构、时间、出版地点等），还对其内容进行了简要的介绍和中肯的点评。

《中国评论》"学界消息"栏目所报道的书籍几乎囊括了 19 世纪最后 30 年间西方国家东方学界尤其是汉学界关于中国研究的所有重要著作，如麦克斯·缪勒（Max Muller）主编的《东方圣书》（*The Scared Books of the East*）、高第（Henri Cordier）的《西人论中国书目》（*Bibliotheca Sinica*）、卫三畏的《中国总论》（*The Middle Kingdom*）和沙畹（E. Chavannes）所翻译的法文版《史记》（*Les Mémoires Historiques de Se-ma-Ts'ien*）等等。试举一例。在报道《西人论中国书目》一书时，《中国评论》注明其责任者是高第，由巴黎的 Ernest Leroux 出版社出版，时间为 1878 年。这则报道首先介绍了高第此书的主要内容，"全书共分为五个部分：1. 中国本身；2. 在中国的外国人；3. 外国人同中国的往来关系；4. 在外国的中国人；5. 臣服于中国的国家"。《中国评论》还高度赞扬了《书目》在中国研究方面的指导性作用："关于中国到底有哪些书籍？这个问题被一再问起，相关的研究更是连篇累牍、年复一年地不停出现。有了高第的这本书，这个问题立即迎刃而解。"所以"该书非常有用，不仅如一般的同类书那样罗列了书目，还在编排的合理性上达到了如科学一般的极致水平"。[7]当然，评论者也对高书的不足之处提出了自己的看法。

根据笔者的统计，"学界消息"所报道的 507 种书籍中，有 86 种与汉学无关，基本情况如下：关于日本的著作 20 余种，可见当时西方人很多时候将同处于"远东"的中国和日本视为关系密切的"近邻"，同时加以研究；有关于印度支那和东南亚的著作 20 余种，属于范围更大的东方学范畴；其余还有若干中国人的著作（如《钦定钱录》和李圭的《环游地球新录》等）、有来华西人出版的中文书（如嘉约翰［J. G. Kerr］的《割症全书》和丁韪良［W. A. P. Martin］的《陆地战例新选》等）、有欧洲学者的著作（如麦克斯·缪勒的《德国作坊片段》）等。

该栏目所报道的书籍主要为汉学研究类著作，共计421种，以下分几个方面对其略做介绍。

从语种方面看，绝大部分为英文著作，计312种，约为总数的四分之三；其他语种的著作如下：法文70种、德文25种、中文12种、荷兰文2种，合计109种，约为总数的四分之一。可见《中国评论》所报道的汉学书刊中，英美籍人士（当然有部分英文著作的作者乃法、德等其他西方国家的学者）的著作占据主导地位，兼及法、德的汉学研究的著作。中文书主要由在华人士完成，如林乐知（Y. J. Allen）的《中西关系论略》、花之安（E. Faber）的《自西徂东》等。

从内容来看，情况较为复杂，笔者在参照高第《西人论中国书目》一书的基础上，根据所报道书籍的基本情况做了调整、分类和统计，大致情况略述如下。适合归入高第书目分类体系的著作：语言文学82种、历史36种、自然史23种、对外关系23种、地理17种、宗教17种、政府13种、风俗习惯13种、总论12种、商贸10种、科学艺术9种、朝鲜9种、开放口岸6种、司法5种，其余还有若干涉及移民和流亡、西藏、气候和难于归类的作品。在高第书目的分类体系之外，笔者依据具体情况，另设类别四种，统计结果为：翻译37种、在华传教35种、工具书31种、游记23种。从以上信息可以看出，19世纪后半期的汉学研究重点在中国的语言文学、历史和对外关系等方面，尤其是语言文字方面研究所占比重较大，给人以深刻印象；另设四类书籍展示的信息，包括翻译中国的重要典籍、编纂各类工具书等基础性工作也占了一定比重，游记仍是汉学出版物中值得注意的一个类别，在华传教问题仍是汉学界的关注点之一。

从出版地点来看，19世纪后半期出现了一种很值得关注的现象，那就是不少重要的汉学书籍在欧洲和远东的条约口岸或侨居地同时多地出版发行，试举数例：艾德（E. J. Eitel）的《广州方言汉英辞典》（*A Chinese-English Dictionary in the Cantonese Dialect*）在伦敦、香港和上海同时出版；理雅各所翻译的《论语》和《礼记》，作为麦克斯·缪勒《东方圣书》的组成部分，在牛津、香港和上海同时出版发行；巴尔福（F. H. Balfour）所翻译的《南华经》则在伦敦、上海、香港和横滨同时出版发行。据笔者统计，“学界消息”栏目所报道的421种汉学书籍中，有出版信息的占342种，其中在两地以上同时出版的约为50种，比例约为七分之一。这种状况表明，其时西方汉学研究的边界已经随同其殖民势力扩展至远东地区，交通和信息交流的便利条件可以让侨居在远东的业余汉学家和欧洲的学院派在第一时间共享相关成果。从另一角度观察，远东地区的条约口岸或侨居地，如上海、横滨、香港、广州等，与欧洲本土的伦敦、巴黎和柏林等地共同成为汉学书刊出版发行的重要基地。远东地区的条约口岸和侨居地作为汉学书籍出版的新兴基地，给人的印象尤其深刻，如上海、香港和广州，单独出版的书籍数分别为 94 种、36 种、10 种，约占出版地可考书籍总数的 41%；若加上沪港穗之间或与其他城市合作同时出版或发行的 35 种，则出版地可考书籍约占总数的 51%。

这些书刊的出版机构，有两家主角：总部位于上海的别发洋行（Kelly & Walsh Ltd.）和伦敦的 Trübner & Co 出版社。在“学界消息”所报道的 421 种汉学书刊中，包含出版机构信息的共有 200 种，其中别发洋行单独出版的有 33 种，若加上和其他出版社联手推出的 18 种，总数可达 51 种，占总数的四分之一强；Trübner & Co 单独推出的有 21 种，和其他出版机构共同推出的 9 种，合计 30 种。此中传达出的另一个信息是，其时出版汉学著作的机构中不乏联合出版现象，如别发洋行和 Trübner & Co、土山湾印书馆等出版机构之间均有合作。

从这些书籍的作者来分析，主要完成者是在远东地区从事传教、外交等工作的业余汉学家，较为多产者如翟理思（H. A. Giles）11 种、波乃耶（J. D. Ball）11 种、花之安 9 种、理雅各 7 种、夏德（F. Hirth）7 种等，其余作者情况较为复杂，此处不赘。

此外，“学界消息”栏目还介绍并评论了当时远东和欧洲学界与中国研究相关的近 50 种重要期刊，报道较多的有《教务杂志》（*The Chinese Recorder*, 75 次）、《皇家亚洲文会日本分会会报》（*Transactions of the Asiatic Society of Japan*, 28 次）、《皇家亚洲文会北中国支会会报》（*Journal of the North-China Branch of the Asiatic Society*, 25 次）、《菊花杂志》（*The Chrysanthemum or The Chrysanthemum and Phoenix*, 13 次）、《东方和美国杂志》（*Revue Orientale et Américaine*, 9 次）、《北京东方学会会报》（*Journal of the Peking Oriental Society*, 6 次）、《远东》（*The Far East*, 6 次）、《通报》（*T'oung Pao*, 5 次）、《远东杂志》（*Revue de L'Extrême-Orient*, 4 次）。上述 9 种期刊从性质上来看，《通报》、《教务杂志》和《皇家亚洲文会北中国支会会报》可以称得上是中国研究的刊物，而其余数种则为东方学杂志，汉学只是其关注领域之一。从出版地点来看，上海和横滨均为 2.5 种（因《远东》杂志先

在横滨，后转到上海出版）、巴黎为2种、北京和莱顿各1种。从其主办机构来看，有宗教机构所办（如《教务杂志》），有协会刊物（如皇家学会系统的刊物），也有开放性的学术期刊（如《通报》和《远东杂志》等）。

三 书刊出版与19世纪后半期的汉学研究

日本学者石田干之助指出："在欧美的中国学，和其他任何学问同样，为日进月累的不绝进步。其所以有这样的进步，各国底学会跟研究所等所发行的关系杂志，续续刊载有力的新研究，实为最大的因素。"[8]而不少专著，实际上是期刊文章的延续和扩充。那么，通过《中国评论》"学界消息"栏目所报道的书刊，我们能对19世纪后半期西方汉学的基本状况和趋势做出什么判断呢？

首先，这些书刊表明，19世纪后半期西方汉学呈现出多元化的格局，并朝着更严肃、更深入的方向发展。在以往的汉学史研究中，对汉学讲座的设立给予了较多的关注，充分肯定了汉学讲座的设立对于汉学作为一门学科出现并确立的重要意义。不过"学界消息"所报道的书刊却显示出19世纪后半期汉学研究的多元性，即在学院派汉学发展的同时，传统意义上的"游记汉学"和"传教士汉学"也在不断发展，其时出版书籍中游记类著作和传教问题以及传教士仍为汉学著作作者群中的重要力量等，均证明了这一点。换句话说，19世纪后半期的汉学研究是多元并存的。并且在传教士汉学和学院派汉学之间存在着密切的关系，如英美等国的汉学讲座教授中不乏在华传教士归国后充任的案例。

汉学研究相关期刊的出现、中国文献的不断翻译，加上工具书的出版等因素，显示出汉学严肃且深入的发展趋势。汉学研究相关期刊尤其是像《中国评论》《皇家亚洲文会北中国支会会报》和《教务杂志》等专门讨论中国问题的期刊的出现，使得汉学研究者在拥有专门交流平台的同时，也获得了讨论学术标准、净化研究氛围的有力武器。"凡是汉学发达的国家，其所译汉籍必多"，这是"因为研究和翻译往往是分不开的"。[9]19世纪后半期的译著涉及史学、文学、东方圣典等众多领域，且不乏如理雅各所译《中国经典》和沙畹所译《史记》等经典之作，为汉学研究夯实了基础。工具书如字典、辞典、汉学和东方学目录、各类手册和指南等的出现，更是汉学发展史上值得注意的现象，如高第的《西人论中国书目》，"久为世人所喜用，分类得体，子目详细，为治东方学必备之书"[10]，大大方便了学者对汉学变迁的总体了解，实为汉学史研究之“锁钥”，至今仍为必备书。这些工具书正如何伟亚（J. L. Hevia）所言，使西方“为中国事物构建起了一个统一的参考体系”，以利于中国“被解码、分类、概括，结果就是人们比以往任何时候都更加了解它。”[11]如果换作汉学史的视野，这些工具书正为汉学研究提供了能够善其事的必要工具和参考。

其次，19 世纪后半期的汉学研究深受其时西方人文科学之影响。人们尽管对 19 世纪“欧洲逐渐意识到中国独特的语言、风俗和政治实践值得与自身的成就相比美”[12]，“‘汉学’指涉的是一切非中国人而为的关于中国的学术性研究（以语言、文明、历史为主）”[13]这样的观点早已相当熟悉，但仍对“学界消息”所报道书籍中一枝独秀的“语言文学”类书籍感到惊讶，竟然有 82 种（其中专论中国文学的仅 12 种，其余 70 种均与汉语研究相关，包括汉语学习、汉语方言、汉语与其他语系的比较研究等方面）。稍稍浏览 19 世纪后半期的其他汉学刊物，也会对其中汉语方言和汉语比较研究的内容印象深刻。原因在于“十九世纪中叶以后的几十年间，欧洲学术领域有几个学科互相簇拥着，似乎在比赛中前进。语言学、民族学、宗教学、神话学、民俗学、文化人类学都在萌发和茁长，而且彼此关联，互相发明，不像今天这样的界线清晰和分工细密”。[14]而语言学更是 19 世纪欧洲学术的先行学科，其余民族学、宗教学、神话学等均与其密切相关。“语言文学”类书籍中汉语方言研究和汉语与其他语言之间的比较研究是重点，这是其时汉学研究受语言学等学科的影响所致。此中缘由正如葛兆光所说：“外国的中国学虽然称作‘中国学’，但它本质上还是‘外国学’，所以我老是说，所谓‘中国学’首先是‘外国学’。因其问题意识、研究思路乃至方法常常跟它本国的、当时的学术脉络、政治背景、观察立场密切相关。”[15]由于受到欧洲本土语言学等学科的影响，汉学逐渐能够摆脱圣经理论的一些隐性影响，汉学家们也开始自觉地运用语言学等新学科的理论和方法来讨论中国的语言文学、民族、民俗、政府、司法等问题，尽管这些研究者中有一些并未受过系统而科学的训练，在研究中也存在诸多问题，但也在一些重要领域（如方言研究）取得了值得肯定的成果。

再次，从地理的视角观照“学界消息”所报道的汉学书刊，会发现远东已悄然变为汉学研究的重要基地：数量可观的汉学书刊是由在远东的西方侨民完成的，这些书刊中相当部分在远东出版并可传播到遥远的欧美“本土”。笔者认为，上述信息标志着一种可称为“侨居地汉学”的文化现象已经出现。

按照一般的理解，“汉学”应该发生在其所属国家的“本土”，但历史本身却比这种简单的推理要复杂得多，也丰富得多。正如“学界消息”栏目所报道的汉学书刊所彰显的那样，在19世纪后半期，从地理上来看，西方的汉学尤其是英美的汉学分成了两个部分，“本土”有汉学研究，在远东也有此类活动，而英国在这方面尤为典型。

与“本土”的汉学研究相比，身在远东的汉学研究者有更接近或直接生活在中国的便利条件，故而在研究的内容、材料甚至方法上，均与“本土”的汉学研究者有所不同；并且这些研究工作基本上都是由那些远离“本土”，在远东从事传教、外交和商贸等活动而暂时或长期侨居在远东的西方侨民来完成的。上述有别于欧美“本土”汉学研究的、主要由远东西方侨民完成的汉学，笔者称为“侨居地汉学”，这是西方汉学研究在远东尤其是中国沿海条约口岸和侨居地的扩散、延伸和发展。鸦片战争之后，更多的西方人得以在中国居住或旅行，从事传教、外交、商业和科学考察等活动。他们中的一些好学之士在工作之余，学习中国的语言、文化和历史，从事汉学研究，为“侨居地汉学”增添了大量的“生力军”。19世纪后半期西方的语言学等学科的新理论和方法也被带到了作为“新世界”的中国及其周边地区，这些新的学术成果也为“侨居地汉学”提供了理论上的指导。主要是基于上述两个方面的推动，“侨居地汉学”在19世纪的中后期获得了较为迅猛的发展，这在中国的沿海口岸和一些开埠城市表现得尤为明显。远东尤其是中国沿海的口岸城市已经成为汉学研究的重要基地，“侨居地汉学”作为一种值得重视的文化现象，还需要更多的深入研究。

四　结语

上文已就《中国评论》“学界消息”栏目所报道的汉学书刊，以及这些书刊所反映的汉学研究的若干特征两个问题做了简要叙述。其实还有一个重要的问题需要讨论，即该栏目所报道的汉学书刊是否具有典型意义，是否能够较为全面地反映其时汉学研究的总体状况。因为《中国评论》是英国人主导的英文期刊，且在香港出版，主要撰稿人是在远东地区的英美侨民，这些特征是否会影响其关注的范围和主题，影响其报道书刊时的取舍和评价呢？简言之，《中国评论》（包括作为其栏目之一的“学界消息”）自身的局限性是否会导致对其时汉学研究状况的错误判断呢？

笔者的基本看法是：《中国评论》虽在香港出版并为19世纪后半期“侨居地汉学”的标志性刊物，但该刊对欧洲本土的汉学研究是非常关注的；其“学界消息”栏目更是以全面记录汉学发展为使命，虽在实践中仅以英、美、法、德等国的汉学书刊为主，但《中国评论》及其“学界消息”对汉学书刊的报道均具较强的代表性。这一点只需浏览其时汉学界具有“文献通”美誉的高第所编《西人论中国书目》一书即可。比如可能有不少人会对“学界消息”所报道书刊中英文出版物的高比例表示怀疑，并归因于该刊为英国人主导，自然以英文书刊为关注中心。其实高第的书目与“学界消息”在这一点上是一致的。高第是法国人，且有在华侨居的经历，对英语世界的汉学研究亦相当熟悉，故其《西人论中国书目》在完备性方面鲜有比美之作，收录汉学著作可谓全面公允。阙维民依据高第《西人论中国书目》的索引统计了汉学著作在西方国家的分布状况，结果显示，“从十六世纪至1924年，西方汉学家共有7737位，其中113位至少发表或出版了20篇（部）以上的论文（著作）。笔者称他们为多产西方汉学家，其中英国为37人，法国29人，德国12人，美国9人，其他国家7人，不明国籍者19人。而在37位英国高产汉学家中，仅有两位逝世在1850年之前、6位逝世于1925年之后，他们在华期间和汉学研究最佳年龄阶段在19世纪的占大多数”。[16]

当然，“学界消息”的报道不可能面面俱到、不偏不倚，如其对荷兰、俄国等国的汉学关注可谓有限。不过，笔者认为《中国评论》“学界消息”栏目对英、美、法、德等国汉学在19世纪后半期的报道，是相对系统和可靠的，据其报道对汉学研究状况的分析应属“虽不中亦不远”。

---

①②⑥参见拙著《“中国评论”（1872－1901）与西方汉学》，上海：上海书店出版社，2010，第40～41、178～179、507～585页。

③*CRNQ*，Vol. 1，No. 1，（1872），p. 58. “CRNQ”为 *China Review*，*or Notes and Queries on the Far East*（即《中国评论》）的简称，下同。

④*CRNQ*，Vol. 1，No. 2，（1872），p. 134.

⑤*North-China Herald*，1877－9－22，p. 270.

⑦*Bibliotheca Sinica*，see CRNQ，Vol. 7，No. 5（1879），p. 340.

⑧石田干之助：《欧美关于中国学的诸杂志》，唐敬杲译，《学术界》第1卷第6期，1943～1944年，第39页。

⑨马祖毅：《汉籍外译史》，武汉：湖北教育出版社，1997，第7～8页。

⑩莫东寅：《汉学发达史》，上海：上海书店，1989，第100页。

⑪何伟亚：《英国的课业：19世纪中国的帝国主义教程》，刘天路等译，北京：社会科学文献出版社，2007，第152、154页。

⑫David Martin Jones, *The Image of China in Western Social and Political Thought*. Palgrave, 2001, p. 53.

⑬孟华：《汉学与比较文学》，载北京大学比较文学与比较文化研究所编《多边文化研究·第三卷》，北京：北京大学出版社，2005，第171页。

⑭刘魁立：《中译本序》，见麦克斯·缪勒《比较神话学》，金泽译，上海：上海文艺出版社，1989，第1页。

⑮葛兆光：《海外中国学本质上是"外国学"》，《文汇报》2008年10月5日，"学林版"。

⑯阙维民：《剑桥汉学的形成与发展》，《汉学研究通讯》第21卷第1期，2002年。

作者简介：王国强，洛阳师范学院历史文化学院副教授，博士。

［责任编辑：陈志雄］

（本文原刊2012年第2期）

二十世纪西学视野下的中国审美趣味

赵成清

[提　要] 20世纪欧美国家的中国美术史研究构建了世界艺术史体系的一个重要组成部分，在发现东方的过程中，欧美学者以考古探险、文物收藏、美术展览与翻译介绍等方式对中国美术与文化做了细致的梳理，他们在各个时期的不同目标也反映出西方趣味的发展。从早期的汉学到后期的美术史方法运用，欧美学者在研究中融入了西方的美术史观与方法，通过博物馆、大学以及研究机构的美术史教育，欧美国家进一步深化了中国美术研究的审美趣味。

[关键词] 东方主义　中国美术史研究　审美趣味

19世纪末至20世纪初，随着一批先进的中国知识分子向国人介绍西学思想，中国对西方文化的热忱不断高涨，新文化运动与美术革命随之发生。与此同时，欧美国家也开始以“东方主义”的眼光凝视中国，20世纪西方的中国美术史研究恰恰是这种“东方主义”的一个缩影。大量中国古代美术品的流出使他们对中国艺术有了进一步的了解，在考古探险、文物收藏与美术展览的过程中，各国都开始对中国美术品进行梳理与研究，他们以掠夺、走私、偷运、购买等各种渠道将中国文物运至欧美、日本、东南亚各国，从而在公私之间逐渐形成中国美术品收藏热，并进一步引起学者的重视与研究兴趣。正是由于欧美国家获取了大量的中国艺术品，他们在收藏、展览、翻译与批评中强化了对中国美术史的研究，涌现出一批杰出的汉学家与中国美术史家，产生了许多中国美术史研究的著作，从而将中国美术多方位地呈现在西方公众面前，引发了广泛的关注与浓厚的兴趣。

一　考古与收藏：美术趣味的生成

在西方人看来，古代中国是一个神秘而新奇的异域，早在13世纪，在向东方进行探险的过程中，马可·波罗就描绘了一个光辉而伟大的国度，一个充满异域风情、遍布珍宝的中国。17～18世纪，中国风广泛影响着欧洲国家的家具、陶瓷、纺织品、园林、建筑等各个方面，在鸦片战争之前，中国与西方一直保持着密切的艺术文化往来，西方国家接受着中国官方的礼物馈赠，向中国订购外销艺术品，欧洲传教士赴中国传教，这些活动都为中国美术在世界上的传播打开了渠道，也为后来的中国美术研究奠定了基础。

鸦片战争以后，一批欧美学者以“汉学家”或“考古学者”之名开始进入中国腹地进行冒险发现，其中比较具有代表性的人物如俄国人克来门茨、厄登堡，法国人爱德华·沙畹、伯希和、色伽兰，美国人弗利尔、柯克斯、薛尔顿，英国人奥莱尔·斯坦因，瑞典人斯文·赫定等，这些来华的学者身兼各种身份，他们将审美视野转向中国美术，从客观影响的角度看，他们成为向欧美最早介绍与转译中国美术的文化学者，为中国美术品的保存与研究做出了一定的努力，并扩大了中西方之间的美术与文化交流。但是，他们对中国古代美术品的考古挖掘、购买收藏渠道并不合法，相应的考古探险也对中国古典艺术文化造成了巨大的破坏，这是研究欧美中国美术史学不应忽略的重要历史背景。

随着西方国家以考古探险、非法掠夺等手段从中国带走大量文物，欧美国家的政府、高校与私人收藏了一大批中国美术文物，相应的研究机构与研究工作也随之建立并开展。例如，大英博物馆早于1881年就收藏了威廉·安德森的中国绘画藏品，于1910年购得福诺·欧伽·朱莉亚·魏格勒的145件中国画藏品，加上斯坦因的敦煌文物藏品，大英博物馆的中国画收藏渐成规模，最终，1913年，在大英博物馆中国美术史专家宾雍的建议与筹划下，东方版画与绘画品分部正式成立，宾雍主要负责以中日绘画为代表的亚洲艺术收藏与研究。东方绘画分部的成立，意味着中国美术正式进入了欧洲博物馆的专业研究领域，由此进一步引发中国艺术收藏热潮以及相关的研究，如同大英博物馆一样，纽约大都会博物馆于 1915 年成立了“远东部”，而其他国家的一些重要博物馆也随着中国美术收藏的丰富逐步成立了东方部或专门的中国馆。

除了政府设立的博物馆，欧美一些大学博物馆也拥有丰富的中国美术收藏，这些大学博物馆虽然并不以盈利为目的，却始终能得到艺术捐赠。剑桥大学菲兹威廉博物馆曾接受了英国东方陶瓷学会奥斯卡·拉斐尔的中国美术藏品；牛津大学阿什莫利博物馆得到了东方陶瓷协会另一会员赛格利曼捐赠的藏品，以及牛津大学亚述学教授 A. H. 赛伊斯捐赠的中国陶瓷；哈佛大学赛克勒博物馆的中国藏品则很大程度上来自于格林威尔、温斯洛普的捐赠。此类例子多不胜数。相比之下，中国多所高校一直致力于建设世界名校，强调一流的世界名校离不开一流的大学博物馆，但无论是从博物馆收藏、教育或建设方面，与欧美比较都存在一定的“滞后性”，仅仅有清华大学、北京大学、四川大学等为数不多的几所综合院校以及中央美术学院、中国美术学院等专业美术院校开始在博物馆建设方面进行探索，思考如何将中国美术收藏与教育研究相结合。[①]

私人收藏同样为欧美国家的中国美术史研究奠定了基础，在 20 世纪早期，欧美涌现出弗利尔、乔治·尤摩弗帕勒斯、玻西瓦尔·大维德等一批热衷于中国美术品的私人收藏家。私人收藏既反映出收藏家的个人审美趣味，也能够揭示欧美国家对中国美术的认知程度。20 世纪初，中国绘画是欧洲收藏家的主要关注点，但 20 年代以后，绘画风尚渐趋衰落，宋代瓷器却成了新的收藏焦点；30 年代，青铜器与古老的玉器则变成了私人收藏的目标。这种趣味变化明显地体现在各个时期欧美的中国美术收藏中。随着两次世界大战的爆发，美国在经济与政治上一跃成为世界超级大国，在现代艺术领域，也开始取代欧洲成为世界舞台中心，美术收藏恰恰见证了西方的中国美术研究中心从最初的欧洲逐渐转向美国的过程。

回顾 20 世纪欧美国家的中国美术史研究，正是在对近代中国考古探险与文物收藏的基础上，欧美学者才开始“发现东方”并初步形成了中国美术研究的审美趣味，这一前提也为后来的中国美术展览创造了条件。

二　展览与译介：艺术认知的建构

19 世纪末欧美国家通过考古探险、强行劫掠与非法买卖逐渐形成丰富的文物收藏后，如何有效安置这些古代文明的瑰宝成为一大问题。毫无疑问，举办美术展览是方法之一，通过各类美术展览，中国古代美术得以更广泛地传播，同时吸引许多学者的研究兴趣，促进对其的保护与管理。

20 世纪上半叶，英国对中国美术的兴趣不断增强。1910 年 8 月与 1914 年 5 月，宾雍在大英博物馆先后策划与举办了两次中国绘画及文物展。而在 1910 年和 1915 年，伯灵顿美术俱乐部也相继举办了两次中国艺术展览，在 1915 年展览的前言中，赫克勒斯·里德写道："很难相信世界艺术观正发生着一场革命性的变化，审美思想开始转向中国艺术……据我们现在所知，中国拥有着伟大而本真的艺术。"[②]1935 年至 1936 年，英国皇家美术学院举办了一次更为重要的中国艺术展，为了准备本次展览，英国东方陶瓷学会成员做了认真的讨论与筹备，以波西瓦尔·大维德爵士为首的收藏家与中国美术史学者力图通过展览向西方展示三千年的中国艺术，这次展览展出后在英国以及欧洲大陆引起强烈的反响。需要指出的是，此次主要展出的为陶瓷与青铜器，其原因固然与东方陶瓷学会的审美趣味以及当时大众的喜好相关，还在于英国的绘画研究在此时期开始停滞，宾雍已经退休，向西方借出展品的中华民国政府则担心书画的安全，因此并未将书画精品倾心借出，这使本来就对中国书画感到陌生的西方观众更难以真正领悟其魅力。

但是发展到 20 世纪下半叶，欧美国家相继举办了一些重要的中国绘画展览，中国画研究逐渐成为欧美国家中国美术史研究的主要对象。在这些展览中，有几次展览对在欧美宣传中国画尤为重要，包括 1954 年克利夫兰的中国山水画展，1959 年在慕尼黑与苏黎世举办的画展，1962 年纽约克劳福德画展与 1965 年伦敦画展推出的私人藏品展。此外，1969 年普林斯顿的莫里斯展、1972 年英国的展览也都影响较大。

在西方社会认知中国美术的过程中，美术展览充当着重要的传播媒介。从 20 世纪 20 年代至 60 年代欧美各国的中国美术展览中，[③]可以了解到欧美国家逐渐形成了对中国的审美文化。中国近代诗人与艺术批评家徐志摩曾对西方艺术展览的兴盛大为感慨："在纽约一个城子里每个月美术展览至少是五十个以上；在莫斯科一个城子里公开的博物馆与美术院就有到一百以上。"[④]20 世纪 80 年代以后，一批中国现代美术家的作品开始在西方的重要展览中展出，中国现代艺术也成为欧美艺术史家的关注对象。虽然对欧美的中国美术史研究起到关键性推动作用的仍是中国古代美术作品展，但西方的审美兴趣已经从古代拓展到近现代与当代中国美术，对中国美术的认识也更加全面。

在西方学界以展览形式对中国美术进行宣传的同时，译介也发展为其研究中国美术的重要切入点，正如20世纪30年代中国学者对西方美术史的译介与写作，[⑤]欧美国家涌现出赫尔伯特·吉尔斯、皮特鲁奇、波西尔、宾雍、弗格森、孔达、伯希和、亚瑟·威利、夏德、喜仁龙等一批汉学家，他们致力于对中国古代画论的翻译，通过古代绘画理论与绘画批评梳理出中国古代画史。例如赫尔伯特·吉尔斯对谢赫“六法论”的推介，孔达对《画禅室笔记》与《画说》的翻译，皮特鲁奇对《芥子园画谱》的翻译等。[⑥]

在译介的过程中，早期欧美汉学家首先着手对中国古代美术中的基本图像进行阐释，这需要对图像所蕴含的历史文化知识与社会背景有一定的了解，因此，传统中的儒、道、释思想成为他们与欧美宗教进行比较的一个切入点，而神话传说是他们解读中国美术作品的另一关键。在皮特鲁奇、叶慈等学者的著述中，可以看到，作者以中国美术中的“神秘主义”或“象征主义”[⑦]来阐释中国美术的图像与符号。

客观地说，20世纪欧美学者对中国美术史的译介相对准确，并且愈发地趋于精细化，例如，亚历山大·索伯在前人研究基础上对谢赫六法中“气韵生动”与“骨法用笔”的再译，方闻、李雪曼、高居翰等人都曾对其翻译予以认同。而另一位美术史家威廉·艾克为了尽量客观地翻译《历代名画记》，参考了《津逮秘本》、《王氏画苑》本、《学津讨原》本、明代嘉靖版本以及现代于安澜的《画史丛书》点校本等书籍。向欧美宣传中国美术史的翻译队伍中，还包括一些亚洲面孔，如冈仓天心、宗像清彦、滕固、林语堂、方闻等学者。需要指出的是，本文虽将中国美术史限定在西学范围内，但主要强调的是运用以欧美为代表的西方方法论研究，而非严格的“西方”地域中的划定。20世纪有一部分亚洲学者前往欧洲学习，他们在国外或归国后以西方美术史研究方法研究中国美术史，同样构成了欧美中国美术史研究的重要组成部分，例如，日本美术史学者冈仓天心很早就向西方翻译介绍了《东洋的理想》（1903年），滕固与阪西志保在1935年分别翻译了《中国唐宋绘画艺术理论》与《林泉高致》，林语堂在1967年翻译了《中国画论》。这些译著，既为断代美术史研究提供了参照，又成为后人撰写中国美术通史的基础文献。

美术展览是大众进行视觉认知最直观的方式，译介则为不同文化与民族突破语言桎梏创造条件。欧美国家的展览与译介在20世纪的不同时期各有侧重，呈现出不同的审美趣味，除了纯美术，工艺美术与民间美术也为欧美译者所重视，相应著作纷纷问世，它们见证了欧美国家在深入认知中国美术的过程中开始走向专业化研究的阶段，并形成了系统的研究类别。

三　方法与论争：美术史论的写作

美术史方法论的讨论，意味着中国美术史研究在西方的逐渐深入，已经由一种简单的审美趣味转向了细致而深刻的理论分析。在欧美学者研究中国美术的过程中，研究方法一直占据重要的地位，约翰·波普曾在哈佛大学亚洲杂志上针对巴霍洛夫的《中国美术史》发表了《汉学还是美术史》一文，以此批评汉学研究对美术史研究的替代，由此引起美术史方法之争。[8]

对20世纪早期研究中国美术史的西方学者而言，中国美术展现了一个陌生的世界，大英博物馆的宾雍于1904年发表了第一篇研究中国绘画的文章——《一幅四世纪的中国绘画》，该文基于他对大英博物馆所藏《女史箴图》唐代摹本的研究所写，但当时他并不熟悉此画。作为最早对中国美术史进行研究的西方学者之一，宾雍的中国美术知识有一定的历史局限性。例如，他提出唐代画家韩干才能突出，但并无传世作品。事实上，自1935年起，英国大维德爵士即从溥心畬处购得韩干作品《照夜白》，后为纽约大都会博物馆所收藏。尽管如此，我们仍可以看出，欧美学者在20世纪早期对中国美术史研究以收藏或展览的作品为根据，强调亲身所见的材料真实性，这种艺术史方法带有实证主义的印记。

到了20世纪20年代，欧美学者与收藏家的审美鉴赏兴趣开始由绘画转向陶瓷，R. L. 霍布森在1909年就发表了《宋元时期的瓷器》一文，到了1929年，他甚至已经可以对元青花进行鉴定。1921年创办于英国伦敦的东方陶瓷协会有十二个成员，包括九位收藏家与三位博物馆专家，这些学者一致认为应在中国美术收藏与研究领域确立某种断代标准。可以看到，西方在中国美术史研究中对考古学方法的实际运用，如颜慈与高本汉即曾依照铭文与周期标准研究中国青铜器，威廉·沃特森则在类型学的方法中对青铜器装饰做出划分。然而，相对于庞大的中国历史文化体系而言，考古学展现的只是艺术史的一个侧面，方闻的《为什么中国绘画是历史》一文，正反映出20世纪下半叶以来美国学者对中国书画史的方法拓展。

在20世纪早期，欧美的中国美术研究仍停留在汉学领域，研究性质多属对中国美术的介绍与梳理，汉学家仍在探索中国美术作品的鉴赏方法，希望以实证资料来确定艺术风格。20 世纪 30 年代以后，陶瓷以及工艺美术趣味的发展则进一步要求相对成熟的鉴定方法。第二次世界大战之后，德裔美国中国美术史学者路德维希·巴霍洛夫依据他的老师沃尔夫林的风格分析方法对中国美术史进行研究，于 1935 年和 1947 年先后写作了《中国美术的起源和发展》与《中国美术简史》两部著作，巴霍洛夫提出，中国美术的断代研究可以根据其艺术风格的演变入手，即遵循由线条到立体到装饰的发展规律，他对宋代以前的绘画进行了重点分析，同时尝试对青铜器与雕塑风格进行阐述，这种探索最终在他的学生马克斯·罗樾那里更进一步。

罗樾综合了沃尔夫林与巴霍洛夫的研究方法，将风格分析具体运用于青铜器断代，并于《安阳时代的青铜器风格》（1953 年）一文中将殷商青铜器上面的装饰纹样划分为五个时期。此外，罗樾还写作了《佛教思维与图像》（1961）、《宋代以后的中国绘画》（1967）、《伟大的中国画家》（1980）等著述，将风格分析方法运用于中国绘画研究中。

与沃尔夫林、巴霍洛夫、罗樾一脉相承的还包括罗樾的弟子高居翰。高居翰曾担任伯克利加州大学分校的中国美术史教授，他还受教于瑞典美术史家喜仁龙，其中国美术史研究在中国有较大的影响力。在出版《中国绘画史》（1960 年）后，他又先后写作出版了《中国画之玄想与放逸》（1967 年）、《吴斌与龚贤作品中的欧洲影响》（1970 年）、《灵动山水》（1971 年）。其后，他又以《隔江山色——元代绘画》《江岸送别——明代初中期绘画》《山外山——晚明绘画》三本书构建了元明绘画史体系。他的作品《气势撼人：十七世纪中国绘画中的自然与风格》（1979 年）以明清艺术史研究为出发点，堪称其代表之作。他在纽约哥伦比亚大学的巴普顿讲座被整理成《画家生涯：传统中国画家的生活与工作》（1991 年）一书。高居翰在风格鉴定的过程中强调社会学方法的运用，主张从政治、经济、文化、社会等方面综合考察艺术风格的特征，这一点遭到了美国研究中国美术史的另一派代表——以方闻为首的形式结构分析学派的批评。

作为第一代旅美的中国美术史学者，方闻自幼便跟随清道人之侄李健学习书法，赴美后跟随乔治·罗利学习中国美术史研究。方闻对中国绘画的研究首先着眼于对视觉形式的分析，他强调应将中国画的结构、技法与传统渊源看作一个历史文化系统，既要重视题跋、款识、印章、著录等外在因素，又要结合考古发现对书画的形式及结构风格进行断代。按照结构形式的风格分析方法，方闻先后出版了一系列中国美术史研究的重要著述《中国画的作伪问题》（1962 年）、《心印：中国山水画之结构分析》（1969 年）、《夏山图：永恒的山水》（1975 年）、《超越再现：8～14 世纪的中国绘画与书法》（1992 年）。

方闻对高居翰的诘难正是对《气势撼人》一书的批评，该书曾获 1982 年全美最杰出的艺术史著作奖——查尔斯·莫里奖，高居翰的老师罗樾赞誉该著作是“西方研究中国画史的一部里程碑式的著作”。在方闻看来，高居翰《气势撼人》书中的一个中心议题——欧洲绘画对中国明清之际绘画的影响——源自高氏早先对吴彬与龚贤作品的分析，但是，高居翰过分夸大了西方艺术对晚明绘画的影响，这是由一种西方中心主义的思想而形成的。他还指出，在论述张宏、吴彬、龚贤的作品时，高居翰并未从笔法、皴法以及构图模式的变化中进行分析，这未免是一大缺失。对于高居翰将过多的着力点放在分析画家的文化、地域与社会背景上，方闻不置可否，但他强调，对艺术风格的分析应以分析绘画技巧、形式与传统习惯为根基，否则艺术鉴赏只能沦为空洞的美学架构。方闻进一步对高居翰“汉学知识的匮乏”[9]提出批评，他以高居翰讨论石涛 1677 年创作的一幅册页为例，原作中道济节录了苏轼《四时冬词》的最后两行：“真态香生谁画得？玉奴纤手嗅梅花。”方闻认为，该诗表达了石涛对诗画关系的看法以及对苏轼的恭维，但高居翰却错误地转译了该作，将第一句诗误读为“谁能画出有生命植物的芳香？”并错误认为石涛自己闻到了梅花之香。尽管高居翰著述颇丰，思想中多有新颖的理论，在美国的中国美术史研究领域堪称一面旗帜，但方闻认为，高氏的研究方法仍有诸多纰漏之处，它反映出，西方汉学家对中国美术史的研究在方法上仍待深化。

方闻的鉴定分析方法在美国的中国美术史研究领域有着广泛的影响力，他早在 1959 年就创建了美国历史上第一个中国艺术和考古学博士计划，在美国艺术史领域形成了著名的“普林斯顿体系”，并培养了宗像清彦、班宗华、韦陀、韩文斌等一批卓有成就的中国美术史学者，例如，其弟子傅申与王妙莲就根据美国藏家沙克乐的中国书画收藏写作了《鉴定研究》一书，傅申在方闻的风格分析体系中，进一步融入了自己对书法笔法的理解，他在西方科学鉴定绘画图像的基础上，结合了中国传统鉴定中的社会文化因素，从而有效地进行断代辨伪。

毋庸置疑，西方的中国美术史论写作凝结着他们对中国美术的深刻理解，它已经从一种视觉观看和审美感知提升到文化解读和体系建构的层次，在由知识到方法的拓展中，西方的中国美术研究趣味不断发展，形成理论和实践相结合的学术传统，从而对早期的展览与译介构成补充。

四　教育与交流：现代思想的进路

历经一百多年的发展，欧美国家的中国美术研究已经不再是私人收藏家或个别学者的审美趣味，它逐渐形成完备的研究体系，在大学、博物馆以及研究所的共同推动下，建立起一套延续性的教育机制，中国美术史教育在欧美国家的发展也推动着研究不断进步。

在美术史教育中，许多大学与博物馆的中国美术研究首先建立在考古基础之上，它们依赖于考古新出土的材料与证据。在过去，西方高校有相当一部分实物与史料是非法考古获取的。例如，1915 年，宾夕法尼亚大学的毕士博以考古之名盗取了中国华北石窟的部分雕像；1923 年，哈佛大学福格艺术博物馆的华尔纳率领考古团前往中国敦煌进行考古调研，却借机偷取大量精美的壁画与雕塑作品。在 20 世纪中后期，欧美国家已经不能像过去那样到中国进行非法考古，因此，他们从 20 世纪 90 年代以来，与中国学术界展开了广泛的交流，通过中国新出土的考古发掘材料，西学中的中国美术研究始终保持着开放的视野。

研究中国美术史，语言障碍是欧美学者面临的难题之一。西方 20 世纪早期的中国美术史学者多由汉学研究入手，发展至后期，欧美学者则主动学习汉语，强调美术史方法的运用，如苏立文、柯律格、韩文斌等美术史学者都专门来到中国学习汉语，西方的中国美术史教育也将汉语学习列为必修课程；同时，中国美术史学者也不断赴海外讲学，为西方的中国美术史教育与研究提供了更好的学习平台。

鉴赏实物显然是欧美国家中国美术史教育中的一大优势所在。学习中国美术史的欧美学生，会被定期安排到博物馆与收藏家那里进行学习，除了能够近距离观摩原作，上手触摸具有历史感的物件、了解作品的细节，还可以向博物馆专家或收藏家请教问题、学习经验，这种教育方式能够促使学生生发出现场体验与研究兴趣。尤为重要的是，通过与博物馆及收藏家的密切接触，能够引发关于中国美术史研究的问题意识。例如：作为普林斯顿大学艺术史系的教授，方闻同时在纽约大都会艺术博物馆任亚洲部主任；韦陀任职于大英博物馆与伦敦大学亚非学院；何慕文任职于大都会艺术博物馆与耶鲁大学；傅申任职于弗利尔美术馆与耶鲁大学；柯律格任职于维多利亚与阿尔伯特博物馆和牛津大学艺术史系；杰西卡·罗森任职于大英博物馆与牛津大学考古系。与之相比，虽然中国的美术史专业教育也提倡定期考察博物馆、美术馆以及艺术遗迹，但与博物馆及收藏家的近距离接触机会较少，无法对美术作品进行实物接触与鉴赏，使得美术史教育更多停留在书本知识的认识与文献理论的整理层面，这是一大缺失。

经过几代学者对中国美术史研究经验的积累，欧美的中国美术史教育不再以宏大叙事为主题，更加强调对个案的研究，并主张在研究中运用最新的方法论。班宗华的《董源小品河伯娶妇》、何惠鉴的《李成略传》、韩文斌的《李公麟艺术个案研究》、李铸晋的《鹊华秋色图》、何慕文的《王翚〈康熙南巡图〉研究》、文以诚的《青卞隐居图研究》等著述，都是以小见大、见微知著的个案研究，作者将中国传统的文献考证与西方的图像学方法相结合，详细分析了中国画的风格形成。相对于20世纪早期对中国美术史的翻译、介绍与简单梳理、概括，20世纪后期欧美的研究更加严谨，开始大量综合运用文化学、历史学、图像学、经济学、哲学、美学、考古学、社会学、人类学、心理学等方法。而新一代成长的美术史学者也不再囿于图像分析与文献考证，他们在钩沉中国美术史史料之外，开拓出更多立意新颖的研究天地，如朱丽叶·穆瑞的《宋高宗的艺术收藏及南宋中兴》、斯蒂文·奥雍的《明初黄琳收藏书画之源流》、徐澄淇的《十八世纪扬州画家的雇主与经济生活》、魏文妮的《周密〈云烟过眼录〉研究》、张珠玉的《中国宫廷绘画主题中关于公职的问题》、斯美茵的《文徵明的园林绘画研究》等，这一类著述的作者大多熟悉中国文化，有着强烈的问题意识，他们从专业教育中拓展并深化了研究的切入点，因此多有创见。

20世纪80年代以后，欧美国家的中国美术史研究越来越多地出现个案研究，这与其培养学生个性，鼓励学生寻找独特的审美趣味相关，在大量欧美的中国美术史博士论文中，都可以发现多样化与个性化的研究主题。

欧美的中国美术史研究与其国际视野的现代教育息息相关，在“他者”的趣味中，中国美术成为欧美国家比较自身艺术与文化的一个参照，从20世纪早期西方“发现东方”到20世纪晚期“走进东方”，西方对中国美术史的研究更加充分，但鉴于中国美术史在欧美国家仍属相对狭窄的学科研究对象，中国美术史研究在海外的发展仍任重道远。

结 语

如前所述，在西方殖民扩张的背景中，一批欧美探险家在对中国的猎奇心驱使下开始了对中国的美术考古与文物收藏，由此掀开了20世纪欧美国家中国美术史研究的序幕。西方早期对中国的审视伴随着“东方主义”的视角，“黄祸”一词也成为中国的代表。同时，我们也应该客观地对欧美的中国美术史研究做出评价，由于宾雍、高本汉、方闻、苏立文、高居翰、柯律格等西方学者的不断努力，古代与现代中国美术文明得以传播于西方，培养了几代欧美学者对中国美术的兴趣，引发欧美世界对传统中国书画与物质文化的思考。

通过早期考古探险与文物收藏奠定的中国美术研究基础，西方以展览与译介的形式进一步传播着其关注的趣味点，从20世纪上半叶欧洲以器物为中心到20世纪后期美国成为中国书画的研究重镇，西方在各个时期的收藏、展览、研究内容及目标都各有不同，它反映出西方国家的中国美术研究趣味在不断地变化与发展，在对中国历史与文化的逐层认识中，西方学者也开始形成系统的中国美术史研究方法与教育体系，并在新时代中开拓出更多的研究领域。

在20世纪中国本土的美术史研究中，欧美的中国美术研究趣味和方法深刻影响着中国学者的研究，中华民国首任教育总长蔡元培以冯特心理学与人类学方法分析中国古代美术，曾留学日本与德国的滕固将沃尔夫林的“风格分析法”运用于中国美术作品的分析中，而李朴园、胡蛮等人则运用唯物史观写作了中国现代艺术史。20世纪后半叶，图像学、心理学与艺术社会学等方法更多被引入中国，视觉文化则成为中国美术研究中新的主题。及至20世纪80~90年代，张洪、梁庄爱伦、谢柏轲、安雅兰等学者深入探讨了中国当代的画家与艺术。

随着中西文化艺术交流的日益密切，中国的现当代艺术也成为欧美中国美术史研究的关注对象，吴冠中、潘公凯、许江、徐冰等中国艺术家的作品开始出现在欧美的博物馆与美术馆中，蔡国强、谷文达等中国当代艺术家逐渐走进威尼斯双年展、巴塞尔艺术展等欧美当代的艺术展览舞台。毫无疑问，这些中国现当代艺术家与艺术创作也在不断开拓欧美研究者的研究视野，使他们产生出更新的研究兴趣。

概览20世纪欧美国家的中国美术研究，从最初的汉学译介到后来的美术史方法运用，从对工艺美术的重点关注到以古代书画研究为中心，从欧洲到美国，从中国古代美术到现当代美术，这一研究进程的变化见证了不同时期欧美国家对中国美术的审美趣味发展。法国史学家丹纳曾以“种族、时代、环境”三要素分析艺术作品，在美术史研究中，没有完全孤立于社会语境下的艺术作品，对中国美术史研究尤其不能忽视其历史文化背景，当代的中国美术教育与历史研究所要凸显的正是其人文思想，也许这才是梳理20世纪西方的中国美术趣味发展之意义所在。

---

①方闻、黄厚明、尹彤云：《中国艺术史与现代世界艺术博物馆：论“滞后”的好处》，北京：《清华大学学报》2008年第2期。

②Burlington Fine Arts Club, *Catalogue of a collection of objects of Chinese Art*. London: Chiswick Press, 1916, p. 9.

③Michel Curtois, *Chinese Painting*. London: Heron books, 1970, pp. 134 – 136.

④徐志摩：《美展弁言》，见《潇洒的人生》，长沙：湖南文艺出版社，1993，第106页。

⑤陈池瑜：《中国现代美术学史》，哈尔滨：黑龙江美术出版社，2000，第293页。

⑥殷晓蕾：《20世纪欧美国家中国古代画论研究综述》，北京：《中国书画》2015年第4期。

⑦神秘主义与象征主义在20世纪西方美术史研究中经常作为主题出现，详见波西维尔·叶慈《中国艺术中的象征主义》（1912年）、威廉姆斯《中国象征艺术》与乔治·迪蒂《中国神秘主义与现代绘画》（1936年）等著述。

⑧薛永年：《美国研究中国画史方法述略》，北京：《文艺研究》1989年第3期。

⑨方闻：《评高居翰〈气势撼人：十七世纪中国绘画中的自然与风格〉》，杭州：《新美术》2008年第3期。

作者简介：赵成清，四川大学历史文化学院博士后，四川大学艺术学院讲师。

［责任编辑：桑海　李俏红］
（本文原刊2016年第1期）

现代中国文学域外传播与“中国形象”塑造的历史演进*

杨四平

[提　要] 现代中国文学域外传播与接受过程中的“中国形象”塑造，是多种因素和力量互动的结果。大体而言，在百年现代中国文学域外传播与接受过程中，西方歧视性话语形塑了“贫弱中国”形象，域外激进话语形塑了“红色中国”形象，以及域外理性话语形塑了“开放中国”形象。它们共同构成了现代中国文学域外接受中的“中国形象”塑造的谱系。对此进行梳理和分析，有利于我们反观跨文化、跨语际交流过程中的得与失。

[关键词] 现代中国文学　域外传播　中国形象　贫弱中国　红色中国　开放中国

现代中国文学域外传播与接受过程中所建构的中国形象，是多种因素和多种力量互动的结果。一方面，现代中国文学作品自身所形塑的中国形象，很大程度上影响了国外译者对它的选择、评介和接受；另一方面，译者深层的文化心理和译者意识里面固有的中国形象有时也会参与到新一轮的中国形象的建构之中；如此一来，“前中国形象”和“作品中的中国形象”一起作用于“新的中国形象”的形成。此乃现代中国文学域外传播与

* 本文系国家社会科学基金项目“20世纪中国文学的海外接受研究”（项目号10BZW106）的阶段性成果。

接受中的“中国形象”发展演变的内在逻辑，其起点也许不是在晚清，也许在几千年前，在中外文化开始交流的那个节点上。在域外，百年中国形象谱系比较庞杂，为了梳理和把握的便利，本文将主要按历时性逻辑顺序，对其进行总体归结和论述。

一　西方歧视话语形塑“贫弱中国”形象

西方很早就流行着赛里斯人（Seres，即中国人）从树上采集特殊的羊毛织成丝绸的传说。关于这一点，我们可以从古希腊和古罗马诗歌所吟唱的“丝绸之国”里看出。比如，维吉尔（Publius Vergilius Maro）的《田园诗》写道：“叫我怎么说呢？赛里斯人从他们那里的树叶上采集下了非常纤细的羊毛。”又如，奥维德（Publius Ovidius Naso）的《恋歌》写道：“怎么？你的秀发这样纤细，以致不敢梳妆，如像肌肤黝黑的赛里斯人的面纱一样。”[①]诸如此类对中国的兴趣与关注，到18世纪演进成遍及欧洲大地的“中国热”。但是，随着18世纪末19世纪初欧洲的全面发展，在欧洲人的心目中，中国的地位一落千丈，“黄祸论”开始风行，“傅满洲博士”的形象就是“黄祸的集中体现者”。[②]这种情况直至“一战”后才开始有所缓解，迪金逊（G. Lowes Dickinson）的《约翰中国佬的来信》中的“中国佬”，这一东方圣哲形象逐渐取代愚昧落后的、诡计多端的“傅满洲博士”形象。这些情况表明，西方对中国的读解受到了文化背景、文化屏障、文化选择、文化改造和现实考量等多种因素影响。

近代以来，随着西方帝国主义的兴起，传教士汉学取代此前的“游记汉学”逐渐盛行起来。费正清（John K. Fairbank）认为，来华传教士在中西文化交流中扮演了“核心的角色”；他们站在一种双行道上，“他们在向西方传递中国形象的同时也塑造了中国人对外部世界的观点”。[③]不同于游记汉学，传教士汉学能够依据基础文献对真实的中国进行研究，但由于其肩负的文化传教的使命，以及其内化的文化帝国主义思想，给他们塑造的中国形象涂抹上了一层偏激的政治色彩，其在西方教民中影响甚广。虽然“专业汉学”在认识论上突飞猛进，但由于它的“小圈子”性质，使得它的受众面和影响面在“二战”前远不及游记汉学和传教士汉学。

从游记汉学、传教士汉学到专业汉学，国外对中国的认识渐渐深入，而随之建构起来的中国形象也渐渐变得丰富而清晰起来。对中国素有研究的毛姆（William S. Maugham）曾说“心灵的眼睛使我完全盲目，以致对感官的眼睛所目睹的东西反倒视而不见"。[④]他是在警示西方汉学家和普通读者，在认识中国、建构中国形象时，必须排除"前见"，注重实地观察，眼见为实。虽同为汉学家，乃至同为专业汉学家，因主体的差异、客体的变化以及文化背景的不同，他们对中国形象的塑造是不尽相同的。比如，同为传教士，文宝峰（H. Van Boven）对中国形象的塑造明显不同于一般传教士对中国形象的塑造。又如，日本汉学家的追求和作为也因人而异。那些来中国旅行过的具有所谓的"支那趣味"的日本汉学家，他们眼中的现实中国与想像中的中国存在严重的错位。"在当时的日本人眼里中国是已死去的、停滞的、无生命的、传说中的世界，作为满足日本人模仿欧洲东方主义情绪的古代国家。"[⑤]日本浪人井上红梅曾把《阿Q正传》译为《支那革命畸人传》并将其发表在低俗刊物《奇谈》上。在译文正文前面，他写道："它取材于一个成为革命牺牲者的可怜农民的整个儿一生。鲁迅氏以一流的讽刺性的观察表现了第一次革命时的社会状态，以那个国家的国情，可以认为这样的牺牲者在现代训政时期一定很多。所谓畸人，实际上是真正的自然人，本传的妙味正在于此。"[⑥]他认为阿Q这个"真正的自然人"的"畸变"和死亡，表现的是当时中国社会的病态。他欣赏该小说讽刺的"妙味"属于典型的"支那趣味"。还有，日本"白桦派"作家长与善郎刚开始竟然根据中国古代帝王将相如刘邦、项羽和康熙的形象来想象从未见过面的鲁迅。他说："我总是感到他心境凶险、阴暗、棱角锐利，印象不太好。"[⑦]但当他在1935年5月的一个晚上与鲁迅真的见面后，他得到的印象就完全不同了。这些日本中国学家心中的中国形象也重现了西方视野下的"黄祸"中国形象，带有严重的种族歧视性。

在西方歧视的视镜中，西方的中国形象与中国人自己所塑造的中国形象之间处于严重对立的紧张状态：西方总喜欢将自己放在"自者"的优越位置，而把中国放在"他者"的劣势位置，然后居高临下地用野蛮的他者中国来确认文明的自者西方。针对这种先入为主的野蛮/文明、他者/自我、中国/西方的不平等的价值区分，近代以来，一些游走于西方的现代中国知识分子，纷纷著书立说，对西方中国形象的认知、言说和建构方面的种种偏失与"不见"，进行纠正、补充和重建。陈季同的《中国人自画像》、辜鸿铭的《中国人的精神》、林语堂的《吾国吾民》，在西方世界塑造的"家庭中国""道德中国"和"人文中国"诸种正面的积极的中国形象，有效地纠正和重塑了西方人观念中的中国形象。

除了现代中国知识分子在域外积极宣传正面的中国形象外，国内的现代知识分子，在现代世界浪潮的推动下，也在不断地求新求变，在否定“古老中国”形象的同时，尝试着描述和建构“现代中国”形象。与20世纪初刘铁云《老残游记》里的“危船”和曾朴《孽海花》里的“沉陆”等言说衰败的中华帝国形象不同，梁启超的《新中国未来记》以“世博”代表未来新的中国形象，吴沃尧的《新石头记》假想了贾宝玉重返红尘后参观“世博”并乘坐潜水艇的现代化的新生活场景。这些相对“古老中国”而言的异质化的“现代中国”的想象，显然是受到了西方现代文化的影响和鼓舞。晚清文学里的这种故意忽视正在饱受西方列强侵略的现实中国的黑暗，而把希望寄托在光明的未来中国身上的做法，凸现了晚清开明知识分子建设现代民族国家的强烈愿望。五四文学与晚清文学在建构现代民族国家这一点上，立脚点是一致的，但出发点存在差异。以鲁迅为代表的五四文学作家群体，以其现实主义的批判精神，深入刻画现实中国里的农民、妇女、小市民和知识分子，如阿Q、祥林嫂、魏连殳等，展现的是落后的积贫积弱的中国形象。胡适的《睡美人》，把有着五千年悠久文明的中国比喻成一个熟睡的美人，到了20世纪，是该觉醒的时候了，然而她如何才能醒来呢？只有靠西方武士给美人深情一吻，美人才会醒来。胡适用这个浪漫的爱情故事，用熟睡与唤醒，喻指只有在西方现代文明的启蒙下，现代中国才能得以建立。这就是一种如詹明信所说的“第三世界国家文学的民族寓言写作”。

从晚清到五四，尽管在现代中国文学作品里刻画的中国形象是“危船”“沉陆”“东方病夫”“东亚病夫”“人肉筵席的厨房”“睡美人”“睡狮”“醒狮”“少年中国”；但是不同于西方的歧视性话语一味夸大和强化中国形象的丑陋一面，为审丑而审丑，捡了芝麻丢了西瓜。也就是说，两者表面上相似，但在立意上却存在本质的不同。而现代中国作家展示这些现实中的消极的方面，“哀其不幸，怒其不争”的目的是破旧立新，像郭沫若在《女神》里所说的是为了中国的“凤凰涅槃”，审丑最终是为了审美，化丑为美！所以，逐“新”成为20世纪初中国的时代强音。

概言之，在19世纪末20世纪初的文化转型中，西方歧视性话语塑造的是贫弱的中国形象，中国现代知识分子在西方世界塑造的是传统而美好的中国形象，中国现代知识分子在国内塑造的是立足现实、揭露病痛、以引起疗救注意的、具有现代启蒙性质的中国形象。它们共同构成了20世纪初海内外中国形象的知识谱系。

二　域外激进话语形塑"红色中国"形象

同样是受到来自西方话语的影响，与上面讲到的受到西方启蒙话语影响不同，这里要讲的是受到马克思主义影响而在现代中国文学里出现的愈来愈高涨的阶级/革命话语，从革命文学、左翼文学，到抗战文学，再到"十七年文学"，最后到"文革文学"，这种阶级/革命话语常常以革命浪漫主义的激情，以集体想象的方式，塑造"红色中国"形象。现代中国革命常常被欧美国家命名为"红祸威胁论"。它与"黄祸威胁论""贫穷落后论"一样，都把中国妖魔化、丑化。英国作家萨克斯·罗默（Sax Rohmer）在1913～1959年创作了17部"傅满洲"系列畅销小说，以博学多才而阴险狠毒的"傅满洲"作为"黄祸威胁论"和"红祸威胁论"的化身。英美的中国学家在评介新中国文学时，故意把兴奋点聚焦于一些作家新中国成立后态度的变化，以此彰显新中国的意识形态对作家的普遍压制。这些译介给西方读者塑造的是新中国是一个由共产党专制的危险的极权国家。比如，在《积极分子与逃避主义者：老一代作家》里，施友忠（Vincent Yu-chung Shih）把巴金视为新中国的热情歌颂者，而把沈从文看作新政权的逃避者，以此说明在新中国政治语境的压力下，现代中国作家所做出的不同政治选择，并由此呈现新中国文坛"分裂"的文化生态。又如，沃尔特·梅泽夫（Walter J. Meserve）和鲁思·梅泽夫（Ruth I. Meserve）编译《共产主义中国现代戏剧选》的意图是，以"共产主义中国现代戏剧"为窗口，通过它们来观察新中国政治生态的变化。再如，白志昂和胡志德在编选《中国革命文学选》时，认为新中国绝大多数作品缺乏社会批判精神和反思性而成为意识形态的传声筒。还如，夏志清的《中国现代小说》把左派作家和不同时段的共产主义文学几乎都做了"降格"处理，而把所谓的"独立作家"如张爱玲和钱钟书抬到很高的位置。他对中国革命和"红色中国"的偏见是显而易见的。最后如，在《共产主义中国的异己文学》的最后一章"异己文学的重要意义"里，谷梅（Merle Goldman）写道："共产主义中国的革命作家们的人生历程比创作更值得玩味。尽管有人决心将他们的群体特征抹掉，把全体知识分子纳入政权体系之中，但他们仍旧是官僚体制的汪洋大海里一个无形而又独立存在的小岛"，"他们亲自参与消灭了一个旧社会，又亲手帮助建立了一个新社会。而今，他们却发现自己与新旧两个社会都格格不入”。[8]这些英美的中国学家，对新中国及其工农兵文学带有强烈的政治偏见。他们故意夸大共产主义文学与自由主义文学、保守主义文学之间的矛盾和对立，并由此大肆褒奖后者而极力贬低前者，甚至认为前者毫无艺术价值可言。

这种“红祸威胁论”一直延续到20世纪70年代，随着中西方关系的改善才有所稀释。一个显著的特征就是，有些英美的中国学家在评判“十七年”文学时，不但不再像此前那样一棍子打死，而是能够比较客观地看待它们，而且部分地肯定了它们的艺术创新。有的学者在综合分析了1970年英美的中国“十七年文学”选本后，得出的结论是，“其意识形态色彩并不浓厚，选家多从文学发展轨迹、作品内容以及审美特征出发编选作品，肯定‘十七年文学’某些层面的艺术价值”。[9]尤其值得注意的是，英美的“十七年选本”中有两本《毛泽东诗词》，都由西方中国学家与华裔学者合编而成，并都对毛泽东诗词给予了很高的评价。保罗·昂格尔（Paul Engle）和聂华苓夫妇说，毛泽东诗词做到了“革命的政治内容和尽可能完美的艺术形式的统一”。[10]巴恩斯顿（Willis Barnstone）和郭清波说：“结构化的形式使毛获得的意象组合在一起，游刃有余。”[11]不同于此前某些别有用心的西方中国学家对毛泽东本人及其领导的中国革命的肆意抹黑，这些西方中国学家客观地塑造了世界上最大的红色国家的红色领袖的伟大形象。

其实，早在这以前，特别是在抗战时期，世界上就有不少有识之士关心、理解和支持中国人民的革命事业，与中国人民携手共进，把正面的、积极的和进步的“红色中国”形象输送到域外去。比如，中华全国文艺界抗敌协会意识到中国抗战文学“出国”的重要性和必要性，以“文学外宣”为手段，先后编译了《中国抗战小说选》《中国抗战诗选》和《中国抗战文艺选集》，并在美国、英国、匈牙利和南斯拉夫等国家发行。南斯拉夫《南星》月报曾发表文章热情评价这些作品：“这里没有玫瑰花和恋爱，有的是残酷的战争，中国人民的苦痛，和奴隶反抗、争取自由的斗争。这些故事反映了中国的现实，中国人民有着和善而好义的精神，却断乎不愿意作人牛马。”[12]又如，“文协”总会与香港分会联合主办的英文杂志《中国作家》也向世界各地发行。再如，“文协”出版的《出版部报告》记录了当年《中国作家》“在美国文艺界所产生的反响”的信息。还如，1939年5月20日，苏联塔斯社称：“中国的文艺作品，尤其是关于中国人民英勇抗战的书籍，在苏联的读书界是非常流行的。”而且，它还提供了一些数据，指出1937～

1938年，苏联以15种民族文字印行了中国的书籍47种150万册。伊丹诺夫的《中国作家写些什么》、波兹涅耶娃编辑的《现代中国新诗集》、罗果夫编选的《中国小说选》都不遗余力地译介中国抗战文学作品，在世界反法西斯文学阵营里产生了巨大影响，有效地开辟了“第二战场”。

当然，有的中国学家在传播和塑造中国形象时，投入了不少个人的主观想象。与前面谈到的恶意歪曲中国的那些西方中国学家不同，有些西方中国学家在不扭曲中国形象的前提下，对中国形象进行了适度的改写，使之易于被国外读者所接受。埃德加·斯诺的《红星照耀中国》，就是在认同中国革命的前提下，适度改写了中国形象，显得比较客观、公正、独特，受到了世界读者的欢迎。该书在1937年出版英文版后，几个星期就销售10多万册，两个月内还连续印行了5个版次，并被翻译成十多种语言。中国学家对中国形象进行适度改写的背后，是他们自身的“他者”意识。如前面所说，因不满西方人抱残守缺地固守“死的中国”不放，历时五年，斯诺编译并出版了《活的中国——现代中国短篇小说选集》，向西方世界呈现出生机勃勃的“活的中国”的现代中国形象。为了使西方读者更好地了解现代中国文学，斯诺把现代中国文学放在世界文学语境中进行比对、阐释和研究。比如，在论述当年对西方人来说还十分陌生的阿Q时，他不得不提到西方读者耳熟能详的唐·吉诃德。他说：“阿Q是个唐·吉诃德式的逗人发笑的人物。”[13]在英美同样畅销的、英国作家安娜·路易丝·斯特朗（Anna Louise Strong）撰写的“普及本”《五分之一的人类》和《中国的一百万人》以及弗雷达·阿特丽（Freda Utley）的《日本在中国的赌博》和《中国在抗战中》也是因为进行了适度改写而后获得成功的。当然，这种改写必须注意一个度。如果超过这个度，就会演变成歪曲、误读和霸权。就像笔者在前面讲到的井上红梅“恶搞”《阿Q正传》那样，日本右翼分子当年也曾“歪读”《华威先生》以鼓舞日本军国主义的“士气”。诸如此类的跨语际文化传递中的文化利用值得我们深思。

三　域外理性话语形塑“开放中国”形象

从近现代历史发展的情况来看，不管是中国文学中的中国形象的塑造，还是域外读者接受中的中国形象的塑造，都受到了西方近现代文化的影响。有的是受到了欧美启蒙文化的影响，产生了现代中国作家的批判国民性话语。有的是受到了苏俄文化的影响，形成了肯定普通民众反压迫的激进性话语。有的是在西方文化影响下对中国传统文化和中国本土经验进行反思，从而形成了中西合流与古今融汇的理性话语。前面两种话语以及由此塑造的中国形象，本文已经有所讨论。接下来专门谈谈域外理性话语以及由此塑造的中国形象。

改革开放以来，理性话语在域外形塑中国形象时比较盛行，发挥出了它的“正能量”。换言之，新时期以来，现代中国文学在域外的传播与接受既没有完全走“西方化”的老路子，也没有完全走“东方化”/“中国化”的老路子。以往，我们要么以西方现代文学为参考标准，用启蒙话语或革命话语，创造一种异质性的“文学中国”形象；要么以中国传统为根基，用充满诗意的本土话语，创造一种本土性的文学中国形象；前者使“中国形象”异质化、浪漫化，后者使“中国形象”封闭化、狭隘化。因此，对以往的现代中国文学在域外传播与接受过程中形塑中国形象进行适当的文化调适是合乎理性、合乎时代潮流的必然选择。在跨文化、跨语际的文学交流中，国家形象的塑造是互动的，而且，“原语国”在其中往往占主导地位，发挥积极作用。正因为如此，在中外文学交流中的中国形象的塑造，中国就应该主动作为，努力改变此前被歪曲的国家形象，还中国形象以本来面貌，此乃新时期以来现代中国文学域外译介、传播和研究的主要任务之一。

在这种新形势下，新时期以来，为了全面、有效地自我传播改革开放进程中的现代中国的国家形象，《中国文学》调整了此前把文学输出等同于对外宣传的方针，以多样化、多元化作为选译文学向外传播的标准，使意识形态祛魅，淡化不同意识形态之间对立的政治色彩。“熊猫丛书”的出版，进一步加大了文学对外输出的规模和力度，以现实主义为主体的现代中国文学得到了广泛的对外译介。很多外国读者就是通过《中国文学》和“熊猫丛书”了解了现代中国文学和新中国的新的人民形象的。一位印度作家说：“通过《中国文学》，我们眼前展开了新中国新的人民形象。”[14]美国中国学家何谷理（Rodert E. Hegel）说：“熊猫丛书明显的意图是向外界展现出现代中国文学的标准形象”，“毫无疑问它反映出中国人将中国文学推向世界并让域外读者所欣赏的雄心壮志”。[15]但是，在市场经济冲刷下，这种良好的态势随着文学的边缘化而渐趋冷淡，冷淡到2000年《中国文学》被迫停刊。此后，西方感兴趣的只是流亡域外的中国作家及其作品。其实，这只是西方读者对当代中国的脱离现实境况的自我想象。

21世纪以来，随着文化强国战略的提出和实施，为了消除中西之间业已存在的隔阂，促进和扩大中西文化/文学交流，国家主动采取了一系列积极有效的措施，加大对外译介和传播现代中国文学的力度，如中国作家协会已经启动了“中国当代文学百部精品译介工程”等。从中国作家协会公布的待译的作家作品目录来看，囊括了丰富多彩的中国当代文学作品，而不像“十七年”和“文革”时期那样单一地译介和传播革命文学、红色文学。莫言、余华、苏童、残雪、王安忆、贾平凹、王蒙、韩少功、北岛的作品在域外广受欢迎就是很好的例证。诺贝尔文学奖得主莫言的小说题材十分广泛，在历史跨度上常常从民国写到当下。他用民间视角去重新解读中国近现代历史以及历史中个人的卑微命运，对此前的宏大叙事和正统意识形态进行了巧妙的解构。他说：“土，是我走向世界的一个重要原因。”[16]莫言机智地融合了东西文学传统，从而形成了个性独具的创作风格和美学范式。余华用优雅的叙述把暴力渲染与象征运用并置在一起，使他的小说获得了人性的深度。对此，美国作家艾米丽·卡特赞叹：“如果现代要读一些东西，显然你应该读一些永恒的东西。《活着》就是这样一流的作品。”[17]余华小说有深厚的现代中国文学传统的浸润，但又不局限于“中国性”，更没有外国人所厌倦的在文学作品中强行推销中国意识的“外宣”色彩，因而具有普适性，易于为域外读者所接受。《兄弟》在西方颇受欢迎。美国媒体曾经撰文评论：“余华承袭了鲁迅的文化精神。我们感觉到，他并不是在给外国人讲述这个故事，他似乎也不关心如何向世界上的其他国家描绘中国。”[18]苏童以书写女性的不幸命运和历史的沉屙著称，就像西方评论家所说的那样，“尽管《河岸》把我们带到了毛泽东时代的中国，可苏童笔下的人物几乎没有表现出任何政治愿望，也没有在运动中获罪，他们只关心满足个人的基本需求，满足性的欲望和骑在别人头上”。[19]尽管苏童作品里的中国风物比比皆是，并以苦难叙事满足了外国人阅读中国作品时的猎奇心理；但是苏童主要是用这些零碎的、片段性的个体叙事去瓦解宏大整一的历史叙事，显示出重铸历史的隐秘的激情。比如，《红粉》就摒弃了新中国把旧时代的烟花女子这种“非人”改造成“新人”的常见的叙事模式，秋仪和小萼都以不同的方式逃避了历史对她们的个人规划、设计和改造：秋仪最终遁入佛门；而小萼虽然表面上接受被改造的安排，但内心里拒绝改造，有时痛苦得想一死了之。以怪诞、阴鸷风格著称的残雪，在域外有很高的文名，美国作家、评论家罗伯特·库弗誉之为“新的世界大师”。西方评论家认为残雪的小说写作贡献了一种具有革命性质的最有趣的文学创造，[20]“残雪艺术的创造性，不仅在于描绘了中国，尤其在于它用新的有趣的方式描绘了人类”。[21]也就是说，残雪把人类形象和中国形象融合在一起，进而以中国形象寓写人类形象。王安忆小说的上海怀旧情结和对道德感的维护，为西方人提供了了解现代中国的独特视角，契合了西方人阅读异国情调的猎奇心理。[22]贾平凹以“商州系列”之类的地域小说而著名，他也是在全球化语境中观察中国的“变”与“不变”。比如，在西方读者看来，《废都》重在“废”而不在“性”。在西方读者那里，“性”已是陈词滥调，是过时的东西。他们认为小说写“性”是为了更深入地揭示“废”。法国《费加罗报》当年刊发《废都》的书评称：“贾平凹给读者提供了一幅中国当代生活的巨幅画卷，他以讽刺的笔法，通过对知识分子和显贵阶层的细腻分析，揭示了当代社会的精神荒原。”[23]王蒙是社会责任感十分突出的作家，民族精神和国家意识分外强烈；同时，他又是一位不断探索创新的作家。印度作家吉屯德拉·巴迪亚说：“王蒙的小说超越了国家和意识形态的界限……思想大胆、意图清晰是王蒙小说的显著特点。”[24]韩少功在民族文化之根和世界文学之法的双行道上游走，在政治话语与个人记忆之间周旋。对此，国外评论家进行了充分肯定：“韩少功的社会批评隐喻不仅仅是针对中国，对中国以外的国家和社会同样适用。”[25]北岛出国后的写作也逐渐稀释了此前的意识形态对抗性，转而处理一些具有人类共性的命题，尽管被宇文所安嘲讽为“世界诗歌”，但是其影响遍及世界。宇文所安希望北岛继续写作他所欣赏的“红色诗歌”，而没有认识到北岛顺应时势，不断拓新，为世人奉献出了开放的、有普遍适用价值的诗歌的意义。从以上的分析中，我们不难看到，无论是中国官方极力对外推介的作家，还是域外主动译介、传播和接受的作家，只要他的写作具有世界视野和开放心态，只要他的作品中国性和世界性兼备，那么，他的作品就会在域外受到欢迎。质言之，“现代化”的中国与现代世界之间的彼此勾连，共同形塑了“开放中国”形象。

上述内容，我们主要讲的是单个作家是如何塑造开放的中国形象的。其实，新时期以来，许多作家不约而同地集体塑造开放的中国形象，尽管有时候他们很少直接从正面加以表现，而是偏好从侧面，乃至从落后面去反衬，但我们切不可把他们的艺术手段误读成他们的艺术目的。关于这一点，我们也可以从域外中国学家编译的现代中国文学作品以及其编选的明确意图看出。1994 年，王德威和戴静编选并出版了《狂奔：新一代中国作家》，收入自20世纪80年代末至90年代初的现代中国文学作品，包括在域外如美国、新西兰的华文作家用中文写作的文学作品14篇。王德威认为这一时期的中文小说具有怪世奇谈性、历史的抒情诗化和消遣性。他在后记中阐明了编这个选本的目的："旨在提供一个崭新的中国形象，这个中国不再仅是地理意义和意识形态意义上的中国，而是一个同外界有文化交融、体现共同的文学想像的中国"，"现在的中国正向世界敞开胸怀，再以旧的地缘政治视角看待中国的文学，已显得不合时宜"。[26]这些作品以文化交融来超越地域与政治的局限，给世界塑造出了一个"大中国"的文学形象。显然，这种"大中国"形象，进一步丰富了"开放中国"形象的内涵和外延及意义。

虽然域外译介和接受现代中国文学是零散的，但是这种他者传播仍然是现代中国文学走出去的重要途径。他者传播的有效性往往大于自我传播的有效性。因此，域外中国形象的塑造，尤其是"开放中国"形象的塑造，必须加大他者传播与接受的力度、广度和深度。

---

①〔法〕戈岱司：《希腊拉丁作家远东古文献辑录》，耿昇译，北京：中华书局，1987，第2页。

② Sax Rohmer, *The Insidious Doctor Fu-Manchu*, reprint. New York: Pyramid Press, 1961, p. 17.

③钱林森：《法国汉学家论中国文学——现当代文学》，北京：外语教学与研究出版社，2009，第3页。

④〔英〕萨默塞特·毛姆：《在中国屏风上》，唐建清译，南京：江苏人民出版社，2006，第131页。

⑤〔日〕藤田梨那：《日本现代文学中的中国》，见《"中国文学海外传播"国际学术研讨会会议论文·摘要汇编》，北京：北京师范大学文学院，2011。

⑥王晓平：《梅红樱粉——日本作家与中国文化》，银川：宁夏人民出版社，2002，第156页。

⑦〔日〕长与善郎：《与鲁迅会见的晚上》，见《鲁迅研究资料》第13辑，天津：天津人民出版社，1984，第144页。

⑧Merle Goldman, *Literary Dissent in Communist China*. Cambridge: Harvard University Press, 1967.

⑨纪海龙、方长安：《1970年英美的中国"17年文学"选本论》，福州：《福建论坛》2010年第9期。

⑩〔美〕聂华苓、〔美〕保罗·昂格尔：《革命的领袖、浪漫的诗人》，见《外国学者评毛泽东》第3卷，北京：中国工人出版社，1997，第421页。

⑪Willis Barnstone & Ko Ching-po, *The Poems of Mao Tse-tung*. New York: Harper & Row, 1972, p. 18.

⑫〔南〕受篋：《世界语的世界文学》，见苏光文《大后方文学论稿》，重庆：西南师范大学出版社，1994，第421页。

⑬尹均生、安危：《斯诺》，北京：人民日报出版社，2005，第126页。

⑭吴旸：《〈中国文学〉的诞生》，北京：《对外大传播》1999年第6期。

⑮〔美〕何谷理：《熊猫丛书翻译系列》，北京：《中国文学》1984年第6期。

⑯舒晋瑜：《莫言：土，是我走向世界的原因》，北京：《中华读书报》2010年2月8日。

⑰兰守亭：《〈活着〉是一部永恒的家庭史诗》，北京：《中华读书报》2003年12月10日。

⑱Jess Row, "Chinese Idol," *New York Times Book Review*, March 8, 2009, p. 15.

⑱ Yiyun Li, "The Boat to Redemption by Su Tong," *The Guardian*, January 9, 2010.

⑳残雪：《残雪文集》第1卷，长沙：湖南文艺出版社，1988，封二引海外评语。

㉑萧元选：《圣殿的倾圮——残雪之谜·序言》，贵阳：贵州人民出版社，1993。

㉒Lisa Movius, "Rewriting Old Shanghai: Tragic Tales of Beautiful Young Titillate Again," *Asian Wall Street Journal*, May 16 - 18, 2003.

㉓Diane de Margerie, *Le Figaro*, December 11, 1997.

㉔温奉桥：《多维视野中的王蒙——“王蒙文学创作国际学术研讨会”述要》，山东青岛：《中国海洋大学学报》2004年第3期。

㉕Mark Leenhouts, *Leaving the World to Enter the World: Han Shaogong and Chinese Root-Seeking Literature*. Leiden: CNWS Publications, 2005, pp. 38 - 39.

㉖David Der-wei Wang and Jeanne Tai, eds., *Running Wild: New Chinese Writers*. New York: Columbia University Press, 1994, pp. 238 - 239.

作者简介：杨四平，安徽师范大学文学院教授。

［责任编辑：陈志雄］

（本文原刊2014年第4期）

明末士大夫郭子章与天主教关系新证*

肖清和

[提　要] 本文依据《郭子章年谱》《青螺公遗书合编》以及新近发现的《冠朝郭氏续谱》等资料，探讨郭子章的宗教信仰，及其与西学、西教之间的关系，并对学界现有成果进行厘清与修正。林金水先生认为郭子章与利玛窦交往时间为1588～1589年；黄一农先生认为郭子章似乎未入教，并认为郭廷裳系郭子章之孙。通过研究，本文指出利玛窦与郭子章之间的交往应该在1585～1586年；郭子章是虔诚的佛教徒，且有丰富的民间宗教体验，因此绝非天主教徒；郭廷裳并非郭子章之孙，而为其玄孙。

[关键词] 郭子章　宗教信仰　西学　西教

郭子章（1543～1618）为明末著名士大夫，历任潮州知府、四川提学、浙江参政、山西按察使、湖广福建布政使、贵州巡抚，后擢兵部尚书，兼都察院右副都御史，赠太子少保。因平播、平苗乱而仕途顺达，其父因其功而七次被诏封。郭子章著述颇丰，相关研究主要集中于郭子章与利玛窦的交往、郭子章的军功及地理学等方面。[①]林金水先生指出，郭子章与利玛

* 本文系全国优秀博士学位论文作者专项资金资助项目“儒家基督徒研究：历史、思想与文献”（项目号：201201）及国家社科基金重大项目“汉语基督教文献书目的整理和研究”（项目号：12&ZD128）的阶段性成果。

实（Matteo Ricci）的交往时间为1588～1589年，地点为肇庆。[②]黄一农先生则将郭子章视为“明末亲近天主教的士绅”之一，指出“郭子章虽对西学和西教颇为认同，且不曾娶妾，但他似乎并未入教”。可见黄一农先生对于郭子章是否入教并不是十分确定。黄先生同时认为清初天主教徒郭廷裳为郭子章之孙，《太平万年书》中所附九篇论述为郭子章的著作。[③]本文根据《郭子章年谱》《青螺公遗书合编》以及新近发现的《冠朝郭氏续谱》等资料，对相关问题进行厘清或修正。

一

郭子章，名相奎，号青螺，又号蠙衣生、寄园居士，以字行。[④]江西吉安府泰和县冠朝人，隆庆四年（1570）举人，辛未（1571）进士。万历十年（1582）至十四年（1586）任潮州知府。《郭子章年谱》（以下简称《年谱》）载：“壬午十年……迁潮州太守，莅任作教议，约法吏民。”[⑤]

值得注意的是郭子章在潮州驱鬼之经历：“万历九年五月，城南有鬼腾趋于杨氏家，侵其女而淫之，自称曰独鬼。女坐鬼坐，女行鬼行，女卧鬼卧，亡日夕离。阖家大惊，请巫禳之，不能除；诉于城隍，亦不能除。时公入觐，次舟三河，闻其妖，移文城隍驱之。鬼语女曰：‘郭使君，正人也。有牒严驱，当疾走，不得复留此矣。’独鬼灭迹。”[⑥]郭子章这一驱鬼经历虽然被年谱作者（即其子郭孔建）用以赞扬传主刚正之美德，但从中可以看出郭子章有着丰富的宗教体验，并对鬼神、梦等超自然事件深信不疑。《年谱》中亦可见郭子章梦见西王母、为文求雨、向城隍祈晴等类似的内容。[⑦]郭子章自己亦如此说道：“敬鬼神，非媚鬼神也。君子无众寡无小大无敢慢，况鬼神乎？远之非但不媚鬼神也，以远祸也。……吾见今士大夫以撤寺观而斩祀者，以伐神丛而病亡者，一方一隅，区区鬼神，尚能祸任，而况其大乎？……鬼神无疑，而人何疑于梦耶？”[⑧]

郭子章所撰《大洋洲萧侯庙志》自述其撰写《庙志》之由来，乃是其为了民间信仰“水神”萧天任“许官至尚书”之回报：

> 章由蜀督学迁浙参知官，舫泊大洋洲（按：今新干县大洋洲镇）。予舟解缆，内子舟忽胶焉。予亦停舟江左待之，而暝色延洲，暮不可开。内子焚香舟中祷。是夕梦侯来舟畔，语曰：“不知夫人舟泊庙前。明五鼓即开，亡过虑。为语郭尚书，功名远大，幸自爱。”丙夜大雨水

涨，黎明舟合。内子始为予言。予炷香谢神而纪之。……播州之役，幸以微功……而晋子章兵部尚书，上及祖父，下及孙玄，锦衣之阴，加升一级。呜呼！主恩厚矣！神之梦亦何灵耶？予同内子叩头谢主恩，复谢神，许为文纪之石。[9]

郭子章以自己的亲身经历，描述了萧侯之预言及其实现，证明了萧侯信仰之灵验。郭子章镇压播州叛乱之后，朝廷升其为兵部尚书。萧侯所谓“郭尚书”至此完全实现。实际上，在升尚书之前，郭子章对其妻子所梦不以为然。直到其官至尚书后，才许诺对于他们所遇到萧侯的灵异事件“为文纪之石”，但因其忙于公务未果。后来因为“内子去世，年家甘幼龙来吊，夜宿大洋洲”，萧侯托梦给甘幼龙（应蚪）催促郭子章实现自己的许诺，“许公官至尚书，公亦许为碑文”。因此，便有了《大洋洲萧侯庙志》并勒石为铭。萧侯庙主要供奉三位萧氏神灵，即萧伯轩、萧祥叔、萧天任。自元代之后，当地人信奉萧氏神灵为水神，并在明初受封为英佑侯，故称其庙为萧侯庙。由上可知，郭子章有比较丰富的民间信仰经历与宗教体验。

据林金水先生考证，1588～1589年，郭子章与利玛窦在肇庆交游。[10]但据《年谱》，1586～1588年，郭子章已由潮州知府升任四川提学佥事。1589年8月，郭子章则迁两浙参政。又据《利玛窦中国札记》，利玛窦是在肇庆教堂完工之后，认识郭子章等士大夫。教堂完工于1585年农历四月左右。[11]因此，利玛窦与郭子章之间的交往应该在1585～1586年。在此期间，郭子章任潮州知府，而两广总督则是吴文华。吴文华，字子彬，号小江，福建连江县学前铺义井街人，嘉靖三十五年（1556）进士。郭子章在《督抚吴小江先生寿序》提及“不佞当年同籍称兄弟者，今按而数之两都列卿，堇堇十余人。今两越督府御史大夫吴公，其一焉”。[12]吴小江任两广总督时间为1583～1587年。[13]由于两人有同学之谊，且“称兄弟”，因此当吴在肇庆任督抚、郭任潮州知府时，二人很可能会在肇庆碰面。而利玛窦等传教士在肇庆颇有名声，是故1585～1586年，郭子章在肇庆遇见利玛窦并有交往。《利玛窦中国札记》记载利玛窦等人“就是在这里（按：肇庆教堂），我们结识了当时的将领或兵备道徐大任……还认识了另一个做了贵州省总督的大官”。[14]此处所谓的“贵州省总督的大官”即指郭子章。

万历二十年（1592），郭子章迁山西按察使。二十一年（1593）迁湖广右布政使。二十三年（1595）迁福建左布政使。二十六年（1598）诏起为贵州巡抚。三十二年（1604）升右都御史、兵部右侍郎，兼贵州巡抚，荫一子锦衣卫左指挥佥事。此时，郭子章获得利玛窦新刻《山海舆地全图》，立即将其翻刻，并撰写序文。三十六年（1608）奉旨归养。四十六年（1618）卒于家。

黄一农先生认为郭子章“似乎并未入教”。[15]实际上，一方面郭子章有着传教士极力批评的民间信仰，另一方面又佞佛，因此其绝非天主教徒。郭子章在《明州阿育王寺志序》中明确指出：

> 余生平事佛率以名理取胜，多采诸最上乘门，与吾灵台有所发明者而雅尚之。至于一切报应因果等说，皆置而弗问。中年宦辙四方，多更事故，凡有所求屡著。……殆万历庚子奉命讨播酋，以孤军冒重围，举家百口入于万死一生之地，恐畏百至，虽委身于国，听命于天，而未尝不有祷于三宝。祷即应，应即审。事非影响？加之与关侯通于梦寐，播酋授首，多赖神助。余于是不惟于报应之道加详，而于生平所尚名理益著。近奉旨归养，乃舍宅建忠孝寺，皆所以报国恩，答神贶，以彰至理之不诬也。吾儿孔延、孔太、孔陵皆与余同茹荼甘，昭格见闻，故于此道颇遵庭训。

由上序可知，郭子章不仅生平“事佛”，而且在镇压杨应龙叛乱之后，对佛教的信仰更进一步。此殆与其在贵州所遇战事有关。因为心学之传统，郭子章在平播之前只是从义理上接纳佛教，而平播之后则对果报、神应等超自然“神迹”深信不疑。[16]他将其在贵州的“逢凶化吉”乃至打败杨应龙均归功于“神助”。致仕之后，郭子章舍宅建寺（即净圣堂、太虚观[17]），还与其子一起茹素，即邹德溥所谓“树辟土之勋，世拜玺书无虚岁，公独归功于佛佑，帅其家茹淡忍苦，内外竭施”。[18]邹元标谓“举室茹素，相为勤施，甚至大忠孝寺不靳重赀新之”。[19]因此，郭子章可谓地地道道的佛教信徒。其子孔太、孔陵等亦是佛教徒，曾捐修阿育王寺塔殿，郭子章为之撰《阿育王寺志》。憨山德清称赞道：“累代王臣兴建于前，太宰陆公、相国沈公重兴于昔，司马郭公及诸公子再振于今。”[20]郭子章的母亲、外祖母均佞佛茹素。[21]郭子章对佛教的信仰，甚至影响到其对儒家思想的理解。四库馆臣批评郭子章对《易经》的理解已有偏差，“（郭子章）论《震卦》而及于雷之击人，已非《经》义。又谓雷之所击皆治其宿生之业，孔氏之门安得是言哉”？[22]

二

在《阿育王寺志》卷一《地舆融结》中，有郭子章《通论地舆》。从中可以看出郭子章对于地舆等的看法，可与其《山海舆地全图序》做一比较。郭子章在《通论地舆》中使用了佛教地理观、宇宙观来诠释天地山川的形成、分布及形态：

> 蠙衣生曰：……故曰天如卵白，地如卵黄。第此方论天地大，合为言得其形似而已矣。方外为言天无涯而先无涘。论涯涘者，约一佛化境也。何以言之？盖一佛化境，谓之三千大千世界，有百亿日月，百亿须受山，百亿大海水，百亿铁围山，百亿四太洲。铁围绕其外，海水聚其内，须弥屿其中，四洲罗其下，日月照临乎其上。百亿铁围之外，更有一大铁围总括之，……大千外更有人千，不知其纪极，故曰天无涯而地无涘。然则载山岳者海，载大海者地，载大地者水，载水轮者火，载火轮者金，载金轮者又风轮为之执持也。故《楞严》云，觉明空昧，相待成摇，故有风轮执持世界，乃至宝明生润，火光上蒸，故有水轮含十方世界，……故曰天位乎上，亦位乎下。岂非上天之上复有大地，大地之下复有上天？……中国名山祖于西域雪山，其次昆仑，又其次为五岳七山，离而复合，合而复离。

郭子章认为传统所谓“天如卵白、地如卵黄”只是言天地无涯无涘。他使用佛教宇宙观来解释天地无涯无涘。佛教宇宙观认为，三千大千世界由小千、中千世界辗转集成。小千、中千、大千世界形式皆同，以须弥山为中心，上自色界初禅，下抵风轮，其间包括四大部洲、日月、欲界六天及色界梵世天等。须弥山矗立在地轮上，地轮之下为金轮，再下为火轮，再下为风轮，风轮之外便是虚空。一千个小千世界，集成一个中千世界；一千中千世界，上覆盖四禅九天，为一大千世界。三千大千世界只是一位佛所渡化众生的世界，所有的世间则是因为有无数量的佛，所以有无数量的三千大千世界。比较佛教宇宙观与《通论地舆》可以发现，郭子章的地舆思想均来自佛教。而在《山海舆地全图序》中，郭子章的舆地观则主要来自邹衍的“大九州”说：

> 邹衍以为儒者所谓中国者于天下，乃八十一分居其一分耳。禹序九州之中国名曰赤县神州，中国外如赤县神州者九，乃名九州，有大瀛海环其外，实天地之际焉。其说盖出于《括地象》与《山海经》。……晋太康汲塜竹书出《穆天子传》，载穆王袭昆仑之丘，游轩辕之宫，勒石王母之山，纪迹玄圃之上，然后知邹子之语似非不经，而马迁所云张骞未睹者，原非乌有，故郭璞云竹书潜出于千载，正以作征于今日。其知言乎？虽然犹以书证书也。不谓四千载后太西国利生持山海舆地全图入中国，为邹子忠臣也，则以人证书也。非若竹书之托空言也。

传统儒家如司马迁、桓宽、王充等认为《山海经》、邹衍的“九州说”以及张骞凿空为“闳大不经”“迂怪虚妄”“荧惑诸侯”。郭子章指出，虽然《穆天子傳》能够证实“九州说”，即中国是九州之一，在中国之外另有与中国类似之八州，但仍然只是“以书证书”，不能令人信服。而利玛窦持《山海舆地全图》入中国，则是“以人证书”，“非若竹书之托空言也”。因此，郭子章认为利玛窦乃“邹子忠臣也”。在这里，郭子章坚持传统的“大九州说”。其对利玛窦的《山海舆地全图》的理解，亦是基于“大九州说”的框架之下：

> 利生之图说曰：天有南北二极，地亦有之。天分三百六十度，地亦同之。故有天球，有地球，有经线，有纬线。地之东西南北各一周九万里，地之厚二万八千六百余丈；上下四旁皆生齿所居。浑沦一球，原无上下。此则中国千古以来未闻之说者，而暗与《括地象》《山海经》合，岂非邹子一确证耶？

虽然利玛窦的《山海舆地全图》可以证明“大九州说”，即表明中国只不过是世界之一部分，但《山海舆地全图》还引入了全新的地理观，即地圆说。对于晚明中国人来说，地圆说是全新的地理知识，郭子章即认为地圆说是“中国千古以来未闻之说”，但仍认为此说“暗与《括地象》《山海经》合”。换言之，郭子章认为地圆说虽然是全新的观念，但与《山海经》等暗合，因此亦可视作是对邹衍“九州说”之“确证”。郭子章大胆引入利玛窦的地圆说，并将其《山海舆地全图》缩刻，以方便携带与传播，从中可以看出郭子章等心学士人对于新知识之包容与接纳，亦可以看出明末西学在士人中之流播情况。对于明末士人来说，东海西海、心同理同往往成为他们接纳西学西教的原因。对于守旧派来说，利玛窦所引入的全新的地圆说与儒家传统“天圆地方”迥异，因此断定“其图其说未必一一与天地券合”。换言之，利玛窦所引入的地理观念未必是正确的，但郭子章认为“不然”：

> 郭子曰：不然。郯子能言少皋官名，仲尼闻而学之。既而告人曰：天子失官，学在四夷。介葛庐闻牛鸣而知其为三牺，左氏纪之于传。孔、左何心？而吾辈便生藩篱，不令利生为今日之郯、介邪？且利居中国久，夫夷而中国也，则中国之矣。[23]

虽然在《山海舆地全图序》中，郭子章只是简要介绍了利玛窦所引入的地圆说，在其思想世界中，有关宇宙、世界的看法仍然是传统的“九州说”。他仅是将利玛窦的地理学知识当作其传统地理观的例证而已。但是其对新知的开放心态，以及“天子失官、学在四夷”的辩论，似可作为晚明心学士人对待新事物的态度之代表。

由上可知，虽然郭子章与利玛窦有过交往，并积极刻印利玛窦的《山海舆地全图》、传播西学新知，但其人信仰佛教。利玛窦所引入的西方地理学、天文学知识虽然借郭氏翻刻《山海舆地全图》而得到传播，但在其思想世界中，传统儒家或佛教宇宙观、世界观则占据了主导地位。作为王学士人之一，郭子章对待西学西教的态度反映出心学开放、自信、包容之心态，但对于西教则不一定予以接纳，一方面在于其信仰佛教及民间宗教，另一方面在于其认为儒家“善言天”：

> 昔孔子不语怪而间说梦，不语神而喜言天，居常梦周公，陈蔡梦见先君。其语王孙贾曰：获罪于天，无所祷也。及病，病矣。子路请祷，曰：祷久矣。使门人为臣曰，欺天乎？厄于桓匡之际曰：天生德于予，天未丧斯文。动以天自信，而天之受命也。如向五老降庭，万子孙世世无变，何其泽之姚长也。孔子从先进，故梦周公与其先君。道合天，故天不违夫天之佑。善助顺也，时冯于物以昭其馨香而合其嘉好，故《易》曰天地者，所以成变化而行鬼神也。[24]

在这里，郭子章突出孔子对于天的信仰，并强调孔子因而信天而致“五老降庭”。换言之，郭子章认为孔子本人并非不关注超验世界（如祷之于天）和神秘事件（如梦周公及其先君）。因此，对于他来说，传教士所谓的“天学”在孔子那里已经完备。需要注意的是，上述“五老降庭”之文字是郭子章为刘继文《圆通神应集》所撰写的序言。刘继文1588～1591年任两广总督，并与利玛窦等传教士有过交往，且迫使后者离开肇庆而前往韶州。[25]在此篇序言中，刘继文及其母亲笃信观音大士，郭子章则通过孔子言天来诠释佛教的教义，即其所谓“借天以笃论”大士，并认为佛教因果即天受之，“神应之，是天受之矣”。郭子章还为刘继文撰写《历宦赠言录序》《方伯刘节斋先生考绩诏褒三代序》等序，[26]以及《赠刘节斋中丞督府西粤二首》《题圆通神应二首为刘节斋中丞》等诗。

刘继文，字永谟，号节斋，直隶灵璧县人，嘉靖四十一年进士，曾任江西万安知县（万安离郭子章老家泰和很近），后又任两广总督，故郭、刘二人交往已久。据《灵璧县志》及《掖垣人鉴》，刘曾因“不媚江陵（按：指张居正）”，于万历六年（1578）“奉旨致仕”。“江陵败，（按：万历十四年）起四川布政使，升都宪，巡抚广西。寻总制两广，歼海寇有功，晋户部侍郎，卒于家。继文少孤，历官三十年，所在流清惠名，自奉甚约。治家有规矩，孙鸣阳以荫补浔州府同知，能守安静之教。”[27]与利玛窦等记录的不同，《灵璧县志》称刘继文“卒于家”。从上述记录可知，刘继文之所以驱赶利玛窦殆与其“歼海寇”之举有关。[28]新发现的史料《利玛（窦）传》（刘承范撰，时任韶州同知）亦明确指出，刘继文因歼海寇，为免利玛窦等人泄密，故驱赶之。[29]刘继文不仅佞佛，而且还认为佛教与“吾儒合”，且“又自阴助吾儒者也”。

> 禅教与吾儒未始不相发明。吾儒曰性善，又曰人性上不加一物。彼则曰明心见性。惠能顿悟自性偈曰，本来无一物，何处惹尘埃。因此遂得信具，卓为南宗。揆厥本旨，实默与吾儒合。且鹜桀之徒，顽嚚之妇，以圣谟王法，彼皆悍然不顾。而一语之以禅家之因果，则靡不降心而揖志焉。惟恐不克于佛氏之收，以庶几于善之什一。则禅教又自阴助吾儒者也。[30]

刘继文之观点颇有代表性。明末江右是心学重镇，利玛窦等传教士在南昌等地亦受士大夫欢迎。心学士大夫与传教士结交者亦颇众多。郭子章师从江右心学翘楚胡直，治学“不为空言”。[31]虽其服膺于阳明心学，但非为空谈心性“公（即郭子章）师事同县胡庐山直。胡氏之学盖出文成。然予考公论学大旨，颇欲以汉儒通经之功，救末流空疏之失，可谓善承师说哉”。[32]

瞿鸿禨认为郭子章之学旨在“以汉儒通经之功，救末流空疏之失”。因此，郭子章虽属王学，并佞佛通道，但其治学以匡时弊、救人心、致实用为依归。瞿鸿禨还以郭子章为例，反驳了晚明之祸由心学造成之说法：“世之好苛论者，动谓晚明之祸，阳明氏实酿成之。以予所闻，明自中叶以降，上之政教虽慎，下之风俗犹茂。其一时志节道义之士而膺时用者兢兢然树立不苟，大抵私淑阳明之教为多焉。如公盖其一已且夫君子之为学，岂惟是苟焉。猎取名位争一日华宠而止哉？[33]”可见，因为郭子章师从胡直，服膺于阳明心学，但追求实学，是故其对待外来的西学、西教颇为开放，积极刻印利玛窦的《山海舆地全图》，介绍西方地理学知识（地圆说），但其本人对西学西教并不认同。郭子章仅仅将利玛窦引入的地理学知识当作其地理观的例证而已，他仍然坚持传统的佛教及儒家地理观。其刻印《山海舆地全图》及介绍地圆说，仅可视作明末士大夫追慕域外之学或奇异之风之体现。

三

郭子章曾与邹元标讲学于青原山与白鹭洲，二人同师于胡直。[34]邹元标曾跋郭子章《明州阿育王山志》，并为郭子章父亲撰《封潮州公七十序》《寿封中丞公八十序》等寿文及墓志铭，自署“通家眷晚生”，[35]表明邹与郭子章有通家姻亲关系。邹元标亦与传教士利玛窦、郭居静（Lazzaro Cattaneo）有过交往。邹元标与冯从吾创立首善书院，利玛窦“南堂”即在书院隔壁。清初则成为南堂之一部分。[36]邹元标《愿学集》有《答西国利玛窦》，认为西学西教与“吾国圣人语不异”，但“吾国圣人及诸儒”发挥更加详尽无余。与郭子章类似，于儒学颇为自信的邹元标，虽然对于西学西教亦持宽容、开放之心态，但还是认为儒学业已将西学西教相关内容阐述殆尽，二者有所不同之处则因为“习尚不同”：

> 得接郭仰老（按：郭居静），已出望外，又得门下手教，真不啻之海岛而见异人也，喜次于面。门下二三兄弟，欲以天主学行中国，此

其意良厚。仆尝窥其奥，与吾国圣人语不异，吾国圣人及诸儒发挥更详尽无余。门下肯信其无异乎？中微有不同者，则习尚之不同耳。门下取《易经》读之，干即曰“统天”，不知门下以为然否？[37]

郭子章所交往的士人中还有郭应聘、王佐、刘斗墟[38]、冯琦、冯应京、熊明遇、祁承㸁、黄汝亨、杨廷筠、孙承宗、焦竑、董其昌、李维桢。他们或与利玛窦等传教士有过交往，或本身就是天主教徒，或与天主教徒（西学）有过交往。其中，郭应聘于万历十一年（1583）任两广总督时，在肇庆与利玛窦交往。[39]郭应聘于第二年“召掌南京都察院”，[40]郭子章撰有《赠督府郭华溪先生入掌南院序》。[41]于1596年在南昌与利玛窦有过往来的王佐(时任南昌知府)，则校郭子章所撰《郡县释名》。[42]祁承㸁（号夷度）是祁彪佳之父，其所撰《淡生堂藏书目》史部统志类收录有传教士撰《海外舆图全说》。[43]郭子章则有《祁夷度、沈五知两公祖枉顾山中赋谢》等诗[44]，及《祁尔光公祖淡生堂藏书训约序》《上郡侯祁夷度公祖论守江要害》等文。[45]祁承㸁曾校郭子章《明州阿育王山志》第一卷。[46]郭子章长子郭孔建早卒，有《垂杨馆集》十四卷行世，黄汝亨为之序。[47]黄则是信徒杨廷筠父亲杨兆坊之门生。[48]郭孔建曾于万历癸巳（1593）参加秋试，时吉安知府为汪可受。郭子章《长子孔建传》载：“八月郡守汪公可受季试卷，属安成（按：安福县）令杨公廷筠署其卷曰：‘出奇如淮阴用兵，因地制形，变幻万状，而字字匠心，言言名理，七之五类离伦者上之。’置第一。”[49]孙承宗为郭子章父亲撰有《寿封大中丞公八十有六序》，[50]其是明末著名天主教徒、三柱石之一徐光启的同年好友，曾协助天主教徒孙元化获授经略衙门赞画军需一职。[51]焦竑乃徐光启的座师，与利玛窦于南京会见；其为郭子章父亲撰有《寿封中丞公八十序》，自署“通家晚生”。[52]，并有诗赠郭子章七十寿。[53]董其昌则与天主教徒韩霖往来密切，[54]其为郭子章父亲第六次诏封而撰诗，亦有诗赠郭子章七十寿。[55]李维桢有《赠司马公平播加恩序》，自署“旧治乡眷侍生”；[56]有诗《寿司马公偕萧夫人七旬》。[57]虽然其认为利玛窦的地图可为邹衍一证，但又指责《山海图》“狭小中国”：

抑余尝观司马传邹衍作迂怪之谈，列中国名山、大川、广谷、禽兽、水土所殖、物类所珍，因而推之海外，人所不睹，谓中国于天下，八十一分之一耳。王公大人奇其言而尊事之。顷有海外人利西泰为

《山海图》，狭小中国，略与衍同。而冯盱眙称之，无乃吊诡之过欤？[58]

郭子章的人际网络中除了上述往来密切的西学、西教人士外，亦有反西教人士，如校《阿育王山志》之魏浚。[59]魏浚，字禹钦（又作禹卿），号苍水，松溪人，万历三十二年（1604）进士。[60]“少警敏，随口属对皆工妙”，郭子章“一见以远大期之”。郭氏“分校丙子闱，得苏浚，因时称闽中二浚”。[61]因此，魏浚是郭子章之门人，曾校郭子章《蠙衣生传草》。[62]值得注意的是，虽然郭子章推介利玛窦的《山海舆地全图》，并引入地圆说，但同为佛教居士的魏浚则认为利玛窦的《舆地全图》“洸洋窅渺，直欺人以其目之所不能见，足之所不能至，无可按验耳，真所谓画工之画鬼魅也”。[63]魏浚还认为“中国于全图之中，居稍偏西而近于北”是错误的，中国“当居正中”。魏浚认为利玛窦地图所传达的地理及天文知识“肆谈无忌”“诞妄又甚于衍矣”。

郭子章还与憨山德清有过交往。憨山德清虽然未见有反西教文字，但其弟子反西教者颇多。甚至到清初，有截流沙门相传为德清转世，大力批判天主教。[64]郭子章亦与曾凤仪校《胡子衡齐》，后者为邹元标的“年眷弟”，“生平以宏护圣教为己任”，曾参与南京教案。[65]郭子章有《侍曾金简、邹南皋随喜忠孝寺，漫次来韵；附刘京兆明自、曾仪部金简、邹铨部南皋三公诗》等诗。[66]曾氏亦校郭子章《明州阿育王山志》第四卷。[67]郭子章亦与曾反击利玛窦批判佛教的黄辉有交往，后者则撰有《赠司马公平播序》，力赞郭子章平播之功；[68]亦撰有《寿封中丞公八十序》《诰晋大中丞少司马两峰先生郭太公眉寿六封暨青螺老公祖功成晋秩荫子序》，自署“通家晚生”。[69]

郭子章虽然属于江右心学，并佞佛通道，且旁及民间信仰，但并不妨碍他与利玛窦交往。晚明心学士大夫对于西学、新知的开放、自信在郭子章那里得到显著体现。与其交往者不乏与西学、西教有接触（甚至信仰）的士大夫，郭子章极易获取西学知识。通过对郭子章著作目录的分析，可以知道其广采众说、知识广博，尤其对地理学深有研究。因此，其刻印利玛窦的《山海舆地全图》，并撰写序言积极引入地圆说；但其对西学并不认同，而是按照佛教、儒家地理观来理解新引入的西方地理学知识。

黄一农先生在其著作《两头蛇：明末清初的第一代天主教徒》中又指出清初天主教徒郭廷裳为郭子章之孙，[70]《太平万年书》中所附九篇论述为郭子章的著作。而根据新近发现的《冠朝郭氏续谱》，郭子章实为郭廷裳的高祖父，郭廷裳实为郭子章玄孙。根据族谱记载，郭子章有子四：孔建、孔延、孔太、孔陵。孔建为廷裳曾祖父，孔建子承昊为廷裳祖父，承昊子懋祚为廷裳父。又据《族谱》，郭廷裳生于顺治壬辰（1652），字龙孙（又作龎生），号姑射山人，娶罗氏，子一，即郭良恭。自郭廷裳开始由泰和徙居赣州，郭良恭及其子均生居赣州。郭廷裳受洗入教之前一直搜寻其父郭懋祚的下落。康熙癸丑（1673）在衡山皮佛洞获得其父骨殖，并归家合葬。又搜集其父遗文，编《仁山焚余》。受洗入教之前，郭廷裳一直在赣州果市靠卜算为生。1701 年左右，已经受洗入教的郭廷裳上《太平万年书》，企图通过上书朝廷来推广天主教的伦理道德。《太平万年书》原名《太平万年国是书》，实则是一本奏折，其后附九篇论述。郭廷裳明言“补述先祖青螺易注解内言天地之义者，敢以管见肤说谨呈睿鉴”。[71]因此，此九篇论述并非郭子章的著作，而是郭廷裳补充郭子章《易解》而撰述的。其中《天文说》有言“夫天文之未易言也，若非今日西士之专天学”。郭子章非天主教徒，定非有如此之言。

小　结

明末著名士大夫郭子章在肇庆与传教士利玛窦的一段交往，使得西学因其弘扬而得以广泛传播，郭氏也因此成为明清天主教史研究者所关注的对象。本文通过《郭子章年谱》《青螺公遗书合编》以及新近发现的《冠朝郭氏续谱》等资料，探讨了郭子章的佛教与民间宗教信仰经验，并详细分析了郭子章的地理观及其与西学之间的关系，又探析了郭子章与西学西教以及非宗教者之间的人际网络。在此基础上，本文厘清或修正了学界有关郭子章与天主教关系的一般结论。

第一，利玛窦与郭子章之间的交往应该在 1585～1586 年，交游的地点为肇庆，时郭子章为潮州知府。

第二，郭子章虽然刻印过利玛窦的《山海舆地全图》，并撰写序言介绍西学地理观（地圆说），但其是在传统的佛教及儒家地理观的框架下理解西学，因此，很难判定郭子章认同西学。其将利玛窦所引入的地理学知识，仅当作其地理观的例证而已。

第三，郭子章虽未娶妾，却是虔诚的佛教徒，且有丰富的民间宗教体验，因此绝非天主教徒。他虽然对明末西学有一定的推动作用，其与西学西教人士有一定的交往，但与反西教者亦关系密切，因此很难判定郭子章为“明末亲近天主教的士绅”之一。

第四，郭廷裳并非郭子章之孙，而为其玄孙；《太平万年书》所附九篇论述并非郭子章所著，作者应为郭廷裳。郭廷裳生于1652年，在清初曾试图通过上书行为来推广天主教的伦理道德。

---

①如 Pasquale M. d' Elia，“Due amici del P. Matteo Ricci S. J. ridotti all' unità,” *Archivum historicum Societatis Iesu* 6（1937），pp. 303－310；吴倩华：《明末贵州巡抚郭子章与利玛窦世界地图研究》，贵阳：《贵州社会科学》2012年第2期；黄万机《郭子章与平播战役》，贵阳：《贵州社会科学》2002年第6期；陈其泰：《郭子章〈潮中杂记〉的文献价值》，广州：《学术研究》2009年第2期；华林甫：《郭子章及其〈郡县释名〉述论》，西安：《中国历史地理论丛》1995年第3期；学位论文有张燕《郭子章与晚明社会（1543～1618）》，南昌：南昌大学硕士学位论文，2012。

②⑩㊴林金水：《利玛窦与中国》，北京：中国社会科学出版社，1996年，第289、289、287页。

③⑮㊿㊴黄一农：《两头蛇：明末清初的第一代天主教徒》，上海：上海古籍出版社，2006，第98～99，99，92、122，236、238页。

④现有成果以及《泰和县志》认为郭子章字相奎，但《冠朝郭氏续谱》认为名相奎，字子章，以字行，参见郭桂（字荣霆）修：（道光）《冠朝郭氏续谱》卷四《列传·郭子章》，景字号循伏堂，道光十六年版，现藏江西泰和县冠朝镇冠朝村，第41a页。《年谱》则认为郭子章，字相奎，由其祖父郭奇士取名子章，参见《资德大夫兵部尚书郭公青螺年谱》，载《北京图书馆藏珍本年谱丛刊》第52册，北京：北京图书馆出版社，1999，第497页。族谱记载郭子章有两种享年，一为77岁，参见《冠朝郭氏族谱》卷七《南谱》，第75a页；一为76岁，参见《冠朝郭氏族谱》卷四《列传》，第45a页；《年谱》则计享年76岁，参见《资德大夫兵部尚书郭公青螺年谱》，第571页。按照阴历，郭子章生卒年为1542～1618；按照西历，则为1543～1618。

⑤《资德大夫兵部尚书郭公青螺年谱》，第514页。

⑥《资德大夫兵部尚书郭公青螺年谱》，第516页；相同内容见《冠朝郭氏续谱》卷4《列传·郭子章》，第42a页。《文告》载《蠙衣生粤草》卷10，收入《四库全书存目丛书》集部第154册，济南：齐鲁书社，1996，第605～607页。

⑦诸如《祈雨太湖文》、《谢晴文》，均载《蠙衣生粤草》卷10，第608页。

⑧郭孔太辑《青螺公遗书合编》卷9，郭子仁刻，光绪八年，上海：上海图书馆藏，第33页。

⑨郭子章编《大洋洲萧侯庙志》卷2《大洋洲萧侯传》，新淦萧恒庆堂，1932，上海：上海图书馆藏，第1～2页。

⑪利玛窦、金尼阁：《利玛窦中国札记》，何高济等译，北京：中华书局，1983，第217页；宋黎明：《神父的新装：利玛窦在中国，1582～1610》，南京：南京大学出版社，2011，第23页。

⑫郭子章：《督抚吴小江先生寿序》，载氏著《蠙衣生粤草》卷3，第516页。

⑬㊵吴廷燮：《明督抚年表》，北京：中华书局，1982，第664、663页。继任者为吴善、刘继文。

⑭《利玛窦中国札记》，第217页。

⑯参见张燕《郭子章与晚明社会（1543～1618）》，第29页。

⑰万历四十四年（1616）落成，郭子章撰有《太虚观净圣堂二长明灯田碑记》，参见肖用桁《泰和县新发现郭子章撰〈太虚观净圣堂二长明灯田碑记〉》，《南方文物》2006年第3期。还有其他寺观，参见张燕《郭子章与晚明社会（1543～1618）》，第20、31页。

⑱邹德溥：《叙阿育王山志》，载郭子章《明州阿育王山志》，收入《四库全书存目丛书》史部第230册，第393页。

⑲邹元标：《阿育王志跋》，载《明州阿育王山志》，第401页。

⑳释德清：《明州鄮山阿育王舍利塔记》，载《明州阿育王山志》，第393页。

㉑郭子章：《外王母刘太孺人七十序》，载氏著《蠙衣生粤草》卷3，第522页。

㉒（清）《四库全书总目提要》，卷8《经部八·易类存目二》，海口：海南出版社，1999，第49页。

㉓郭子章：《山海舆地全图序》，载氏著《蠙衣生黔草》卷11，收入《四库全书存目丛书》集部第155册，第357页。

㉔郭子章：《圜通神应集序》，载氏著《蠙衣生蜀草》卷1，收入《四库全书存目丛书》集部第154册，第614～615页。

㉕《利玛窦中国札记》记载刘觊觎教堂，现有研究则不一定是此原因。参见宋黎明《神父的新装：利玛窦在中国，1582～1610》，第54、57页。

㉖《历官赠言录序》，载《蠙衣生蜀草》卷1，第615～616页；《方伯刘节斋先生考绩诏褒三代序》，载《蠙衣生蜀草》卷3，第629～630页。

㉗（乾隆）《灵壁志略》卷3《乡贤》，载《中国地方志集成·安徽府县志辑30》，南京：江苏古籍出版社；上海：上海书店；成都：巴蜀书社，1998，第55页下；宋黎明：《神父的新装：利玛窦在中国，1582～1610》，第57页。刘之生平简介，亦可参见萧彦等撰《掖垣人鉴》卷15，收入《四库全书存目丛书》史部第259册，第321页。

㉘宋黎明提及原因为烧制金银，参见《神父的新装：利玛窦在中国，1582～1610》，第57～59页。1588年歼海贼情况载《明神宗实录》卷213，中研院历史语言研究所，1966～1967，第4005页。

㉙刘明强：《万历韶州同知刘承范及其〈利玛传〉》，广东韶关：《韶关学院学报》

2010年第11期；宋黎明：《"Liu Sanfu"：吕良佐还是刘承范?》，广东韶关：《韶关学院学报》2011年第11期。

㉚刘继文：《重修南华寺碑记》，载《重修漕溪通志》卷4，收入《中国佛寺史志汇刊》第2辑第4册，台北：明文书局，1980，第341~346页。

㉛胡直曾撰《赠司马公赴冬官序》提及郭子"旧学于予"，载《冠朝郭氏续谱》卷12《艺文纪三》，第73~74页。

㉜㉝瞿鸿禨序，载《青螺公遗书合编》，第1页。

㉞道光《泰和县志》卷21，道光六年刊本，《中国方志丛书》第839号，台北：成文出版社，1989，第1270页。

㉟㊿52566869《冠朝郭氏续谱》卷12《艺文纪三》，第40~42、44~46、98~102，89~90，48~50，81~83，76~78，46~48、58~61页。

㊱"故明首善书院，今为西洋天主堂矣。"纪昀：《阅微草堂笔记》卷10《如是我闻四》，杭州：浙江古籍出版社，2010，第144页。

㊲邹元标：《愿学集》卷3《答西国利玛窦书》，《景印文渊阁四库全书》第1294册，台北：商务印书馆，1986，第89页。

㊳郭子章有诗题曰《春日邹诠谏南皋同曾仪部金简、刘观察斗墟、萧郡丞观我联顾山中，时门人康生仲扬、刘生宗鲁，儿陵、孙昊并侗，漫次周益公访杨文节公韵得二首》，载《青螺公遗书合编》卷35，第29页；郭子章：《传草》卷5，收入《四库全书存目丛书》集部第156册，第17页。

㊶郭子章：《蠙衣生粤草》卷2，第501~502页。

㊷郭子章：《郡县释名》，收入《四库全书存目丛书》史部第166册，第570页。

㊸王国荣：《明末清初传教士对五大洲说的早期传播》，长沙：《船山学刊》2009年第1期。

㊹66郭子章：《传草》卷5，《四库全书存目丛书》集部第156册，第18、11页。

㊺郭子章：《传草》卷2，《四库全书存目丛书》集部第155册，第682~683页；《传草》卷7，《四库全书存目丛书》集部第156册，第57~58页。

㊻郭子章：《明州阿育王山志》卷1，第405页。

㊼郭子章：《传草》卷18，《四库全书存目丛书》集部第156册，第238页。

㊽黄汝亨是熊明遇的老师、顾起元的好友，熊、顾均与传教士有交往，参见黄汝亨《杨氏塾训序》，载杨兆坊：《杨氏塾训》，收入《四库全书存目丛书》子部第152册，第85~86页；熊明遇：《寓林集序》，载黄汝亨：《寓林集》，收入《四库禁毁书丛刊》集部第042册，北京：北京出版社，2000，第18~20页；顾起元《寓林集序》，载《寓林集》，第2~4页。

㊾《青螺公遗书合编》卷30，第3页。

5357《冠朝郭氏续谱》卷30《艺文纪四》，第54~55页。

⑮郭孔太：《师中家庆集序》，《冠朝郭氏续谱》卷12《艺文纪三》，第88～89页；卷13《艺文纪四》，第56页。

⑱李维桢：《方舆胜略序》，载氏著《大泌山房集》卷15，收入《四库全书存目丛书》集部第150册，第609～610页。

⑲郭子章：《明州阿育王山志》卷2，第408页。

⑳潘拱辰：（乾隆）《松溪县志》卷6《选举志》，北京：中国国家图书馆藏，第3页。

㉑《松溪县志》卷9《人物志》，页21a。

㉒郭子章：《传草》卷首，《四库全书存目丛书》集部第155册，第574页。

㉓魏浚：《利说荒唐惑世》，载徐昌治：《圣朝破邪集》卷3，收入《四库未收书辑刊》第10辑第4册，北京：北京出版社，2000，第379页。

㉔即普仁截流行策，撰有《辟妄辟》，清初天主教徒又撰《〈辟妄辟〉条驳》，载《耶稣会罗马档案馆明清天主教文献》第9册，台北：利氏学社，2002，第389～528页。

㉕胡直：《胡子衡齐》卷1，《四库全书存目丛书》子部第011册，第135页。

㉗郭子章：《明州阿育王山志》卷4，第435页。

㉚关于郭廷裳，可参见方豪《中国天主教史人物传》，北京：宗教文化出版社，2007，第486～490页。

㉛郭廷裳：《太平万年书》，载《法国国家图书馆明清天主教文献》第11册，台北：利氏学社，2009，第342页。

作者简介：肖清和，上海大学历史系副教授，博士。

［责任编辑：陈志雄］

（本文原刊2015年第3期）

空间的隐喻：清代禁教时期天主教堂的改易及其象征意义

张先清

[提　要] 清代禁教时期曾经围绕着处理京师之外的天主堂问题发生了一次全国性的改易活动。清初地方官府在改易各地天主堂过程中，基本上都是秉持朝廷旨意，将其更改为官署、公仓、书院、义学、祠宇宫庙等公共空间。而这些“公所”类建筑，在性质上与一般私人空间不同，往往在地方社会生活中具有高度公共空间特性，含有很明显的国家意志与话语权力意识。因此，各级地方官府改易天主堂为各种地方公共空间的活动，不仅是一次简单的建筑空间使用功能的转换，同时也是地方上一次展示“崇正黜邪”的举措。

[关键词] 清朝　天主堂　空间

在历经明亡清兴的易代战火之后，清代前期天主教迎来了一段短暂的发展高峰，此时期西方传教士联袂入华，在各地建堂立会，吸引民众入教。然而，到了康熙后期，随着礼仪之争愈演愈烈，天主教会在华的活动日渐面临不利境遇。雍正即位后，正式确立禁教政策，严禁天主教传播。在清廷禁教的诸多措施中，其核心内容涉及如何处理大量分布在各地的天主堂这类习教场所。在清廷颁布的禁教令中，只笼统提到各地天主堂“改为公所”，[①]其真实情况却很不明晰。鉴于目前对于清代禁教时期天主堂改易的具体情况尚未有专文细加深究，本文利用从地方志中爬梳的资料，结合其他相关中西文献史料，考察清代雍正、乾隆、嘉庆禁教时期天主教堂的改易状况，并在此基础上，进一步分析针对宗教空间的上述改易行为所蕴含的文化象征意义。

一　教堂改为官署、公仓

雍正元年（1723）十二月，清廷正式下令禁止天主教在华传播，在华传教士除部分懂技艺者留京效命外，其余皆礼送澳门安插，同时，也下令关闭京师之外的天主堂，“所有起盖之天主堂，皆令改为公所”。[②]由此掀起了百年禁教的序幕。

随着禁教令的颁发，各地官府在执行朝廷禁教政策的过程中，普遍需要考虑如何处理当地天主教堂的产业。除了一部分教堂被封存或者变卖外，官府通行的做法是遵行朝廷“改为公所”的旨意，将教堂改作公用。而在具体改易过程中，则略有差别。从目前所掌握的资料来看，一部分教堂被改为官署，如湖北汉口镇仁义司巡检署：“雍正五年增设，署在居仁坊旧天主堂。”[③]福建宁德县：“城内公馆，旧以布政分司署为之，国朝雍正间裁禁天主教，改北门内天主教堂为公馆，即今所。其分司署石堂巡司移寓其间。”[④]广东增城：“营参府署左营守备行署在北门大街右废天主堂故址，守备虽驻龙门，因公赴增之日多，乃葺而居之。”[⑤]湖南长沙：“县丞署，原在钱局，雍正七年废天主堂为今署。”[⑥]湖南衡阳：“县丞旧署原系天主堂，雍正二年奉文饬禁，改作县丞署。乾隆二十一年移驻查江、衡清两县礶房，买为公所，即今神农殿，详祠祀。”[⑦]江西新建县：“上谕亭，在瓦子阁，废天主堂改建，为张挂上谕之所，与官铜库共基。官铜库在瓦子阁，废天主堂改建。”[⑧]

除了官署之外，天主堂还被大量改作公仓，如广东新兴县：“北仓在县治东北，雍正六年将天主教房屋改建，正厅一间，仓廒十六间，计储谷二万七千三百九十二石二斗三升七合。[⑨]福建邵武府：“废仓二，一在建南道署旧址，一在北门天主堂旧址。乾隆十六年变价解司。”[⑩]江南松江府华亭县：“常平仓，雍正元年以府城内天主堂改建。”[⑪]“常平仓三所，一在县大堂西，十一间；一在娄治东，十一间，系天主堂改建；一在云峰寺西，二十一间，系陆文遂入官屋改建，名陆家廒。”[⑫]奉贤县：“常平仓，分府城内天主堂。雍正五年知县舒慕芬改建。”嘉定县：“常平仓在嘉定城内，雍正七年知县傅景奕改天主堂建。”[13]宝山县：“仓廒因县治滨海地湿，雍正九年，知县傅景奕在嘉定县城东门天字型大小四图，即天主堂改建，仓房七间。十二年，知县文铎在西门内天字型大小六图建造大门一间，官厅一间，仓房四十三间。乾隆六年，知县胡仁浚在县治北门内冈字型大小四十三图建官厅一间，仓房二十间。”[14]雍正年间江宁府上元县“常平仓，因西洋天主堂改建，在汉西门内”。[15]雍正年间法国耶稣会士也记载其在汉口的天主堂亦被改作公仓：“我们在汉口的教堂受到汉阳的官员们的保护，一直没有被挪作他用，刚刚被新来的总督指定作为粮库低价放粮给小民百姓。”[16]长沙府湘潭县：“天主堂常平仓十六间”，[17]“城总社仓一间，即天主堂常平仓侧，贮谷七百七十五石四斗一升”。湘潭县这所被改为常平仓的天主堂，即是康熙年间知县、教徒姜修仁所建：“附天主堂，旧在县署西，康熙二十四年知县姜修仁建，修仁即奉其教者也。雍正四年禁毁，今其地改建常平仓。”[18]扬州府江都县：“常平仓，一在本县旧城内军储仓之旧基，雍正九年，县令胡详建廒房十二间，雍正十一年，县令朱添建廒房六间，乾隆五年，县令五添建仓厅三间，廒房十间，共计廒房二十八间。一在甘泉境内新城戴家湾地方，计廒房十三间，雍正九年，县令胡以入官之天主堂房屋改建。”[19]江西抚州南城县：“天主堂，在黄家岭天一山下，西儒驻劄焚修，顺治戊午年重修，雍正二年毁，改建仓屋。”[20]

从上述资料可以看出，在改易各地天主堂过程中，地方官府将其改成常平仓的比例较高。常平仓是清代备荒仓储体系的重要组成部分，官府通过这些分布于州县城的官仓，囤积粮食，在平粜、出借、赈济等方面发挥了重要社会功能。雍正年间，各地出现了大量将天主堂改易为常平仓的情况，这与此时期清廷重视常平仓的建设是相符合的。雍正即位后，十分重视仓储体系的建设，除了谕令各地建立地处基层乡村的社仓之外，也强化了对常平官仓的建设与管理。与此同时，鉴于“以常平之谷为国家之公储，关系己身之考成”，[21]在这样的背景之下，各级地方官员自然乐于将天主堂改易为常平仓，从而达到既符合朝廷要求，同时也为自己博取政绩的目的。而作为重要的施政措施，这种改易天主堂为常平仓的做法，也常常会被视为地方官员值得夸耀的宦绩而被记录在各种地方文献中。如江西建昌县天主堂被改成常平仓，就成为时任知县李朝柱个人生命历程中一段重要的记忆：“李朝柱，字东崖，山西临汾人，监生，雍正二年官建昌知府，才识明敏，喜任事，在官三年，建义学，修楼橹，营试廨，改天主堂为县仓，百废具举。”[22]

二　教堂改为书院、社学

除了官署、官仓之外，书院、社学等地方教育场所也是禁教时期天主堂改易的主要目标之一。实际上，清前期谋划禁止天主教传播的地方大员，其主要的想法就是将天主堂没收改为书院、义学，如康熙末年福建巡抚张伯行曾经试图向清廷上疏，将天主堂改成义学，其所撰“拟请废天主教堂疏”云：“伏望皇上特降明诏，凡各省西洋人氏，俱令回归本籍，其余教徒尽行逐散，将天主堂改作义学，为诸生肄业之所，以厚风俗，以防意外，傥其不时朝贡往来，则令沿途地方官设馆供亿足矣。”[23]雍正元年，浙闽总督觉罗满保发起禁教，也是“以西洋人行教惑众，大为地方之害，请将各省天主堂改作书院、义学，各省西洋人俱送澳门，俟有便船归国”。[24]

清代科举制度渐趋完备，各地普遍重视书院、社学教育，士大夫也将复兴儒学教育视为义不容辞的职责，因此从现存史料中，可以发现当时不少教堂被改为书院、社学。如福建福州：“理学书院，在化龙街西，旧为天主堂，国朝雍正元年，总制满保、巡抚黄国材檄毁，知县苏习礼允诸生请，改为书院，中祀周、程、张、邵五先生。”[25]福建将乐县：“先是，正学书院未建之先，故有正音书院。院前为天主教堂，雍正元年奉诏禁革，七年，设正音教职一员，寻寝。邑中义学权于斯设焉。”[26]福建福清县：“兴庠书院在西隅大街，旧天主堂地，雍正元年奉文改设，别祀仪会。绅士佥请抚宪黄、总督满捐赀重建，祀二程、常公，以为肄业之所，登科甲者各竖匾其中。”[27]山西绛州天主堂也在雍正二年被时任知州、江西南城人万国宣改为东雍书院，[28]绛州地方志书中记载了这段改易历史：“东雍书院在城内正平坊，故明王府业，国朝初西洋人据为天主堂，雍正二年知州万国宣逐回，改东雍书院。”[29]

除书院外，也有一些地方将天主堂改建为义学，如山西太原：“义学，在大北门街，雍正五年巡抚觉罗石麟改天主堂建，延师教授，岁给廪饩。”[30]广东新会县：“古冈义学在金紫街，旧为西洋天主堂，雍正五年奉文改为公所，十一年知县张埕据生员甄相等公呈，详请为义学。”[31]雍正年间广东保昌县的一所重要社学——浈江社学，也是改自天主堂：“附社学：浈江，顺治己丑兵燹后遂废，今失其处。雍正辛亥，署县逯英改天主堂置，义学就圮，迁于此。”[32]

三　教堂改为祠宇宫庙

除了上述官署、官仓、书院、义学之外，从资料中可以看出，也有相当多教堂被地方官府改为祭祀先贤的祠宇宫庙。如湖南郴州："韩公祠，祀唐昌黎伯文公韩愈，祠旧在州学内，后迁建北湖右岸，元末毁，明正统间知州袁均哲重建。正德时知州沈照改建城隍庙东，易名景贤祠。明末毁。国朝康熙五十七年知州范廷谋因城南门外天主堂旧址改建，今仍之。每岁春秋二仲致祭，陈设仪注与濂溪祠同。"[33]景贤祠是奉祀韩愈的先贤祠，而福建地方因为是朱子学的发源地，不少天主堂被改为奉祀大儒朱熹的朱子祠，如宁化县："朱子祠，祠在城北翠华山下，雍正十三年邑人赎回天主教堂，祀文公朱子。乾隆元年，奉文废天主教，其教堂变价充公，黄象禹等倡捐祀田，督学王杰为之记。"[34]邵武府建宁县朱文公祠"在北门内。邑旧无祠，雍正元年诏毁天主堂，邑令皇甫文聘改为文公祠，制主悬额，因庙制未妥，配享未设，复于雍正五年捐俸四十金为倡，从新改建，买田八亩二分，又拨县前官地店租银一十两，以供春秋祭祀"。[35]

上述景贤祠、朱子祠都是天主堂改成的专祠，而一些地方的天主堂则被改易为合祀众多乡贤的祠宇，如福建延平府天主堂："在普通岭下，顺治十二年建，雍正元年改为闽贤祠，祀杨、罗、李、朱四先生及真子、黄子、蔡子、胡子、陈子等诸贤，因即祠为书院。"[36]江南长洲府长洲县乡贤祠："阙里分祠，在文一图通关坊，祀先师暨肇圣、裕圣、贻圣、昌圣、启圣五王。……雍正二年，布政司鄂尔泰并拓天主堂地，裔孙兴豫捐建。"[37]

值得注意的是，在由天主堂改易而成的祠宇类中，节孝祠所占比例较多，如浙江平湖县："节孝祠，在县治西西司坊东太平桥，雍正元年奉旨诏举行，四年，知县杨克慧建，旧为天主堂基，凡邑内节妇贞女题旌者咸祀之。乾隆四十年知县刘雁题重建。"[38]广西临桂县："节孝祠，……在十字街，即旧天主堂，知县汤大瑜详署巡抚韩良辅改建。"[39]江南太仓州："节孝祠在城东街，国朝雍正三年知县将天主堂改建。"[40]萧山县："节孝祠，在西门外德惠祠旁，雍正四年知县门钰奉文建……屋在西山麓，卑湿沮洳，日渐颓圮。乾隆七年，邑人林震等请于知县姚仁昌，申详各宪，移建城内，拆改天主堂为节孝祠。"[41]

明清时期，因为理学的渗透与倡导，社会上大力提倡妇女节孝观念，雍正即位后，更是极力推崇，雍正元年，"诏直省州县各建节孝祠，有司春秋致祭”，[42]因此各地普遍建立节孝祠，这也成为地方官府的一项重要营建与教化工作。而天主教传入后，一些妇女皈依天主教，并参与宗教聚会，这种“混杂男女”“夜聚晓散”的宗教活动，一度被视为与儒家节孝观相抵触的行为而遭到批判。禁教期间各地天主堂被改易为节孝祠，也恰好迎合了这种社会需求，一方面，官绅可以借此举警谕天主教吸纳妇女入教的行为，另一方面，也包含着响应朝廷褒扬儒家贞洁孝道的意义。

除了先贤祠、节孝祠等表彰类祠宇之外，从现有资料可知，禁教时期还有一部分天主堂被改易成各种宫庙，如雍正八年（1730），著名的杭州天主堂由总督李卫改建成天后宫。[43]上海天主堂则被改易成关帝庙：“天主堂初在县治北，西士潘国光建。相传天启间长安中锄地，得唐建中二年景教碑，士大夫习西学者相矜为已显于唐之世，时徐光启假归里居，西士郭仰凤、黎宁石与语契合，乃为建堂于居第之西。崇祯二年，光启入朝，以龙华民、邓玉函、罗雅谷、汤若望荐修历法，有钦褒天学之额，悬之各堂，而上海居最先。西士潘国光以旧建堂卑隘，市安仁里潘氏之故宅为堂。康熙四年，众西士奉旨恩养广东。雍正二年，上允浙闽督臣之请，部议处分，除在京办事人员外，不许外省私留，是堂改为关帝庙及敬业书院。前志载院后有观星台即此。”[44]

天后和关帝都是明清时期列入国家祀典的重要神祇，其信仰活动与庙宇营建通常被视为帝国政治的重要组成部分，远非其他民间信仰神祇可比。因此，天主堂被改易为这两类列入国家最高祀典神祇宫庙的行为，在国家与地方层面上就具有非同一般的象征意义，对于中西双方来说，都十分重视这种改易的话语权。而在晚清的还堂事件中，围绕着这两类宫庙与天主堂的复建，也表现出较为复杂的状况，这一点将在后文略加分析，此处暂不赘。

除了上述天后宫与关帝庙这样的重要祠庙外，还有一些天主堂被改易成其他类型的神庙，如海南琼山县著名的万寿宫，就是辗转改自天主堂：“万寿宫，在城内西南隅，乾隆四年，副使刘庶、总兵武进升、琼州知府李毓元、琼山县知县杜兆观捐建。中为正殿，八角龙亭一座，内朝门一座三间外，东西朝房十间，午门一座三间，外东西官厅二间。乾隆十一年，巡道谢樾、总兵黄有才、署琼州府知府于霈、琼山县知县杨宗秉协捐增建内朝房十间，午门外照墙内戏台一座。先是地原系废毁天主堂，雍正八年总兵官李顺奏请为武义学，乾隆三年奉文裁革。”[45]

万寿宫主要是奉祀许真君的南方道教体系民间信仰宫庙，而北方地区也出现了天主堂改易成当地普遍奉祀的民间神灵宫庙的情况，如河南开封府祥符县天主堂，就被改易成为奉祀北方驱蝗之神刘猛的宫庙："刘猛将军祠，在祥符县延庆观西，旧系天主堂，宋景定间建庙，相传神姓刘名锐，即宋名将刘锜弟，殁而为神，驱蝗江淮间有功，雍正十二年奉文建。"[46]

总之，在清代禁教时期，各地天主堂普遍被改易成上述官署、官仓、书院、义学、祠宇宫庙等公共场所。此外，还有一些天主堂被改易为慈善场所，如山东武城县天主堂于雍正十二年（1734）被改建为普济堂，[47]湖南巴陵县普济堂也是乾隆十年（1745）由岳州知府黄凝道改自天主堂。[48]

四　改易与空间隐喻：一种象征意义解说

由上可见，清代禁教时期曾经围绕着处理京师之外的天主堂问题发生了一次全国性的改易活动。清初地方官府在改易各地天主堂过程中，基本上都是秉持朝廷旨意，将其更改为官署、公仓、书院、义学、祠宇宫庙等公共空间。而这些"公所"类建筑，在性质上与一般私人空间不同，往往在地方社会生活中具有高度公共空间特性，含有很明显的国家意志与话语权力意识，因此，不难理解，各级地方官府改易天主堂为各种地方公共空间的活动，不仅仅是一次简单的建筑空间使用功能的转换，同时也是地方上一次展示"崇正黜邪"的举措。在上述宗教空间改易过程中，其教化意义被突出强调。大量的天主堂被改为书院、义学、先贤祠宇，就凸显了以儒学来抵御外来学说的政治文化意义。在这种话语情景下，清代禁教时期改易天主堂的活动，往往也具有非同一般的象征意义，其改易历史会被反复强化，如前述浙江平湖县天主堂改节孝祠，乾隆年间知具刘雁重修时，专门撰写碑文，再次强调了节孝祠改自天主堂的历史：

乾隆四十年春，余莅平湖之三日，凡祠庙合祀典者，次第展礼，而节孝一祠独颓然就圮。退而考其创建之由，实雍正四年易天主堂为之。天主堂者，前明西洋人舍馆也，其人既去，其馆久虚，改建之初，第仍其故宇涂塈之，迄今五十年，木朽瓦裂，盖所由来者远矣。粤稽往史所纪旌门之妇，尤者专祠，非有奇行者，表厥宅里而已，未闻合祠以祀之也。钦惟世宗宪皇帝御极之元年，崇饬教化，奖淑表贞，诏直省州县各建节孝祠，有司春秋致祭，日月之光，照及阴崖，阳和之

布，达于穷谷。所以树风声而励名义者，典至巨也，泽至渥也。闾阎之毅魄、贞魂，无不衔感朝廷嘉惠弱孀之意……[49]

与此相类似的，崇明县节孝祠改自天主堂的历史也在时人所撰《崇明县节孝祠碑》不断被强调，认为节孝祠“盖自雍正三年奉世宗宪皇帝诏毁郡邑天主堂，改祀节孝，而祠始有专属”。[50]

在清前期禁教大背景下，改易天主堂的活动甚至会与打击邪教的事件紧密联系在一起。如陕西城固县天主堂被改为书院义学，虽然是一次改易活动，然而其改易过程却因被渲染为一次地方官府精心实施、攻破邪教团体的行动而变得异常复杂。清人程岱葊所撰《野语》一书中记录了清代禁教期间知县程云毁改城固天主堂的经过：

毁天主堂

天主之说已详第八卷，今程子翔述其尊甫稼村刺史毁城固天主堂事，与前迥异。堂在城固东关外乡僻处，愚民被惑者多，吏役不免，故破获较难。头目三人，首衣蓝，曰蓝臣府；次衣黄，曰黄臣府；又次衣紫，曰紫臣府。其教以天为主，故称臣府。其冠类古方巾，袍则蓝、黄、紫。外裼以他色，褙子皆异锦为缘。其堂甚峻，广容千人，四面开门，中庭深奥，室宇环绕，路径萦纡，误入者迷不得出，率被致毙。所奉十字木架，高与人等，沉檀为之，饰以珠贝。行教之期，堂内钟鼓鸣，诸门尽辟，奉教者各服其服，毕聚堂下，焚香听命，头目按册点名，相率登堂，向架罗拜。步伐止齐，肃如行阵。拜毕，头目登座，开讲其经，大指述天主困苦成道颠末。讲毕，众匪齐声朗诵，各各纳钱而退。平日不茹荤酒，凡娶妇，先与头目共寝数夕，方归新婿，名曰供奉，恬不为耻。宰是邑者，以吏役掩护，因循未发。刺史廉得其实，密约武员，托他故，率带兵壮千余人往捕。至则峻宇缭垣，四门固闭，无间可乘。有民壮徐智者，素勇敢，超垣而上，余兵壮叠肩继登，遂开门入。刺史率弁兵围守要隘，又选精强兵壮百名进捕。三头目率众来御，遂获二人，其一遁入内，官兵追之，忽窜入小门不见。恐堕其计，命兵壮四门齐进，历数十户，至一室，见两妇并踞于床，面有惧色，遂搜获之。余匪或擒，或逸。于是将各犯解省，按律惩办。爰毁其堂，改为义学云。按此说惟奉十字架为天主教本色，其茹素敛钱，则各邪教通弊，而非天主教所有。至服饰诡异，妇女供奉，罪为尤重。向闻邪教多托佛老为名，此独托天主为名，可谓每况愈下矣。[51]

由上引文可见，这次城固天主堂改易事件相当具有戏剧性。天主堂被描述为高墙巍耸、易守难攻的异教中心，知县程云最终通过武力打击的方式才得以攻破，最后将其改建为宣扬儒家中心观的义学。尽管这则笔记透露出不少疑点，尤其是存在着将天主教与民间宗教混淆的情况，但其中包含的“崇正黜邪”的象征意义十分明显。在这次改易过程中，深刻体现出了官僚阶层竭力维护帝国儒家价值观的努力。同样，清代禁教时期一些天主堂被改易成祠宇宫庙，也隐含了宣扬本土先贤、神明信仰，以国家正祀来抵御天主教“邪说”的象征意义。雍正八年杭州天主堂被李卫改建为天后宫就是一个典型的例子。

这次改易事件之所以引起普遍关注，其原因是多方面的。首先，主持改易者乃是浙江总督李卫本人。在雍正年间禁教过程中，各地天主堂频遭改易公用，然而李卫却是亲自主持改易活动中地位最为显赫的地方大员之一，所以其举动自然引人注目。其次，李卫将杭州天主堂改为天后宫，曾为此专门上奏请示雍正帝获得准许，被视为国家意志的体现，因此，此举具有非同一般的意义。最后，他曾为此次改易活动专门撰文树碑，这就是著名的《改天主堂为天后宫碑记》，随着碑记广为流传，其举动广为人知。

李卫改易天主堂为天后宫，其理由是天主堂作为宗教公共空间，其建筑形制适合庙宇所用：

顾其制皆崇隆巍焕，非编户之所可居，空之又日就倾圮，去荒诞狂悖之教，而移以奉有功德于苍生之明神，不劳力而功成，不烦费而事集，此余今日改武林天主堂为天后宫之举也。[52]

也就是说，李卫此次改天主堂，首先是其注意到了天主堂建筑空间的独特性。天主堂“崇隆巍焕”，不利于改建民居，尽管其“规模制度，与佛宫梵宇不相符合”，但在功能上与中国传统庙宇并无差别，“字样诸凡合式不用更造，只须装塑神像”，[53]即只要更换崇拜对象便可使用。此外，李卫显然也注意到杭州天主堂的另一个特别之处，即这座建筑曾与清圣祖康熙联系在一起，它是传教士用康熙南巡时所赐银两而建：

西洋人之居武林者，圣祖仁皇帝曾有白金二百两之赐，此不过念其远来而抚恤之，彼遂建堂于此而颜其额曰勅建。夫曰勅建，必奉特旨建造，今以曾受赐金，遂冒窃勅建之名，内外臣工受白金之赐者多矣，以之筑室，遂可称赐第乎。干国宪而冒王章，莫此为甚，他复何可胜道耶。[54]

显而易见，李卫并不认同杭州天主堂为康熙“敕建”之所，他认为这是传教士冒窃清圣祖康熙御赐名义，借此增加杭州天主堂的神圣性与权威性。因此，他希望将之改换为名正言顺的国家认可的宗教神圣空间。康熙二十三年（1684），妈祖被朝廷敕封为“护国庇民妙灵显应仁慈天后”，正式上升为具有帝国象征意义的国家守护神祇，此时利用朝廷禁止天主教之际，将杭州天主堂改易为供奉天后的宫庙，不仅可以正本清源，攘除邪说，同时也包含着借改易天主堂为天后宫的行动以及天后信仰来宣威海外的象征意义。

荒诞狂悖者宜去，则有功德于人者宜祠也。冒窃勅建之名者宜毁，则列在祀典者宜增也。天后之神，姓氏颠末见于记载者虽亦未可尽信，然我朝圣圣相传，海外诸国献琛受朔者，重译而至，鱼盐商贾出入于惊涛骇浪之中，计日而出，克期而还，如行江河港汊之间，而天后之神，实司其职，神之灵应呼吸可通，功德之及民，何其盛哉。诞罔不经者去，而崇德报功之典兴。毁其居室之违制者，改为祠宇，撤其像塑之诡秘者，设以庄严，夫而后武林之人，目不见天主之居，耳不闻天主之名，异端邪说久且渐熄，其有关于风化，岂浅鲜哉。[55]

总之，李卫此举充分利用了天后信仰在清前期社会影响力上升的时机，其改易天主堂为天后宫的行动，深刻隐含着以国家正祀来抵抗异域淫祀的用意。此后，由建筑形制高大巍峨的天主堂改建的天后宫一度成为杭州的一个文化象征，“庙貌隆焕，独冠郡城”。[56]其改易天主堂的行为，也因其撰文树碑而广为流传，成为有清一代官绅间津津乐道的非宗教卫道情感聚焦的一个标志。

有意思的是，鸦片战争结束后，清廷被迫重新允许天主教入华传教。因为法国等列强在不平等条约中加入了归还旧堂产业的要求，于是天主教会在各地纷纷追索上述禁教时期被没收改易的天主堂产业。而在还堂过程中，上述被改易的宗教空间所赋予的象征意义，又再次因为西人的还堂要求而得以展示出来。

值得注意的是，在处理还堂过程中，类似改易成官署、公仓等“世俗类”公共空间的天主堂建筑物及其基址，给还过程中在地方上所引发的争论较少；而与之形成鲜明对比的是，对于已经改成书院、社学、祠宇宫庙等被赋予较强象征意义的“神圣类”公共空间，其还堂过程则曲折复杂，双方之间争执频发，甚至酿成中外交涉事件。例如上述陕西城固天主堂就经历了一番还堂周折。咸丰十一年（1861），法国公使哥士耆就向清政府要求“照约饬还”，然而却历经曲折：“其城固教堂基址已经改建书院，查有碑记可凭。从前曾有就城外三里之大河坝地方给予地亩抵还之议。屡催汉中府，并委员前往妥筹，旋据禀称，传到教人左大元等，皆以主教未到，不敢擅议为词，当经批催商办等情。”[57]直到同治五年（1866），该教堂才将“原址清还”。[58]至于前述著名的杭州天主堂，也经历了一番还堂风波。咸丰十一年，法国领事美理登向总理衙门要求归还杭州天主堂：

> 杭州府旧有天主堂地基，经改建天后宫，亦应给还等语。并将杭州天主堂旧址亩粮图册一本，又抄录改建天后宫碑记一纸，封送前来。[59]

然而，在恭亲王奕䜣等人看来，虽然杭州天主堂改天后宫事实清楚，但因为事涉宫庙，所以其归还并不简单：

> 至杭州天主堂旧址，据美理登抄录前督臣改建天后宫碑记及户口田亩粮税四至地界，并从前置买原委清册。臣等虽未据浙江巡抚知照前来，但所抄碑记，久为人所传诵。而图册亦甚明晰，谅非饰词妄请。既已改为民间庙祀，亦未便遽行给札交还，仍应移咨浙江巡抚，体察情形，如旧地可还，则还之，否则，照依旧址亩数，另行择地，酌量给予，庶于民情抚务两无妨碍。[60]

尽管因为资料所限，我们仅仅知道这座被李卫改为杭州天后宫的天主堂，历经一个多世纪后，又在晚清时期被改回了原来的天主堂，[61]但其中所经历的波折，一定是难以胜数。

在晚清还堂过程中，天主教会往往强调依照条约规定，“各省旧有之天主堂，仍按原地交还方合”，[62]此举显然不仅仅是要求返回旧有产业那么简单，而是同时包含着一种宣示道义平反的特别用意。然而，由于禁教时期旧天主堂改成的祠宇宫庙，历经时光流传、岁月轮回之后，也已经成为地方社会中一种具有重要文化表征意义的“神圣空间”。对于这种富含着地方情感认同的象征空间，承担着本地教化职责的晚清官绅们也是不会轻易让步的，因此双方之间在还堂一事上很容易发生冲突，同治年间长洲（江苏吴县）一则涉及还堂的记载就形象地揭示出了这种情况：

> 蒯德模，字子范，安徽合肥人。咸丰末，以诸生治团练，积功洊保知县，留江苏。同治三年，署长洲。……治有天主堂，雍正间鄂尔泰抚苏，改祠孔子，泰西人伊宗伊以故址请。德模曰：“某官可罢，此祠非若有也。”卒不行。[63]

五 结语

本文通过考察清代禁教期间天主教堂的改易情况，试图说明，对于天主堂这类具有特殊意义的建筑物，在渗透进帝国国家意志后，其改动已不可能只是空间功能的改变这么简单。清代禁教时期，遍处各地的天主堂除了一部分改为官署、公仓等场所，发挥其居住与储粮作用之外，也有相当多数被改为书院、社学、先贤祠、节孝祠、宫庙等带有教化意义的场所。而围绕着天主堂改易过程中，发生了一系列值得解读的事件，由此反映出不同阶层的群体，都力图赋予这次改易天主堂不同的文化意义，或者展示儒学教化，或者宣示国家正祀，这也表明清代帝国官僚阶层竭力维护帝国儒家价值观的努力。而清代后期，随着天主教重新获得传教自由，天主教会在按图索骥、重新夺回天主堂的活动中，也不得不面对清代前期教堂改易过程中所呈现的这种复杂状况，从而为天主堂的改易与还堂，渲染上了一种空间上的隐喻意义。

---

①《清实录，世宗宪皇帝实录》卷十四，雍正元年十二月，第 251 页。

②中国第一历史档案馆编《清中前期西洋天主教在华活动档案史料》第 1 册，北京：中华书局，2003，第 57 页。

③（乾隆）《汉阳县志》卷十三，乾隆十三年刻本。

④（乾隆）《宁德县志》卷二，乾隆四十六年刻本。

⑤（嘉庆）《增城县志》卷四，嘉庆二十五年刊本。

⑥（乾隆）《长沙府志》卷十一，乾隆十二年刊本。

⑦（乾隆）《衡阳县志》卷二，乾隆二十六刻本。

⑧（同治）《新建县志》卷十八，同治十年刻本。

⑨（乾隆）《新兴县志》卷十一，民国二十三年铅印本。

⑩（光绪）《重纂邵武府志》卷八，光绪二十六年刊本。

⑪（乾隆）《江南通志》卷二十二，文渊阁四库全书本。

⑫（乾隆）《华亭县志》卷二，乾隆五十六年刊本。

⑬（乾隆）《江南通志》卷二十二，文渊阁四库全书本。

⑭（嘉庆）《直隶太仓州志》卷四，嘉庆七年刻本。

⑮（道光）《上元县志》卷八，道光四年刻本。

⑯〔法〕杜赫德编《耶稣会士中国书简集：中国回忆录》第 3 册，朱静译，郑州：大象出版社，2001，第 293 页。

⑰（乾隆）《湘潭县志》卷十一，乾隆二十一年刻本。

⑱（乾隆）《湘潭县志》卷二十一，乾隆二十一年刻本。

⑲（乾隆）《江都县志》卷七，乾隆八年刊，光绪七年重刊本。

⑳（同治）《南城县志》卷二，同治十二年刻本。

㉑《雍正上谕内阁》卷五十八，文渊阁四库全书本。

㉒（光绪）《江西通志》卷一百三十一，光绪七年刻本。

㉓张伯行：《正谊堂续集》卷一，清乾隆刻本。

㉔蓝鼎元：《鹿洲初集》卷十一，文渊阁四库全书本。

㉕（乾隆）《福州府志》卷十一，乾隆十九年刻本。

㉖（乾隆）《将乐县志》卷十四，乾隆三十年刻本。

㉗（乾隆）《福清县志》卷五，光绪二十四年重刻本。

㉘（民国）《新绛县志》“名宦传”，民国十八年铅印本。

㉙（光绪）《直隶绛州志》卷三，光绪五年刻本。

㉚（光绪）《山西通志》卷三十五，光绪十八年刻本。

㉛（道光）《新会县志》卷三，道光二十一年刻本。

㉜（乾隆）《保昌县志》卷五，乾隆十八年刻本。

㉝（嘉庆）《郴州总志》卷十三，嘉庆二十五年刻本。

㉞（民国）《宁化县志》卷十二，民国十五年铅印本。

㉟（乾隆）《建宁县志》卷七，清内府本。

㊱《延平府志》卷十三，同治十二年徐震耀补刻本。

㊲（乾隆）《长洲县志》卷六，乾隆十八年刻本。

㊳（光绪）《平湖县志》卷九，光绪十二年刊本。

㊴（嘉庆）《临桂县志》卷十五，嘉庆七年修、光绪六年补刊本。

㊵（嘉庆）《直隶太仓州志》卷五十一，嘉庆七年刻本。

㊶（乾隆）《绍兴府志》卷三十七，乾隆五十七年刊本。

㊷陆以湉：《冷庐杂识》卷一，咸丰六年刻本。

㊸（乾隆）《杭州府志》卷七，乾隆刻本。

㊹（同治）《上海县志》卷三十一，同治十一年刊本。

㊺（咸丰）《琼山县志》卷四，咸丰七年刊本。

㊻（乾隆）《续河南通志》卷十三，乾隆三十二年刻本。

㊼（乾隆）《武城县志》卷十四，乾隆十五年刻本。

㊽（乾隆）《岳州府志》卷十五，乾隆十一年增修刻本。

㊾（光绪）《平湖县志》卷九，光绪十二年刊本。

㊿陈文述：《颐道堂集》，“文钞”卷三，嘉庆十二年刻、道光增修本。

(51)程岱葊：《野语》卷九，道光十二年刻、二十五年增修本。

(52)（雍正）《浙江通志》卷二百十七，文渊阁四库全书本。

(53)中国第一历史档案馆编《清代妈祖档案史料汇编》，北京：中国档案出版社，2003，第37页。

(54)(55)（雍正）《浙江通志》卷二百十七，文渊阁四库全书本。

(56)翟均廉：《海塘录》卷十一，文渊阁四库全书本。

(57)(58)(59)(60)(62)中国第一历史档案馆、福建师范大学历史系合编《清末教案》第1册，北京：中华书局，1996，第535、579、197~198、198、515页。

(61)（民国）《杭州府志》卷九，民国十一年本。

(63)赵尔巽：《清史稿》，“列传”二百六十六，民国十七年清史馆本。

作者简介：张先清，厦门大学人文学院教授、博士生导师。

[责任编辑：陈志雄]

（本文原刊2015年第4期）

近代中国天主教徒的皈依动机

——以直隶乡村地区为中心的考察

李晓晨

[提　要] 近代以降，直隶乡村一些民众纷纷皈依天主教。对于这一历史现象，传统史学多从“吃教”“仗教”等方面予以阐释。依据宗教心理学和社会学的理论，直隶乡村教徒的皈依动机可归为八种类型：理智型动机、实验型动机、神秘型动机、感情型动机、社会型动机、婚姻家族型动机、宗教功利型动机和世俗功利型动机。在这八种皈依动机中，前五种动机属于纯宗教式的皈依，后三种动机或多或少地受外在条件和功利目的影响。婚姻家族型和宗教功利型动机属于半宗教半世俗式皈依，世俗功利型动机则为纯粹的世俗式皈依。

[关键词] 天主教徒　皈依动机　直隶乡村

近代以降，天主教会随着西方列强对中国的军事侵略迅速扩张和发展起来，皈依教徒人数甚多。在宗教心理学上，皈依通常是指从不信仰宗教转到信仰宗教，或者是从一种信仰传统转到另一种信仰传统。[①]由于个人条件的限制及社会环境的不同，人们加入宗教团体的动机各不相同。目前，学术界虽有个别学者对近代天主教徒的皈依动机给予一定关注，但缺乏系统分析和深入研究。笔者根据宗教心理学对于皈依的定义和分类，拟以直隶乡村地区为例，对近代中国天主教教徒的皈依动机做一类型学的分析和诠释。

一　理智型和实验型动机

所谓理智型皈依，乃是“通过书籍、电视、文章、讲座和其他对社会影响不太重大的媒体来寻求关于宗教或属灵问题的知识。皈依者主动探索分析以决定是否皈依。一般来讲，其信仰产生于参加宗教礼仪或加入相关组织之前”。[②]实验型动机，指人们先对宗教进行考验，然后才做出承诺。[③]这两种皈依动机的共同点是都经历了一个相当长的时间过程，是一种渐进的皈依方式。

（一）理智型动机

近代以来，直隶乡村一些略有文化的教徒的皈依属于理智型动机。他们主要通过阅读宗教书籍，研究天主教教理，在理解与认同的基础上，进而加入教会。

综观《拳时北京教友致命》和《献县教区义勇列传》两套资料，统计教徒近5000人，其中通过研读宗教书籍渐近皈依天主教的乡民甚少，典型事例不逾十例。这种状况，充分说明清季同光年间知识分子很少皈依天主教的事实。笔者对《拳时北京教友致命》（以下简称《致命》）一书中教徒职业分册作了统计，总计有明确职业记载者共512人，以务农者居多，共计254人，占49.61%，其次为手工匠人62人、仆人佣工52人、杂役46人，四者合计414人，占总人数的80.86%。另有行医者18人、教书者4人、官差者15人、洋差者6人、商人55人（其中小商贩29人、开铺商人22人、不详者4人）。[④]这些务农者、佣工仆人、手工匠人及杂役基本处于文盲及半文盲状态，缺乏阅读书籍的能力。教书、行医等职业者虽拥有一定的文化知识能力，但人数较少，两者相加不过20余人。而以商贩、官差、洋差等谋生的乡民文化知识水平亦不高。从上述教徒职业分类统计看，晚清直隶教徒多以下层平民百姓为主体，乡村知识分子与士绅基本淡出教徒群体之外。主要原因在于天主教会触动了士绅的利益，遭到他们的排斥。同时，近代天主教带有的殖民主义色彩伤害了民众特别是知识分子的民族感情，他们不愿意加入被视为外国教的天主教。相反，那些处于社会下层的乡村民众，因面临动乱、灾荒等方面的威胁，往往易于被劝化入教。

理智型皈依作为纯宗教式的皈依，是对宗教教义的真正理解和信服。这种皈依因受民众个人文化水平的制约，一般发生在略有文化、粗识文字的民众身上，对于文盲民众则不适用。近代直隶乡村，理智型皈依的天主教徒并不占多数。

（二）实验型动机

在近代直隶乡村教徒皈依天主教的过程中，存在民间秘密教门成员及其他宗教教徒改信天主教的现象。笔者经过研究发现，直隶秘密教门成员的皈依并不像周锡瑞（Joseph W. Esherick）对山东研究的那样，“教派组织成员改信基督教的最普通动机是为了逃避政府的迫害”。[⑤]在直隶乡村，一些民间秘密教门成员改信天主教的主要原因在于“好道”。针对两种宗教教义的不同甚至对立，这些教徒没有盲目排斥或信奉，而是经过考验、对比、研究，然后才做出承诺，改信天主教。北京白鹿寺人白本笃入一炷香教，与信奉天主教的族兄辩论道理三年，渐为天主教的一些道理折服，终于领洗进教。[⑥]中国民间秘密教门种类繁多，教义纷杂。与天主教相比，其教义缺乏相应的哲学深度与理论根基，在解释世界起源及人类生死等重要问题上不如天主教教义完整、深刻。民间秘密教门的一些教徒正是认识到两者之间的上述差异，在宗教对比过程中逐渐接受天主教。

如果说民间秘密教门较之天主教存在教义上的劣势，那么，与天主教教义基本类似的耶稣教教徒为什么改信天主教呢？这一问题可以从下述事例中找到答案。原为耶稣教徒的涿州杨家楼村民李庆和听天主教徒说“耶稣教是路德马丁所立，谓之裂教，万不能救灵魂”，“始知迷途误人，急思弃假归真”。[⑦]故城县小月庄韩坤平为寻找真教，“舍离了祖传的外教进了誓反教（耶稣教），到后来见誓反教论说纷歧不相统一，遂又舍弃了誓反教进了天主教”。[⑧]上述耶稣教徒改归天主教的原因有二：一是认为耶稣教为裂教，天主教为正统教；二是认为耶稣教派门林立，论说分歧，天主教组织完整，教义严密。这些教徒限于自身条件，不可能对两教的教义进行充分的研究，只能把一些基本教义做对比，由此得出不利于耶稣教的结论，导致部分耶稣教徒转奉天主教。

在他教改信天主教的教徒中，佛教徒占相当大比例。这些佛教徒在接触到天主教后，多被天主教不同于佛教的新鲜教义所吸引，进而验证考察，直至最终领洗入教。武清县牛镇村佛教徒阎大海的邻居皈依天主教后，向其讲解天主教死后救灵魂、升天堂享永福的道理，大海觉得“句句入耳动心，情愿保守奉教”。[⑨]阎大海皈依天主教的事例说明，天主教在解释生从何来、死归何所等人生诸重要问题方面确实存在一些独到见解，其迥异于佛教的教义让长期浸润在佛教文化中的教徒耳目一新，这些教义爱好者本着对宗教的考验与追寻，逐渐接受了天主教。

实验型皈依动机亦是一种纯宗教性质的皈依。皈依者出于对新宗教的兴趣与爱好，开始对新宗教进行研究、考验，或皈依新宗教，或坚持原来信仰。前文所述例子属于前者。当然，他教改信天主教的人毕竟是少数，绝大部分他教教徒出于维护自身宗教考虑，对天主教多持排斥态度。

二 神秘型和感情型动机

神秘型皈依通常是指由幻象、幻音或其他离奇的体验引起的突发的、精神创伤性的顿悟。感情型动机是指个人在遭受生理、心理或经济等方面的“丧失”时，出于感情需要而皈依宗教的现象。“在感情型皈依中，人际关系应作为皈依过程中的重要因素。其中最关键的是：被一个团体及其领袖人物们关爱、呵护和认可的个人经历。”[⑩] 从上述两种皈依动机的特征看，两者都是一种突然发生的、非理智的皈依。

（一）神秘型动机

近代直隶乡村天主教徒自述因异象、异音和其他超自然的神秘体验而皈依天主教的不乏其人，其中最典型的当属获鹿县西里村（今属石家庄市）一个秘密教门成员皈依天主教的事例。该村约有 20 户村民属于白莲教，可其中有几个人相信听见一个神秘的声音，命令其“寻找十字架”。他们到河南和山西各地寻找“十字架”，但一无所获。后来其中两个人到邻村帮工，偶然在一个教徒家中看到一本祈祷书，该书以“Per Siqnum Crucis”（通往十字架）一词开始。他们忽然意识到这就是一直寻找的宗教。听了解释并读了该书后，他们与同村人至正定府拜见了董若翰主教，受洗成为虔诚的天主教徒，邻村东焦村等也愿信奉天主教。[⑪] 从该事例看出，神秘声音是引导西里村这批秘密教门教徒放弃原来信仰而皈依天主教的主要原因，是典型的神秘型皈依。

神秘型皈依教徒中有人自述曾梦见已故亲人、乡邻“显灵”，从而导致他们入教。河间县蔡间村秘密教教徒王端林说，是其哥王端升死后“发显”给了他，才突然改信天主教。[⑫] 在宗教徒看来，兄弟关系紧密，亲人“托梦”“显灵”等尚属人之常情，不足为奇。下述发生在深县高士庄的事例，则被教徒看作是一个灵迹。此村天主教徒刘本原在义和团运动时致命，七八年后，该村大香头刘洛三临死时忽然说：“刘本原奏着音乐来迎接我了，我愿意奉教，跟他去升天堂。你们快去请奉教人来给我付洗。”其领洗后不久去世，临终前嘱咐全家人学经奉教。[13]刘洛三与刘本原并无亲近的血缘关系，且时隔久远，刘洛三又为大香头，笃信佛教，照常理讲刘洛三与刘本原不可能有“托梦”“显灵”的机会。正是在这样一种情况下，刘洛三自述的异象被天主教徒看作是刘本原死后已升天堂的证据，刘洛三的皈依属于神秘型皈依动机。

神秘型皈依作为典型的皈依现象，在直隶乡村民众中发生较多。这些神秘体验多由教徒自述得来，或是梦境，或是幻象，抑或是偶发事件，无法验证其真实性，加之教会极力烘托渲染，更增加了它的神秘色彩。对于乡民来说，那些让他们无法理解的异音、异象等，无疑激起了其对天主的崇敬与恐惧，促使他们下决心皈依天主教，从而完成向天主教的神秘型皈依。

（二）感情型动机

在宗教心理学中，多数学者把心理冲突与感情需求作为皈依宗教的一个重要因素。美国学者查理斯·Y. 格洛克引入“短缺”这个概念。“短缺”的英文原文为“deprivation”，含有被剥夺、丧失等意，社会学家用它来表示人们需要有或应该有的东西却由于某种原因而未得到。“短缺”导致人们心理冲突与感情失衡。为了寻求感情的放松和理性的解释，皈依带有彼岸世界性质的宗教群体成为逃避艰难现实的自觉与不自觉的手段。宗教团体及其领袖和成员对“短缺”人员的照顾、关爱与抚育，慰藉了他们的心灵，促成了他们对宗教的皈依。这种皈依在宗教心理学上被称为感情型皈依动机。

近代直隶乡村部分教徒的皈依属于感情型皈依。以任邱县石家营村刘王氏为例，她被丈夫虐待、抛弃后，与幼子靠乞讨度日。段家坞连姓教徒见其可怜，借房让其住，又给她银钱，教她做小买卖糊口。在刘王氏母子生活安定后，连姓教徒开导劝说她皈依天主教。后刘王氏母子都领洗进教。[14]刘王氏属于典型的感情型皈依。她身处社会最底层，心理受到严重伤害。在此种状况下，连姓教徒的关爱与帮助对她无疑是最好的感情支持，其所介绍的“穷人安身顺命，死后可以升天堂”的天主教道理也容易为刘王氏认同，为她贫穷困苦的境遇提供了很好的心理慰藉。出于对连姓教徒的感激与对天主教的感情需求，刘王氏皈依了天主教。

在感情型皈依的教徒中，有一类特殊的人群比较引人注目，那就是狱囚。作为社会中的一个特殊群体，狱囚身陷囹圄，丧失了最起码的人格和自由，有些死刑犯甚至被剥夺了生命的权利。多数狱囚感情麻木，心灵扭曲，精神萎靡，失去了生活的意义与目的。这些为社会所不齿的狱囚，自民国以后逐渐为天主教人士所关注，成为他们劝化的对象。较早开展狱囚皈依的是北平公教进行会。自1929年秋开始，北平公教进行会宣讲团在各监狱宣讲，成效卓著。后又赴天津提倡。至1930年12月，天津公教宣讲团在第三监狱宣讲22次，该监狱罪犯李铭决意保守进教。[15]安国、宣化、献县等直隶其他地区也纷纷开展狱囚皈依工作。在河北宣化府，1936年出席公教进行会成员举办的演讲会的犯人数目众多，权威部门只好批准用篱笆围起的场地做讲演所去容纳他们。[16]

上述资料表明，民国时期特别是20世纪30年代以后，直隶各教区乃至全国天主教界都非常注重对狱囚的皈依。天主教会深知狱囚缺乏人们的关爱与同情，这时天主教人员伸出友爱之手，可以赢得他们的信任与感激。天主教救灵、赎罪及天堂、地狱等教理，又给狱囚们深怀罪恶感的心灵带来了安慰。据教会文献记载，囚犯在没有听天主教道理之前，往往厌世悲观，其后则眉开眼笑，痛苦大减。正是出于精神支持与心灵慰藉的需要，一些囚犯皈依天主教，甚至一些死刑犯出于死后救灵考虑，也在刑前领洗进教。因此，把狱囚皈依归为感情型动机应是成立的。

三　社会型和婚姻家族型动机

社会型动机，就是最初是朋友或其他社会联系使这个人参与宗教活动，[17]从而皈依宗教的现象。婚姻家族型动机是社会型动机的一种变异形式，在婚姻家族型动机中，影响个人皈依宗教的是有姻亲或血缘关系的家族成员。由于社会联系的复杂和婚姻家族关系的特殊，近代直隶乡村教徒社会型和婚姻家族型动机的表现也不尽相同，兹分几种情况阐述于下。

（一）受宗教教育影响的社会型动机

兴办学校、发展教育是天主教会文化传教的主要方式之一。教会学校一方面可以造就天主教人才，提高天主教徒在社会上的地位，另一方面，也可以吸引部分教外学生入学。直隶乡村教会设立的学校中，最著名的当属天津工商大学。它由直隶东南代牧区的法国耶稣会士于1921年在天津筹建设立，1923年9月正式开学。初设大学和大学预科，1930年改预科为附属高级中学，1931年秋设立初中部。大学部、高中部及初中部均向全社会招生，且不奉教学生占绝大多数。学生除接受普通教育外，也从以下几个方面受到宗教教育的影响：其一，授课神父、修士及修女的宗教教育和宣传；其二，奉教学生成立了圣母会和公教青年会等宗教组织，他们在教外学生中积极宣讲天主教教理；其三，学校频繁的宗教仪式营造了浓厚的宗教氛围，部分教外学生尝试参加一些宗教仪式。由于老师的宣传、同学的劝导以及宗教氛围的熏陶，部分学生逐渐皈依天主教。1923～1950 年天津工商大学共有 672 名学生领洗入教，这在奉教学生中占一定的比例。以 1934～1935 年度为例，本学年领洗学生 31 人，占大中学生总数（613 人）的 5%，占所有奉教学生（179 人）的 17%。[18]

教会学校学生的皈依属于社会型皈依。这些学生有文化，能阅读一些宗教书籍，研究天主教教理，最后才皈依天主教，他们的皈依也带有理智型皈依成分。不过从他们的皈依过程看，教会学校的影响是他们皈依天主教的先决条件，笔者把这些学生的皈依归为社会型动机。

（二）受朋邻雇主劝化的社会型动机

在近代直隶乡村社会中，一些乡民在与信仰天主教的邻里、朋友及雇主等日常社会联系中接触天主教，经过一段时间的了解与学习，部分人皈依进教。这种皈依，是典型的社会型皈依。以顺天府武清县小韩村开教为例，乾隆年间，先有蔡姓奉教者移至该村，在接触过程中，李姓兄弟被蔡姓劝化，情愿奉教。此后，该村阎姓被李、蔡二姓劝化奉教，董姓、刘姓也相继进教。[19]与此类似，宝坻县田泗庄、香河县牛牧屯及大兴县白鹿寺村开教均属社会型皈依。

在直隶乡村教徒社会型皈依中，佣工皈依的现象较为普遍。笔者对《致命》一书教徒职业做了统计，计有佣工、仆人 52 人，其中 16 人是被主家劝化入教，加之一些杂役等，共有 20 名佣工、仆人及杂役皈依天主教。[20]这些长年在教徒家佣工的乡民由于受到雇主家宗教环境的影响，对天主教有了一种感性认识。主家教徒对天主教的宣扬与介绍，增加了他们对天主教的理性认识，加之与主家多年的关系与感情，更易于接受主家所推崇的天主教。可以说，主家的宣传与劝导对佣工、仆人及杂役的皈依无疑起了决定作用，他们的皈依属于典型的社会型皈依。

（三）家族血缘型动机

近代直隶乡村社会，对于生活在同一家族中的成员来说，家族成员的相互影响对于宗教皈依相当重要。特别是当家庭主要成员（一般指男性家长）皈依宗教后，他往往带动整个家庭或家族集体入教。在父母是教徒的家庭中，其子女出生就要领洗，经过父母教育及家庭宗教环境的熏陶，子女自觉或不自觉地接受了父母的宗教信仰。父母的宗教信仰一代代传承下去，逐渐演变成家族信仰。在此家族中，家族成员对祖先宗教的皈依已成为自然而然应该完成的一种程序。这种皈依在宗教心理学上被称为不知不觉的皈依。在皈依过程中，家族血缘关系是造成皈依的重要因素，笔者将这种皈依称为家族血缘型皈依。

家族血缘型皈依是直隶乡村教徒皈依的一种主要形式。宛平县八亩堰村的谭兴鸿领洗后，其妻及女儿亦相继领洗入教。[21]宝坻县种佃营崔连功领洗后，即劝母亲妻子全家奉教。[22]上述事例，都是作为一家之主的男人奉教后，妻子儿女基本相随进教。这种状况是由中国男尊女卑、父慈子孝等封建传统伦理道德所决定的。相反，如果家中主妇首先信奉天主教，往往受到公婆、丈夫的责骂，很少能劝化一家人集体入教。蠡县莲子口村村正之妻赵氏领洗后，遭丈夫暴打，不许其入堂瞻礼，不许其守教会会规等。[23]有鉴于此，传教士在传教的过程中，最为欢迎全家人口或家主人入教，“女子和少年不甚欢迎，恐其不能自由，半途改变”。[24]

家族血缘型皈依最重要的一种方式是家族信仰的延续与继承。在近代直隶乡村，自小因承袭家族信仰而皈依天主教的教徒在全部教徒中占相当大比例。笔者对《致命》一书中所列平信徒（不含神职人员）按不同年龄阶段列表做了统计，共计 3709 人，其中有明确年龄记载的 3409 人，由于前 3 卷所列 643 名教徒多为北京市居民，不在直隶乡村教徒范围之内。这样，后 15 卷所列直隶乡村教徒共计 3066 人，有明确年龄记载的乡村教徒 2907 人，其中 10 岁以下儿童 803 人，占 27.62%，11～20 岁教徒 540 人，占 18.58%，两者合计占 46.2%，[25]几乎占有明确年龄记载教徒的一半。这样大的比例，一方面说明幼小教徒在义和团运动中由于缺乏自我保护和逃跑能力被杀较多外，另一方面也反映出直隶乡村教徒自幼领洗的现象较为普遍。

（四）婚姻型动机

近代中国乡村民众除了因地缘和血缘而形成的街坊、邻里、家族等社会关系外，婚姻关系也是一种较为重要的社会关系。乡村民众因联姻而结成的姻亲成为他们社会联系的重要纽带，一旦某位亲戚皈依天主教，其他亲戚就有可能受其影响而进教。这种因姻亲关系皈依进教的现象，笔者称为婚姻型皈依。

直隶乡村因姻亲关系而奉教的现象较为普遍。在永年教区 140 个堂口中，有 20 个堂口因姻亲关系而开教。开教于 1902 年的贤店村因村民白姓女子与新化营教徒结亲，来往介绍，学经入教。[26]因姻亲关系而皈依进教只是婚姻型皈依的一部分，典型的婚姻型皈依是婚姻双方当事人因婚姻关系而引起的皈依现象。笔者统计《致命》一书中因婚姻关系使夫妇双方皈依进教者共计 50 人，排除 5 名未在致命之列的教徒外，占该书所列 3709 名致命平信徒的 1.21%，占非自幼奉教教徒（共 363 名）的 12.40%。[27]这个比例说明因婚姻关系而皈依进教的教徒在直隶乡村占相当大的比重。上述 50 位教徒中，只有两位是男子，其余 48 位全是妇女，充分反映了近代直隶乡村男尊女卑思想的严重。多数乡村妇女由于受"在家从父，出嫁从夫"等封建思想的束缚，对父母包办的婚姻总是无条件接受，一旦她们嫁给教徒为妻，多数会听从丈夫的劝告，随从丈夫的信仰。因此，近代直隶乡村因婚姻关系皈依进教的女子要远远超过男子的数量。

四　宗教功利型和世俗功利型动机

与西方基督教国家相比，中国是一个多神论的国家。多神论现象的实质在于皈依者的实用功利动机。在天主教的传播过程中，一些乡民认为天主比其他众神灵验有效，从实用主义的功利目的出发，最终皈依了天主教。这种皈依既带有一定的宗教成分，更带有实用功利目的，因之称为宗教功利型皈依。世俗功利型动机是指完全没有宗教成分的皈依，皈依者纯粹出于世俗目的和实际利益需要而加入天主教。

（一）驱魔功效型的宗教功利型动机

在中国民间信仰中，附魔和驱魔的观念是很普遍的，由此衍生一批以驱魔为职业的巫师等。他们宣称能以符咒、"仙术"等手段降妖伏魔，引起乡村民众广泛信仰。在天主教与民间信仰的较量中，宗教的灵验性成为它们吸引民众信奉的关键。为了争取大量信众皈依天主教，一些传教士和教徒经常充当驱魔士的角色。永年教区田水庄袁炳政因母屡患附魔病，请奉教先生为其母驱魔治病，并许诺好后全家人入教，半月后母病果好，因而全家领洗。[28]1934 年，交河县淮家洼村王泉亭请司铎佘裕仁为其家驱魔成功后，乡民惊异，"有突变平素蔑视信友态度者，有来叩问公教道理者，甚有改奉公教者。二旬之间，请司铎到家驱魔者，竟有四五十家之多"。[29]

天主教的宗教仪式是否真的具有驱魔功效，迄今仍缺乏相应的科学依据。就近代直隶乡村的多神信仰传统而言，某些乡民对天主教的驱魔功效毫不怀疑。一旦认为天主教比传统民间宗教更为灵验有效，便毫不犹豫地领洗入教。从其皈依动机看，主要是实用功利目的使然。当然，其皈依并不完全是纯粹的功利目的，还含有一定的宗教动机。传统的附魔观念及鬼魂信仰为乡村民众接受天主教的魔鬼观念准备了前提。正是本着实用功利目的的驱动和对天主教基本教义的某些认同，部分乡民在天主教驱魔“成功”后自然而然保守奉教。他们的皈依被称为宗教功利型皈依。

（二）天堂吸引和地狱恐惧型的宗教功利型动机

天主教作为一种信仰体系，对“生从何来、死往何所”等人们最关心的问题做出不同于其他宗教的阐释。天主教认为，人是由天主所创造，人只有信仰天主，死后灵魂才有可能进入天堂。那些不肯相信、不肯悔改的人，死后灵魂会下地狱，受地狱的苦痛，即“永火”。相对于天主教来说，佛教所阐释的涅槃彼岸对芸芸众生的小民来说是难以企及的，他们只能根据自己的功绩和过失引起的果报在“六道轮回”中沉浮流转，永无了期。在这种情况下，深受佛教影响的直隶乡民一旦接触天主教，多为天主教所宣扬的天堂美景所吸引。对于实用功利的乡民而言，天堂作为人之灵魂的终极归宿，不仅使他们摆脱了无休无止的“六道轮回”，而且他们的灵魂升入天堂比进入佛教涅槃彼岸容易得多。在他们看来，只要信仰天主，遵守教规，死后灵魂就可以得救。出于对天堂向往和对地狱恐惧的宗教功利性目的，直隶乡村一些民众皈依了天主教。

天津宝坻县后六家口村程永才的皈依属于典型的天堂吸引型动机。程永才在天津作活时，“常闻圣教道理，恭敬一个天主，死后方能救灵魂，升天堂，便立志信教”。[30]升天堂、享永福是乡村教徒普遍而真实的愿望，特别是对一些年老的乡民有更强的吸引力。以通州龙庄刘国禄之母为例，其屡次拒绝信奉天主教，80岁时，自觉终期已近，担心死后无人为她焚香烧纸，祭奠她。在孙女劝说下，立时保守教规。[31]刘国禄之母表面担心死后无人祭奠，实际是对死亡充满了焦虑，临近终期的她渴望进入天堂。出于这样的功利目的，她毅然皈依了天主教。

直隶乡民在对天堂充满向往的同时，对地狱则更加恐惧。中国佛教及民间宗教中，不乏对地狱的恐怖描绘。尽管天主教描绘的地狱与乡民熟知的地狱有很大不同，但地狱给他们所带来的恐惧感是相同的。对地狱深深的恐惧感是促使部分乡民入教的真正动机。天津宝坻县小薄甸村刘柱儿在教徒王静安剃头铺做饭，王静安常劝其奉教，“伊初闻不欲，后闻不奉教恭敬天主，死后下地狱、受永苦，伊甚畏之，即方欲保守奉教”。[32]刘柱儿的皈依属于典型的地狱恐惧型动机。

无论是天堂吸引型还是地狱恐惧型动机，均是对彼岸终极目的的追寻与关怀。这种追寻与关怀除建立在对天主教基本教义一定理解的基础上外，也具有某些功利目的。与佛教的彼岸世界相比，天主教的天堂乐园不仅具有更强的吸引力，而且简单易行，普通教徒一般都可以达到灵魂得救的目的。这就解脱了佛教生生死死“六道轮回”的烦恼，灵魂从此得到永生。同样，当某些乡民闻知不奉教灵魂将要下地狱时，出于对地狱的恐惧，赶紧领洗进教。因此，天堂吸引型与地狱恐惧型动机不仅具有宗教成分，亦包含一定功利目的，属于宗教功利型动机。

（三）诉讼型的世俗功利型动机

近代以来，天主教会利用不平等条约所获得的治外法权，干预地方政务，介入民间词讼，“成了政府中的政府”。[33]天主教会的政治优势吸引了普通乡民的注意。长期以来，他们一直处于官僚、绅士的强权压制下，毫无社会地位和政治权利。当无奈、悲哀的乡村小民看到教会拥有对抗地方官僚、绅士的权力时，出于维护生存权利的需求，转向教会寻求保护。一些传教士则利用乡村民众的上述心态，以帮助打官司为承诺，吸引乡民入教，由此开创了诉讼传教方式。

直隶西南宗座代牧区主教董若翰是诉讼传教方式的代表。仅他亲自处理的案件即有多起，新乐县东田事件是其中典型的案例。该县南青铜村一张姓富户仗势欺压邻近东田村村民，东田村民状告张家未果，遂去见董主教，并许诺：如果主教能保护他们，就全部信教。主教施加影响，使张姓富户的张四彪被杀。东田村民感到高兴，主教为他们派了要理老师，其后建了一座小堂。“董若翰时代有100多人，现在有300多名教徒，成为那个堂区的主要地方。”[34]

上述因诉讼而入教的乡村教徒，多数是迫于官僚与士绅的欺压，为求得生存，以入教为条件，寻求教会保护。可以说，他们入教是在世俗功利目的驱使下，为挽救生存危机而进行的迫不得已的选择。当然，在诉讼式教徒中也不乏恃教为护符的不法乡民。教会在义和团运动后逐渐放弃了令人诟病的诉讼传教方式，诉讼教徒也随之减少。

（四）政治庇护型的世俗功利型动机

天主教会在近代中国的特殊政治地位不仅为一些乡民赢得诉讼，也为那些遭到政治迫害和强权欺压的乡民提供了保护。一些乡民出于躲灾避难的世俗功利目的入教，以寻求教会的政治庇护。

近代直隶乡村因不同原因遭受政治迫害的乡民多种多样，其中之一为秘密教门组织成员。周锡瑞指出，秘密教派组织成员入教的根本原因是政治方面的：他们需要保护。[35]周锡瑞的研究主要反映了山东省的状况，直隶乡村民间秘密教门成员为躲避政府迫害而入教的现象不如山东省典型与普遍。在现有资料中，笔者仅发现几则材料。其中一则是周锡瑞书中所提到的资料：19世纪70年代，在直隶东南部地区有5000～6000名白莲教徒皈依了基督教。[36]另一则材料是广平县张洞村开教。1850年左右，南方柰卦在广平、肥乡一带暴动失败后，改奉天主教者颇多。张洞村张兴旺等多人一同入教，其目的在奉天主教后，支应门户，不被逮捕。[37]这里秘密教门成员躲避政府逮捕、寻求教会保护的功利目的十分明显，是典型的政治庇护型动机。

在周锡瑞的研究中，土匪亦经常寻求教会保护。他们因怕捉拿“摇身一变成了天主教徒”。[38]周锡瑞由此得出结论：皈依基督教者绝大多数是秘密教门成员、土匪和穷人。[39]对于周锡瑞阐述的山东模式，李仁杰提出不同看法。他从总理衙门的案例和法国传教士的信简中都没有找到土匪团伙为直隶地区天主教所吸收的证据。在大多数村庄，至少在地方权力斗争这个阶段，天主教徒似乎同传统的教门、土匪相冲突。[40]笔者尽管也未找到直隶乡村大批土匪加入天主教的证据，但并不否认有土匪皈依天主教的事实。直隶东南代牧区即有一例。1867年，大名府张东村的土匪因抢劫犯法。他们找神父鄂答位帮助，神父为四位主要人物领洗后去见长官，说他们已成为教友，保证完全悔改。[41]就普通乡民而言，加入会匪与加入天主教并没有本质区别，都是其摆脱生存危机的一种手段。如果秘密会门或土匪组织不能保护其生存权利，他们转而会加入天主教会。

在政治庇护型皈依动机中，因躲避战乱而入教的乡村教徒属于其中的一种类型。直隶乡村社会自近代以来，战乱频仍。一些民众为躲避战乱寻求天主教堂的庇护，抗日战争中这种现象尤为明显。大名1937年冬被日军侵占后，男女老幼数百人涌入天主教堂避难，避难男女纷纷要求受洗入教，于是教徒大增。[42]

直隶乡村教徒政治庇护型动机除上述几种情况外，还有部分义和团团民害怕教徒、教会报复而入教。涿县百尺竿乡细各庄原本无天主教徒，该村义和团曾攻打过西什库教堂，运动失败后法国人到处追杀义和团员，并扬言说“只要奉天主教，就可以不杀”。一些人为了活命就奉了教。[43]细各庄一些义和团员之所以从反教斗士陡然变成天主教徒，主要原因是害怕教会报复，他们的入教是政治色彩很浓的皈依。

直隶乡村向教会寻求政治庇护的乡民成分相当复杂，既有反抗政府的教门成员，也有扰乱社会的土匪；既有走投无路的义和团团民，也有躲灾避祸的普通乡民。他们在面临生存危机时，出于世俗功利目的，都向教会寻求庇护。教会利用治外法权等特权，为上述各类人提供保护，引起民众不满。特别是土匪等人的入教，极大损害了教会形象。在口述资料中，有人认为“当时入教的没有多少老实庄稼人，都是一些小偷、贼、土匪、有罪作案的”。[44]这种说法虽言过其实，但也代表了社会部分人士对教会的看法。当然，教会为战祸中的乡民提供保护，则引起了当地乡民的称赞与感激。可以说，政治庇护型皈依是直隶乡村教徒在特定历史环境下，做出的一种有利于自己生存的选择，是世俗功利型动机的主要类型之一。

（五）生计所迫型的世俗功利性动机

近代直隶乡村多数农民入不敷出，生活在贫困线以下。面对乡民的贫困与灾荒，天主教会开创了以经济救助为手段的传教方式。在物质利益的刺激下，一些为生活所迫的贫民与灾民出于生计需要的功利目的入教，以寻求教会的经济救助。

直隶乡村最需要救助的是生活无依的孤寡老人和年幼孤儿。他们由于得不到政府及社会慈善机构的有效救助，濒临死亡。在这种困境下，一些人只得皈依天主教，来寻求教会慈善机构的帮助。涿州北张村的边玛利亚年老无依，求教徒送到仁慈堂中保守，“始沾领洗之恩，后在南堂养老院中养老”。[45]东安县北长道村张自海弟兄二人幼年父母去世，家贫无度。他们求教徒送至南堂为婴孩，数年后领洗。[46]

除孤苦无依的老人、孤儿外，一些在生活上突然遭遇严重经济危机的贫民为从教会获得救助，也本着世俗功利目的加入天主教。最典型的事例是河间县范家圪垯村的开教。1877 年该村亢旱成灾，村民外出讨饭。灾后回家，因缺乏农器、牲畜无法种地。村人拜见神父贺乐耽，求借一头毛驴，并许诺说：“若蒙神父垂允，我们十来家人，都一齐奉教。”司铎出钱让村民买驴耕地，村民从此保守奉教。[47]

近代以来，购买或租贷大量土地吸引移民耕种，进而促使移民奉教是塞外天主教会的一种重要传教方式。为了吸引关内移民，教会规定了三个办法：一是以低价租给迁来的人民以田地、农具、耕牛；二是代迁来的人修盖房舍，建立新村；三是确保治安。[48]教会的这些优惠条件使大批移民接踵而至，他们在物质利益的刺激下纷纷加入天主教，由此形成了南壕堑、七号村、平定堡（今沽源镇）、公会村、锥子山（今围场镇）、沙拖（陀）子等多处教徒村。

灾民是世俗功利型动机最为典型的入教人群。近代以来，直隶乡村灾荒频仍。许多传教士加入赈灾行列，由此开创了赈灾传教方式。教会以各种方式对灾民实行赈济，但前提是灾民必须研究教义并学习必要的经文。1910年10月，献县教区还规定：接受教会赈济者须表示接受信仰并交出财产抵押卷，中途不肯入教者须交还赈济款并领回财产抵押卷。[49]在教会的严格要求下，许多灾民为了活命，只能以入教为条件，换取教会的赈济。1917～1918年直隶大水灾中，直隶东南代牧区有700名灾民领洗入教。[50]

与灾民世俗动机类似，直隶乡村也存在一批以“吃教”为目的的贫穷乡民。直隶北部代牧区主教林懋德曾创立免费供给望教者饮食的传教方式。1900年后，有些教区进而发给望教者银钱，让他们自己解决饮食。天主教会的这种传教方式对于在死亡边沿苦苦挣扎的贫民无疑具有极强的诱惑力。中共太行区党委1944年对邢西党内教徒调查统计，共有天主教徒15人，其中三人载有明确入教动机，都是“为了吃点粮食”。[51]一些口碑资料也反映“穷人入教为的是沾点便宜”。[52]这些为贪图教会饮食、粮食及钱款而入教的贫苦乡民被称为“吃教者”。民间流传的“你为什么奉教，我为小钱八吊；为什么领洗，为了一斗米”等歌谣，[53]正是“吃教者”入教动机的真实写照。

（六）治病型的世俗功利型动机

直隶乡村民众由于不讲卫生、缺乏必需的医疗条件，导致疾病流行。针对这种情况，天主教会在各地设立施药所、诊疗所或医院等机构，一面为乡民免费施药治疗，一面向他们宣传教义。在教会的救治下，一部分乡民出于对教会的感激而进教。另有部分乡民则以病愈奉教为条件，寻求教会医疗机构救治。

近代直隶乡村为治病而入教的乡民很多。延庆县上百泉村张兆龙妻口上生疔疮，其岳母请教徒郭满堂医生医治，郭满堂劝她奉教认识天主。她说：“你要把我女儿的疮治好了，我一定奉教。”郭满堂将毒疮割下，数日而愈。张兆龙之妻先保守奉教，后兆龙及岳母也领洗奉教。[54]张兆龙全家奉教属于典型的世俗功利型动机。张兆龙岳母在女儿身患重病时，以治愈女儿为入教条件。在其世俗功利目的达到后，他们即遵守承诺皈依进教。

与上述承诺型动机比，直隶乡村多数病民因得到教会救治感恩进教。任丘县石家营村刘桂林在天津忽染重病，穷困无归，仁爱会修女将其收入医院诊治，刘桂林“甚觉感激，听修女的善劝，弃邪归正，领洗进教”。[55]京郊农村一对父子亦因感恩而入教。1916 年，其子来京寻父病倒，被修女救治，“其父则为慈善之念所感动，甚愿得闻圣道，遂与童子领洗归真”。[56]无论是承诺型教徒还是感恩型教徒，均是本着治病功利目的而入教，他们的皈依属于世俗功利动机。

五　结语

近代直隶乡村教徒皈依动机纷繁复杂，多种多样。笔者依据现有资料按照宗教心理学的理论，把近代直隶乡村教徒入教动机主要分为八种类型：理智型动机、实验型动机、神秘型动机、感情型动机、社会型动机、婚姻家族型动机、宗教功利型动机和世俗功利型动机。在这八种类型中，前五种动机广泛存在于西方宗教文化中，属于宗教心理学上的皈依类型。与此相比，后三种动机不属于宗教心理学真正意义上的皈依类型。尽管婚姻家族型动机是社会型动机的特殊形态，亦出现在西方宗教文化中，但由于封建伦理在中国婚姻家族中占有重要地位，影响着其家族成员的价值取向，故而在其宗教皈依中不可避免地带有盲目随从性质。宗教功利型动机虽含有一定宗教成分，但也带有较强的世俗因素和功利目的。世俗功利型动机当然毫无宗教意义可言，是纯粹的世俗式皈依。直隶乡民在中国特定的社会、历史及文化条件的限制下，以宗教信仰为生活目的的神圣型皈依在乡村教徒中并不占多数。相反，半宗教半世俗式和世俗式皈依却成为近代直隶乡民皈依的主要形式。特别是那些因诉讼、庇护、生计、治病等世俗功利目的而入教的乡民，在乡村教徒中占很大比重。由此他们也为教徒留下了“吃教”“仗教”的口碑。尽管有部分不法教徒确实存在“吃教”“仗教”的现象，但不能以他们的个别行为来否定其他教徒纯正、神圣的宗教目的。纯宗教式皈依的教徒虽不占教徒的绝大多数，但他们代表了教徒入教动机的主流，是教会大力宣扬和践力实现的目标。即使那些因世俗功利目的而入教的乡民，并非全都为了“吃教”“仗教”，而是在生存危机面前一种迫不得已的选择。因此，在研究教徒入教动机时，切忌简单地下结论，而应该把教徒复杂多变的入教心理动机置于近代中国特殊的社会背景下加以考察，方能得出较为客观、全面的研究。

①〔美〕玛丽·乔·梅多、理查·德·卡霍：《宗教心理学——个人生活中的宗教》，陈麟书等译，成都：四川人民出版社，1990，第137页。

②⑩Lewis R. Rambo, *Understanding Religious Conversion.* New Haven and London: Yale University Press, 1993, pp. 14 – 15.

③⑰〔英〕凯特·洛文塔尔：《宗教心理学简论》，罗跃译，北京：北京大学出版社，2002，第52~53页。

④⑱⑳㉕㉗李晓晨：《近代河北乡村天主教会研究》，北京：人民出版社，2012，第205、225、228、234、243页。

⑤㉝㉟㊱㊳㊴〔美〕周锡瑞：《义和团运动的起源》，张俊义、王栋译，南京：江苏人民出版社，1995，第83、80、82、83、108、86页。

⑥包士杰：《拳时北京教友致命》第2卷，北京：北京救世堂，1920，第62~63页。

⑦㊺包士杰：《拳时北京教友致命》第9卷，北京：北京救世堂，1922，第14~15页。

⑧⑬萧敬山：《献县教区义勇列传》第2册，献县：献县天主堂，1935，第145~146、359~360页。

⑨⑲包士杰：《拳时北京教友致命》第11卷，北京：北京救世堂，1925，第36~37、12~13页。

⑪㊷A. Morelli, C. M., *Notes D' Histoire Sur le Vicariat de Tcheng-Ting-Fou 1858 – 1933.* Pei – P'ing: Imprimerie des Lazaristes, 1934, pp. 45 – 46; 41 – 42.

⑫⑭㊼55萧敬山：《献县教区义勇列传》第1册，第324~325、40~42、392~399、40页。

⑮本市新闻：《犯人悔过洗心入教》，天津：《益世报》1930年12月15日。

⑯James E. Walsh, M. M., *Catholic Action In China* (*Holy Year*)，上海：上海市档案馆，U101 – 0 – 206。

㉑包士杰：《拳时北京教友致命》第6卷，北京：北京救世堂，1920，第72页。

㉒㉚㉜包士杰：《拳时北京教友致命》第10卷，北京：北京救世堂，1923，第29、80、98页。

㉓顺直新闻：《蠡县新教友之善表》，天津：《益世报》1927年8月27日。

㉔李景汉：《定县社会概况调查》，北平：中华平民教育促进会，1933，第421页。

㉖㉘㊲《接受外国津贴及外资经营之文化教育机关及宗教团体登记表（永年教区）摘要》，解成：《基督教在华传播系年（河北卷）》，天津：天津古籍出版社，2008，第508、502、505~506页。

㉙王玉秀：《奉教驱魔奇闻》，天津：《益世报》1935年7月5日。

㉛包士杰：《拳时北京教友致命》第13卷，北京：北京救世堂，1926，第49页。

㊵〔美〕李仁杰：《华北农村的宗教和权力》，义和团研究会编《义和团运动与近代中国社会国际学术讨论会文集》，济南：齐鲁书社，1992，第489页。

㊶㊾㊿刘献堂：《献县教区简史——庆祝教区成立150周年》（打印稿），台北，2006，第86、154~155、168页。

㊷柴继昌：《大名天主教小史》，《大名文史资料》第2辑，河北大名：中国人民政治协商会议河北省大名县委员会文史资料研究委员会，1990，第175页。

㊸路遥编《山东大学义和团调查资料汇编》下册，济南：山东大学出版社，2000，第1280页。

㊹路遥编《山东大学义和团调查资料汇编》上册，第23页。

㊻包士杰：《拳时北京教友致命》第7卷，北京：北京救世堂，1921，第30页。

㊽杨堤：《塞外的"天主教国"》，南京：《益世报》1947年9月19日；上海：上海市档案馆，U101－0－216。

51《邢西党内教民调查登记表》，石家庄：河北省档案馆藏，90－1－56。

52 53黎仁凯编《直隶义和团调查资料选编》，石家庄：河北教育出版社，2001，第131、144页。

54包士杰：《拳时北京教友致命》第18卷，北京：北京救世堂，1931，第21页。

56《近事·本国之部·北京》，上海：《圣教杂志》1916年第11期。

作者简介：李晓晨，河北师范大学历史文化学院教授，博士。

［责任编辑：陈志雄］

（本文原刊2015年第1期）

文本、书院与教育：伦敦会早期在马六甲的对华传教准备工作*

司　佳

［提　要］1818年由英国伦敦会在马六甲奠基的英华书院，不仅设置了多样性的课程科目，还十分重视中英文的印刷工作。遵循“文本布道的宗旨与计划”，以米怜为主的历任校长与传教士，长期致力于中文宗教小册的编写与印制，为新教对华文字布道工作奠下了基石。本文的研究视英华书院为近代教育的有机体，乃鸦片战争前伦敦会对华传教准备工作的一个综合性机构，为深入了解19世纪早期英国的对华外交方针、文化策略等提供一个参考的背景与视角。

［关键词］伦敦会　英华书院　米怜　文字布道　宗教小册

一　绪论

1818年由英国伦敦会在马六甲布道站奠基的英华书院（Anglo-Chinese College），可以视作为华人而设的近代新式学校的滥觞。在以第一位来华新教传教士马礼逊（Robert Morrison）为首的“恒河域外布道团临时委员会”的相关决议中，开展学校教育成为19世纪初新教传教士进入中国大陆前的

* 本文系国家社科基金一般资助项目“早期新教传教士的中文作品与手稿研究”（项目号：15BZS088）的阶段性成果。

必要准备。其教学理念既以传播基督教为使命，亦将文化交流视为前提，即“提倡文学，提供欧洲人学习以中国为主的恒河域外各国语言，同时提供中国人熟悉英语及西方实用科学的途径”。[①]

学校的创办人兼首任校长米怜（William Milne）是马礼逊的助手及其传教理念的具体执行者，也是马六甲布道站的首任负责人。由于 19 世纪初清廷实行禁教政策，新教传教士很难真正进入广州等中国南部地区。伦敦会遂于 1815 年建立马六甲布道站，将其视作传教士在南洋地区的活动中心，并为日后进入中国内陆开展一系列准备工作。在编写、印刷中文宗教小册的基础上，传教士们的另一项工作重心便是筹建更多的学校（义塾），以解决大多数华人不愿意跨越宗族与他姓人聚会听道的问题。英华书院创办以后，南洋一带的教会学校便逐步体现出教育层次的分化。在马六甲、巴达维亚、爪哇等地，既有针对华人社区学龄儿童识字需求的义塾，又有英华书院这一专门的教会学校，为培养专业人才打下必要的基础。1822 年米怜去世之后，更多的英国传教士加入到马六甲英华书院的建设中，直至 1843 年迁校香港。在马六甲建校的 25 年间，英华书院还大量印刷了马礼逊、米怜等传教士编写的中文小册以及各类宗教、世俗刊物，这是伦敦会早期在南洋各地对华准备工作中的重要组成部分。

有关马六甲英华书院的前人研究颇丰，主要成果有哈里森（Brian Harrison）的《等待进入中国》（*Waiting for China*）一书，以及李志刚的《基督教早期在华传教史》。[②]近期原创性研究则以台湾学者苏精在《马礼逊与中文印刷出版》以及《中国，开门》中的相关章节为主。[③]前人研究多以马六甲英华书院各年度报告为基础，考察英华书院的建校背景、资金来源、人员结构等具体细节。本文将在前人研究的基础上，视英华书院为近代教育的有机体，乃鸦片战争前英国伦敦会对华传教准备工作的一个综合性机构。学校不仅注重多样性的课程科目，不同背景的学生来源，还致力于传教士中文作品的创制与印刷，并结合书院教育有效提升了文本的传播与利用。前人研究中尚未充分关注到的另一处在于，19 世纪中后期在各通商口岸流传的与西学有关的文本，不少已在马六甲英华书院及印刷所设立期间铸刻雏形，如《察世俗每月统记传》中诸多与天文地理有关的篇目、米怜的《张远两友相论》，以及梁发等人的中文作品。本文将利用伦敦会原始档案以及马礼逊、米怜等人的手稿，进一步探讨英华书院的中文印刷品内容及其在英国伦敦会早期对华传教、文化工作中的位置与作用。

二　文本布道的“宗旨与计划”

英国的伦敦会（London Missionary Society）成立于1795年。在“福音振兴运动”（Evangelical Revival）热潮的推动下，该会于19世纪初开始重视海外布道。然而，由于清廷的禁教政策，最早来华的几位新教传教士却很难在中国本土真正开展工作。因此，关注这一时段有关新教活动的情况，还需将视野投放到南洋。除了航海、贸易的重要历史地位以外，马六甲、槟城、爪哇、巴达维亚等市镇港口在18、19世纪以英国为主（另有荷兰等欧洲大陆国家）的殖民扩张过程中，逐一被打上西方宗教与文化的印记。同时，因历史上移民活动的复杂性，这一区域人口来源相当多元。以华人社区为例，18世纪末19世纪初东南亚的华人团体多为福建各港发舶商船的随船移民，经研究，闽人占70%～80%，其次为粤人，皆对各自的乡族群体有强烈的宗族、语言认同。④

自马礼逊1807年来华至英华书院创办的十多年间，伦敦会档案手稿中留下的大多数报告、日志及决议的书写者，除了马礼逊，便是米怜。的确，这一段时期对华工作的主要人物即是马礼逊与米怜，外加几名中国助手，大多是地方上的“先生”或印工出生的普通人。除了翻译《圣经》的任务，马礼逊最主要的工作便是编写英汉－汉英字典，撰写语法书、对话录以及其他介绍中国语言文字的书籍。⑤在宗教文本印制方面，马礼逊认为由于《圣经》篇幅巨大且须以雅言出之，需要谨慎对待并将耗费一定的时日；因此在开展《圣经》翻译的同时，翻译、编写其他各类中文宗教小册即成为“文本布道”的重点，并且得到英国圣经公会（British Foreign Bible Society）以及宗教小册会（Religious Tract Society）的资金支持。⑥

因传教条件所限，1815年前后，印刷文本的工作逐渐由广州转至南洋一带，由伦敦会马六甲布道站的米怜负责。米怜作为马礼逊的助手，于1813年抵达澳门。然而，由于当时在广州、澳门一带的传教活动受到清廷的限制以及澳门葡萄牙天主教势力的影响，1814年初在听取马礼逊的建议后，他将工作重心转至南洋。在马六甲的八年间（1815～1822），米怜翻译、撰写了十多种中文宗教小册，其中有相当一部分颇具影响力，多次再版、重印或作为经典文本由后来的传教士进一步改写。

然而，初至马六甲的日子十分艰辛。在19世纪的英国海峡殖民地，居住在马六甲及槟城一带的中国人很少会去教堂听道——宗族仪式依旧是维护这些漂泊南洋的华人族群的纽带，而脱离族群参与社交活动的“独立特行”者可谓微乎其微。为了抓住所有可能的机会，吸引个别华人劳工上门探访，米怜在场景布置上颇费一番心思。在1815年底向英国伦敦会总部汇报的年度报告中，米怜提到，“让他们能够经常来交流是很重要的，我将一间小屋装饰成中国样式，比方中式的案几、椅凳，还有在墙上挂上几幅书画。我请他们来做客，自然也偶尔会有机会去他们家中拜访”。[⑦]这种外在形式上首先采取“文化适应”策略的方式一直为新来传教士所用；然而同时，传教士自身也非常清楚，想要真正取得与中国人的交流进展，唯有消除语言的障碍。

米怜于1813年抵达澳门、广州后，在马礼逊的帮助下开始学习中文，全身心地投入且进展迅速。不过他所接触的中文老师教的是官话，还有一些广东方言。到达南洋以后，米怜马上意识到他之前习得的语言在口头布道上很难真正发挥作用。[⑧]在马六甲的华人社区，人口比例最高的属闽语人群，其次才是粤语和官话，土生华人有些还随母方说点马来语。这种因为历史上的移民活动而形成的语言“马赛克”景观给新教传教士“直接布道”与口头传教带来诸多障碍；因此，书面文本成为来华新教传教士开展布道工作的重要载体——文本不仅是这些早期的布道者以有限的中文能力传播西方知识观念的框架依据，其中浅显易懂之类还可以作为具有基础识字能力的普通人进一步阅读的书面材料。而对于米怜这位还没有真正进入中国内陆的“周边”传教士来说，“文本书写”的意义就更为重要了。

这种“文本书写”的重要性理所当然地反映在早期来华新教传教士书信、报告的字里行间。米怜于1815年初赴马六甲，在与马礼逊一同订立的有关建立布道站的十项决议中，有三项与中文印刷及翻译编写宗教读物紧密相关，其中包括创办中文期刊、印刷宗教作品，以及继续翻译《圣经》。[⑨]进一步查阅传教士的手稿档案，有关文本布道的“宗旨与计划”更是一目了然，且具备相当的系统性。1814年1月，米怜甫抵澳门即向英国圣经公会（BFBS）的委员会成员及主席递交了一份报告，题为《对华布道需用中文撰写（或翻译）的书作》。米怜在开篇即指出这一工作需要整体的谋篇布局，乃是因为从英国的角度来看，对华布道是一项长期计划，先驱工作者应考虑到铺垫基石的重要性。“最先打好基础并当井条有序，如此，之后的进程将不会因为某位传教士的离世而中断，或因一开始的目标视野太过狭窄导致后来的兄弟们很难实施抱负。”[⑩]因而，在马礼逊编写的字典、词汇集、语法书等基本语言工具书之外，米怜构想了足足20种中文小册的体例与内容。其中第一项便是遵循英国教会传统布道文本的问答体体例，即教义问答，专为初学者准备，帮助理解《圣经》中的关键概念。如此，两种教义问答即成为最早在南洋地区使用的中文宗教小册。第一种是已于1812年在广州出版的《问答浅注耶稣教法》，是马礼逊以《威斯敏斯特小问答》(*Westminster Shorter Catechism*)为底本翻译而成的作品。第二种是米怜于1817年在马六甲印行的《幼学浅解问答》，底本是 *Dr Watts's Plain and Easy Catechisms for Children*，即沃茨博士为英国当地的青少年而编写的教义问答。这两种翻译出版品很快就成为马六甲华人教会学校中的经典读本，在很长一段时间内都是义塾以及后来的马六甲英华书院中所使用的教科书。

三 “人的知识”与“神的知识”

在没有进入真正的“中心”之前，“周缘”的工作自然而然地蜕变为中心与重心。马六甲这方弹丸之地，看似“边缘”，却成为米怜等人开展“文本布道”的中心区域。米怜早在1814年便曾搭乘东印度公司的商船从广州到达爪哇，开始第一次南洋诸岛间的巡回布道（itinerary preaching），并在那里分发宗教书籍。在这次旅行中，他抵达了邦加岛及巴达维亚等地，向在那里的中国移民分发了马礼逊的《新约》《神道论赎救世总说真本》《问答浅注耶稣教法》等宗教小册近两万册。[11]马六甲布道站设立以后，米怜作为负责人便积极筹划建立更多的学校（或义塾），以扩大“文本布道”的读者面，并为进一步的口头宣讲设立固定的空间。如此，这些中文宗教小册既可以跟学校的教育紧密结合，也可以发挥识字文本的作用。在马六甲的华人学校中，最早使用的授课文本其形式与内容皆来源于欧洲教会学校的经验，即教义问答。教义问答适于背诵，由传授者问，学习者答，反复多遍，由此将一些宗教的基本概念植入初学者脑中。1816年的一份手稿显示，在米怜负责的一所华人学校，他每周需要对七八十名中国男童开展多次问答练习，内容是马礼逊编写的《问答浅注耶稣教法》，且每次需要重复三遍。而学生每周要背诵20～30对问答。不过学生的进展程度并不一致——真正能够背诵二三十对问答的是能力最好的学生，大多数人的水平连一半都达不到。[12]马礼逊的《问答浅注耶稣教法》乃根据17～18世纪欧洲归正宗(Reformed Churches)中最流行的《威斯敏斯特教理问答》(*Westminster Catechism*)为底本翻译、编写而成的中文问答体布道手册。依篇幅简繁，它分作大问答与小问答两种，马礼逊用的是小问答，共 97 对。学生如若能够每周掌握四分之一的篇幅，中文识字程度已经可以说相当不错了。在使用马礼逊作品的同时，米怜也在尽心构想自己的小册，以适合南洋的华人群体，因材施教。如上所述，此即米怜在 1817 年完成的《幼学浅解问答》。因其底本是一种倾向英国当地青少年的神学读物，很多问题与概念的探讨相比于《威斯敏斯特教理问答》更为细致、深入。米怜将其翻译成中文以后，篇幅也就显得更长，足足有 165 对问答。

1817 年 8 月，米怜暂赴广州，与马礼逊讨论在马六甲创办一所学院式的教育机构的设想。[13]在 1818 年 1 月由两人联名签署的"恒河域外传道团临时委员会增补决议"中，首先讲到他们代表伦敦会接受一位慷慨的资助人的四千西班牙银元的捐款，建立英华书院（Anglo-Chinese College）校址。第二项决议即是"由米怜先生负责兴建英华书院校舍，并应尽快开展必要的工作"。[14]同年 11 月 11 日，英华书院在马六甲一块开阔的地产上奠基。米怜作为校长在奠基仪式上的演讲词，一方面体现出他较为开放地看待"教育"的功用，将"提高文学水平"置于"传播基督教"之前；另一方面则反映出由于没有真正进入中国本土，他对中国民众的观点实乃"周缘视角"的一种想象，或者说是基督教文明至上的一种推论。比方米怜虽然认为"几乎没有哪个国家能比中国更成为英国研究的对象"，"中国人的确乃更勤劳、积极、文明的民族"，但也表露出作为"异教徒"，"他们中普通人的一般知识也几乎不比马来人高几分，有用的思想观点也并不普遍"。[15]米怜的这篇较长篇幅的演讲词，略经修改后收入其《新教在华传教前十年回顾》的附录中。

在 1823 年出版的面向公众的英华书院报告中，马礼逊进一步对米怜开创英华书院的教育理念做了补充评论。他在开篇即指出已故的米怜在过去几年中对于英华书院建立的直接贡献。首先，在于米怜所创立的教育精神："他（米怜）始终将基督教作为一门'神圣的科学'加以看待，一直凭借他那颗'积极的灵魂'全身心地投入这项事业中。"其次，他宣称这个教育机构的目标是"积极培养中文与英文的教育"并同时"传播基督教"。不过，作为教会学校，虽然宗教传播列于后者，却仍然是"英华书院的主要方向"。[16]换言之，传播"人的知识"乃手段，获取"神的知识"是目标。作为第一所为华人设立的教会学校，如何向汉文化圈这一强势文明的受众（尤其是普通人）教授这广义上"人的知识"以达到最终传播外来宗教的目的，当然是非常关键的问题。

在米怜、马礼逊等最初创校的新教传教士的教育理念中，并没有彻底排除异文化的种种元素；或者说，面对文化竞争的局面，他们策略性地先让一步。“学校的奠基人所遵奉的基本原则是，所有不同群落的人都持有平等的权利”——“各种文明体系，无论真理或是谬误，只要判定者是人，它们（作者按：此处上下文特指各种非基督教的文明）就有权被众人所耳闻。只有在这种情形之下，绝对真理才可能真正普及”。米怜进一步宣称，教育为众人打开知识的大门，“因而可以让所有的人以自己的思想说服自己，而不是他们的良心在受胁迫或是利诱。这样，就没有人借有任何理由成为一个言行不一的‘伪君子’——让其自己声称相信或不相信什么”。[17]在米怜看来，教育是具有开放性的，学生通过学习很可能会接触到不同文化的声音，从而形成自己的观点；然而作为推动者，米怜却不惧怕这一点，并不主张在教会学校内只传授神学知识，将学生的思想禁锢起来。此种教育理念与新教早期对华传教的诸种策略有关，也部分来自米怜自己在马六甲开设华人学校（义塾）的一些经验：如上文所述，1815～1820 年的三所华人学校中，基督教文本思想的传授与中文识字教育一直紧密勾连——新教传教士很早就注意到“人的知识为手段”与“神的知识乃目标”两者相结合的重要性。这种跟中国人接触、沟通的技巧与此前明末清初在华耶稣会士所采取的“文明对话”方式也有所区别。一方面，19 世纪初来华的新教传教士自身学养背景不如耶稣会士，并不都是近代欧美高等教育毕业生；另一方面，两者的沟通对象不同：新教传教士面对的是普通华人，大多未取得精英地位，有些甚至不具备基础的识字能力。

英华书院于 1818 年奠基成立，1819 年正式开课。马礼逊 1823 年的公开报告除列明学校的宗旨目标外，另详细地记载了建校之初的校方成员、学生来源、教育职责、规章制度，并附一份学生入校的合同样本。这份合同进一步明确了学生的责任。首先，他入校后将同时接受中文与英文教育，而这里所说的中文指“正确的官话发音”而非方言。其次，学生同意在校学习时间一般为六年，不无故缺课，或以“敬神”（指本土偶像崇拜）的名义为借口缺席。学生只有在入校后的第一年期间可以回家吃住，之后几年全需在校住宿。学生须尊敬师长，遵守学校的各项规定。至于学生六年以后的出路与选择，入校合同中暂不明确规定，之后会在尊重双方意愿的情况下再签协定。[18]报告还详细记录了 1818 年至 1823 年初所有捐资者的名字、钱款数额，并公开账目使用明细。有意思的是，在报告的最后几页中，马礼逊还特别附上学校聘任的“中国先生”对学生们制定的特别规矩（原文以英文译出）。其中不少与儒家文化影响有关，比如第一条即学生不能够“自以为师”，需谦虚谨慎，须听从师者，在先生授课时不可随意离席。另有若干可能是针对当地的学生状况，如不得在学校课桌椅上乱涂乱画，穿衣破旧没有关系，但必须整洁等。[19]

早期马六甲英华书院的学生规模并不算大。迄至1822年，登记在册的学生一共17名。不仅有来自马六甲的土生华人学生以及几名跟随传教士从广东来的助手，另有伦敦会指派的传教士学生。学生的年龄没有严格限制，最小的（按有记录者）为13岁，一般为16～25岁；而年纪较大的有梁发（当时35岁），以及几名从苏格兰新来的传教士，如傅雷明（R. Fleming）、汉傅雷斯（Jas. Humphreys）和柯理（David Collie）。[20]这几名传教士学生在英华书院与华人学生一起学习，以提高中文能力。除了傅雷明因病中途离开，汉傅雷斯、柯理两人在米怜去世之后，都曾短时担任过英华书院的校长。华人学生则多半是为学习官话而来，比如1819年10月录取的一名姓姚（Yaou）的中国学生，即记作“学习以提高其自身官话水平”；1820年1月入校的一名姓卢（Loo）的中国学生，也是同样情况。另有一名于1820年3月入校的马六甲出生的华人学生，概名张准（音Chang-chun），16岁，学习官话发音并习得儒家经典、基督教中文书作，以及英语阅读。还有几名土生华人学生也是类似的学习情况。大多数学生的学费由校基金会资助，记载中的确有个别华人学生因不良行为而遭到退学。1820～1843年各时段学生的数量大多在30人左右，最多的时候达70人（1835～1839）。[21]资料反映，一部分华人学生在毕业以后即留校协助中文教学，或辅助伦敦会在南洋一带的传教、印刷工作。[22]其中若干名于1843年英华书院迁校香港后继续协助理雅各（James Legge）校长开展学校教育工作，有的则成为当地有影响力的医生、商人、海关职员及政府翻译。由于他们是最早一批具备中、英文双语能力的知识人群，我们需要进一步注意他们在鸦片战争以前中西文化交流过程中所扮演的特殊角色。可以说，19世纪早期僻处南洋一隅的马六甲，这所由伦敦会主创的英华书院虽规模普通，却已然成为中西语言接触的重要场所。至1827年，学校的年报显示，已有共13名外国人在此地接受了中文培训，其中大部分是英国新教传教士，包括在通商口岸开埠后对华传教活动中的主导人物麦都思（W. H. Medhurst），以及当时于巴达维亚、槟城等南洋各地华人社群中的布道者。非传教士中有美国商人亨特（William Hunter），他在19世纪30年代活跃于广州十三行贸易，写下了使之声名鹊起的《广州番鬼录》和《旧中国杂记》两本著作。

四　文本与英华书院的教育

那么，什么样的文本能够作为课本适用于早期英华书院的这种特殊情形，以迎合不同来源的学生之多样性需求呢？在创校规划中，伦敦会的传教士们希望这一建立在东方的学校不仅能够遵循英国教会学校的传统，教授与神学相关的内容，亦可以结合当地的文化背景，特别是为华人学生开设识字、文学、史地等科目。而早期英华书院的报告中所记载的教学情况大体可以反映出这一理念实践。在开课第一年即1820年，华人学生在学习新约圣经的《希伯来书》《马太福音》的同时，也阅读几种儒家经典，如《书经》。学生还需背诵马礼逊的一种对话教材以及米怜的《幼学浅解问答》。另外，所有学生都要学习《明心宝鉴》等两种中文道德伦常书籍，并练习中、英文写作，以及接触一些地理知识。[23]学生在文本学习的同时还必须加入宗教仪式，比如马礼逊记道，“学生们与教会雇佣的附近几名中国印工一起参加早晚礼拜。一名中国教师念一段中文圣经，并由校长简要解释，学生再齐唱一段赞美诗”。马礼逊还特别指出，作为早期英华书院的校长，米怜本应当负责英语教学；不过，他还有很多重要工作，特别是跟总部的频繁通信以及大量的中文写作几乎占据了他晚年所有的时间。[24]

米怜去世以后，马礼逊曾于1823年短时代理过英华书院的主要工作。汉傅雷斯、柯理、吉德（Samuel Kidd）、汤姆林（Jacob Tomlin）等先后担任校长或主持工作。不同传教士在任期间，总体来说基本延续其早期的教学风格，但也有批评英华书院“只是按马礼逊与米怜的想法按部就班”诸如此类的声音。传教士们还对学院的中文教育应以官话还是福建方言为主有过颇多意见分歧，比如汉傅雷斯与汤姆林就曾认为，既然现阶段还没有进入中国，就当学习在马来华人社区中更为实用的福州话（Hokkien）。而马礼逊仍坚持认为官话是中文的重心，乃文本布道的基石，可以为日后进入中国打下基础。[25]不过，学院一直注重并坚持中文教学，这一点是毋庸置疑的，尤其是在米怜的开创阶段以及柯理、吉德二人负责工作期间（1825～1828）。

在前十年的工作中，与中文相关的另一项重点即是印刷，特别是中文小册的印制。英华书院奠基时，除了中心位置的学校校舍，另在两边各设中文与英文印刷机构，配备了相应的印刷器械。英华书院的中文印刷所自学校创立之日便有传教士专门负责，不仅大量重印了马礼逊在广州最早的几部中文作品以及《察世俗每月统记传》等期刊，每年还增印传教士的新作，如柯理、吉德等后任的英华书院校长各自富有特点的作品。米怜去世以后，马礼逊继续向伦敦会提出申请，印行米怜已经完成的中文作品，如《灵魂篇大全》（1824）、《乡训五十二则》（1824）、《上帝圣教公会门》（1824）、《圣书节解》（1825）等，并印出其与米怜合作的最早的全本中文圣经《神天圣书》（1824）。在1830～1831年《英华书院以及马六甲的传教报告》中，更详细的中文文本印刷数量以及分发情况如表1所示。

表1　1830～1831年英华书院中文文本印刷情况

报告中的原英文书名	中文书名（本文作者注）	作者或译者（本文作者注）	数量（册）
New Testament 8 vol. edition	耶稣基利士我主救者新遗诏书	R. Morrison	162
The Gospel of John	约翰福音	R. Morrison	2940
The Gospel of Luke	路加福音	R. Morrison	960
Commentary on the Lord's Prayer	祈祷真法注解	W. Milne	950
Milne's Catechism	幼学浅解问答	W. Milne	1380
Scripture Extracts	圣书节注十二训	W. Milne	1730
Heavenly Mirror	天镜明鉴	D. Collie	1000
Conversation between Two Friends	张远两友相论	W. Milne	3228
Essay on the Soul	灵魂篇大全	W. Milne	2504
Village Discourses	乡训	W. Milne	2000
The Watchmaker	时钟表匠言行略论	S. Kidd	3070
The Liturgy of the Church of England	年中每日早晚祈祷叙式	R. Morrison	15
The Life of Christ in verse	耶稣言行总论（四字韵言）	D. Collie	800
A Narrative of the Conversion of Leang A Fa written by himself	熟学圣理略论	梁发	1000
The Strait Gate	进小门走窄路	W. Milne	1000
Milne's Life of Christ	救世者言行真史记	W. Milne	500

马六甲英华书院1827年的年报中还特别强调了学校在中西文化沟通上的几大优势，其中一点即是学校的印刷所可以在地理空间上给学生提供文本学习的便利。这里所说的印刷作品不限于中文，还包括英文及马来语。

相应来看，读者受众并不囿于书院中的“中国学生”，亦涉及当时在南洋一带将中文或马来语作为布道语言的伦敦会传教士。作为英华书院教育方针的主推者，马礼逊提出学校的图书馆需定期更新，除了借东印度公司的航路从欧洲运入英文书，也可以将这些本地的印刷品一同并置，以增加图书馆的藏书量并丰富其语种。

19 世纪初新教传教士在澳门、广东、南洋等地出版的中文作品，大多由英国圣经公会以及宗教小册会提供印刷资金。也有个别直接由伦敦会负责印刷出版，如米怜中文作品中篇幅最长的《灵魂篇大全》（184 叶，每叶两页），至 1831 年印刷量超过了 2500 册。这是一部重要的中文作品，撰写工作占据了米怜晚年主持英华书院工作期间大量的时间和精力，于其去世后两年（1824）才得以出版。在 1820 年英华书院的一份手稿中，米怜曾用大量的篇幅讨论其创作的主旨、要点，以及向中国受众解释灵魂不泯一说的难点。[26]从表 1 还可以看出，中文小册的印行乃以米怜的作品为主，不仅因为他是英华书院的主要负责人，也是由于在伦敦会早期对华传教准备工作中，以米怜对中文文本撰写的贡献为最大。

表 1 中印刷量最大的乃米怜的《张远两友相论》（1819）与吉德的《时钟表匠言行略论》（1829）都超过了 3000 册。报告进一步提供了有关这两种中文小册发行状况的补充信息。据称，《张远两友相论》1819 年初版后，极受当地华人推崇，原雕版因多次重印，部分字迹已模糊不清，故重新刻版。为美观起见，重新木刻的是大字本。[27]因而，现在学者能够目及的马六甲英华书院 1831 年印行的第二版，其篇幅已较最初的版本增加了一倍，即由原来的 20 叶增至 42 叶。另一印量巨大且需要考虑再版的是《时钟表匠言行略论》。英华书院的报告中还提到，这本中文小册一开始使用的是欧洲金属字模铸刻的方式，后将其内容转换到木刻雕版上，相信更有利于大批量的印刷以及之后的分发工作。[28]大量的报告资料以及最新的学者研究都显示，19 世纪早期传教士的中文印刷，与 19 世纪中后期开展的活字印刷方式不尽相同，仍较倾向于传统中国木刻雕版，而不是木活字或铅活字。[29]这一方面出于主导者的个人意见，如马礼逊很希望精美的雕版形式能够吸引地方上读书人对这些中文小册的注意；另一方面则是技术原因，如米怜就曾比较过两者在人工、耗时等方面的成本高低。[30]伦敦会的新教传教士还将一些木刻雕版运回英国，在那里进一步开展印刷工作。此举一方面向总部展示这些中文宗教小册的重要性，另一方面使这些中文宗教小册子在教会内部流

通或保存。

从历史上的记录来看，《张远两友相论》在条约开埠、新教传教士进入中国内陆以前至少重印过三次，印刷地点分别是马六甲（1831）、新加坡（1836）和香港（1844），且于上海及宁波开埠后不久就在当地产生新的重印本，显示出其独特的生命力。[31]19世纪中后期新教传教士逐步进入中国沿海及内陆以后，《张远两友相论》更是频繁重印、再版，或由其他差会的传教士改写，成为19世纪流布最广的中文宗教小册。[32]然而，需要指出的是，这一经典文本获得其"第一"的影响地位最早即在马六甲的英华书院，相比于米怜当时撰写的其他中文小册已是更胜一筹。自1819年初次印行之后，*Conversation between Two Friends* 或 *Two Friends* 便出现在英华书院的教材目录中。虽然英华书院的年度报告中没有明确记载其教学文本与教学方式的关系，不过《张远两友相论》的确比米怜早年投入大量精力撰写的《幼学浅解问答》更加流行。如上所述，《幼学浅解问答》依据的是沃茨博士为英国当地的青少年而编写的教义问答，严格遵从欧洲教会宗教小册"问答体"体例；而在移植到马六甲的义塾以及英华书院以后，却基本上只能被用作课堂上的"问答"练习（手稿中常用"catechizing"一词）。相比而言，《张远两友相论》以其"小说体"与较为亲近"本土化"的写作方式，为更广面向的受众所青睐，印刷及分发量明显要高出《幼学》一书。很可能是由于这一经验，英华书院的后任负责人吉德的作品《时钟表匠言行略论》在文体上有效仿《张远两友相论》的痕迹，[33]不仅在马六甲英华书院时期获得了较好的反响，后还被美国公理会传教士卢公明（Justus Doolittle）改写成《钟表匠论》（1855），成为条约开埠后在福建及中国南部沿海较有影响力的一部中文宗教作品。

五　结论

自1807年来华新教传教士第一人马礼逊开始，文字布道即成为早期传教士的重点工作，尤其是在华南沿海一带。文字与文本作为传播思想的固定介质，既可以弥补口头直接宣教的不足，也可以为日后新来的传教士进一步开展相关工作奠定基础。[34]因此，作为马礼逊的助手，第二位来华传教士米怜早在1814年便确立了文本布道的"宗旨与计划"，将基督教中文文本的翻译与创作视为其对华传教准备工作的长期使命。随着新教各团体"中国，开门"的呼声渐涨，伦敦会在马六甲设立布道站，为进入中国本土开展全面的准备工作。作为这一时段的主要工作负责人，米怜与马礼逊于1818年创办英华书院（包括所附中、英文印刷所），进一步将文本的印制及传播与学校教育相结合。本文在前人研究基础之上，视英华书院为一个近代教育的有机体——新教传教士将文本编写、印刷、讲授等多个环节融入一个固定的文化交流空间，有效提升了文本的传播与利用。通过书信、报告等形式，米怜等传教士还将一系列有关“中国人”及其民间信仰、社会风俗等信息传递回英国总部，为鸦片战争前伦敦会对华传教准备奠定下坚实的基础。

虽然以米怜为主的传教士所开展的工作由于脱离了当时中国内地民众的实际状况，多少还掺杂“想象”的成分；然而，其一系列方针和计划的构想与实施，的确为条约开埠以后其他差会的新教传教士的实际工作起到了铺垫作用。以文字布道工作来看，19世纪中后期在福州、宁波、上海等通商口岸出版的多种宗教小册及世俗期刊多以米怜的底本为主，或不离其宗。以教会学校来说，米怜在创设马六甲英华书院时所提出的“人的知识”与“神的知识”相结合及其在方法与目标上的定位，也为开埠后内地的诸多教会学校所沿用。本文以米怜为中心人物，利用以往研究中较少涉及的原始档案、手稿，力图将马六甲英华书院视作一个有机整体，并探讨其在19世纪初伦敦会对华传教准备工作中的位置与作用。从中国近代史的开启时段来看，本文的研究还可以为深入了解19世纪早期以英国为主的西方国家的对华外交方针、文化策略等提供一个背景与视角的参考。

---

①William Milne, *A Retrospect of the First Ten Years of the Protestant Mission to China*, pp. 355–356. 更多有关“恒河外方传教团”的设立及活动，参见吴义雄《宗教与世俗之间》，广州：广东教育出版社，2000，第45~63页。

②Brian Harrison, *Waiting for China: The Anglo–Chinese College at Malacca, 1818–1843*. Hong Kong: Hong Kong University Press, 1979；李志刚：《基督教早期在华传教史》，台北：商务印书馆，1985。

③苏精：《马礼逊与中文印刷出版》，台北：台湾学生书局，2000；苏精：《中国，开门》，香港：基督教宗教文化研究社，2005，第140~161页。

④庄国土：《华侨华人与中国的关系》，广州：广东高等教育出版社，2001，第168~172页。

⑤马礼逊在这一时期有关汉语的主要著作有：*A Grammar of the Chinese Language*

(《通用汉言之法》, Serampore, 1815); *A Dictionary of the Chinese Language* (《字典》, Macao, 1815 – 1823); *Dialogues and Detached Sentences in the Chinese Language* (Macao, 1816); *A View of China, for Philological Purposes* (Macao, 1817)。其中以五卷本《字典》最为重要。

⑥更多有关早期《圣经》中译以及中文《圣经》翻译过程的研究, 参见马敏《马希曼、拉沙与早期的〈圣经〉中译》, 北京:《历史研究》1998 年第 4 期; 吴义雄《译名之争与早期的〈圣经〉中译》, 北京:《近代史研究》2000 年第 2 期; 赵晓阳《圣经中译史研究的学术回顾与展望》, 太原:《晋阳学刊》2013 年第 2 期。

⑦LMS/UG/MA 1. 1. A Malacca, 30 Dec. 1815.

⑧苏精:《中国, 开门》, 第 134 ~ 135、145 ~ 146 页。

⑨William Milne, *A Retrospect of the First Ten Years of the Protestant Mission to China*, pp. 137 – 139, 267 – 287.

⑩LMS/CH/SC 1. 3. B, W. Milne to the President, Vice Presidents, Committee, and Members of the BFBS. 此处要特别感谢苏精先生提示笔者这份材料的重要性。

⑪⑭⑮㉚William Milne, *A Retrospect of the First Ten Years of the Protestant Mission to China*, Ch. 11; pp. 350 – 352; pp. 359 – 360; Ch. 17.

⑫LMS/UG/ MA 1. 1. D Malacca, 23 Oct. 1816.

⑬马礼逊早在 1815 年东印度公司任职期间就有创办一所学院式教育机构的想法。一开始他的设想是 "一所中文学院" (a Chinese College), 不过后来对学院的具体形式, 马礼逊的想法几经改变。详见 Brian Harrison, *Waiting for China*, p. 34。

⑯⑰⑱⑲⑳㉓㉔Robert Morrison, *To the Public, Concerting the Anglo-Chinese College*. Malacca, 1823, p. 3; pp. 3 – 4; p. 5; p. 21; pp. 5 – 6; p. 6; pp. 6 – 7.

㉑㉕Harrison, *Waiting for China*, p. 124; pp. 84 – 85.

㉒*College Annual Report*, 1834.

㉖William Milne, *Anglo-Chinese College*. Malacca, Aug. 1820.

㉗㉘*A Report of the Malacca Mission-Station and the Anglo-Chinese College*. Malacca, 1831, pp. 6 – 7.

㉙苏精:《铸以代刻: 传教士与中文印刷变局》, 台北: 台湾大学出版社, 2013, 第 5 ~ 27 页。

㉛Alexander Wylie, *Memorials of Protestant Missionaries to the Chinese*. Shanghai, 1867, pp. 16 – 17.

㉜研究者统计过, 与《张远两友相论》相关的重印本至 19 世纪末已有三十多种, 20 世纪初仍有新的版本出现, 平均两年即重印一次。见 Daniel Bays, "Christian Tracts, The Two Friends," in Susanne Wilson Barnett and John King Fairbank, eds., *Christianity in China: Early Protestant Missionary Writings*. Cambridge: Harvard University Press, 1985, pp. 22－23；宋莉华《传教士汉文小说研究》，上海：上海古籍出版社，2010，第66～69页。

㉝吉德的《时钟表匠言行略论》是依据法语宣教故事书《日内瓦的钟表匠》（*Le pauvre Horloger de Genève*）译出，在行文上也采取中国章回体小说的谋篇布局。

㉞陈建明：《近代基督教在华西文字事工的研究思路与基本观点》，《基督教文字传媒与中国近代社会》，上海：上海人民出版社，2013，第250～251页。

作者简介：司佳，复旦大学历史系副教授，博士。

［责任编辑：陈志雄］

（本文原刊2015年第4期）

中国反宗教理论的成型：1920年代非宗教话语分析*

杨卫华

[提　要] 1920 年代是中国反宗教理论的成型期，此后中国的反宗教话语都能追溯到这一时期。但在 1920 年代，政治话语占据了言说的主导地位，特别是宗教帝国主义侵略工具论掩盖着其他声音，从某种程度上而言是一种政治包裹中的批判。基于不同的宗教认知与利益考虑，社会各界的非宗教取向也呈现出较大的差异。非宗教所用的思想资源除了从外国输入外，也有中国特殊现实催生的本土话语，这些反宗教话语对当时以及后来的中国产生了广泛影响。

[关键词] 非宗教运动　非基督教运动　民族主义　1920 年代

在传统中国，不同的时代都呈现出一些不同的非宗教言论，进入近代之后，由于基督教的介入及西方各种思潮的东来，反宗教理论更趋多元和复杂化。但中国反宗教理论的真正成型却是在 1920 年代，因为在这一时期，在承继过往反宗教取向的同时，产生了许多新的非宗教理论；在使中国的反宗教理论走向完整的同时，对此后的中国产生了巨大的影响；在此后，中国的反宗教言论都不出其范围，未能增添新的理论元素，即使在中华人

* 本文得到上海市教育委员会高校一流学科上海大学世界史（B 类）建设计划资助，同时为“上海高校青年教师培养资助计划”项目的阶段性成果。

民共和国成立后的历次宗教试炼中，也不过是1920 年代非宗教理论的延续。

1920 年代的中国，宗教在中国的命运经历了一场严酷的拷问与挑战，因组织化的非宗教运动和非基督教运动的推动，宗教批判成为占据人们话语中心的一种时尚言说，吸引了各类掌握话语权的知识人的参与，无论是谈话论辩还是书报杂志，都能频繁地发现宗教批判的身影。本文主要聚焦在话语层面，对话语本身进行文本分析，探究非宗教话语的价值取向，考辨非宗教话语的利用主体及其在利用取向上的差异，追索非宗教思想资源的来源及其对近代中国留下的投影。

一 非宗教诉求的价值取向

在近代中国的历史图像中，能频频发现非宗教的画面。一种思想的呈现不可能是空穴来风，它必然是历史积淀的爆发，是对现实展开的一种回应。在这一点上，近代以来的非宗教呈现出某种同一性。但是与义和团及其之前的非宗教相比，1920 年代的非宗教呈现的面貌更为复杂。

1920 年代的中国，新文化运动竖起了科学理性的旗帜，使其逐渐占据了人们信仰的中心，同时也激起了人们对文化问题的关注与反思，人们的头脑与心灵在不知不觉中遭遇一种全面的解放。五四运动使民族主义风潮激涨，反帝成为时代最强音，五卅运动、收回教育权运动、北伐组成一组连绵起伏的反帝交响曲。此外，当英法美革命改良的翻版在中国相继失败之后，十月革命一声炮响吸引了国人的目光，俄国成为国人模仿的焦点，马克思主义的传播、中国共产党的崛起悄然地转变着中国的历史航向……时代的一切，都映现在非宗教的批判诉求中，某种程度上而言，非宗教是时代现实、思潮交汇的一个缩影，“非宗教同盟”“非基督教同盟”“非基督教学生同盟”的组织正是时代呼吁的结果。

1. 民族主义的参与——反对帝国主义

在各种非宗教的声音中，虽然国人在贬斥宗教时为避免偏见为人所诟而以一切宗教为对象，但对基督教的憎恨无疑占据其中心，基督教扮演催生非宗教盛行的主角，“基督教是宗教的一种，基督教对于中国人民，其为害之烈，更有甚于一切其他的宗教”[①]。由于基督教与帝国主义的纠缠，民族主义激起的反帝风潮使其难以逃脱末日审判的命运，同时通过反基督教去反对帝国主义就成为反帝的重要内容，二者交相映衬。在各种非宗教话语中，处处充斥着反帝的气息。“非基督教”提法本身就是一个民族主义的口号。由于这种话语使用频率过繁，所以我只能采摘几条有代表性者略述之。

以 1922 年 4 月 4 日世界基督教学生同盟大会将在清华大学召开为导火索，国人开始宏大的非宗教运动。虽然非宗教的声音时强时弱，但也断断续续延续到了 20 年代末，在 1922 年火暴一阵后，在 1925 年五卅运动后又掀起新的高潮，在每年圣诞节前后的“非基运动周”都要热闹一阵。1922 年“非基督教学生同盟”成立后，于 3 月 15 日在《先驱》上发表《非基督教学生同盟通电》：“政府巨贾，以利其为殖民之先道，于是四福音书遂挟金铁之威，以临东土。金钱奴我以物质，福音奴我以精神”[②]，认识到基督教是侵略的一种工具、一个先锋，是奴役国人的精神枷锁。论说最精练的是《向导》上的文字：“宗教一方面是帝国主义昏迷殖民地民众的一种催眠术，另一方面又是帝国主义侵略殖民地之探险队，先锋军”[③]，不仅透露出基督教在中国直接的政治参与，也觉察到基督教传播背后隐含的政治意义，通过对殖民地民众的精神催眠，使其不思反抗，从而有利于帝国主义对中国的控制。该文甚至把它提到了“文化侵略”[④]的高度，认识到帝国主义在政治经济侵略之外还有更为隐蔽却更为有效的“文化侵略”，“帝国主义除了运用政治侵略，经济侵略以宰割中国外，更运用基督教文化侵略以麻醉中国人民，使其永远屈服于洋教父、牧师、西教士的诱惑之下而毫不发生反抗作用”[⑤]，并看到了这种文化侵略的危害性，会导致国人在不知不觉中成为亡国奴而不知。

在史料的梳理中，几乎所有非宗教文字中都充斥着很深的反帝痕迹。基本上都是针对基督教的，而以其他宗教为攻击对象的几乎找不到踪影，可见政治在其中占据的分量。基督教作为一个外来户，它与帝国主义的纠缠，注定了它在中国的悲苦命运。

2. 阶级意识的弥漫——反对阶级压迫

在马克思主义走进中国之前，在国人的心灵中自觉的阶级意识似乎并不明显。但是十月革命后，随着马克思主义逐渐得到国人的广泛认同，“阶级”一词在中国的话语中得以凸显，并在近代历史上划下了浓厚的痕迹，人们开始自觉地用“阶级”去解释历史，分析现实。在 1920 年代的非宗教话语中，宗教被描绘成阶级压迫的工具，这成为宗教背负的重要罪名，基于阶级的意识形态立场，强固宗教和阶级压迫的关联，同样是非宗教话语中重要的一部分。

“非基督教学生同盟”同时发表的《非基督教学生同盟宣言》宣称：“一

方面有掠夺阶级，压迫阶级，他方面有被掠夺阶级，被压迫阶级。而现在的基督教及基督教会，就是‘帮助前者掠夺后者，帮助前者压迫后者’的恶魔。”[⑥]可见在非宗教的初始，宗教阶级压迫论就是重要的非宗教武器，压迫阶级和被压迫阶级之间的对立在言说者的话语选择中是随手拈来，而宗教在二者之间的对立中扮演着压迫工具的角色。在随后铺天盖地的非宗教话语中，更是频繁地晃动着阶级压迫论身影，如一篇非宗教宣言的文字：“用它（基督教）麻醉本国的工人阶级，使信社会之贫富出于神意，不应以阶级之争，破坏现社会制度。”[⑦]文字中工人阶级频繁出现，可见马列的影响。这样的语句不仅充斥在各种宣言中，而且在一般的非宗教文字中也频繁现身：“本它（基督教）的教义，一则可以麻醉本国的工人阶级，使他们相信，阶级的悬殊，是上帝安排而定，人们不可挽回，而阶级斗争因以缓和。”[⑧]宗教作为阶级压迫的工具受到人们广泛的批判，它要人们停驻在宗教的彼岸而忘却现实的苦难，从而有利于阶级统治，这在各种非宗教话语中实为重要内容。

从以上所述可见，宗教阶级压迫工具论显示出的阶级意识已经非常浓厚，且有很深的马列印记，这从一个侧面透露出阶级观念在1920年代的中国已有一定的接受面，同时马列主义已是一种不可忽视的时髦语言。值得注意的是非宗教基本上是针对基督教的，这除了基督教是外来户外，更多可能是马列影响的结果，因为中国资产阶级和无产阶级的阶级冲突并不像西方那样突出。

3. 科学理性的责难——反对迷信愚昧

当科学、理性的权威在西方受到质疑与追问的时候，在中国，它却逐渐树立了自己的权威，受到广泛的认同与尊崇。当国人初步领略科学理性的精神之后，就开始以之为武器投入到非宗教的洪流中去，因而科学理性就成为反宗教的一种可资利用的重要的思想资源。用科学理性为基点审判宗教，同样是一种时尚。

“非宗教同盟”发表的宣言称：“好笑的宗教，与科学真理既不相容。”[⑨]可见宗教与科学相悖是国人非宗教的一个重要原因，科学反面的东西都被纳入了非科学的行列而加以批驳。并且他们认为，科学时代宗教已经过时，没有了存在的理由，“在现代科学的时期，已证明宗教是一种过时的陈物，带有迷信的气味，基督教难道不是宗教吗？为什么我们一般号为智识阶级的青年们，一边反对老太太拜菩萨，嘲伊们是迷信，不是二十世纪的人物，而一边却又视进了基督教是在高无上的人物而自夸呢?”[⑩]把宗教和迷信等同，宗教就是迷信，而科学和迷信是一对天敌，迷信在1920年代的中国也是急待扫进历史垃圾堆的垃圾，这也是国人非宗教的重要理由。

在科学、理性张扬的时代，当国人用科学和理性去审判一切的时候，作为科学对立面的宗教自然难逃被诋毁的命运，宗教被认为是科学展开的障碍，站在科学理性的立场反宗教是时代的必然。这种反宗教的取向在非宗教话语中所占比例非常高，同样，基督教在这场批判中是主要的靶子。

4. 个体自由的欲求——反对身心摧残

1920年代是个思想解放的时代，个体自我的价值与欲求得到关注与张扬。所有有碍个性解放的东西——制度、思想——都受到人们的敌视与攻击，同样宗教也被描绘成桎梏性灵的毒物遭到批判与排拒，有一些文字从身心自由的立场把批判的锋芒指向了宗教。

如余家菊的文字：“若夫基督教，朝朝夕夕，不离上帝，不离我父，其梏桎人心，推残人心，堕落人心，更烈为其他一切宗教，此亦基督教为吾人力排之因。”[⑪]可见他认为基督教徒整天在宗教氛围下生活，受其控制，身心受到摧残。蔡元培更是把宗教侵入提到侵犯人权的地步：“现今各种宗教都是拘离着陈腐主义，用鬼诞的仪式夸张的宣传，引起无知识人盲从的信仰，来维持传教人的生活，完全是由外力侵入人的精神界，可算是侵犯人权的。”[⑫]宗教作为一种精神上的控制，无疑是心灵自由、个体解放的敌人。

在非宗教话语中频繁可见的“麻醉论”（宗教起麻醉作用）、“鸦片论”（宗教是人民的鸦片），实际上也是看到了宗教在人的精神控制上的巨大危害。

总之，1920年代非宗教话语的主要取向有四种：一是认为宗教是民族压迫——殖民者掠夺奴役被殖民地人民的工具；二是认为宗教是阶级压迫——统治阶级剥削被统治阶级的工具；三是站在科学理性的立场，指宗教为迷信，是阻碍中国进步的敌人；四是从身心自由上着眼，指宗教摧残人的心灵，不利于人的个性解放。当然四种取向在非宗教话语中的地位是有差异的，呈现出不平衡状态。

二　话语利用：非宗教批判主体分析

1920年代的宗教批判规模庞大，各界人士都参与了这场批判的表演，其中青年学生、中国共产党及与其紧密连接的中国社会主义青年团、部分国民党人、中间知识界部分人士一起构成了这支队伍的主干。但是，基于不同的立场、不同的宗教认知、不同的利益考虑，社会各界在非宗教的价值取向上呈现出较大的差异。

青年学生在非宗教中声音最为响亮，他们是许多非宗教文章的作者、接受者及宣传者。年轻的激情促使他们没有将非宗教仅仅停留在言语上，更付诸行动，除了“非基督教学生同盟”总部的建立外，全国各地都纷纷成立了非基督教学生组织。毫无疑问，他们是非宗教运动的主力军。在他们非宗教的话语表述中，以上归纳的四种取向都能发现踪影，往往民族掠夺论和阶级压迫论相交织，“第一，用它麻醉本国的工人阶级，使信社会之贫富出于神意，不应以阶级之争，破坏现社会制度；第二，用它麻醉被征服的殖民地、半殖民地的民众，使信他们的兵舰、军队是为了赠送上帝的福音，赠送教育及一切文化而来，不为抢劫金钱而来，使对他们永远感恩戴德，不思反抗”。[13]当然，即使在青年那里也难以听到异口同声的言说，青年人也因不同思想影响和认同而呈现出差异。不过，由于民族意识的驱使以及新文化运动的熏陶，认为宗教是帝国主义软化国人的先锋、站在科学理性立场去责难宗教以及把宗教当作一种有碍身心自由的毒物是其共识，只是认为宗教是阶级压迫的工具可能在中国共产党影响下的学生那里表现突出一些，中国社会主义青年团在“非基督教运动”中表现十分活跃[14]，掌握了很大一部分非宗教话语表述权，对其他非宗教群体产生了很大影响。

其次是中国共产党。中国共产党直接指导了“非基督教运动”，提供了舆论导向和理论准备，许多人直接参与了对宗教的批判，其在非宗教同盟中也占据重要地位。在非宗教取向上，中共对前述四种取向都有所运用。如瞿秋白的文字，“治者阶级借以恐吓受治阶级，使之驯服，镇慑他们的情意，以借驱使……资产阶级要用这些宗教信念及教会宣传去蒙蔽群众，消磨他们的革命情绪”[15]，从阶级立场上批判宗教为阶级压迫的工具。恽代英的描述则透露出民族主义的气息：“多一个基督教徒，便是多一个洋奴，外国人正要用这种钓饵使中国人全然软化于他，所以我们非反对不可……基督教实在只是外国人软化中国的工具。”[16]民族独立也是其奋斗的目标。非宗教不仅在一般宣传上，而且进入了许多中央文件，如 1926 年 7 月《中共中央扩大执行委员会会议文件》：“教会为外国帝国主义蹂躏中国人民之先锋……用着和平博爱等，说着好听的名词……想把所有被压榨的民众一齐都欺骗下去，他们想引导一般被压榨的，都忘掉他们自身生活实际的痛苦，以保证帝国主义压榨民众基础之巩固和恒久。”[17]许多文件内容也体现了非宗教精神，如1923年11月中共第三届第一次中央执行委员会文件《教育宣传问题决议案》载“反对基督教的教义及其组织（青年会）”[18]及1926年在《中国共产党第三次中央扩大执行委员会议决案》载“我们对国民党右派、国家主义派及基督教派丝毫不能让步”[19]。

国民党情况复杂一些。国民党党章与宗教并不矛盾，党内本身有许多宗教徒，这使国民党内对宗教的态度发生分化。但仍有少量人支持非基督教运动，并表明了自己的非宗教立场，如戴季陶就说：“最近圣心和圣三一两个教会学校学生发起的反抗帝国主义文化侵略的运动，尤其是我十分佩服的……外国人到中国来做养成奴隶的事业，已经要近百年。”[20]他把基督教认作帝国主义对中国文化侵略的工具。廖仲恺是另一位赞成非宗教的党国要员，1925年7月给黄埔军校讲《帝国主义侵略史谈》时就指出宗教是亡国的工具：“他（康熙）用宗教来灭蒙古人的种……用喇嘛教来亡他，使他们有了信仰的心……蒙古人几乎要亡种了。即如欧洲各国亡非洲黑人一样的方法……遣教徒去使他们进教，后来并用教来亡他们……所以中国有智识的人们要提倡反基督教。”[21]从二人的话语可以看出，国民党只因基督教与帝国主义的关系而反基督教，取向较单纯，看不到一点其他的气息，这与其他非宗教群体相比有很大的不同。正如廖仲恺所言：“我们反对基督教，是拿政治立场去反对的……（如它）像现在中国的佛教、回教一样的地位，我们便不反对他了。”[22]国民党从民族主义立场去反帝对其是有利的，在反帝浪潮中，各种政治力量都可以把它作为一种博取认同的可利用的资源。

中间知识界更难以把握，因为他们对宗教的态度意见纷纭，赞成者有，反对者有，温和者有，且会时有变化。具体到反对者，大多数是新思潮的弄潮儿，都得到新思想的熏陶，他们反宗教更多着眼于文化上的考虑、学理上的辩驳，情绪化的宣泄较少，所以他们的非宗教取向以科学反宗教以及认为宗教有精神摧残危害为主。“非宗教同盟”的非宗教宣言大致可以代表他们的立场：“人类本是进化的，宗教偏说‘人与万物，天造地设’。人类本是自由平等的，宗教偏要说：束缚思想，摧残个性，崇拜偶像，主乎一尊。人类本是酷好和平的，宗教偏要伐异党同，引起战争，反以博爱为假面具骗人。人类本是好生乐善的，宗教偏要诱之以天堂，惧之以地狱，利用非人的威权道德。……好笑的宗教，与科学真理既不相容；可恶的宗教，与人道主义，完全违背。”[23]从中看不到多少民族主义的喧嚣，也没有宗教阶级压迫论的痕迹，主要是理性的诉求，较少政治上的考虑。

总之，反对宗教的群体尽管对宗教都没有好感，但在非宗教取向上差异很大。在非宗教运动和非基督教运动中，基本上是政治上的非宗教欲求压倒理性的声音，从文本看，宗教帝国主义侵略工具论和宗教阶级压迫工具论占据主导地位，特别是前者最为突出，成为左右非宗教风向的主导声音，这是与反帝现实迭起相对应的。

三 非宗教话语的来源、影响及评价

根据非宗教文本的梳理，1920 年代的非宗教话语所用思想资源十分庞杂，外国进口者有之，现实催生者有之，但主要受了西方启蒙运动以来科学理性主义和马列主义的影响，这两种主义在当时是一种时髦思潮。另外，1920 年代中国民族主义的勃兴，在现实的强烈催生下，中国也产生了自己的非宗教语言——宗教帝国主义侵略工具论，当然这也是与列宁帝国主义论相应对的。

在非宗教话语中频繁出现的“麻醉论”“鸦片论”以及宗教阶级压迫工具论这些非宗教语言无疑是马列影响的产物。马列主义宗教观是非宗教重要的思想资源，这些理论主要是中国在学习研究马列的过程中从俄国输入的，还包括赴法勤工俭学学生的努力。“非宗教同盟”曾经于 1922 年 6 月出版《非宗教论》，其中就列有马克思像及其非宗教名言：宗教是人群的鸦片。[24]“鸦片论”（马克思）及与其意思差不多的“麻醉论”（列宁）在当时的非宗教话语中使用是非常频繁的，直接引用马克思这句名言的就非常之多，如辟立：“所以马克思说：‘宗教是人民的毒物或鸦片’，此言实确。”[25]沙洛：“‘宗教是人类的毒药’，马克思这句话是永远的真理。”[26]“麻醉论”更是数不胜数，以上所述中不乏“麻醉论”观点。

启蒙话语主要是新文化运动输入外国新思想的结果。至于宗教是帝国主义侵略中国的工具论，主要是中国现实催生的产物。1920 年代，中国民族主义高涨，而基督教在华事业在达到黄金发展期后，出现了“中华归主”“基督教征服中国”等在中国人看来是狂妄的口号，激起了国人对基督教扩张的忧虑。这样，在反帝的狂潮中，由于帝国主义与基督教的纠缠，必然出现宗教是帝国主义侵略奴役国人的舆论，如当时十分流行的文化侵略论就是一例。这是中国特殊现实的产物，俄国、西方国家不存在外国宗教在本国扩张的问题。另外需要说明的一点是，当时罗素访华对国人的非宗教也产生了一定的影响。罗素是出了名的非宗教者，屠孝实曾言："读各报所载非宗教同盟的宣言知道他们反对宗教的理由，大约都是以去年罗素在中国少年学会的演讲为依据。"[27]受其影响的主要是非宗教同盟。

1920年代非宗教批判及其引起的辩难对于人们加深对宗教的认知和理解是有帮助的，特别是对基督教的批判，加深了人们对帝国主义侵略的认识，清醒了部分国人的头脑，使许多人认识到"基督教与帝国主义的侵略政策，本是一件事情的两方面，就是说基督教是帝国主义侵略弱小民族的侵略工具中的一种，这种侵略比较政治侵略及经济侵略还来得利害，因为政治侵略及经济侵略是有形的，容易促醒弱小民族的反抗运动，而基督教的侵略是下而上的无形的，他们——帝国主义者——拿许多奴隶化的圣经来昏昧和麻醉一班弱小民族，使被侵略的弱小民族，非惟不反抗，且从而歌颂之"[28]，促进了国人对文化侵略的思考，从而使反帝斗争进一步深化而全面。宗教确有引人消极的一面，而当时内忧外患，需要的是积极入世的开拓者，因而国人对宗教的这种指责有一定合理性。它确实造成部分人与外国的靠近，甚至沦为洋奴，沉浸在宗教的彼岸，客观上有利于外人对中国的控制而不利于现实运动。当时基督教界也有很多前进的基督徒呼吁其同道不能沉浸在福音和精神的狭隘中，应走向社会，注重物质和社会改造。一教会学生说："我从前也是反对基督教的一个有力者，后来进了大学，他们待我实在很好，并且不要我的学膳费（注意：这就是毒药，丧命剂呢——原文），所以我觉得以前反对是错了，它实在是好的。"[29]这样的人当时大有人在。但经非宗教宣传，不少人开始觉悟，从宗教怀抱中解脱出来。有人写道："基督教这牢笼，我曾一度误入，但现在却已完全跳出了。"[30]这种宣传对基督教界自身扭正自己的形象也有巨大促动作用。

当然，因为当时对宗教的批判主要是针对基督教的，这就注定了政治取向压倒一切，从宗教本身着眼的并不多，而主要徘徊在宗教自身的边缘，"反基督教的基本理念，就是反帝国主义"[31]。学理上的诉求过少，"宗教是否有存在的价值这问题，我们是无暇讨论的；我们只知道基督教是外国帝国主义侵略文化的工具，基督教的教义怎样，我们可不必顾及了，因为我们对于教义，好也反对，坏也反对"[32]。对宗教的批判并没有过多去理会理论本身，而对于各种观点只是一种标语式的运用。当时就有人以"他们不是研究宗教科学的专门家"[33]来责难非基督教者。比如阶级压迫说，实际上，宗教里是讲究平等的，无论佛教还是基督教，并且当时有许多人从宗教中汲取思想资源作为平等诉求的一种佐证。也没有区别对待帝国主义、基督教、教会事业等，把与基督教有关的一切全盘否定，给基督教在华有利事业带来灾难。非宗教最烈的青年学生因知识缺陷受激情驱使而易流于情绪化。当然，任何以学理不足或谬误来苛责对这种口号的利用都是徒劳的，现实不允许在学理上过多的纠缠，那是夫子之论。现实也需要这种观念的政治倾向性，因为那是时代的任务。

总之，1920 年代的非宗教话语虽然声音纷纭，但是政治话语占据了言说的主导地位，特别是宗教帝国主义侵略工具论掩盖着其他声音，这是与 1920 年代民族主义高涨相对应的。其次，由于马克思主义的传播，俄国革命的影响，宗教阶级压迫工具论也占据着一定的分量。这是中国 1920 年代现实激荡的产物，是时代要求在思想上的映现。但这种非宗教的深入和全面促使中国非宗教理论的成型，在后 1920 年代再现的非宗教话语基本上未出其范围。因此，1920 年代实为影响中国人宗教观的一个转折年代。

---

①李大钊：《宗教妨碍进步》，《李大钊文集》（下），北京：人民出版社，1984，第 555 页。

②《非基督教学生同盟通电》，中国共产主义青年团中央委员会办公厅编《中国青年运动历史资料》（1），内部资料，1960，第 117 页；上海：《先驱》第 4 号，1922 年 3 月 15 日。

③述之：《帝国主义与义和团运动》，上海：《向导》第 81 期，1924 年 9 月 3 日。

④关于“文化侵略”在近代中国的轨迹可见陶飞亚《“文化侵略”源流考》，济南：《文史哲》2003 年第 5 期。

⑤《中华民国学生联合会总会反基督教宣言》，《中国青年运动历史资料》（2），第 518 页。

⑥《非基督教学生同盟宣言》，北京：《晨报》1922 年 3 月 17 日。

⑦⑬秋人：《反对基督教运动的怒潮》一文摘录《“上海非基督教同盟”宣言》，上海：《中国青年》第 60 期，1925 年 1 月。

⑧公宪：《自由与基督》，上海：《民国日报》副刊《觉悟》，1924 年 10 月 28 日。

⑨㉓㉛㉝张钦士编《国内近十年来之宗教思潮》，北京：燕京华文学校，1927，第 194、193～194、401、208 页。

⑩炳祥：《告在教会学校的人们》，上海：《民国日报》副刊《觉悟》，1924 年 9 月 23 日。

⑪余家菊：《基督教与感情生活》，北京：《少年中国》第 3 卷第 11 号，1922 年 6 月

1日。

⑫蔡元培：《非宗教运动》，上海：《民国日报》副刊《觉悟》，1922年4月13日。

⑭关于二者关系，可参见薛晓建《论中国社会主义青年团与非基督教运动的关系》，北京：《北京科技大学学报》2001年第3期。

⑮瞿秋白：《社会科学概论》，《瞿秋白文集》第2卷，北京：人民出版社，1988，第578~580页。

⑯代英：《我们为什么反对基督教?》，上海：《中国青年》第8期，1923年12月。

⑰中央档案馆编《中共中央文件选集》第2册，北京：中共中央党校出版社，1989，第211页。

⑱中央档案馆编《中共中央文件选集》第1册，北京：中共中央党校出版社，1989，第206页。

⑲中国人民解放军政治学院党史研究室编《中共党史参考资料》第4册，第81页。

⑳见陈独秀《外国的文化侵略和国民革命》，《陈独秀文章选编》(中)，北京：生活·读书·新知三联书店，1984，第533页。

㉑廖仲恺：《廖仲恺集》，北京：中华书局，1983，第264页。

㉒转引自顾卫民《基督教与近代中国社会》，上海：上海人民出版社，1996，第419页。

㉔罗章龙：《椿园载记》，北京：生活·读书·新知三联书店，1984，第92页。

㉕辟立：《怎样在中国反对宗教》，上海：《民国日报》副刊《觉悟》，1924年8月26日。

㉖沙洛：《继续扩大我们的非基运动》，《中国青年运动历史资料》(6)，第592页。

㉗屠孝实：《科学与宗教果然是不两立的么?》，北京：《晨报副刊》，1922年5月7~11日。

㉘刘一清：《基督教徒听着》，上海：《民国日报》副刊《觉悟》，1924年11月11日。

㉙㉚公宪：《入教会学校的危险》，上海：《民国日报》副刊《觉悟》，1924年10月21日。

㉜瘦石：《教会学校学生对于非基督教同盟之意见》，上海：《民国日报》副刊《觉悟》，1924年9月30日。

作者简介：杨卫华，上海大学历史系讲师，博士。

[责任编辑：陈志雄]

(本文原刊2013年第3期)

刘廷芳与燕京大学宗教学院之肇基与谋新*

陈才俊

[提 要] 刘廷芳是二十世纪上半叶中国著名的学者、教育家、政治家、社会活动家及教会领袖。1921年春至1926年秋，刘廷芳作为燕京大学神科及宗教学院的首位华人执掌者，对学院的学科定位、发展目标、师资队伍、课程设置、校园文化、宗教生活等，予以设计、制定与实施，形成特色鲜明的高等宗教教育理念，在该院初创时期起到了重要的规划、组织与开创作用。

[关键词] 刘廷芳　燕京大学宗教学院　教会大学　宗教教育

刘廷芳（Timothy Tingfang Lew，1891～1947）是二十世纪上半叶蜚声中外的杰出华人巨擘，在学术、文化、教育、政治、宗教等诸领域贡献卓著。学术方面，他是二十世纪中国心理学的先驱之一，中国心理学会的创始人之一，汉语学习心理学的始创者；其博士学位论文《汉语学习心理学》（The Psychology of Learning Chinese，A Preliminary Analysis by Means of Experimental Psychology of Some of the Factors Involved in the Process of Learning Chinese Characters）至今影响犹存。文化方面，他是一位“热情的诗人”，出版

* 本文系2016年广东省普通高校省级（基础研究及应用研究）重大项目（社会科学类）“基督宗教与近代中国的知识转型”（项目号：2016WZDXM009）的阶段性成果。

过《山雨》等诗集，翻译过世界名著，文学造诣颇深；担任过《生命》月刊、《真理周刊》（后二刊合并为《真理与生命》）等期刊的主笔，创办基督宗教属灵刊物《紫晶》。教育方面，他曾经协助司徒雷登（John Leighton Stuart）创办燕京大学，担任燕京大学宗教学院首任华人院长，将该校的神学建设成为国内首屈一指的学科，并极大地推动了中国高等宗教教育的发展；还出任燕京大学校长助理、心理学系主任，国立北京高等师范学校教育研究科主任等职；兼任国立北京大学心理学系与教育学系教授。政治方面，他曾担任国民政府立法委员会委员，对民国之法制建设倾尽己力。宗教方面，他曾任中华基督教教育协会首任华人会长；倡导并践行教会本色化运动，极力促进中国教会本土化；被誉为"中国最有价值的基督徒之一"。[①]然而，由于刘廷芳 1941 年赴美就医，英年客殁异国，加之其显赫之华人基督徒领袖身份，故学界对其之关注，与其于近代中国之卓著贡献极不相称。[②]

燕京大学乃近代中国教会大学中规模最大、影响最巨者。宗教学院是燕京大学成立最早、发展最快之学院，在该校早期历史上发挥过引领学风之表率作用。作为中国第一所基督宗教神学研究院，燕京大学宗教学院在短短数年间，"一跃而为中华基督教神学教育之翘楚"；"在中国高等神学教育领域，曾居无可争辩的领袖地位，被誉为远东第一流的神学教育机构"。[③]刘廷芳作为燕京大学宗教学院第一任华人院长，在该院初创时期起到了重要的设计、组织与开创作用。

一　刘廷芳执掌燕京大学宗教学院缘起

刘廷芳于 1891 年 1 月 8 日出生于浙江温州永嘉县大同乡（今鹿城区），乃家族第三代基督徒。刘廷芳祖母叶氏中年丧夫，未几携子女受洗入教，曾担任内地会（China Inland Mission）创办之温州育德女校校长。刘廷芳父母早年均就读于西方人创办之教会学校，父亲刘世魁乃内地会牧师（同时也是医生），母亲李玺曾继承叶氏出任育德女校校长。

刘廷芳自幼成长于教会，少年时在内地会创办的崇真小学完成初等教育；1905 年，入读英国传教士蔡博敏（T. W. Chapman）担任校长的温州艺文中学。在艺文中学时，刘廷芳曾在美国教会报纸上发表《江浙铁路事泣告同胞书》一文，呼吁国人集资修路，勿丧路权。1908 年，刘廷芳赴上海入读美国圣公会（Protestant Episcopal Church in the United States of America）

创办之圣约翰大学预科。作为身处新旧时代交替大潮中的知识分子，深受儒家文化浸润与西方新知洗礼的刘廷芳，渐趋养成独立思考的习惯，成为颇具睿见卓识之青年。刘廷芳由西方教会培养长大，对教会之运作非常了解，所以，他对教会创办教育机构之办学宗旨，以及许多不合情理之管理制度，颇为不满；对西方传教士蔑视鄙弃中国文化之言行，更是愤慨至极。在圣约翰大学期间，刘廷芳屡次在上海《通问报》发表文章，阐述自己的观察与主张。他指出，教会学校之传教士教职员，虽有满腔热忱，然因自身缺乏足够学识，故只能造育出思想、文化、知识、价值观偏差扭曲的教会青年。所以，他极力主张，教会应指派具备专门知识之人才兴办学校。刘廷芳的系列文章，很快引起著名美国传教士、金陵神学院教授司徒雷登的高度关注。司徒雷登对刘廷芳的看法早就深有同感，且一直试图进行改革。然而他发现，改革只能在既成体系下运作，非一朝一夕可以完成，更不能单打独斗，所以，需要志同道合者来共同实现。司徒雷登非常欣赏刘廷芳的才华，便请《通问报》主笔陈春生安排，在上海与其会晤。后来，也正是在“贵人”司徒雷登的推荐、力促之下，刘廷芳获得奖学金，1911年负笈美国深造。[④]

刘廷芳抵达美国之后，先入读乔治亚州乔治亚中学（High School of Georgia），一年后进入乔治亚大学（University of Georgia），1913 年插入哥伦比亚大学本科四年级学习。1914 年，获哥伦比亚大学学士学位，并继续在该校攻读教育学和心理学课程。1915 年，获哥伦比亚大学硕士学位，然后继续在该校研究心理学。同年，开始在与哥伦比亚大学隔街相望的纽约协和神学院（Union Theological Seminary in the City of New York）修习神学。1916年取得哥伦比亚大学师范学院教育文凭，获纽约协和神学院“最优成绩奖学金”。1917 年秋转入耶鲁大学神学院（Yale Divinity School），并于翌年 6 月获该院神学学士学位。1918 年，被聘为纽约协和神学院宗教教育学权威乔治·A. 柯（George A. Coe）教授的助教，“成为第一位在美国神学院教非中文课程的中国人”。[⑤]1920 年，以学位论文《汉语学习心理学》获得哥伦比亚大学教育心理学博士学位。在美期间，刘廷芳曾担任中国北美基督教学生会刊物《留美青年》主编，并于 1916~1917 年出任该会会长。1920 年 2 月 18 日，由美国极负盛名的富司迪（Harry Emerson Fosdick）牧师主持，刘廷芳在曼哈顿公理会教堂（Manhattan Congregational Church）被按立为牧师。[⑥]不久之后，刘廷芳返回中国。在美留学近 10 年，刘廷芳凭借自己的优异成绩及非凡的社会活动能力，在中国留学生界闻名遐迩，广获赞誉。

刘廷芳归国之时，恰逢司徒雷登出任燕京大学校长之际。1919 年 6 月，在中外基督教会界享有极高声誉的司徒雷登，接受燕京大学美国托事部的聘请，执掌燕京大学。他在满怀革新之志构划燕京大学宏伟发展蓝图之时，“亦为其向来主张建立的一所全国第一流的神学研究院留有显著的位置”。[7]他曾表达自己对燕京大学宗教学院之期冀：“就我个人而言，我对燕京大学最大的梦想之一就是它将拥有一所宗教学院，在其中越来越多的既熟谙本国崇高的历史遗产，又受过西洋最好神学教育的中国籍教员，将本着他们自身的宗教经验，向本国人民讲授真正的基督教，务求其合于二十世纪的知识和中华民族的精神，同时亦把一切由西方历史因袭而来的无用之附加物，悉数扫除。”[8]然而，司徒雷登建立中国第一流宗教学院的愿望虽然具备“天时”与“地利”，却欠缺“人和”——没有合适的人选来负责具体实施。于是乎，他想到刚刚学成归来且成就斐然的刘廷芳，认定其乃不二人选。

司徒雷登与刘廷芳相交甚笃，谊若师生。刘廷芳 1911 年赴美深造之前，为报答时任金陵神学院教授司徒雷登的知遇、推荐之恩，曾答应回国后到金陵服务。然至其归国之时，司徒雷登已执掌燕京大学，故其无需再赴金陵履约。同时，司徒雷登也一再邀请刘廷芳赴京，辅佐其执治正处于起步阶段的燕京大学。据司徒雷登写给纽约协和神学院院长麦吉弗特（A. R. McGiffert）之函称，刘廷芳从美坐船返国，甫抵上海，便获得东南大学所送来的心理学系主任聘书。其后，他还获得多所大学的邀请，其中，国立北京高等师范学校和国立北京大学两校，均力邀其出任心理学系主任之职。故此，燕京大学为聘到刘廷芳，对其承诺许多优厚条件，包括燕京大学创办机构之一——美以美会（Methodist Episcopal Church）任命其为该会驻校代表；其薪金及住房待遇与西方传教士相同；还特批其可于校外兼任其他职位。正是因为燕京大学的承诺，1921～1926 年，刘廷芳除出任该校神科科长及宗教学院院长、校长助理之外，还兼任过北京高师教育研究科主任、北京大学心理学系与教育学系教授。据悉，刘廷芳还曾被邀请担任北京高师校长，但他坚辞不受，且离京三周以示拒绝之决心。[9]此足见刘廷芳其时献身燕京大学之坚毅信念。

燕京大学宗教学院的前身是成立于 1915 年的汇文大学神科。汇文大学神科乃由地处北京、天津、通州三地的若干圣经和神道学堂发展合并而成，其核心是汇文大学神学馆（亦称“神道学科正班”）和华北协和道学院。

1905年，美国公理会（American Board of Commissioners for Foreign Missions）在通州创办潞河书院，后该书院发展而成华北协和道学院。1912年，美以美会在北京设立之怀理书院和英国循道公会（Methodist Church）在天津所设之圣经学堂合并，诞生汇文大学神学馆。1915年，汇文大学神学馆和华北协和道学院再度合并，创立汇文大学神科。其时的参与者，如刘海澜（Hiram H. Lowry）、厚巴德（W. T. Hobart）、万卓志（George D. Wilder）、方泰瑞（C. H. Fenn）、甘霖（George T. Candlin）、金修真（Thomas Biggin）等，均为华北地区神学教育耆宿。1919年，汇文大学和华北协和大学合并，正式成立燕京大学，汇文大学神科亦随之改称燕京大学神科。严格意义而言，燕京大学神科是由美国公理会、美以美会、美国北长老会（Presbyterian Church in the United States of America）、英国伦敦传教会（London Missionary Society）以及后来加入的中华圣公会（Holy Catholic Church of China）华北教区组成的跨宗派联合教育机构。[10]

在燕京大学校史上，曾出现过多种与宗教学院有关的中英文名称。1915年，始称汇文大学校神学馆（Theological Department of Peking University）；1916年，改为汇文神科大学（College of Theology）；从1918年起，英文名改为School of Theology，以表明其神学研究院之地位；1919年燕京大学创立时，中文名改为燕京大学神科；1925年，神科易名宗教学院，英文名则改为Yenching University School of Religion。[11]

刘廷芳加盟燕京大学时，神科科长乃美以美会传教士厚巴德。司徒雷登和刘廷芳原本计划用数年时间实现神科科长之新老交替。然而，由于厚巴德即将回国休假，刘廷芳任教不到半年，即于1921年3月9日被神科教员一致推选为科长，众望所归地成为中国当时主要神学教育机构中第一位华人最高负责人。此显然出乎刘廷芳本人之预料。所以，他采取“防止保守派攻击的保护性措施”，坚持只出任神科代理科长。1922年11月20日，燕京大学美国托事部正式批准对刘廷芳神科科长的任命。[12]

刘廷芳履职燕京大学后，果然不负众望，很快在基督宗教界崭露头角。1921年，他便出任“北京证道团”创办之《生命》月刊主笔。1922年5月，中国基督教全国大会在上海召开。[13]刘廷芳被公推为大会筹备委员会委员，负责起草一份重要的教会宣言。该宣言是“中国基督教会第一次以全国名义对国内、国外，全体信徒和全世界教会作正式的布告”。[14]在5月4日的大会发言中，刘廷芳以一篇“互相尊重、彼此相爱”的报告征服与会代表。1925 年 3 月 19 日，孙中山基督宗教式丧礼家祷在北京协和医科大学礼堂举行，刘廷芳担任主礼。同年，刘廷芳出任中华基督教教育会首位华人会长，成为中国基督宗教界影响颇巨的领袖人物。另外，燕京大学美国托事部分别于 1922 年 4 月 11 日和 1923 年 4 月 12 日批准刘廷芳的副教授与教授资格，使其成为燕京早期仅有的 4 名教授之一。[15]

自 1921 年春至 1926 年秋，刘廷芳作为燕京大学神科及宗教学院的执掌者，在该校宗教学院初创时期起到了重要的设计、组织与开创作用。

二　刘廷芳对燕京大学宗教学院之改造

刘廷芳执掌燕京大学神科（宗教学院前身）之初，所面对的是一个基础非常薄弱、师资颇为短绌、生源甚是匮乏的艰难局面。不过他接手之后，迅即推出一系列改造方案，力图将该教育机构建设成具有鲜明国际化、本色化、研究型、跨宗派和学术自由色彩的宗教学院。

神科虽为燕京大学创立最早之科，但亦是该校创校时基础最弱之科。首任科长（或主任）厚巴德，自 1915 年汇文大学神科创设之始即担负此职。然而，他已近退休之年，还要兼管美以美会之圣经学校，“对实际宣教比对神学研究更感兴趣，很想从此种他所力不从心的职位上退下来”。[16]厚巴德在燕京大学神科第一份年度报告（即 1917～1918 年报告）中，形容神科的匮乏状况几近《圣经》中的老底嘉教会。[17]司徒雷登 1920 年 3 月 13 日致函正在美国为燕京大学筹款的路思义（Henry W. Luce）时，亦谈及神科之惨状：“目前教育水准如此之低、神学生如此不满或至少缺乏热情，完全不能吸引热忱和受良好训练之文科学生（主要由于师资欠佳），以至我无勇气在本校宣扬教牧事工，或在中国其他地方为神科做广告。”[18]故此，司徒雷登本人不得不每周在神科授课 12 小时。[19]

刘廷芳出任燕京大学神科代理科长之后，为尽快扭转其时颇为被动的局面，首先提出并贯彻五项改造举措：一是神科的民主管理；二是鼓励教员著书；三是每位教员均应在当地社区从事某种基督宗教服务；四是教员应尽可能代表学校为全国和国际基督宗教运动提供服务；五是教员应与大学发生密切关系。[20]刘廷芳所提出的上述举措，显然为其时英美一流高等宗教教育机构所秉持之教育理念。

1922 年 8 月 12 日，刘廷芳在燕京大学神科的开学典礼及他本人就职神科科长的仪式上，发表题为“一个大学的宗教学院的任务和标准”的英文演讲。他称，大学宗教学院应成为服务者之养成所、保守普世公教二千年来丰富精神遗产之场所、先知导师应募会合之场所、研究真理实验真理之试验场、灵性艺术家之工厂、铸造基督化人格之场所。㉑随之，他以“教会广涵主义”为旗帜，以英美一流神学院校为蓝本，对燕京大学神科进行重大改造，使原先以单纯教牧训练为基本导向的神科，开始向以学术研究为主要诉求之宗教学院的目标迈进。㉒

刘廷芳对燕京大学神科的改造，首先体现在对学院的重新定位。他把神科过去仅为职业训练之单纯功能，扩展为职业训练和学术研究相结合之双重使命。《燕京大学1920至1921年各科简章》介绍神科时，仅称其“是向中国学生提供训练教牧圣工完备的、尽可能与英美神学院相埒的课程”。㉓由刘廷芳主导制定的1923～1924年度《燕京大学神科简章》，则将神科定位为：“向中国教会提供教牧人才，使他们在圣艺上有充分的技术训练，尊重本民族的优长的历史遗产，掌握圣经学和神学的最新发展，以及与宗教真理有关的哲学和科学研究的最新趋势。理智地同情改进全体信众团契的努力，使他们能对教会为时代之社会、经济、政治和国际需要所持主张和使命抱有热情；使他们对彰显上帝大能，使诸凡信者得到拯救和基督福音，拥有活生生的、日益精深的个人体验；使他们抱定宗旨全身心地投入教牧事工，作为为国为主服务之至上机会。”㉔此可谓刘廷芳改造燕京大学神科之重要教育思想。

为提高神科的教学和研究水准，刘廷芳还在1923～1924年度的《燕京大学神科简章》中，细化列出一系列规范举措，以充分保障其实施。具体包括：“（1）制定严格的入学标准，规定新生入学前须有在一所被认可之中学毕业后四年的预备，这便使神科入学标准‘达到英美最好神学院的水准’；（2）在学生中学毕业和入神学前的四年预备期间，为其设定一严格神学预科课程，该课程包括国文和两门外语、自然和社会科学、哲学和宗教等科目；（3）此种神学预科课程由燕大文理科提供，神科密切配合。神学预科课程均与大学文学士学位挂钩，学生顺利完成第一年神学本科课程后便可得文学士学位；（4）准备在近期内使神科近半数课程成为各类选修课，以便使学生充分发挥个人兴趣和专长；（5）神学本科第二、三年课程为专业课，以使学生得到牧师、圣经教员和教授、宗教教育主任、青年会干事、社会工作干事等教牧专业训练；（6）提高英文程度，规定神科一般只用英文教科书，只录取入学前已有相当英文训练之学生，如此方无碍于英文授课及使用有关英文参考书。而 1920～1921 年度燕大神科还招收英文欠佳的学生，只是规定此类学生毕业时只可得神科毕业证书，不得获神学士学位。”[25]另外，刘廷芳还对神科进行专业化改造，设立旧约、新约、宗教哲学和神学、宗教教育和宗教心理学、宗教伦理学和社会学、比较宗教学、礼拜和说教、教会政治和管理等 9 个分支。[26]

刘廷芳对燕京大学神科的改造，其次体现在建立“以中国教员为主的、颇有研究气象的神学教员队伍”。有学者认为，“这也许是刘廷芳对燕京宗教学院最大的贡献”。[27]刘廷芳接掌燕京大学神科之初，师资极为匮绌，可谓巧妇难为无米之炊。在教会内外乃至留美学界交游甚广的刘廷芳，正式出任神科科长后，求贤若渴，积极网罗英才。洪煨莲、简又文即是他最早引进的两位著名学者。国学大师陈垣能长期兼职任教于神科，亦与刘廷芳之重视功不可没。很快，燕京大学神科就建立起一支以中国教员刘廷芳、洪煨莲、简又文、诚质怡、徐宝谦、许地山、赵紫宸等为核心的师资队伍。同时，有步济时（John S. Burgess）、寇润岚（Rowland M. Cross）、巴尔博夫人（Dorothy D. Barbour）等外籍教师。另外，还有陈垣、朱有渔等兼职教授。燕京大学神科的诸多教授，不仅当时在国内闻名遐迩，而且在国际教会界亦声威极盛。

1924 年，刘廷芳联合燕京大学李荣芳、洪煨莲、简又文、陈垣和当时还远在东吴大学的赵紫宸，成立一个学社——中社，宣称要用“下一个十年来研究本色教会”。刘廷芳向司徒雷登表示，此五又四分之一个中国基督宗教学者必须同进同退，在尝试本色化计划方面“给教会机构最后一次机会”。在刘廷芳心目中，这一学者团体显然是燕京大学神科的核心，而赵紫宸又是这一核心中之关键人物。[28]刘廷芳在宗教学院 1925～1926 年的年报中阐释，燕京大学 5 年前曾拟有一份神科欲聘请之基督宗教领袖名单，但随着赵紫宸的加盟和其余 3 人的应聘，宗教学院搭建拥有最有前途之中国基督宗教神学学者的国际性神学教育班子，已宣告成功。[29]

刘廷芳将享有“中国神学教育第一人”盛誉的赵紫宸引进燕京大学，被视为其对该校宗教学院建设的杰出贡献之一。留学美国范德堡大学（Vanderbilt University）的赵紫宸，1917 年曾为刘廷芳主编之《留美青年》撰稿，故刘廷芳应对其有所知晓。据刘廷芳后来回忆：“民国十年，我识赵紫宸，一见如旧，谈改良圣歌朝夕不倦，我们两人订交，改良圣歌的志愿，是一个极重要的媒介。……但我平生最得意的一事，却正在此时期成功，这便是请赵紫宸加入燕京宗教学院为教授，继续我开始而未成功的工作。”[30]自1922年始，在刘廷芳的推动下，燕京大学便向赵紫宸任职的东吴大学启动商调事宜，但屡遭东吴拒绝。后来，燕京大学又出现经费困窘，故连赵紫宸本人也一度感到北上落空。1923年4月，赵紫宸第一次应邀访问燕京大学神科，并作“宗教—哲学”讲座。该校神科师生的勤勉治学，特别是刘廷芳的过人才识，均给他留下深刻印象。[31]1924年，东吴大学终于有所松动，同意刘廷芳提出的让赵紫宸每年至燕京大学任教一学期的折中方案。赵紫宸致函刘廷芳，称已看到“在中国神学和宗教生活中伟大燕京运动的前景”，并决意辞去东吴大学文学院院长之职，准备次年入京。然就在其1925年7月准备举家迁京时，不慎摔跤骨折，延至1926年才赴京任教。刘廷芳曾说，赵紫宸是其“努力四年之久，才从东吴大学聘请而来加入燕京宗教学院的”。[32]事实上，燕京大学宗教学院为赵紫宸实现其多年神学教育理念和抱负，提供了崭新的平台。赵紫宸亦不负众望，后来成为燕京大学“宗教学院的标志和灵魂”人物。

在刘廷芳的不懈努力之下，燕京大学宗教学院很快建立起一支明显超越国内其他宗教学院的师资队伍。据中华基督教教育会干事葛德基（Earl Herbert Cressy）统计，1925～1926年度中国10所神学院共有教员97人，其中拥有博士学位者9人，拥有硕士学位者34人。该年度燕京大学宗教学院有教员13人，仅少于金陵神学院教员人数，但拥有博士学位者则为10所神学院拥有博士学位教员总数的44%，拥有硕士学位者则为10所神学院拥有硕士学位教员总数的18%，其高学位教员比例之高为他校难以企及。[33]

刘廷芳对燕京大学神科的改造，还体现在将学院的发展目标定位于“达到英美最好神学院的水准”。1935年的《韦格尔报告》建议把中国的神学院校分为三级：初级是神学院（theological college），专收高中毕业生，通常教以四年课程；中级是圣道书院（theological training school），专收初中毕业生，通常教以三年课程；高级是神学研究院（graduate school of theology），专招大学毕业生，并教以一至三年课程。[34]刘廷芳谙熟西方国家高等宗教教育机构的发展目标及具体要求，故自接掌燕京大学神科之始，即对其发展目标定位较高，就是要“达到英美最好神学院的水准”。燕京大学神科较早便具备神学研究院的基础，1920年已规定入学新生需具有大学肄业两年以上的水平。[35]刘廷芳在对其进行改造时，则提出了更高的标准（前文已述及）。正是因为刘廷芳早期对燕京大学神科的高目标、高起点定位，所以，该校的神学教育很快在国内脱颖而出，引领风尚。1930～1931年度的《燕京大学宗教学院简章》，则进一步要求“本院正科生，须具大学卒业资格，入学前，须交文凭呈验”。[36]而且，在近代中国高等宗教教育发展史上，“只招大学毕业生为正科生的神学院，只有燕京一家”。[37]

1925年3月，燕京大学神科正式易名为宗教学院，以彰显其在提供神学教育的主旨之外，兼负全校的宗教教育和研究之责。[38]此标志着在刘廷芳的改造之下，燕京大学神科已由神学职业训练机构向宗教研究机构转型；亦意味着燕京大学对宗教研究功能之强化，使其在学术上更贴近或依附大学；同时表明对神学职业功能之淡化，使其在组织上更疏远或独立于教会。[39]

1926年秋，刘廷芳在任职燕京大学6年后，前往美国休假兼作演讲，对燕京大学宗教学院的创建与改造正式告一段落。当然，刘廷芳1928年回国之后至1936年出任国民政府立法委员会委员之前，一直任教于燕京大学宗教学院，且与时任院长赵紫宸相得益彰，对该院之建设与发展亦发挥了重要作用。

三　刘廷芳与燕京大学宗教学院之教育理念

刘廷芳有近10年的美国留学经历，先后就读于多所著名大学，尤其是在世界一流的纽约协和神学院和耶鲁大学神学院研习深造，获得学位，稔谙英美一流宗教教育机构办学理念之精义，且深得要旨，故其在执掌燕京大学神科、宗教学院及后来任教该院期间，为建立燕京大学宗教学院之核心教育理念，进行了不遗余力的探索与实践。

1922年刘廷芳在燕京大学神科开学典礼及他本人就职科长仪式上的英文演讲，乃是其对燕京大学宗教教育理念之全面阐析与蓝图构想。他指出，一所优秀的宗教学院应具备如下标准：

一是成为“服务者之善成所”。刘廷芳认为，宗教学院应当造就为消恨说和的服务者，向人宣传善意；应当造就宣传福音的服务者，向每颗无告心灵宣传人子的福音；应当供给提倡合作的服务者，有至公无私的赤诚，有大无畏的勇猛；应当供给能为崇拜的圣公服务者，有崇拜技能与美德善性。

二是成为“保守普天公教二千年来丰富的精神遗产的场所”。刘廷芳认为，宗教学院应当在设备上、布置上、人才上打造一个宝藏中心，使全国信徒可以来此考查、研究、欣赏教会所承袭的文化产物；应当对这些文化产物予以保存、介绍、整理、译述和发扬。

三是成为“先知导师应募会合的场所”。刘廷芳认为，宗教学院的使命不仅是保存与介绍宗教已有的文化与已往的历史，有充分的欣赏，对于历史的继续性尽相当的义务；而且，它的眼光既要后顾，且要前瞻。倘若一个宗教学院要在中国为整个教会作恒久的贡献，必须使自身成为一个先知导师应募的场所和出发的地点。不仅国内的先知导师能来此广播他们所得的天启，并且使世界各国的先知导师也能闻风来此集会。这样的宗教学院所给予信徒的教育，必会含着先知导师的烈火，放胆宣传他所先知先觉的使命。

四是成为“研究真理实验真理的试验场”。刘廷芳认为，宗教学院应该用虔诚的精神，用崇敬的精神，用无畏的精神，去做研究与实验；不为个人自私的欲念所侵扰，不为团体自私的权威所压制，不为有善意而无理智的优雅所束缚。研究的魄力不在多虑多忧的黑荫下支持生命，能长在朗如中天赤日的真理光辉之下进行，除却不彻底之忧，除却不能忠心实行到底之虑。此外别无所忧，别无所虑。与研究携手同行的，便是试验。每次从研究所得的真理，必须通过试验而寻找到出路，成为救世救人实际上可以应用之方针，使教会不得不接受，使民众因为教会的采纳施行而获得真理的实惠。要使普天下后世之人，回首看见这宗教学院，是一个惟一的场所。

五是成为“灵性艺术家的工作室”。刘廷芳认为，无形的真理，不见得能使人有益，一个宗教学院因此又必须使自身成为一个灵性艺术家的工作室。在此工作室中，凡在灵性生活上有经验的人，可以使他创造的想象力在创作中得到充分自由的发挥，使灵性的经验与理智的成绩得到表现的机会。

六是成为“铸造基督化人格的场所”。刘廷芳认为，一个宗教学院自始至终，必不可忘却，它必须使自身成为一个铸造基督化人格的场所。它的环境，它的生命，必须在它范围中的人物的生活上，留下不可埋灭的基督化痕迹。宗教学院是要创造基督化的服务者，基督宗教服务者的最高任务是要培养人格。

以上诸条，乃刘廷芳为燕京大学宗教学院早期所制定之标准。他一直视之为自己的梦想，且12年后将该演讲译为中文发表时仍称，“仔细思量，我还是在做这样的梦”。[40]

刘廷芳在燕京大学期间，充分吸纳英美一流宗教教育机构的教育理念，紧密结合中国高等宗教教育的实际状况，渐趋探究出一套既特色鲜明又自成体系的燕京大学宗教学院教育理念。其主要表现如下：

一是关于教育目标。刘廷芳认为，“宗教教育自然需有他（它）的目标，基督教的宗教教育，是基督化的教育”；“宗教教育不是助人求得一种得救的地位，与其余的人区别。因为宗教教育是爱的教育。凡取这种态度，要为自己求得一种被救的地位，以示区别，是遗失了爱的精义。爱是活动的，外施的。爱人者决不敢受对方之爱，除非对方之爱能包容他所爱之人”。[41]刘廷芳有关宗教教育目标之理念，在燕京大学宗教学院的发展中得到了充分的体现，予以了很好的演绎。

二是关于教育需要。刘廷芳认为，宗教教育的需要有两种：一种是“组织教会”的需要，一种是一般社会的需要。燕京大学宗教学院原本是“组织教会”的人才养成所，对一般社会则无直接贡献，因此，宗教学院应该有所改变，也预备为不做教会工作的人来研究宗教。比如哥伦比亚大学哲学系的教授，虽然在大学里教书，但多半受过神学教育。依刘廷芳之见，宗教教育直接服务于社会，便是间接服务于教会。[42]

三是关于课程原则。刘廷芳对此有非常详细的阐述。他认为，宗教教育课程目标的原则应该是：必须有能够下定义的、能够达到的、能够证实的、能够测量的目标；必须是绝对个人的、以教育对象为中心的；必须满足对于个人灵性的三种需要：智慧的需要、忠诚的需要、技能的需要；必须是社会化的，其中心必须是基督化的“德谟克拉西”（Democracy）。[43]宗教教育课程内容的原则应该是：必须符合完成宗教教育目标之用的；所采用的题材，必须顾及个人宗教生活的需要、宗教生活的才能与宗教生活的缺点，以求适应个人的需要、才能和缺点；[44]课程的题材，必须对于社会经济的宗教需要现状有相当的贡献，必须满意地代表各种不一致的宗教经验和各种不同的表示方式。[45]宗教教育课程方式与组织的原则应该是：宗教教育课程的文字方式与质量，必须与题材出源的高贵相称，必须配得上所关系的最高宗教兴趣；宗教教育课程的教材，必须注意印刷与装订，选择现代最良好的技术，使一切出品不愧被称为教育的产物；宗教教育课程的组织，必须根据进化心理学在宗教上应用的原则；宗教教育的课程，必须采用合乎科学的教育条件，采用合乎科学的教育学对于宗教所能贡献的最优条件。[46]这一切，也是刘廷芳在燕京大学宗教学院所追求和秉持的理念。

四是关于师资队伍。刘廷芳为将燕京大学宗教学院打造成中国第一流的宗教教育机构，一开始就将视野置于英美一流的宗教学院，倾力引进世界一流人才。其时在美国宗教教育界正如日中天的纽约协和神学院，成为燕京大学宗教学院师资的主要来源。除了刘廷芳本人，还有诚质怡、洪煨莲、徐宝谦、简又文、许地山、步济时、寇润岚、巴尔博夫人、朱有渔（兼任）等，均曾就读于纽约协和神学院。刘廷芳还曾与司徒雷登一起，试图通过美国著名教会领袖、纽约协和神学院教授富司迪，使该校与燕京大学宗教学院建立正式的院际关系；并打算通过富司迪的游说，争取财阀小约翰·D. 洛克菲勒（John D. Rockefeller，Jr.）对燕京大学宗教学院的资助。正是因为有纽约协和神学院，刘廷芳才得以在短期内打造以海归派神学菁英为核心的师资队伍。[47]同时，由于刘廷芳一直活跃于基督宗教与学术活动的国际舞台，让燕京大学宗教学院与世界保持接轨，为其“一跃而为中华基督教神学教育的翘楚”，奠定了坚实的基础。

五是关于校园文化。刘廷芳参照英美宗教学院的办学模式，强化燕京大学宗教学院的校园文化活动。学院开设名人演讲会，每月一次；组织读书报告会，阅读中西名著；鼓励学生课余撰写文字，预备讲稿，讨论学问；引导学生关注国是，自由讨论宗教及国家之重大问题。宗教学院师生还与本校其他学院之基督徒师生联合，积极参加社会服务工作，服务于大学附近各村庄及城中各教会，并兴办平民教育。[48]学院办有《真理与生命》、《紫晶》两种期刊，供师生发表文章，介绍国内外基督宗教思想及各地教会事业，在教会及社会均影响颇巨。另外，学院还编辑出版大量神学宗教书籍，或为个人著作，或为翻译国外神学名家作品。

六是关于宗教生活。刘廷芳既是教育专家，又是教会领袖，所以，他将燕京大学宗教学院的宗教生活也开展得颇具特色。学院每年举办宗教研讨会一至两次，讨论宗教社会问题；每周三下午组织灵修聚会，每月四次；专设宗教生活委员会，主持学院周一朝会及领导小组祷告会；每周五晚召开座谈会，研讨基督宗教重大问题，以期获得正确的认识。1924 年，神科全体学生及相关教职员联合组成景学会，关注中国教会，研究经解或其他学术难题。景学会每月或每两周集会一次，演讲讨论基督宗教及相关问题；先由一二人宣读论文或演讲，然后会众参加讨论；讨论主题涉及中国民族与宗教、现代青年与宗教、中国教会之现状、现代宗教教育思潮等。景学会还定期邀请国内外知名学者进行专题学术讲座，组织师生参加校外基督宗教学术活动。此外，宗教学院教师还经常率领学生进城，参观教会以及其他宗教机构。[49]

刘廷芳所倡导创立的燕京大学宗教学院教育理念，在实践中不断修正，渐趋完善，为该院的迅速崛起并傲视群雄，起到了重要的理论指引作用。

四 余论

一般以为，基督新教在中国开创之宗教教育始于1866年。此后近百年中，虽然数十所新教宗教教育机构先后创办，但罕有能与燕京大学宗教学院匹敌者。燕京大学宗教学院之所以能在起步不久即飞跃发展，且一度居于中国高等宗教教育领域之领先地位，可以说，刘廷芳厥功甚伟。

有学者认为，对燕京大学宗教学院做出最大贡献的，当推司徒雷登、刘廷芳、赵紫宸三人。“司徒雷登身为燕大校长，是燕京神学教育政策的奠基和决策者；刘廷芳作为第一任华人院长，是宗教学院的设计者和组织者；任宗教学院院长逾廿载的赵紫宸，则是宗教学院的标志和灵魂。”[50]然而具体情况则是，在燕京大学宗教学院的开创时期，实际的掌门人是刘廷芳，司徒雷登只是起到了一个“后台”保障作用；而赵紫宸所开启的宗教学院的“再度辉煌”，也正是因为有刘廷芳前期所奠定的坚固基石。1926年1月20日，司徒雷登在评价刘廷芳于燕京大学之作用时说：“如果综合考虑各种因素，他也许是我们最大的一笔财富，并且是全中国最有价值的二或三个华人基督徒之一。他也许比任何其他的中国教徒更为杰出，对当前事物的较深远的意义和影响更具洞察力和预见。”[51]可以说，刘廷芳开启了燕京大学宗教学院的辉煌历史，燕京大学宗教学院也成就了刘廷芳的精彩人生。刘廷芳的价值是深远的，即便是今天，他依然为西方学者所重视：“他的思想是现代化的，他能与西方现代知识进行沟通，将它介绍给东方的学生。”[52]

1925年3月，刘廷芳在《中华基督教教育季刊》创刊号上发表《我信——我对于基督教在中国教育事业的信条》一文。其言：“我信宗教。我信教育。我信两者能并行不背。我信两者能互助，则收益更大。我信宗教若忽略教育，有流入迷信愚妄的可怖。教育若仇视宗教，有流入偏僻残缺的危险。……我信寻求真理，是教育首要的事工。我信真理使人得自由。我信求真理的人当有充分的自由。我信教会学校，当有充分的自由，作一切研究学问的工夫。我信爱是教育的精神命脉，教育无爱，便成为机械的，无能力的，不能改良社会。我信教会教育，当时刻不离基督，用他纯洁无私的爱，灌输一切工作。”[53]此可谓刘廷芳发展中国教会教育之拳挚心声，亦乃指引其铸造燕京大学宗教学院辉煌历史之坚定信念。

①陈晓青：《书写平安的智者——刘廷芳》，载李金强等《风雨中的彩虹：基督徒百年足迹》(3)，台北：财团法人基督教宇宙光全人关怀机构，2011，第79页。

②迄今所见，有关刘廷芳对中国近代高等宗教教育贡献之研究，主要有徐以骅《教会大学与神学教育》(福州：福建教育出版社，1999)、《中国基督教神学教育史论》(台北：财团法人基督教宇宙光全人关怀机构，2006)，吴昶兴《基督教教育在中国：刘廷芳宗教教育理念在中国之实践》(香港：浸信会出版社［国际］有限公司，2005)，许高勇《刘廷芳中国教会本色化思想及实践研究》(广州：暨南大学硕士学位论文，2014)，但就刘廷芳对燕京大学宗教学院创建与谋新之研究，尚待深入。

③⑤⑦⑨⑩⑫⑮⑲㉖㉗㉝㊱㊴㊿徐以骅：《教会大学与神学教育》，第68页；第78页注释1；第75页；第78～79页；第73页；第80页；第79～80页；第76～77页；第82页；第83页；第98～99页；第96页；第83页；第69～70页。

④参见方韶毅《民国文化隐者录》，台北：秀威资讯科技股份有限公司，2011，第134页。

⑥㉒㉘㊼参见徐以骅《刘廷芳、赵紫宸与燕京大学宗教学院》，载徐以骅《中国基督教神学教育史论》，第97～98页；第99页；第103页；第100～101页。

⑧John Leighton Stuart, "The Future of Missionary Education in China," *The Chinese Students' Monthly*, Vol. 21, No. 6 (April 1926). 译文参见徐以骅《教会大学与神学教育》，第75～76页。

⑪*Peking University Bulletin-Yenching University School of Religion Catalogue, 1925 - 26*, April 1925, p. 47. 另参见徐以骅《双峰对峙——燕京大学宗教学院与金陵神学院之比较》，载徐以骅《中国基督教神学教育史论》，第121页注3。

⑬有人称此次大会为"中国基督教第一次全国大会"。参见段琦《奋进的历程——中国基督教的本色化》，北京：商务印书馆，2004，第211页。

⑭刘廷芳编《中国教会问题的讨论》，上海：中国基督教青年会书报局，1922，第1页。

⑯J. Leighton Stuart to Henry W. Luce, March 13, 1921, United Board for Christian Higher Education in Asia Archives, Reel 186, p. 901，转引自徐以骅《教会大学与神学教育》，第76页。

⑰"College of Theology: Report of the Dean for 1917 - 1918", *Report of the Board of Managers of Peking University* (June 6, 1918), p. 15.

⑱J. Leighton Stuart to Henry W. Luce, March 13, 1921, United Board for Christian Higher Education in Asia Archives, Reel 186, p. 920，转引自徐以骅《教会大学与神学教育》，第76～77页。

⑳ "Report of the Dean of the School of Theology", *Annual Report of the President and Deans of Peking University to the Board of Managers* (June, 1922), pp. 27 - 37.

㉑㉜㊵刘廷芳:《一个大学的宗教学院的任务和标准》,北平:《真理与生命》第8卷第7期(1934年12月)。

㉓《燕京大学1920至1921年各科简章》,燕京大学布告第三种,第67页。

㉔㉕《燕京大学神科简章》(1923年6月)。转引自徐以骅《教会大争与神学教育》,第81~82页。

㉙T. T. Lew, "Annual Report of the Dean of the School of Religion," *Yenching University Bulletin*, Vol. 8, No. 27, (Peking, June 1926), pp. 18 - 19.

㉚刘廷芳:《中国人信徒和圣歌》,北平:《真理与生命》第7卷第3期(1932年12月)。

㉛T. C. Chao, "A Glimpse at One Chinese Christian Worker," *The Chinese Recorder*, Vol. 54 (December 1923), pp. 742 - 746.

㉞参见韦格尔及视察团编,缪秋笙校《培养教会工作人员的研究》(上编),上海:中华基督教宗教教育促进会,1935年,第24~39页。

㉟参见中华续行委办会编《中华归主:中国基督教事业统计(1901—1920)》(下),蔡咏春、文庸、段琦、杨周怀译,北京:中国社会科学出版社,1985,第930~933页。

㊲徐以骅:《双峰对峙——燕京大学宗教学院与金陵神学院之比较》,载徐以骅《中国基督教神学教育史论》,第122~123页。

㊳《燕京大学宗教学院1925至1926年简章》(*Yenching University School of Religion Catalogue, 1925 - 1926*)(1925年4月),第18页。

㊶刘廷芳:《宗教教育目标》,北平:《真理与生命》第7卷第2期(1932年11月)。

㊷参见《燕京大学宗教学院退休会讨论会记录》,北平:《真理与生命》第4卷第19期(1930年6月)。

㊸参见刘廷芳《制造宗教教育课程的原则》,北平:《真理与生命》第8卷第2期(1934年4月)。

㊹参见刘廷芳《制造宗教教育课程的原则》(续),北平:《真理与生命》第8卷第3期(1934年5月)。

㊺参见刘廷芳《制造宗教教育课程的原则》(二续),北平:《真理与生命》第8卷第4期(1934年6月)。

㊻参见刘廷芳《制造宗教教育课程的原则》(三续),北平:《真理与生命》第8卷第5期(1934年10月)。

㊽㊾参见张德明、苏明强《燕京大学宗教学院史话》,北京:《北京档案》,2013年第8期。

㉛J. Leighton Stuart to James H. Lewis, January 20, 1926, United Board for Christian Higher Education in Asia Archives, Reel 680，转引自徐以骅《教会大学与神学教育》，第80页。

㉜雷立柏（Leopold Leeb）：《论基督之大与小：1900—1950年华人知识分子眼中的基督教》，北京：社会科学文献出版社，2000，第135页。

㉝刘廷芳：《我信——我对于基督教在中国教育事业的信条》，上海：《中华基督教教育季刊》第1卷第1期（1925年3月）。

作者简介：陈才俊，暨南大学中国基督教史研究中心主任、教授，博士。

［责任编辑：陈志雄］
（本文原刊2017年第3期）

从《天风》看“三自原则”的谱系建构（1980～2011）

王志希

[提　要] 本文以中国“三自教会”最重要的杂志《天风》为史料，探讨改革开放以来，当“三自教会”需要为“三自运动”寻找历史上的合法性时，“三自原则”的谱系是如何被建构的？一方面，《天风》作者试图重寻19世纪中期以来西方宣教神学的“本色教会”理论以及共和国之前中国基督教的“自立运动”，以便为新中国所实践的“三自原则”确立延续性。另一方面，1950年代以来开展的“三自运动”及其背后的“三自原则”的重点，从“文革”前强调“独立自主”与“取消宗派”，到1980年代至1990年代强调“办好教会”与“三好原则”，再到1998年以来进入“神学思想建设”阶段；这三个阶段都被认为是“三自原则”的延续、发展和深化。如此，中国“三自教会”似乎就建构起了“三自原则”历时一个半世纪的谱系。
[关键词] 中国基督教　三自教会　三自原则　三自运动　《天风》

从1950年代迄今超过半个世纪的时间里，因政治局势的变迁、执政党的“反帝爱国”要求以及基督教界诸多人士的参与（或主动，或被动），“三自”俨然成为当代中国基督教史上最重要的概念之一。不过，尽管“三自”一词在共和国时期一直是“自治”“自养”“自传”三个词的缩写，它却因为与不同的词搭配以及在不同的历史处境下被言说，而导致内涵和外延的变化。在共和国时期的历史中，“三自”一词的“所指”（signified）至少包括：(1)“三自（革新/爱国）运动”（作为“运动”的“三自”）；(2)“三自组织”（作为“组织”的“三自”）；(3)“三自教会”（作为“教会”的“三自”）；(4)“三自原则”（或“三自理论”“三自理念”，即作为“原则”、“理论”或“理念”的“三自”）。其中，“三自原则”更是“三自运动”与“三自组织”的核心理念与价值基础。不过，“三自原则”的内涵与外延也随着时代的变迁而呈现不同侧重点。同时，越来越多与“三自原则”密切相关的重要概念也在不同阶段逐渐被引入，其中包括：(1)“三好原则”；(2)“处境化”（以及与“处境化”相近似，但又未必完全同义的“本地化”“本土化”“本色化”“本国化”和“中国化”等）；(3)“相适应”；(4)“神学思想建设”。

就“三自原则”而言，值得关注的一个研究问题是，改革开放以来，当中国三自教会需要为“三自运动”寻找历史上的合法性时，“三自原则”的谱系（包括其起源与发展）是如何被建构的？本文以中国“三自教会”最重要的杂志《天风》为核心史料，梳理1980年代以来（1980～2011年）“三自原则”的谱系建构。这一谱系建构包括：(1)如何重新将“三自原则”概念与19世纪中期西方宣教神学的“本色教会”（Indigenous Church）理论接连在一起；(2)如何接续共和国时期的“三自运动”开展以前，包括晚清与民国时期在内以“自立运动”为代表的“三自原则”实践（重寻“三自道统”）；(3)“三自原则”在1950～1960年代、1980～1990年代以及1998年以来三个阶段的“三自运动”之中如何落实、发展与变迁。

一 “本色教会”与“自立运动”（1850～1940年代）

1980年代以来，面对“三自”是执政党“发明”或“强加”的指控，《天风》作者们常从19世纪西方宣教神学的角度，试图证明“三自”绝非1950年代才出现的“新事”，更非执政党“搞出来的”。[①]其中最重要的例证，就是英国圣公会差会（Church Missionary Society）的亨利·樊（Henry Venn）针对19世纪中期的海外宣教工作提出的“本色教会”理论。

例如，“三自教会”的领袖丁光训主教在1984年指出：“在一八五〇年，英国就有一位亨利·樊，把‘自治’、‘自养’、‘自传’这三个词放在一起，说这‘三自’正是传教的目的。他要求传教士学像保罗，不作长期呆下去的打算，应该尽快使自己成为多余的人，不必要的人，早日离开所去的那地方。”[②]在丁光训看来，海外传教事业团体内部的人士早有主张“传教的目的”就是“三自”，即尽快让传教地的信徒“自己起来办理教会”（即“本色教会”），[③]而非传教士一直承担传教地的教会工作。在丁光训看来，亨利·樊主张新约圣经中使徒保罗的传教原则与实践，正是当代传教士应当效法的榜样。在此，丁光训虽然并未展开论述保罗如何具体地阐述或践行“三自原则”，但所谓使徒保罗“不作长期呆下去的打算，应该尽快使自己成为多余的人”这样的说法，强调的正是所谓“三自”之“自”（可以说是传教地人民“主体性”意识的觉醒）；换言之，“独立自主”（传教地的基督徒与教会应“独立”于传教士及其差会，让传教地的基督徒“自主”地办教会），是丁光训笔下以亨利·樊为代表的西方宣教神学的应有之义。除了亨利·樊之外，与他同时代、来自美国公理会的安德森（Rufus Anderson），同样成为一些中国基督徒论证19世纪中期早已明确提出“三自原则”的例证。[④]

具体就中国而言，1980年代以来《天风》作者极力主张的另一点，就是接续19世纪下半叶开始的晚清与民国的“三自道统”；这种对“延续”的强调，与吴耀宗等人在1950年代时强调“社会主义”时期的“三自运动”与之前“半殖民地半封建”时期的“本色教会运动”在性质上的“断裂”不太相同。改革开放以来的《天风》作者们认为，“三自爱国运动”作为“运动”虽从1950年代才开始，但是“中国基督徒的三自愿望从十九世纪下半叶起就已开始萌芽”。[⑤]

在1980年代以来的“三自教会”领袖笔下，1950年以前中国基督徒的“三自原则”及其实践主要体现在一系列的“自立运动”之中。在1870年代教案频发时期，广州的陈梦南等人主张“华人自办教会”，“以免被人称为洋教”，并在1873年成立“粤东广肇华人宣道会”，开华人自办教会之先河。在“义和团运动”结束之后，上海长老会俞国桢牧师反对将“保教”条款列入不平等条约，并且创办“自立长老会堂”（1903年），倡议组织“中国耶稣教自立会”，被誉为“提出‘自立（自治）、自养、自传’与‘爱国爱教’口号的第一人”。[⑥]在1920年代“非基运动”以及第二次“基督教全国大会”（1922年）背景下，许多中国基督徒知识分子极力提倡“本色教会”。[⑦]甚至在“五卅运动”（1925年）之后，“开封内地会”“温州圣道会”“广东揭阳礼拜堂”等纷纷发表宣言，脱离西方差会。[⑧]这些亦被视为民国基督徒的“三自愿望”。在这一系列的“自立运动”中所蕴含的，也是中国基督徒“主体性”意识的觉醒以及对中国基督教之“洋教”气质的抗议（当时的中国神学被认为是一种“洋气神学”)。“独立自主”以及“本色化”的诉求，亦蕴含其中。

不过，值得注意的是，以上所提19世纪中期“宣教神学”中的“三自原则”，与晚清、民国“自立运动”及其背后的“三自愿望”，都是基督教内部自发产生的思想观念；哪怕在客观条件上确实是根据外部环境（包括政治环境）的“挑战”所做出的“回应”，但也并非自上而下的政治要求。这一点与1950年代展开的“三自（革新/爱国）运动”及“三自原则”的新内涵，可能已经很不相同。

二 “独立自主”与“取消宗派”（1950 ~ 1960 年代）

《天风》作者不断地重述1950年代以来的“三自运动”，将其区分为三个虽有延续性但着重点不同的阶段。在1998年正式推动“神学思想建设”以前，丁光训就已经将1950年以来的“三自运动”分为两阶段；而在1998年之后，他更把1998年作为第二阶段与新的第三阶段的分界点。

在丁光训看来，“三自运动”的第一阶段是1950年开始的“三自运动”发轫期（以1966年“文革”的开始为下限），主要解决的是“中国基督教由谁来办”或“中国基督教的自主权”问题。对此，以吴耀宗为领导、自上而下推动的“三自运动”为当时的“三自原则”赋予的内涵首先是“独立自主”，亦即强调“自治”“自养”“自传”之“自”，[9]从“殖民地的教会”变为“自治、自养、自传的教会”。[10]具体而言，这一“独立自主”首先体现在“反帝爱国”之中（“反帝”与“爱国”是一个硬币的两面），尤其注重割断与“西方差会”在教会治理、经济支持以及差传方面的关系。丁光训指出中国基督徒对“三自运动”第一阶段的回答是，中国基督教应该“由中国基督徒自己来办，自治、自养、自传”；“一个独立自主的中国理该有一个独立自主的教会，人们才会重视我们教会的信息”。[11]汤士文将“三自运动”的这个阶段总结为“自立”，其突出特征是“政治性”。[12]

在第一阶段中，“三自原则”逐渐被赋予的另一个内涵还有“联合礼拜”之后的“取消宗派”。虽然割断与“西方差会”的联系、肃清中国基督徒思想中残余的帝国主义观念（西方基督教的“宗派主义”是这一观念的代表）的确是1950年以来“三自原则”的内涵；但是在1958年中国教会各宗派实行“联合礼拜”之前的几年（1950 ~ 1958 年），“各宗派的全国性机构、地区性机构和基层堂会都继续存在和工作”。换言之，在1958年之前，中国基督徒之间的“团结合作”，只是以“反帝爱国”为基础，而不包括“取消宗派”。但是，在1958年实行“联合礼拜”以后，“各宗派的基层堂会采取按地区与同一地区的其他宗派堂联合的办法”，[13]使得“宗派后”的理念逐渐融入“三自原则”之中；所谓“团结合作”，渐渐地不仅仅包括参加“三自运动”“反帝爱国”或仅仅割断与“西方差会”的联系，更包括“取消宗派”本身。在1980年代以来的第二阶段中（“文革”后恢复礼拜时，仅仅回到1958年以后的“联合礼拜”模式），“取消宗派”更是固定成为中国基督教“三自原则”的题中之义，尤其常常被归为“自治”的一部分，[14]又或者也可视为前述“独立自主”内涵之发展十分特别的一个方面。“求同存异”一词不仅进入“政教关系”的论述中（执政党争取团结大多数基督徒，“爱国主义”是最大的“同”），也进入“宗派后”的论述中，并以“求同”（亦即“不恢复宗派”）的“原则”为绝对前提，随后才辅以“存异”的“原则”。

这一阶段还值得强调的是，“三自原则”中的“自传”已经涉及“谁来传”之外的“传什么”与“如何传”的意涵。一方面，1950年代所强调的“自传”主要是“什么人去传”；另一方面，诚如吴耀宗在1951年的《基督教革新运动的新阶段》一文之中所指出的，“自传”除了包括“什么人去传”之外，“更是‘传什么’的问题”：“若要真的‘自传’，中国的信徒就必须自己去发掘耶稣的福音的宝藏，摆脱西方神学的羁绊，清算逃避现实的思想，创造中国信徒自己的神学系统；这样，我们才能把耶稣的福音的真精神，表现在新中国的环境里。”[15]汪维藩在《漫谈自传》一文中也写道，1950年代早已提出“自传”包括“谁来传”“传什么”与“如何传”三个方面的问题，并强调1980年代的中国基督徒仍要回答这三个问题。[16]在“主体性”意识觉醒下的“传什么”与“如何传”，与民国时期的“本色教会”诉求相似，涉及“处境化”（或者“本地化”“本土化”“本色化”“本国化”和“中国化”）。无论如何，1950年代的“自传”实践中涉及“传甚么”与“如何传”的正当性论述，似乎还不多见；我们需要在“三自运动”的第二阶段与第三阶段，才能发现更多的相关讨论。

三　“办好教会”与“三好原则”（1980～1990年代）

丁光训指出“三自运动”的第二阶段，是从“文革”后的1980年中国基督教第三届全国会议开始，直到1998年正式开展“神学思想建设”为止。在第一阶段中，“中国基督教由谁来办”或“中国基督教的自主权”问题在很多“三自教会”领袖看来已经得到解决。但是，丁光训在中国基督教第三届全国会议的开幕词中指出，“三自任务未了”，并提出“三好原则”（或“三好理论”）。[17]在改革开放的新时期，“三自运动”被认为既要坚持第一阶段中业已完成的“自主自办”或“独立自主”，同时更要进一步强调“办好教会”（1980年丁光训就已经阐述“教会不但要自办而且要办好”的原则，到1986年中国基督教第四届全国会议则正式提出“按三自原则办好教会”的口号）。从1980年以来“三自原则”所具有的新内涵，就是关于“办好教会”的“三好原则”，即“自治要治好、自养要养好、自传要传好”。[18]“三好”与“三自”的关系在于，前者是后者的“深化”；“三自原则”需要“落实和贯彻到教会的具体工作中去”（“办好教会”）。[19]之所以要如此对“三自”进行“深化”，一个重要原因在于，丁光训等“三自教会”的领袖相信，“吴耀宗先生等在发起三自之初就告诉我们，三自不是最后目的，三自的最后目的是把我国基督教办好，使之能荣神益人，无愧于祖国”。[20]汤士文将“三自运动”的这个阶段总结为“三好”，其突出特征是“教会性”。[21]

正是从“三自”深化为“三好”的新阶段开始，对“政治性”的弱化、对“教会性”的强调才更频繁地出现。《天风》作者在“三好原则”尤其在“传好”理念的指引下，试图解决“三自运动”的“合法性危机”。例如，倪光道从“三好”的角度指出，“查考研究圣经，根据圣经认识三自的合理性，是现阶段深化‘三自教会’，巩固和扩大团结面的一个最重要课题，也是‘治好、养好、传好’不可忽视的前提”。[22]孙锡培在《浅谈从“三自”到“三好”》一文中具体分析“传好”的问题，探讨“三自”工作的“深化”如何从“理论”开始。以前中国教会主要“从政治的角度”认识“三自”的意义和重要性，但孙锡培认为，“三自”不仅仅“从政治的角度”是必要的，从“圣经上”和“教会的性质上”寻找“三自”的“根据”同样是必要的，而“这才是‘三自’在理论上的深化，这也是作为‘传好’首先要解决的问题”。[23]

如前所述，吴耀宗早在1951年就已经强调“自传”的内涵不仅是“谁来传”的问题，更是“传什么”的问题（以及还有“如何传”这一诉求）。从1980年代以来，“三好原则”中的“自传”要“传好”，更多强调的正是“传什么”与“如何传”的问题。例如，石泽生指出，“我们大家都知道，自传绝不仅仅是指由中国人自己来传，它的意义远比这一点大得多”。[24]新坚也强调，

"'三自'中有一个'自传',其要求不仅是由我们中国基督徒来传神的信息,还要我们传讲神在这个时代中给我们的亮光(引者按:即'传什么')"。[25]胡学才与高翰星则表示,"自传的关键是怎样真正讲出圣经的精意"。[26]潘兴旺牧师更明确认为,"'自传'不光指中国人自己来传……乃有更深的含义,'自传'……也包括传什么?怎样传?用甚么指导思想、神学观念来传"。[27]

由此看来,所谓"传好"似乎不过是突出了"自传"从1950年代就具有的"传什么"和"怎么传"的内涵。那么,"自传"在"三自原则"中或"传好"在"三好原则"中,究竟处于什么位置?在"办好教会"的第二阶段,许多"三自教会"领袖均认为,"自传"是"三自原则"中"最重要的一环"。早在1990年的中国基督教两会全体委员(扩大)会议上,"自传"就被认为是"三自中最重要的一环"。[28]1996年底至1997年初召开中国基督教第六届全国会议之后,"自传研究小组"成立,并于1997年11月在上海召开了1949年以来首次"自传研讨会";[29]在这个研讨会上,"三自教会"领袖谈论"自传"的重要性,更是将其视作"三自原则"的"关键、核心、根本"。[30]童以强指出,"在教会的历史上,教会的建立是从'自传'开始的。因此……在我国教会的'三自'中,自治和自养的最终目的也是为了自传,并服务于自传——传好和传得更好"。[31]高思泉同样认为,"自传工作是'三自'中的关键问题,三自是互相联系、相互依赖的关系。但自传当立首位,只有传好,才能治好、养好,传不好,侈谈治好、养好是不可能的"。[32]金学哲也说,"传好是治好、养好的根本";尽管"自治"和"自养"也需要重视,但是如今更要着重的是"核心关系","即自传是自治、自养的核心,是根基;自治、自养必须在自传的基础上进行建造"。[33]正是由于对"自传"(尤其是"传什么"与"怎么传")在"三自原则"中最高地位的重视,1998年11月"济南会议"最终决定开展"神学思想建设"便不难理解。毕竟,"传甚么"与"怎么传"在本质上就是关于"神学思想"的问题。不过,在继续讨论第三阶段"神学思想建设"之前,第二阶段尚余两个与"三自原则"密切相关的议题有待讨论,即"相适应"与"四个必须"。

在1980年代中期,"宗教是人民的鸦片"这一论述基本被放弃。到1990年代尤其是1993年11月召开的全国统战工作会议的代表座谈会上,江泽民就宗教问题强调的三句话中,第三句便是"积极引导宗教与社会主义社会相适应",这是执政党正式引入"相适应"理论的开始。必须注意的是,所谓的"相适应",最重要的是"宗教"(或"宗教教义与教导")必须改革，以适应于“社会主义社会”，而非相反。[34]不过，事实上早在1993年之前，《天风》杂志中已可见到不少关于“相适应”的论述。例如，田景福早在1988年就提出“三自运动”的性质本身就是一场“相适应”运动，即“三自运动是基督教与中国国情相适应的爱国爱教运动”；并且要求“社会主义初级阶段中的基督教，一定要与目前形势相适应”，尤其是与执政党提倡的“社会主义精神文明”相适应。[35]1991年，沈以藩主教在德国巴德扎罗的德国教会中国委员会扩大会议的发言中也提到“三自”其实就是“相适应”的问题：“三自存在的最基本理由在于这样一个事实，中国教会若不扎根于中国的土壤，与中国的文化传统和当前的现实相适应，就不可能增长和繁荣。对中国教会来说，三自原则不是一个无关疼痒或可有可无的议题，而是一个生死存亡的要素。”[36]在此，沈以藩笔下的“三自原则”与“相适应”，同时涉及“本色化”（与“中国的文化传统”相适应）与“处境化”（与“当前的现实”相适应）两个议题。在1991年底至1992年初召开的中国基督教第五届全国会议中，汪维藩执笔的“神学建设组汇报”化用苏东坡在《书吴道子画后》中的一句话“出新意于法度之中”，提倡在新的历史时期，中国基督教神学需要“于‘法度’之中出其‘新意’”，其中一个面向就是“出其与社会主义社会相适应的神学新意”。[37]

在1993年11月江泽民正式提出“相适应”论述之后，一方面，“相适应”的论述被视为1950年代以来的“三自运动”的同义词。例如，沈靖认为，“其实中国基督教三自爱国运动就是一个认同、适应的运动，中国的教会要与新中国认同、相适应”。[38]既然“三自运动”本身就可以称为基督教“适应”新的中国、“适应”社会主义社会的过程，那么“相适应”自然也化成“三自原则”的应有之义；所谓“自治”“自养”与“自传”，尤其是“自传”，所牵涉的就被认为是一种“处境化”或“本色化”[39]的“适应”问题。另一方面，“相适应”虽然是执政党对各大宗教（包括基督教）提出的政治要求，具有浓厚的“政治性”；但是也有《天风》作者尝试指出“相适应”同时具有“教会性”，即“相适应”也是“办好教会”必须完成的任务。例如，沈靖尽管承认教会与社会主义社会“相适应”是一个“政治问题”，“但是教会与所处的社会要认同、要适应，也是教会本身的性质与使命所要求的”。[40]

最后，在第二阶段中还必须讨论的，是1996年底至1997年初中国基督教第六届全国会议上所提出的、作为“三自原则”内涵的“四个必须”。[41]所谓的“四个必须”，归纳了“按三自原则办好教会”的主要内容：（a）“必须坚持独立自主”；(b)“必须实行爱国爱教”；(c)“必须努力增进团结”；(d)“必须大力落实‘三好’”。[42]实际上，按笔者的梳理，“四个必须”的框架，早在1990年8月中国基督教两会的一次会议上已见雏形。罗冠宗在《谈谈我对三自的认识》这篇书面发言中，指出当下“按三自原则办好教会”的四层含义（与“四个必须”相比，除了次序不同，内容基本一致）：“把教会治好、养好、传好的要求落实到各项事工中去”（对应d）；“坚持教会联合，加强在爱国爱教基础上的团结……竭力保守圣灵所赐合而为一的心；反对分裂，不应恢复宗派”（对应c）；“带领信徒爱国守法，坚持在政治上拥护中国共产党的领导，拥护社会主义”（对应b）；“坚持独立自主，自办教会；按照互不隶属、互不干预、互相尊重的原则，发展同海外友好同道的交往；抵制海外敌对势力的渗透活动”（对应a）。[43]如此看来，“四个必须”可以算是对“三自原则”颇为全面的归纳。

接下来，我们还需要探讨“三自运动”的第三阶段，看看新的阶段所提供的概念如何继续汇入“三自原则”之“河”，建构“三自原则”的谱系。

四 “神学思想建设”（1998年以来）

因应着前述“自传”要“传好”的“教会性”诉求，以及基督教要与社会主义社会“相适应”的“政治性”诉求，1998年11月的“济南会议”正式提出《关于加强神学思想建设的决议》，并且成立“神学思想建设推进小组”。在丁光训看来，这标志着“三自运动”进入了“神学思想建设”的第三阶段。而且，根据丁光训所述，“三自运动”的三个阶段逐渐“深化”，各阶段也是“连贯的”，前一阶段“自然引向”后一阶段。[44]汤士文亦将“三自运动”的这个阶段总结为“神学思想建设”，其突出特征是“神学性”。[45]

与“相适应”的论述一样，“神学思想建设”的论述在正式提出之前，也早已存在。例如，1990年中国基督教两会第二次全体委员（扩大）会议的工作报告指出“自传是三自中最重要的一环”之后，随即表示中国基督教“必须摆脱殖民主义时期神学思想的窠臼，结合中国的优秀文化传统与当前的时代征兆，参考西方与第三世界的神学动态，进行我们的神学思想建设”。[46]在1995年中国基督教两会“爱国主义教育和三自与教会建设”研讨会中，有基督徒指出“自传”的发展方向之一，就是要在“神学思想建设”方面“进行思考”。[47]在1996年底至1997年初的中国基督教第六届全国会议中，更提到“为了办好教会，要加强神学教育和神学思想建设”。[48]在1997年11月的“自传研讨会”上，徐鸽指出早在“文革”结束后、教会复堂以来，“全国两会负责同工如丁光训主教、已故的沈以藩主教等都大力提倡神学思想建设”，只不过“似乎还没有引起广大教牧同工的普遍响应”。[49]新坚在1998年8月也从“自传”的角度指出：“要做好自传，必须重视神学思想建设。”[50]以上可见，在“三自教会”领袖看来，“神学思想建设”与“三自原则”（尤其是“自传”或“传好”）关系尤为密切；“神学思想建设是三自的深化”，[51]因此“神学思想建设”成为“按三自原则办好教会”的重中之重。

同时，既然“三自原则”（尤其“自传”）也与“处境化”或“相适应”等概念不可分离，那么作为“三自运动”之“深化”的“神学思想建设”亦同样关联着“处境化”与“相适应”概念。例如，就“神学思想建设”与“处境化”的关系而言，1998年11月“济南会议”中，有与会者在讨论“神学思想建设”时，指出“神学思想应该处境化”。[52]2011年9月，中国基督教三自爱国运动委员会主席傅先伟在中美基督教领袖论坛上，将“三自原则”“处境化”“中国化”与“神学思想建设”等观念结合在一起来论述：“在三自原则指引下，中国基督徒从自身处境和文化传统出发，开展神学思想建设，进行处境化的神学思考，促进福音中国化。”[53]

就“神学思想建设”与“相适应”的关系而言，丁光训的论述最有代表性。在1999年12月中国基督教三自爱国运动研讨会中，丁光训指出，“神学思想建设无非就是促进神学思想和社会主义社会相适应”。[54]2000年，丁光训结合1993年11月江泽民关于“相适应”的论述认为：“江泽民主席提出：积极引导宗教和社会主义社会相适应……相适应应不仅是在口头上的事，相适应要在思想上相适应才好。”[55]而所谓“在思想上相适应”，自然是指透过开展“神学思想建设”所要达致的目标。那么，1998年以后正式开展的“神学思想建设”，就与1993年执政党正式提出“积极引导宗教与社会主义社会相适应”的方针，看似自然地实现了“无缝对接”。“三自原则”的谱系建构，到此亦暂告一段落。

五　结论

本文以1980~2011年的中国基督教《天风》杂志为核心，梳理了1980年代以来“三自教会”对“三自原则”这一概念之谱系的寻索和建构。一方面，《天风》作者试图重寻19世纪中期以来西方宣教神学的“本色教会”理论以及共和国之前中国基督教的“自立运动”，以便为新中国所实践的

"三自原则"确立"传统"上的延续性。另一方面，1950 年代以来开展的"三自运动"及其背后的"三自原则"，从"文革"前强调"独立自主"与"取消宗派"，再到 1980 年代至 1990 年代强调"办好教会"与"三好原则"，最后到 1998 年以来进入"神学思想建设"阶段；这三个方面都被认为是"三自原则"的延续、发展和深化。如此，中国"三自教会"似乎就建构起了"三自原则"历时一个半世纪的谱系。

---

①"海外有人说'三自'是共产党搞出来的……"参见丁光训《圣灵和我们（徒 15：28，29）——在三自成立三十周年纪念感恩礼拜上的讲道》，上海：《天风》1984 年第 5 期。

②丁光训：《圣灵和我们（徒 15：28，29）——在三自成立三十周年纪念感恩礼拜上的讲道》，上海：《天风》1984 年第 5 期。

③张心田：《读〈圣灵和我们〉的感想》，上海：《天风》1985 年第 1 期。

④Philip L. Wickeri，*Seeking the Common Ground：Protestant Christianity the Three-Self Movement，and China's United Front.* Maryknoll：Orbis Books，1988，pp. 36 – 38. 裴士丹（Daniel H. Bays）还提到，20 世纪韩国新教运动也非常有意识地将"三自原则"运用在他们的处境中。参见 Daniel H. Bays，*A New History of Christianity in China.* Malden：Wiley-Blackwell，2012，p. 63。

⑤⑥⑧凡：《叩门的就给他开门》，上海：《天风》1981 年第 4 期。

⑦例见应元道《近五年来中国基督教思想之时代背景及其内容之大概》，上海：《文社月刊》，第 1 卷第 9、10 册合刊，1926 年。

⑨1950 年，吴耀宗等人在与周恩来的谈话中，请求中央政府落实宗教信仰自由政策。然而周恩来对他们说，不要迷信通告或行政命令，因为广大群众对基督教的态度问题，在于对其"洋教"性质的反感。所以基督教得站到人民一边；人民改变了对基督教的看法，政策就好落实。"当时崔宪详牧师就谈到教会里早有人提出，但没有好好付诸实施的自治、自养、自传的三自原则。周总理听了十分欣赏、支持。吴先生他们从此得到了新的认识，就发起了基督教三自爱国运动。"参见《丁光训主教的讲话》，上海：《天风》1990 年第 11 期。不过，吴耀宗对基督教与帝国主义关系的看法，以及对"三自"的主张，在 1949 年中华人民共和国成立之前就已见端倪。参见沈德溶《三自爱国运动发起前吴耀宗的三自思想》，上海：《天风》1993 年第 11 期。

⑩肖贤法：《国务院宗教事务院肖贤法局长在基督教第三届全国会议上的讲话（摘要）》，上海：《天风》1981 年第 1 期。

⑪⑱丁光训：《在全国两会委员会会议上的发言》，上海：《天风》1990 年第 11 期。

⑫王荣伟：《中青年教牧谈"三自"》，上海：《天风》2010 年第 9 期。

⑬沈德溶：《来函照登》，上海：《天风》1994年第9期。

⑭确实，吴耀宗在1951年1月的文章《基督教革新运动的新阶段》中，已经提到“教会合一的问题”是“与自治的问题有关系”。参见兴文《三自是为了建设好教会》，上海：《天风》1987年第4期。不过，1951年的时候，“三自运动”领袖并未如1958年“联合礼拜”以后那样，完全否认“宗派”在中国的正当性。

⑮兴文：《三自是为了建设好教会》，上海：《天风》1987年第4期。

⑯汪维藩：《漫谈自传》，上海：《天风》1983年第2期。

⑰丁光训：《回顾与展望——中国基督教第三届全国会议开幕词》，上海：《天风》1981年第1期。

⑲倚真：《在“三自”原则下办好中国教会——记全国两会第一次会务会议》，上海：《天风》1987年第4期。

⑳丁光训：《对〈天风〉的祝愿》，上海：《天风》1991年第4期。

㉑《中青年教牧谈“三自”》，上海：《天风》2010年第9期。

㉒倪光道：《认真查考圣经深入宣传三自》，上海：《天风》1987年第12期。

㉓孙锡培：《浅谈从“三自”到“三好”》，上海：《天风》1987年第6期。

㉔石泽生：《一次意义深远的集会》，上海：《天风》1985年第11期。

㉕新坚：《思考我们当传的信息》，上海：《天风》1987年第8期。

㉖胡学才、高翰星：《关于“三自”原则的一些思考》，上海：《天风》1991年第12期。

㉗《对按三自原则建设中国教会真实体验与思考——“全国基督教秘书长、总干事工作会议（扩大）”发言摘要》，上海：《天风》1996年第11期。

㉘《中国基督教三自爱国运动委员会第四届常务委员会、中国基督教协会第二届常务委员会在第二次全体委员（扩大）会议上的工作报告》，上海：《天风》1990年第11期。

㉙曹圣洁：《活跃神学思考，推动自传工作》，上海：《天风》1999年第1期。

㉚㊾徐鸽：《用诸般的智慧传扬神的道——记一九九七年自传研讨会》，上海：《天风》1998年第1期。

㉛童以强：《我对自传工作的点滴认识和体会》，上海：《天风》1998年第3期。

㉜高思泉：《自传是“三自”中的关键办好教会的必要措施》，上海：《天风》1998年第3期。

㉝金学哲：《浅谈教会所面临的挑战》，上海：《天风》1998年第3期。

㉞Fuk-Tsang Ying, “Mutual Adaptation to Socialism: TSPM and Church-State Relations,” Felix Wilfred, Edmond Tang, and George Evers, eds., *China and Christianity: A New Phase of Encounter*. London: SCM Press, 2008, pp. 72, 78.

㉟田景福：《三自爱国运动与改革开放》，上海：《天风》1988年第9期。

㊱沈以藩：《中国现代化过程中教会的任务（一九九一年十一月八日在德国巴德扎

罗的德国教会中国委员会扩大会议上的发言)》，上海:《天风》2001年第7期。

㊲汪维藩执笔《中国教会神学建设之思考——神学建设组汇报》，上海:《天风》1992年第11期。

㊳㊵沈靖:《小议“适应”》，上海:《天风》1994年第5期。

㊴燕京神学院的阚保平副院长区分了“处境化”与“本色化”两个概念；他认为，“如果讲‘处境化’是要解决中国教会与社会主义社会相适应的问题，它是基督教神学与基督教伦理学的问题，是教会的思想方法的话，那么，‘本色化’其要旨是解决中国教会的信仰实践与中国文化的问题……”参见何欣《同心迈向新世纪——中国基督教三自爱国运动研讨会略记》，上海:《天风》2000年第1期。

㊶沈承恩牧师说，“基督教第六届全国会议将三自原则归纳为‘四个必须’”。参见何明《新机遇中的三自爱国运动》，上海:《天风》1998年第9期。

㊷㊽韩文藻:《全国两会常委会工作报告——同心协力建立基督的身体》，上海:《天风》1997年第2期。

㊸罗冠宗:《谈谈我对三自的认识》，上海:《天风》1991年第1期。

㊹㊺丁光训:《我怎样看这五十年?》，上海:《天风》2000年第8期。

㊺王荣伟:《中青年教牧谈“三自”》，上海:《天风》2010年第9期。

㊻《中国基督教三自爱国运动委员会第四届常务委员会、中国基督教协会第二届常务委员会在第二次全体委员（扩大）会议上的工作报告》，上海:《天风》1990年第11期。

㊼马陆:《为了中国教会的明天——记“爱国主义教育和三自与教会建设”研讨会》，上海:《天风》1995年第7期。

㊿新坚:《为办好教会落实“三好”》，上海:《天风》1998年第8期。

51士心:《上海基督教举行纪念三自爱国运动50周年及神学思想建设研讨会》，上海:《天风》2000年第5期。

52小溪:《全国基督教两会本届第二次全体委员会会议在济南举行》，上海:《天风》1999年第1期。

53傅先伟:《中国教会的历史和发展——在中美基督教领袖论坛上的主题演讲》，上海:《天风》2011年第11期。

54丁光训:《三自爱国运动的发展和充实》，上海:《天风》2000年第1期。

作者简介：王志希，香港中文大学文化及宗教研究系博士生。

［责任编辑：陈志雄］

（本文原刊2015年第1期）

明清之际《圣经》中译溯源

张西平

[提　要] 刊书传教是传教士在中国布道的重要方式，而《圣经》中译与介绍是从明末到晚清来华传教士的重要工作，但自从马礼逊所翻译的《圣经》出版后，关于传教士所翻译的《圣经》的底本问题一直没有清晰的答案。近期学术界大多数学者认为马礼逊和马士曼所译的《圣经》共同底本是巴黎外方传教士白日昇所翻译的新约。但白日昇译本是如何形成的？这个问题尚无人研究。本文对白日昇译本的状况做了初步的研究，并通过对白日昇《圣经》译本和晚明来华耶稣会士阳玛诺《圣经直解》的对比研究，首次得出白日昇《圣经》译本的一个重要参考来源是阳玛诺的《圣经直解》，由此，证明了《圣经直解》在《圣经》中译史上的源头地位。

[关键词] 马礼逊　马士曼　白日昇　阳玛诺　圣经

中国是印刷术的故乡，但近代西人东来以后，金属活字印刷和石印技术传入我国，使中国的印刷出版发生了重大的变迁。讨论近代中国的印刷和出版历史，无论如何是绕不过来华传教士这个环节的。净雨在《清代印刷史小记》一文中说：“嘉庆十二年（1807 年）春，伦敦布道会遣马礼逊（Robert Morrison）来华传教。马氏尝从粤人杨善达[①]游，复在博物院中得读中文《新约》及拉丁文对译字典而手录之，及至广州又续习华语。当时欧洲人之精通汉文华语者并马氏仅三人耳。……马氏初编《华英词典》及文法，又译《新约》为中文，遂有以西洋印刷印布之意，密雇匠人制字模，谋泄于有司，刻工恐罹祸，举所有付诸丙丁以灭其迹。是役，虽事败受损，而华文改用西式字模铸字，当以此为嚆矢矣。”[②]可以说，讨论中国近代印刷出版，需从马礼逊开始；研究马礼逊的中文印刷出版活动，需从他印刷《新约》开始；而探究马礼逊的《圣经》翻译和印刷，则必须从他在大英图书馆所抄录的《四史攸编耶稣基利斯督福音之会编》开始。马礼逊所抄录的此《圣经》新约部分的中译文出自何人之手？这个中文译本和明末清初来华耶稣会士诸公所翻译和介绍的部分《圣经》有何关联？这正是本文所要研究的。

一　马礼逊和马士曼的《圣经》翻译与白日昇

作为英国伦敦会（London Missionary Society）派往中国的第一个传教士，马礼逊负有三大使命：学习中文、编撰中英文字典、翻译《圣经》。马礼逊翻译《圣经》的进度是：1810 年译完《使徒行传》；1811 年译完《路加福音》；1812 年译完《约翰福音》；1813 年译完《新约》全部；1814 年出版《新约》。

米怜到中国后，参与了对《旧约》的翻译。1819 年 11 月中文版《圣经》全部译完。1823 年《神天圣书》全部出版，《旧约》取名为《旧遗诏书》，《新约》取名为《新遗诏书》。[③]

马礼逊在 1819 年 11 月 25 日的信中对自己和米怜的翻译工作做了全面的总结：

> 本月 12 日，米怜先生译完了《约伯记》和《旧约》中历史书部分，这是他选择翻译的部分。其余完全由我一个人翻译的部分有：《旧约》：1. 创世纪 2. 出埃及记 3. 利未记 4. 民数记 5. 路得记 6. 诗篇 7. 箴言 8. 传道书 9. 雅歌 10. 以赛亚书 11. 耶利米书 12. 耶利米哀歌 13. 以西结书 14. 但以理书 15. 何西阿书 16. 约珥书 17. 阿摩斯书 18. 俄巴底亚书 19. 约拿书 20. 弥迦书 21. 那鸿书 22. 哈巴谷书 23. 西番雅书 24. 哈该书 25. 萨迦利亚书 26. 玛拉基书。《新约》：27. 马太福音 28. 马可福音 29. 路加福音 30. 约翰福音 31. 希伯来书 32. 雅各书 33. 彼得前书 34. 彼得后书 35. 约翰一书 36. 约翰二书 37. 约翰三书 38. 犹大书 39. 启示录。

马礼逊公开承认他所翻译的《圣经》得益于英国博物馆所收藏的一本中文《圣经》抄本:"我经常向你们坦诚我有一部手抄本中文《圣经》译本,原稿由英国博物馆收藏,通过伦敦会我获得了一个抄本。正是在这部抄本的基础上,我完成了《圣经》的翻译和编辑工作。"[④]

马士曼(Joshua Marshman)是英国浸礼会(Baptist Churches)派往东方的传教士,他在印度的塞兰坡开始学习中文,并将《圣经》翻译成中文。马士曼出版《圣经》的进度是:1810 年出版《此嘉语由于所著》(《马太福音》);1811 年出版《此嘉音由嘞所著》(《马可福音》);1813 年出版《若翰所书之福音》(《约翰福音》);1815~1822 年用活版铅字刊印《新约》;1816~1822 年陆续刊印活版铅字的《旧约》;1822 年用活版铅字印刷五卷本的《圣经》。根据史料记载,这是第一部完整的汉语《圣经》。

马士曼在得到友人所赠的马礼逊《圣经》中译本手抄本后,对自己后来出版的《圣经》做了较大幅度的修改。这点他自己也承认:"一位朋友赠送了一部马礼逊弟兄刊印的版本给我们,每当需要时,我们也认为有责任查阅它,当我们看到它显然是正确的时候,我们并不认为拒绝对我们的原著进行修改是合理的。在翻译圣经如此重要的工作中,如果因为虚荣和愚蠢,自以为可以重现原文的想法,而拒绝参考他人的努力成果,一切就会变得令人失望,这也是放弃了对一本完美无瑕的圣经译本的盼望。"[⑤]马礼逊和马士曼后因出版中文语法书一事发生纠葛,由此引起在翻译《圣经》上的相互指责。而二马圣经译本的极大相似性,又引起人们对二马圣经关系的讨论,究竟是谁抄袭了谁。[⑥]这个问题在近期赵晓阳的研究中似乎已经解决:"二马译本与白日昇译本非常相似。二马译本是在白日昇译本的基础上修订而成。……从严格的学术意义上来讲,二马的《新约》都不能称之为独立翻译,都严重依赖和参考了白日昇译本。在白日昇译本的基础上,二马译本又有所修订和创造,二马之间始终都有沟通,马士曼译本更多地参照了马礼逊译本。"[⑦]

由此,如果研究圣经《新约》的中译本,白日昇译本就成为一个重要的环节。[⑧]

二　白日昇及他的《圣经》译本研究进展

白日昇(Jean Basset)1662 年左右生于法国里昂,1684 年进入巴黎外方传教会(Missions Étrangères de Paris)神学院,1685 年以该会传教士身份前往东方。[⑨]1689 年,白日昇到达广州,后入川,在 1704~1707 年与中国神父徐若翰（Johan Su）合作翻译《圣经》新约部分，但这本译稿并未出版。除《圣经》外，白日昇还译有《中国福传建议书》（*Avis sur la Mission de Chine*），并与徐若翰合译《天主圣教要理问答》及《经典纪略问答》。尽管白日昇的新约译本一直被转抄，但手稿原稿并未被发现，这样长期以来学术界很少注意它的存在。直到 19 世纪这一译本才浮出水面，20 世纪方确定了译者。[10]目前发现的该译本的抄本有三处：（1）罗马卡萨纳特图书馆（Biblioteca Casanatense）藏本，这是一份 18 世纪初的抄本，包括福音四书、《宗徒大事录》、保禄书信以及《希伯来人书》（《蒙福的保禄致希伯来人书》）第一章；（2）大英博物馆抄本，1737 年由何治逊（John Hodgson junior）发现，其首页有："本抄本是奉何治逊先生之命，于 1737 年至 1738 年，在广州誊抄；何先生称抄本已经仔细校勘，毫无错漏，于 1739 年 9 月敬赠史罗安男爵（Sir Hans Sloane，1669～1753）。"[11]。后再转送给大英博物馆（今大英图书馆的前身）。1798 年基督新教公理会的莫斯理（William Moseley）提出希望将《圣经》翻译成中文，[12]1801 年，他在大英图书馆发现了白日昇的手稿。1805 年，马礼逊得知这个消息后，在杨善达的帮助下抄录了这个本子，成为以后马礼逊翻译《圣经》的参考译本。（3）英国剑桥大学藏本，标题为《四史攸编耶稣基利斯督福音之会编》，其特点在于对四福音书的翻译不是通常的单列本，而是将四部福音编成"合参福音书"。

近年来，对白日昇这三份文献的研究已有初步进展。蔡锦图详尽研究了明清以来《圣经》中译的历史，对白日昇译本着墨尤多。历史上对白日昇译本的最早记载，是当年白日昇所培养的中国神父李安德的日记，日记中说："（白日昇）也将新约从拉丁文译为中文，从玛窦福音（马太福音）到蒙福的保禄（保罗）致西伯来人书第一章；然而由于他的逝世，未能完成这项工作。"但至今尚未发现白日昇所译新约的原始文本。卡萨纳特图书馆藏本是四福音书的翻译，但剑桥藏本是四福音书的合编，这个合编本是谁做的呢？没有答案。卡萨纳特图书馆藏本很可能参考了武加大圣经（The Clementine Vulgate）。蔡文详细考察了剑桥本的卷名和页数。大英图书馆抄本（The Sloan Ms #3599）保存较多，除马礼逊亲自抄写并带到中国的抄本（现存于香港大学冯平山图书馆）外，美国公理会传教士裨治文（Elijiah C. Bridgman）将这一抄本再次誊抄，后也流传到剑桥大学图书馆。另外，思高圣经学会也有一份抄本。通过对白日昇抄本、马礼逊所译圣经以及马士曼所译圣经的对比，作者认为："在文献的追溯中，可以见到天主教和新教在早期圣经翻译历史上的交接点……对于天主教和新教的中文译经的互动的历史，相信仍有许多可供探讨的空间。”[13]

宋刚探究了艾儒略《天主降生言行纪略》和“二马译本”之间的关系。在谈到白日昇的卡萨纳特图书馆藏本和剑桥藏本的关系时，他通过对汉字字迹的核对，认为这两个本子是一人所抄。通过对艾儒略《言行纪略》和白日昇译本的对比，作者认为在“礼仪之争”的大背景下，白日昇没有沿着艾儒略的“以史证经”的路线发展，而是日益向经典文献回归。[14]

曾阳庆对《四史攸编耶稣基利斯督福音之会编》做了深入研究。他认为白日昇翻译新约有两种办法，一种是找到一本西方已经存在的四福音书的合编本，原封不动的将其翻译成中文；另一种是将四福音书分别翻译成中文，然后合编成《四史攸编耶稣基利斯督福音之会编》。如他所说：“如果白日昇新整合好一个拉丁文版的‘四史福音之合编’，再开始翻译，代表什么意义？另一种情形，如果白日昇先翻译四个福音书，再整合为‘四史福音之合编’，真实的意义又如何？”曾阳庆否认了第一种可能性，理由有二：一是当时欧洲没有这样的拉丁文合编本，二是他发现在中文合编本中“《马耳谷福音》翻作‘无花果’，《若望福音》、《路加福音》翻作‘肥果’；而《玛窦福音》第七章翻作‘无花果’，第二十一章翻作‘肥果’，看到这样的统计，我们基本上确定似乎没有一个先行整合统一的拉丁文四福音合参版本”。[15]曾阳庆实际上同意白日昇等人翻译好了四福音书，然后将四个单独的福音书译本整合为一个统一的中文合编本。因为，这样白日昇的中文助手在整合四个译本时更为方便，前后文理解更为顺畅。

周永在白日昇译本研究上也有较大突破。首先，他回答了曾阳庆的问题，指出当时在欧洲是有四福音书合编本的，但他发现白日昇的合编本和拉丁文合编本不同。他认为，卡萨纳特图书馆藏本和剑桥大学藏本都出于徐若翰神父之手，其证据有二：一是有学者看到徐若翰手抄文献的字体，与卡萨纳特图书馆藏本、剑桥大学藏本的字体一样；二是“按照马青山神父（Joachim-Enjobert de Martiliat，1706～1755）日记的记载，在1734年8月14日去世的徐若翰曾把翻译的新约全部牢记在心，甚至花心思用此翻译内容来编写一部四福音的合参本。此合参本现今在穆天尺（Johann Müllener）主教手里。马青山清楚写明合参本是由徐若翰所编。”周永的结论是：“不但‘卡萨纳特抄本’与‘剑桥抄本’应该都是白日昇的助手徐若翰亲笔所写，而且‘剑桥合参本’的编写工作也应来自于许若翰的贡献。”[16]

三　阳玛诺《圣经直解》与耶稣会的译经传统

目前学界在讨论天主教的译经活动时，认为虽然教廷1615年已经同意在华耶稣会士将《圣经》翻译成中文，但耶稣会没有很好地利用这个机会，一些学者将其概括为“一个错过的机遇”。但实际上尚不能这样下结论，因为，耶稣会士在《圣经》翻译上也同样有一定建树。我们以阳玛诺的《圣经直解》为例来说明这一点。

阳玛诺（Emmanuel Diaz Junior）1601年入华，在华58年，这在来华耶稣会士中并不多见。他有一系列的中文著作，《天问略》最早介绍了西方的天文学，[17]而《轻世金书》最为有名。[18]《圣经直解》是阳玛诺的重要代表作，也是他翻译圣经的代表作。从来华耶稣会士的译经传统看，在阳玛诺之前，罗明坚（Michele Ruggieri）写过《天主圣教实录》，郭居静（Lazzaro Cattaneo）写过《灵性诣主》和《悔罪要旨》，龙华民（Nicolas Longobardi）写过《死说》《念珠默想规程》《圣人祷文》《圣母德叙祷文》等，罗如望（Jean de Rocha）写过《天主圣像略说》，庞迪我（Didace de Pantoja）写过《七克》《人类原始》《受难始末》，费奇规（Gaspard Ferreira）写了《周年主保圣人单》《玫瑰经十五端》《振心总牍》，特别是高一志（Alphonse Vagnoni）写下了一系列介绍西方宗教与哲学的著作。但总的来看，在阳玛诺之前来华的耶稣会士对天主教的介绍，主要是以各类传教手册或神哲学著作为文本进行编译和改写，真正翻译《圣经》的人很少。正如钟鸣旦（Nicolas Standaert）所说的：“在耶稣会士的传教方针之中，他们首先专心撰写《教义问答手册》之类的书籍，以阿奎那的推理方面为基础的基督教信仰概论（诸如《天主实义》之类的著作），继则撰写解释教义和基督教价值观等等著作。只是在较晚的时候，他们才撰写一些著作，介绍对耶稣生平记述。在此过程中，他们优先考虑的是那种对耶稣的生平概要式和编年式的介绍，而不是翻译《圣经》。”[19]

为何耶稣会士来华之初没有对《圣经》翻译投入较大的热情呢？钟鸣旦认为，“这种以教育为目的的介绍完全是当时对欧洲类似的著作的反映”。这或许是一个重要的原因，但我认为还有两个原因值得考虑。[20]

第一，宗教改革以后，基督新教强调《圣经》在信仰上的地位和作用，从而鼓励对《圣经》的翻译。“随着圣经得到重视，圣经的出版和翻译工作亦陆陆续续地展开了，并且是在一个更开放和自由的气氛之下展开。然而，这方面的工作都集中当时的欧洲主要语言，例如在斯特拉斯堡印制的德文圣经（1466）、在威尼斯出版的意大利文圣经（1471），还有荷兰文圣经（1477）、法文圣经（1487）和葡萄牙文圣经（1496）。至于英文，虽然欧洲的印刷技术于15世纪70年代已经由卡司顿（William Caxton，1422～1491）传入英国，但第一本印制的英文圣经是在1525年出版，由丁道尔（William Tyndale，1494～1536）从原文翻译的新约圣经。”但天主教对《圣经》的翻译一直持很严格的态度，“罗马天主教于1545至1563年间举行了一次史无前例的大公会议，名为特伦多大会（Ternto）；议会中除了谴责所有违背历代和当代大公教会的圣经解释，还正式通过，所有天主教出版商必须先得到主教的‘准予印行令’（拉：imprimatur）才可出版圣经”。[21]在教会看来，拉丁文是教会的语言，而且是神性的圣言。若要把圣经翻译成其他语言，是亵渎和悖逆的行为。来华耶稣会士当然要受到当时欧洲这种文化氛围的影响。实际上，在龙华民向教会报告，希望用中文翻译《圣经》后，当时罗马教会是同意的，1615年教宗比约五世准许中国人在礼仪时可用典雅的中文，同时也准许把《圣经》译成典雅的中文。但耶稣会士没有抓紧落实，以后传信部成立，在《圣经》的翻译上日加严格，此事就拖延下来。

第二，来华耶稣会士面对丰富的中国古代文化典籍，要取得士大夫的认同，用中文翻译好《圣经》并非易事。如利玛窦所说：“复惟遐方孤旅，言语与中华异，口手不能开动”，他写成《天主实义》后，中国文人认为这部书“不识正音，见偷不声……”。[22]利玛窦尚且如此，其他来华耶稣会士进行中文翻译就更加困难，如无文人相助，他们的中文著作很难出版。这恐怕也是一个重要原因。利玛窦手中就有一部《圣经》，当时很多文人见到后希望将其翻译出来，但他总是推辞此事：“我真不知如何答复他们，因为他们的要求正常而诚恳。多次我以肯定的口吻答复他们，但他们以没有时间作为推辞，指出这是一件巨大的工作，需要许多人才及时间方能完成。”[23]

耶稣会士没有将圣经的翻译作为重点，有着深刻的原因，“天主教的传教士看重理性化的神学，轻视叙述性的神学；看重通俗性的布道，轻视圣经的翻译工作；看重自然科学，轻视圣经科学。这种政策也反映了欧洲宗教较深层面的背景”。[24]

但来华耶稣会士对圣经的解释并未停止，最著名的例子就是阳玛诺的《圣经直解》。《圣经直解》共十四卷，它的结构是首先介绍天主教各主日礼仪的名称，然后翻译《圣经》的经文，在经文前指明这段经文在福音书中的位置。在中文刻本中，大字是经文本身，小字是对经文的简单解释，最后是“箴”，即对上面经文的详细解释。这本书虽然不是对圣经的直接全文翻译，但确实表明了“释经学并未受到排斥”。[25]阳玛诺在《圣经直解》第一卷中对《圣经》这本书做了较详细的说明。他说，《圣经》“原文谓之‘阨万日略’，译言‘福音’。乃天主降生后，亲传以示世人者，即新教也。盖天主既用性书二教，默诏圣人，训世无间，但因世人沉迷，而拂理违训者日益众。于是天主更加慈悯，躬降为人，亲传圣经以提醒世人焉。天主洪恩，莫大于此矣”。为何将《圣经》称为福音呢？他写道，“圣基所答曰：凡吾主所许众罪之赦、圣崇之畀、诸德之聚，与人生时获登天主义子之高位，逝后必免永苦，享永福。诸如此类，备载圣经，故称福音也”。他在序言中通过说明“古教”（旧约）和“新教”（新约）的区别，将《圣经》中这两大部分的内容特点做了介绍。所谓“古教”和“新教”，他说：“何谓新教？古新即先后之意。盖当中古，天主垂诫，命每瑟圣人传论世人遵守。斯时依中历，为商王祖乙七年壬寅。至于吾主降生，依中历为西汉哀帝元寿二年庚申，相距一千五百十有七载。故彼谓古教，而此谓新教也。”接着他分别从六个方面介绍了古教和新教的区别：(1)“古教，天神奉天主之命传于每瑟，每瑟奉天主之谕垂本国人。新教则系天主躬建，口传于世者”。(2)“古教，暂教也；新教，永教也。”(3)“此古新二教切喻也。帐易展，易收，又易动移，难以久存。乃古教之象。新教如石立坚固之殿，莫之能移也。”(4)“古教如轭甚重，载之极难。轭则重矣，报则轻矣。轭重，教规繁剧也；报轻，世福微浅也。若新教之报，则高矣大矣。”(5)“古教诫烦任重，新教诫简任轻。”(6)“古教，一国之教，私教也。新教，万国之教，公教也。”

阳玛诺也介绍了四福音书，他写道：“至若纪阨万日略圣史，则有四焉，一圣若望，一圣玛窦，一圣路嘉，一圣玛尔谷。是四位数包含奥意，亦非偶然。圣热罗曰：‘初时，地堂有大江四支出流，广润普地。今圣[而]公教会有阨万略四史，可以广润普世人心也。’圣奥斯定曰：‘东西南北大地四极，乃四圣史所纪之圣经悉通彻焉。盖犹登高而呼，提醒各方之群寐也。’”

我们以书中所介绍的“圣诞前第四主日”为例来剖析《圣经直解》的结构。主日的名称是“吾主圣诞前第四主日”。阳玛诺对主日做一个简介：“主在都，入圣殿诲众。既出，其徒曰：‘仰视斯殿壮丽哉！’吾主叹曰：

‘噫！其墟矣。’宗徒欲知定日，曰：‘敢问师？’此日何时至，斯世何时灭。更示师复降番刑，果于何期？乃明示诸兆，告诫宗徒，警示吾辈。备预知末时窘迫，以备修省。”他在书中标出这段经文出自福音书“经圣路嘉第二十一篇”。接着就是他对经文的翻译：“维时。耶稣语门弟子曰：‘月月诸星，时时将有兆。’”他并未标出经文的节数，这段话实际在路嘉福音的第21篇第25节。在经文的翻译中他边叙边议，做简要的解释，解释和经文夹杂在一起，经文用大字体，解释用小字体。

尽言是时天上诸光，必先衰缩、失次，而大变其常，以为之兆也。地人危迫，海浪猛，是故厥容憔悴，为惧且所将加于普世。尽早潦继典，山崩川竭，而人不安其居，海水沸溢，浪发声，而人行容憔悴，惟忧惧待尽而已。诸天之德悉动。有二解。一、指日月星辰，谓之天德者。因天用其光，以泽下地也。动者，次失常，薄食不时，迟速相反，蒙晦无光也。一、指天神，亦谓之德者。因天借以运旋，而显其德也。天神亦动者，尽见天主圣怒，怀其威而动于中也。……

“箴”是对经文的详细解释。他写道：

厥容憔悴，为惧且溪所将加于普世。此言末日恶人之恐惧也。尽恶人在世，不畏主威，悖命犯理，宜然无所顾惧。经责之曰：“恶人饮恶如水，恶人行恶而喜，作丑而悦，至判时而恐惧。”必然之理也。如非因平日嗜杀喜劫，以纵愉悦，即临断案时，怖畏战栗，而自疾前恶。愚哉！恶人生时，畏不可畏，而不畏可畏。经责之曰：“人于无畏之地而战，似进大畏之域。”犹言：“世位，小位也；世位，微物也。得不足喜，失不足忧。而恶人视之若大且重，喜得畏失，不亦悖甚乎！”圣基所虚疑世人于婴儿曰：“婴儿见滩，可喜，而怖；见火，可怖，而喜。”举世尽然，愚哉！主示圣徒曰：“尔辈爱我之友，勿惧杀身。人杀尔身，不戮尔灵。夫谁则可畏者，彼能杀身。又能投灵于不灭之火者，是也。”……

视无花果等树始结实时，即知夏日非遥。尔辈亦然，见行兹兆，即知天国已近。岁有冬夏，人生亦然。惟恶人之夏，乃在今生。富贵荣名，与日并炎，乃无岁时而冬条至，地域之苦，不可逃矣。惜哉！夏短而冬永也。若夫圣人生时，贫穷，遭患不一，则诚冬矣。而天堂之乐，如夏随至焉。其冬俄顷，而夏舒长也，岂不幸哉？天主慰谕圣人受其真乐曰："爱我尽夙典兮。冬过雨止，吾地万卉已发典兮，疾兮至兮。"此俱譬词。冬夏，世苦也。万卉，天福也。无岁冬雨，则夏无花果。人先无苦，后必无乐之。且坚其望焉。

阳玛诺通过这种文体和形式来翻译福音书。那么，阳玛诺在《圣经直解》中对四福音书的翻译量有多大呢？圣经之四福音书全文的章节总数是：马太福音书 28 章 1071 节；马尔谷福音书 16 章 678 节；路加福音书 24 章 1151 节；若望福音书 21 章 878 节，合计 3778 节。

塩山正纯对阳玛诺所翻译的数量做了统计："在此所举四福音书的总章节中，《圣经直解》中的译文章节数如下：马太福音书 355 节（总节数的 33.1%），马尔谷福音书 37 节（总节数的 5.4%），路加福音书 321 节（总节数的 27.8%）若望福音书 291 节（总节数的 33.1%）。"这样，《圣经直解》"译自四福音书的章节总计有 1004，占总章节数的四分之一（26.5%）。具体来说，马太福音书占 35.5%，马尔谷福音书占 3.7%，路加福音书占 32%，若望福音书占 29%"。[26]

《圣经直解》翻译四福音书时所参照的拉丁文本《圣经》，是当时流行的哲罗姆（Jerome）译本。哲罗姆将旧约圣经从希伯来文重新翻译为拉丁文，这一译本被称为武加大（Vulgate）译本，这也是西方教会所认定核可的拉丁文译本，并在 1546 年的特伦多会议重新受到肯定。直到今日，这一译本仍为罗马天主教会所重用。有学者将《圣经直解》和《武加大译本》拉丁译本的内容进行对勘，从中可以更清楚地看到阳玛诺翻译《圣经》的数量。[27]

《圣经直解》中的注释部分"据说是依据耶稣会士巴拉达（S. Barradas，1543～1615）的四卷本'Commentarian concordiam et historiam evangelicam'（第一卷初版于 1599 年），该书是一种流行非常广泛，闻名遐迩的注解（到 1742 年已经重印过三十四次），其作者是柯因布拉和俄渥拉（Evora）大学的一位教授，也是一位受欢迎的传教士。阳玛诺似乎未曾翻译巴拉达的注释，但他也可能以此为他本人的注解来源之一"。关于《圣经直解》和巴拉达注释本的关系，学术界至今尚未研究清楚。巴拉达注释本一些内容在《圣经直解》中没有，《圣经直解》的一些编排方式和巴拉达本不同，这些都有待深入研究。[28]

四 罗马卡萨纳特图书馆所藏白日昇译本与《圣经直解》对照研究

罗马卡萨纳特图书馆收藏的白日昇圣经译本是18世纪初的抄本，在第一页上有以下文字：

Vid. Inventarinm

§. A33

Pag. 93

Desiderantur ferme totu

Epistola ab Heberos

Epistolae Canonicae Petri Jacobi

Et Johannis Apocalypsis

这段文字的意思是："请看目录清单 §. A33，第 93 页。我们还要下面的全部：希伯来书、彼得书、雅格书、约翰书、犹大书和约翰启示录。"

文献首页下面有印章"B. C"，这里的 B 指 Biblioteca，C 指 Casanatense。Gerolanse Casanate（1620～1700）是一位红衣主教，他建立了这个图书馆。在印章下面有意大利文：

Era in Sette libreor Staccato I'dall'

-altro，fralle scritture donate gia 'dal

Fu sig canonico Fattinelli

这段文字的意思是："原来这是分散的 7 个小册子，都是 Fattinelli 神父赠送给我们的资料。"

最后页有 Biblioteca Casanatense Roma Regia Mss. 20243 – 2 Casanatense Library。

这个图书馆建于 1700 年，其中的中文藏书是 Fattinelli 神父捐赠的。[29]

这份手稿共 7 册，364 页，每半页 22 行，每行 9 个字。文献的章节如下：玛窦攸编耶稣基督圣福音（马太福音）；马耳谷攸编耶稣基督圣福音（马可福音）；圣路加攸编之福音（路加福音）；圣若翰攸编耶稣基督福音（若翰福音）；使徒行（使徒行传）；福保禄使徒与罗马辈书（罗马人书）；福保禄使徒与戈林（多?）辈书第一书（哥林多前书）；福保禄使徒与戈林（多?）辈书第二书（哥林多后书）；保禄与雅辣达书（加拉太书）；保禄与厄弗所辈书（以弗所书）；保禄与里比辈书（腓立比书）；保禄使徒与戈洛所辈书（歌罗西书）；保禄与特撒罗辈第一书（帖撒罗尼迦前书）；保禄与特撒罗辈第二书（帖撒罗尼迦后书）；保禄使徒与氏未徒第一书（提摩太前书）；保禄使徒与氏末徒第二书（提摩太后书）；保禄使徒与的多书（提多书）；保禄使徒与斐肋莫书（腓力门书）；保禄使徒与赫伯辈书（希伯来书）。

对照四福音书我们会发现，《希伯来书》第 2 ~ 13 章，雅格书、彼得前书、彼得后书、约翰一书、约翰二书、约翰三书、犹大书、约翰启示录这些章节没有翻译，也就是说，这并不是新约的全部翻译。它包括福音四书、《宗徒大事录》、保禄书信以及《希伯来人书》（《蒙福的保禄致希伯来人书》）第一章。

表 1　白日昇译本和阳玛诺《圣经直解》章节名称对照

阳玛诺译本的章节名称	白日昇译本的章节名称	拉丁文原名
圣玛窦	圣玛窦	Matthaeus
圣玛尔（圣玛尔各圣玛尔歌）	麻尔谷	Marcus
圣路嘉（圣路加）	圣路加	Lucas
圣若翰	若翰	Ioannes

首先，通过这个对照我们可以看出，在圣经章节名称的翻译上，阳玛诺译本和白日昇译本的相似率达 75% 。

其次，在专名上的翻译。以圣玛窦福音第一篇为例[30]：

表 2　三个译本圣玛窦福音第一篇译名对照

阳玛诺译名	白日昇译本译名	思高本译名	拉丁文原名
耶稣基利斯督	耶稣基督	耶稣基督	Christus
亚巴郎	**阿巴郎**	亚巴郎	Abraham
依撒	依撒	**依撒格**	Isaac
雅各	**雅哥**	**雅格**	Iacob
如达	如达	犹大	Iudas
发勒	**发肋**	培勒兹	Phares
匝郎	**匝朗**	则辣黑	Zara
厄斯惊	**厄斯隆**	赫兹龙	Esrom
亚郎	**阿朗**	**阿兰**	Aram
亚米纳答	阿闵达	**阿米纳达**	Aminadab

续表

阳玛诺译名	白日昇译本译名	思高本译名	拉丁文原名
纳算	**纳宋**	纳赫雄	Naasson
洒满	撒尔蒙	撒耳孟	Salmon
博阿斯	玻斯	波阿次	Booz
阿白	遏伯	敖贝德	Obed
叶瑟	**热瑟**	叶瑟	Iesse
达末	达末	**达味**	David
撒落满	**撒落蒙**	撒罗满	Salomon
罗薄盎	洛般	勒哈贝罕	Roboam
亚彼亚	阿必盎	阿彼雅	Abia
亚撒	**阿撒**	**阿撒**	Asa
药撒法	**若撒法**	约沙法特	Iosaphat
药郎	**若朗**	约兰	Ioram
阿西亚	**遏西雅**	乌齐雅	Ozias
若亚当	若阿当	约堂	Ioatham
亚加斯	**阿加斯**	阿蛤次	Achaz
厄瑟加	厄瑟加	希则克雅	Ezechias
玛纳色	**玛纳森**	默纳舍	Manasses
亚满	阿蒙	**阿孟**	Amon
若细亚	若些	约史雅	Iosias
药各尼亚	**热哥尼亚**	耶苛尼雅	Iechonias
撒腊低额	撒腊叠	沙耳提	Salathiel
速罗罢	梭巴伯	则鲁巴贝	Zorobabel
亚彼迂	阿又雨	阿彼乌得	Abiud
厄理亚精	厄赖心	厄里雅金	Eliachim
亚作	阿梭尔	**阿左尔**	Azor
撒铎	**撒夺**	匝多克	Sadoc
亚境	阿京	**阿歆**	Achim
厄旅	**厄吕**	厄里乌得	Eliud
恶勒亚	厄蜡撒	厄肋匝尔	Eleazar
玛丹	玛丹	玛堂	Matthan
雅各	雅各	**雅各伯**	Iacob
若瑟	若瑟	若瑟	Ioseph

续表

阳玛诺译名	白日昇译本译名	思高本译名	拉丁文原名
玛利亚	玛利亚	玛利亚	Maria
耶稣	耶稣	耶稣	Iesus

从这个专名翻译的对照表可以看出：白日昇译本和阳玛诺译本完全重复的是8个专有名词，占16.2%；白日昇译本和阳玛诺译本中读音近似，仅有1字之差的专有名词有16个，占36.4%；如果将这两项叠加，两个译本相似的专有名词共有24个，占54.5%。按照这样的标准，阳玛诺译本和思高本相似的专有名词达11个，占25.5%；白日昇译本和思高本相似的专有名词达17个，占38%。

就此而论，笔者认为，至今我们尚无直接的历史文献证明白日昇和他的助手徐神父读过阳玛诺的《圣经直解》，但从时间上来看，《圣经直解》出版于1636年，而白日昇入华是1689年，这样他们读到《圣经直解》是完全可能的。

从以上对这两个译本的具体文字和词语的分析统计，可以看出，白日昇及其助手是读过《圣经直解》的。从二者的行文来看，阳玛诺的译文更为简洁和古雅；相比之下，白日昇的译本较为通俗。[31]阳玛诺的译文对白日昇的《圣经》翻译产生了一定的影响。阳玛诺虽然不是全文翻译了《圣经》，但它的翻译直接影响了白日昇译本，而白日昇译本又直接影响了马礼逊和马士曼《圣经》译本。就此而论，将阳玛诺的《圣经直解》视作中文圣经的源头之一是合理的。

目前学术界都在关注白日昇译本对二马译本的影响，如尤思德所说："马礼逊显然极度依赖天主教的资源，特别是白日昇的手稿，而马殊曼则值得注目地取材马礼逊的成果。倘若马礼逊/米怜和马殊曼/拉撒的译本被视为是新教在华圣经翻译活动的根基，新教是深深受惠于天主教的活动，而这件事常常是被忽略了的。"[32]但如果我们进一步考察，会发现白日昇的圣经翻译是在天主教十七世纪对圣经的介绍和部分翻译的历史传统之中展开的，他必然受到他来华前天主教圣经介绍和翻译的影响，显然，这一点被学术界忽略了。

---

①学术界一直称此人为容三德（Yong Sam-Tak），没有中文名字。参阅苏精《中国，开门：马礼逊及相关人物研究》，香港：中国宗教文化研究社，2005，第13页；《马礼

逊与中文印刷出版》，台北：学生书局，2000，第57页；谭树林《马礼逊与中西文化交流》，杭州：中国美术学院出版社，2004，第42页。

②张静庐辑注《中国近代出版史料二编》，上海：上海书店出版社，2001，第353页。

③参阅〔英〕艾莉莎·马礼逊编《马礼逊回忆录》上卷，杨慧玲译，郑州：大象出版社，2008，第158~159、164~165、186~187、208、227、248页；第2卷，第2~7页；谭树林：《马礼逊与中西文化交流》，第117页。

④〔英〕艾莉莎·马礼逊编《马礼逊回忆录》下卷，杨慧玲译，第2~3页。

⑤赵晓阳：《二马圣经译本与白日升圣经译本关系考辨》，北京：《近代史研究》2009年第4期。

⑥参阅海恩波《道在神州：圣经在中国的翻译与流传》第5章，蔡锦图译，香港：汉语圣经协会，2000。

⑦赵晓阳：《二马圣经译本与白日升圣经译本关系考辨》。参阅苏精《马礼逊与中文印刷出版》，第131~152页；艾莉莎·马礼逊编《马礼逊回忆录》上卷，第161、170、179页；下卷，第2~3、36页；马敏《马希曼、拉沙与早期的〈圣经〉中译》，北京：《历史研究》1998年第4期。

⑧参阅尤思德《和合本与中文圣经翻译》，蔡锦图译，香港：汉语圣经协会，2000，第46页。

⑨关于白日昇的相关资料，参见 François Barriquand, "First Comprehensive Translation of the New Testament in Chinese: Fr. Jean Basset and the Scholar Xu," *Verbum SVD*, Vol. 49, No. 1 (2008).

⑩这个译本是1737年在广州发现的，鹤特臣将其复制后送给了伦敦会的史路连（Hans Sloane），史路连将其赠给了大英博物馆，并在手稿的空白处写下“这一抄本是由鹤特臣先生授命，于1737年和1738年在广州誊抄的，并称它已经仔细的校勘过，毫无遗漏。1739年9月呈赠给史路连男爵”（This transcript was made at Canton in 1737 and 1738, by order of M. Hodgson, jun who says it has been collated with care, and found very correct. Given by him to Sir Hans Sloane, Bar［Baronet］ in Sept 1793）。参阅 A. C. Moule, "A Manuscript Chinese Version of the New Testament（British Museum, Sloane 3599）," *Journal of the Royal Asiatic Society*, 81（1949）, plate Ⅱ, 24. 直到1945年在研究巴黎外方传教会士李安德（Andreas Ly）时才发现这部手稿的译者是白日昇。参阅 Bernward W. Willeke, "The Chinese Bible Manuscript in the British Museum," *Catholic Biblical Quarterly*, 7（1945）；尤思德：《和合本与中文圣经翻译》，第17~18页。

⑪尤思德：《合和本与中文圣经翻译》，第19页。又有学者将这份文献称为“《斯隆抄本3599号》（Sloane MS #3599）”，见蔡锦图《天主教中文圣经翻译的历史和版本》。也有学者将 Hans Sloane 译为“史路连”，并由此将这个译本称为“史路连抄本（Sloane

Manuscript)”，将“Jean Basset”译为“巴设”。参阅中华圣经新译会《中文圣经翻译小史》，香港，1986；谭树林：《马礼逊与中西文化交流》，第101页。

⑫莫斯理著有《译印中文圣经之重要性与可行性研究》(*A Memoir on the Importance and Practicability of Translating and Printing the Holy Scriptures in the Chinese Language*, 1800)，引自苏精《中国，开门：马礼逊及相关人物研究》，第8页。

⑬参阅蔡锦图《白日昇的中文圣经抄本及其对早期新教中文译经的影响》，台北：《华神期刊》，2008年6月。

⑭宋刚：《以史证经：艾儒略与明清四福音书的传译》，香港：《天主教研究学报》第2期“圣经的中文翻译”，2011。

⑮曾阳庆：《白日昇“四史攸编耶稣基利督福音之合编”之编辑原则研究》，台南：《成大宗教与文化学报》，2008年11月。

⑯周永：《从“白、许译本”到“二马译本”》，香港：《天主教研究学报》第2期“圣经的中文翻译”，2011。按：马青山为巴黎外方传教会士，时在四川传教。

⑰《天问略》，后列入清嘉庆间吴省兰所辑《艺海珠尘》，南汇：吴氏听彝堂刊本。

⑱参阅李奭学《瘳心之药，灵病之神剂：阳玛诺译〈轻世金书〉初探》，《编译论丛》，第4卷第1期。

⑲㉔㉕㉘钟鸣旦：《〈圣经〉在十七世纪的中国》，北京：《世界汉学》第3辑。

⑳“耶稣会士早在1615年已经得到允许去进行这工作。然而，受到其他原因的阻扰，结果只是出版了某些圣经经文选编，差不多都与教义问答的教导、祈祷、讲道和礼仪等牧灵工作有关。尽管圣经的大部分篇幅已经翻译出来，却从不曾面世。个中原因十分复杂，一方面涉及罗马教廷后来不允许圣经译本的出版，另一方面的背景，则是耶稣会士本身对翻译优先次序抱持不同观念。”伊爱莲（Irene Eber）：《中文圣经的翻译、反响和挪用》，载伊爱莲等著《圣经与近代中国》，蔡锦图编译，香港：汉语圣经协会，2003，第5页。

㉑黄锡木：《圣经翻译和传播》，香港：《时代论坛》第867期，2000年4月11日。

㉒利玛窦：《天主实义》。

㉓《利玛窦书信集》第四册，罗渔译，台北：辅仁大学，1986，第300页。也有不同于利玛窦的意见，如白日昇就认为，如果《几何原本》和《神学大全》都能译成中文，那么翻译《圣经》应该是没有太大问题的。参阅周永《从“白、许译本”到“二马译本”》。

㉖塩山正纯：〈カソリツクによる聖書抄訳デイアスの『聖經直解』〉，载《文明21》第20号，日本：爱知大学国际コミユニケーション学会，2008年。

㉗此表引自王硕丰论文《〈圣经直解〉初探》抽样本，北京外国语大学，2009

㉙参阅梅欧金（Eugenio Menegon）“The Biblioteca Casanatense（Rome）and its China Materials, A finding list,” *Sino-Western Cultural Relations Journal*, 2000, XXII, p. 358。

㉚按：表中加粗的译名为“基本一致”，如阿巴郎；其余为“完全一致”。

㉛钟鸣旦认为，《圣经直解》“艰涩的问题，使它不适合对公众朗诵……以至《圣经直解》最终只能用于个人的阅读”。钟鸣旦：《〈圣经〉在十七世纪的中国》。

㉜参阅尤思德《和合本与中文圣经翻译》，第46页。

作者简介：张西平，北京外国语大学海外汉学研究中心主任、教授、博士生导师。

[责任编辑：陈志雄]

（本文原刊2012年第2期）

李奭学的耶稣会士翻译文学研究综述

——以《中国晚明与欧洲文学》为中心

李会玲

[提　要] 李奭学是研究晚明耶稣会士汉译欧洲文学的第一人。他从文类、单个文本与文献整理三个向度对耶稣会士的翻译文学进行深入探析，清晰描绘出欧洲古典与中世纪文学于晚明入华的全貌，再现了中欧文学交流最初阶段的历史。文献考据基础上的文化、文本分析与阐释是他的治学路径与研究特色。天主教神学、中国文学、欧洲文学、欧洲中世纪学术等多学科间的融会贯通的学识，使他架构起了学界长期以来失察的那座中西文学因天主教东传而结缘的桥。

[关键词] 李奭学　耶稣会士翻译文学　证道故事

一

在相当长一段时间内，学界多从宗教与科学等方面来探讨晚明入华的天主教耶稣会传教士在西学东渐中的历史功绩；至于他们引介欧洲文学入华的成就，除了注目于金尼阁的《况义》和高一志的《譬学》外，其余的都似乎乏善可陈；可是台湾学者李奭学先生却从晚明耶稣会士的中文著述中发现了总数千则以上的欧洲古典文学材料，并在此领域深耕细耘已有20

余年，是深入研究晚明耶稣会士翻译文学的第一人。

李奭学，芝加哥大学比较文学博士，现任中研院中国文哲研究所研究员、台湾师范大学翻译研究所合聘教授、辅仁大学跨文化研究所兼任教授、香港中文大学翻译研究中心荣誉研究员。他早年求学于台湾东吴大学英文系、辅仁大学英文研究所，主修英美文学，后赴美国芝加哥大学师从著名汉学家余国藩教授进行比较文学的研究。兴趣广泛的他集学者、译者、教师、专栏与书评作家的身份于一身，游刃有余地辗转腾挪于学术研究、翻译、文学文化评论等数个领域，已出版学术、评论及翻译著作近 20 部，学术专长为中外文学关系、宗教与文学的跨学科研究、中国翻译史及现代文学。在诸多的涉足领域中，他于“明清之际入华耶稣会士”的研究用力最勤。从在辅仁大学当研究生时发表的第一篇讨论天主教东传与伊索寓言关系的文章——《希腊寓言与明末天主教东传初探》开始，他从事耶稣会士翻译文学专题的研究已经 20 余年，《中国晚明与欧洲文学——明末耶稣会古典型证道故事考诠》（下文简称《考诠》）是他的代表作，余国藩教授如此称誉：“这本《中国晚明与欧洲文学》乃开山之作，内容深邃富赡。就我所知，举世尚乏如此全面研究明代耶稣会士的著作。”[①]中研院院士黄一农教授指出：“近代学界对明末以来入华天主教耶稣会士的研究，已持续近一个世纪，著述不可谓不丰，然其关怀几乎多聚焦在交流史、科技史或传教史之上。此书作者挟其对欧洲古典文学的深厚功力，另辟蹊径……，首度深入析探晚明汉文天主教典籍中的证道故事，不仅钩稽其源流，且着重文本分析。本书一方面填补了十七世纪中欧文化交流研究工作上的重要空白，更在文学史和翻译史上打开一扇全新又深具发展空间的花窗。”[②]

长期以来学界阙如对耶稣会士中译的欧洲文学的研究，并不是缘于忽略，而是与研究对象的复杂性有关。关于研究材料的性质，李先生曾说：“这些材料大多为宗教文学，并关涉欧洲上古文学，……当时懂的人不多，因为这不是神学院研究的对象、不是古典系研究的对象，更不是英文系多数教授的研究对象，而是 Medievalist（中世纪学专家）研究的对象。”[③]因为涉及的领域多，非拥有相关的知识结构便不堪承担此任。为了深入研究，他在芝加哥大学做了 9 年多的准备工作。英文系出身的他继续阅读汗牛充栋的欧洲文学作品，从“西洋上古史诗、希腊罗马悲剧与喜剧、中世纪天主教文学、文艺复兴史诗与一般文学，一直读到约翰・弥尔顿（John Milton）”[④]，同时还到东亚系修习中国文学课程。再者，余国藩教授特别嘱咐他必须去神学院修课以加强宗教研究的背景学习，为此他在芝加哥神学院读了两年天主教思想史。因为所研究的材料都是耶稣会士从拉丁文或是希腊文翻译成中文的，李奭学先生又以 37 岁的“高龄”开始学习拉丁文和希腊文。准备工作历时 9 年之久，再加上撰写的时间，到博士论文出炉，他在芝加哥大学度过了 13 年零 6 个月的漫长时光。此后，他又花了近 5 年的时间修改并补充研究，2005 年将所有成果汇总，勒成一书，终成皇皇巨著——《中国晚明与欧洲文学——明末耶稣会古典型证道故事考诠》。

《考诠》书成，李奭学先生继续在耶稣会士翻译文学领域深挖。就目前来看，他的研究以《考诠》为界可分前后两个阶段、三个路向。第一阶段以《考诠》为代表，分文类研究耶稣会士证道故事中的欧洲文学材料。明末耶稣会士在华 70 余年，译述的欧洲文学数量、品类繁多，作者选取寓言、世说、神话和传说四大类，究其源流，穷其达变，追溯它们在欧洲的原貌与译入中国时的变异流衍。第二阶段的两个研究路向，一是就耶稣会士翻译作品的单个文本深入探讨中国天主教文学的源起，二是进行文献整理与汇编工作。关于文献整理与汇编，他与法籍耶稣会神父梅谦立（Thierry Meynard）教授合作，以笺注本的形式将高一志的《达道纪言》译成英文，将由英国 Routledge 公司出版；另外他聚合同道笺注的明末翻译文学总集的工作正在进行中，第一期成果《明末翻译文学笺注》（3 册）将在 2013 年由中研院中国文哲研究所出版。从目前已发表的成果来看，他已完成的耶稣会士单个文本的研究有：利玛窦的《西琴曲意》，龙华民的《圣若撒法始末》，艾儒略的《圣梦歌》，高一志的《譬学》、《圣母行实》和《天主圣教圣人行实》，阳玛诺的《轻世金书》，汤若望译、华人王征笔记的《崇一堂日记随笔》，并有两篇小结性的文章《观看的角度：如何阅读明清两代的基督宗教文学》和《翻译的旅行与行旅的翻译：明末耶稣会与欧洲宗教文学的传播》。其中《三面玛利亚：论高一志〈圣母行实〉里的圣母奇迹故事的跨国流变及其意义》和《翻译的旅行与行旅的翻译》分别荣获香港中文大学 2010 年、2011 年的“宋淇翻译研究纪念论文奖”，另有五篇则获颁 2011 年国科会杰出研究奖。以上内容均为其新作——《译述：明末耶稣会翻译文学论》中的一部分，此书 2012 年秋已由香港中文大学出版社出版。

二

关于李奭学先生研究耶稣会士翻译文学的意义，黄一农所说“填补空白”“打开花窗”之类，以及他自己所说的“确定‘西学东渐’中所谓‘西学’的内容包括‘欧洲中世纪文学’在内”[⑤]等等，都是从大的方面泛泛而言的。从李奭学先生研究的内容和所解决的问题来看，他研究的功绩其实可以更具体地表述为：清晰描绘出欧洲古典文学借耶稣会士的证道故事于晚明入华的全貌，再现了中欧文学交流最初阶段的历史。

《考诠》一书是他第一阶段的代表作，也是他整个研究的基础。在这本书中他统计出晚明耶稣会士的中文著作中有50多则的伊索寓言、750条以上的“世说”、20多条希腊罗马神话和200条以上的传奇故事，这种爬梳、甄别的工作是前人没有做过的。在文献梳理的基础上此书还着力探讨欧洲古典文学材料如何变成耶稣会士的证道故事而入华，在中国发生了哪些变化，中国士人又是如何接受和使用的。为着这个目的，此书就以下内容展开全面讨论。

第一章“导论：从语言问题谈起”。主要回答欧洲古典文学材料为什么会演变成耶稣会士中文著作中的证道故事的问题。李奭学先生认为其间的促成因素有二：一是传教士所面临的中国各地相差甚大的方言，以及中国人敬重士子学人著书立说的文化，使耶稣会士不得不借“著书”以“布道”；二是与耶稣会士在欧洲所受到的证道艺术中的古典例证修辞学的训练有关。欧洲中世纪圣坛编有种类繁多的证道参考书和证道故事集。欧洲圣坛修辞学收编、转化、挪用、改写古典故事以资证道的传统被耶稣会士带到中国，这样希腊、罗马“原典”就横跨欧亚、纵贯欧洲中古到达晚明中国。欧洲修辞学理论在李先生笔下不仅是欧洲古典文学入华的原因，也是它们在耶稣会士手中被改编、新诠及“华化”的理论依据，支撑着整本书的架构。

第二章“寓言：误读的艺术”。着重探究耶稣会士在华借伊索寓言以证道的来龙去脉，和他们借翻译而重诠或新编古典寓言的手法特色，并论及中国明清士人对耶稣会士译述的西洋古典寓言的反应——或视若无睹，或“挪用”为针砭政治与社会之用；而欧洲古典寓言东来之际面貌上发生的诸多改易，是耶稣会士有意“华化”的结果。

第三章“世说：历史·虚构·文本性”。探讨耶稣会士证道故事中的另一重要文类——“世说”在明末的中国之旅及中国情态。所谓“世说”，是李奭学先生所取的译名，原名“克雷亚”（chreia），出自希腊文，意为“有益者”，类似于亚里士多德《修辞术》中所称的“史例”，通过追记古代名人私下的点滴思想与言语，以起到证道的效果，属轶事性的证道故事。因为此文类中的人“言行特殊，措辞上机锋处处又机智隽永，每令人想到刘义庆《世说新语》笔下中国古人的言行”[⑥]，所以译为“世说”。在750多条的“世说”中，作者撮取数条，详细考证其欧洲原型，再细细绎出它们在耶稣会士中文著作中的种种变形，然后指出耶稣会士在译述过程中对“世说”进行种种改写、添加、申述，与欧洲“修辞”课堂上的训练方法有关——学生背诵“世说”的时候“不该如数背出”，而应在史事之骨架基础上添枝加叶，使历史变得更加丰富；所以接受过修辞学训练的耶稣会士也会“不以精确为绳墨”，在译述时进行了二度创作。

耶稣会士中文著作里借以诠释《圣经》经文及其他相关教义的希腊、罗马神话是中文世界中最早的欧洲神话。《考诠》第四章“神话：从解经到经解”。历叙利玛窦、高一志和阳玛诺等利用虚构、改写了的欧洲上古神话附会解经、证道的桩桩事实；剖析耶稣会士们假借其中的普遍真理诠释天主教特殊真理的种种情状；向上追溯他们所继承的天主教神话诠释学的欧洲传统，向下厘清了他们对清代“中国索隐派”利用中国经典与神话传说附会基督教教义的开启性影响。

晚明耶稣会士也常引用异教的传奇故事来解说天主教教义，第五章“传说：言道·友道·天道”中作者选取与中国传统勾连紧密的三条——《伊索市舌》《大漫与比帝亚》《达马可利士之剑》，详述耶稣会士为宣扬“守舌”“辅仁”“事天”等天主教教义是如何译述、补苴这些异教传奇的；兼论深受中国传统文化浸染的明代士人对此舶来品的反应和处理。

第六章“另类古典：比喻·譬喻·天佛之争”处理的是耶稣会士译写的某些证道故事和汉译佛典故事的种种牵连，认为耶稣会士对佛教譬喻故事有“不自觉”的借用。

第七章“结论：诗与哲学的调和”。用柏拉图式的文学观结束全书，指出耶稣会士误读古典、省略荷马都与柏拉图《理想国》中“文以载道”的“书教”传统有关。

全书以第一章为背景介绍与理论基础；以第二、三、四、五章为主干，着重分析欧洲古典文学中的四大文类最初是如何进入中国的，在中国发生了哪些变异，中国士人又是如何接受的；第六章讨论某些证道故事来源于汉译佛典；第七章分析何以耶稣会士证道故事中缺少欧洲文学中最重要的一类——荷马史诗。说他的研究描绘出晚明时期欧洲文学入华的全貌，是因为不但清楚解答了欧洲古典文学怎样入华、为什么会这样入华、入华后的结果如何等之类的问题；而且还回答了为什么有些文类，如荷马史诗没有一起入华的原因。他第二阶段的单个文本研究是在第一阶段文类研究基础上的继续深入，其中他称利玛窦的《西琴曲意》为“中国首译的欧洲圣歌集”，龙华民的《圣若撒法始末》为“最早在华译成的欧洲小说”，艾儒略的《圣梦歌》为“第一首译成中文的英诗”，高一志的《圣母行实》为“中文世界有史以来的第一部的玛利亚传”。文类和文本研究共同构成欧洲古典文学于晚明进入中国的历史画卷，展现了史实的各个侧面，从深度和纵度都体现了研究者超然的视界。

三

李奭学先生曾概述他的治学路径：“我做研究，一向从基础性的考证做起，继之才是文本和文化关系的分析与阐释。”[⑦]无论是文类研究还是文本深耕，李先生都是循此理路进行，首先列述中译本情况，其次上溯其欧洲原型、真身及流变，继而分析耶稣会士二度创作的宗教文化及文学原因，向下延伸分析、考证中国文人对之的反应和它们对中国人的影响。从中西文献的梳理到耶稣会士二度创作的原因分析，再到中国人的接受，每一步都精确、细致，由此翔实的中西文献考证、深入的文本与文化分析和阐释就形成了他研究的基本特色。

文类研究所体现出来的治学特色，从前列《考诠》的具体内容就可见一斑，而文本方面可举他对阳玛诺《轻世金书》的研究为例。他在《瘳心之药，灵病之神剂——阳玛诺译〈轻世金书〉初探》一文的“摘要”中说：

> 本文分由四方面深入阳玛诺中译，首先从译本的版本问题下手，讨论阳玛诺在翻译上的著作权。其次探讨阳译的底本问题……。本文第三部分研究阳玛诺和耿俾思两人的阅读理论，指出……阳玛诺为反映《遵主圣范》的经典与真理性，在译体上选择《尚书》中的谟诰体，而如此做的结果反倒让《轻世金书》的文字变得晦涩不已。因此，从明清之际迄清末，为《轻世金书》作注者不少……。本文最后所论，即为今天尚存的注本的特色。[⑧]

对于基础性研究来说，文献考证与文化、文本分析本是基本功，而李奭学先生在这方面做得尤为出色。过人之处就在于他对中西原典与文献的稔熟，对欧洲中世纪学术史、欧洲文学、中国文学的深入了解，更重要的是对天主教神学的精确把握。多学科间的融会贯通让他的研究做得深入透彻、鞭辟入里，另外他长期的翻译实践亦助益不少。

李先生说考证是他研究的基础，而他所做的每一个考证、比较的功夫，如欧洲原型的版本及其流传、译者所用底本、译者对翻译所做的处理——改编、重写、译述，及至文体、语体的选择等，无不建立在对中西原典的熟识，对中国文学、欧洲文学及欧洲中世纪学术史、天主教神学深入了解的基础上。没有深厚的欧洲文学功底，他不可能将利玛窦的《西琴曲意八章》这本圣歌集的天主教源流查考清楚，更不可能解析出“其中源自罗马大诗人荷雷斯（Horace）的观念与诗行”。也正是拥有深厚的欧洲文学功底，他才能够认出艾儒略、张赓二人刻意以中国七言古诗形制翻译出来的《圣梦歌》译自拉丁文本的《冬夜寂静时》（*Noctis subsilencio tempore brumali*），另称《圣伯尔纳的异象》（*Visio Sancti Bernardi*）——十二三世纪英国某教士所写的灵魂与身体对话的论辩诗。由此推翻了上一世纪钱钟书先生所认为的第一首中译的英诗为19世纪中所译的朗法罗（Henry Wadsworth Longfellow）的《人生颂》（*A Psalm of Life*）的说法，也推翻了“近年北京大学沈弘、郭晖等则以稍前约翰·密尔顿的《论失明》（*On His Blindness*，译于1853年）为英诗中译的先驱”⑨的论断。

文化、文本分析与阐释也足以彰显他多学科融会贯通的学识。没有对中国文学、文化的深入了解，便不会分析出金尼阁的《况义》中《南北风相争》将欧洲底本之一的《风与太阳》中的“太阳”易为汉译中的“南风”是因为他深谙中国“南面为尊”的文化传统和“败北”在中国素来指称军事溃退之状的语言常识之故；更不会对阳玛诺中译《轻世金书》文体选择背后的心理期待做出如此深入剖析：

> 翻译文学向居中国传统文学系统的边陲，天主教的翻译文学尤为旁出。然而《书》却是五经之一，汉唐乃文化中心，其后亦称重典。边陲向中心靠近系举世的译史常态……阳玛诺中译《轻世金书》，所重者因此是文体在中国人中的“可接受性”，不是文体在原文或源文结构上的充分性。《轻世金书》走向《尚书》的“谟诰体”，在翻译的文体规范上……乃事有必至，理有固然。⑩

又因为有对欧洲中世纪学术特别是圣坛修辞学即耶稣会士学术背景的了解，才能将欧洲上古文学传入中国及其在中国发生变异的原因分析得透彻和圆满；有对天主教神学的深入了解，才可能知道耶稣会士是出于哪些教义上的需要篡改了原文。

从宗教到文学、从东方到西方、从上古到中世纪，这中间学科、地域、语言、时间的跨度是一般人难以逾越的，稍有缺失便会给人以“隔”的感觉，特殊的宗教文学的研究更是如此。而李奭学先生以严谨求实的学风，更兼他让人惊叹的欧洲古典文献功夫、多学科间融会贯通的学识，为我们展开了一段尘封已久的中西异质文化、文学互动交流的丰富、生动画卷。天主教神学背景，深厚的中西文学、学术功底，缺少任何一环，都不可能重新架构起学界长期以来失察的那座中西文学因天主教东传而结缘的桥。

---

①②李奭学：《中国晚明与欧洲文学——明末耶稣会古典型证道故事考诠》，北京：三联书店，2010，封底。

③④孟安、咨玄、威志：《学人专访：李奭学博士访谈录》，台北：中研院明清研究会《明清研究通讯》，2010 年 1 月 15 日。

⑤⑥⑦⑨李奭学：《欧洲中世纪·耶稣会士·宗教翻译——我研究明末耶稣会翻译文学的回顾与前瞻》，台北：《编译论丛》第 2 卷第 2 期，2009 年。

⑧⑩李奭学：《瘳心之药、灵病之神剂——阳玛诺译〈轻世金书〉初探》，台北：《编译论丛》第 4 卷第 1 期，2011 年。

参考文献

[1] 李奭学：《希腊寓言与明末天主教东传初探》，台北：《中外文学》1990 年第 1 期。

[2] 李奭学：《欧洲古典传统与基督教精神的合流——利玛窦的〈西琴曲意八章〉初探》，台北：《联合文学》，2001 年 9 月。

[3] 李奭学：《翻译的政治——龙华民译〈圣若撒法始末〉析论》，东华大学中文系编《文学研究的新进路——传播与接受》，台北：洪叶文化公司，2004。

[4] 李奭学：《翻译·政治·教争：龙华民译〈圣若撒法始末〉再探》，单周尧编《东西方研究》，上海：上海古籍出版社，2011。

[5] 李奭学：《中译第一首“英”诗——艾儒略〈圣梦歌〉初探》，台北：《中国文哲研究集刊》第 30 卷，2007 年 3 月。

[6] 李奭学：《著书多格言：论高一志〈譬学〉及其与中西修辞学传统的关系》，

香港：《人文中国学报》第13期，2007年夏。
[7] 李奭学：《三面玛利亚：论高一志〈圣母行实〉里的圣母奇迹故事的跨国流变及其意义》，台北：《中国文哲研究集刊》第34期，2009年3月。
[8] 李奭学：《圣徒·魔鬼·忏悔：高一志译述〈天主圣教圣人行实〉初探》，香港：《道风：汉语基督教文化评论》第32期，2010年春。
[9] 李奭学：《黄金传说：高一志译述〈天主圣教圣人行实〉再探》，香港中文大学中国文化研究所编《翻译史研究》第1辑，上海：复旦大学出版社，2011。
[10] 李奭学：《太上忘情——汤若望译王征笔记〈崇一堂日记随笔〉初探》，钟彩钧主编《中国文学与思想里的情、理、欲》，台北：中研院中国文哲研究所，2009。
[11] 李奭学：《观看的角度：如何阅读明清两代的基督宗教文学》，香港：《道风：基督教文化评论》第31期，2009年秋。
[12] 李奭学：《翻译的旅行与行旅的翻译：明末耶稣会与欧洲宗教文学的传播》，香港：《道风：基督教文化评论》第33期，2010年秋。

作者简介：李会玲，武汉大学文学院古籍研究所副教授。

［责任编辑：陈志雄］
（本文原刊2013年第3期）

迁移的文学和文化：耶稣会士韩国英法译《诗经·蓼莪》解析

蒋向艳

[提 要] 法国耶稣会士韩国英《诗经·蓼莪》法译文是译者对这首诗的阐释，通过翻译，原诗在文学和文化上都发生了迁移：文学上，原诗使用“比兴句”的文学性被弱化，另一方面，译诗的主体抒情特征得以加强；文化上，家庭之“孝”的主题迁移成为宗教背景下的“敬天”之孝。译者自身文化在译文中的植入，使译文文本成为原诗的“第二生命”，在新的文化语境中作为一个新的文化生命体存在。

[关键词] 韩国英 《诗经·蓼莪》 迁移 文学 文化

我国第一部抒情诗总集《诗经》是四书五经中唯一的纯文学作品，其中的诗歌吟诵的是对人类而言永不过时的永恒主题——“孝”、父母对子女无私的爱、青年男女之间天然萌发的纯真爱恋、对家的眷恋、对战争的厌恶等世间凡人共通的情感，是我国诗歌史上一座不可逾越的高峰。十八世纪来华欧洲传教士开始译介《诗经》，最早翻译《诗经》的是法国耶稣会士马若瑟（Joseph de Prémare），他翻译了《诗经》里的八首诗，刊于杜赫德（Jean-Baptiste Du Halde）编纂的《中华帝国全志》（1735）；[①]接着，另一位法国耶稣会士韩国英（Pierre-Martial Cibot，1727～1780）为向欧洲读者介绍中国道德和统治的基础——“孝”，特意从中国典籍中寻找对于“孝”的描绘，并从这一着眼点出发翻译了《诗经》里的七首诗，被收入法国耶稣会士钱德明（Jean-Joseph-Marie Amiot）编纂的《北京耶稣会士杂记》[②]第四卷(1779)。其中第一首是《诗经·蓼莪》。本文试通过韩国英神父《蓼莪》的法译文，分析其翻译《诗经》的特色。

韩国英翻译《诗经》时，曾参考过哪些《诗经》注本呢？一般来说，十七世纪在华传教士选用朱熹的《四书章句集注》学习中文，同时会参考多种注本（“在注释方面，他们参考了‘将近二十个诠释者’”[③]），故朱熹的经书注本是当时在华传教士最易得、也最权威的参考书籍之一；在韩国英之前，法国耶稣会士孙璋（Alexandre de La Charme）在1733年至1752年间已经完成了《诗经》的拉丁文散文体译文，他说他依据的是“极为著名的宋朝大家朱熹的阐释，尽管我也读了不少其他人的。我从非常有学问的学者那里听过用通俗语言解释的《诗经》；此外通晓满文的我还参考了满文《诗经》译本”。[④]由此看来，作为当时最为流行的《诗经》注本——《毛诗正义》和朱熹的《诗集传》，是韩国英翻译时必定参考过的书籍（这从法译中可以得到证明），此外不排除他可能还参考过当时学者用通俗语言所做的解释。

伽达默尔说：“一切翻译就已经是解释。”[⑤]当译者来自与原文文化相对的某种异文化时，译者的文化势必被带入他（她）所从事的翻译，也就是解释中势必会产生文化上的转化——“迁移”（transfer），或者说传播。

一　迁移的文学：比兴句的翻译

“诗六义”——风、雅、颂、赋、比、兴中，前三义即《诗经》里所收诗的类别“风、雅、颂”较早被介绍到西方，因其关系到《诗经》的诗歌分类；作为诗歌创作手法的后三义“赋、比、兴”在欧洲较早的综合性中国资料集里很少有详细的介绍，有的介绍甚至是错误的。比如杜赫德《中华帝国全志》介绍《诗经》共有五类诗，其中第三类诗叫作“比”，这类诗的所有内容就是相似点和比较。孙璋的拉丁文《诗经》译本前言对赋、比、兴三义做了一番解释，指出三者是《诗经》里的三种诗歌类别，“兴”就是“在引出一个话题之前，首先开始介绍的是来自自然的事物和与主题相近的事物”，“比”是“用比喻的方法”，而“赋”则是“用直接的话语来表述，没有模棱两可”。[⑥]从文学角度而言，后三义是比诗歌分类这样的基本问题更为专业的、关于文学创作手法的问题，由于其难度大，也由于传教士对这部分内容不大重视，结果是赋、比、兴三义在早期由耶稣会士编写的综合性中国资料集里经常是缺失的。钱德明在《北京耶稣会士杂记》第四卷里专门介绍《诗经》的部分，也只介绍风、雅、颂，而没有介绍赋、比、兴。对这后三义的片面了解，势必会影响到他们对这类特殊诗句尤其是起兴句的翻译。

（一）“兴”非“兴”

朱熹谓：“兴者，先言他物以引起所咏之词也。”《诗经·蓼莪》有两处起兴：“蓼蓼者莪，匪莪伊蒿。……蓼蓼者莪，匪莪伊蔚”和“南山律律，飘风弗弗……南山烈烈，飘风发发”，这里先分析第一处。

《毛诗正义》谓此句：“兴也。蓼蓼，长大貌。笺云：莪已蓼蓼长大，我视之以为非莪，反谓之蒿。兴者，喻忧思虽在役中，心不精识其事。”“正义曰：言蓼蓼然长大者，正是莪也，而不精审视之，以为非莪，反谓之维蒿。以兴有形器方可识者，正是此物也，而我不精识视之，以为非此物，反谓之是彼物也。以己二亲今且病亡，身在役中，不得侍养，精神昏乱，故视物不察也。”朱熹则认为此句为“比”而非“兴”：“比也。蓼，长大貌；莪，美菜也；蒿，贱草也。人民劳苦，孝子不得终养，而作此诗。言昔谓之莪，而今非莪也，特蒿而已。以比父母生我以为美材，可赖以终其身，而今乃不得其养以死。于是乃言父母生我之劬劳，而重自哀伤也。”[①]清朝陈奂则指出莪与蒿实为“子”不同阶段之譬喻：“以为莪始生香美可食，至秋高大，则粗恶不可食，喻子初生，犹是美材，至于长大，乃是无用之子，此语于取喻甚合，且与首句蓼蓼长大，下文生我劬劳，语意尤融贯。”[⑧]尽管陈奂认为莪蒿、莪蔚本一物、本同类，异于朱熹等认为莪、蒿不同类的说法，但将这两种植物作为为人子者幼小和成人时的比喻这一说法与朱熹可谓一脉相承，较《毛诗正义》认为“精神昏乱，故视物不察”的观点显然更为合理些。

法译文如下：

Semblable aux tiges brillantes qui sont la gloire & la conservation de la racine qui les a produites，je serai，me disois-je，la joie & le soutien de mes parens. （蓼蓼者莪，匪莪伊蒿。）

就像油亮的茎秆既是生出它们的根茎的光荣，同时又保护着根茎，我对自己说，我应该成为父母的支柱，让他们快乐。

Je ne suis plus que comme ces rejettons stériles qui epuisent la racine qui les a nourris, & lui donnent la mort en se séchant.（蓼蓼者莪，匪莪伊蔚。）

我只不过就像那些细弱的枝条，穷尽了根的营养，却让根在风干后死去。

首先，法译者并不关心这两句起兴诗在全诗中的功能，“兴”为何物，译文中并无任何交代，译者只是将这两句诗当作全诗的起始句予以翻译。“semblable”（好像）、“comme”（就像）表明译者翻译时将这两句诗视为比喻句。这很可能是因为参考了朱熹的《诗集传》。同时法译文并没有像中文注本那般关心“莪”和“蒿”、“蔚”是否为同类植物，甚至并没有译出这三种植物的名称，而只说明了植物的两个部位——“茎秆”或“枝条”和“根茎”，并以两者之间的关系来比喻子女与父母的关系——为了让茎秆或枝条生长、伸展，根部不断地供养着它们，直至穷尽自己的营养。两者之间是被供养者和供养者的关系。这说明韩国英在翻译时并没有过多倚赖当时通行的《诗经》注本里的解释，而是对原文有独特的发挥，将植物的茎秆与根茎类比于子女与父母的关系，从而使诗篇一开头就突显了“孝”这一主题，显示了译者的匠心独运。

（二）“比”非“比”

再来看“比”句及其法译文：

缾之罄矣，维罍之耻。

Plus une urne est précieuse & sculptée avec art, plus le vase informe & grossier qui figure avec elle dégrade sa beauté.

罐子越是宝贵，罐身的雕纹越是精致，它旁边粗糙简陋的花瓶就越贬损它的美丽。

“缾”、“罍”皆为酒器，“缾”小“罍”大，译文将其译为做容器解的urne和vase，是一对近义词，两者大小没有太大区别。朱熹谓此句为“比”，“缾资于罍，而罍资缾，犹父母与子相依为命也。故缾罄矣，乃罍之耻，犹父母不得其所，乃子之责。”[9]陈奂亦云“缾小而尽，以喻己不得养父母；罍大而耻，以喻其不能养之之故，实由于上之人，征役不息，为可耻也，所以刺幽王也。”[10]“缾”与“罍”的关系基本类此，而译文以“罍”

之陋反衬“缾”之美，离朱熹、陈奂之解均远矣：既没有将这两种器皿与子女、父母之关系对应起来，也没有译出此句的比喻义，也没有以对政事的讥刺（陈奂所谓“刺幽王也”）来解此诗。相反，倒是译得有些像“兴”——以“缾”、“罍”对照引起后文所咏之词。

以上分析说明，在翻译《诗经》里能体现文学创作手法的诗句时，韩国英并没有特别关注到“比”和“兴”作为《诗经》独特的作诗手法，而只是将其视为普通的诗句来对待和翻译。这正说明韩国英翻译《诗经》的出发点原本是为了彰显诗中体现的“孝”，对这部典籍在文学上的意义和价值还没有真正开始关注。

二 迁移的文化：转变形象、曲解诗意

（一）父母形象

《诗经·蓼莪》中，以下几句集中描绘父母的形象：

> 父兮生我，母兮鞠我。拊我畜我，长我育我，顾我复我，出入腹我。

在这几句诗里，“生、鞠、拊、畜、长、育、顾、复、腹”九个动词的连续使用，把父母无微不至、呕心沥血照顾子女并把他们拉扯大的艰辛淋漓尽致地表现出来了，呈现出鞠躬尽瘁抚养子女的父母形象。正如陈奂疏云：“诗连用九个我字，传鞠训养，则拊、畜、长、育皆养也；腹训厚，则顾、复皆厚也，重言之者，以明生我劬劳之意。”[11]对父母使用第三人称，表现了任劳任怨养育子女的父母形象，“不辞劳苦”是父母形象的鲜明特征。

法译文如下：

> O mon pere! vous êtes le cher auteur de mes jours. O ma mere! ce sont vos tendres soins qui me les ont conservés; Vos bras furent mon premier berceau: j'y trouvois vos mamelles pour m'allaiter, vos vêtemens pour me couvrir, votre sein pour m'echauffer, vos baisers pour me consoler & vos caresses pour me réjouir; vous ne m'en tiriez que pour me reprendre avec plus d'empressement.
>
> 啊我的父亲！您是我人生的创造者；啊我的母亲！是您的温柔和关切存养了我；您的臂膀是我的第一个摇篮；您的乳汁哺育了我，您

的衣服加盖我身，您的怀抱温暖了我，您的亲吻安慰了我，您的爱抚使我欢欣；您每次都加倍温柔地对我。

一改原诗的叙述方式，译文对父母使用第二人称，使诗人在诗中直接与双亲展开对话，将这段话变成儿子对自己深爱的父母养育之恩的深情告白，话语中洋溢着父母和子女之间浓浓的温情和爱。译文对父母人称的变化，其原因在于译者的文化背景——天主教徒有跟天主直接对话的传统，天主就如同父亲，是天下众生的创造者，教徒在祈祷中以第二人称“您”相称；故译者在此将父亲译为“我生命的创造者”，而之后原诗中由父母所共同施于孩子的关爱，在译文中则变为全部由母亲发出：鞠、拊、畜、长、育、顾、复、腹。这种改变并非译者无意为之。在天主教传统里，圣母玛利亚就是最受尊崇的母亲。译文中将大量的赞美词给予母亲——对母亲的赞美就仿佛天主教信徒对圣母的赞美一般，故原文以“不辞劳苦”养育子女为突出特征的父母形象，在译文中发生了巨大的变化——摇身变成了创生众物的天父和慈爱的圣母。译文所赞颂的母爱，也是圣母对圣子的爱，是基督宗教艺术表现的重要题材。译文所描述的慈母形象在欧洲以圣母和圣婴（Madonna and Child）为主题的大量艺术作品中都能找到痕迹，尤其是文艺复兴时期诞生的大量宗教艺术杰作，如达·芬奇、拉斐尔、米开朗琪罗等伟大艺术家都以圣母和圣婴为主题，创作出了不朽的传世作品。

这类艺术作品按圣母和圣婴的形象大致可归为三类：圣母怀抱圣子、圣母哺育圣子和圣母哀悼基督。“圣母怀抱圣子”是西方最为基本和常见的宗教绘画、雕塑题材，其中最著名的莫过于拉斐尔的绘画《康那斯圣母》（*The Conestabile Madonna*，1504）和米开朗琪罗的雕塑作品《布鲁日的圣母》（*Madonna of Bruges*，1501 – 1504）。译文“您的臂膀是我的第一个摇篮”、“您的怀抱温暖了我”是这幅“圣母怀抱圣子图”的形象展示。第二类“圣母哺育圣子图”的代表作品有达·芬奇的油画《哺乳圣母》（*Madonna Litta*，1481 – 1497）和扬·凡·艾克的绘画《卢卡圣母像》（*Lucca Madonna*，1437 – 1438）等。译文“您的乳汁哺育了我”是对这幅“圣母哺育圣子图”的形象描绘。第三类是“圣母哀悼基督图”。在天主教传统里，圣母就是慈爱、母爱的象征。当年仅三十三岁的耶稣被钉死之后，怀抱耶稣尸身的圣母的哀恸达到无以复加的程度。“Pietà”这一意大利词就是专门用来表示玛利亚对于基督之死的无比哀恸。圣母彻骨透心的哀恸就是对基督之爱的最高表达，圣母就是圣洁母爱的代言人。表现圣母哀悼基督这一主题的艺术名作包括米开朗琪罗的雕塑《圣母怜子》（*Pietà*，1498 – 1499）和卡拉奇的绘画《圣母哀悼基督》（*Pietà*，1599 – 1600）。译文固然并没有直接表现圣母哀悼基督的文字，然而，"您的衣服加盖我身"、"您的亲吻安慰了我"、"您每次都加倍温柔地对我" 等文字，依然表达出了一位母亲对孩子无比的温柔和爱，就像圣母对圣子的爱。

总之，此段原诗塑造了不辞劳苦、任劳任怨照顾孩子的父母形象，译文反倒描绘了基督宗教里慈爱温柔的圣父母形象，原诗父母形象的核心词"苦"一变而为译文里圣父圣母尤其是圣母对孩子的爱，一句句译诗就像一幅幅浓油重彩的油画，又像一座座雕刻细腻而有力的立体雕像，把这浓郁而圣洁的爱描摹和刻画出来。总之，就全诗而言，这段文字的法译文最明显地反映了译者的宗教背景，融入了译者的宗教意识，刻上了基督教文化的烙印。

（二）南山形象

原诗最后部分以南山起兴：

南山烈烈，飘风发发。民莫不谷，我独何害！
南山律律，飘风弗弗。民莫不谷，我独不卒！

La grande montagne de Nan-chan eleve jusqu'aux cieux son sommet superbe; un zéphyr continuel y porte la fraîcheur & l'abondance; tout le monde y regorge de biens. Pourquoi suis-je le seul être accablé d'un déluge de maux? Pourquoi suis-je le seul à me noyer dans mes larmes? Leur source ne tarira-t-elle jamais?

O montagne de Nan-chan que ta vue irrite ma douleur & aigrit mon désespoir! ton elévation etonne les regards; chaque saison te prodigue de nouveaux agrémens & te comble de richesses; tous ceux qui t'habitent jouissent à leur gré des douceurs de la vie. Pourquoi faut-il que nul espoir ne suspende mes soupirs? Hélas! je suis le seul fils dans l'univers qui ne puisse rendre aucun soin à la vieillesse de ses parens.

高大的南山高耸入云，山顶的习习微风送来了清凉和丰富。每个人都富裕有余，为什么只有我身患重疾？为什么只有我终日以泪洗面？泪水从不枯竭？

南山啊，望着你激起了我的痛苦，徒增我的失望！你高大得令人瞠目结舌：在每个季节，丰富的生命将你充满，山上每个生物都尽情地享受生命的甜美。可是为什么我终日叹息，却看不到希望？哎呀！在这个世界上，就只有我这个儿子完全无法照顾我那年老的父母。

朱熹解释“南山烈烈，飘风发发”和“南山律律，飘风弗弗”这两句诗是“兴”。从译文来看，显然译者并不关心起兴句的特殊性，而对这两句诗做了非常详尽的阐发性翻译，对南山进行了热烈的歌颂和赞美：“高大的”、“高耸入云”。由于第二句“南山律律，飘风弗弗”与第一句是同义反复，译者翻译第二句时没有重复第一句译文，而是做了自由发挥，译文里多出了很多原诗没有的内容，塑造了高大壮丽、极富生命力的南山形象：“高大得令人瞠目结舌”，山上充满丰富的生命，它们都尽享生命的甜美。译文对南山的热情歌颂大大超过了原诗（原诗里南山只是作为起兴的“他物”出现），带有宗教赞美诗的意味。

另一方面，译者颂赞南山的高大、壮丽和繁盛，这恰好与诗人的潦倒和沦落形成了鲜明对比：“为什么我终日叹息，却看不到希望?”诗人之所以如此不幸，是因为“完全无法照顾我那年老的父母”。南山如此高大壮丽，而为人子者却这般贫乏不堪，这种鲜明的对比增强了为人子者无法报答父母养育之恩的无奈和痛苦。这种痛悔的感情，由于第二小段译文采用了为人子者“我”与南山直接对话的叙述方式，得到了进一步的强化，更增添了孝子无法尽孝的悲剧感。

（三）曲解诗意

尽管如前所述，《蓼莪》译文有对原诗或增或减或改变的内容，然而译诗整体而言对原诗诗意的忠实度是比较高的。只有关于“尽孝”这一主题，照《毛诗正义》等注本的解释，诗中为人子者的父母已经去世，故他为自己无法尽孝而哀叹：而译者对此的理解显然有所不同。来看中间一段的原文和译文：

无父何怙？无母何恃？出则衔恤，入则靡至。

Comment ne succomberois-je pas, moi, à l'accablante pensée que je suis comme sans pere & sans mere, puisqu'ils ne peuvent pas même penser à leur fils sans rougir. S'il est affreux de m'abandonner à mon désespoir, il l'est encore plus de lutter contre lui.

为何我不坦然面对这一沉重的想法呢？我就像无父又无母，既然他们一想到他们的儿子就感到羞愧。使我陷于绝望委实可怕，然而与它抗争却更可怕。

《毛诗正义》笺此句曰："出门则思之而忧，旋入门又不见，如入无所至。"正义曰："作诗之日，已反于家，故言出入之事。入门无见，又似非殡，是已卒哭之后也。入门上堂不见，慨焉廓焉，时实为甚。三年之外，孝子之情亦然，但此以三年内耳。"其考证父母亡故时间为三年以内；在原诗里，为人子者面对父母双亡而自己不能尽孝的惨痛事实发出痛苦的哀号，而译诗只是说"我就像无父又无母"，父母都尚健在，只是自己无法尽孝，让父母每次想到就会感到羞愧，所以就当没有这个儿子，而这个儿子也就像没有父母。译诗简直置"出则衔恤，入则靡至"的原义于不顾，而沿着译者的思路继续。联系到对原诗最后一句"民莫不谷，我独不卒"的翻译——"完全无法照顾我那年老的父母"，可见在译者看来，父母并未亡故，他们都还健在，只是年事已高。译者为何无视原诗父母双亡这一看来明显的事实，当其健在，而子女又无法尽孝呢？上文已经讨论过，"父兮生我，母兮鞠我"那段诗句的译文带有较为浓郁的宗教色彩，译文中"父母"尤其是母亲的形象颇近于基督宗教里圣父和圣母的形象，而圣父和圣母作为圣人，不会经历世间凡人的肉体死亡，故译者于此小心翼翼，将原诗的父母双亡译为父母已年老，为人子者不能尽孝，是以心中悲哀。可以理解为天下人子不能以敬事奉圣父母，是以"陷于绝望"，而终日叹息。这是从反面说明人子当尊奉在天上的圣父母、当尽"孝"的旨意。

三　余论

总结一下《诗经·蓼莪》这首诗的翻译特色。首先，译者韩国英在翻译时并没有过多倚赖手头可参考的《诗经》注本里的解释，而是根据他自己的解读对原文做了一定的处理，按照译者理解的思路进行了较多发挥。比如将原诗所说的父母双亡理解成父母尚在世，使这首悼亡诗、哭丧诗失去了原来的性质，变为为人子者痛陈自己"欲报之德，昊天罔极"的悲痛。对诗中比兴句的翻译更是都不同于《毛诗正义》、朱熹《诗集传》等当时译者可资参考者，而是自成一体，显示了译者强烈的主体性。

其二，韩国英《诗经·蓼莪》法译表现了文学上的迁移：十七至十八世纪在华耶稣会士还没有真正开始关注《诗经》在文学上的意义和价值，尤其是没有理解诗经六义之作诗法赋、比、兴，更没有译出“比”和“兴”句在诗中的功能，这使《诗经》里这两种重要的文学创作手法没有得到应有的表现，在一定程度上弱化了《诗经》的文学性。然而，一方面，由于传教士译者还未深入理解比、兴等作诗法，对这两种文学创作手法的表现很不充分；另一方面，译文主要采用第一人称来进行整个叙事和抒情，在译文中频繁使用对话体，并且有意识地选用一些充满感情色彩的词汇，比如 un coeur sensible & reconnoissant（一颗敏感而感激的心）、affreux（可怕的）、désespoir（绝望）、douleur（疼痛）、soupirs（叹息）、me noyer dans mes larmes（以泪洗面）、douceurs de la vie（生活的甜美），以及一些语意偏重的词汇比如 lutter contre（抗争）、immense（无边无际）、l'impétuosité（激烈）、sommet superbe（顶峰）等，还有感叹词如三次 Hélas（哎呀）、五次 O（啊）等，使译文整体表现出强烈的感情色彩，译诗中“我”的痛楚和无奈显得真实可感。可以说，韩国英的《诗经》法译文表现出了鲜明的主体抒情特征，这种强烈的抒情性在一定程度上弥补了原本受到弱化的文学性。

其三，韩国英《诗经·蓼莪》法译表现了文化上的迁移：译者非常自觉地采用了“对话”的翻译方式，让“我”跟父亲、母亲直接对话，也跟“南山”直接对话，将译者的宗教背景植入译文：“父亲”对应于天主，“母亲”对应于圣母，而“南山”对应于圣山西奈山（Mount Sinai）。父母和南山形象的文化意义由此发生了重大的迁移——原本世俗意义的父母和南山变成了宗教意义上的父母和南山。原诗所要表达的主题——子女对父母的家庭之“孝”，也迁移成为基督宗教传统里人们对天主（圣父）和圣母的敬奉。世俗之孝迁移成了宗教之孝——这另一种“孝”，呈现出通过翻译所实现的文化迁移。

总之，韩国英《诗经·蓼莪》法译文是译者对这首诗的阐释。通过他的阐释，一方面，原诗“孝”的主题得以彰显；另一方面，原诗在文学和文化上都发生了迁移。在这种迁移中，来自译者自身文化背景的新意义得以植入，使译文文本成为原诗的“第二生命”，在新的文化语境中作为一个新的文化生命体存在。

①Jiang Xiangyan, A Preliminary Study on the First Selected Translation of *The Book of Poetry* into French, *Asian Studies*, Volume III (XIX), Issue 2, Ljubljana, December 2015, pp. 73 – 84.

②Jean-Joseph-Marie Amiot, *Mémoires concernant l'histoire, les sciences, les arts, les moeurs, les usages, etc. des chinois par les missionnaires de Pékin.* Paris: Chez Nyon l'aîné, 16 volumes. 1776 – 1814.

③梅谦立：《耶稣会士与儒家经典：翻译者，抑或叛逆者?》，广州：《现代哲学》2014年第6期。

④⑥李慧：《孙璋拉丁文〈诗经〉译本前言》，北京：《拉丁语言文化研究》（*Journal of Latin Language and Culture*）第四辑，2016。

⑤伽达默尔：《诠释学——真理与方法：哲学诠释学的基本特征》（修订译本），洪汉鼎译，北京：商务印书馆，2007，第518页。

⑦⑨朱熹：《诗集传》，北京：中华书局，1958，第146页。

⑧⑩⑪陈奂：《诗毛氏传疏》（下册），上海：商务印书馆，1933，第2～4页。

作者简介：蒋向艳，华东师范大学对外汉语学院副教授，博士。

［责任编辑：陈志雄］

（本文原刊2017年第3期）

汉语基督教文献中“Satan”译名的演变

柯 卉

[提 要]“Satan”是基督教文化的重要概念之一。汉语基督教文献中“Satan”的译名并用音译与意译两种形式。音译名包括“娑殚”“沙旦”“撒探”“撒旦”“撒但”“撒殚”等，意译名则为“魔”“魔鬼”。此外，早期汉语基督教文献中经常出现“Satan”的别名“Lucifer”，被意译为“大傲魔”“魔魁”，音译形式多样：“噜只咈啰”“辂齐拂儿”“辂齐弗儿”“露际拂耳”“露济弗尔”“露祭拂尔”“露济拂耳”“路济弗尔”“路西非耳”“路西弗耳”。在演变过程中，“Satan”音译名与意译名并立，两种译名形式之间并非竞争，而是互为补充的关系，帮助该词汇成功融入中国文化概念，同时保留其基督教文化特质。

[关键词] Satan Lucifer 传教士 基督教 汉语词汇

文献译介是基督教海外传播的重要内容，以欧洲传教士为主体的译者在汉语基督教文献译介方面有过不懈探索，传教士译者利用不同翻译手法，将数目众多的新词引入汉语。黄河清曾撰文赞誉耶稣会士利玛窦（Matteo Ricci）对丰富汉语新词方面的贡献，[①]张西平在此基础上延展讨论罗明坚（Michele Ruggieri）与利玛窦对汉语神学以及哲学术语的翻译贡献，[②]其中约略涉及两位传教士对“Satan”别名“Lucifer”的音译，惜并无关于“Satan”译名演变的讨论。王铭宇细致梳理了明末出现的汉语基督教词汇，[③]但并未涉及词汇的源流演变，提及“Satan”意译名“魔鬼”时也是如此。

与引发译名争端的“Deus/God”不同，“Satan”译名从最初的拟音翻译“娑殚”发展为融合中国佛教术语与民间观念的意译名“魔鬼”，其变迁与本土化历程并未引起很多争论。考察基督教汉语文献能够发现，译者群体对于中国文化较为准确的认知，说明“Satan”音译名与意译名形式逐渐固定，并被吸纳为汉语通用新词汇。

“Satan”一词在希伯来语中的含义为“שָׂטָן”（对手 adversary），[④]是阻碍世人皈依“天主”的一种存在，拉丁文版《圣经》作“Satan（Satanas）”。作为基督教文化的重要术语，“Satan”是入华基督教传教士最早译介的神学词汇之一。

意大利耶稣会士高一志（Alfonso Vagnoni）著《神鬼正纪》，其中介绍了“Satan”：“《圣经》中天主曾云：魔亦成国，沙旦为之首，即所谓露际拂耳者也。”[①]高一志的这段文字出现的三个名词：魔、沙旦、露际拂耳，代表了当时并存的“Satan”三类译名：意译名、“Satan”音译、别名“Lucifer”音译。

高一志对“Satan”译名的归纳，建立在前人的翻译基础之上。“Satan”最早的音译名出自“大秦景教流行中国碑”，[⑥]由“大秦寺僧景净”在八世纪完成，其中文字记载：“洎乎娑殚施妄，钿饰纯精，间平大于此是之中，隟冥同于彼非之内。”[⑦]不过，迨到十七世纪二十年代景教碑在陕西出土，耶稣会士和中国奉教文人方才知晓碑文中“Satan”音译名“娑殚”。明末奉教士人李之藻考察景教碑后表述：“而今云陡斯，碑云阿罗诃，今云大傲魔，碑云娑殚，则皆如德亚国古经语。”[⑧]耶稣会士艾儒略（Giulio Aleni）所著《天主降生言行纪略》袭用音译名“娑殚”：“耶稣始叱之曰：娑殚（译言欺罔人之邪魔也）去。经云：‘惟宜钦崇一天地之主而专祇之’。娑殚于我何有哉？”[⑨]稍后耶稣预言受难与复活，“伯铎罗闻言，愕然阻之曰：‘吾主，何可如此？’耶稣顾之曰：‘娑殚去。尔无味于天主之事，惟识世人情味耳。’”[⑩]（娑殚，译言魔也，狂诞也。严责其相阻受难救世之旨也。）

同一时期的汉语基督教文献显示，“Satan”的早期音译名“娑殚”并未得到入华耶稣会士的一致认可，如高一志的著作中使用音译名“沙旦”。从拟音角度而言，“沙旦”较“娑殚”更贴近明清间入华耶稣会士中通用的拉丁语发音。

清康熙年间，巴黎外方传教会会士白日升（Jean Basset）所译《圣经新约》，又称巴设译本，[11]其中将“Satan”译作“撒探”；[12]雍正年间，耶稣会士贺清泰（Louis de Poirot）尝试以北京土话翻译《圣经》，该译本中使用了具口语特色的音译名“撒旦”。[13]

十八世纪以来，新教传教士开始系统翻译《圣经》，在翻译过程中，他们多有借鉴白日升、贺清泰的译本，包括吸纳“Satan”音译名。1822年马士曼（又名马殊曼，Joshua Marshman）、拉撒尔（又名拉撒、拉沙、拉萨，Johannes Lassar）《新旧约全书》使用音译名“嚉咀”[14]；马礼逊（Robert Morrison）所译《圣经》版本中“Satan”音译名不完全一致，例如，《新约》马太福音4：10中沿用译名“嚉咀”[15]，《旧约》约伯记1：7使用译名“撒但”。[16]此后，“撒但”一词得到新教《圣经》中译者的普遍认同，通行的和合本《圣经》以及吕振中译本均袭用该译名。

与新教中译本《圣经》“Satan”译名渐趋统一有所不同，天主教方面对于“Satan”音译名的取舍出现过反复。前文提及，在艾儒略以后，“娑殚”译名并未在耶稣会士编撰的汉语基督教文献中普遍使用。不过，晚清天主教奉教人士李问渔所译《新经译义》（1899年译印，1907年上海慈母堂重印），选用了“大秦景教流行中国碑”中的译名“娑弹”来音译“Satan”（《四史新经·玛窦经》4：10）：“娑殚去（娑殚 译言魔鬼）。”[17]马相伯所译《救世福音》（1937年完成，1949年出版）中的“Satan”音译名同样如此（《救世福音·玛窦》4：10）。按照马相伯“自序”中所言：“只求贴切原文，不避生硬，然非见于古文者，亦不敢用。”[18]与奉教文人不同，二十世纪耶稣会士所译《新约全书》（1949）[19]以及天主教思高版《圣经》并未继承这样的思路，这两种中译本《圣经》中的“Satan”音译名“撒殚”，可以视为早期译名“娑殚”与后世译名结合的产物。

耶稣会远东传教先驱沙勿略（Franciscus Xaverious）在日本传教期间遭遇到“Deus”翻译难题，曾提出“在关键概念的翻译中采用音译的方法，以避免可能发生的同样错误”。[20]这间接说明以拟音方式译介新词汇，是一个相对争议较小的做法。从“Satan”音译名演变来看，从“娑殚”“沙旦”到“撒旦”[21]“撒但”，“撒殚”，形式多样的音译名因为缺少文化联想，不会造成中国受众的误解，但缺少中国文化环境下的解释，同样也很难被中国受众理解，达不到传教士译者编撰汉语文献的目的。为了扩大接受程度，“Satan”的意译名同步出现。

二

《圣经》中“Satan”的代名词有数十个之多。[22]这些代名词在早期汉语基督教文献中，多被笼统译成国人熟知的“魔”“魔鬼”。

笔者目前所查看的资料显示，《天主实录》应是最早出现“魔鬼”译名的汉语基督教文献，是《天主实录》的编著者罗明坚将“Satan”意译为中文“魔鬼”。[23]哄骗亚当食“果子”的即是“魔鬼”；[24]中国百姓崇拜死人，前往供奉塑像的“祠宇”烧纸进香，也是“魔鬼”所惑：“魔鬼因欲迷人为恶，故居于神庙，以应世人祈求。”[25]在此后的基督教汉语文献中，“魔鬼”译名得到普遍沿用。

罗明坚同伴利玛窦所著《天主实义》有这样的文字：“魔鬼之性，乃常生之性，纵其为恶，未缘俾魔鬼殄灭”；[26]“辂齐拂儿”傲意叛主，“天主怒而并其从者数万神变为魔鬼，降置之于地狱”。[27]

“魔”为“梵文 Māra 音译‘魔罗’之略称，意译‘能夺命者’、‘杀者’、‘力’、‘障’、‘扰乱’等。指能扰乱身心、破坏好事、障碍善法者。早期译作‘磨’（偶作‘么’、‘摩’）”。[28]唐代湛然《止观辅行传弘决》解释“魔”字：“魔名磨讹等者。古译经论魔字从石。自梁武来谓魔能恼人，字宜从鬼。故使近代释字训家释从鬼者，云：释典所出，故今释魔通存两意。若云夺者即从鬼义，若云魔讹是从石义。”[29]宋代文献中记载南方多地“吃菜事魔”之习俗民风，关联中亚传入的摩尼教。信奉此教的平民聚集，“其魁谓之魔王，为之佐者谓之魔翁、魔母，各诱化人”。[30]学界一般认为，摩尼教术语翻译多取用佛教名词。

至于汉字“鬼”在中文文献中使用的历史，较“魔”字更为悠久。

《礼记》有载：“其万物死皆曰折，人死曰鬼，此五代之所不变也。”[31]此说后世多沿用。许慎《说文解字》：“鬼。人所归为鬼。从人，象鬼头。鬼阴气贼害，从厶。”[32]先秦屈原《九歌》名篇“山鬼”中亦有“鬼”的早期释义——“万物的精怪”。[33]东汉王充持无神论观点，在《论衡·订鬼篇》中言称：“凡天地之间有鬼，非人死精神为之也，皆人思念存想之所致也。致之何由？由于疾病。人病则忧惧，忧惧见鬼出。”[34]

近代学者沈兼士所撰《“鬼”字原始意义之试探》，在“人死为鬼”的“常语”之外，从汉字结构入手，对“鬼”的原始意义做了详细释读。他认为早期“鬼”与“禺”一样，“同为类人异兽之称”，继而“引申为异族人种之名”，具体的“鬼”“引申为抽象的畏，及其他奇伟谲怪诸形容词”以及“人死后所想象之灵魂”。[35]

佛教典籍中，梵语 preta 被意译为“鬼”，即“饿鬼”，属六道/趣轮回之一。“处于饥饿痛苦中的鬼。诸鬼中以‘饿鬼’居多，故亦泛称‘鬼’。”[36]《大毗婆沙》云：“鬼者畏也，谓虚怯多畏；又威也，能令他畏其威也。又希求名鬼，谓彼饿鬼，恒从他人希求饮食，以活性命。”[37]佛教教义强调“饿鬼”道若获得超度，能转换成“人道”。

作为外来宗教，基督教与佛教一样，不认同“人死为鬼”这一中国“常语”。按照基督教的解释：人死之后，灵魂与肉体再无关系，“最后的审判”乃是灵魂的审判。但若按照“鬼”的原始释义——“万物的精怪”，基督教典籍中实不乏此类精怪的记载。李奭学在其书评中甚至表示：从夏娃和亚当“咽下果肉那一刻，《圣经》就开始‘鬼话连篇’了”。[38]

早期入华传教士罗明坚很可能已经注意到中国文献中“鬼”字的不同诠释，或者在不知名中国文人的指点下获知了“鬼”字的原始解释，因此才决定选用“魔鬼”作为“Satan”的译名。此后的实际运用中，该译名不仅得到耶稣会士内部的认可，其他托钵修会入华传教士似乎也并无异议。西班牙方济各会士利安当（Antonio de Santa Maria Caballero）著《天儒印》，其中谈“鬼神之别”：“浑言之，凡无形无声而具灵体者，总称曰鬼神。分言之，则正者谓神，即圣教所云天神是；邪者谓鬼，即圣教所云魔鬼是。”[39]

除了“魔鬼”，罗明坚所著《天主实录》中还使用过“邪魔恶鬼”“恶鬼”等名称，论及世人祈求弥陀释迦的过错：“若人求福，感应甚验，何也？曰，此等皆邪魔恶鬼，潜附佛像之中，诳诱世人。”[40]“恶鬼”一词被用来描述地狱刑罚的执行者：“第七被其长牙高角恶鬼。吐火冲烧。而身体战栗不胜。……第十受其恶鬼践踏舂挨……十三者怨恨其用刑之鬼。亦知其自己受刑无穷。”[41]此处对于地狱刑罚的描述，与中国人耳熟能详的阴曹地府阎罗殿近似，在令中国读者畏惧的同时，也易于引起中国读者的文化共鸣。虽然没有“魔鬼”一词使用的频率高，但上述译名仍然出现在不少早期汉语基督教文献中，例如，庞迪我（Diego de Pantoja）这般描述反叛天主的“天神”：“其小半惑于巨神之言，奉为盟主，天主厌其傲德，悉数置之地狱，受其傲刑……故万苦在体，不能复脱，称恶鬼邪魔云。”[42]

十八世纪耶稣会士贺清泰所译《古新圣经》中，将旷野中引诱耶稣的

“Satan/Lucifer”译为“恶鬼”（《新约·玛窦福音》4：1）。贺清泰此处的译名与《圣经》巴设译本有别，与此后的新教《圣经》译本亦不相同。

巴设本[43]	贺清泰本[44]	马士曼本[45]	马礼逊本[46]	郭实腊本[47]	委办本[48]
维时风引耶稣往旷野。以被魔鬼之诱	那时耶稣为受恶鬼的诱，被圣神领到野外	且耶稣被圣风导入野，以受嗞呾试惑	且耶稣被神风引入野，以被氏亚波罗[49]诱惑	维时圣神引耶稣到野，为魔鬼所惑	圣神引耶稣适旷野，见试于魔鬼

李奭学认为，贺清泰力图以通俗易懂的表达形式，让更多的读者读懂《圣经》，开拓基层传教，其译本的白话文特色明显：“明清间在华耶稣会诸作中最可平衡胡适的白话文学史观者，则非乾嘉年间法国耶稣会士贺清泰译的《古新圣经》残稿莫属。”[50]中国民众普遍相信人死变成鬼以后，会拥有不可知的力量，因此对“鬼”多有敬、畏之心，贺清泰取“Satan”意译名“恶鬼”，大约也可视为《古新圣经》译本“归化策略”[51]的体现。

十九世纪开始进行《圣经》中译的新教传教士，与贺清泰的翻译初衷不无相似之处，都强调文本的可读性与流行性，希望借此令中译《圣经》在尽可能广泛的人群中得到传播。与天主教译本相比，新教译本中“鬼”字出现频率要高出许多。对比现代通行的和合本《圣经》与天主教思高版《圣经》，可以发现，和合本《圣经》中“Satan”的代名词，例如 demons, unclean spirit，多被译为“污鬼”“鬼”，思高版《圣经》则基本译称“魔”“邪魔”。试将新教《圣经》译本与早期天主教传教士的《圣经》（节选）译本比照，以《玛窦/马太福音》（8：22－23）为例：

艾儒略《天主降生言行纪略》中这段经文以故事形式出现，作者增添了场景描述——“驱魔入豕”：

> 耶稣登岸，两人跪于途，盖久被魔而狂者，人莫奈何，虽桎梏之弗能禁。乡人乃驱诸野，猖狂尤甚，野绝行旅。尝穴人之墓而居，或以石自击，不顾杀身。或发大声，震动林木。及耶稣过，乃匍伏于前，耶稣遂驱其魔。魔乃自诉曰：“我知耶稣至尊上主子也，勿窘我。”耶稣问曰：“尔入此两人者有几？”魔曰：“数千。”曰：“恳勿祛我入地狱，但愿发于豕腹。”时有豕群牧于近地，耶稣允之。须臾群豕皆投于海。[52]

《圣经》巴设译本与贺清泰《古新圣经》：

巴设本	贺清泰本[53]
遇两负魔者自坟出，囚甚虐，无人敢经此路。其喊曰：耶稣神之子。我等与尔何涉。尔先期来窘我等矣。不远乃有豕群牧焉。诸魔求之曰：若逐我等出此。求发我等人豕群焉。谓之：往矣。诸魔即出，往入豕。全群忽跑投于海，而亡水中。	二附魔人，狠凶形，出坟迎他，凶到那样，无人敢走那条路。他们高声呼号：天主的子耶稣，我们与你有甚仇，定时未到，就来刑苦我们呢。近他们有一人群猪吃草，附那二人的魔，求耶稣说：若你从这二人逐出我们，许我们入这群猪。答：去罢，魔从人出，附了猪，忽满群猪叫，从山坡乱跑，下海都淹死。

新教传教士《圣经》译本：

马士曼本	马礼逊本	郭实腊本	委办本
既至他岸于厄耳厄西尼地，遇之两个怀鬼风[54]者自墓出来，极猛，致无人敢经其路。而却伊等喊曰：耶稣神之子乎，尔何与我们，尔来苦我们，于时未满之先乎。离伊好远又大群猪。故众鬼求之曰：若驱我们，准我们进其群猪。其谓之曰：去。伊等随出而追群猪。忽见全群猪猛跑下坡入海及沉于水。	既到他岸于厄耳厄西亚地，有遇之两个怀鬼风者，大猛，致无人敢经过。而却伊等喊曰：耶稣神之子乎，我与尔何干，尔来使苦我们，时未满之先乎。离伊等远些，有人群猪喂。故众鬼求之曰：尔若逐我们，许我们进其群猪。且其谓伊等曰：去。故伊等出时集进群猪，而却全群猛跑下坡，入海及沉于水。	既过海到革伽撒地，正遇二人犯邪鬼，由冢地出来，甚为凶猛，阻人过路。且呼曰：上帝之子即耶稣，吾与尔何干，岂来磨难我，未届期之先乎。夫远离有大群猪喂草。故诸鬼求耶稣曰：若逐我出，容我入群猪。曰：去。鬼遂出人，入群猪。且一群猪一齐闯坡入海。溺死矣。	既济至革革沙地遇患鬼二人，自墓出，甚猛，无敢过彼路者。呼曰：上帝子耶稣，我与尔何与，时未至，尔来苦我乎？远有群豕方食，鬼求曰：若逐我，则许我入豕群。曰：往。鬼出遂入豕群，全群突落山坡，投海死于水。

新教与天主教对待“Satan”意译名的态度区别由此可见一斑。不过，在天主教汉语文本，包括《圣经》译本中，除了音译名或“魔鬼”，单独使用“鬼”“恶鬼”译称“Satan”的情形并不多见。主张文字通俗化的贺清泰虽以“恶鬼”翻译“Satan”（《新约·玛窦福音》4：1），但他在注解部分对“恶鬼”译名加以说明：“耶稣爱我们，他亲当魔诱，教我们退诱感的正策。此魔大约是路济弗尔。”[55]贺清泰所说的“路济弗尔”，亦是本文第一部分高一志《神鬼正纪》中提到的“露际拂耳”——“Satan”别名“Lucifer”的不同音译名。

三

早期汉语基督教文献中，“Satan”别名“Lucifer”的出现频率似乎更高。“Lucifer”是希伯来语“启明之星”（晨星הילל）的拉丁译名，欧洲基督教时代将其作为“Satan”堕落前的名称。[56]前文李之藻提到的“今云大傲魔。碑云娑殚”，若从具体含义解读，“大傲魔”译名对应的更应该是“Lucifer”。

十六世纪入华天主教传教士携带并用作参考文献的，应是当时通行且被视为权威文本的武加大本《圣经》（Biblia Vulgata，又名拉丁通俗译本）。武加大本《圣经》将希伯来文הילל改译为“Lucifer”，文本中四次出现“Lucifer”，分别是：《旧约》以撒意亚先知书 14∶12；《旧约》约伯传 11∶17、38∶32；《新约》伯多禄后书 1∶19。

目前所知“Lucifer”最早音译名很可能是“噜只咈啰”，出自罗明坚所著《天主实录》（1584 年）。“天主当时方成天人之日，嘱之曰：‘尔等安分、守己，则得同吾受福于天堂，若违法犯分，吾即重刑不恕。’间有一位憁管天人，名曰噜只咈啰，甚是聪明美貌，尤异于众天人，乃告管下众天人曰：‘吾得掌握乾坤人物，而与天主同品。’间有天人应之曰：‘然！’天主知这天人骄慢犯分，并与众天人逐出天庭之下而为魔鬼。”[57]罗明坚创设的“噜只咈啰”按照音译原则，用汉字拟音拼读，其做法类似将“Deus”音译为“陡斯”，只是“噜只咈啰”发音拗口、汉字组合怪异，未能在此后的汉语基督教文献中推广使用。

汉语多音字普遍的特征，在“Lucifer”的音译名中再次得到体现。利玛窦所著《天主实义》述及“Lucifer”，将其译为“辂齐拂儿”：“《天主经》有传，昔者天主化生天地，即化生诸神之汇，其间有一巨神，名谓辂齐拂儿，其视己如是灵明，便傲然曰：‘吾可谓与天主同等矣。’天主怒而并其从者数万神变为魔鬼，降置之于地狱。”利玛窦反对佛教教理，曾言：“夫语物与造物者同，乃辂齐拂儿鬼傲语，孰敢述之与？世人不禁佛氏诳经，不觉染其毒语。”[58]明代文人许大受在《圣朝佐辟》中指责在福建传教的艾儒略诋毁佛祖，称佛祖本名为“辂齐弗儿”：“又问艾曰：‘所谓魔鬼安昉耶？’艾曰：‘天主初成世界，随造三十六神。第一巨神曰辂齐弗儿，是为佛氏之祖。自谓其智与天等。天主怒而贬入地狱，亦即是今之阎罗王。’”[59]

黄一农认为：“天主教徒为提升该教在民众心目中的地位，乃借用道教三十六天的说法，称三十六神均为天主所造，以刻意贬抑释、道两教的尊神。至于以佛祖为辂齐弗儿的说法，亦为在华天主教中人所创。”[60]许大受归咎于艾儒略的罪名，若追本溯源，与利玛窦《天主实义》中对佛教的批评不无关系。

苏州文人周志编撰有文字浅显的宣教文献《天学蒙引》,[61]是书前半部以七言文体叙述基督教理并耶稣事迹；后半部有“蒙引略说”，对前文加以阐释。前部七言文句中出现“Lucifer”译名“路济弗尔”：“辄有天神叛主恩。路济弗尔系头目。起心骄傲自为尊。”[62]后半部“蒙引略说”，编撰者增补了“Lucifer”的来历和另一个音译名“露济弗尔”：“天主始生天地之初日，在静天上。即生有九品无数天神，扶持宇宙万有，各赐其能。于中有一上品天神，名露济弗尔，恃己大有神力，辄起傲心，乃诱众神奉己为主。是刻即有小半天神叛主而从彼，惟有一下品天神，名弥额尔者，自其本心，统领众神，谓天主‘吾主也，我等无敢悖逆。’不从其党，致有三等之分。天主即施其赏罚。造天堂，以享赏弥额尔等众之善神。造地狱，以禁锢路济弗尔等众之恶党，降为魔鬼。然邪神魔鬼自此而有。”[63]

曾协助利玛窦工作的西班牙耶稣会士庞迪我著有篇幅短小的《神鬼原始》(绛州文人李国定、意大利耶稣会士高一志合校)。文章中亦提及率部分天神背叛“天主”的“Lucifer”，译名“露祭拂尔”：“其中有上品巨神露祭拂尔者，九品之神俱敬崇焉。乃自视精灵睿智，神物无与为侔。辄忘所从出之原，而生傲意，谓：‘我性若是灵秀，则所享尊荣当比天主。’遂使诸神叛主从己。”[64]

高一志的《神鬼正纪》刊刻于1633年，与庞迪我《神鬼原始》文字相似度颇高。高文中有关“上品巨神”的解释与庞文相同，不过音译名有所变化：“上品尊神露济拂耳者，为诸品所敬”，其后叛主，“天主恶其傲德，即驱置地狱”。[65]高一志编译的《圣母行实》[66]刊刻于更早的1631年，其中叙述众神背叛天主的部分，内容与《神鬼正纪》类似，但未出现“Lucifer”音译名：“天主初造天地。并造无数天神。置之天上。以为侍卫。共享永福。其间一神首傲叛主。从之者几半。主遂尽贬为魔。驱之幽狱。”[67]《圣母行实》中记载，若世人不能经受考验，则会“伏叩巨魔，冀雪其枉；甚且从魔命，手立背弃天主血契”。[68]李奭学分析称，文中提到的“巨魔”“无疑乃群魔枭首——亦即徐光启以音译之为‘露际弗尔’(Lucifer)——的魔鬼或撒殚”。[69]

署名“吴淞徐光启”的基督教文献《造物主垂像略说》中，作者杂糅欧洲传教士译介的宗教内容，以口语化形式阐释“Lucifer”：“这善神就是如今众人说的天神。众神中有一个最尊贵，名曰露际弗尔。天主赐他大力量、大才能。他见这力量才能便骄傲起来，要似天主一般。”[70]徐光启文章中的“露际弗尔”与李之藻提到的“大傲魔”皆指向“Lucifer”，说明奉教文士通过与耶稣会士的沟通交流，已经明了“露际弗尔（Lucifer）”在基督教文本中的含义。

十九世纪天主教传教士编撰的汉语文献《圣教理证》中，“Lucifer”继续以带头反抗天主的形象出现：“（天主身旁无数使神）其中有一个才能最高最大者，名路济拂尔，自恃其能其高位，遂生傲心，想同天主争位。当时众使神之中，有三分之一顺从路济拂尔，同背天主。天主当时将此一党傲神罚下地狱，永受无穷之苦，即今所称魔鬼者是也。”[71]

一个颇耐人寻味的现象是，入华天主教传教士长期以来没有致力《圣经》全本翻译（天主教主持翻译的《圣经》迟至1892年出版），[72]他们多利用《圣经》内容编辑、撰写汉语基督教文献，包括“Lucifer”一词的引入。而今天通行的天主教思高版《圣经》中，“Lucifer”却不再以诸如“露济拂耳”这样的拉丁语音译名出现，而是恢复使用最初的希伯来语原意“晨星”，例如《旧约》以撒意亚14：12：“朝霞的儿子—晨星！”

英文版《圣经》詹姆士王本（King James Version，又名英王钦定本）是入华新教传教士翻译《圣经》所依据的权威版本，詹姆士王本中仅保留《旧约》以赛亚书14：12中的“Lucifer”：“OLu'ci-fer，son of the morning!”新教传教士马士曼《圣经》译本中仍然使用“Lucifer”音译名：“晨之子，路西非耳。”[73]马礼逊1823年《神天圣书》改译为“尔路西弗耳，早辰之子”。[74]与天主教传教士的音译名相比，马礼逊使用的拟音汉字，结构更为简单。

稍晚时候的《圣经》委办译本（1855年）不再出现“Lucifer”音译名，保留解读部分——“尔素为明星”；[75]1874年施约瑟（Samuel Isaac Joseph Schereschewsky）译本中的文字：“你这明亮的晨星。”[76]今天的和合本《圣经》译为：“明亮之星、早晨之子啊！”均不再出现“Lucifer”音译名。

“Lucifcr”一词在《圣经》文本中消失的缘由，因涉及该词汇在基督教诠释学上的争论，已经是另一个研究课题。

四

强调纯粹性，排他特质明显的基督教，能够在多大程度上适应中国文化，时至今日仍然是一个开放式话题。就交流成果而言，源于基督教文化的外来名词"Satan"在中国文化语境中的出现与流行无疑是一个成功实例。这一方面要感谢欧洲传教士译者对于中国文化的理解，另一方面恐怕也得益于他们的中国助手对于基督教术语的解读。就译名纯粹性而言，"Satan"音译名"撒但/撒殚"无疑强于意译名"魔鬼"。因为利用缺少实义的单字合成译名，可以避免中国读者产生被传教士认为错误的跨文化联想，但这样的纯粹音译名在减少误解的同时，也会阻碍受众对于该名词所承载的外来文化概念的理解，因此，明末传教士译者创设的意译名"魔鬼"，将中国佛教词汇"魔"与汉字"鬼"的含义相结合，两种译名形式在汉语基督教文献中并行使用，推动"Satan"译名进入汉语词汇体系。

至于早期汉语基督教文献中多次出现的"Satan"同义词"Lucifer"，尽管在现当代《圣经》版本中不再出现，但该词汇的中译名演变对于基督教在华传播、中西文化交流史上的影响还有待进一步挖掘。

---

①黄河清：《利玛窦对汉语的贡献》，香港：《语文建设通讯》第74期（2003年6月）。

②张西平：《简论罗明坚和利玛窦对近代汉语术语的贡献——以汉语神学与哲学外来词研究为中心》，贵阳：《贵州社会科学》2013年第4期。

③王铭宇：《明末天主教文献所见汉语基督教词汇考述》，武汉：《汉语学报》2013年第4期。

④http://jewishencyclopedia.com/anicles/13219 - satan，2016年4月12日获取。犹太宗教研究学者对该词有大量的神学讨论，该词汇在神学层面的讨论非本文重点，在此不赘述。

⑤65高一志：《神鬼正纪》，张西平、马西尼（Federico Masini）等主编《梵蒂冈图书馆藏明清中西文化交流史文献丛刊》，第一辑/第二十九册，郑州：大象出版社，2014，第244页；第241页。

⑥景教，基督教聂斯脱利派，强调基督"二元二性论"，公元五世纪，以弗所公会议裁判其为异端。

⑦景净：《景教流行中国碑颂并序》，吴相湘主编《天学初函》第一册，台北：台湾学生书局，1965，第62页。

⑧李之藻：《读景教碑书后》，吴相湘主编《天学初函》第一册，第80页。

⑨⑩52艾儒略：《天主降生言行纪略》，钟鸣旦（Nicolas Standaert）、杜鼎克（Adrian Dudink）主编《耶稣会罗马档案馆明清天主教文献》第四册，台北：台北利氏学社，2002，第72页；第163页；第92~93页。

⑪1700年左右，白日昇依据通用《武加大译本》（Vulgata Editione），将包括《四福音书》在内的部分《圣经》从拉丁文转译为汉语，被称为"巴设译本"，手稿收藏于伦敦大英博物馆，详见赵晓阳《二马圣经译本与白日升圣经译本关系考辨》，北京：《近代史研究》2009年第4期。

⑫1704年巴设译本，罗马Casanatense图书馆所藏抄本，http://bible. fhl. net/new/ob. php? book = 391&vcrsion = &page = 1，2015年4月1日获取。本文参阅的《圣经》各个时代的译本，多出自http://bible. fhl. net，若有其他出处，再行注明。

⑬2013年台北利氏学社出版《徐家汇藏书楼明清天主教文献续编》（钟鸣旦等主编）收贺清泰所译《古新圣经》；北京中华书局2014年出版《〈古新圣经〉残稿》（李奭学、郑海娟主编），计九册。

⑭此类带有"口"字偏旁的外来译名，在十九世纪的翻译实践中大量出现，其目的是为了强调所出现的汉字只具有语音功能，汉字本身无具体含义，参看托雷（Gabriele Tola）《傅兰雅编纂的"中西名目表"及其翻译原则》，载《变化中的明清江南社会与文化》第五辑，上海：复旦大学出版社，2016，第324～338页及第328页注释1。

⑮"耶稣答之曰：嗤咀即退去……时氏亚波罗离之，而却神使来役之也。"（1814年《耶稣基利士督我主救者新遗诏书》、1823年《神天圣书》）

⑯"神主谓撒但曰：汝从何来。时撒但对神主曰：由在于地走来走去，且由走上走下于之而来也。"（1823年《神天圣书》）

⑰http://bible. fhl. net/new/ob. php? book = 194&chineses = 4O&chap = 4&sec = 10，2016年10月12日获取。

⑱马相伯：《〈救世福音〉序》，见李天纲编《中国近代思想家文库 马相伯卷》，北京：中国人民大学出版社，2014，第520页。

⑲北平：独立出版社，1949。

⑳戚印平：《日本早期耶稣会史研究》，北京：商务印书馆，2003，第218页。

㉑当代最为人熟知的音译名，存在于多种百科全书以及外语工具书中。例如《简明大英百科全书》（台北：台湾中华书局，1989），第十六册，第177页；《不列颠百科全书》国际中文版（北京：中国大百科全书出版社，1999），第十五册，第73页；梁实秋主编《远东英汉大辞典》（台北：远东图书公司，1977），第1847页；陆谷孙主编《英汉大词典》（上海：上海译文出版社，1989），第3034页（2007年版，第1769页）；潘再平主编《新德汉词典》（上海：上海译文出版社，1999），第982页（2010年版，第1120页）。不过，新教传教士编撰的早期英汉字典中使用译名"撒但"，如麦嘉湖（John Macgowan）编撰的《英厦字典》（1883年初版，台北：南天书局有限公司，1978年重印，第457页）。百科全书以及大型外语工具书的编撰皆注重实用与普及，选用"撒旦"可能也是出于这样的考虑。

㉒例如：Beelzebul/the devil demons/Abaddon/Apollyon/great dragon/ancient serpent……，

参看中英对照《圣经》(中文和合本/EVS英文标准版),上海:中国基督教两会出版部,2008。

㉓黄河清编著《近现代辞源》(上海:上海辞书出版社,2010)有"魔鬼"条目(第534页),似乎认为利玛窦系"魔鬼"一词的最早译者。

㉔㉕㊵㊶㊼罗明坚:《天主实录》,钟鸣旦、杜鼎克主编《耶稣会罗马档案馆明清天主教文献》第一册,台北:台北利氏学社,2002,第36页;第23页;第23页;第49~50页;第32~33页。

㉖㉗㊽利玛窦:《天主实义》,朱维铮主编《利玛窦中文著译集》,上海:复旦大学出版社,2012,第32页;第40页;第40页。

㉘㊱㊲任继愈主编《佛教大辞典》,南京:江苏古籍出版社,2002,第1354页;第1031页;第1031页。

㉙湛然:《止观辅行传弘决》,卷第五,《大正新修大藏经》,第四十六卷,诸宗部三,台北:佛陀教育基金会出版部,1990,第284页。

㉚庄绰:《鸡肋编》,北京:中华书局,1983,第12页。

㉛《礼记正义·祭法》,阮元校刻《十三经注疏》(清嘉庆刊本),第三册,北京:中华书局,2009,第3466页。

㉜许慎:《说文解字》,徐铉等校,上海:上海古籍出版社,2007,第449页。

㉝《辞海》编辑委员会:《辞海》,语词分册,上海:上海辞书出版社,1977,第2244页。

㉞王充:《论衡》,上海:上海人民出版社,1974,第341页。

㉟沈兼士:《"鬼"字原始意义之试探》,清华大学中文系编《却顾所来径:1925~1952清华大学中文系教师学术文选》,北京:清华大学出版社,2011,第77~87页。

㊳李奭学:《秋坟唱诗,怎知是厌做人间事?——漫谈西洋文学传统里的"名鬼"》,李奭学:《误入桃花源——书话东西文学》,杭州:浙江大学出版社,2014,第230~238页,第231页。

㊴利安当:《天儒印》,吴相湘主编《天主教东传文献续编》第二册,台北:台湾学生书局,1986,第1002页。

㊷64庞迪我:《神鬼原始》,张西平等主编《梵蒂冈图书馆藏明清中西文化交流史文献丛刊》,第一辑/第二十九册,第303、305页;第304页。

㊸http://bible.fhl.net/new/ob.php? book=391&chineses=40&chap=4&sec=1,2016年6月16日获取。

㊹㊸㊺李奭学、郑海娟主编《〈古新圣经〉残稿》第八册,北京:中华书局,2014,第2649页;第2670页;第2651页。

㊺1822年,印度塞兰坡(Serampore)印刷。

㊻《神天新遗诏书》,1823年,马六甲英华书院藏板。

㊼又名郭士立，Karl Friedrich August Gützlaff，《救世主耶稣新遗诏书》，1839年，新嘉坡坚夏书院藏板，收藏于澳大利亚国立图书馆。

㊽委办译本《新旧约全书》，1855年，香港英华书院印刷。

㊾该译名为希腊语διαβολοϚ的音译，参见蔡少琪《马礼逊的〈新遗诏书〉与和合本的〈新约〉的翻译的对比》，www.chinesetheology.com/MorrisonBible.htm，2015年12月22日获取。（马礼逊译）1823年《神天圣书》路加福音4：1页上注解：“氐亚波罗者，厄利革之音，意是冤枉称首也，是恶神之名。”

㊿51李奭学：《近代白话文·宗教启蒙·耶稣传统——试窥贺清泰及其所译〈古新圣经〉的语言问题》，台北：《中国文哲研究集刊》第四十二期，2013年，第52页；第68～69页。

54“鬼风”译词不曾出现在巴设译本与贺清泰译本之中，此后也没有应用到委办本《圣经》以及和合本《圣经》之中。

56Lucifer是Satan的别名（Satan：“verwendet als Bezeichung für den Teufel≈Luzifer”，*Langenscheidet Großwörterbuch Deutsch als Fremdsprache*. Berlin und München：Langenscheidet，2003，S. 867），但丁与弥尔顿的著作令Lucifer广为人知。美国学者卢塞尔（Jeffrey Burton Russell）有著作论及该主题：*Devil*：*Perceptions of Evil from Antiquity to Primitive Christianity*（1977）；*Satan*：*The Early Christian Tradition*（1981）；*Lucifer*：*The Devil in the Middle Ages*（1984），*Mephistopheles*：*The Devil in the Modern World*（1986）；*Prince of Darkness*：*Radical Evil and the Power of Good in History*（1988）。

59许大受：《圣朝佐辟》，收入徐昌治（编）：《明朝破邪集》，卷四，《四库未收书辑刊》，北京：北京出版社，2000，拾辑/第四册，第386页。

60黄一农：《两头蛇：明末清初的第一代天主教徒》，上海：上海古籍出版社，2006，第456页。

61钟鸣旦、杜鼎克、蒙曦（Nathalie Monnet）主编《法国国家图书馆明清天主教文献》第二十三册，台北：利氏学社，2009。法国图书馆所藏文本显示“古吴周志于道 甫著”，根据徐宗泽的记述：周志与葡萄牙耶稣会士何大化（António de Gouvea）合著《天学蒙引》（徐宗泽：《明清间耶稣会士译著提要》，上海：上海书店出版社，2010，第122页）。何大化被认为支持利玛窦的传教路线。

6263周志：《天学蒙引》，钟鸣旦等主编《法国国家图书馆明清天主教文献》第二十三册，第335页；第361～362页。

66李奭学的《译述：明末耶稣会翻译文学论》专章介绍《圣母行实》，香港：香港中文大学出版社，2012。

6768高一志：《圣母行实》，吴相湘主编《天主教东传文献三编》第三册，台北：台湾学生书局，1986，第1348页；第1445页。

69李奭学：《三面玛利亚——论高一志〈圣母行实〉里的圣母奇迹故事的跨国流变

及其意义》，台北：《中国文哲研究集刊》第34期，2009年，第59页。

⑩《造物主垂象略说》，吴相湘主编《天主教东传文献三编》第二册，第552页。该著作据李天纲考证为徐光启佚作（李天纲：《徐光启佚文〈造物主垂象略说〉》，谢方主编《中西初识》，郑州：大象出版社，1999，第59~70页）。费赖之（Louis Pfister）、徐宗泽此前将作者确定为入华耶稣会士罗如望（Juan da Rocha，又名罗儒望）。

⑪任斯德范订《圣教理证》，张西平等主编《梵蒂冈图书馆藏明清中西文化交流史文献丛刊》，第一辑/第四十三册，第509页。

⑫关于《圣经》中译本历史，参看尤思德（Jost Oliver Zetzsche）：《和合本与中文〈圣经〉翻译》，蔡锦图译，香港：国际圣经协会，2002；以及赵晓阳、李奭学、蔡锦图的论文。

⑬1822年马殊曼、拉撒尔译《圣经新旧约全书》以赛亚书14：12。

⑭1823年《神天圣书》以赛亚书14：12。

⑮1855年委办译本《新旧约全书》以赛亚书14：12。

⑯1874年《旧约全书》以赛亚书14：12，施约瑟译，京都（北京）关华书院印制。

作者简介：柯卉，复旦大学历史学系博士后研究人员。

[责任编辑：陈志雄]

（本文原刊2017年第2期）

伍光建译《侠隐记》与茅盾的校注本

——兼谈西学译本校注之副文本

邹振环

[提　要] 伍光建译的法国大仲马《侠隐记》，由上海商务印书馆初版于1907年。该书采用直译方法，对景物的描写与心理描写，以及西洋典故等多加减缩，却仍能保持原作的风格，在学界获得了众口一词的赞扬。校注版由沈德鸿（即茅盾）施以新式标点，并在重要的人名、地名、机构、事项和名物等方面精心校注，专门撰写了《大仲马评传》，被列为教育部"新学制中学国语文科的补充读本"。西学译本校注之副文本的问题，至今尚未受到学界的充分重视，而作为"后生性译注"的茅盾校注本，为伍译本扫除了因时空变化而造成的理解障碍，参与了伍译本文本意义的再生成，实现了译本文本的增值，拓展了20世纪30至40年代民国时期青年读者的阅读空间。

[关键词] 伍光建　茅盾　《侠隐记》　校注本　副文本　译注

伍光建（1867～1943）是晚清文学白话翻译的拓荒者之一。这位广东新会人19世纪80年代就读于天津北洋水师学堂，在总教习、著名翻译家严复指导下，受过严格的中文、英文的双语训练。毕业后被派赴英国格林尼治皇家海军学院深造。在英学习的五年中，他以余暇广泛学习英国文学和西方历史，回国后又在岳父吕增祥指导下，钻研中国的文史哲经典，兼擅中英文字，练就了一支生动精练的译笔，毕生译有西方科学、哲学、史学、文学等方面的著作达一百三十余种（其中已刊一百余种）约一亿字之多。所译以欧美小说为多，如斯威夫特《伽利华游记》（即《格列佛游记》）、斐尔丁《大伟人威立特传》《妥木宗斯》（即《汤姆·钟斯》）、狄更斯《劳苦世界》（即《艰难时世》）《二京记》（即《双城记》）、夏洛蒂·勃朗特《孤女飘零记》（即《简爱》）、雨果《悲惨世界》、法朗士《红百合花》、赛凡提斯《疯侠》（即《堂·吉诃德》）等。他先后为南洋公学、商务印书馆编有《格致读本》《物理学教科书》《西史纪要》《帝国英文读本》《英文范纲要》《英文成语辞典》等多种教科书。[①]在其所有译著中，有三种系法国著名小说家大仲马的小说，尤以署名"君朔"（即伍光建）译出的《侠隐记》和《续侠隐记》为出色，并最具影响力。

关于《侠隐记》与《续侠隐记》，笔者在20世纪90年代即撰有《伍光建及其〈侠隐记〉与〈续侠隐记〉》一文，有过初步的讨论，[②]近期比较系统的讨论有北京大学中文系沈亚男的硕士学位论文《伍光建译〈侠隐记〉研究》，该文着重讨论了《侠隐记》在清末民初的"历史小说"这一新小说文类发展过程中的意义。本文以伍译《侠隐记》为例，拟从"副文本"的角度切入，尝试从西学译本版本文献的角度，来分析《侠隐记》及其校注版的生产、传播与影响，并兼及西学译本校注之副文本问题。

一 伍译大仲马的《侠隐记》

《侠隐记》《续侠隐记》和《法宫秘史》的原作者大仲马（Alexandre Dumas）[③]是法国19世纪积极浪漫主义作家。法国大革命爆发后，屡建奇功、当上了共和政府将军的父亲亚历山大·仲马去世后，大仲马和母亲过着极为困难的日子，仅赖母亲自设的小杂货铺博些小利，敷衍生活。家庭出身和经历使大仲马形成了反对不平、追求正义的叛逆性格。他终生信守共和政见，一贯反对君主专政，憎恨复辟王朝，不满七月王朝，反对第二帝国。

大仲马自学成才，是法国才华横溢的高产作家，一生写的小说多达百部以上，大都以真实的历史作背景，以主人公的奇遇为内容，情节曲折生动，出人意外，堪称历史惊险小说。类似《基督山伯爵》那样异乎寻常的理想英雄，急剧发展的故事情节，紧张的打斗动作，清晰明朗的完整结构，生动有力的语言，灵活机智的对话等构成了大仲马小说的特色。其小说多以历史故事为题材，长达上千万字，堪称世界文学史上的一大奇观。最著名者当推“达特安三部曲”。第一部《侠隐记》（*Les Trois Mousquetaires*），直译应为《三个火枪手》（李青崖译本），曾朴则译为《三枪锌》，或译《侠骨忠魂》（无我译本，泰东图书局，1917 年）《三剑客》（周克希译本）《三剑客本事》等，伍光建的译法是根据“作者自序”中的一段话：大仲马自称为了搜罗路易十四的故实，偶见所谓《达特安传》者：“书中叙述达特安初见特拉维，遇三人焉：曰阿托士、颇图斯、阿拉密。予读而疑之，疑其为当代豪杰，或因遭逢不幸，或因怀才欲试，姑隐其名，以当军人，以假名行于世。”“隐”者，隐姓埋名也，至于“侠”，本是中国文化传统中的一种理想人格，行侠仗义，专打不平。伍光建是把达特安及其伙伴视作侠，或近于侠的。其实法文中的 dissimuler，也可以译成“掩饰”，如果伍光建将“隐其名”改成“掩其名”，书名中的“隐”字就没有着落了。“隐”字让我们联想到“隐士”是中国文化传统中又一种理想人格。侠客入世，隐士出世，这两种人格表面上是矛盾的，矛盾的解决办法，是行侠江湖后归隐山林，可谓古代中国人最高的理想人格。《侠隐记》这个书名译得实在漂亮，而且“隐”作“隐姓埋名”讲，“侠隐”作“隐名行侠”讲，也不是不可以，我们还是不能不佩服伍光建。[④]1939 年 6 月启明书局推出的“世界文学名著”本《二十年后》，署名“曾孟浦”的译者也是采用伍光建所译《续侠隐记》的书名。

“达特安三部曲”中又以《侠隐记》最负盛名。该书于 1844 年发表，受到空前欢迎。翌年，“三部曲”的第二部《续侠隐记》（*Vingt ans après*，君朔译本，商务印书馆，1907 年）问世，“达特安三部曲”的终结篇为《法宫秘史》（*Le Vicomte de Bragelonne*，君朔译本，商务印书馆，1908 年）。“达特安三部曲”的主要人物自始至终是达特安与三个火枪手朋友：阿托士、颇图斯和阿拉密。随着历史背景的变化和故事的发展，他们的地位和互相的关系也随之发生变化。“达特安”的大名几已成为许多文学作品中的一个典故，不仅法国人知道，英国人也知道，大仲马因此成为“世界的作家”。[⑤]

《侠隐记》的故事原型出自 17 世纪一本中篇小说《国王第一火枪队邦统达特安回忆录》，作者搜集了大量的史料，对 17 世纪 30 年代路易十三时代的社会风俗作了简明真切的描述。小说从红衣主教黎塞留担任宰相的第二年，即 1625 年说起，叙述了 17 世纪法国教会和王室争权，黎塞留企图揭露王后的秘密恋爱，造成国王和王后的不和从而削弱王室的势力。忠于王后的亲兵达特安和三个火枪手，历尽千辛万苦为王后转送一串项链给英国首相白金汉，从而机智地挫败红衣主教的阴谋。《侠隐记》中的四个人物形象比较立体，各有特色。达特安勇敢潇洒，善于联络朋友，功利心重，在天真底下藏着圆滑；阿托士不爱讲话，沉着老练，意志坚强，甘愿为理想献身；颇图斯风流倜傥，喜欢被贵妇人包养，心宽体胖，心机较少；阿拉密博学多闻，藏而不露，失意时遁入空门，得意时东山再起，两不耽误，一副酒肉和尚模样。他们的四个仆人，都可以说是主人的影子，也刻画得很有生气。此外，立殊理（今译黎塞留）主教的阴险和老谋深算，邦那素的势利，也刻画得比较逼真。然而，《侠隐记》中刻画得最出色的人物却是"毒辣"的密李狄，应该算作文学史上最令人难忘的女性形象之一。《侠隐记》的开头非常精彩：一个少年，一匹瘦马，一场冲突，立刻吊起读者胃口。"达特安三部曲"场面浩大，人物众多，情节曲折，形象地反映了17世纪法国与英国的社会生活，描写当时宫廷、教会、王公贵族和市民之间的深刻矛盾，栩栩如生地刻画了各种人物的性格。小说在不违背基本历史事实的前提下，成功地穿插了传奇故事，是大仲马的历史小说较为符合历史真实的系列作品。

伍译《侠隐记》是依据《三个火枪手》法文版的英译本 *The Three Musketeers* 转译的，伍译所据何种英译本并未交代，已知当时流行的有1903年Methuen出版的Alfred Allinson英译本，该版除利用了1853年伦敦出版的William Robson英译本外，还参考了之前修订过的Baudry等版本，从而成为当时新近出版之最为完善的英译本。[⑥]伍光建可能即以这一英译本作为翻译的底本。陈玉刚指出："伍光建翻译《侠隐记》的时代正值林译盛行，那时候，都是用文言来翻译，根本没有人用白话来翻译。伍光建开了中国近代翻译文学只用白话翻译作品的先例。"[⑦]这一说法并不确切，在晚清白话翻译文学史上，最早从事白话翻译的是1903年周桂笙译出的白话小说《毒蛇圈》，而1907年至1908年由伍光建所译《侠隐记》《续侠隐记》和《法宫秘史》算是白话翻译小说的发扬光大。

当然，伍译《侠隐记》有其别开生面之处，伍光建采用了迎合清末市民读者群体趣味的白话文，如《侠隐记》初版第一回描述达特安的出场："此人年纪约十八岁；外着羊绒衫，颜色残旧，似蓝非蓝；面长微黑，两颧甚高，颊骨粗壮，确系法国西南角喀士刚尼人；头戴兵帽，上插鸟毛；两眼灼灼，聪明外露，鼻长而直；初见以为是耕种的人，后来看见他挂一剑，拖到脚后跟，才知道他是当兵的。这个人骑的马最可笑，各人的眼都看这马。这马十三年老口，毛色淡黄，尾上的毛丢光了，脚上发肿，垂头丧气。入城的时候，众人看见那马模样难看，十分讨厌；因为讨厌马，就讨厌到骑马的人。这个骑马的少年人，名叫达特安。"[8]

伍译的特色往往采用直译方法，对景物的描写与心理描写多加减缩，而对结构与人物个性无关宏旨的文句、议论与西洋典故常被删削，长句也被分解和拉直，却仍能保持原作的风格。文字力求简洁明快，因此有的研究者认为他在模仿《水浒》的艺术风格。茅盾在多篇文章中都提及《侠隐记》与《续侠隐记》两书译述的特点，一是删节很有分寸，务求不损伤原书的精彩，因此，书中的达特安的三个火枪手的不同个性在译本中非常鲜明，甚至四人说话的腔调也有个性：二是伍光建的白话译文，既不同于中国旧小说如"三言""二拍"或《官场现形记》，也不同于"五四"时期新文学的白话文，它别创一格，朴素而又风趣。甚至有时比原作还要简洁明快，紧张地方还它个紧张，幽默地方还它个幽默，使这一译本人人爱读。其特色"用《侠隐记》常见的一个词儿——实在迷人。我们二三十岁的大孩子看了这译本固然着迷，十二三岁的小孩子看了也着迷，自然因为这书原是武侠故事，但译文的漂亮也是个最大的原因"。[9]

1943 年，茅盾在《爱读的书》一文中再次提及《侠隐记》，说这是自己所爱读的一本书："我读过这书的英文译本、也读过伍光健先生的中译本。伍先生的译本是节本，可是我觉得经他这一节，反更见精彩。大仲马描写人物的手法，最集中地表现在达特安这人物的身上。（要研究达特安的性格发展，还须读《达特安三部曲》的第二部即《三个火枪手》的续编《二十年以后》，中文伍译《续侠隐记》。）达特安个性很强，然而又最善于学习他人之所长。达特安从他的朋友们（三个火枪手）身上学取了各人的优点，但朋友们这些优点到达特安那里就更成达特安固有的东西了。我们并看不出他有任何地方像他的朋友，达特安还是达特安，不过已经不是昨日的达特安。而这样的性格发展的过程，完全依伏于故事的发展中，完全不借抽象的心理描写或叙述。"[10]

由于《侠隐记》初版于 1907 年，早于"五四运动"就采用了白话语文，读者曾为之耳目一新，而使署名"君朔"的伍光建在译界一举成名。以后多次再版，1918 年 10 月出第三版，并与"林译小说"一起被编入商务印书馆的"说部丛书"第二集。"五四运动"后白话小说流行，《侠隐记》

更应运而销路大畅，甚至受到当时的先锋刊物《新青年》的褒扬。胡适曾在1918年《新青年》第四卷第五号上发表《论短篇小说》一文，称："吾以为近年译西洋小说，当以君朔所译诸书为第一。君朔所用白话，全非抄袭旧小说的白话，乃是一种特创的白话，最能传达原书的神气。其价值高出林纾百倍。"当时胡适尚不清楚"君朔"是何人。1928年他在给曾朴的信中再次提出伍译的《侠隐记》，"用为白话最流畅明白，于原文最精警之句，他皆用气力炼字炼句，谨严而不失为好文章"。[12]1928年12月17日伍光建会见胡适，两人还专门讨论过"君朔"的笔名问题："说起二十年前（1906年）初译《侠隐记》时，用笔名'君朔'出版，张菊生先生劝他用真姓名，他一定不肯，说我不愿人家因为'伍光建'三个字去看这书，——老实说，我要看人家会不会读此书'。"胡适对此很不以为然，他说："昭扆先生，你的意思固然有理，但也有大错。倘若使先生当日用伍光建的名字译小说，也许可以使风气（用白话译文学的风气）早开二十年。"伍光建说："不错，我当初不曾想到这一层。汪穰卿曾对我说：'昭扆，你的《侠隐记》真好，但我觉得林琴南的古文译法是正当的办法。'这可见风气还不曾开。"[12]

当年伍光建确实没有想到《侠隐记》初版后会在社会上和文化界引起如此之大的影响，为其在五四时代的译界赢得了很大的声誉。王森然在《严复先生评传》一文中讲伍译《侠隐记》"可作为白话翻译品之代表"。[13]寒光《林琴南》一书认为伍译《侠隐记》"是百炼的精钢，胜过林译千万倍"。[14]施蛰存称其"白话文译述，文笔信、达、雅、净，可以作为早期白话文译本的规范"。[15]1948年夏敬观在《国史馆馆刊·国史拟传》的《伍光建传》中将其与严复、林纾作了比较，称其"一生表见，唯在译述，一如其师"，称其译述"文笔效左氏，又创语体译法国《侠隐记》、《法宫秘史》，读之者以为类施耐庵《水浒》。数书出，世重之，语体遂大行。（严）复译书，谓用近世利俗文字，求达难，而光建此后所译书，百数十种凡亿万言，乃皆用所创语体，此异于复者也。综光建所译，或统述欧西文化，或分述于语文、科学、哲学、历史、政治、经济、社会真谛，其体裁则论说、批评、史传、小说、剧本、童话、随笔具备，选材皆寓深意，而于说部尤慎，非徒取悦读者，此又以异于林纾所为也"。[16]

二 《侠隐记》的沈德鸿校注版

1923年沈德鸿（即茅盾）在商务印书馆编译所工作期间，选择伍光建所译大仲马的《侠隐记》和《续侠隐记》，进行了标点和校注。茅盾标注的《侠隐记》校注本初版于1924年4月，伍光建不再署笔名，署名采用“伍光建译、沈德鸿校注”。该校注本以后多次再版，至1932年11月已先后印有5次，并收入“万有文库”。“一·二八事变”后的1932年11月，商务印书馆还推出“国难后第一版”和“第二版”。校注版前有沈德鸿写的《大仲马评传》。这是一篇关于大仲马及其“达特安三部曲”的深度研究。该文分“戏曲家与小说家”“小传”“对于他的批评很不一律”三部分，全文要言不烦地介绍了大仲马之行状以及当年法国浪漫主义与古典主义之争，高度评价了大仲马的成就，特别是驳斥了所谓“淫秽描写说”“掠美代笔说”“过时过气说”“史事不确说”等批评，认为大仲马是“不世出的天才”，原是不能用平常人的观念去看待他的；指出通过“达特安三部曲”表现了“那经历了三十年世情的达特安是如何的渐渐改变他对人和事的态度，实在很精妙，比得上近代最成功的心理派小说”。他特别指出：“历史小说本不定要真历史，只须没有‘时代错误’的描写就是了。”在最后结尾评论一节中，他写道：“故总上所论述而观，对于大仲马小说的价值，应该是没有疑问的了。他是一个罕有的天才，是伟大的历史小说家；他吹活气到历史的枯骸内，创造出永久不死的人物，使每世纪的人决不会忘记他。”[17]茅盾这种对于小说家大仲马的客观、独立的判断，尽量不掺杂意识形态上的偏狭与苛责，去评论一个外国文学家的作法，足以成为今天文艺评论的楷模。

伍译《侠隐记》与《续侠隐记》当年采用的是圈点，茅盾为伍译《侠隐记》所做的校注工作，一是进行新式标点，其次是对其中一些重要的人名、地名、事项进行简要的注释。全书人名、地名译注较多，如人名“密李狄（Milady），原注：这一个字的前面应该有一个夫家的姓；但是我们见原稿上是这么用的，也就不去改动了”。茅盾在注释中特别强调：“密李狄一字有‘夫人’之意，所以上面应该有一个夫家的姓。大仲马在本书自序中，假托本书乃从一旧抄本名《德拉费伯爵传》改作成的，所以此处的自注，说‘原稿上是这么用的。’”[18]关于地名，如“温雪（Windsor，今译温莎），英国的一个镇。离伦敦十余英里，是古时英王的猎场。现在那处有许多宫，都是显理第二，显理第三，爱德华第三等朝的建筑”。[19]

神话人物与基督教的掌故，如“阿奇理（Achilles，今译阿基里斯、阿喀琉斯——引者），他是希腊古代大诗人荷马（Homer）所作史诗lliad里的英雄，以神勇正直仁慈著称。他是Myrmidon王，从征Troy杀Hector（最勇的 Troy 王子）后，因伤而死”。[20]“狄立拉（Deliah，今译迪丽拉、大利拉、黛利拉——引者），据《旧约》，狄立拉（按通行本官话《旧约》作‘大利拉’）是以色列士师参孙（Samson）的情妇；当时非利士辖制以色列人，参孙得耶和华圣灵的感动，有大力，常与非利士相抗，非利士人极恨参孙，因重赂狄立拉，使以言聒参孙，侦得参孙所以有大力之秘密，以便设法破之。狄立拉三次设计侦参孙之秘密，皆失败；至第四次，始成功，参孙遂为非利士所执，剜其双目而囚之。”[21]该书中有“伽普清教士（Capuchin）”，这是指天主教方济会的托钵僧，而 Capuchin 这一词又是从 Capuche（所谓“嘉布遣斗篷”，又称“僧帽猴”）而来，茅盾这样注释道：“‘伽普清’是 Capuchin 的音译；Capuchin 这字从 Capuche 而来，原是一种帽子的名儿，圣弗兰昔司（St. Francis）宗派中间有一派苦修的僧士都带【戴】这种帽子，所以人家就称呼这种僧士为‘伽普清’。据教会的纪载，伽普清一支，是意大利的高僧名叫 Matteo di Bassi 的，在一五二六年所创立。Capuche 帽的形状，有长尖的顶，和阔的边；据说圣弗兰昔司原本戴的这种帽子。伽普清教士的服装，除这可注意的帽子外，又有灰色或棕色的长袍。英国文学家司各德的诗，云：‘赤着脚，胡子很长；来的是一个伽普清。’那么，伽普清教士大概又是常常赤足，并且不剃胡须——这都以表示他们的苦修而已。”[22]

重要的机构、事项和名物，如“卢弗宫（Louvre，今译卢浮宫——引者）：法京巴黎的一个古宫，据说始建于六二八年；后来历朝皇帝，都有增修，路易十四所增修的尤多。这宫为世界大建筑之一，连排的房屋，计长一千八百九十一尺，现在改为美术馆”。[23]“罗阿富”（Palais Royal）位于巴黎卢浮宫对面的一座迷人的宫殿，周边有安静的花园庭院，园内有精心修剪的玫瑰花丛、喷泉以及成行的绿树。原注称：“在立殊理未将此宫送给王上以前，此宫叫做‘红衣主教宫’。”茅盾觉得原注释尚欠不足，他写道：“按：此宫乃立殊理于一六二九年到三六年所筑，后赠给路易十三。一七九三年，第一次共和政府成立，将此宫没收为共有；王室复辟后，奥林斯公爵购回，但在一八四八年革命时，又没收为共产；一八七一年，巴黎共产国起事（今译巴黎公社起义——引者），此宫被焚，但后又就原址修筑。现在此宫一部分辟为法兰西剧场了。”[24]有些名物，中国读者不熟悉，就需要专门加注，如“柯朗（Crown），钱名。柯朗是英国古时钱名，和法国的 écú（法国古钱名）价值相等，所以 Ecu 常常被译作柯朗；此书乃从英文转译，故依英译 Crown，又译为华音柯朗也。一个 Ecu 价值五法郎。”[25]“稣（Sou），法国的铜子，每枚值中国铜子一枚多。”[26]

个别注释是增补被译者删去的内容，如阿拉密念了一首诗歌，伍光建认为太繁琐，删去了，茅盾又认为内容比较重要，于是加了一个注释：“译文里把这首诗删略了，我们现在把原文录在下面并译其大意。”茅盾不仅转录了法文原文，还提供了中文译文：“你们这些，当你们过着多烦恼的生活，/为过去的欢乐而哭泣的人们呀，/倘使你们拿着这些眼泪向上帝去哭，/那末你们的痛苦都可消除了，你们这些哭泣的人们！”[27]

对于原著中前后不连贯或交代不清楚之情形，如第三十四回讲述阿托士与威脱世爵同班的英国人比剑，赢了钱包，茅盾在注释中请读者“看三十一回第二节”。[28]第三十一回注释称：“妹妹，此指密李狄，就是威脱的弟妇。”[29]或原作者有特殊用意的地方，茅盾特别加以说明或补正，如第三回出现了“和尚”，茅盾特别加注：“这所谓‘和尚’，指天主教里的一种苦修的教士；译文里借译做和尚。”[30]

该书的注释前半部分较多，后半部分略少。译本注释短者仅仅在姓名后面列出英文原文，如“达特安（D'Artagnan）”；或加若干简注，如“蒙城（Meung）这是一个市集的名儿，并不是城”；[31]长者可多达三百余字，如“耶稣军（Jesuits），或称耶稣会（Society of Jesus），乃十六世纪时Ignatius Loyola（今译依纳爵·罗耀拉——引者）所创，一五四〇年经教王明令立案。这耶稣军的目的专在拥护旧教，反对新教；他们的会员，要立誓：安贫、洁身、服从教律，矢忠于教王。当时新旧教之争初起，教王保罗第三与周利士第三看见耶稣军大有可为抵御新教的武器，就把许多特权给与耶稣军中人。凡隶籍耶稣军的人，不受王法所拘束，不纳税，并且做错了事，一定被赦。耶稣军的首领或大将，对于部下有绝对的指挥权；第一任大将就是创始人Loyola，第二任是Layner，靠了这两个人的努力，耶稣军的势力就造成了。耶稣军的目的不但是反对新教徒，并且要重建教王的权力。他们不但在欧洲活动，并且向外发展。一五四一年，他们在葡属西印度地方组织分会，后来又到南美，在巴黎等地得了成功。他们在欧洲，大都作上流社会人家的教师”。[32]

在该译本“注释”中，茅盾尽可能在注释中保持价值中立，对大多数的人物事件仅陈述事实，而不作价值评判，但亦有部分条目反映出注释者茅盾的政治倾向，如“巴士狄（Bastille，今译巴士底狱——引者），巴黎城里的一个古堡，据说是一三七〇年顷法王查理第五所筑；后来这个堡就作为监禁政治犯的牢狱，有名的森严可怖；巴黎的平民极恨巴士狄……夷为平地，于是法国大革命的壮剧就开始了”。[33] “四士达第五（Sixtus the Fifth），他是最近四百年来许多教王中间最有本事的一个。生于一五二一年，卒于一五九〇年。他一生最大的事业，就是巩固将倒的旧教势力，摧残方兴的新教。”[34]反映出茅盾对新教有着正面的评价。在关于“路易第十四”（Louis XIV）一条中，他给予这位法国皇帝以高度的评价：“他就是路易十三的皇后奥国安公主所生（一六三八年九月十六日）；于一六四三年继皇位，因年幼，母后临朝，信用红衣主教马萨林（Mazarin）。这位皇上，比他父亲要英明果毅得多；他即位不久，即逢透石党之乱，国基很危，但自一六六一年马萨林死后，他自揽政权，以 Colbert 理财，Louvois 治兵，国势就一天一天强盛起来。他因为争取西班牙属纳日兰（Spanish Netherlands），和英、荷、瑞（England，Holand，Sweden）三角联盟国开战，六个月内，所向无敌。他在欧洲成为一个霸主，在法国成为一个专制皇帝。后因西班牙皇位的虚名，却丧失了殖民地。一七一五年九月一日崩。路易十四时代为法国文学极盛时代，Corneille，Racine，Moliēre 等大作家均生于此时代。”[35]法王路易十三的宰相黎塞留（Armand Jean du Plessis de Richelieu）因曾镇压胡格诺派起义，革命的教科书中经常带有负面的评价，而在茅盾的笔下，这是一个形象非常丰富的人物：“立殊理（Richelieu），他的名姓爵号，全写出来是 Armand Jean du Plessis，Cardinal Richelieu，法国历史上一个有名的人物。一六二二年，被派为红衣主教；一六二四年，为法王路易十三的大臣，秉国政。他在那时欧洲的政治舞台上，号称为大阴谋家。他一生最大的政绩，第一是把路易第十三的妹子嫁给英王查理第一，因而和英国联盟，以扼西班牙；第二是围攻罗谐尔剿除 Huguenots（这个名儿，不知始于何时，只知是十六、十七世纪宗教战争时代罗马旧教徒称呼法国新教徒的特名）的最后的根据地；第三是远征意大利，阴谋联合意大利的诸侯，教主，及北欧的新教徒，以扼奥国。他不但是大阴谋家，又是极好的大将；一六三五年后，他和西班牙开了战，西奥联军的大将 Piccolomini 引兵进披喀狄，直逼巴黎的时候，立殊理以三万步兵一万二千骑兵出奇制胜，大败敌兵于披喀狄，就此结束了战事。他不但是大军事家，又是学问家。他首创法兰西学会，替法国造成了最高学府的基础；他自己又做了许多剧本，及《回忆录》（*Mémoires*）一本，剧本已经不大有人说起，《回忆录》却到现在还颇有名。”[36]可以说，茅盾的校注本将自己对《侠隐记》的不同解读及政治批评呈现在读者的面前。

茅盾校注版除了添加注释外，还对段落进行了划分，运用了新式的标点符号，将小说中的引语以“[ ]”括号清晰地划分了出来，增加了叙事的层次性，“!”和“?”的添加也使说话人的语气和情感得到了更为丰富的体现。沈亚男认为茅盾《侠隐记》的校注，使伍光建的白话语体风格得以突破传统阅读习惯的束缚，从阅读习惯角度对比初版和校注版，后者的排版印刷虽然仍然自右至左，但是现代汉语的魅力已经通过丰富的标点符号和段落层次表现出来了。虽然茅盾并未改动伍光建的文字，但新印刷体式、新语法规范一定程度上更新了伍译《侠隐记》的文体结构，为该书赋予了更大的价值，甚至认为《侠隐记》的流行主要归功于茅盾。[37]确实，茅盾校注版对民国时期尤其是20世纪20至40年代的青年读者产生过深刻的影响，并受到语文教育界的重视，被列为教育部“新学制中学国语文科的补充读本”，以后还收录于商务印书馆的“万有文库”。沈德鸿校注的伍译《侠隐记》，继1950年再版之后，1982～1984年由湖南人民出版社再版重印，印数高达328301册，2014年上海大学出版社出版的由王培军和丁彧绮主编的“近代名译丛刊”再次收录沈德鸿校注的伍译《侠隐记》，印行了3100本，这些数据是沈德鸿校注的伍译《侠隐记》至今仍有生命力的最好的证明。

赵瑞蕻（1915～1999）在《籀园，我深挚美好的思念》一文中称，自己中学时代在温州落霞湖的籀园图书馆里读到了伍光建译的《侠隐记》等外国文学作品。[38]著名翻译家杨苡（1919年生）称自己少女时代就对《侠隐记》留下过深刻的印象：“我哥我姐对西洋名著感兴趣，有一次他们看伍光建译的《侠隐记》（今译《三个火枪手》），两个堂兄和我哥分别自称：‘阿托士’、‘阿拉密’、‘达特安’。他们说：‘谁是密李狄呢?’他们笑了我一大阵子，我知道密李狄是个漂亮的女人，就大叫：‘我是密李狄!’原来密李狄是个狠毒的坏女人。”[39]伍译《侠隐记》也对著名的武侠小说家金庸（1924年生）的创作产生过影响。金庸称自己年轻时代最爱读的三部书，一是《水浒传》，二是《三国演义》，三就是伍译《侠隐记》和《续侠隐记》。金庸认为虽然大仲马“不少著作水平甚低”，“佳作太少而劣作太多且极差（许多是庸手代作）”，但“《三个火枪手》三部曲、《基度山恩仇记》、《黑色郁金香》、《玛格烈王后》等”都很“精彩”，其中“最好的恐怕是《三个火枪手》”。他说在所有中外作家中，自己最喜欢的的确是大仲马，而且是从十二三岁时开始喜欢，直到如今，从不变心：“大仲马另一部杰作《三剑客》，中国有伍光建非常精彩的译本，书名叫作《侠隐记》，直到今天，我仍觉得译得极好。我有时想，如果由我来重译，一定不会比伍先生的译本更好。……不过此书的续集《续侠隐记》，译笔似就不及正集，或者伍先生译此书时正逢极忙，或者正集既获大成功，译续集时便不如过去之用心了。”金庸甚至说：“《侠隐记》一书对我一生影响极大，我之写武侠小说，可说是受了此书的启发。法国政府授我骑士团荣誉勋章时，法国驻香港总领事 Gilles Chouraqui 先生在赞词中称誉我是‘中国的大仲马’。我感到十分欣喜，虽然是殊不敢当，但我所写的小说，的确是追随于大仲马的风格。”他说：“《侠隐记》全书风格不像西方小说而似乎是一部传统的中国小说。达太安机智火爆、勇不可当，有如《三国演义》中的常山赵子龙；颇图斯肥胖大力、脑筋不大灵，类似张飞、李逵；亚岛士品格高尚、潇洒儒雅，是周瑜和小李广花荣的合并，是最令人佩服的人物；阿拉密神神秘秘、诡计多端，有点像《七侠五义》中的黑妖狐智化。我喜欢和崇敬亚岛士更甚，他比关羽更加真实，更有侠气。在第二部续集《勃拉才隆子爵》中，亚岛士对付国王路易十四的态度更加令人心折。这四侠聚在一起，纵横高歌，驰马拔剑，再加上一个艳如桃李、毒逾蛇蝎的美女密拉蒂，在法国国王的宫廷中穿插来去，欲不好看，其可得乎?”“《侠隐记》虽然并没有教我写人物，但却教了我怎样活用历史故事。”[40]

从赵瑞蕻、杨苡和金庸的年龄推算，他们所读的应是当时商务印书馆出版的茅盾校注过的伍译版。1949 年后一度主管中国共产党宣传工作的胡乔木也曾是茅盾校注版《侠隐记》的读者，该书给青年时代的胡乔木留下了很好的印象，是他后来直接促成伍译《侠隐记》普及版问世的缘由。[41]

二　西学译本校注之“副文本”的作用

按照法国文化理论家热拉尔·热奈特（Gerard Genette）的跨文本性理论，围绕正文本周边的其他文字，如序跋、图像、评论、注释、附录等辅助资料，都可以视为“副文本”（法文 paratexte，英文 paratext）。[42]注释在中国有着很悠久的传统，汉代已经形成了传注、章句、音义、义疏、集解、评点、补注等七个类别。其中传注类常用的注释名称有传、诂、训、注、笺等。古书有传注，译本同样有校注的问题。关于翻译与注释之间的关系，最早可以追溯到佛经三藏的“论”，“论”是对经、律等佛典译本中教义的解释或重要思想的阐述。相比之下，西学译本的注释却较少得到学界的注意。翻译在很多情况下无法进行完全等值的语言转换，有翻译就会有增补、删减和省略，或为帮助理解而增加大量注释，译注是指译者以读者为指向，对源语中某些特殊的文化、风俗或者物质进行阐释，适当采用脚注或附录等形式添加一些解说性的文字，以便译入语地的读者能更好地理解译文，获取源语文化的背景知识。

译注是对原著作细部的说明和解释，译注可以分出“外生性”和“后生性”两种副文本。译者为原著所做的译注可称为“外生性译注”（Translator for the original comment）；校注者和研究者所做的译注可称为“后生性译注”（Researchers' comments on the translation），无论是前者还是后者，都会通过序跋、注释，对原著进行有形和无形的批评，表达自己的见识和译论。当年伍光建译《侠隐记》，不是通过包括译序在内的“外生性译注”，而是通过自己对原著内容的删节和遴选，体现译者自身的个性特色；而作为研究和评注者的沈德鸿（即茅盾），在1923年为伍译《侠隐记》写下包括《大仲马评传》在内的“后生性译注”，明确地显示出对原著及其作者的一种有形的批评。目前学界讨论译注多关注“外生性译注”，而于校注者和研究者的“后生性译注”，除了个别诸如鲁迅译文集外，却较少加以分析。一部译本在生产和传播的过程中，“外生性译注”和“后生性译注”都十分重要，“外生性译注”能够帮助读者充分了解作者的思想；而校注者和研究者的“后生性译注”同样非常重要，因为“后生性译注”可以帮助读者进一步加深体会原作者的意图，指引读者去参考和比较，提示译者在一种语言转换成另一种语言过程中的真正含义；特别是“后生性译注”的校注者会针对新时期读者的实际需要，根据具体情况来决定注释的繁简长短。

作为“后生性译注”的茅盾校注本《侠隐记》，堪称研究者注释的副文本典范，校注本所施行的注释，通过对书中一些重要的人名、地名、事项进行简要的注释，神话典故、宗教掌故、名物典章制度、成语典故的诠释，专有名词（如人名、地名、动植物名称）的考释，以及对于原著中前后不连贯或交代不清楚之情形、原作者特殊用意之处，特别加以说明或补正，帮助读者了解源语文化的历史背景和名物知识，增加了原译本的知识量，承担了重要的导读功能，与伍光建译本的正文本共同组合成一个巨大的文本释义场。茅盾的校注本使伍光建的译本更加通俗化，扫除了由时空等因素所造成的理解障碍，“后生性译注”副文本融入了伍译文本的有机构成，参与了译本文本意义的再生成，影响了文本的结构、主旨，实现了译本文本的增值，拓展了20世纪20至40年代青年读者的阅读空间。

近代西学涵盖了古希腊罗马以来上下两千多年的长时段，包罗了欧美等多种形态的文化，即使欧洲文化还包括英国、法国、德国、意大利等不同的文化体系，在相当长的时期里，中国读者经常是将西方文化看作一大块笼统加以理解的，早期汉译的西方小说常常是原作者缺席的，因为在中国译者看来，国人并无区别认识原著者国别的需要，如最早编译的长篇小说《昕夕闲谈》只是标明“西国名士撰成”，[43]考订清末翻译小说的原作者至今仍是中国近代翻译史研究中的重要工作。而五四时期的一代学者，开始认识到英国文明、法国文明和德国文明并非完全相同，以鲁迅、茅盾为代表的这一代翻译家主张在翻译上采取“字对字”的直译原则，即试图原汁原味地传达西方文明中不同文化体系的本来面目。1908年和1909年，商务印书馆的孙毓修就在《东方杂志》的“文苑”栏目上发表有欧美小说的介绍，1916年商务印书馆出版由其编著的《欧美小说丛谈》；1917年周瘦鹃的《欧美名家短篇小说丛刊》一书选译了50篇短篇小说，并特别为收入的数十位欧美短篇小说家做了小传，都旨在梳理欧美不同的小说家和小说流派。正是在这一文化背景下，茅盾在《侠隐记》校注本为大仲马所写评传中，将大仲马放在欧美小说史的脉络中进行讨论，显示出“后生性译注”副文本在传达文化观念上的有效作用。

译本之所以会成为经典，固然是与其原本的内涵意义和采用如何转换语言的策略有关，亦与译本传达过程中如何进行“外生性译注”，以及不断产生的“后生性译注”有关。副文本为原译本文本提供了新知识的扩展空间，越是有各种复译、重译本和各种译本注释本的作品，就越有成为经典的可能。如果说伍译《侠隐记》可视作法国翻译文学经典的话，那么茅盾就是这一经典化过程中的重要推手。

四　结语

以严复、伍光建为代表的留欧学生群体，是近代中国第一批尝试打破长期以来由西方传教士左右翻译话语所呈现的权力格局，承担起“自译”责任的中国翻译家，如何通过独立翻译方式遴选书目和具体再现西方名著的内容，以充分实现对本民族文化的自我再现，是这一代翻译家的神圣使命。

大仲马是在中国拥有最多读者的西方小说家之一，大仲马的小说是法国浪漫派中与中国文学传统最接近的一位。《基督山恩仇记》的译者蒋学模就称大仲马小说为“外套与宝剑”型小说，与中国的传奇小说相类似，从而使其“法国幻象”能在中国人心目中产生折射的桥梁。[44]至“五四运动”以前，大仲马的重要历史小说，几乎都有了译本。中国读者最早接触大仲马是通过1907年伍译《侠隐记》，而伍光建是通过英译本转译的，该书也是最早提供给中国读者“文笔信、达、雅、净”的大仲马小说的白话译本，反映出中法文学的早期交往，大多不是通过原汁原味的法文原本的翻译，而是通过一些中国化程度较高的转译本来实现的。

伍光建的白话译本区别于林译小说，其特点是以质朴和流畅的文字状情各式人等，在表述细腻委婉的情感方面显示出独特的优势，给不懂文言的市民读者以一种不易贴切的叙述、状物、抒情的工具。伍译《侠隐记》虽非近代第一个白话小说译本，但伍译文白兼用，保留有不少文言文中尚有活力的词汇，为后来译界开创了独特的删节法，创造了一种符合中国读者审美趣味的“简洁明快”的书面白话翻译。这种新的文学语言体式，为清末民初的读者提供了认识、了解、学习西方、了解欧洲文化的有效的语言媒介，较之文笔相对比较艰涩的林纾文言体的外国小说，给人耳目一新之感。

伍译《侠隐记》初版为伍光建带来了极大的声誉，其影响主要是在“五四”一代年轻读者群体，在学界几乎是众口一致的赞扬。校注版由于茅盾以新式标点精心校注，并撰写了《大仲马评传》，受到语文教育界的重视，被列为教育部“新学制中学国语文科的补充读本”，其作为白话翻译模板的影响，一直持续到1949年之后。尽管1936年上海启明书局曾出过曾孟浦的两种同名译本，1978年上海译文出版社出过李青崖据法文版直接译出的《三个火枪手》，1982年花城出版社推出过周爱琦等译的《二十年后》，1984年上海译文出版社出版过陈乐等译出的《布拉热洛纳子爵》，但直至20世纪80年代，其他译本仍未能完全替代伍译。从《毒蛇圈》算起，白话文学翻译至今已有一百多年了，期间留下了大量的文献。近代白话文也是在变动的过程中，伍光建每个时期的白话译作，也都呈现出不同的面目。

伍译之所以能在近代中国乃至于今天仍有其独特的魅力，除了其本身的文化含量外，茅盾的校点注释也帮助了读者有效地理解译作，译注构成了副文本中的重要内容，很大程度上决定了“深度翻译”（thick translation）的深度，通过注释的方法，将文本置于丰富的文化和语言环境中，使源语文化的特征得以保存，比较成功地促成了目的语文化对于他者文化给予充分的理解和更深切的尊重。茅盾为《侠隐记》所做的细致的注释工作，也有旨在进一步为民国时期青年读者提供法国文化的新知识，用更为清晰和细化的新知识，重塑民国青年的知识结构。优秀的译本注释，不仅能够帮助读者深入地理解译本，而且可以使译本成为此一领域不可缺少的重要模板，如潘光旦译注的《性心理学》和陈康译注的《柏拉图巴曼尼得斯篇》，都被认为甚至有高于原本的研究价值。[45]茅盾以新式标点精心校注《侠隐记》，亦具有这样的价值。解读伍译《侠隐记》初版和茅盾校注版的传播与影响，对于我们了解早期中法文学交流的实况，以及清理百余年的西学白话翻译文献，都会有很大的助益。

[附记：本文部分内容2016年5月30~31日曾在复旦大学外文学院法文系、复旦大学法国研究中心主办的“民国时期的中法文学交往”国际研讨会上作了报告，感谢段怀清教授和杨振博士的批评建议，特此鸣谢！]

---

①关于伍光建的生平，可参见《伍光建翻译遗稿》，伍蠡甫前记，北京：人民文学出版社，1980，第1~15页；伍季真：《回忆前辈翻译家、先父伍光建》，载《上海文史资料选辑》1993年第69辑；邹振环：《中国近代翻译史上的严复与伍光建》，载耿龙明、何寅主编《中国文化与世界》第三辑，上海：上海外语教育出版社，1995，第295~314页。关于伍光建编译的英汉辞书和英语读本，参见邹振环《伍光建译校的〈英汉双解英文成语辞典〉与〈汉英新辞典〉》，上海：《东方翻译》2013年第4期；邹振环：《提供英文之钥：伍光建及其编纂的英语读本》，载上海档案馆编《上海档案史料研究》第十六辑，上海：三联书店，2014。

②邹振环：《影响中国近代社会的一百种译作》，北京：中国对外翻译出版公司，1996，第220~224页；邹振环：《伍译〈侠隐记〉的初版、校注版和普及版》，上海：《东方翻译》2012年第2期。

③因1898年林纾最早将Alexandre Dümas fils译为“小仲马”，“仲马”是林纾用闽南语按照法文Dümas的不准确发音，Dümas今天来译，应该是“迪马”，父子应译为“大迪马”“小迪马”，福建话“仲”念diong，后面的鼻韵母跟之后ma的鼻声母有关，连起来读，林纾听着就译为“仲”了。（任溶溶：《译名与方言》，杜承南、文军主编《中国当代翻译百论》，重庆：重庆大学出版社，1994，第664~666页）1926年郁达夫在上海光华书局出版的《小说论》中译为“提油马”，魏易在1933年商务印书馆出版的《苏后玛丽惨史》中译为“杜马”，但由于林译的巨大影响，也因为伍光建《侠隐记》译

作者为“大仲马”，后人多乐意沿用林译和伍译，至今仍译成“大仲马”和“小仲马”。

④施康强：《第二壶茶——施康强书话》，杭州：浙江人民出版社，1997，第 122 ~ 124 页。

⑤沈德鸿：《大仲马评传》，见大仲马《侠隐记》，伍光建译述，沈德鸿校注，上海：商务印书馆，1924，第 1 ~ 18 页。

⑥*Introduction*, Alexandre Dumas, *The Three Musketeers*, Translated and with an introduction by Lord Sudley. T. and A. Constable Ltd, Edinburgh, 1852, pp. 21 – 22.

⑦陈玉刚：《中国翻译文学史》，北京：中国对外翻译出版公司，1989，第 83 页。

⑧大仲马：《侠隐记》，伍光建译述，沈德鸿校注，上海：商务印书馆，1924，第 1 ~ 2 页。

⑨叶子铭编《茅盾文艺杂论集》（上），上海：上海文艺出版社，1981，第 416 ~ 417 页。

⑩转引自钟敬文等主编《古书一叶——20 世纪中国学者作家谈读书》，北京：中国广播电视出版社，1997，第 234 ~ 238 页。

⑪《胡适译短篇小说》，长沙：岳麓书社，1987，第 188、196 页。

⑫曹伯言整理《胡适日记全集》，第五册（1928—1929），台北：联经出版事业股份有限公司，2004，第 478 ~ 479 页。

⑬王森然：《近代二十家评传》，北京：书目文献出版社，1987，第 101 页。

⑭寒光：《林琴南》，上海：中华书局，1935，第 28 页。

⑮施蛰存主编《中国近代文学大系·翻译文学集》（1），上海：上海书店，1990，第 31 页。

⑯夏敬观：《伍光建传》，南京：《国史馆馆刊·国史拟传》，第一卷第一号，1948 年，第 95 ~ 96 页。

⑰沈德鸿：《大仲马评传》，见大仲马《侠隐记》，伍光建译述，沈德鸿校注，北京：商务印书馆，1924，第 15 ~ 20 页；茅盾校注《侠隐记》，长沙：湖南人民出版社，1982，第 1 ~ 20 页。已核对上述两版本的文字，后者与前者相同，标点略有差异，本文标点与上述两版亦有区别。以下所引校注本页码，均采用湖南人民出版社 1982 年版（以下简称“茅盾校注本”），特此说明。

⑱⑲⑳㉑㉒㉓㉔㉕㉖㉗㉘㉙㉚㉛㉜㉝㉞㊱茅盾校注本，第 11 页；第 177 页；第 69 页；第 197 页；第 20 页；第 10 ~ 11 页；第 216 页；第 10 ~ 11 页；第 69 页；第 226 页；第 289 页；第 267 页；第 29 页；第 11 页；第 226 页；第 76 页；第 382 页；第 19 页。

㉟茅盾校注本，第 261 页。Corneille、Racine、Molière，分别为高乃依（Pierre Corneille）、拉辛（Jean Racine）、莫里哀（Molière，原名为 Jean-Baptiste Poquelin），合称 17 世纪最伟大的三位法国剧作家。

㊲沈亚男：《伍光建译〈侠隐记〉研究》，北京：北京大学硕士学位论文，2011，第

41～44 页。

㊳赵瑞蕻：《离乱弦歌忆旧游》，上海：文汇出版社，2000，第 324 页。

㊴《〈呼啸山庄〉翻译家杨苡》，广州：《南方都市报》2007 年 1 月 31 日。

㊵《探求一个灿烂的世纪：金庸/池田大作对话录》，台北：远流出版事业股份有限公司，1998，第 279～282、296～300 页。

㊶邹振环：《伍译〈侠隐记〉的初版、校注版和普及版》，上海：《东方翻译》2012 年第 2 期。

㊷热拉尔·热奈特：《热奈特论文集》，史忠义译，天津：百花文艺出版社，2001，第 71～72 页。

㊸关于《昕夕闲谈》的原本、原作者和译者，近年来的研究取得了突破性的进展。美国哈佛大学教授韩南（Patrick Hanan）在《论第一部汉译小说》一文中指出，该翻译长篇小说是英国 19 世纪 70 年代最著名的小说家之一——与狄更斯齐名的作家爱德华·布威·利顿（Edward Bulwer Lytton）所撰的长篇小说《夜与晨》（*Night and Morning*）的上半部，1841 年初版，译者显然使用过该书 1851 年或以后的版本，因为其中有该书 1851 年版本的脚注。韩南：《中国近代小说的兴起》，徐侠译，上海：上海教育出版社，2004，第 102～130 页。

㊹钱林森：《法国作家与中国》，福州：福建教育出版社，1995，第 177 页。

㊺邹振环：《影响中国近代社会的一百种译作》，第 418～421 页。

作者简介：邹振环，复旦大学历史系教授、博士生导师。

［责任编辑：陈志雄］
（本文原刊 2017 年第 2 期）

“全球化－本土化”语境中作为抵抗的文化翻译

毛思慧

[提　要] 翻译不仅仅是两种不同语言之间的符号转换，更是两个不同文化之间的深层次交流。面对外国的文学作品和文化产品，翻译不仅是一个多方位多层次理解、比较、构建文本的语言过程，更是一个反复阅读、不断选择、重新写作文本的文化过程。我们既带着母语和自己的文化阅读或“误读”外国文本，也在翻译的过程中对这些文本进行各种语言处理和文化选择或剪辑。文化翻译的终极目标不仅是帮助一个民族构建、协调、整合自己的价值体系和文化身份，而且是帮助其从根本上挑战甚至纠正他人对自己的历史误读和文化偏见。在“全球化—本土化”时代，我们应更深入地探讨后殖民主义文学、文化与翻译研究史上辉煌的理论遗产。今天，资本主义全球化现实中的西方后现代主义话语，为众多发展中国家和地区的文化翻译工作者提供的绝非现实意义上的文化多元的或新的独立的身份，而是在一定程度上探讨这一“全球化—本土化”命题空间里的文化翻译及建立各自文化身份的可能性。本文将重点讨论“全球化—本土化”语境中作为抵抗的文化翻译应特别注意的四个策略。

[关键词] 全球化－本土化　后殖民研究　文化翻译　文本重写　文化身份

前　言

在《凌志汽车与橄榄树：理解全球化》一书中，弗里德曼写道：“全球化有一张明显的美国脸孔：它长着米老鼠的耳朵，大啃麦当劳巨无霸，畅饮可口可乐或百事可乐，操作 IBM 或苹果电脑，使用视窗 98 操作系统，搭配英特尔奔腾Ⅱ处理器，并使用思科系统进行网络连线。”① 十几年过去了，虽然在科学和技术层面已今非昔比，但全球化的实质没有大变：以美国为首的西方世界依旧引领全球化潮流，继续制定着全球的各种“标准”和“原则”。

也许，我们可以暂时搁置“全球化是否等于美国化”或“全球化是否就是全盘西化”等问题，但作为文化翻译研究工作者，我们必须探索并回答这样几个问题：（1）全球化意味着科技、管理、交易、交流方式的“标准化”，这是谁的标准？（2）全球化同时意味着“共有或共用”的“全球文化”（global culture），这是谁的文化？它的核心又是什么？（3）全球化往往在“我们都住地球村”的堂皇叙事中把欧美价值当作“普世价值”（universal values），发展中国家和地区的文化与传统将如何保持继续发展或至少不被那些欧美价值观念淹没或边缘化？笔者认为，在我们的文化翻译研究中发现并挑战外来文学文化产品中的欧美民族中心主义至关重要。

欧美民族中心主义与近几百年来的种族主义、历史偏见、性别歧视、殖民现实和文化霸权密切相关。如果我们在比较文学文化和翻译研究中要对它进行反思并进而思考我们新的文化价值取向，就必须在展示欧美主流“知识形态”（forms of knowledge）内在矛盾的同时，在翻译研究工作者中培植发展作为文化抵抗的阅读和翻译策略。如果我们没有这样的宏观把握，任何孤立的、微观的“细读”（close reading）都将失去应有的意义。在“全球化—本土化”时代，我们应更深入地探讨后殖民主义文学、文化与翻译研究史上为我们留下辉煌理论遗产的法农（Frantz Fanon）、赛义德（Edward Said）、霍尔（Stuart Hall）、巴巴（Homi Bhabha）、胡克斯（bell hooks）和兹奥丁·萨达尔（Ziauddin Sardar）及其给中国文化翻译研究者的启示，以期找到符合我们言说和发展的平衡点，进而构建真正属于我们自己的后殖民文化空间。

“全球化—本土化”时代的后殖民文化翻译空间

我们知道，“全球化—本土化”一词译自英文合成词“Globalisation”（台湾译成“全球在地化”），源于“全球化或环球化——Globalisation”和“本地化——Localisation”两个概念。它首先出现于 20 世纪 80 年代日本跨国公司的商务运作及管理实践：一个企业或者跨国公司的产品或服务，虽然都以行销全球并获得最大利润为目的，但会因为当地的市场做改变，以符合本地的文化。而真正在英语国家学术界流行起来则是在90年代中期，由英国社会学家罗伯逊在著名论文"全球化—本土化：时—空与同质—异质"里第一次提出并应用于对当代世界新现实、新秩序、新未来的分析之中。[②]在笔者看来，"全球化"和"本土化"两者间存在既依赖又自主的关系。也就是说，"地球村的人"要学着如何与来自不同种族不同文化的"他者"共存，而"共存"就意味着权力关系。

"全球化—本土化"清晰地涵盖了当今世界范围内东、西、南、北之政治、经济、宗教、文化、种族等各种势力相互依靠又相互制衡的极其复杂的现实。简要地说，"全球化—本土化"强调世界经济、文化的一体化/全球化与回归民族传统、复兴民族文化与经济、实现民族认同的"本土化"这两种进程的动态辩证关系。也就是说，我们所处的时代不仅仅是资本主义市场经济统治下的金融、生产、贸易一体化，更是知识经济条件下的信息化、数码化、网络化。全球化带来的空间重塑必然推进我们社会、政治、经济、文化、心理诸方面的急速变化，这就迫使我们以本土特色和实际需求为本，寻求应对策略，制定发展方向。正如丁仁方在《全球化与新地方主义》一文中所论述的那样，"当全球化冲击之时，可依寻地方的优势进行调整，以巩固其主体性与发展空间，但也必须兼顾全球化的脉络与变迁。在全球化发展过程中，唯有掌握'普遍性特殊化'与'特殊性普遍化'之双向原则，方能制定出最具效益的发展策略"。[③]

然而，由于东西方（或曰"南北"）在社会、政治、经济、军事、科技、文化、外交等方面的持续性不平衡、不平等，我们不得不承认，在"全球化—本土化"的双重交流/交融中，以欧美为主的发达国家仍然在信息、知识、语言、符号、意识形态、科技产品等的设计、制造、出口，以及利益获取的手段等方面全方位压倒"亚、非、拉"等区域的第三世界国家和地区。这里我们以当代英美媒体的代表美国有线电视新闻网（CNN）和英国广播公司（BBC）为例。现在，CNN利用全球卫星传输系统向世界200多个国家和地区的1.5亿个家庭近5亿观众播送节目，向260多个广播电视台提供新闻和信息，拥有600多个附属广播电台，在美国本土以外拥有40多个分部，它的国际新闻报道中的一半由设在伦敦和香港的分部制作。[④]因此，我们说这是一个不折不扣的"符号帝国"。英国BBC WORLD电视新闻频道更是 24 小时不停播放，理所当然地成了“Global BBC”。他们极力淡化媒体的官方色彩，标榜和推行“独立”（independence）、“客观”（objectivity）、“准确”（accuracy）、“公正”（impartiality）的基本价值和原则。BBC 的口号是：“新闻放第一”（Putting news first）。其视点超越英国本土，立足于与英国本土及覆盖地域关系密切的新闻上，即选择“广义的国际新闻”，采取“非本国新闻主义”之路线，在全球化进程中注重节目的本土化，淡化甚至“消除”BBC 大英文化帝国式的操控，努力塑造“全球化—本土化”电视新闻的形象。然而，我们在审视“全球化—本土化”时代信息、知识、语言、符号、意识形态、科技产品、移民/人才等的流向时，从事翻译文化研究的工作者必须审视考察文本/产品之意义的生产和合法化的复杂过程。不管 CNN 和 BBC 的新闻制作和报道如何“客观、公正”，不管欧美文化如何在“民主、自由”的旗帜下搭建无边无际的、拥有“环球知识”的符号帝国，在面对“全球化—本土化”时代所带来的认知、技术、身份认同上的挑战时，我们应清楚地认识到以下两点。

第一，欧美发达国家对发展中国家和地区这种现实意义上的经济操控和文化霸权在未来若干年不仅将继续存在，而且将使一些长期被边缘化的民族和文化走向衰落甚至灭亡。由于“适者生存”的丛林法从未像今天的世界那样得到彻底的运用，西方文化的霸权势不可当、无孔不入，因此，在文化翻译的空间里，弱势文化、边缘文化、非欧美文化的抵抗才显得更加重要。

第二，有的学者（如张学昕）说“全球化”是我们的文化选择⑤，笔者认为“全球化”并非我们的主观、自由选择，而是我们面临的空前挑战；“本土化”是我们近乎本能的反应；全球化和本土化之融合才是我们理智的战略选择。

因此，我们只有从“全球化—本土化”的全方位平衡着眼，充分了解并谦虚地学习发达国家与民族的优秀文化传统，具有人文色彩的社会、政治、经济、管理制度，同时依据丰富的本土实践，建构独立的理论和话语体系，在世界经济、金融、文化、信息一体化的大潮中，以创造性的话语和东方智慧展现在世人面前。张京媛在谈到中国大陆后殖民主义文化研究者的“处境”时这样写道：“当代文学批评话语并不是通用的、毫无民族区别的、非政治的和中立的，不能简单从一个语境移植到另一个语境。使用后殖民论述的术语与方法，也有复制或重复后殖民理论所批判对象的逻辑和认可其权力范围的危险。我们需要辨别这种批评反映出来的意识形态基础以及产生的社会和历史语境，也要研究我们与殖民话语策略的关系。我们不能重复殖民者的逻辑，简单地把颠倒了的再颠倒过来，用基于同一逻辑的另一种霸权取代西方霸权。这实际上恰恰意味着西方成功地用‘自己的形象’重新塑造了当地文化，即‘他者’。”⑥

进入21世纪，随着全球化进程的不断加快，我们越来越清楚地看到，过去用来对我们的世界进行认知分类的“工具”以及所产生的各种“知识”面临空前的挑战和危机，以欧美为主导的强势文化也远不如过去那么悠然自得而不受“他者”的质疑甚至否定。后殖民主义文化理论为当代人文社科研究者提供了在“全球化—本土化”语境下既挑战他人又反思自我的一套话语体系。因此，摆在我们面前的最重要的任务就是，如何在这样的双向反思中，在总体上仍旧是集权主义的中国儒家文化传统与标榜自由、民主、法制、骨子里仍然摆脱不了民族中心主义的欧美现代性之间，找到符合我们文化翻译研究言说和发展的平衡点，进而构建真正属于我们自己的后殖民文化翻译研究的空间。

面对外国的文学作品（如小说、戏剧）和文化产品（如电影、电视），翻译不仅是一个多方位多层次理解、比较、构建文本的语言过程，更是一个反复阅读、不断选择、重新写作文本的文化过程。⑦我们既带着母语和自己的文化阅读（有时可能“误读”）外国文本，也在翻译的全过程中或对这些文本进行绅士般的“信达雅”处理，或浪漫的随心所欲，或近乎霸权的道德剪辑。从近两千年前东汉桓帝建和二年（公元148年）安息人安世高对《安般守意经》等三十余部佛经的个体翻译，到唐朝玄奘从西天取经回来后主持规模空前的译场；从明代万历年间徐光启与意大利人利玛窦合译欧几里德的《几何原本》《策量法义》等西学经典，到晚清“新学”时期梁启超、林纾、严复等对西方数百种政治、经济、社会、文学、艺术的译介（包括极具特色的意译、节译、删改、重写、合译、编译等）；从五四运动之后以瞿秋白、鲁迅等为代表在“新文化”背景下掀起的包括译介马列经典、英法现实主义和俄国“无产阶级文学”在内的“文学革命”，到1949年新中国成立以后在“革命文艺”主流意识形态制约下有组织、有计划、有系统、旨在反西方资产阶级文化的守式选译；从“文革”时期反文化反传统的阉割式外译汉和霸权式汉译外，到改革开放以来国人渴望现代文明、“拥抱”西洋文化、近似流行性感冒和赶庙会那般的豪、狂、滥译，我们不仅可以说，中国文化的曲折发展和独特变化都与翻译息息相关。甚至可以说，没有翻译，国人的精神家园是会贫瘠许多的。虽然有的翻译是在制造文字垃圾，但通过众多译者若干世纪的外译汉和汉译外，国人不仅加深了对民族自身和其他民族的认识，翻译带来的跨文化交流与融合还从根本上改变了我们的知识结构和文化心理。也就是说，我们的翻译拓宽了自身的文化视野，而文化的进步和跨文化交流意识的提高，又为我们提供了更广阔的翻译实践和文化翻译研究的空间。

作为“抵抗的”文化翻译的四大策略

从我们民族文化的发展及变化角度来看，似乎可以做这样的表述：翻译让我们更了解他人，也更了解自己。没有翻译，就没有今天开放的文化中国。然而，我们必须明白，今天全球化主流话语在构建“天下文化是一家”的地球村新神话的过程中，隐蔽而巧妙地完成了一次对欧美民族中心主义的复制。但这是否意味着我们只好让自己继续受控于欧美民族中心主义的文化霸权呢？答案是否定的。我们可以借用福柯式的“权力与抵抗”论述，一方面用“多元文化论”（multiculturalism）质疑欧美中心主义“神圣”的主体定位，动摇其“完善”的权力结构，解剖其“堂皇”的主流叙述；另一方面又要充分认识“多元文化论”在“你我平等、文化并存”旗帜后面所隐含的“依然故我、奈我不得”的欧美文化霸权。好莱坞从来不曾禁止别人拍片，然而谁能与之抗衡呢？它不仅称霸于世界电影市场，而且也是西方（尤其是美国）主流思想文化再生产的超级加工场。如前所述，欧美民族中心主义与近几百年来的种族主义、历史偏见、性别歧视、殖民现实和文化霸权密切相关。要对它进行反思进而思考我们新的文化价值取向，必须在展示欧美主流“知识形态”的内在矛盾的同时，在翻译研究工作者中培植作为抵抗的文化翻译。

这里首先要说明的是，“抵抗”（resistance）不是“拒绝”（rejection），它只是一种有审视意识的立场。我们有时很容易盲目乐观，只注意到事物的一方面，过于喜欢“全球化—本土化”时代的那种泛文化、反传统、挑战秩序、消解神圣、消灭等级的“新姿态”，甚至认为它从根本上暴露并动摇了晚期资本主义社会和文化的内在矛盾，“可以给人以反省，从而重新走上更合理的社会形式，建立更健康的文化品格”[⑧]。然而，我在这里要强调的是，资本主义全球化现实中的西方主流话语为非欧美国家和地区，尤其是新兴的发展中国家和地区的知识分子和文化翻译者提供的绝非现实意义上的文化多元或独立的身份，而是在一定程度上探讨这一“全球化”命题的空间并建立各自文化身份的某种可能性。也许经济、文化全球化最让我们认可的一点就是它对“多元性”（multiplicities）的关注和认可。至少在话语层面上，它强调“复数形式”的种族、文化、性别、真理、现实、性欲、理性等，反对任何压制他者的霸权。近百年来的历史和经验告诉我们，文化差异和文化误读在任何跨政治地域（南与北）、跨文化（东与西）、跨种族（白与黑、白与黄）、跨性别（男与女/异性恋与同性恋）的情景中都存在，以社会达尔文主义为基石的极端民族中心主义往往“自恋”本国文化又“意淫”外国文化，无视世界各个文化体系之间的差异。笔者认为，在“全球化—本土化”文化语境中，作为抵抗的文化翻译应当特别注意我们的种种策略。

在笔者看来，作为抵抗的文化翻译既有宏观的文化理论层面，亦有具体的翻译选择和翻译批评的微观层面。以下分四点进行简要论述。

（一）在文化翻译研究中强化“文化多元”意识，拒绝进入世界文化单一化陷阱

20世纪最深刻的教训之一就是必须时刻警惕任何以种族中心主义为基点的殖民统治、经济侵略和文化霸权。人类的“进化”历史似乎很悠久，然而人的“理性”仍然十分有限，“他”的行为总是结果难测：两次世界大战几乎使人们完全丧失物质和精神的家园。西方资本主义工业文明的霸权式扩张使“我们”的这个星球上不同的民族、国家和地区在政治权利的分配、物质财富的拥有、军事能力的大小、知识与文化的生产、流通、消费等方面，差距无可挽回地进一步扩大，传统的西方军事政治的直接殖民在全球化的今天又以各种新的形式出现。比如，西方发明的巨额外债和跨国公司使亚非拉不少国家在“全球一体化”的新神话里得到的是“永远还不清的债务”。[9] 1997～1998年度，美国以在国际货币资金组织拥有的否决权向陷入金融危机的韩国、印尼等国施加霸权高压，让人更痛切地感到，“这个世界始终是强者生存的世界。一千年前如此，一千年后还是如此”。[10]西方殖民主义“遗产”是一头仍在吞噬“他者文化”精神的怪兽，它诱惑或迫使被殖民者走单一的“西方之路”。可以毫不夸张地说，只要第三世界的国家期望“现代化”（它们似乎别无选择，虽然各有各的艰难与不幸），它们都不同程度地被迫以牺牲或损害民族经济利益或文化属性为代价进入西方的

游戏规则之中。[11]从某种意义上说，文化和经济的“全球化”往往是“西方化”“美国化”的代名词，“地球村”悬挂的是无数显形或隐形的星条旗。席柏尔在“西元二千年研讨会”上指出：

> 由于自由民主社会是市场导向的，它可能是一个享有经济繁荣的世界。不过，遗憾的是，这也意味着社会的同质性将相对提高：过去四十年的历史显示，自由民主社会愈来愈美国化了……无论在服装、音乐、事物、农业、制造业、[销]售与零售业，以及其他许多方面，世界逐渐变得单一化。植物学家告诉我们，当一个地区只剩下一种植物，它的体质将变得脆弱不堪，极易感染疾病与虫害。单一文化对于世界文化的发展有百害而无一利，不论那是美国文化、瑞典文化、中国文化或捷克文化。[12]

在众多发展中国家仍旧被生存与发展问题所困扰时，东方主义的现代话语本质上还是一种源于殖民时代的权利叙述，一种“否认、压制或歪曲”其他思维体系文化语境的“长久趋势”[13]。我们应提醒自己，纵观当今世界的地缘政治和种种经济、宗教、文化冲突，“世界大同”只是一个童话般的梦想。而文化翻译研究所提倡的把翻译看作“跨语言的文化交流和跨种族的文化身份构建”[14]的主张，无疑将提高我们的“多元文化”意识，在“全球化—本土化”的文化翻译实践中拒绝进入世界文化单一化的陷阱。我们的文化翻译的跨文化“愿景”其实就是不同种族之间的文化平等和相互融合，反对任何形式的文化霸权，抵抗那些显性的和隐性的以欧美中心主义为基础的标准。1993 年的《曼谷宣言》就是质疑西方人权道德标准适用性的一个很好的例证。[15]1993 年 6 月，在奥地利维也纳召开的联合国世界人权会议中，西方国家与第三世界人权观点严重对立，以中国、印尼、新加坡和马来西亚为首的亚洲国家提出了亚洲的人权观念，主张在文化平等的基础上，国家的发展权利应优先于个人主义，并义正词严地抨击了西式人权的普遍性主张。

（二）重新认识翻译中的“文化误读”问题

乐黛云在《文化差异与文化误读》一文中，简要论述历史上对待这种差异性的三种不同态度：第一种是将其斥为异端进而同化之；第二种是承认其价值，但抽空其生命、崇拜其空壳；第三种是赞赏不同文化多元共存的相对主义。该文指出，由于文化的差异性，当两种文化接触时，就不可避免地会产生误读。这里，我们要注意文化"误读"的诸多方面。第一，人们的"视域"决定了他们对另一种文化的选择、切割、认知和解释，像阅读和翻译外国文本这种跨文化活动，要真正超越自身的文化、彻底消解民族中心主义是十分困难的，甚至是不可能的。文化间的相互"误读"是客观存在的，我们应正视它。第二，"误读"不一定就是"歪曲"或"阉割"，它往往在文化发展中具有某种推动作用，比如当年茅盾对尼采"向权力的意志"（the will to power）的误读，把德意志强大帝国的"向权力"，即"占领和征服"，解读为五四时期病弱中国必须认同的"向权力"，即"反占领和反征服"。这样的误读，"一方面丰富了主体文化，另一方面又从完全不同的角度扩展了客体文化的应用范围和解读方式"[16]。第三，"误读"往往比"正读"普遍得多，它可能发生在任何"跨话语"（inter-discourse）的场景：本土对海外、现代对古代、今天对昨天、男人对女人、权贵对百姓、长辈对晚辈、南对北、东对西、甲方对乙方。第四，在多数情况下，翻译对文化的浪漫"误读"意味着对本文化的某种批评。20 世纪 60 年代法国、英国、日本及其他一些国家的许多青年学生和知识分子对中国"伟大的无产阶级文化大革命"的"误读"就隐含着对本国（资本主义）文化的焦虑和不满。第五，误读有时可能造成相当严重的"悲剧性后果"。比如 20 世纪 20 年代梁启超对西方文化危机的解读，他在《欧游心影录》中大声疾呼要以中国的"精神文明"去拯救西方的"物质疲惫"。"结果并未拯救了别人，倒是国内崇奉国粹，热心复古的浪潮大大盛行起来，延缓了中国文化现代化的进程。"[17]总而言之，我们要理性地看待文化翻译中的"文化误读"问题。

（三）加强全球"华语体验"文本的文化翻译

张富贵在《全球化时代与现代公民意识的确立》一文中这样写道："对于中国来说，全球化时代应该是一个整体转换的时代，是近百年来从被动现代化向主动现代化转换的过程。"[18]然而这个转换的过程是漫长的，代价也是沉重的。这一点，只要看看我们今天传统文化遭遇的尴尬、大学教育经受的迷茫、人文精神无奈的失落，以及少数民族生存空间的压缩、民族文化身份的裂变、国民心理空间的残破，我们就不难想象，要找到符合我们言说和发展的平衡点，在批判西方政治经济文化霸权、反思我们传统文化束缚、警惕"中国人也开始殖民非洲"等言说的同时，构建真正属于我们自己的后殖民文化翻译研究空间和体系，真是任重而道远。笔者认为，我们可以采用的一个策略就是，加强有关全球“华语体验”（The Chinese Experience）文本的文化翻译。这也是一个发展文化翻译的创造性叛逆的问题。安德烈·勒夫弗尔（André Lefevere）曾指出，文本翻译通常受制于权利关系的调控，其目的在于构建一个被译文化（source culture）的“图像”，以便可以保留或延伸主流群体相对于他者的霸权地位。[19]因此，我们在文本的选择、阅读、翻译、评论各方面都要有某种程度的文化“叛逆”。加拿大籍华人作家赖万（Laiwan，音译）写过这样一首中英双语诗“殖民化了的文化”（*The Imperialism of Syntax*）。此诗中英文各25行，中文如下：

> 战争，鸦片，贫穷的动乱//迫使你离开了祖国。//现在面对着这块土地，它将限制你//长途跋涉后踏上它的国土，//归属别人的语言，//别人的句法。//很快，那些语法的归戒使你//忘了自己。//生硬的发音，//成了让人奚落的笑料。//强咽舌上新文化的苦涩，//为了生存，//得证明你的同化，//证实自我的消失。//现在你在这儿//还记得你的句法，你的语言？//它们本应使你记住自我的存在。//这儿/当有人要你//回到你来的地方去，//告诉他：你也走你的。//这块土地//没人能染指//没人能占有//然而却这样发生了。//力量来自于刻苦奋斗的生活。[20]

此诗也许能刺激我们反思自己与“他人”、西方与东方、殖民与后殖民语境、汉族与少数民族的文化身份、处境和融合等命题。笔者认为，国人在“全球化—本土化”语境中对欧美文本进行文化翻译时，是应该正视并探讨欧美民族中心主义及其复制和“他文化”的抵抗这些问题的。不然，美国式的全球文化一体化将带来人类文化的单调和没落，“东方主义”的文化思维将故伎重演，我们会在不知不觉中丧失自身的立场和身份。这里我举两个例子。（1）上海。上海是个复杂的文化符号，许多人（包括西方人）很怀念其20世纪“辉煌的东方巴黎”时代。张艺谋也曾试图通过电影《摇啊摇，摇到外婆桥》来再现它的昔日魅力。笔者认为，“大上海”过去或现在或将来是一个“国际城市”，但如果首先它不是中国的一个城市，东方的一个城市，也许它就什么也不是了，尽管很多人至今为这个所谓的“东方巴黎”自豪又魂牵梦绕。（2）莫言。2012年最让中国人津津乐道的名字可能要数“莫言”了。莫言获得2012年诺贝尔文学奖，全世界华人为之欢呼雀跃。虽然莫言的获奖并非意味着中国文学文化已被地球村的所有"村民"完全接受，但莫言众多作品所体现的文学品格、文化内涵、人文关怀及汉语言文字的魅力却是有目共睹的。获得诺贝尔文学奖的莫言已成为或将要成为"世界的莫言"甚至"人类的莫言"，但他首先是"中国的莫言""山东的莫言""高密（东北乡）的莫言"。无论如何，他不应当是"中国的威廉·卡斯伯特·福克纳"或"中国的加夫列尔·加西亚·马尔克斯"或"中国当代的鲁迅"。虽然莫言的写作手法和风格在一定程度上受过这三位大师或其他作家的影响，但莫言就是莫言自己——一个有中国文化独特气质和叙事风格的作家，而文化翻译研究最应关注的就是翻译过程中如何再现这样一个独一无二的有中国文化独特气质和叙事风格的莫言。

（四）尽快建立有特色的文化翻译研究，拓宽我们关注和言说的空间

具有高度审视意识的文化翻译研究，不只是为本文化寻找一面镜子，从而使其社会道德、价值信仰、真理标准相对化；而且，我们通过对异文化的观察思考，对霸权和神话的解构，能够在新的"全球化—本土化"语境中丰富和更新自己的文化。但须记住的是，"任何属性皆构建于差异之上，它与差异政治共存亡"。[21]笔者认为，要建立有特色的文化翻译研究，首先要消除偏见，充分认识翻译是一种复杂的创造性文化"劳动"。尽管翻译在现代中国文学史上有着突出贡献，却被文学史家和文化管理部门忽视。当我们面对这种现状时，应十分认真地进一步探讨文化翻译的性质和归属，公正客观地反映文化翻译工作者的翻译思想、理论主张、翻译活动和成就，真正承认翻译家的创作地位和文化翻译研究的学术地位。其次，要发展一种健康、公正、专业的译评风尚。每部译作应有见解独到、言之有物的"前言"或"译后记"或"序"或"跋"；各级翻译家协会更应该组织形式多样的翻译文化研讨会，出版更多翻译理论与实践的论著，以便给读者提供新的甚至"另类"的声音，创造新的甚至"另类"的文化翻译研究空间。

笔者认为，被当前主流翻译研究忽略的极其重要的文化翻译空间是强大的、无处不在的互联网虚拟空间。由于我们主流纸质媒体的运营机制和媒体本身受时间、空间和其他物理因素的制约，数以千万计的观点鲜明、视角独到的文本（如文学作品、文化评论、影视作品）在互联网上飞速传播。有些文本在数小时内的点击就达几十万甚至数百万次，其"影响因子"（impact factor）远胜任何纸质文本。如果我们想拓宽文化翻译的关注和言说空间的话，就必须提升自己的中西/中外跨文化交流意识，积极利用互联网所提供的各种平台，努力介入深层次语言文字和文化的交际、协商与论争。

近几年来，有一首在全球华人圈子引起轰动的英文诗“*What Do You Really Want from Us?*”这首“给西方的诗”《你究竟要我们怎样生存?》发表于2008年5月18日的《华盛顿邮报》，现摘抄数行译为中文：

我们被称作东亚病夫时，你视我们为“黄祸”；
我们被预言是下一个超级大国，你说我们是“威胁”。
我们闭关锁国时，你走私鸦片来强夺市场；
我们风雨飘摇时，你铁蹄踏来要求瓜分（中国）的机会平等；
我们拥抱自由贸易，你骂我们抢走你的饭碗。
……
当我们人口达到十亿，你说我们正在摧毁地球；
我们限制人口增长，你说我们在践踏人权。
那时我们一贫如洗，你视我们贱如猪狗；
我们有钞票借给你，你怨我们令你债台高筑。
我们发展工业，你说我们污染环境；
我们有货品卖给你，你说我们让地球暖化。
……
你为何这样恨我们？我们想知道。
“不”，你说，“我不恨你们。”
我们也不恨你；只是，你真了解我们吗?
“当然了解”，你说。
“我们信息多多，既有AFP、CNN，还有BBC……”
真的，你究竟要我们怎样生存?
回答之前，请你仔细想想……因为你的机会不是无限的。
够了……这个世界已容不下更多的伪善。
我们要的是：同一个世界，同一个梦想，盛世太平。
这个广袤的蓝色地球，容得下我们所有的人。

这位作者表达的是整个中华民族多年来积压的愤慨和无法表达的心声：以前国弱受尽列强欺凌，今天好不容易开始崛起却又受西方的敌视，中国人似乎做什么都不对，都得不到西方的理解和认同，你们究竟要我们怎样生存？这首诗反映了“全球化—本土化”时代华人的心态，抒发了华人长期以来的集体压抑、疑惑和对新的文化身份的追求。其实，西方某些人对中国的无端敌意和扭曲的心态，原因很复杂，包括中国国际地位的飞速提升，“五千年文明古国”的文化优越感，也有我们自身的心理缺失及经济高速发展中的浮躁和资本原始积累过程中的贪婪，同时也有西方人的种族歧视、历史成见、利益冲突以至害怕中国软硬实力的强大等因素。互联网是中西文化交往的重要平台和桥梁，如何促进我们与他人（尤其是西方人）的沟通，这首诗值得我们认真阅读和思考。

选择翻译并传播这样的文本是“全球化—本土化”后殖民语境中文化翻译的一种抵抗策略、路径和模式。这似乎与斯皮瓦克（Gayatri C. Spivak）所倡导的翻译应是转换式改造这一主张相吻合。[22]文化翻译是不同种族间难度最大但最触及灵魂的沟通方式，因为文化翻译的终极目标不仅是帮助一个民族构建、协调、整合自己的价值体系和文化身份，而且是帮助其从根本上纠正甚至挑战他人对自己的历史误读和文化偏见。也就是说，文化翻译在跨文化交流的宏观层面上统领译文走向，又在语言转换的微观层面上理解和再现源语言文本的文化内涵。我们再以莫言获得2012年诺贝尔文学奖为例，他的获奖，除了其作品本身的文学品格、人文关怀及汉语言文字的功力之外，笔者认为，美国著名汉学家、文学翻译家葛浩文（Howard Goldblatt）教授对其主要作品（如《红高粱》《天堂蒜苔之歌》《酒国》《师傅越来越幽默》《丰乳肥臀》《生死疲劳》《变》等）的高质量的英译功不可没。葛氏的英文翻译不仅语言流畅、生动、传神，而且对莫言作品里展示的曲折的当代中国历史、复杂的社会现实、丰富的文化内涵、草根的人文精神和独特的写作风格皆有十分精准的理解和挥洒自如的再现。如果没有葛氏这种娴熟的深层次的文化掌控，那些译作将是苍白的外来故事，注定缺少中国文化之精气。

结　语

不管我们是否意识到，真正意义上的文化翻译不仅仅是在两种语言文字所构建的空间里获得美感与快乐，而且也是一项复杂的跨文化活动：是两种文化、两种意识、两个价值系统、两个灵魂的对话。这一复杂的创造性活动要求我们不仅具备较强的中文和外文基本功[23]，熟悉两种文化的异同，而且对中国文化的发展要有相当强烈的历史感，对由发达的市场经济推动、时刻散发出欧美民族中心主义的西方文化，要有客观冷静的审视意识。笔者并没有迷恋所谓“高雅文化”的怀旧情节，但像傅雷、杨绛、查良铮、王道干、杨宪益等先生那样文学素质和个人品格都同样杰出的翻译家，当代的中国似乎拥有太少。他们炉火纯青的文字功夫，对现代汉语韵律的感觉、把握和表现，今人难以企及。[24]当然令人不必过分伤感的是，我们仍有很多翻译者在兢兢业业地耕耘这片丰富多彩、疆界模糊的文化沃土。不论是对我们在西方现代主义盛行的大背景下从事翻译而且硕果累累的过去，还是对在这个高唱“推翻”典范、“打倒”传统、“消解”理性、“对抗”中心主义，即刘再复所谓“放逐诸神”“告别革命”的后现代，或是在提高警惕、抵抗西方文化帝国主义的后殖民文化语境里继续翻译的今天，我们对外国（尤其是西方）文化及其产品更应该有一种审视意识和一套有效的策略。也就是说，在文化翻译研究中，我们要不卑不亢，学习他人，以丰富自我的生命体验。只有这样，我们方能在 21 世纪建立一个更强健勃发、更自由民主、更智慧大气的现代中华人格。

总之，我们应在拥抱后殖民新时代所倡导的“多元文化”的同时，警惕各种话语霸权，防止文化和批评层面上的“失声”，努力把握好“全球化—本土化”语境中作为抵抗的文化翻译。

---

①Thomas L. Friedman, *The Lexus and the Olive Tree: Understanding Globalization.* New York: Farrar, Straus, Giroux, 1999, p. 309.

② Roland Robertson, “Globalization: Time-Space and Homogeneity-Heterogeneity,” in M. Featherstone, S. Lash, and R. Robertson, eds., *Global Modernities.* London: Sage, 1995, pp. 25 – 44.

③丁仁方：《全球化与新地方主义》，台北：《国政评论》，2002。

④ D. M. Flournoy and Robert K. Stewart, *CNN Making News in the Global Market.* Luton: John Libbey Media, 1997.

⑤张学昕：《“全球化”我们的文化选择》，北京：《文艺报》2001 年 9 月 10 日。

⑥张京媛主编：《后殖民理论与文化批评》，北京：北京大学出版社，1999，第 10 ~ 11 页。

⑦部分认同翻译学“文化转向”的学者认为，全球化时代的翻译功能发生了“从文字翻译到文化释义”的大转变。参看 Wang Ning, “On Cultural Translation: A Postcolonial

Perspective,” in *Translation*, *Globalisation and Localisation*: *A Chinese Perspective*, edited by Wang Ning and Sun Yifeng. Clevedon: Buffalo and Toronto, 2008, p. 75。

⑧王岳川:《后现代主义文化研究》,北京:北京大学出版社,1992,第 40 页。

⑨何新曾指出,现在世界上八十多个国家陷入巨额债务危机。四十来个国家还不起债,十七个国家由于负债特别严重,国民经济濒临破产。让人深思的是,世界上的资金并不是由富国流向穷国,而是由穷国流向富国,平均每年的净流出额达500亿美元,流向是美国、西欧、日本。这“既可以说明自80年代以来,许多不发达国家尽管实现了工业化(如拉美国家),却何以比以前更穷;又可以说明发达国家富裕的源泉究竟何在”。(何新:《中华复兴与世界未来》,成都:四川人民出版社,1996,第 117~120 页)今天的欧美更是债务累累,殃及全球。

⑩何新:《中华复兴与世界未来》,第 495 页。

⑪《中国还是能说不》的作者宋强等指出,“一旦我们以勤劳和真诚再度进入规则时,我们发现这些规则对我们的歧见因鸿沟的扩大而加深了,而且亚非拉知识分子、经济界人士和政治家最大的发现是:这种规则的狼性——即吞食弱小者的利益以壮大国际资本、维护少数国家的领先优势,已经不再是吞吞吐吐羞以道破的秘密了”。参见宋强等《中国还是能说不》,香港:明报出版有限公司,1996,第 17 页。

⑫席柏尔(John Silber):《希望与绝望:一个视点的问题》,在“西元二千年研讨会”上的演讲,张蓉译,香港:《明报月刊》1998 年 1 月号。

⑬Edward W. Said, *Orientalism*, *with a new afterword*. London: Penguin Books, 1995, p. 347.

⑭Sihui Mao, “Translating Popular Culture,” in *Translation*, *Globalisation and Localisation*: *A Chinese Perspective*, p. 172; Martha P. Y. Cheung, “*Chinese Discourses on Translation*: *Positions and Perspectives*,” *Special Issue of The Translator*, Vol 15, No. 2, 2009, p. 225.

⑮中国人权研究会:《〈曼谷宣言〉是一个什么样的人权文件》,北京:《人民日报》2005 年 4 月 8 日。

⑯⑰乐黛云:《文化差异与文化误读》,载乐黛云、勒·比雄主编《独角兽与龙——在寻找中西文化普遍性中的误读》,北京:北京大学出版社,1995,第 108~112 页。

⑱张富贵:《全球化时代与现代公民意识的确立》,广州:《粤海风》2004 年第 4 期。

⑲Andre Lefevere, “Translation: Its Genealogy in the West,” in Susan Bassnett and A. Leferere, eds., *Translation*, *History*, *and Culture*. London: Pinter Publishers, 1990, pp. 15–27.

⑳Bennett Lee & Jim Wong-Chu, eds., *Many-Mouthed Birds*: *Contemporary Writing by Chinese Canadians*. Vancouver/ Toronto: Douglas & McIntyre, 1991, pp. 57–58.

㉑霍尔(Stuart Hall)的原话是“All identity is constructed across difference and begins to live with the politics of difference”,参见 Stuart Hall, “Minimal Selves”, in *Identity*: *The Real*

Me, ICA Documents 6. London: Institute of Contemporary Arts, 1987, pp. 44 -46.

㉒Mark Sanders, *Gayatri Chakravorty Spivak*: *Live Theory*. London: Continuum, 2006, p. 34.

㉓刘宓庆提出克服翻译的客观制约性的三种能力:分析—综合能力,应变—对策能力,表述—行文能力。详见刘宓庆《当代翻译理论》,台北:书林出版有限公司,1995,第62~63、304~313页。

㉔笔者很赞同王小波的看法,“假如中国现代文学尚有可取之处,它的根源就在那些已故的翻译家身上”。“作家们为什么现在还爱用劣等的文字来写作,非我所能知道。但若因此忽略前辈翻译家的贡献,又何止是不公道。”参见王小波《我的精神家园》,北京:文化艺术出版社,1997,第143页。

参考文献

[1] 刘再复:《放逐诸神:文论提纲和文学史重评》,香港:天地图书公司,1994。

[2] 罗马俱乐部:《共建新世纪》,香港:博益出版集团,1992。

[3] 孙隆基:《未断奶的民族》,台北:巨流图书公司,1995。

[4] 陶东风:《当代壮学与文化研究的“后现代”误区》,《学术研究》1994年第2期。

[5] Susan Bassnett and A. Lefevere, eds. , *Translation*, *History and Culture*. Cassell: London, 1990.

[6] Michel Foucault, *Power/Knowledge*: *Selected Interviews and Other Writings 1972 - 1977*. Colin Gorden, ed. , Harvester Press, Brighten, Sussex, 1980.

[7] Sardar Ziauddin, *Postmodernism and the Other*: *The New Imperialism of Western Culture*. London & Chicago: Pluto Press, 1998.

[8] “What Do You Really Want from Us?” *The Washington Post*, May 18th, 2008.

作者简介:毛思慧,澳门理工学院贝尔英语中心主任、教授,国际译联理事,中国中美比较文化研究会副会长。

[责任编辑:陈志雄]

(本文原刊2013年第2期)

达·芬奇密码：对《最后的晚餐》的语境重建

吴　琼

[提　要] 达·芬奇《最后的晚餐》堪称最为人熟知的艺术杰作。但这件作品的杰出性到底体现在哪里？其作为一幅宗教绘画的感染力到底是如何实现的？委托人的世俗愿望在图像中到底是如何满足的？本文将结合这件作品的创作语境，通过考察经文文本与图像文本的关系、图像的细节处理、图像惯例与艺术家的创造性修正、图像空间与委托人的愿望达成等方面回应这些问题。

[关键词]《最后的晚餐》　达·芬奇　经文记忆　图像建制　委托人制度

看到这个题目，许多人立即会想到美国畅销书作家丹·布朗的同名小说，但此处要说的并不是这部用秘史、野史、性、谋杀和悬疑堆砌起来的“末世学”作品。本文要讨论的是达·芬奇的名作《最后的晚餐》，将尝试在一定的社会历史情境中来重构图像生产与图像接受的场景，让参与图像运作的众多因素在场景中复活，以显示它们与图像意义生产之间的复杂关联。

一　熟知并非真知

对许多人而言，达·芬奇《最后的晚餐》的权威性和它的家喻户晓都是毋庸置疑的，或则这两者根本就是一回事，以至于我们都搞不清楚它到底是因为毋庸置疑的权威性而变得家喻户晓的，还是因为家喻户晓而具有了毋庸置疑的权威性，反正对于呈现在我们面前的东西，我们似乎已经无所不知。例如，我们所有的人都知道它画的是福音书里面的故事，都知道那上面有几何透视法，有古典艺术或古典美学的对称法则、有机统一原则和文艺复兴绘画惯用的金字塔构图，也知道正是它们造就了画面的秩序感、稳定感和庄严风格。求知欲更强一点的人，还知道那幅画是画在一个修道院饭厅的墙上的，并能知道画中十二门徒的名字和位置，甚至还能如观相学家一般历数出每个门徒的动作的性格表现。进而，读过丹·布朗的小说的人，还知道这位小说家依据捕风捉影的传闻和野史所做的离奇的推定，即画面中坐在耶稣右手且显出女性般忧伤的人物并不是传统所说的使徒约翰，而是和耶稣有着暧昧关系的抹大拉玛利亚——其依据之一就是画面中“她”和耶稣正好穿着“情侣衫”。然而，即便你对所有这一切都了然于胸甚至知道得更多，仅凭它们就能完成对作品的理解和阐释吗？仅凭它们就能凝定作品的意义吗？达·芬奇能够在同时代画同一题材的众多画家中脱颖而出，所凭借的究竟是什么？

还有，我们现今在各种画册和美术史书籍中都可以看到《最后的晚餐》的复制图片，可我们是否知道，这个为所有人熟悉的“图像”其实是一个脱离了原初语境的“纯绘画”。就是说，我们看到的或我们谈论的并非画作本身，我们面对的并非“原作”，而是原作的“图像”，并且常常是“局部图像”。更重要的是：我们对它的谈论从来都不是基于“设身处地”的情境式观看，我们看到的和谈论的只是一件与环境或语境相脱离的“艺术品”，画作周围环境的物质性在观看中被无意识地省略了。这种对物质性环境的视而不见还不够令人诧异吗？——要知道，对于文艺复兴时期的意大利绘画尤其是教堂壁画而言，环境即文本的一部分，画作的存在语境对作品的意义生产有着至为关键的作用。

《最后的晚餐》是一件“教堂壁画”，这是人尽皆知的事实。可我们对这个事实的意义知道多少呢？极少有人想过这是一个值得思考且必须思考的问题。

文艺复兴时期虽然不乏可移动的板上画，例如许多祭坛画和人物肖像画，但画在教堂墙面上的湿壁画无疑是这个时期意大利绘画（尤其在佛罗伦萨和罗马）的主导类型。在此，教堂的空间和环境构成了图像生产和图像接受过程中最重要的建制因素，单就图像生产而言，它给图绘者提出了一系列不同于可移动的板上或布上画的技术要求，其中有三点值得特别关注。

第一，大尺度。再大尺寸的画布与建筑的墙壁比起来也是小巫见大巫。在巨大的墙壁上绘画，这给艺术家提出了诸多技术上的难题。比如，艺术家可以对墙面进行切分，以组画方式实现空间配置，这意味着他必须处理好画幅与画幅之间或组画与组画之间的叙事关系；但有的时候，委托人可能要求在整个墙面上只绘制单幅或若干幅作品，这时对艺术家而言，最重要的就是画面安排，尤其是画面空间的配置，如人物在空间中的排列、人物与环境的关系、空间秩序的设定、背景空间的设置等。同时，大尺度也给画家提出了观画者位置的问题：哪个位置是理想的观看位置——观画者在那个位置既可以对画面一览无余，又不会产生视觉压迫感；既要让观画者产生身临其境之感，又要让他的视觉对画面空间有一种主导感？总之，面对大而空的墙壁，空间的秩序化是每个画家首先要去处理的。

第二，不可移动性。壁画的另一特征就是它的不可移动性，一旦被绘制到墙上，它就会“永久地”存在于所处的空间和环境中，并会对空间和环境产生持久的影响。这意味着艺术家在进行构思和设计的时候必须充分考虑环境的因素，比如图画所处建筑空间的功能、图画与建筑内景的匹配、这面墙上的画与其他墙上的画的关系，还有画面与天顶、墙面、地面、柱、门窗的关系，画面尺度与建筑的空间尺度的关系，等等。总之，作为建筑内景的有机构成部分，壁画的不可移动性要求画家在创作的时候充分考虑并利用绘画与环境的相互影响和相互作用，例如拉斐尔为梵蒂冈教皇宫“签字厅”绘制的一组作品——《雅典学院》是其中的一幅——就是处理这种关系的典范。

第三，宗教题材。毫无疑问，既为教堂壁画，自然以宗教题材为主。按中世纪以来的传统，教堂壁画不只是为了装饰或美化教堂的环境，更是为了对信众进行宗教教育，这意味着艺术家应尽可能选用信众比较熟悉且具有宗教感染力的题材。而这类题材的选择总是与一定时期教会及社会在宗教崇拜上的风气有关，最终导致了同一题材的大量重复，比如“受胎告知”“基督诞生”“三博士来拜”“圣母子”“最后的晚餐”“哀悼基督”等就是文艺复兴时期重复得最多的题材。这种重复给了艺术家同台竞技的机会，对图绘技术的不断完善无疑是一种推动和促进。为了最大限度地发挥图像的宗教教育目的，为了让图像的能指系统和诱惑点能够与观者的视点或观看期待达成一致，艺术家们发展了各种“现实主义”的幻觉技术，如自然的现实主义、心理的现实主义和象征的现实主义，以制造身临其境般的观看效果。

大尺度、不可移动性和宗教题材，教堂壁画的这三个特征为艺术家的图像制作提出了一系列技术要求，它们就像是来自图像家族及社会共同体的一系列他者指令，以各种可见或可知的图绘惯例规制着艺术家的选择，而艺术家为确立自己身为艺术家的主体位置，就必须通过参与到同惯例的符号游戏中来树立属于自己的风格标识。达·芬奇在《最后的晚餐》中就最大限度地利用了各种惯例的要求，确切地说，是把这些惯例的要求利用到了极致。

二　图像与经文记忆

实际上，对于教堂壁画的宗教题材，还有一个因素需要考虑，那就是图像的经文参照。至为关键的一点在于，教堂里的图像是为人们“阅读”经文而设，或者说是要求人们透过图像回想起经文的叙事及其宗教含义，因此，观者对于图像细节及其主题的识别是与经文记忆的启动联系在一起的。

贡布里希在讨论《最后的晚餐》的时候说，关于它的来源和演化，几乎没有文献存世，除了它的创作年代可以推断出来以外，其他许多信息都只能依靠猜测；不过有一件事是较为确定的：同处于相同处境的其他艺术家一样，达·芬奇在创作的时候有两个可以依赖的资源，一个是他所面对的“艺术传统”，另一个便是“福音书的内容”，而后者本身也是艺术传统的组成部分。[①]进而，如果说“福音书的内容”是《最后的晚餐》的参照，那达·芬奇参照的是哪一部福音书呢？——因为“最后的晚餐”的故事在四部福音书中都有记载，但细节上互有出入。贡布里希说：主要是《约翰福音》，但也参照了《马太福音》。理由是：在四部福音书中，人们（更确切地说是画圣餐礼的画家）历来偏爱《约翰福音》。[②]可《约翰福音》对使徒约翰的姿势的描述——先是“侧身挨近耶稣的怀里”，后又“就势靠着耶稣的胸膛”——与画面明显不符，对此贡布里希解释说，福音书的那个记载是因为古人习惯斜倚在卧榻上就餐，而这个古老习惯早已被忘记了，人们现在习惯描绘使徒是坐在桌旁。沃尔夫林似乎也持同样的观点，且理由也大致一样，他说，达·芬奇放弃圣约翰卧倒在基督胸前的“传统母题”，是因为这个姿势与坐在桌边的“新式的”就座位置结合在一起时会变得很别扭。[③]实际上，达·芬奇是以《约翰福音》为主要参照，同时以“同观福音”的方法来处理其他各福音书在细节上的差异。于是在画面上我们看到的“最后的晚餐”是一个“拼接”版本，即不论你偏爱哪一部福音书，都能够在画面上找到相关的细节作为印证。

四福音书中，《马太福音》成书最早，对“最后的晚餐”的叙述也最为完整。这一叙述记录在第 26 章第 20 ~ 28 节，其中包括这么几个情节：耶稣告知被卖的消息；众门徒的反应；耶稣暗示卖人子者的特征并对他发出诅咒；犹大的发问；耶稣制作和分发圣餐。其他三部福音书的记述虽然在细节上有出入，但都包含上面的基本情节。

为什么要特别提到福音书呢？理由很简单，福音书是《最后的晚餐》的潜文本。所谓“潜文本”，在此指的是主文本（图像文本）的指涉文本或参照文本，它作为主文本的建制化背景而存在，但却有效地参与到了主文本的意义建构中。单就此处的主文本和潜文本的关系而言，如果我们把主文本视作一个凝定意义的意指系统，则作为被指涉对象的潜文本就是它的表征参照，这时候，两者间的关系是隐喻性的，一个是另一个的视觉化表征，或者说是以视觉为中介的文本替代；但如果把观画者也加入到这个关系中，这时，图像化的主文本是一个能指系统，即相对于观者而言，《最后的晚餐》是一个能指系统；而作为指涉文本的福音书相对于观者而言是另一个能指系统，且两者之间是一种邻近的转喻性关系，一个是另一个的图像化呈现，文字系统和图像系统在相互的对照中进行着意义的增补和完形。但这一关系的实现有赖于观者的经文知识或经文记忆，就是说，若是没有信徒对福音书的经文记忆，《最后的晚餐》的意义是无法如其所愿地实现的，例如，在一个毫无信仰背景且对福音书一无所知的观者那里，或者如果这幅画不是出现在宗教场所而是出现在某个贵族的客厅，它就有可能沦落为一件风俗画或寓意画，图像学家欧文·潘诺夫斯基曾经说过，澳大利亚丛林中的居民就无法识别《最后的晚餐》的主题，对他们而言，这幅画所传达的思想只不过是一次令人兴奋的聚餐而已。④

作为福音书的视觉化表征，达·芬奇在此必须要处理的一件事情就是图像文本和文字文本的关系。

简单地说，文字的叙述是历时性的，对它的阅读也是历时地展开的，而图像的再现和观看是共时态的，传统美学理论把这称作“诗与画的界限”，并强调“诗”（叙事）可以表达作为过程的行为，而“画”（图像）只能再现作为瞬间的动作。⑤图画要想再现过程，就必须按时间性对动作进行分解，文艺复兴时期祭坛画中常见的所谓“三联画”就是这样来处理叙事的，比如“博士来拜”的题材就常常被分解为“三博士得知圣子降生的讯息”“三博士前往伯利恒”和“三博士朝拜”三个情节；有时人们也在同一幅画中表现连续的叙事，比如在“受胎告知”中，就让“圣灵感孕”和“天使来报”两个情节并置出现，其中“圣灵感孕”通常是由透过窗户射向玛利亚的光柱中的一只白鸽来表示。

可在宗教绘画中，诗与画的“美学”界限是可以被突破的，因为宗教画的叙事题材对身为信众的观者而言是十分熟悉的，他们完全可以运用已有的经文记忆来对图像的暗示性动作做叙事化的完形。达·芬奇在《最后的晚餐》中处理图像和叙事的关系时就采取了一个非常的策略，他将历时的叙事共时化，把福音书描述的多个事态同时性地并置在画面空间中：主告知将要被卖的消息；众门徒的反应；犹大的反应；祝谢圣餐，等等。这些不再是存在于一个个分离的画面片断中，而是存在于一个个分解的动作暗示中。例如耶稣向前摊开双手的动作，既暗示他在告知被卖的消息，也暗示他对众门徒的追问的回应，还暗示他赐福圣餐的场景；众门徒形态各异的动作显示了他们听到主被卖的消息后的反应；犹大的动作则暗示了他听到耶稣的诅咒和跟耶稣对质后的惊恐。所有这一切被统一在一个整一的画面中，构成了“最后的晚餐”的叙事的“完整”版本。

将一个历时地发生的故事共时态地并置在同一个画面中，但观者并不会因此产生混乱和错位的感觉，因为观画者或者说画家假定观画者已经熟知经文的叙述，他们可以依照经文记忆把图像的片段完形为或组织为一个连续的整体，或者说他们可以依据这些分解的动作来还原经文的叙述。不在场的文字文本和在场的图像文本在此共同运作，建构了一个视觉情境，一个意义生产场，而信仰共同体的经文记忆就是使这一运作得以可能的前提。

那么，经文记忆在信众的观看中到底如何发挥作用？不妨看一下经文中众门徒发问的段落。

在逾越节夜晚的筵席上，耶稣说：“我实在告诉你们，你们中间有一个人要卖我了。”但他没有说这个人是谁。常规来说，门徒们的反应除了愤怒、不安、悲伤等之外，应当是立马追问：“这个人是谁？”可经上不是这样说的——只有《约翰福音》中的约翰有此一问，他问：“主啊，是谁呢？”——而是说他们听到这个消息后甚为忧愁，就一个一个地问耶稣：“主啊，是我么？”

这个修辞大有深意：“是谁？”的提问是本能性的和推拒性的，意即出卖者肯定不是我，而是别人；“是我么?”的提问则是自反性的，是自疚的、自责的。“是谁?”之所问是别人，“是我么?”之所问是自己，意即：主是不是在怀疑我，觉得我还不够忠诚；或者在主的眼里，我终究还是罪人；再或则我的内心里有没有过怀疑主的时刻和背叛主的意念，哪怕是一闪念，等等。并且这也是众人忧愁的原因之一，他们既为主的赴死而忧愁，也为自己在主面前的欠缺和亏欠而忧愁。所以，“最后的晚餐”这个主题的宗教力量不在于找出罪人和对罪人做最后的审判，而在于警醒每个人：面对自己的罪和不义，我们当时刻自问“是我么?”“我有过这样的想法么?”“我有过对不义的屈从么?”达·芬奇的画作虽然没有直接表现这个自问的场景，但熟悉经文的观者站在画的面前一定会感受到这个自问的巨大力量，因为被启动的经文记忆一定会把这个自问带到他们的面前。

所以，记忆在这里是一个触发机制，它把观者从图像文本引到经文文本，它让观者用经文文本来增补、充实图像文本。而正是经文记忆的这个机制，使得图像本身具有了一种询唤功能，它召唤观者进入经文叙事，在记忆的想象性触发中直接面对那个自问的时刻：“主啊，是我么?”宗教的本质不就是要求个体在神圣的存在面前不断地自问自省么！我们不是只有在这种严峻的自我拷问面前才能领会到主的恩典么！宗教画的宗教力量不就是来自它的这一询唤功能么！就像《最后的晚餐》，当你站在画幅面前，看着耶稣向前伸展的双手，你看到的不就是一种邀请么！邀请你做什么?当然首先是去做自我拷问，然后才是去分享圣餐。

三　细节的力量

经文文本和图像文本的互文作用还只是启动观看效果的机制之一，《最后的晚餐》终究是以图像的可见性而为人所知，因此我们必须转向图像本身。在此，贡布里希所言的“艺术传统”将通过达·芬奇的修正和完善而发挥出重要的作用。

《最后的晚餐》是达·芬奇受米兰公爵的委托画在一个修道院餐厅的泥灰墙上的。整个画幅长 880 厘米，宽 460 厘米。达·芬奇摒弃传统的湿壁画画法——颜料必须在石灰墙面“未干”时就被涂上以便它慢慢变干变硬——首次大胆尝试把自己调制的蛋彩颜料直接画在干燥的墙面上。但由于米兰空气潮湿，且达·芬奇的颜料涂得很薄，致使画面在半个多世纪之后就开始出现霉斑和剥落。接下来是一次又一次的修复甚至毁损。这些修复让原作的面貌变得越来越模糊、恍惚，在今天，我们面对的只能是一个衍生的文本，一个不断被叠加、不断被修正或被重新“阐释”的文本，原始文本已经被“擦除”，只留下不断被涂写的“踪迹”。我们看到的只是涂写的踪迹，并且是多个异质的踪迹的叠置，是踪迹本身。

依照面对画幅的观者位置来看，画面上十三个人物的排列从左到右依次是：巴多罗买、小雅各、安德烈、老彼得、犹大、约翰、耶稣、多马、老雅各、腓力、马太、达太、西门。对于这十三个人物各自的表情、姿势及对应的内心活动和性格表现，艺术史家常常喜欢给出生动而具体的“观相学”描述。[⑥]不过，对图像阅读来说，仅停留于这种观相学的描述是不够的，我们还需要在细节上进一步验证图像的效能和艺术家对传统的修正。这里讲四个图像细节。

首先是耶稣的忧愁。

在《马太福音》和《马可福音》的叙述中，都是众门徒听到耶稣被卖的消息后，就忧愁起来，但在画面中，我们看到，只有主耶稣是忧愁的，众门徒中约翰的神情是忧伤的。达·芬奇的这个处理依据的是《约翰福音》的说法，在那里，耶稣心有忧愁地告诉众人他被卖的消息：“耶稣说了这话，心里忧愁，就明说：‘我实实在在的告诉你们，你们中间有一个人要卖我了。’”但达·芬奇有所演绎，他把耶稣的忧愁一直延长到赐予圣餐的时刻。这种语义延伸是否有违释经学的传统，还是留给神学家去解决，对于作为观者的我们而言，重要的是这个圣容的修辞学效果。

在达·芬奇那里，强化耶稣的忧愁显然是一个修辞手法，旨在增添场景的悲剧效果和感染力。耶稣所忧愁的当然不是自己被出卖，更不是自己要上十字架，因为他知道那就是他身为人子的命运，是他道成肉身来到人世间的使命，他必须以自己的死来代偿人的罪。犹大的出卖是一种必然性，是人的罪的一次彰显，耶稣是因这罪而死，也是为这罪而死。所以他不是为自己忧愁，而是在为人类忧愁，为人的罪忧愁。再者，从构图形态来说，耶稣的忧愁是动作的静态，却是精神的动态；而门徒们的反应是行为的动态，但在精神上显然要逊色许多，他们对耶稣上十字架的神秘性还未达到彻底的理解。进而，在另一个对比轴上，耶稣和犹大的身体姿态之间也有一种动与静的张力：耶稣的淡定和犹大的惊恐。通过这一对比，罪与牺牲的主题被诉诸可见性。总之，动与静的对比把耶稣的未来性（以自己的死来代偿人的罪）一下子就提升到了崇高的位置，耶稣面对死亡的从容淡定不是因为他不怕死，而是因为他为了使命敢于去死、甘愿赴死。

但这样一种修辞学效果究竟从何而来？或者说观者对这一修辞学效果的阅读靠的是什么？是靠图像本身吗？当然不是，图像之所见只是忧愁、沉着的圣容，可它并没有告诉我们耶稣因何而忧愁和凭什么而沉着。我们所“见”的那些效果实际是我们想象出来的，我们之“所见”乃是我们凭着圣容的召唤想象出的一个理想镜像，而这个想象是与圣经传统的期待结构和召唤结构密不可分的，更确切地说，达·芬奇的图像修辞就是那一传统的召唤结构的能指化或视觉化，观画者对修辞意义的阅读、确认和认同乃是想象的自我与象征的世界的交互作用。

其次是对犹大形象的处理。

在达·芬奇之前和他的同时代，画“最后的晚餐”这个题材的人有很多，比如之前有乔托、杜乔、卡斯塔尼奥等，同时代有基朗达约、佩鲁吉诺等。但有三个技术因素使得这个题材对每位画家都是巨大的挑战：故事主题的处理、人物的安排以及犹大位置的安置。

如同福音书的记述显示的，“最后的晚餐”的故事并置了两个主题：耶稣告知被卖的消息和耶稣创设圣餐礼。这一并置不过是福音书惯常的宗教主题——背叛和救赎——的结构性重复。但在图像中如何处理或调和这两个主题的关系却一直是个难题，因为在背叛的主题下是群情激奋的动态，是对出卖者的审判，而在救赎的主题下是恩宠的降临和至福的分享，是与耶稣的肉身的神秘契合。以往的常见做法是以创设圣餐礼的主题为主导，由此形成了以庄严肃穆作为画面主调的艺术惯例或“艺术传统”。通过表现那一神秘而庄严的时刻，圣福的降临、神圣的开显和此在/存在的涌现成为一个共时态的事件，而观者对此一场景的观看既是对神圣的见证，也是对至福的分享。例如乔托1305年为帕多瓦的斯克罗维尼（阿雷纳）礼拜堂画的《最后的晚餐》中，耶稣端坐在桌子的一端，约翰倒在他的怀里啜泣，其他人物神情严肃，整个画面的气氛静谧而充满神圣感。

但这样也就意味着背叛的主题必须淡化处理，比如必须让人物的表情和动作尽量克制，尤其必须消弭犹大在视觉上过度的可见性，但又必须有视觉暗示，既便于观者的识别，又不会因此而破坏画面的整体气氛。为此艺术家们采取了多种做法，比如对犹大头上的光环做模糊处理，在犹大身上画一个钱袋，或是让犹大的手和耶稣的手伸进同一个盘子。乔托就是通过手的动作和取消光环来暗示这个主题的。

第二个困难是人物安排。按福音书的记述，参加最后晚餐的人数包括耶稣在内共有十三个人——有些画家还把恩主或赞助人也纳入到这个场景中，那人数就更多了——如何在画面中安排这众多的人物，就成了每个艺术家都要面对的一个难题。由此形成了两种构图模式：或是让人物以围合式或半围合式方式就座；或是让他们沿长形餐桌一字排开。

所谓围坐模式，指的是以餐桌为据点，基督和十二门徒以全围式或半围式方式坐在一起。相较而言，文艺复兴早期的艺术家喜欢使用这一模式，例如乔托和杜乔。围坐模式的人物排列比较紧凑，较为适用于表现圣餐礼的神秘意义。但它有无法避免的缺陷：人物安排比较拥挤，靠近观者方向的前排人物只能表现出背部或侧面形象，例如乔托就是让他们背对观者，而杜乔就采用的是侧面形象。

在第二种模式中，所有人物面朝观者方向呈一字形排开，主要人物置于中间，画面结构对称且富有秩序感，比如卡斯塔尼奥、基朗达约、佩鲁吉诺以及达·芬奇等都选择了这一模式。这种构图方式使画家有更多画面空间来表现人物的细节，但它也有自己的缺陷，就是人物排列比较拘谨，虽然有很强的仪式感，但整体气氛不足。

但不论采用哪一种构图模式，都要涉及第三个技术问题，那就是犹大形象的处理，尤其是犹大位置的安置。一般地，人们把钱袋、伸向盘子的手和头上的光环视作犹大身份的标记，就是说，它们已经成为表现犹大形象的图像惯例或艺术传统。例如在围坐式中，犹大的形象虽然被刻意淡化，但还是会通过这些标记暗示出来。而在 15 世纪更为流行的一字形模式中，我们看到了另一个表现方法，那就是把犹大从众门徒中分离出来，单独置于一字形长桌的另一边，且侧身或背对着观者。就这样，通过对犹大位置的特殊设定，通过犹大的异位，或者说通过在十二门徒中将犹大他者化，一字形模式把“最后的晚餐”的叙事重点或者说主题做了一个挪移，即从侧重表现圣餐礼的神秘性和神圣性转向侧重表现犹大的背叛。

是的，十三个人当中，犹大和耶稣两位属“例外状态”，他们是故事的真正主角，故而需要另行处理。正如笔者已经强调的，在福音书传统中，“最后的晚餐”的故事是一个整体，罪和救赎或者说背叛和牺牲并非分离的两个事件，而是存在于同一事件内且相互之间具有特定神学功能的两个主题，将它们分开来处理无疑会损害到整个叙事的宗教效果。文艺复兴时期的艺术家并不是没有意识到这一危险，他们也很想同时将两个主题表现出来，于是他们采取了一个策略：一方面把犹大从众门徒中分离出来，以加强画面的冲突氛围；另一方面又让众门徒表现出庄严肃穆的神情，以传达圣餐礼的神圣意味。一字形的构图模式显然就是为此而发明的。可这一模式要求艺术家妥善地处理好各人物之间的关系、人物和背景空间的关系，以及耶稣和众门徒的关系，否则就会造成严重的后果，比如画面结构呆板、人物动作僵硬、缺乏明确的主题、缺乏统率一切的中心等，就像沃尔夫林评论的："在早期大师们的作品中，场景缺乏统一性：当基督说话的时候，使徒们却在相互交谈，而且所描绘的场景是宣告有人背叛还是创设圣餐礼，并不总是很明确的。"⑦

在此尤其要注意的是对犹大位置的处理：将犹大从众门徒中孤立出来，并安置在靠近观画者的一边，让他背对或侧对观者，以造成排斥和审判的效果。这样做实际上把深沉的信仰问题世俗化和道德化了，因为你一眼就能看到那个叛徒，知道罪人就在那里，通过认同面对着你的众门徒的"目光"，你可以不假思索地把自己归于审判者或声讨者的一方。可是，在基督教的语境中，罪是相对于人与上帝的关系来说的，恶才是相对于人与人的关系来说的。犹大出卖的是"人子"，是他的主人，且是对他颇为信任的主人，他所犯下的或者说他的行为所象征的是罪，他是因为罪而成为恶的。

犹大的背叛不只是他个人的背叛，而是人类的背叛，他是人之罪的代理，如同耶稣是代人之罪而死一样。也就是说，犹大的罪即是我们的罪。如果说耶稣是人的代罪羔羊，那犹大就是作为耶稣之对体的另一个代罪者。正是在这个意义上，卡斯塔尼奥、基朗达约等人将犹大从众门徒中分离出去的做法对"最后的晚餐"的神学力量是一种损害，因为他们在这里建立的是一个指认他人之罪的场景，一个审判的场景，可在上帝的面前，我们不都是罪人么！除主耶稣之外，我们当中谁有资格去论断和审判他人的罪！

达·芬奇的处理就与众不同，就像我们看到的，虽然他袭用了一字形排开的构图传统和以钱袋作为辨识标记的图像惯例，但他放弃了让圣约翰卧倒在基督胸前的传统母题，并取消了让犹大独处的特殊位置，而是让犹大和包括耶稣在内的其他人并排坐在一起。把犹大置于众人之间，甚至还很靠近耶稣，但似乎又想要从那里逃离，这个微妙的处理无疑更具修辞学效果，也更符合经文的叙述。

按《马太福音》的记述，在众人一一问过"主啊，是我么？"之后，耶稣回答说："同我蘸手在盘子里的，就是他要卖我。"再往后，犹大最后一个问耶稣："拉比，是我么？"耶稣的回答是："这是你说的。"真不愧是福音书的作者，居然有如此的辞章！和其他门徒的提问——"主啊，是我么？"——相比，犹大的提问有一个根本的差异，他把"主"换成了"拉比"，把独一的、不可替换的神圣呼名换成了可替换的俗世称谓。再有，我们一定要知道，犹大的提问——"是我么？"——不是如别人那样的自问，而是一种推诿，是心虚的表现，因为在这个场景中，除主耶稣之外，只有他是知道真相的。耶稣的回答更巧妙，"这是你说的"，意思是到底是谁你自己心里最清楚。听到这句话，犹大会作何反应？当然是惊恐不已，因为在这之前耶稣已经说了："卖人子的人有祸了，那人不生在世上倒好。"

在传统的人物处理中，犹大以及耶稣形象的辨认是至关重要的，这是一个建制化的要求，是"最后的晚餐"的题材对观众发挥其宗教效能——罪的指认和救恩的分享——所必需的。达·芬奇也不能无视这个建制要求的存在，他必须让犹大带上罪的标记，紧握在右手中的钱袋，因恐慌而后退的身体，处在暗影之中的脸，这些都充当了标识功能，也是达·芬奇对建制性的图像惯例的引用。

而另一方面，达·芬奇通过让犹大"回归"门徒的行列避免了传统因为将犹大从众人中分离出来而在观者那里造成的不恰当的审判效果。实际上，在达·芬奇的处理中，犹大形象的辨认不再是最重要的，他已经把背叛的主题转向了自省式的自问，每个观者在这里不再是充当罪的审判者，而是作为带罪的卑微者去领受圣恩的荡涤。

再次是手的功能。

有关十二门徒的排列、动作、表情及构图方式，随便一本艺术史的书上都可以看到，例如前引贡布里希的描述就很详尽，在此不再重复。这里要说一说画面上十三个人的手。

画面中，十二门徒每三人一组被分为四组，并以耶稣为中心呈水平对称地排列两旁。可对称法则并不是让这部作品成为杰作的理由，因为文艺复兴时期的许多画家都可以做到这一点。达·芬奇的伟大在于他将对称法则和金字塔式的构图结合在一起，以整饬的结构将它们精神化和象征化，使古典美学的法则成为对神圣秩序的言说。

我们都知道，这件作品的秩序感和庄严感来自其画面结构的有机统一性。但古典美学和古典艺术的这个根本原则并非基于对称这样的纯形式排列，而是基于中心化。所谓中心化，简单地说，就是以某个对象、某个想象的轴线甚或某个点为中心，其他的各个部分都朝向这个中心，向这个中心汇聚，由此而建立起来的部分与部分、部分与整体间的相互联系才是真正的有机统一。在达·芬奇这里，位于中轴线上的耶稣当然是统一整个画面的中心所在，那么，画面构图的有机联系靠什么来建立呢？——手。

达·芬奇是一个画手的高手。例如《蒙娜丽莎》（1503）中那只无与伦比的手，与嘴角和眼睛过于外显的视觉捕获相比，那双略显紧张地交叠在一起的手无疑更具观相学的特征。还有《岩间圣母》（1483～1486），在那里，手成为建立画面结构的关键，原本散漫的四个人物因为手的“对话”而被组织进了一个整体，尤其画面右边的三只手，各以不同的姿势凝定在半空，散发出摄人心魂的力量。在《最后的晚餐》中，同样是手在引导我们的视线，在帮助完成从一个分组到另一个分组的过渡，并由左右两个方向汇聚到耶稣这里。在耶稣的左边，同属一组的西门和马太的手在同一水平线上，并朝向相邻的另一组和耶稣的方向；在耶稣的右边，分属不同小组的小雅各和老彼得的手也在同一水平线上，并同样朝向耶稣的方向。同时，这两条水平线一高一低：左边的水平线较低，与之相邻的另一组的三个人的手则向上举起；右边的水平线较高，而巴多罗买和犹大的手是向下放在桌子上，这种高低错落有致给画面造成了像乐谱线一样的节奏感，人物动作的动态则因为这些水平线而受到某种程度的抑制，这使得激愤的瞬间反应不会影响到画面的秩序感。

与众门徒的手旋律线般的布置相对照，耶稣的手则显得沉着有力，最具表现性和观相学意义。画面中，耶稣双手向前摊开，双肘、双臂、双肩和头成一等边三角形。他低头看着自己的左手，那是分发圣餐的手势，亦即是一个牺牲的手势，他把自己的身体通过一片面包的象征奉献出去；同时，他伸出右手同犹大分享一份食物，这与其说是在暗示谁是叛徒，不如说是表示耶稣对命运的接受和担当。

因此，如果说门徒们的手在水平线上的组合是对激愤的情绪和显出上升态势的身体运动的一种视觉抑制，那耶稣的向前伸展和打开的手就是对救赎之至福的一种承诺，是对信仰和未来发出的一个邀请，亦是对犹大的背叛的扬弃和否决。那是一双跨越罪的窄门的手，是见证神圣之在场的手。

最后要说一下众人面前的餐桌。

实际上，造成画面秩序感的不只是手，横亘在众人面前的餐桌也发挥了同样的功能，但它的运作比我们想象的要复杂得多，因为这涉及达·芬奇对透视法的表征惯例的修正性引用。

按照阿尔伯蒂的论述，在透视法中，画框或景框是我们朝向外部世界的窗口，画面即是我们站在一定距离从窗口所看到的景象的复制或摹写。[⑧]因此在意大利文艺复兴的透视绘画中，景框、灭点（或没影点）和视距是建构观看效果的三个基本要素，其中景框就是那个敞开的窗户的标记，并且在画面中总是用门、柱、拱廊等来表示它的存在。[⑨]景框不仅可以为观者框定视景范围，还可以为构图建立布局的层次。如同灭点的想象性在场是一幅透视绘画的标记性惯例一样，画框或景框的设定也是意大利透视绘画的视觉惯例，是透视法建制的组成部分。

可是，在《最后的晚餐》中，并没有制造围合空间的可见形式，虽然天顶的边沿暗示了一个景框的存在，可景框的其他部分处在一种开放状态，景框似乎在向画面以外运动。在此重要的不是达·芬奇取消了可见的边框，而在于他用从左到右横贯画面的桌子替代了被取消的边框的视觉框定功能和构型功能。餐桌的边与画面边界平行，十三个人沿桌子水平排列，并以分组和动作造成有节奏的动感，以对称造成秩序感，以藻井天顶上一系列水平平行线的缩短法处理造成画面的纵深感和统一感。

尤其是，达·芬奇对前景空间的处理也没有完全遵循透视绘画的建制惯例。前面已经说到，画在教堂内部墙壁上的壁画有巨大的空间尺度，就像《最后的晚餐》，长八米多，宽四米多，比人体的尺度要大很多。壁画的这一物理存在直接影响到了画面构图，比如，艺术家需要借一定的方法来对视觉重点——即他想要观者看到的东西——进行框定，需要以背景透视来“推出”前景，还需要在前景到后景的纵深方向上以画面结构的不同层次来进行空间配置，以造成纵深的秩序感和节奏感。除此之外，壁画的大尺度也对观者的位置提出了要求，即他不能距离画面太近，他必须站在一个恰当的位置，必须与画面保持一个恰当的距离。为了缓解巨幅画面可能带给观者的视觉压力，透视惯例还时常把前景的叙事画在靠后一点的位置，以便在它和观者之间留出一个视觉上的缓冲空间，其视觉标记通常就是前景的广场或空地。

可在达·芬奇的《最后的晚餐》中，这个缓冲空间被取消了，矗立在眼前的餐桌没有给我们留下视觉缓冲的距离。由于桌子和桌布明显靠前，与观者之间的视距很小，加上背景的透视纵深给前景带来的前置效果，造成十三个人连同桌布一起如一堵墙一般朝向观者。于是，在这里，不再是我们面对一扇窗户远距离地观看另一个世界的景象，而是那个景象在向我们这边“运动”，桌布与观者之间的“零”距离造成了创设圣餐的神圣空间向观者所在的世俗空间的视觉延伸，仿佛我们看到的这个景象就发生在我们的旁侧，仿佛我们的餐桌与画中的餐桌是在一起的。我们直接面对着耶稣向门徒（也是向我们）摊开的双手以及摆置在两手间的圣餐，我们成了主耶稣的景观，成了圣餐的受赠者，人子既在向门徒也在向作为观者的我们发出召唤：“你们拿着吃，这是我的身体……你们都喝这个，因为这是我立约的血，为多人流出来，使罪得赦。”

四　图像的视觉政治

以上对图像细节的阅读看似散漫无序，实际都围绕着一个焦点，那就是图像生产与文本惯例、表征惯例等建制因素的商谈关系。可是，在意大利文艺复兴时期的绘画中，参与商谈的还有一个十分重要的因素，那就是赞助人或委托人制度。至少就壁画创作而言，没有赞助人或委托人的资金支持，一切都是不可想象的。图像的视觉政治就与这个制度有关。

文艺复兴时期艺术家的社会地位远不像我们今天想象的那么尊贵，他们是工匠，需要受雇于教会、王公贵族、银行家、行会组织等，或是接受工程委托，或是直接接受资助。而赞助人或委托人的动机也各不相同，或是出于宗教虔诚，或是为了社会声望，有的带有炫富的性质，有的是为了城市形象，还有的可能是基于政治或宗教论辩的目的。反正不管怎么说，赞助制度终归是一种交换和酬报制度：赞助人或委托人出资，艺术家用图像作为回报。

但另一方面，古典学问的复兴和人文主义的兴起也大大激发了艺术家的世俗意志，他们渴望名誉、地位和金钱，他们希望借艺术来提升自己的身价和社会身份。就这样，绘画无形当中要承载双重任务：一方面，艺术家必须满足委托人或恩主的要求，让图像发挥后者想要的功能，让他们看到想要看的东西，或者让他们在理想的观看位置获得对自身的主体性确证以及对画面意涵的想象性占有；另一方面，艺术家又要通过绘画来彰显自己的权力意志，借把绘画提升到科学的地位来为自己赢得和恩主或委托人进行“商谈”的资本。“绘画是一门科学”，文艺复兴时代艺术家们的这个说辞与其说是对绘画性质的界定和说明，还不如说是为绘画和艺术家注册的一个象征资本，是艺术家借复兴古典科学的旗帜向赞助人及社会提出利益诉求的手段。

正是艺术家与赞助人制度的这一互动关系，正是绘画的这一双重任务，最终在图像表征中出现了一个象征性的解决，形成了透视绘画中“诗学”方面和“科学”方面的并存，前者是为了满足恩主或委托人的视觉需要和社会需要，后者是为了满足艺术家图绘技术的需要和提升自身地位的需要。并且这两个方面必须是统一的，为此所付出的代价通常就是让后者服务于前者，让科学的秩序化服务于诗学的修辞，让艺术家的科学冲动服务于恩主或委托人的视觉要求和社会要求。诗学和科学的统一，是文艺复兴的艺术追求，是透视绘画的历史胎记，它是“时代之眼”的表征惯例和视觉惯例，也是时代的文化意志和政治意志的视觉化呈现。我们现在需要弄清楚的是：这个统一的视觉谋划在《最后的晚餐》中是如何实现的？

在《最后的晚餐》中，整个故事的“讲述”被置于前景当中，通过各种修辞手段的巧妙运用，为观者形象地复现了福音书记述的场景。可另一方面，我们又在前景的背后看到了一个严谨的、如同教科书般的透视景观。这个景观恰恰是有边框的：餐桌靠里的边沿、顶部藻井边沿、左右两边靠外的挂毯。也有视距和灭点；还有景深深处的两扇窗户和一个门，在视线尽头则是透过窗户和门所看到的景色。这是秩序井然的围合空间，相对于前景的戏剧性表现而言，它要安静、肃穆得多。如果说前景是一种诗学，那这个后景就是一个数学；前景是说服术，后景是科学。两者的统一就像是舞台背景和前景展示的结合，为台下的观者建立了一个完美的视觉秩序。

但诗学与科学的统一不过是艺术家的个人意志、恩主或资助人的社会需求以及绘画的表征建制之间相互商谈的一个结果，不论艺术家的掩饰技巧多么高超，恩主或资助人的社会需求终归要在作品中有所表现。所谓“掩饰”，其实是世俗欲望的转义性实现，尤其当世俗欲望带有某种不足为外人道的成分时，艺术家就必须以一种幽隐的方式来使其得到满足。就是说，在诗学和科学的统一中，一定会留有一个缝隙，使世俗的欲望至少能得到象征性的满足。

那么，在一幅教堂壁画中，面对诗学与科学完美统一的画面，我们从哪里可以找到“插入”世俗欲望的那个缝隙呢？艺术家的处理方法有很多，最常见的有两种：比如马萨乔在《圣三位一体》中就是把捐助人直接画到画面中；还有一种就是利用画作的环境，靠空间和语境的延伸来实现现实和想象、虚构和真实的折叠，这时你只在画面中是找不到“世俗欲望”的信息的。就像我们在各类艺术史著作中看到的达·芬奇的《最后的晚餐》，那是一个被纯化的、与环境完全脱离的图像，你在那里根本看不到赞助人及其世俗要求的踪影。但这并不是一幅纯粹的宗教绘画，它存在于一个现实的空间——尽管会被想象为一个神圣的空间——它和空间中的其他要素之间有一种语法上的关联，你只要进入现实的观看场景，它的意义生产就会受到这个关联的影响。

前面已经说了，文艺复兴时期的教堂壁画很少作为独立的艺术品而存在，许多时候，它们只是众多画幅或物品中的一件，与周边其他绘画和物品之间总会形成这样或那样的互涉联系；即便是单一的一件，它也与周围环境、建筑的空间存在某种关联。在这个意义上，不妨说，文艺复兴的壁画就是一种“环境绘画”，画作与环境的互动对观看画面和画面意义的效果生成会发挥关键作用。达·芬奇的《最后的晚餐》同样是如此。

这幅壁画是受米兰公爵卢多维科·斯福尔扎的委托为慈悲圣母玛利亚修道院的餐厅绘制的。卢多维科·斯福尔扎是一个雇佣兵队长的儿子，1494年，在神圣罗马帝国皇帝的帮助下，他成功地宣布自己为米兰公爵。卢多维科是靠着强盗般的行径取得了米兰的统治权，他急切地想要为家族的权力与荣耀进行符号包装，修建修道院以及延请达·芬奇做内墙“装饰”都与这个“卑贱”的政治图谋有关。达·芬奇当然清楚公爵的意图，并以自己非凡的技巧把这个意图转义性地嵌入了画作的语境中。

我们在壁画上方的半圆壁上看到了斯福尔扎家族的盾徽和徽章，中间的盾徽上刻有卢多维科和他的妻子的名字，两边则是他们的两个儿子即继承人的徽章。一个王朝的谱系赫然在此。这组盾徽和徽章并非画作的一部分，它们作为一个整体被囊括在壁画上方的半圆壁内，构成了壁画的空间环境。达·芬奇巧妙地把壁画的透视线沿着天顶边缘延伸到了半圆壁的两侧，这样，画面原本的平展空间在视觉中变成了一个隧道式的幻觉空间，或者说，家族标记从现实的世俗空间被纳入了宗教的神圣空间，现实得到幻化，并在幻化中得到升华，卑贱的“物”变成了“物神”，变成了对委托人而言可做拜物式观看的神圣对象。一个看似纯粹的宗教图像就这样不知不觉地成了满足政治图谋的手段。

画幅内部是诗学与科学的完美统一，画幅“外部”则是艺术和政治的巧妙合谋。通过前者，或者说借助于记忆中的经文文本对图像文本的完形和补足，借助于整饬的图像秩序对画面空间的严格配置，艺术家为包括我们在内的所有观者建构了一个视觉上的超然之物，一个崇高的审美客体，一个可以让宗教的和政治的意图在观看的认同中自动重复的询唤机器；通过后者，或者说借助于象征的神圣空间向现实的视觉空间的延伸，借助于外部的物质性向画面的视觉性的引入，艺术家在图像和观看之间建立了一个缝合机制，让图像表征的神圣性和作为表征之表征的政治性完美地合体。这就是达·芬奇的密码，是《最后的晚餐》的视觉政治。

①②⑥贡布里希：《文艺复兴：西方艺术的伟大时代》，李本正、范景中编选，杭州：中国美术学院出版社，2000，第298、304～305页

③⑦海因里希·沃尔夫林：《古典艺术：意大利文艺复兴艺术道论》，潘耀昌、陈平译，北京：中国人民大学出版社，2010，第20、23页。

④欧文·潘诺夫斯基：《图像学研究：文艺复兴时期艺术的人文主题》，戚印平、范景中译，上海：上海三联书店，2011，第9页。

⑤有关诗与画的界限，参见莱辛《拉奥孔：论诗与画的界限》，朱光潜译，北京：人民文学出版社，1979。

⑧Leon Battista Alberti, *On Painting and On Sculpture*: *The Latin Texts of De picture and De statua*, trans. Cecil Grayson, London: Phaidon, 1972, p. 55.

⑨参见达尼埃尔·阿拉斯《绘画史事》，孙凯译，北京：北京大学出版社，2007，第88页。

作者简介：吴琼，中国人民大学哲学院教授。

［责任编辑：桑海］

（本文原刊2016年第1期）

现代中国基督教文学的信仰书写

——以冰心、北村、丹羽为例

谭桂林

[提　要] 现代中国基督教作家都有自己独特的走向“信”的方式，在他们作品的信仰书写中，可以清晰地看到基督徒走向“信”的方式的多样性。冰心走向“信”的方式是从爱出发；北村在《施洗的河》中描写的是由恐惧而得信；丹羽的小说通过两类形象的塑造，探询了基督徒走向信仰的两种可能方式，也让读者强烈地感受到中国基督徒在个人信仰问题上的困惑，这种困惑表现在知识与情感的悖论、疑与信的歧路和宗教与诗的选择三个方面，显示出的是信仰寻找者在一个信仰缺失时代里的精神无奈。

[关键词] 基督教文学　信仰书写　冰心　北村　丹羽

每一种宗教的兴起以及长盛不衰，无疑都与信仰密切相关。因而宗教文学对于宗教文化的叙事，往往也注意从信仰着眼。基督宗教进入中国由来已久，但基督教文学的真正登堂入室则应该是在五四新文化运动以后。这是两种力量的促成，一种是基督教教育的兴盛造就了一批文学修养深厚的教会工作者，如赵紫宸等，一种是新文学运动中的基督教文化背景影响了一批新文学作家走向了追求信仰的道路，如冰心、田汉（后来发生了变化）、苏雪林等。无论是教会工作者，还是基督徒作家，一旦基督徒的身份得到自我确认，首先要面对的问题就是“信”的问题。这个问题有两个层面的思考，一个是为什么“信”，一个是从哪里走向“信”。第一个层面的问题容易回答，而且答案出于共识，因为基督的教义和人格的伟大，这是五四一代新文化人的共识，即使如陈独秀者，虽然对教会攻击不遗余力，但他对基督精神赞许有加，甚至主张直接用自己的心灵与基督对话。第二个层面的问题则是一个个人化的问题，因为基督徒们虽然同归，却是殊途。每个人都有自己走向基督信仰的道路，每个人都有自己独特的走向“信”的起点。这一起点只与信者个人的深层的生命体验相关，越是信仰深刻的人，这一起点的生命体验往往也越是独特。基督徒文学家一方面要表达自己的信仰，另一方面又要显示出文学家对生命的体验独特性，因而在他们的作品中更能清晰地看到基督徒走向“信”的多元性。在宗教文学中，直接宣讲教义的文学往往缺乏生命的热度和感染力，而这种显示如何走向“信”的文学恰恰因其起点与道路的个性化，最有可能成为一种宗教文学的深度与丰富性的标志。基督教文学当然也是如此。

一

刘廷芳在《研究与信仰》一文中明确指出，“信仰是用感情及经验做本位。信仰宗教的人是因为他对于自己生涯有苦痛处，要从宗教得安慰。或是对于他人有失望处，要从宗教恢复他原有的信任心。或是对于本身行为有过错处，要从宗教寻忏悔的法门。或是对于人生大问题有觉悟处，向宗教得一个皈依所。无论如何，他主要的目的是依据经验得感情上的愉快”。[①]这里所列举的几个“或是”无疑都是生命经验，对一般的个体而言，也许历经长期的积累而漠然无视生命经验，但某些特别敏感的个体往往通过瞬间的强力刺激，照亮或启动过去漠然无视的生命经验，而使自我生命经验得到质的提升，身心得到难以言喻的自由与愉悦，信仰也就由此而生。这种生命的“瞬间”可能构成“信”的开端，就在于它不仅有起信的心理基础，而且有了起信的生理基础。冰心在散文《画——诗》中有一个回忆，很生动地说明了这种信仰生成状态。在一次拜访中，冰心在《圣经》课教师安女士的房中看到一幅宗教画，画面上呈现的是牧羊人攀崖越岭寻找自己的迷途羔羊的故事：天上盘旋着老鹰，牧人终于在危急的时刻找到了羔羊，牧人对羔羊仍旧十分爱护，而羔羊又悲痛，又惭愧，又喜欢，它温柔羞怯地仰着头，挨着牧人的手边站着，动也不动。看到这样一幅基督教的绘画，冰心突然感动得不能自制：“它是暗示我，教训我，安慰我。它不容我说一句话，只让我静穆沉肃地立在炉台旁边——我注目不动，心中的感想，好似潮水一般的奔涌，一会儿忽然要下泪，这泪，是感激呢？是信仰呢？是得了安慰呢？它不容我说，我也说不出来……”“不容我说”，这是来自外在力量的强大的精神压迫，“我也说不出来”，这是内在心灵的迷狂与对知识辨析的自觉放弃，正是这二者的结合，就奠定了走向“信”的起点。

这幅寻羊图是一幅爱的颂歌。冰心的这个回忆十分真切地显示了现代基督徒作家走向“信”的一种方式：从爱出发。上帝就是爱，爱上帝所爱的正是上帝所代表的那份至大至善、至纯至正、包容一切的爱。所以冰心说：“真理就是一个字：‘爱’。耶稣基督是宇宙间爱的结晶，所以他自己便是爱，便是真理。”“和宇宙万物应对周旋之间，无一枘凿，无一龃龉，无一不调和，无一不爱，我和万物，完全是用爱濡浸调和起来的，用爱贯穿联结起来的，只因充满了爱，所以我对于宇宙万物所发出的意念、言语、行为，一切从心所欲，又无一不含于爱，这时便是自由。”[②]但仅凭爱，还不能走向宗教，儒家也说仁者爱人，但那个爱无非是老吾老幼吾幼、己所不欲勿施于人的意思。基督徒能从爱走向“信”，仰仗的还是一种对上帝之爱的神秘体验。上帝之爱与邻人爱的歌咏，是历史上基督教文学与受基督教影响很深的世俗文学的重要主题。在《圣经》的“诗篇”中，有难以数计的歌颂上帝爱的神恩的诗歌，而世俗文学中，许多皈依基督的尤其是那些爱好神秘体验的诗人，往往将世俗的爱情诗与爱上帝的宗教之心结合在一起。在基督教文学历史上，用诗歌向上帝或者上帝之子耶稣表示自己的爱，把神当作自己的暗恋的对象，尽情地向神倾诉自己的肺腑之言，这在那些虔诚地信仰基督的女性诗人那里是很常见的现象，这种现象甚至成了基督教神秘主义神学传统的一个重要的灵感源泉。作为一个深受基督教会教育的学生，冰心在艺术的气质上显然深深地受到基督教文学的神秘主义传统的熏陶。毫无疑问，《画——诗》中所描写的就是一种宗教的神秘体验，是诗人的情感能够与神沟通的必要的心灵基础。冰心还有一首著名的《晚祷》诗，将诗人直接面对上帝、直接向上帝倾诉的神秘体验也表现得很细致。这是诗人在一个肃静的月夜向上帝所作的祷告词，其中饱含着诗人对主的崇爱、赞美，以及诗人对自我圣洁心灵的表白。在冰心的诗作中，最值得我们注意的是诗人对于万能的上帝的虔诚的守望，“在你的恩光中”，“永远在你座前”（《晚祷》），“她慈怜的眼光俯着/我恬静无声地伏俯在她的杖杆之下”（《信誓》），“上帝啊！/即或是天阴阴地/人寂寂地/只要有一个灵魂/守着你严静的清夜/寂寞的悲哀/便从宇宙消灭了。”（《春水·一四九》）这些诗句表达了一个圣洁的少女对上帝的皈依，这种皈依带有明显的女性化特征，显然不是理智思考的结果，而是一份爱的情感的自然流露。能够作出这种诗歌，能够具有这种体验，恐怕不能说“冰心是将基督当作人来崇拜的，而不是作为神来膜拜的”。③其实，早在20世纪30年代，茅盾就已指出冰心的早期创作具有神秘主义倾向，虽然他对此持的是批评的态度，但其眼光却是很敏锐的。

在基督教的教义中，爱上帝与爱邻人是密切不可分割的，真爱上帝必然会爱邻人，而爱邻人本身就是爱上帝的一种体现。不过，基督教的爱的教义中还有一条更重要。耶稣说：“你们的仇敌，要爱他，恨你们的，要待他好，咒诅你们的，要为他祝福，凌辱你们的，要为他祷告。”（《路加福音》第六章）如果说爱自己、爱邻人作为一种爱的福音比较能为世界各个文化类型所接受，那么，爱你的仇敌这一基督教义却与其他文化类型构成鲜明的对照。中国儒家文化有“以直报怨，以德报德”一说，就与“爱你的仇人”构成原则的不同。但是，“爱你的仇人”恰恰是基督教的博爱精神不可或缺的，是基督教博爱主义的深刻性与伟大性所在。在文化的隔膜中，非基督徒往往将这种“爱仇敌”的观念斥之为不抵抗主义，或者贬之为没有原则的爱。其实这种“爱仇敌”的观念体现着基督教的一种生命价值原则：既尊重自己的生命价值，也尊重对手的生命价值。因为所有人（包括你的邻人与仇敌）的生命价值其本源都来之于上帝的爱，在上帝面前都是同等的。在基督教文学中，这种能够真诚地“爱仇敌”的艺术形象是很多的，耶稣就是一个无与伦比的原型。他是自己的爱的学说的第一个实践者与印证者，“他的死使他成为一个划时代的英雄，因为他不是为了复仇而丧命，乃是为了拯救仇敌而牺牲性命”。④一般来说，做到爱上帝爱邻人也许比较容易，但“爱你的仇敌”，这一点恰恰构成了对基督徒的“信”的一种严峻考验。对于本就有着“以血还血，以牙还牙”古训的儒家文化浸润下的中国知识分子而言，尤其如此。所以，在现代中国文学史上，大概只有冰心等少数信者在这一问题上真正体现了对基督教义的深刻理解与认真遵循。比较起《最后的安息》《超人》等宣扬爱的作品而言，小说《一个不重要的兵丁》也许更应该引起我们的重视。小兵丁福和没有职位，身世卑微，常常遭人嘲笑，甚至殴打，但他谦恭，勤俭，富有爱心，对生活依旧是那般喜欢。后来他因救护一个小孩子而受重伤，不治而死。但他在死前怜悯并原谅了打人者，不仅体现了基督的邻人爱，而且体现了基督的爱你的仇敌的博大精神。小说用一种对比的笔法这样写道："他是一个不重要的军人，没有下半旗，也没有什么别的纪念，只从册上勾去他的名字。然而这营里，普遍的从长官，到他的同伴，有两三天，心灵里只是淒黯烦闷，如同羊群失了牧人一般。""羊群失了牧人"，这本来就是一种非常典型的基督教言说方式，而地位的卑微与他死后人们对他的怀念程度的对比，也充分地说明，因为上帝是爱，所以爱是人类生命的源初价值，一个人的生命不论其在存活的时候是多么的渺小，是多么的微不足道，只要他有一颗爱心，只要他能够奉行爱人如己的基督精神，他的生命就被赋予了高贵的意义，他的生命就具有了不可卑视的价值。

冰心出生于一个基督教文化氛围十分浓厚的家庭，从小学到大学一直受的是教会学校的教育。最早从家庭与教育环境着眼来分析冰心创作特点的是茅盾。茅盾深受丹纳的文学三元素说的影响，他在《冰心论》中指出："冰心女士把社会现象看得非常单纯。她以为人事纷纭无非两根线交织而成；这两根线便是'爱'和'憎'。她以为'爱'或'憎'二者之间必有一者是人生的指针。她这思想，完全是'唯心论'的立场。可是产生了她这样单纯的社会观的，却不是'心'，而是'境'。因为她在家庭生活小范围里看到了'爱'，而在社会生活这大范围里却看见了'憎'。于是就发生了她的社会现象的'二元论'。"⑤不过，环境论的观点只能说明冰心为什么会用"爱"的心来体验与观照人生，但还不能说明冰心的"爱的哲学"的实质内涵。《超人》中何彬怀着一颗被爱感化的心，走向新的人生之途。这与其说是何彬的临行赠言和忏悔心语，不如说是冰心作为一个基督教的信者在对人生的意义做出自己的回答。爱，尤其是母爱在冰心作品中成为一种无比博大的精神力量，最主要的还是因为冰心对基督教爱的教义的理解，根植在内心深处的"信"。五四时代是一个对尼采顶礼膜拜的时代，在这样的时代里，正是在这样一种明显的宗教感的支持下，冰心显示出了自己的独特个性。在很长一段时间里，冰心的研究陷入一种困境，一方面，谁也不可能对母爱这样一种人类情感报以不屑或批判；另一方面，这种母爱又确实与主流意识形态的阶级观念不相符合，于是只好说这种"母爱"是抽象的、空洞的。其实，还有哪一种人类情感能比母爱更具体、更实在呢？说到底，这种批评显示的不仅是意识形态之隔，也是一种文化之隔。人们还没有准备好以一种宗教的情怀来阅读冰心的作品，这些作品的意义与价值自然就如衣锦夜行了。研究早期冰心的创作，“爱的哲学”是一个关键问题，但这个问题不能再像茅盾那样从文学与现实的关系这一意义维度上来分析，因为在文学与现实的意义维度上，冰心的“爱”顺理成章地会变成“现实的逋逃薮”。诺瓦利斯说过：“爱本该是一个真正基督徒的真实的安慰和生命享受。”[⑥]应该把早期冰心的创作放在基督教文学的范围中，不仅从一般性的文学与宗教的关系的意义维度上来研究，而且要从起信的角度来予以更为深刻地领会。这样就可以看到，冰心的“爱的哲学”与世俗中所谓的“爱”，与心理学上所谓的“爱”，其内涵不是一个层次上的。冰心的“爱”来之于上帝的启示与引导，是作者与上帝进行情感交流的通道，也是冰心对生命的源初价值的探索与确认。

二

冰心之后，中国在很长的一段时间里没有哪个基督宗教文学家能像她那样关心“信”的问题。直到 1993 年，北村出版他的第一部长篇小说《施洗的河》，关于“信”的书写不仅重新回归到基督教文学书写中，而且创造出了一种新的思想境界。这部小说的主题是写一个叫刘浪的医科大学生如何堕落成黑社会的头领，杀人、抢劫、贩毒，无恶不作。但就在刘浪的生命即将耗竭在这种充斥着恶的行为中的时候，一个奇迹出现了，刘浪在逃命的过程中偶然遇上了一个传道的基督教牧师，在牧师的感化下，刘浪洗刷了自己的心灵，虔诚地皈依了上帝。也许是被同年问世的《废都》与《九月寓言》的光芒所遮蔽，这部小说最初并没有引起读书界的特别注意，这恰恰说明人们在接受信仰叙事的信息方面，在领悟生命的原罪与救赎的意义方面，还缺乏足够的心理与知识准备。也许是失望于中国普通读者对信仰叙事的麻木与缺乏兴趣，北村不得不在一些自叙文章中不断地阐述自己的创作意图与主题构想。在附在小说后面的创作谈《我的大腿被摸了一下》中，北村说：“《施洗的河》是一部精神分析意味十分浓厚的小说，只不过分析的权利已经不再是我，因为在写作之前，我和小说主人公是站在同一个地位上的，我只能记录一些事实而已”，“在这部小说里有刘浪一种很清晰的心情：他不愿生活在一个不信的世代，他需要信；他不要绝望，他需要有一个盼望；他不要恨，他只要爱。因此在写作之前，我必须蒙光照，暴露我们精神内部的光景，以便让我们那不中用的眼睛看清楚：我们是一个全身长满大麻风的人，我们对自己完全没有办法”。在 1995 年《当代作家评论》第4期上发表的《我与文学的冲突》一文中，北村进一步谈到了“信”这一相当有深度的命题：“诗所寻找的是美和安息，也许诗人们已经找到了美，但他们没有找到安息。”这些创作自述表现出了一种清晰的理路：人有原罪，同时人也有一种救赎的期盼。但人对自己的罪性与救赎是没有办法的，只有皈依神——人类的救主。皈依他，就得信他，只有确立了这样一份“信”，人类到处漂泊的心灵才能获得安息。

但是，怎样才能走向“信”？北村在《施洗的河》中做出的回答是恐惧。在小说的前半部，作者曾经提供给刘浪一个通过爱来救赎的机会。在医大读书时，这个从小就有着强烈的作恶欲望的大学生，曾经历了一次真正的爱的冲动，这次爱的冲动构成了他救赎自己的一次重要的机会。基督徒同学天如那种天使般的博爱与悲悯，对躁动的刘浪是一种慰安，一种导引。这种爱一度启动了刘浪心灵深处的神性的一面，使他觉得这是他在医大最愉快的一段日子，他的心“像被洗过一样”。不过，这种引导与被引导的关系并没有持续下去，在罪性与神性的对话与碰撞中，罪性的一面重又遮蔽了神性的一面。刘浪没有把握住这个救赎的机会，看上去是由于一个偶然的原因，天如离开医大参加了前线福音医院的护理队，但深层里的原因是因为刘浪的罪性太重，作恶的欲望过于强烈，他不能真正领悟到天如也就是基督爱的意义，而且人对自己的罪性毫无能力。所以，《施洗的河》在后半部着力描写了樟板地区两大帮会势力的争霸拼杀，细致曲微地刻画了刘浪在这种恶性膨胀的环境里的精神状态与心理危机。这一精神状态与心理动向的核心部分，不是他的诡谲狡诈，不是他的喜怒无常，而是深深埋藏在心灵深处但以各种不同形式顽强显现的恐惧。

在小说中，刘浪无时无刻不在同恐惧抗争，不过，他的生存的每一个阶段，所经历的恐惧的内容有所不同。幼年阶段恐惧的是父亲的阉割。“我们可以从他清秀而苍白的脸、美丽而无力的胳膊，尤其是大而空洞的眼睛里看出：这是一个懦弱的人。在霍童孩子的眼中，刘浪仿佛是一件一尘不染、针脚细密而且闪闪发亮的空心马褂，孤零零地飘荡在他的童年里。起先，他们都被他冷漠的神情吓住了，然而渐渐地发现这种神情毫无威胁时，胆大的孩子就去摸他鲜红的嘴唇，他们一惊一乍地说：瞧，他多像个女人。”不仅在霍童的孩子们眼中，就是在父亲的心目中，刘浪也被视为“女人投了个男胎，分明是个二尾子”。霍童孩子们的嘲弄，父亲的失望，使年幼的刘浪深感恐惧，担心有一天会被父亲阉割，真的变成一个女子。于是，潜意识中的这种阉割情结向两个方向寻找宣泄的途径，一个方向是退守，向母亲的怀抱寻求庇护，十三岁以前一直与母亲同床共枕，手里必须抓着母亲的乳房才能睡觉，这看上去是一种恋母情结，其实乃是防止在熟睡时被父亲阉割的自我保护的本能显现。另一个宣泄的方向就是反抗，其具体的表现就是弑父。刘浪有过两次弑父的行动，一次是在八岁，刘浪向父亲开了一次空枪，被父亲高兴得掌了两个耳光，一次是在学医归来，刘浪看见躺在床上的父亲的丑陋的体态时忍不住地拿起了枪。两次弑父未遂，但刘浪向父亲证明了自己的男子汉身份，证明了自己的作恶的勇气，这本身就是对阉割恐惧的一种极有效力的消解。青年阶段的恐惧是自制力的丧失。刘浪在医学院就读时，正处于男性的青春发育时期。每一天他都躲在校内的一个碉堡里，一边看着他所喜欢的女人走过，一边做着自慰的动作来宣泄自己的性冲动。刘浪感觉到自慰的肮脏与污秽，但自己几乎没有能力控制不做这种事。他一次又一次地发誓再也不干这种事了，可是一次又一次地钻到碉堡中去。于是，刘浪深深恐惧于自己自制力的丧失。这种恐惧是男性成长的恐惧，根基在于主体对自我罪性的意识自觉。男性在成长的过程中，自制力的强盛与否是非常重要的，有了强盛的自制力，就能够用理性来控驭非理性，用意志来控驭情欲，主体的人在道德伦理上就有了向善发展的动力；相反，自制力的萎弱导致了非理性与情欲的自由泛滥，主体的人的罪性就有了充分表现的条件与机会。刘浪在迈入成年的过程中发现自己的自制力之萎弱，也就是意识到了自己的罪性之深重。

刘浪继承父业后，很快就成了一个黑帮的首领，杀人越货，呼风唤雨，似乎是个成功的强人。但是，真正接近他的人都知道，他始终被笼罩在一种恐惧的阴影之中。这个阶段的恐惧与前两个阶段的恐惧大不一样，它绵延不绝，没有具体的对象，但无时不在，无处不有，因为这是一种对生存本身的恐惧。生存的本质是恶，因而生存对于刘浪而言是一个沉重的负担。开始他企图用肉欲的发泄来宣泄恐惧。“只有在和小缎胡混时刘浪能驱除恐惧，在小缎身上他会像一条龙一样威猛无比。”但这种宣泄只是暂时的忘却，因为一旦做完了这事，刘浪就像小孩一样往小缎的怀里钻，这固然是刘浪幼年阶段的恋母情结的无意识显现，同时也说明刘浪因为恐惧而寻找一种荫庇。在意识到性的放纵并不能真正解除恐惧之后，刘浪曾经有一个十分独异的举动：他给自己造了一个墓穴，并且真的带着金条、古玩、地契与枪支住进了墓穴。作者这样构思显然受到马可福音第五章有关“坟茔人”故事的启发，以这种独特的情节构想来表现刘浪为摆脱生存的恐惧感而做的最后一次悲怆的努力。这样做的含义很明显：人最大的恐惧是死亡，虽然坟墓是人不可回避的最后居所，但人宁愿在世间忍受病痛、衰老、耻辱、折磨，也不愿哪怕早一个时辰去往那最后的结局。现在刘浪自己住进了坟墓，他想证明自己已经不像常人那样恐惧死亡，既然连死亡都不再恐惧，那么，还有什么事情是值得恐惧的呢？刘浪走出墓穴的时候，已经恢复自己往常的自信与理智。这未必是墓穴生活真的帮助刘浪走出了恐惧，但有一点是确定的，即墓穴生活的“沉重的黑暗”“腐朽的寂静”“滞重的空气”“古老的回声”使刘浪有了真正的独居自省的机会。一旦反观自身，刘浪不仅“绝望地看到了自己完全没有意义的生活中，身体的机能却在不可抑制地滑向衰老”，而且，他在反复的自问之中看到了自己堕落如斯的一个根本原因，这就是自己与生俱来的“恶”的念头膨胀与顽固。“穴居人躺在洞穴的中央，滴落的水溅在他的脸上，使他在冰冷的回忆中看到，小时候从胸口飘出来的黑色火苗现在已经燎原，这个叫作‘念头’的东西是一个小兽，它会行走和飞翔，从这个洞穴直飞到外面，他完全是一种奇怪的东西，形如一只水蛭，有很大的吸盘，牢牢地吸附在身体上。它的归入身体，就像他归入墓穴一样。”当他看到了自己身体内的“恶”的念头，他也就找到了自己的症结所在。所以，从救赎的意义上看，他虽然还没有听到上帝的召唤之声，但这时的刘浪已经为自己能够聆听上帝的召唤敞开了心灵的耳朵。存在主义哲学家克尔凯郭尔曾从心灵恐惧的角度对亚伯拉罕以子献祭的圣经故事予以深刻的分析，指出，“任何没有领悟到恐惧的人，无疑终将不能成为信仰义士，进而言之，每一个感悟到恐惧的人都不会否认，与稳稳地蹑足而行的信仰义士相比，大多数人只不过做了如同摇摆不定的舞者那样的悲剧英雄式的尝试”。[7]刘浪的恐惧感当然无法同亚伯拉罕以子献祭的恐惧感相提并论，但无论是哪一种恐惧，只要它走到了自己的极限，只要它在人的精神深渊中造成了不可抑制的战栗，只要它使人感知到了自己是一个向死的存在，那么，这种恐惧感就有可能转化成为信仰的动力。

三

无论是圣经中的亚伯拉罕，还是《施洗的河》中的刘浪，他们都是非同凡响的人物，都经历过炼狱般的洗礼，所以才会在精神上产生这种恐惧，并由恐惧而走向信。但对于世间普通男女而言，既无缘享受冰心式的博大光明的爱，也走不到刘浪式的刻骨铭心的精神恐惧。在解构化极其流行、消费性极度膨胀的时代里，不仅广大的普通男女沉溺在物欲的海洋中随波逐流，而且知识分子这种社会精英也在普遍感到精神的无所适从，精神的家园究竟在哪里，心灵的居所究竟怎样安置，社会上弥漫着一种不安与焦灼的情绪。如何用自己的信仰的力量，来化解社会上的这种精神不安与心灵焦灼，在这方面，近年来一些青年的基督徒作家试图用自己的创作予以思考和回答，其中丹羽的小说创作值得读者注意。

丹羽走向文坛之初，其小说主要写青年知识女性的精神幻灭。通过这种幻灭的过程来揭示两个叠加在一起的主题，一个是信仰，一个是追求。那些刚刚涉世的年轻女性，或者抱着对美（音乐）的执着，或者抱着对文学的向往，或者抱着对爱（灵与肉结合）的追求，对自己所执着、所向往、所追求的东西的倾心的信，甚至包括对她们所仰慕的成熟男性的信。但小说的结局往往是对这些“信仰”的幻灭，女主人公几乎无不陷入困惑，以至于不仅要向肖邦告别，不仅对文坛的潜规则感到恶心，而且最终对那个既想向精神飞升又摆脱不了欲望诱惑的沉重的肉身感到厌倦。在早期的一些小说中，青年男女要么“仍然在疯狂地做爱，我甚至觉得那是使我们忘记残酷现实的最原始也是最不可替代的唯一方法”（《无法告别》），要么女主人公在“自杀是自杀者的权利”的宣言中放弃自己的生命。不仅《追逐》中的雪凝是如此，长篇小说《水岸》中的女主人公莫雨尘也再次选择了离开，不仅离开自己曾经倾慕过的情人，甚至要离开这个无所依恋的喧嚣尘世。但莫雨尘比雪凝幸运，因为在她的生命中出现了一个有意义的瞬间。《水岸》的结局似乎与《施洗的河》有点相似，只不过刘浪是心灵发生了危机，想躲到河里去避难，莫雨尘是想到海里去结束一段尘缘。“她独自远行到了一个南方的海边，在黄昏的海边，她的脑海中出现她所经历的所有的生活图景，还有肖邦的各首乐曲，非常杂乱。当她一步一步向冰冷的大海走去，海浪即将淹没她的鼻息的时候，突然的，她仿佛听到了在伦敦教堂听过的那首优美的乐曲，她感觉仿佛被提起，在云端。她仿佛一下被提了起来，并真的看见了一束光。”莫雨尘遭遇的这种情景，同冰心看见牧羊图、刘浪在水中听到牧师的声音看到牧师伸来的手一样，都是一个瞬间。值得指出的是，他们都意识到了这个瞬间的意义，所以，这个瞬间成了他们人生的一个新的起点，成了人生起信的一个动力。“莫雨尘在这个瞬间后离开了使她沉溺的海水，沿着海岸线去寻找传说中的灵魂的栖息地，那座印象中的大教堂，沿着长长的海岸线和脑海里巴赫的圣洁的教堂音乐……”毋庸置疑，丹羽早期作品中的“信仰”不过是一个春情萌动的年轻女性对自己未来生活的一种朦胧的憧憬，或者说是一个受过良好教育的知识女性对世俗生活的一种认真态度。莫雨尘在那有意义的瞬间之后所寻找的“信仰”，才真正具有了宗教的意义。

值得指出的是，丹羽的小说在信仰书写方面颇有价值的贡献，在于通过两类形象的塑造，探询了基督徒走向信仰的两种可能方式。一种是从知识走向信仰，这种方式以《归去来兮》中的卫子夫为代表。这是一个学识丰富，以阐释真理为己任的大学教授、神学家，当然他也受洗入教，成了自认为有信仰的基督徒，在小说中被称为“文化基督徒”。女基督徒玄青非常崇拜他的神学修养，为他撰写的几部在全国产生巨大影响的神学著作而倾倒，以至于她竟然相信对信仰的确认需要知识，需要复杂的理性和逻辑考证，所以，她不听任何人的劝导，只身从南京远赴羊城投奔卫子夫，希望能成为他的学生。在第一次见面的饭桌上，玄青问了卫子夫两个问题，一是他谢不谢饭，二是他是否真的相信上帝的存在。对于前者，卫子夫说有时做有时不做，“如果在场的都是基督徒，而且他们都做，那我就做，如果说像平时或者一般的场合，像今天这样的，我就不做”。对于后者，卫子夫也明确地回答：“我相信上帝。我相信真理，因为我相信人类需要拯救。但是，我和那些教会里的教堂里的人不同，我是一个学者，一个研究者，我要做的事情就是把上帝的真理揭示给世人看。”而他之所以采取这种立场，是因为他有一个思想前提：“因为我有信仰，但依然是个活在真实生活中的人。我不逃避，也不超越。尽我的本分，如此而已。”卫子夫对这两个问题的回答，显示的恰恰就是启蒙时代将基督宗教本身从中世纪的迷魅状态下解放澄明出来后，那些重视精神生活的知识精英阶层对自己的宗教信仰的自信：第一，仪式仅仅是仪式而已，对基督徒而言并不重要，重要的是能否自己直接去面对上帝；第二，信仰生活与日常生活并不矛盾，信仰者当然不能逃避，也无须超越什么；第三，知识能够通向真理，通向信仰，既然从知识的层面知道人类需要拯救，那么，凭借知识，就可以判断怎样拯救，应该用什么去拯救。

另一种路径是从生命的感觉走向信仰。《归去来兮》的女主角玄青曾是一位狂热的艺术、文学的信徒，当她失望于艺术文学之后转向宗教去寻求精神慰安时，也一样地希望能像爱文学爱艺术那样充满生命的狂热与痴迷。

当她同卫子夫通完整夜的电话之后，她“确实感到，这一夜是我久违了的那种狂热的精神恋爱的感受。昏天黑地的谈话，时空交错与精神漫游的快感，唯美的震惊体验，无所不包括”。为了实现“跟随一个人，一个真正意义的能从信仰、知识、情感以及思想、人格各个方面引导我、拯救我和安抚我的人”，一个能“让生命围绕他旋转，就像天使围绕上帝那样”的人，玄青不顾任何人的劝告，坚持要独自去羊城拜见卫子夫。小说写到她在决定去羊城时的情绪反应：“我从草地上一跃而起，在原地转了两圈，然后再坐下，我把双腿盘起来，坐在那里，心里不停地想着南方的羊城，那座陌生的城市，那所陌生的学校，那个想象中的人。我的手随着想象的迷惘，轻轻地抓起青草地上的一堆泥土。泪水潸潸落下，说不清是疼痛，焦虑，恐惧，失落，还是无助，厌倦，缺失，抑或是隐秘的激动，在明知的绝望里的渴望?”这些情绪，都是来自生命深处的流露，这些动作，也都是肉身的直接反应，没有知识的辨别，没有逻辑的推演，甚至没有理由的说明。这就是玄青走向信仰的生命状态，也是玄青走向信仰的途径。对此，玄青是能够或者说已经自觉到的，所以当她来到羊城，闻到了卫子夫身上的烟火气，看到了他的丰富知识背后的傲慢，体会到了他对信仰追求者的个人主义式的冷漠，她的狂热也顿时变成了幻灭。尤其是当卫子夫不无傲慢地说上帝对每个人的恩赐是不一样的，所以他可以在大学里面做研究，玄青只适合在教会里做牧师时，玄青非常难受，甚至在幻灭中生出了反感，因为“我始终相信当灵魂穿过坟墓，来到上帝面前时，每个人都是平等的，每个人，无论你是否有知识”。

在这两种走向“信”的可能性的探询中，丹羽的小说让人强烈地感受到了 21 世纪到来后，中国的基督徒在个人信仰问题上的困惑与沮丧。这种困惑与沮丧表现在三个方面。

首先，知识与情感的悖论。如果说从知识走向信仰显示了启蒙之后知识精英阶层的普遍的自信，那么，从生命感觉走向信仰体现的则是基督宗教的基本教义，因为在《圣经》中，耶稣是生在马棚里的，也没有受过教育，但他比所有的人都伟大。信仰的产生离不开情感，没有情感依托的信仰注定不会是鲜活的、生气勃勃的信仰，也不会是深沉的、蕴藉悠久的信仰。但是感情恰恰是不可捉摸的，不可揣测的，越是强烈的感情越是难以驾驭与控制，越是容易走向极端，基督教历史上的神秘主义与极端主义的教派的产生，都源于信仰者的走向极端的情感体验。所以，从生命感觉走向信仰，未必能够保证生命本身准确地扑向真理。知识的丰富当然说明人能分辨真理，但知识本身并不能产生情感，而且单一的知识作为对某种事物的概括说明，本身具有遮蔽性，要突出事物的某种属性势必会遮蔽事物另一方面的属性。佛教批评人的认识的偏激性，对这一认知问题做了深刻的阐述。知识不仅不能产生情感这一信仰的支撑，而且也不能保证一定能够达到对真理的认知。小说曾通过玄青参加的基督徒的聚会场面表达了这种困惑和沮丧。在关于“文化基督徒”的讨论之后，“女主人洪亮的嗓音又回荡在这整个空间里。是啊，玄青，我提醒你的是不要过分陷入那些思想迷宫里面，还是我那次在教堂布道时跟你说的，有很多哲学家其实是受到撒旦的诱惑。你很容易被他迷惑的。真的，玄青，你要知道现在有很多文化界的人都是打着基督徒的旗号去迷惑人，事实上是反基督的。他们是敌基督”。当几个女青年谈到曾受所谓“基督徒”的骚扰时，女主人也只能高声说：“好了，好了，今天不讨论这些了，我们是有神保护的，只要你不做坏事，心怀坦荡，时时以《圣经》做你行为的准则，什么事也不会碰到你身上的。不过，以后大家也的确是要小心的。尤其像玄青这样比较单纯又跟很多文化界的人打交道的。应该注意一些。”

其次，疑与信的歧路。从信仰书写的角度看，虽然信仰的诞生来之于生命“瞬间”的力量，但“瞬间”的高峰体验之后起信的路如何行走，丹羽的创作显现出的依然是这个解构时代的特点。通常而言，宗教信仰一旦确立，灵魂不再漂泊，人的精神就会处于安宁的境地。正如诺瓦利斯所言，“谁一旦清楚地意识到世界是上帝之国，谁一旦因这种伟大的信念而感到无限充实，他就会信心十足地踏上幽暗的生命之路，怀着深深的、神一般的平静去看这路上的风暴和危险”。[⑧]所以，在冰心那里，遭遇了大爱的天启，信是一个毋庸置疑的事情，她的笔下几乎没有心灵分裂的人物。在《施洗的河》中，刘浪抓住牧师的手后，最后是回到了自己的家乡霍童，那里，“月亮银色的清辉洒在河滩上，篝火在那里闪耀，刘浪在朦胧中看见很多人站在水里，他们唱着歌，歌声击打着水面，一切都是和谐的”。这种和谐的景象预示着信心的坚定与平和。但是，丹羽笔下的主人公，即使找到了那座“大教堂”，即使听到了巴赫的圣洁的教堂音乐，甚至即使受到了圣水的洗礼，心仍然在不安与困惑中摇摆彷徨。《归去来兮》中的玄青在受洗以后，依然在问：“现代人为什么对这个世界的意义越来越感到模糊了呢？现代人，尤其是知识分子，他们所关心的‘价值’，他们所关心的‘终极意义'似乎也随着中古世纪人类单纯的宗教文化的崩溃而瓦解。在这个世界上，尤其是在我所处的这个社会里，谈'信仰'，'终极意义'是否真的是太不合时宜了？我在百般的自我询问中开始了'摩西式'的怀疑。"佛教提倡从疑到"信"，基督教是坚定地从信到"信"，这种"摩西式"的怀疑，这种"如此迷失"的感叹，都在说明在一个王纲解纽、价值消解的躁动时代里，信仰者的那种宁静已是多么的难得。

再次，宗教与诗的选择。在冰心和北村那里，信仰的理解上并没有分歧，没有犹豫，走向信仰的起点非常的清晰而坚定，这是因为他们所处的时代尽管有仇恨，有罪恶，有彷徨，有迷失，但信仰之灯始终没有熄灭，即使行走的途中如何黑暗，那盏信仰的灯塔仍然在前头依稀可见。而丹羽的时代是一个光怪陆离的时代，不是没有灯，而是到处都是迷幻的灯。所以，在这样的时代里，才会有如何走向信仰的分歧与困惑。正如玄青所说："我还能去哪儿呢？这世上到处都是那一位绝对的导师，但当我去寻找的时候，他却远离了我。"在小说中，玄青最后回归了平静，因为"她在基督的大爱和高宇近乎笨拙的感情之间做出了想像性的认同"。[⑨]"第一次被一种陌生的感情打动着，第一次和一个不能像父亲或导师一样疼爱我的男子在一起而感到幸福、安详。"这说明玄青已经准备放弃过去对引导、对包容的渴望，投入到世俗的平等与相濡以沫中去，也就是真的走进如卫子夫很不屑地指出过的教堂里的人群中去。不过，丹羽还是给了玄青一条不同于一般教堂里的人的路，这就是诗歌。玄青在回归平静后，她的诗《爱的箴言》终于发表了，玄青开始了自己第二次的精神远航，她发誓要写诗，而且要平静地写下去，不知疲倦地写下去，因为诗里面也有秘密，而且这种秘密"就是《圣经》的秘密，信仰的秘密，也是日常生活的秘密"。诗和知识并不一样，诗歌唱的是生命的尊严，透露的是生命的信息，揭示的是生命的秘密。人如果不能从生命的感觉走向信仰，至少可以从生命的感觉走向诗，小说让玄青从艺术的绝望始，最后又以诗的回归终，显示的恰恰是一个信仰寻找者在一个信仰缺失时代里的无奈。

---

①刘廷芳：《研究与信仰》，北京：《生命》1921 年第 7 期。

②冰心：《自由——真理——服务》，北京：《燕京大学季刊》第 2 卷第 1、2 号，1921 年 6 月。

③杨剑龙：《旷野的呼告》，上海：上海教育出版社，1998，第 76 页。

④《西方文学与基督教论文集》，北京：北京大学出版社，1996，第32页。

⑤茅盾：《茅盾全集》第20卷，北京：人民文学出版社，1990，第160页。

⑥⑧诺瓦利斯：《诺瓦利斯作品选集》，林克译，重庆：重庆大学出版社，2012，第166、165页。

⑦克尔凯郭尔：《恐惧与颤栗》，一谌等译，北京：华夏出版社，1999，第71页。

⑨阿长：《在提问与确信之间》，见丹羽著《归去来兮》，北京：大众文艺出版社，2004，第264页。

作者简介：谭桂林，南京师范大学文学院教授、博士生导师，教育部长江学者特聘教授。

［责任编辑：陈志雄］

（本文原刊2016年第2期）

建立现代汉语宗教诗学导论

唐小林

[提　要] 建立现代汉语宗教诗学，是中国现当代文学学科建设的重要组成部分，也是当代文化批评和研究的题中之义。中国文学百年的现代性运动已经为建立这门诗学奠定了坚实的史实基础，同时也使其具备了充分的学理依据和学术条件。带着终极问题进入具体问题，带着当下问题进入历史问题，带着自我问题进入他者问题，是建立现代汉语宗教诗学应有的方法论自觉。

[关键词] 现代汉语宗教诗学　史实基础　学理依据　方法论自觉

一

“现代汉语宗教诗学”，是笔者在2003年“首次中国现代诗学研讨会”上第一次提出，[①]次年又出版拙作《看不见的签名：现代汉语诗学与基督教》以为响应和尝试。[②]距今已过去十多年了，但关于建立这门诗学的史实基础、学理依据、学术条件和方法论问题，还需要进一步重申和强调。

宗教诗学出现在学术视阈中，还是一个陌生的概念。它喻示了一个诡秘而颇富想象力的学术空间。

诗学，是一个古老而充满活力的术语，其内涵既难以把握，又相对确定。古代华夏诗学，是经学的一支，指《诗经》之学，直到《宋史》中所列范处义的《诗学》和《毛郑诗学》，仍取其义。其间，晚唐裴庭裕称李商隐“诗学宏博”,[③]诗人郑谷《中年》诗称自己“衰迟自喜添诗学，更把前题改数联”中的“诗学”，虽已不同前义，但亦不具今日“诗学”之意涵。前者是说义山很会作诗，诗作宏富；后者尽管作为完整的“诗学”概念在汉语文学中第一次出现，依然与文论层面的“诗学”相去甚远，意指学习作诗。直到明人遁园居士的《伤逝记》[④]和叶秉敬的《敬君诗话》[⑤]，作为艺术门类和诗话专章的“诗学”，才大致有了今日诗学之内涵。[⑥]

在西学中，诗学（Poetics）一词，源于希腊的 Poiētikēs，是 Poiētike tekhnē 的略写形式，后者意指作诗的技艺，旨在经典文本中，抽取规则，以为后世作诗的规范和评诗的标准。亚里士多德的《诗学》是其奠基之作，虽然论述的对象是诗，尤其是悲剧与史诗，但就其实质而言，乃是指文学理论与艺术理论两维。此后，贺拉斯的诗体书简《诗艺》、布瓦洛的诗体论著《诗的艺术》中的诗学，就更加专注于文学理论。19 世纪以降，雪莱的《诗辩》、艾伦·坡的《诗的原理》，更是收缩野线，诗学成了诗歌理论。于是，关于诗学，就有了文学和艺术理论、文学理论、诗歌理论的含义。

进入 20 世纪，有两位学者关于诗学的界定值得重视。一位是法国的瓦莱里，他在教学计划书中这样写道：“从词源学的角度看，即把诗学看成是与作品创造和撰写有关的、而语言在其中既充当工具且还是内容的一切事物之名，而非狭隘地看成是仅与诗歌有关的一些审美规则或要求的汇编”，“诗学指文学的整个内部原理（toute théorie interne de la littérature）”。[⑦]另一位是美国比较文学学者厄尔·迈纳，他在《比较诗学》中认为，“‘诗学’可以定义为关于文学的概念、原理或系统”。[⑧]

关于诗学的言路，古代中国往往从具体的诗歌文本出发，通过直观、感悟等体验的方式，言说诗性智慧或诗歌技艺。这与 20 世纪 60 年代以后，西方诗学复兴后的言路有一致之处，即诗学力求逼近个体阅读中的审美经验。托·斯·艾略特的几篇极富洞见的诗学论文，就是作家评论。巴赫金的《陀思妥耶夫斯基的诗学问题》，是从解读陀氏的几部重要作品得出诗学结论，并进而提出“对话诗学”的。他的“狂欢理论”，也是在解析法国作家拉伯雷的长篇小说《巨人传》中的“民俗化的笑”时升华出来的。当然，这之前海德格尔的《荷尔德林和诗的本质》就走的是此一路向。

统观古今中外，诗学的言路大致有三条：一是提出某个诗学命题，结合创作实践，进行逻辑推演，创构诗学体系，如亚里士多德的《诗学》；二是对既有文论予以梳理、研析、归类，揭示某些诗学规律，以图抵达文学本质，如曹顺庆的《中西比较诗学》；三是解读大量的文学作品及其经典文本，总结诗学原理，建构原创诗学，如巴赫金的“复调理论”与“狂欢诗学”。换言之，诗学可以是文学理论研究，也可以是文论话语分析，还可以是文学作品的理论阐释。笔者认为，最好的诗学言路，应是这三者的有机统一，即诗学理论与诗学阐释的统一。由此，在研究具体文本和既有文论中，抽象出原创性文学命题，建立起与之相匹配的文论体系，即谓之诗学。简而言之，诗学是关于文学的学问。

要对宗教进行界定，是一件困难的事情。从不同的视角观照宗教，会有不尽相同的定义。麦克斯·缪勒从宗教信仰的层面认为，所谓宗教就是对某种无限者的信仰。[9]威廉·詹姆士从信仰主体个人的宗教体验出发，指出宗教是个人在孤单的时候，与神圣对象保持关系所发生的感情、行为和经验。[10]密尔顿·英格从社会功能的角度，把宗教描述为“人们借以和生活中的终极问题进行斗争的信仰和行动体系”。[11]保罗·蒂利希则认为，宗教“是一种终极的关切”，“是人类精神生活所有机能的基础，它居于人类精神整体中的深层”。[12]他从宗教与文化的关系入手，决然地说：“宗教是文化的实质，文化是宗教的形式。”[13]按照《辞海》的说法，宗教是“社会意识形态之一。相信并崇拜超自然的神灵，是支配着人们日常生活的自然力量和社会力量在人们头脑中的歪曲、虚幻的反映”。[14]这些关于宗教的不同定义，可以帮助我们从不同的侧面加深对宗教的理解。

现代汉语宗教诗学拟采用汤因比的宗教定义。在他看来，所谓宗教，“就是指这样一种人生态度：能在某些大问题上，像宇宙的神秘性、人在宇宙中的作用等，令人的精神得到满意的答案，并为人的生存提供切实的训诲，从而使人们能克服人之为人所面临的诸多困难”。[15]从这一概念出发，现代汉语宗教诗学言说的宗教，既包括佛教、基督教、伊斯兰教这样的三大世界性宗教，又包括曾经取代这些神圣宗教，而实际上成为人们的信仰，主宰人们的思想、意志和行为的某种“学说”“主义”等世俗宗教。有趣的是，在现代汉语文化语境中，后者较之前者更位居于文化的中心，并且成为特定历史时期整个文化精神的底色。回望 1942 年以后的当代文化史，个中人会对此心领神会。这两类宗教，看似相去甚远，但它们都有一些共通点，比如形而上学性、超越性和神圣性等。

宗教诗学的概念，在类型上与宗教人类学、宗教社会学、宗教心理学、宗教语言学、宗教文化学大体相当，不妨也可以说成是宗教文学学。但也有截然不同的地方，后者属于宗教学的分支，而前者属于诗学的一部分，它的出发点和归宿，不在宗教而在诗学。宗教诗学主要研究宗教与诗学的关系，宗教对诗学的影响，宗教在现代诗学建构中的功能和作用，等等。

现代汉语宗教诗学中的现代汉语，为这门学科划定了范围。现代汉语的第一层含义是，它只把现代汉语文学与文论中的宗教因素作为考察对象。笔者认为现代汉语文学自 1917 年的文学革命始，至今仍在延续，它大致包括了今天所谓的现代文学和当代文学，不涉及文言写作的部分，这是从时间上看。从空间上看，现代汉语文学涵盖了大陆、台湾、香港、澳门以及其他国家和地区的汉语写作的文学，不涉及同一历史时期其他民族语言写作的文学。现代汉语的第二层意思是，只考量汉传宗教、汉传学说和主义与现代汉语诗学的关系。比如基督教的《圣经》元典，长时期以来都是希腊语写成，后来又有拉丁语等各种版本，现在世界最为通行的是英语本。但我认为，对现代汉语文学发生实际影响的是现代汉语本，因此它是这门学科研究的重点。伊斯兰教和其他学说或主义的情况亦作如是观。

归结起来，现代汉语宗教诗学，就是在现代汉语的范围内，研究佛教、基督教、伊斯兰教这三大神圣宗教和信仰性质的主义、学说等世俗宗教与诗学关系的学科。

二

现代汉语宗教诗学，是建立在坚实的历史基础之上的。

从佛教、基督教和伊斯兰教这三大宗教来看，尽管在现代汉语文化中居于边缘地位，但承接晚清佛学复兴的余波和基督教、伊斯兰教在现代社会中的曲折发展，一大批现代汉语作家，还是不同程度地受到了这些宗教文化的影响，出现了一批与此相关的宗教题材，或表现宗教生活、宗教情绪的作品，以及有关的文论。它们构成了现代汉语诗学的事实基础。

从现代汉语作家来看，受佛教文化影响的有：梁启超、夏曾佑、陈独秀、胡适、鲁迅、周作人、郁达夫、许地山、俞平伯、宗白华、废名、瞿秋白、丰子恺、徐志摩、夏丏尊、老舍、高长虹、施蛰存、沈从文、无名氏、徐訏、高行健、贾平凹、汪曾祺、马丽华、虹影、阿来等。受基督教影响的有：胡适、鲁迅、郭沫若、茅盾、林语堂、苏雪林、赵紫宸、田汉、曹禺、废名、巴金、艾青、钱钟书、张资平、陈梦家、冰心、许地山、赛珍珠、庐隐、闻一多、老舍、陆志韦、郁达夫、徐志摩、周作人、赵景深、萧干、施蛰存、熊佛西、余上沅、胡也频、穆旦、朱维之、王蒙、礼平、舒婷、顾城、张洁、张抗抗、竹林、陈映真、王鼎钧、张晓风、蓉子、刘小枫、史铁生、余秋雨、程乃珊、王小波、海子、北村、于坚、施玮、夏宇、斯人、余杰、摩罗、江维藩、丹羽、黄礼孩、鲁西西、苇岸、海啸、齐宏伟、胡燕青、陈德锦、吴美筠、陈伟洛、卢劲驰、郑政恒、刘伟成、周汉辉、谢傲霜、吴嘉榆、罗药敏、萍凡人、唐睿、梁匡哲等。受伊斯兰教影响的有：蓢伯赞、少陆墟、霍达、马瑞芳、张承志、王延辉、郝斯力汗、艾克拜尔·米吉提等。现代汉语的主要作家，都包含在这一长串的名单里了。一些作家，同时受到了两种甚至多种宗教的影响，比如许地山，除佛教、基督教外，道教的浸染也不可谓不深。

从现代汉语作品而言，与佛教有关的作品相当丰富，代表性的有：鲁迅的《野草》，周作人的《山中杂信》，陈独秀的《〈绛纱记〉序》，郑振铎的《云冈》，俞平伯的《鬼劫》，丰子恺的《缘缘堂随笔》，陶晶孙的《尼庵》，叶圣陶的《两法师》，王统照的《印空》，巴金的《鬼》，沈从文的《月下小景》，唐弢的《摩罗小品》，废名的《五祖寺》，方令儒的《琅琊山游记》，许地山的《空山灵雨》，施蛰存的《鸠摩罗什》，徐志摩的《天目山中笔记》，倪贻德的《佛国巡礼》，无名氏的《海艳》，老舍的《正红旗下》，杜运燮的《寒山寺》，扎西达娃的《西藏，系在皮绳结上的魂》，央珍的《无性别的神》，北岛的《菩萨》，贾平凹的《白夜》，汪曾祺的《受戒》，马原的《冈底斯的诱惑》，马建的《亮出你的舌苔或空空荡荡》，马丽华的《走遍西藏》，熊尚志的《人与佛》，方杞的《人生禅》，李英棣的《风》，黄靖雅的《花》，王静蓉的《雪》，林新居的《月》，等等。

与基督教文化有关的代表性作品有：胡适的《耶稣诞节歌》，鲁迅的《复仇（其二）》，周作人的《歧路》，许地山的《缀网劳蛛》，冰心的《晚祷》，郑伯奇的《圣处女的出路》，徐玉诺的《与现代的基督徒》，朱自清的《自从》，郁达夫的《南迁》，张资平的《约檀河之水》，郭沫若的《落叶》，穆木天的《复活》，王独清的《圣母像前》，茅盾的《耶稣之死》，陆志韦的《黑影儿》，方玮德的《晚祷》，向培良的《暗嫩》，汪静之的《灰色马》，冯至的《蝉与晚祷》，陈翔鹤的《大姐和大姐圣经的故事》，白采的《被摒弃者》，徐志摩的《卡尔弗里》，滕固的《石像的复活》，叶灵凤的《拿撒勒人》，李金发的《上帝》，蒋光慈的《耶稣颂》，冯文炳的《亚当》，陈梦家的《圣诞歌》，邵洵美的《花一般的罪恶》，刘延陵的《悲哀》，沈从文的《冬的空》，胡也频的《圣徒》，殷夫的《东方的玛利亚——献母亲》，冯乃超的《岁暮的 Andante》，梁宗岱的《晚祷》，戴望舒的《乐园鸟》，闻一多的《南海之神·中山先生颂·祈祷》，徐雉的《上帝》，臧克家的《罪恶的黑手》，巴金的《田惠世》，老舍的《老张的哲学》，曹禺的《雷雨》，艾青的《一个拿撒勒人的死》，萧乾的《皈依》，靳以的《校长》，方玮德的《祷告》，穆时英的《圣处女的感情》，李健吾的《使命》，李劼人的《死水微澜》，于赓虞的《晚祷》，欧阳山的《谁救他们》，章衣萍的《深誓》，胡思永的《祷告》，徐讦的《晚祷》，阿垅的《犹大》，罗洪的《祈祷》，朱雯的《逾越节》，石评梅的《祷告》，蒲风的《牧师的祷告》，绿原的《重读〈圣经〉》，贺敬之的《在教堂里》，陈荒煤的《在教堂里歌唱的人》，汤雪华的《南丁格兰的像前》，程育真的《圣歌》，邢禾丽的《上帝的信徒》，刘宇的《西乃山》，何葭水的《没有结尾的故事》，陈汝惠的《女难》，张行健的《田野上的教堂》，礼平的《晚霞消失的时候》，张晓风的《常常，我想起那座山》，史铁生的《务虚笔记》，北村的《施洗的河》，施玮的《放逐伊甸》，阿成的《上帝之手》，余杰的《香草山》，齐宏伟的《彼岸的跫音》，李锐的《张马丁的第八天》，等等。

与伊斯兰教文化有关的代表性作品有：张承志的《心灵史》、《西省暗杀考》，霍达的《穆斯林的葬礼》，马瑞芳的《祖父》，郝斯力汗的《起点》，艾克拜尔·米吉提的《迁墓人》，等等。

现代汉语文论与宗教有关的也不少。[16]与佛教有关的代表性文论有：胡适的《中国文学过去与来路》，陈独秀的《答李大槐》，鲁迅的《三闲集·叶永蓁作〈小小十年〉小引》，周作人的《立春以前·十堂笔谈·佛经》，废名的《中国文章》，许地山的《创作的三宝与鉴赏底四依》、《叙〈野鸽的话〉》，宗白华的《我和诗》，丰子恺的《谈自己的画》，闻一多的《〈冬夜〉评论》，瞿秋白的《社会科学概论》，郭沫若的《致郁达夫》，沈从文的《论落花生》，朱光潜的《丰子恺先生的人品与画品》，俞平伯的《重刊〈浮生六记〉序》，朱自清的《文艺之力》，徐志摩的《眉轩琐语》，林清玄的《随喜菩提·自序》，林新居的《〈风〉、〈花〉、〈雪〉、〈月〉·总序》，方杞的《人生禅·自序》，赵毅衡的《建立一种现代禅剧》，等等。

与基督教文化有关的代表性文论有：章太炎的《在东京留学生欢迎会上演说辞》，陈独秀的《基督教与中国人》，周作人的《雨天的书·托尔斯泰的事》，庐隐的《或人的悲哀》，朱维之的《基督教与文学》，刘小枫的

《拯救与逍遥》《沉重的肉身》，刘铁的《忏悔是一种贞操》，杨戈的《救赎之路》，鲁西西的《你是我的诗歌》，北村的《我与文学的冲突》《神格的获得与终极价值》《神圣启示与良知的写作》，史铁生的《病隙碎笔》，施玮的《灵性文学丛书总序》，杜商的《更高意义的表达》，齐宏伟的《牛虻与蜜蜂：知识分子使命再思》，杨剑龙主编的《灵魂拯救与灵性文学》，等等。

还有一批研究《圣经》、考察基督教文化与西方文学关系的成果和刊物，也为现代汉语宗教诗学的建构，提供了史实支撑。如梁工主编的《圣经与欧美作家作品》《基督教文学》（北京：宗教文化出版社，2000），卜昭慈的《天路·天路：英国近代文学与基督教思想》（成都：四川大学出版社，2001），王汉川、谭好哲主编的《基督教文化视野中的欧美文学》（北京：中国盲文出版社，2004），刘建军的《基督教文化与西方文学传统》（北京：北京大学出版社，2005），梁工、程小娟编著的《圣经与文学》（长春：时代文艺出版社，2006），莫运平的《基督教文化与西方文学》（北京：中央编译出版社，2007），陈召荣、李春霞编著的《基督教与西方文学》（兰州：甘肃人民出版社，2007），廖廉斌主编的《西方文学中的圣经故事》（北京：农村读物出版社，2008），齐宏伟编的《目击道存：欧美文学与基督教文化》（沈阳：辽宁教育出版社，2009），张欣的《耶稣作为明镜：二十世纪欧美耶稣小说》（北京：宗教文化出版社，2010），夏茵英的《基督教与西方文学》（广州：中山大学出版社，2012），肖四新的《欧洲文学与基督教》（广州：暨南大学出版社，2013），等等。[17]

这一长串名单，只见冰山一角。至于受到某种主义、学说影响，而具有世俗宗教性质的作家、作品、文论就更多了，它有时甚至是一个历史时期的“共相”。兹不一一列举。

上述丰富的文学史实，为现代汉语文学与宗教关系的研究，提供了强大的动力和广阔的学术想象空间。而一批学者，在20世纪80年代以降，在此一领域的辛勤耕耘，又为现代汉语宗教诗学的建立，筑就了较为厚实的学术基础。

建立现代汉语宗教诗学，首要的学术基础是，对现代汉语文学与宗教的关系进行历史还原和梳理，对现代汉语文学作品和文论中的宗教因素进行诗学阐释，对现代汉语作家的宗教精神进行深入发掘。只有在这些学术准备大体上完成以后，关于现代汉语宗教诗学的理论建构才有可能有效进行。可喜的是，在这方面，尤其是关于三大宗教与现代汉语文学关系的研究方面，已出现了不少学术成果，有的已达到相当高的水准。[18]比如，Lewis Stewart Robinson 的 *Double-edged Sword: Christianity and 20th Century Chinese Fiction*（Hong Kong: Tao Fong Shan Ecumenical Center，1986，中译本见路易士·罗宾逊:《两刃之剑：基督教与二十世纪中国小说》，傅光明等译，台北：业强出版社，1992），马佳的《十字架下的徘徊：基督教宗教文化和中国现代文学》（上海：学林出版社，1995），刘勇的《中国现代作家的宗教文化情结》（北京：北京师范大学出版社，1998），杨剑龙的《旷野的呼声：中国现代作家与基督教文化》（上海：上海教育出版社，1998）、《基督教文化与中国现代知识分子：对“五四”时期一个角度的回溯与思考》（香港：香港中文大学出版社，2004）、《“五四”新文化运动与基督教文化思潮》（上海：上海人民出版社，2012）、《文学的绿洲：中国现代文学与基督教文化》（香港：学生福音团契出版社，2006），王列耀的《基督教与中国现代文学》（广州：暨南大学出版社，1998）、《基督教文化与中国现代戏剧的悲剧意识》（上海：上海三联书店，2002）、《宗教情结与华人文学》（北京：文化艺术出版社，2005），胡绍华的《中国现代文学与宗教文化》（上海：华东师范大学出版社，1999），王本朝的《二十世纪中国文学与基督教文化》（合肥：安徽教育出版社，2000），宋剑华的《基督精神与曹禺戏剧》（长沙：湖南师范大学出版社，2000），喻天舒的《五四文学思想主流与基督教文化》（北京：昆仑出版社，2003），许正林的《中国现代文学与基督教》（上海：上海大学出版社，2003），唐小林的《看不见的签名：现代汉语诗学与基督教》（北京：中国社会科学出版社，2004），谭桂林的《二十世纪中国文学与佛学》（长沙：湖南师范大学出版社，1999），谭桂林、龚敏律的《中国当代文学与宗教文化》（长沙：岳麓书社，2006），马丽蓉的《二十世纪中国文学与伊斯兰文化》（合肥：安徽教育出版社，2000），哈迎飞的《“五四”作家与佛教文化》（上海：上海三联书店，2002），丛新强的《基督教文化与中国当代文学》（济南：山东文艺出版社，2009），斯洛伐克汉学家马利安·高利克的《影响、翻译与平行——〈圣经〉在中国》（Marian Galik，*Influence*，*Translation and Parallels*: *Selected Studies on the Bible in China*，Sankt Augustin，Germany，2004），刘丽霞的《中国基督教文学的历史存在》（北京：中国社会科学文献出版社，2006），齐宏伟的《文学·苦难·精神资源：百年中国文学与基督教生存观》（南昌：江西人民出版社，2008），季玢的《野地里的百合花：论新时期以来的中国基督教文学》

（北京：中国社会科学出版社，2010），陈奇佳、宋晖的《被围观的十字架：基督教文化与中国当代大众文学》（北京：中国社会科学出版社，2010），区应毓、权陈、蒋有亮、董元静的《中国文学名家与基督教》（北京：九州出版社，2011），郭晓霞的《五四女作家和圣经》（北京：中国社会科学出版社，2013），等等。此外，还有一批相关的学术论文。这些学术专著和论文，在此一学术领域的筚路蓝缕之功不可小觑。特别值得一提的是，谭桂林的《百年文学与宗教》一书（长沙：湖南教育出版社，2002），从宗教价值理念与中国现代文学传统建构的角度，论述了基督教、佛教、伊斯兰教和其他区域宗教的价值理念，对于构建中国现代文学传统的意义，已经具有了宗教诗学的意味。当然，如何在明确的宗教诗学观念的引领下，从现代汉语文学的整体视角，穿越事实描述或诗学阐释的层面，并将受到某种主义、学说影响而具有世俗宗教因素的文学现象，也纳入考察范围，建立系统的现代汉语诗学，还是一项长期的任务。

三

建立现代汉语宗教诗学，具有充分的学理依据。

从宗教与文化的关系来看，宗教是文化的核心。何谓文化，泰勒认为："文化或文明是一个复杂的整体，它包括知识、信仰、艺术、道德、法律、风俗以及作为社会成员的人所具有的其他一切能力与习惯。"[19]而在更为广泛的意义上，文化是人类物质文明和精神文明的总和，它包括物质文化、制度文化和精神文化三个层面。一言以蔽之，文化是"与社会相关的一切表意行为的集合"。[20]说宗教是文化的核心，一方面是说，在人类文化史上，宗教在特定的历史时期，就是整个文化系统，比如人类的原始社会和西方的中世纪。另一方面，在宗教世俗化以后的历史阶段，宗教作为一种特殊的文化形式，渗透到了文化的方方面面，涵盖了社会心理、意识形态、行为方式、生活习俗，乃至单个的器物和整个的社会制度。正是在这个意义上，"宗教与文化的问题是一个错综复杂而涉及范围很广的关系网，它把社会生活方式同被社会接受为生活的最高法则和个人与社会行为的最高准则的精神信仰和价值统一了起来"，[21]宗教是历史的钥匙，[22]更是文化的钥匙。

按理说，欧洲的文艺复兴和人文主义，是一场较为彻底的反宗教运动，是把人从神的统治下解放出来，以世俗主义和自然主义为其主要特点，宗教应该被放逐到文化的边缘。但据当代著名的宗教哲学家道森研究，宗教仍然居于这个时代文化的核心地位，其突出的表现在于，宗教是人文主义兴起的基本文化动因。道森发现，在人类历史的长河中，“宗教并非一种抽象的意识形态，也不仅是一种古老的精神资源，而且是一种绵延历史的文化传统和潜移默化的文化习俗”。[23]也许，我们在业已创造或力图创造的外在秩序中无法一目了然地找到宗教了，但是，在西方人变化了的心灵世界中，我们却可以察觉到它的存在。这种存在是如此顽固，以致永远也不可能消除，除非全盘否定或彻底毁灭西方人本身。[24]马克斯·韦伯关于新教伦理与资本主义精神问题的研究，也证实了道森的结论。资本主义精神的特征是“理性化”，而理性化是一种科学精神，与被视为“神秘主义”的宗教精神是背道而驰的。但是，马克斯·韦伯通过其卓越的研究发现：“近代资本主义精神的一个基本要素，或者说，不仅是指近代资本主义精神而且包括整个近代文化精神的一个基本要素——以职业观为基础的理性行为，就是从基督教的禁欲主义精神中产生出来的。”[25]

汤因比认为：“一种文明形态就是其宗教的表达方式。”[26]也就是说，宗教是文化的核心还表现在，人类各大文化系统、文明形态，不仅有其深厚的宗教背景，而且是以宗教为特征彰显出来的。汤因比就把现存人类的文明社会形态划分为：西方基督教社会、东正教社会、伊斯兰教社会、印度小乘教社会和远东大乘教社会。[27]美国当代著名的社会学家塞缪尔·亨廷顿在他引起广泛关注和争议的著作——《文明的冲突与世界秩序的重建》中，也认为“宗教是界定文明的一个主要特征”，并引述道森的话说，伟大的宗教是伟大的文明赖以建立的基础。[28]因此，基督教文明、儒教文明、伊斯兰教文明等概念，构成了这本著作基本的文化视域和阐释意域。

上述韦伯关于新教伦理与资本主义精神的研究，还启示我们，宗教之所以是文化的核心，还有一个重要的原因，那就是宗教为人类社会提供了基本的信仰体系、价值规范、行为准则和组织体制。人是人类社会的中心。人既是物质性的，更是精神性的。精神活动是人的主要活动。而精神活动，正如汤因比曾经论述的那样，是以价值体系为标志，价值体系又是以宗教信仰为根基的。这样，以宗教信仰为根基的价值体系，就不但制约着精神活动，而且从根本上决定着一个文明社会的经济、政治乃至全部活动。[29]

也许正是立足于宗教是文化的核心这一基本命题，曾经作为基督教徒的马克思，才在《黑格尔法哲学批判导言》中深刻地指出：“对宗教的批判是其他一切批判的前提……宗教是这个世界的总理论，是它的包罗万象的纲领，它的具有通俗形式的逻辑，它的唯灵论的荣誉问题［point d' honneur］，它的狂热，它的道德约束，它的庄严补充，它借以求得慰藉和辩护的总根据。”[30]马克思是把宗教作为这个世界的“总理论”“总纲领”“总根据”进行批判的。

宗教是文化的核心，文学是文化的重要构件，文学与宗教的关系就不可谓不紧密。历史的事实已经证明了这一点。那么从学理的角度，宗教又是怎样和文学发生关系的呢？

首先我们得深入宗教结构的内部。吕大吉先生关于宗教基本要素的学说认为，宗教作为一种社会化的客观存在，具有一些基本要素。他把这些要素分为两类：“一类是宗教的内在因素；一类是宗教的外在因素。宗教的内在因素有两部分：1. 宗教的观念或思想；2. 宗教的感情或体验。宗教的外在因素也有两部分：1. 宗教的行为或活动；2. 宗教的组织和制度。”[31]概括起来，就是宗教的观念、情感、行为和制度。宗教结构的这四个要素都可能对文学构成影响。处于这四个逻辑层次最核心、最基础层的宗教观念，是解决人的信仰问题，它以宗教特有的方式告诉人们世界的真理，回答人是什么，从哪里来，到哪里去这样一些终极问题，并由此建立起善与美的标准，建立起人与绝对神圣、人与世界、人与人的关系，以及人的精神信念和价值体系。因而，宗教观念极有可能通过作家的世界观、人生观、价值观，而影响到文学的本体观和作家的伦理观。宗教情感、宗教体验往往与民族习俗、民族生活、民族感情、民族文化交织在一起，而影响作家的创作心态、创作方法，左右文学的风格。宗教行为和宗教制度，在构成人类的生存状态、文学的生存空间的同时，也成为文学的书写对象，而且还有可能波及文学的组织和制度。宗教对文学的这些影响，往往具体地表现在作家的创作和理论言述中，而最终落脚在诗学形态上面。

宗教的活动方式，暗合了文学把握世界的方式。无论何种宗教，都与神有关，神圣的神或世俗的神。宗教活动的目的，是人与神的沟通。而神是一种超人间的力量，人要走进神，需要中介，这就是宗教仪式。宗教仪式大致可分为三类：一类是以物祭形式为特征的物象礼仪；一类是以身体动作为特征的示象礼仪；再一类是以心祭形式为特征的意象礼仪。这三类宗教仪式都有一个共同的特征：以符号的形式与神明沟通。前者是物象符号；中者是示象符号（它是物象符号的特殊形式）；后者是意象符号（它是宗教进入更高层次的一种表现）。其实质都是以象征符号的方式来把握宗教的真理。这与文学用语言符号象征性把握世界的特征，如出一辙。

由于宗教活动的存在，宗教的世界事实上被划分为“世俗的”和“神圣的”两部分。宗教徒是通过世俗世界，比如象征性的、实体化的宗教器物——教堂、寺庙、十字架、舍利子等，来无限地体验和靠近神圣的世界。这种体验和靠近，在某种意义上，是一种解读方式，一种阐释方式。而这种阐释方式与文学的阅读方式、接受方式，也有异曲同工之妙。它在诗学的意义上，可以影响文学阐释与文学批评。当然，诗学的发展史已经证明，这种影响更为直接的是各种宗教元典的解读。中国儒教经典和基督教《圣经》的解经方式和解经传统，都整个地影响了中国传统诗学和西方诗学的建构。

正因为宗教与诗学有如此众多的联系，建立宗教诗学的学理依据是充足的。但是，建立现代汉语宗教诗学的学理依据，又是否充足呢？这又是我们必须审理的问题。

首先要考量的是“宗教是文化的核心”这一命题，在现代汉语文化中是否成立。显然，在古代汉语文化中是成立的。尽管在儒家文化神圣化之前，还有极为丰富的汉语文化，但就整体而言，儒教无疑是古代中国文化的核心。即便在这之前，民间宗教、巫术文化也相当发达。就现代汉语文化主体的大陆而论，到了近代，随着西方文化先后从物质文化、制度文化，再到精神文化层面的大规模进入，倒孔的声浪日高，儒教开始土崩瓦解，其文化的核心地位不再。与之相伴随的道教文化、佛教文化也受到很大的冲击，而进一步边缘化。晚清的佛学复兴，20 世纪初叶的基督教传教高潮，以及伊斯兰教的发展，的确给现代汉语文化以一定的影响，但是没有哪一支宗教进入中国现代汉语文化中心。这是否意味着“宗教是文化的核心”这一命题，不适应于现代汉语文化界？

答案显然是否定的。这时，我们就要来到前述宗教论域的第二个层面——世俗宗教。汤因比在《选择人生》一书里，把科学主义、国家主义和共产主义称为现代西方社会的三大信仰，[32]对我们是有启迪意义的。1915 年新文化运动以后，这三大信仰，尤其是后者，很快占据现代汉语文化的统治地位，而成为核心。文学在经历 20 世纪 20 年代早期的革命文学和后期的无产阶级文学，30 年代的左翼文学，40 年代的工农兵文学，50 年代的社会主义文学以后，越来越深入地贯彻了这一信仰的意志。与此同时，也建立起了相应的文论话语体系。这一体系只是到了“后新时期”才开始松动。

四

基于以上的事实依据和学理依据，建立现代汉语宗教诗学的条件是基本具备的。接下来的问题是：如何建立现代汉语宗教诗学？

现代汉语宗教诗学，是一门交叉性、综合性的学科。它当然可以借鉴宗教社会学、宗教文化学、宗教语言学、宗教心理学等宗教学的研究方法，同时还可以借鉴比较文学、比较诗学、比较宗教学等学科的学科理论。这些借鉴，不仅十分重要，而且也是非常必要的。但是在笔者看来，它们都还主要属于研究方法技术层面的东西，更为重要的是，在建立一种认识或理解的范式之前，应有一个基本的方法论立意，也就是此种方法论的出发点。对于建立现代汉语宗教诗学而言，我以为这个出发点就是强烈的问题意识。是否有强烈的问题意识，是衡量人文研究学科水准和学术水平的关键。诚然，光有强烈的问题意识还不够，还必须将此贯穿到具体的研究方法之中。建立现代汉语宗教诗学，从问题意识入手，将遵循以下的方法论要点。

一是带着终极问题进入具体问题。所谓终极问题，就是人们所终极关切或终极关怀的问题。不同的人文学科对此有着不同的解释。在最一般的意义上，它是指人们对生活的最高价值、人生的最高境界、生命的终极意义和世界的终极真理等的渴望和探寻。终极问题，既是宗教的本源性问题，又是任何一种诗学力求抵达的终点。带着此一问题，进入现代汉语宗教诗学这个具体问题的时候，宗教与诗学就有了一个可以全面展开、深入对话的学术平台，一个共通性的话题。而在另外一个意义上，终极问题给现代汉语宗教诗学的研究以宏阔的观照视野和阐释意域，但是它不能取代，而是必须深入具体的文本解读、文论话语的剖析当中，并最后落实在诗学问题上。

二是带着当下问题进入历史问题。现代汉语宗教诗学，就其考察的对象而言，还是一个没有终结、正在展开的历史过程。但悖论的是，只有那些已经相对静止、相对稳定，也就是在相对的意义上成为历史的东西，才能被我们捕捉，进入我们的学术视阈。就此而论，现代汉语宗教诗学依然是一个历史问题。而当下就是这段历史的汇集点。当下问题，在某种意义上，就是这段历史自然演变的结果之一。带着当下问题进入历史问题，具体地说，带着当下的文学和诗学问题，去考察现代文化史上的宗教与诗学的关系，就可能使我们从发生学的意义上，深入诗学结构的内部，找到当下问题的真正症结所在。那么，当下诗学有什么症结？可能不同的学者有不同的看法，不同的视角有不同的结论。但 1993 ~ 1995 年，在中国文学界爆发的那场“人文精神”的大讨论，可以给我们一个重要的提示。在那场大讨论中，不少著名的学者共同关心的一个问题是：现代汉语文学进入世纪之交，人文精神失落了，终极关怀没有了。[33]质言之，现代汉语文学发展到今天，它的价值根基松动了，它的价值体系遭到前所未有的质疑。或者它从来就没有过真正属已的价值系统？如果说，现代性不是完全意义上的西方话语的内涵，而是在人类社会，比如中国社会进入现代以后，在历史的演变过程中逐渐获得、逐渐积淀、逐渐形成的某种特性、某些特征的集合的话；如果现代汉语诗学的现代性也作如此理解的话，那么我可以说，这就是现代汉语诗学的现代性缺损。肯定还有其他的问题，但在笔者看来，这无疑是现代汉语诗学领域较为重要的当下问题。带着当下问题进入历史问题再返回当下问题，这其实是自马克斯·韦伯和涂尔干以来，西方人文学界的一个学术传统，即始终关注现代性与传统的关系。

三是带着自我问题进入他者问题。现代汉语宗教诗学，无疑是中国文化中一个本土性的问题。但是，它所关涉的宗教，比如佛教、基督教、伊斯兰教，即便是科学主义、国家主义、共产主义等，并非汉文化土产，而是大都源于国外、来源于他者。在经过本土化以后，形成第三种文化。也就是说，它们既不是源初意义上的外国文化，亦不是本原意义上的汉语文化。因此，在研究现代汉语宗教诗学时，对待这些文化他者，必须要有特殊的文化视阈，既要力求探索这些文化在他者语境中的真谛，更要立足其本土化后的变异和质态，而出发点和归宿还必须是现代汉语诗学的。这是带着自我问题进入他者问题的一个方面的意思。另一个方面的意思是指，他者有他者的宗教问题、诗学问题；他者有他者关于宗教与文学、宗教与文论的若干命题，当我们进入这些问题或命题的时候，其立足点是解决现代汉语诗学问题，建构现代汉语的宗教诗学体系。

---

①参见《首次中国现代诗学研讨会在成都举行》，成都：《四川师范大学学报》2003 年第 6 期。

②拙作《看不见的签名：现代汉语诗学与基督教》，北京：中国社会科学出版社，2004。

③裴庭裕：《东观奏记》卷下，《四库全书》史部·杂史类。

④遁园居士：《伤逝记》，《说郛三种》（46卷本），第9册，上海：上海古籍出版社，1988，第1056页。

⑤叶秉敬：《敬君诗话》，《说郛三种》（46卷本），第10册，上海：上海古籍出版社，1988，第1594页。

⑥参见杨乃乔《悖立与整合——东方儒道诗学与西方诗学的本体论、语言论比较》，北京：文化艺术出版社，1998，前言，第12页。

⑦达维德·方丹：《诗学——文学形式通论》，陈静译，天津：天津人民出版社，2003，第2页。

⑧厄尔·迈纳：《比较诗学》，王宇根等译，北京：中央编译出版社，2004，第3页。

⑨麦克斯·缪勒：《宗教学导论》，陈观胜等译，上海：上海人民出版社，1989，第11~12页。

⑩William James, *The Varieties of Religious Experience*. New York: Macmillan Publishing Co., 1961, p.40.

⑪密尔顿·英格：《宗教的科学研究》，转引自吕大吉《宗教是什么——宗教的本质、基本要素及其逻辑结构》，北京：《世界宗教研究》1998年第2期。

⑫⑬保罗·蒂里希：《文化神学》，陈新权等译，载何光沪选编《蒂里希选集》上卷，上海：上海三联书店，1999，第382、142页。

⑭《辞海》缩印版，上海：上海辞书出版社，1989，第1137页。

⑮汤因比：《一个历史学家的宗教观》，晏可佳等译，成都：四川人民出版社，1990，第16页。

⑯这还不包括近现代作家写作的文言论文，诸如梁启超的《论佛教与群治之关系》，章太炎的《建立宗教论》《论佛法与宗教、哲学以及现实之关系》《人无我论》《答铁铮》《四惑论》，陈独秀的《再论孔教问题》，鲁迅的《科学史教篇》《破恶声论》等。

⑰参见杨剑龙《基督教文化与中国文学的研究和史料问题》，北京：《文艺研究》2014年第7期。

⑱还不包括研究晚清文学与宗教关系的，比如：宋莉华的《传教士汉文小说研究》（上海：上海古籍出版社，2010），黎子鹏选编的《晚清基督教叙事文学选粹》（香港：橄榄出版有限公司，2012）等。也不包括尚未出版的一批硕士和博士论文。譬如博士论文就有：姜贞爱的《曹禺早期戏剧与基督教精神研究》（苏州：苏州大学博士学位论文，2000），吴允淑的《中国现代文学中的基督教话语》（北京：北京大学博士学位论文，2002），陈伟华的《基督教文化与中国小说叙事新质》（广州：中山大学博士学位论文，2005），杨世海的《"撒种在荆棘"：中国现代文学与基督教文化关系研究》（长沙：湖南师范大学博士学位论文，2013），孟令花的《中国现代文学与耶稣话语》（河南开封：河南大学博士学位论文，2013）等。

⑲泰勒：《原始文化》，蔡江浓编译，杭州：浙江人民出版社，1988，第1页。

⑳赵毅衡：《苦恼的叙述者——中国小说的叙述形式与中国文化》，北京：十月文艺出版社，1994，第2页。

㉑㉔道森：《宗教与西方文化的兴起》，长川某译，成都：四川人民出版社，1989，第2、261页。

㉒劳德·阿克顿（Lord Acton）语，转引自道森《宗教与西方文化的兴起》，第5页。

㉓㉙㉜张志刚：《宗教学是什么》，北京：北京大学出版社，2002，第121、126～127、128页。

㉕马克斯·韦伯：《新教伦理与资本主义精神》，转引自张志刚《宗教学是什么》，第55页。

㉖汤因比、池田大作：《选择人生》，转引自张志刚《宗教学是什么》，第127页。

㉗汤因比：《历史研究》，转引自张志刚《宗教学是什么》，第125页。

㉘塞缪尔·亨廷顿：《文明的冲突与世界秩序的重建》，周琪等译，北京：新华出版社，1999，第32页。

㉚中共中央马克思恩格斯列宁斯大林著作编译局选编《马克思恩格斯列宁斯大林论宗教和无神论》，北京：人民出版社，1999，第1页。

㉛吕大吉：《宗教学通论新编》，北京：中国社会科学出版社，1998，第76页。

㉝参见王晓明编《人文精神寻思录》，上海：文汇出版社，1996。

作者简介：唐小林，四川大学文学与新闻学院教授、博士生导师，符号学—传媒学研究所副所长。

［责任编辑：陈志雄］

（本文原刊2016年第2期）

论基督教文化在中国小说的当代电影改编中的移置*

陈伟华

[提　要] 基督教文化在当代中国电影中逐渐得到显现。以含基督教文化因素的中国小说的当代电影改编为考察视角，深入分析《狂》《青春万岁》《第一次的亲密接触》《金陵十三钗》《一九四二》等电影及其原著，可见基督教文化在中国小说的当代电影改编中并非完全依原著状态呈现，而是在诸多方面发生了移置。其具体表现在：部分教徒身份发生了转移；一些基督教语境被置换；一些基督教文化符号被去掉。从小说到电影的过程中，电影更侧重呈现正面基督教形象，而有意省略了原著中关于基督教的负面表达。基督教文化移置现象的出现，既有艺术的原因，也有复杂的社会文化原因。

[关键词] 基督教文化　中国小说　电影改编　文化移置

基督教文化元素在中国当代电影中比较少见。迄今为止，具有基督教元素的电影屈指可数，且大多数改编自小说。相关电影代表作有《青春万岁》（1983 年出品，改编自王蒙的同名小说，黄蜀芹导演）、《狂》（1991 年出品，改编自李劼人的《死水微澜》，凌子风导演）、《第一次的亲密接触》

* 本文系国家社科基金项目“中国小说的电影改编研究（1905～2010）”（项目号：11CZW071）及“2014 年度湖南省普通高校学科带头人培养对象项目”的阶段性成果。

(2000年出品，改编自痞子蔡的同名小说，金国钊导演)、《高兴》(2008年出品，改编自贾平凹的《高兴》，阿甘导演)、《唐山大地震》(2010年出品，改编自张翎的《余震》，冯小刚导演)、《金陵十三钗》(2011年出品，改编自严歌苓同名小说，张艺谋导演)、《一九四二》(2012年出品，改编自刘震云小说《温故一九四二》，冯小刚导演)。相关作品虽然较少，但从历史发展轨迹来看，基督教元素在中国当代电影中有增多的趋势。在这些改编自小说的电影中，基督教文化并非完全依照原著中的情形出现，而是表现出移置的状态。深入分析这种现象，可以发现它们表现出了较为典型的类型，其背后有着相当复杂的原因。

一 基督徒身份的移与植

当代中国大陆的电影中，真正的基督教徒形象极少。小说原著中的教徒形象往往不能以原貌在电影中出现。从小说到电影的过程中，一些教会人物被移置。表现为多种形式：普通人临时变身为神圣教徒；有劣迹的基督教徒被隐去；人物被增加了教会学校学习的经历。

上述三种情况有时单独出现，有时在同一部作品中出现。在《金陵十三钗》中，基督徒身份的转化表现得特别突出。小说原著中的神父为真神父，电影新增人物殡葬师约翰·米勒。小说原著中的主角英格曼神父在出场时即已去世，约翰·米勒奉命前来为神父殡葬。电影详细地表现了约翰·米勒由殡葬师到神父的身份转变过程。日军士兵进入教堂，追逐着女学生们，并打算强暴她们。此时，约翰·米勒挺身而出，以教会和神的名义进行抗议。约翰·米勒由此从心理和精神上完成了由殡葬师到神父的转变。小说原著中，英格曼神父是主角。小说多处描写了英格曼神父对女学生们的保护。英格曼神父每天晚上祈祷前都登上钟楼顶层，看着东边越来越近的火光，祈祷越来越长。[①]小说还详细地描写了英格曼神父被日军杀害的情形：英格曼神父疯了似的，扑向日本兵。他刚靠近就被一把刺刀制止了。刀尖再次戏弄地在他臂膀处划出个裂口。[②]电影则隐去了英格曼神父被日本兵刺杀的情节，仅在影片开头告知观众，英格曼神父不幸遇害去世。电影另设临时化身神父的约翰·米勒来承担原本属于英格曼神父的叙事功能。作为普通民众，殡葬师约翰·米勒在事件当中曾有多次单身而退的机会。但在神圣的教堂里面，他选择了坚守，选择了保护女学生们、妓女和受伤的中国士兵们。约翰·米勒的行为也可以说是一种大众的“普爱”，但因为他身处教堂，让人更有理由相信，这是由于基督教的牺牲和爱的精神的感染。

在《金陵十三钗》中，还有多人也被移置了基督教文化因素。小说原著并未提及玉墨与基督教文化的关系，电影给她增加了教会学习的经历。小说如此介绍她的经历：她四书五经也读过，琴棋书画都通晓，父母的血脉也不低贱，都是读书知理之辈，不过都是败家子罢了。她十岁时被父亲抵押给赌头堂叔。堂叔死后，堂婶把她卖到花船上。十四岁的玉墨领尽了秦淮河的风头，行酒令全是古诗中的句子。[③]由此可见，玉墨出身不大好，在赌头堂叔家和花船上长大。电影中，玉墨告诉约翰·米勒，她在教会学校里待过六年。基督教文化在中国人身上的移置，展示出基督教文化的跨国际、跨人种的影响力。风尘女性得到基督教文化的感化，益发突出基督教文化的教化作用。

妓女形象在《圣经》里面多次出现，《路加福音》[④]和《约翰福音》[⑤]所载“耶稣与罪妇”的故事广为流传。妓女行善在基督教文化里是一种自我救赎行为。玉墨等妓女的义举，很容易让人联想到圣经中的救赎故事。

除了玉墨，陈乔治身上也被移植了更多的基督教文化因素。小说原著中，陈乔治是英格曼神父捡的乞儿。他去学了几个月厨艺回来之后，给自己改了个洋名：乔治。[⑥]小说详细地交代了陈乔治被日军杀害的过程：中佐脱下白手套，用食指指尖在陈乔治额上轻轻摸一圈。他是想摸出常年戴军帽留下的浅槽。但陈乔治误会他是在挑最好的位置砍他的脑瓜，他本能地往后一缩，头躲了出去。中佐本来没摸出所以然，已经懊恼不已，陈乔治这一犟，他“刷”地一下抽出了军刀，陈乔治双手抱住脑袋就跑。枪声响了，他应声倒下。[⑦]在电影《金陵十三钗》中，陈乔治没有被日军士兵所杀害。他的个人形象也由普通教徒转化为圣徒。为了保护年轻的女学生，他主动请求假扮女生，代替女学生去为日军唱诗表演。

电影《金陵十三钗》对阿顾的处理，也表现了对基督教文化的移置意图。小说里，阿顾是看门人，贯穿小说始终。老顾告诉妓女们教堂为她们提供保护，由此得到红菱等人的伺候。这个人物放在教堂之中，与基督教的精神和教堂氛围不大和谐，会亵渎教堂的神圣性。电影则通过陈乔治之口指出，阿顾是厨子，日军进来时逃跑了，从而巧妙地移去了这一有违基督教精神的人物，同时也借此维护了基督教的良好形象。

整体看来，在《金陵十三钗》中，基督教因素在人物身上的移置现象表现得十分突出，类型也比较多样。这些移置有着丰富的内涵，得到基督教文化移置的对象涵括了神父、教徒以及普通民众等各个层次，由此在电影中营造出一股浓郁的基督教文化氛围。

在小说被改编成电影的过程中，部分次要神职人员被一笔带过或删除。这一现象在《金陵十三钗》《青春万岁》等小说的电影改编过程中表现得很突出。小说《金陵十三钗》中的法比·阿多那多神父在电影中也没有出现。在小说中，法比·阿多那多三岁时，父母在传教途中染了瘟疫，几乎同时死去。他由一个中国教徒收养长大，二十岁投奔了英格曼神父，从此皈依了天主教。后来英格曼送他去美国深造了两年，回到中国便做了英格曼的助理。因此法比·阿多那多可以作为中国人来自省其劣根，又可以作为外国人来审视中国的国民性。面对这群窑姐，他的两种人格身份同时觉醒，因此他优越的同时自卑，嫌恶的同时深感爱莫能助。[⑧]后来，阿多那多腿部被日本人用枪打中。[⑨]由这些文字可知，法比·阿多那多是一个熟悉中国和中国人的基督徒。然而，在与日军士兵抗争的过程中，他并没有太多突出的表现。略去该人物，既可以使电影的情节更为集中，也可能节约表演的人力，同时还可以在一定程度上避免冲淡基督教对受难民众的拯救作用。

一些有劣迹的神职人员也在电影中被略去。如在《青春万岁》中，原著中的黄神甫、李若瑟等神父被去掉，只留下雷姑奶奶（嬷嬷）。很显然，删除这些有劣迹的神职人员，有利于减轻基督教文化的负面信息。《青春万岁》中，一些坏传教士对教徒先施以恩惠，然后灌输观念，他们还把对共产党的错误认识传递给教徒。呼玛丽很多的错误认识都来自心怀恶意的传教士李若瑟。在原著中，李若瑟成了呼玛丽有生以来唯一的大恩人。呼玛丽永志不忘，像对待父亲一样地对待他，把所有圣经、祷文所启示的苦良德性，一齐献给他。她暗自发誓，永世做若瑟神父的奴仆。神父到哪里她就跟到哪里，为了神父她愿意抛弃自己的一切。[⑩]呼玛丽上了初中之后，李若瑟天天对她讲共产党是魔鬼，共产党一来教难就快到了，不信主的人都要下地狱，你要听了他们的也要下地狱。呼玛丽一方面很希望好好上学，好好听课；另一方面恨不得把耳朵堵上，生怕“魔鬼的异端邪说”侵入自己的头脑。[⑪]呼玛丽对义和团的不当认识也来自李约瑟神父。小说里写道：学校里讲历史讲到八国联军的侵略和义和团的英勇抗争，这和李若瑟过去讲的不一样。她迷惑了，回去问李若瑟，神父批评她听信妄言谬说忘了天主的话。呼玛丽吓得倒退，她深深忏悔，并给自己下令，以后除了神父的话，谁的话也不要听。这就是她日后关于义和团问题，公开而坚决地表示自己态度的原因。[12]

基督教在特殊的氛围中体现出化腐朽为神奇的力量。由此，电影不仅突出了基督教文化的感化作用，同时也避免为教会直接唱赞歌的嫌疑。歌颂教会和教徒，在西方电影中是非常自然的事情。然而，在当代中国社会中，基督教文化尚不能像儒家文化一样，成为生活中的一部分。直接唱赞歌，可能会引起民众的反感和不适。张艺谋导演的电影《金陵十三钗》在人物方面的处理，一方面从中国的国情出发，有着对大众传媒影响的考量；另一方面又在对基督教的移置方面表现出了较高的艺术性。也正如《青春万岁》的导演黄蜀芹所指出的：在人物塑造的真实性方面，我们注重人物身上的时代烙印。如果我们肯定或者表彰了其不成熟的一面，会挫伤现代观众的感情，也违反我们自己对历史的思考。[13]

二　基督教语境的置换及基督教文化符号的隐显

基督教事件和基督教物理空间的移置在从小说到电影的过程中也比较常见。在小说《第一次的亲密接触》[14]中，不少事件都发生在圣诞节。但电影则将小说中的圣诞节换成了中国的传统节日元旦或者新年。圣诞节在小说中经常出现，与圣诞节作为一个世俗的节日而存在也密切相关。但它作为一个与基督教密切相关的节日，不可避免地带有宗教因素。很可能是为了避免传教的嫌疑，电影有意将“圣诞节”转换为中国传统文化中的常见时间符号“新年”。就效果而言，基督教语境被置换之后，电影中的基督教文化氛围有所弱化。

在《青春万岁》的电影改编过程中，出现了基督教空间的置换。在小说中，呼玛丽成长的地方叫仁慈堂，电影则将其移置为孤儿院。在小说中，仁慈堂被描述为一个地狱般的地方，这里使用童工，虐待童工，强迫女孩出嫁。“仁慈堂”在北京西什库天主教北堂的旁边。名义上这是慈善事业——“仁慈”的孤儿院，实际上却是吸血的童工工厂，贩卖人口的营业所和骇人听闻的儿童地狱。“仁慈堂”的孩子们每天清晨四点钟起床，望弥撒，然后干一天活，念两个钟头的书，晚上再做降福。每天三顿饭以前和睡觉以前，都要念经。他们从四五岁就开始做活，给大一点的孩子当下手。慢慢也学着做针线、剪花样子、织绦子和绣手绢，把绸子、细布绷起来。最初人矮绷子高，她们站一天，脚、脖子伸得生疼，转都转不动。后来渐渐长大，人高绷子矮，弯一天腰，腰酸得直不起来。[15]“仁慈堂”的女孩子都是这样，十五岁左右，小的甚至十二岁，就由姑奶奶做主嫁出去。而这些到“仁慈堂”捡“洋落”（捡“洋落”：北京土话，指用不正当的方法取得便宜、好处）的丈夫，则用几块银元表示对于圣母的侍者——修女们的敬意。[16]

尽管基督教堂中存在一些不良现象和不法事件，但它在客观上起到了保护民众的作用。《金陵十三钗》中，父母们把他们的孩子们留在教堂里，一是图美国和宗教对她们的双重保护，再则，也希望她们的学业不致停顿。[17]尽管实体的教堂不能杜绝黑暗的一面，但基督教本身却不坏。呼玛丽在仁慈堂中找到栖身之处，在《圣经》和教会活动中找到安全感。呼玛丽在教堂中受到启蒙教育，学会了识字。这个苦命的孩子，只有在祈祷的时候，才找到了在“仁慈堂”从未相遇的“仁慈”。宗教的力量，就像圣经上譬喻的尼罗河一样，清澈久远地灌溉着她的心田。[18]教会里正直的神父也对仁慈堂进行谴责：“他们压榨童工，买卖人口，他们是法利赛人！”[19]在小说中，黄神父告诉呼玛丽，有罪的不是她，是那些法利赛人，他们混到圣教会，执掌大权，胡作非为，真是耻辱！黄神父劝呼玛丽不要离群独处，告诉她如果面酵离开了三斗面，面团就无法发起来。[20]《圣经·马太福音》第十三章把宗教譬喻作面酵，把世人譬喻作三斗面，意即宗教能带动和感化全体。在电影《青春万岁》中，有关孤儿院和教堂的介绍并不太多。从小说到电影，稀释了对基督教的负面描写。这种置换，一方面可以避免把观众带入一个认识上的误区，另一方面也可以避免教会的反感和抗议。

在小说被改编成电影的过程中，不少电影采取了隐去基督教文化符号，留下基督教文化思想的做法。这种情况在《金山》[21]和《余震》[22]的电影改编中表现得比较突出。在小说《余震》中，女主人公患有严重的地震后遗症。圣经音乐、教会的唱诗班都成为她的治疗手段。但电影《唐山大地震》把基督教作为疗伤的方式和手段的故事隐去。尽管如此，基督教的大爱和宽恕精神在电影中得到了放大。姐姐方登最后原谅了她的母亲，回到了她的身边。当中国再次发生地震时，她也加入了抗震救灾的队伍中。当然，电影如此构建，如此有意地移去显性的基督教文化符号，有助于淡化宗教神性色彩，避免冲淡人性主题，突出了社会现实以及伤者自我在心理治疗中的重要意义。

诚然，“爱”和“宽恕”并非基督教所独有，它们也是儒家文化的核心命题。但小说原著中的基督教文化符号，容易让人关联到基督教文化的影响。电影虽然去掉了那些明显的基督教文化符号，但如果虑及作者张翎生活在基督教文化氛围较为浓厚的加拿大，则也容易体会到其中的基督教文化影响。

事实上，从作者张翎的生活和工作经历来看，小说中的基督教印痕是非常明显和确切的。据相关资料，张翎离开中国到加拿大之后，作为成人信徒接受了基督教洗礼，她与丈夫的初次相遇就在温哥华的教堂里。张翎作为听力康复师在多伦多的士嘉堡医院工作，[23]小说《余震》中的故事多处发生在医院，其中应该有张翎个人的经历。

此外，还有电影拍摄与小说写作时作者的心境和外界时代环境的影响。张翎指出：小说家和编剧或者导演是两类工作者，用两种视角展现同一个故事。小说和电影都涉及了创痛和治愈，只是小说完成在汶川地震之前，而电影拍摄在汶川地震之后，所以会有不同的侧重。小说侧重心灵的“疼”，而电影更侧重修复本身。但是，“疼痛”和“治愈”有着密不可分的联系。毕竟，直面灾后心灵创伤是重建生活的第一步，《余震》中王小灯三十多年不能打开心结，就是因为她不能正视并面对自己童年所遭受的创痛。[24]

张翎的另一篇小说《金山》也被改编成了电影。电影《金山》由中国与加拿大合作拍摄而成，2009 年出品，胡大为执导，彼得·奥图尔、山姆·内尔、孙俪、梁家辉等主演。电影中没有原著的信息，但从它与小说《金山》的相似度看来，应该存在一定的关联。估计因为有消息报道说《金山》涉嫌抄袭其他同类作品[25]，为了避嫌，所以不注明原著信息。但电影与小说同名，而且二者的核心事件都是华工在加拿大修筑铁路，肯定不是纯属巧合。《金山》的电影改编仅仅选取了修筑铁路的故事，隐去小说中大量的原乡故事和他乡故事。电影把基督教的大爱和无阶级、无尊卑的爱情很好地展现了出来。

三　负面基督教之去与存

长篇小说篇幅较长、容量较大，能够较为全面地展现基督教的形象，基督教在中国的正负两面的影响都可充分表现。这些小说被改编成电影之后，其中的基督教负面影响通常大大减少。电影对相关负面描写往往点到为止，而且还有必要的解释。

在小说《青春万岁》中，教徒呼玛丽是作为一种有问题的女学生被塑造的。事实上，她本人没有问题，她的信仰也没有问题。小说指出：她的一些错误看法和观念是坏的基督教徒，坏的神父带给她的。小说用较多的篇幅叙述了李若瑟、康先知等人的不端行为，展示了基督教的负面形象。电影中则只点到了雷姑奶奶，对其他人几乎没有提及。

一方面，基督教徒不为一些国人所理解；另一方面，教徒看待中国的事物有两个视角：教徒视角和非教徒视角。小说提到：一次历史考试中，呼玛丽有一个奇怪的答案，被历史教员送到校长手里。历史考试有一道题："试述义和团斗争的始末"，呼玛丽答道："义和团是中国最大的教难，魔鬼们焚烧教堂，杀戮主的信徒。许多教徒因而致命。圣母派遣了自己的孩子惩治魔鬼，叫他们下地狱。"在这一段的下边，又按照教科书答了一段。最后在括弧中注明："这是按先生讲的回答的。请先生按这一段给分数。"[26]在《青春万岁》中，中国人对基督徒的行为和表现充满了警惕。原因是中华人民共和国成立初期，人们习惯以阶段斗争的思维看待生活中的基督教徒的行为。他们认为基督教徒的思想有一些偏差，需要纠正，需要帮助。在小说中，校长拿出呼玛丽的答卷给袁先生看，袁先生目瞪口呆。郭校长凑近袁先生，严肃地说："不是个小事呀！瞧这个孩子中了多深的毒，这当然是教会中的帝国主义分子灌输给她的。这是教会中的帝国主义分子向我们挑战，和我们争夺青年。"[27]郑波于是被安排去帮助呼玛丽。电影没有把小说中人物的对话完全呈现出来。

小说中的基督教徒是憔悴疲惫、病态不健康的。如呼玛丽，小说这样描写她：她有一双悲哀的眼睛，那长着双眼皮的眼睛，在她瘦弱的黄脸上显得过大。它经常是冷淡的，但也有时狂热；它经常是疑惧的，但有时也虔诚。她左眉心和下巴上，都有小疤痕。她的细小的胳臂，让人担心是否提得动那大书包。她的整个身躯，像一株受过摧残的、缺少生机的小树。[28]教会的仁慈堂在《青春万岁》中是一个黑暗的地方，小说叙述：1948 年，解放战争激烈地进行着，"仁慈堂"的孩子，却一点也不知道树荫和高墙外面的事。由于营养不足和过早的劳动，呼玛丽长得又瘦又小。但是她的两只眼睛明显地变了，大了，睫毛也长了，不再娃娃似的东张西望。从那时候起，她开始注意地、悲哀地、顺从地看着周围的人和东西了。[29]同时，小说也告诉读者，实体的教堂有黑暗的一面，但基督教本身却不坏。呼玛丽在《圣经》和教会活动中找到安全感。黄神父也告诉呼玛丽仁慈堂不是一个好地方。在电影中，呼玛丽并没有如小说所描写那样呈现出病态。

小说《青春万岁》中，有些人对基督教的认识很片面，基督教被认为是精神鸦片。小说叙及苏宁打算跟呼玛丽一起信教，杨蔷云很生气，她说："我真没想到，万万没想到，我以为你做了合唱团长就能够大踏步地前进了。……结果你吃起鸦片——天主教来了！"[30]电影对此也做了淡化处理。

事实上，电影《青春万岁》中并没有完全移动原著中的基督教负面形象。这其中既有人物刻画与主题表达的需要，也有意识形态方面的原因。小说《青春万岁》中之所以出现较多的伪基督徒的形象，与它对主要人物的塑造和对主题的彰显有关。小说需要塑造一批思想进步、政治觉悟高的优秀中学生形象，因此，需要给他们设置一些表现的机会。由于宗教生活与世俗生活具有一定的距离，其中必然会出现一些误解和误读，因此，伪基督教和伪基督教传教士在小说中作为一种与好思想、好行为、好学生的对立面而被刻画。在基督教的世界里，传教士是上帝派来拯救民众的人，而在世俗世界里，这些伪基督教传教士是需要拯救的人。电影由于篇幅限制，移去了小说原著中的诸多伪基督教传教和神父的形象，而重点表现呼玛丽这个传教士培养的教徒。呼玛丽在同学们的帮助下，纠正了自己以前的错误看法，最终很好地融入了集体生活。这也表明，基督教并非与中国社会和文化格格不入，二者可以和谐共存。

李劼人的《死水微澜》在改编成电影《狂》的过程中，负面基督教形象的分量也发生了变化。小说讲述罗歪嘴给蔡大嫂读了一篇关于打教堂的文章，这篇文章集中展示了基督教的负面影响。文章指出：教堂该打，道理很多，教堂是洋鬼子传邪教之地方。我们中国自有我们的教，读书人有儒教，和尚有佛教，道士有道教，治病的有医，打鬼的有巫，看阴阳论五行的有风水先生，全了，关于人生祸福趋避，都全了，不再需要天主教耶稣教。中国近年来多遭天旱、水涝，年成总不似以前的好，其大原因，就因洋鬼子洋教之故。所以欲救中国，欲卫圣教，洋鬼子便非摒诸国外不可，而教堂是其巢穴，所以教堂宜打。教堂医病的药，据说大都是用小儿身上的东西配合而成。洋鬼子杀人取药以治人，纵是灵药，亦伤天害理之至。教民本天子之良民，只因为饥寒所迫，为洋鬼子小恩小惠引诱以去。好的，存心君国，暂时自污，机运一至，便能自拔来归。而多数则自甘暴弃，连祖先都不要了，倚仗洋势，横行市廛，至于近年，教民二字，竟成了护身之符，官吏不能治，王法不能加，作奸犯科，无所不用其极。[31]由此可以看出：在一些老百姓的眼里，基督教是迷信的宗教，是杀人的宗教，是骗人的宗教，是与中国传统文化格格不入的异端。小说还叙及：顾天成因为信教而被族人赶出家门，其家产田地也被族人抢去瓜分。这些观点，电影只是择要引入，并未完全表现出来。

尽管小说《死水微澜》展示了较多的基督教负面信息，但它实际上也并不否定基督教。小说对基督教的描述采用的是间接描述和传闻的方式，并未描述任何一件教会教堂与老百姓发生冲突的事件。这些由小说中人物口述出来的基督教负面信息实际上也在告诉读者：信息的可信度并不大。在当时，基督教客观上是借助于条约的保护而在中国传播，因此，它的势力的大小、地位的高低与官方保护势力息息相关。官方势力强，则基督教的地位高；官方保护势力变弱，则基督教地位降低。这是基督教在中国传播过程中的一个历史阶段中真实存在的客观事实，但这显然也并非基督教原本的形象。实际上，仇恨、杀戮、欺骗等恶情恶行恶习都是基督教所反对的。基督教文化作为一种宗教文化，具有独立性和超越性，它在本质上并不会受制于世俗文化。小说《死水微澜》对基督教的负面信息进行了较多的展示，并描写了一部分吃教者的形象，如顾天成、曾师母等。其用意在展现中国局部地方在中西文化碰撞中以及社会变革和文化转型中的景象，并不在抹黑或反对基督教。《死水微澜》被改编成电影《狂》之后，基督教的负面信息大为减少。

小说原著《死水微澜》意在表现，在某些特定的历史时期，中国的地方民间势力（四川的袍哥）与洋教势力的此消彼长对老百姓生活的影响，因此，它不可避免地描写基督教势力在该地的兴衰情况。它既是一种客观的真实，也是一种艺术的真实。由于小说中并没有出现负面的基督教神父和牧师，也没有跟基督教直接相关的负面事件，因此，并不会对基督宗教的形象产生太多不利的影响。顾天成虽然为了个人的利益而信奉了基督教，但他本身并不坏，除了信教之前有嫖与赌的行为，也并无更多害人的事例。电影《狂》在涉及基督教文化时，也注意到了小说中暗藏着的这种对基督教文化的态度，尽可能地略去了原著中的负面信息。

《青春万岁》《死水微澜》等小说虽然描写了坏基督教徒，呈现了负面的基督教形象，但这是由于小说主题表达的需要。这些小说被改编成电影之后，编剧和导演调整了叙事重点，运用了新的叙事策略，使其中的基督教元素分量减少，相关负面影响被减轻。基督教文化被移置，伪基督教元素被移除，真实的基督教得到呈现。

结 语

总体而言，基督教文化在中国当代电影中被移置，其目的是突出基督教的积极意义。这种现象的出现，既有历史的原因，也有现实的原因；既有政治的原因，也有文化的原因。鉴于基督教在当前中国的境遇，预计这种移置现象在中国电影中会有一个长期的存在过程。从隐身到移置再到无变形的彰显，可反映出基督教文化在中国当代社会中的逐渐融入过程。基督教文化将在文化、道德伦理等领域发挥着治人的作用，基督教文化将与中国的传统文化一起，成为法治的重要辅助力量。在由小说改编成电影的过程中，基督教文化被移置既有现实的原因，也有艺术的原因。假如《金陵十三钗》《青春万岁》《余震》《第一次的亲密接触》《死水微澜》等作品在改编成电影的过程中，基督教文化如同小说原著一样，在电影中呈现，则会有何种效果呢？若如此，则电影《金陵十三钗》不仅会成为妓女蜕变成圣女的赞歌，同时也会成为英格曼神父的赞歌，成为基督教的赞歌。如果《唐山大地震》将原著中的基督教因素加入进来，则由此会附加上另外一种信息：基督教可以疗治心理伤害。电影《青春万岁》和《死水微澜》如果把原著中的基督教因素都表现出来，则它们很可能会被认为是反基督教的电影作品。这些，恐怕都是现在不宜出现的。

从《青春万岁》到《金陵十三钗》，观众可以看到，对基督教负面的描写在减少减弱。因为意识形态的原因而发生的移置在逐渐减少，因为艺术的原因而发生移置的情况在增多。基督教文化在中国当代电影中，逐渐以正常的形态出现在世人面前。这或许也意味着，基督教文化正在逐渐与中国文化发生新的整合，逐渐融入中国人的社会生活中来。关于这一点，小说方面已有比较多的明证。中华人民共和国成立之后，曾经有几十年的时间，基督教文化在中国小说里几乎完全隐身。但现在，情况在逐渐发生变化，如北村的《施洗的河》由花城出版社于 1993 年出版。该小说以“施洗”作为主题，主体事件虽然与基督教无关，但小说的主人公刘浪后来皈依了基督教，作者北村后来也受洗成为教徒。诺贝尔文学奖获奖作家莫言的《丰乳肥臀》由作家出版社于 1996 年出版，小说中出现了瑞典传教士马洛亚的形象。“70 后”作家徐则臣的《耶路撒冷》由北京十月文艺出版社于 2014 年出版，该小说获第五届老舍文学奖，并于 2015 年获第九届茅盾文学奖提名。当代先锋作家余华的《第七天》由新星出版社于 2013 年出版。

《耶路撒冷》和《第七天》的主题、结构和内容都可见明显的基督教文化因素。这些情况表明，含有基督教文化因素的小说在慢慢增多，基督教文化正在得到越来越多的中国当代作家的关注。

---

①②③⑥⑦⑧⑨⑰严歌苓：《金陵十三钗》，太原：《名作欣赏》2006 年第 13 期，第 5、25、15、18、24、9、21、8 页。

④⑤《圣经》（中英对照·和合本·新修订标准版），中国基督教三自爱国运动委员会、中国基督教协会出版，南京：南京爱德印刷有限公司，2000，第 117、179 页。

⑩⑪⑫⑮⑯⑱⑲⑳㉖㉗㉘㉙㉚王蒙：《青春万岁》，北京：人民文学出版社，2013，第 65、66、66、61、65、64、276、277、48、48、50、63、179 页。

⑬黄蜀芹：《真挚的生活，真诚地反映——我拍〈青春万岁〉》，载文化部电影局《电影通讯》编辑室、中国电影出版社等合编《电影导演的探索》（4），北京：中国电影出版社，1986，第 188 ~ 189 页。

⑭蔡智恒：《第一次的亲密接触》，北京：知识出版社，1999。

㉑张翎：《金山》，北京：《人民文学》2009 年第 4 ~ 5 期。

㉒张翎：《余震》，上海：华东师范大学出版社，2009。

㉓㉕Leah McLaren：《借来的东西——关于张翎“抄袭”事件的调查》，牛抗生译，广东汕头：《华文文学》2013 年第 1 期。

㉔刘雪明：《〈唐山大地震〉首映获好评，原著张翎详解文字影像之别，小说是疼痛电影是疗伤》，乌鲁木齐：《乌鲁木齐晚报》2010 年 7 月 14 日。

㉛李劼人：《死水微澜》，北京：人民文学出版社，1995，第 40 ~ 43 页。

作者简介：陈伟华，湖南大学文学院教授、博士生导师。

[责任编辑：陈志雄]

（本文原刊 2016 年第 2 期）

基督教文化与“博爱现实主义”之建构

丛新强

[提　要] 以现实主义为主导意识的20世纪以来的中国文学，从“启蒙现实主义”“革命现实主义”到“批判现实主义”“生存现实主义”等，都非文学存在的根本向度。知识分子的精神转换，推动了汉语文化与基督教文化的相遇和对话，基督精神可以成为建构中国文学的思想资源。当代中国文学的价值选择理应是“博爱现实主义”，其本质在于“爱”，这是超越于汉语文化语境中世俗之“情”和狭隘之“爱”的一种源自基督宗教精神层面的“博爱”。“爱”是真理和行动，是对于“不幸”的否定。“博爱”是对于“启蒙”“革命”“批判”“生存”的超越，理应成为当代中国文学存在和发展的价值本源。

[关键词] 中国文学　基督文化　现实主义　博爱精神

当代中国文学还没有把基督宗教文化作为自足的对象加以表现，无论是在意义深度方面还是在有意味的形式层面，同世界文学都无可比拟。相反，当代中国文学有其自身独特的文化语境，有汉语语词及其意义表达的可能和限度，更有中国知识分子特定的命运经历、精神向度与存在体验。虽然说基督教文化维度仅仅构成中国文学丰富性与复杂性的一个极为个别的侧面，但从这一话语出发，却也能够提供出认识、阐释乃至建构当代中国文学的一个有效的参照。

一　问题的提出

夏志清在《中国现代小说史》中指出，“现代中国人‘摒弃了传统的宗教信仰’，推崇理性，所以写出来的小说也显得浅显而不能抓住人类道德问题的微妙之处了”。[①]他还指出，“现代中国文学之肤浅，归根究底说来，实由于其对‘原罪’之说——或阐释罪恶的其他宗教论说——不感兴趣，无意认识。当罪恶被视为可完全依赖人类的努力与决心来克服的时候，我们就无法体验到悲剧的境界了”。[②]这虽是针对中国现代小说而言，但对当代中国文学来说亦不无针砭与借鉴意义。

反观20世纪以来的中国文学，一直以现实主义为主导形态。从“启蒙现实主义”到“革命现实主义”，发展到40年代及至中华人民共和国成立以后而成为主流。而到了“文革”，现实主义走向“假大空”“瞒”和“骗”。所以，在新时期伊始的思想解放运动中，文艺呼唤现实主义回归。正是在这样的背景下，出现了所谓“伤痕文学”“反思文学”“改革文学”“人道主义文学”等“批判现实主义”的创作潮流。它们虽然大多停留在政治观念层面，只有少数深入文化意识，却产生了相当的反响与积极的效果。其实，以“伤痕”为起点的“新时期文学”，在时间上恰恰配合了改革初期的理论与实践。从某种意义上说，文学与政治达成了另一种配合。那么，文学单是一种批判的武器吗？不可否认批判是必需的，但关键是批判之后怎样？实际上也已经看到，“新时期文学”在大范围的“批判”之后，或者走向偏执的形式之路，比如“先锋派”；或者沉入古老的文化积淀，比如“寻根派”；或者迷恋于个体的身体性体验，比如“女性化写作”；或者沉溺于物与性的欲望化展示，比如“九十年代新生代”。应当说，这些都不是文学发展的根本性向度。

其实，当代中国文学发展到今天，价值选择问题异常醒目。其中的诸类形态及其多种潮流不管怎样眩人耳目，在创作和理论层面的发展结果与实际效应，都不同程度地呈现出价值困境及其方向性迷茫。传统的，西方的；母体的，形式的；革命的，批判的；经验的，体验的；阐释的，命名的……都在做出主导文学的姿态，但又都无法解释真正的问题。事实上，一切都源自一个更为根本的论题：文学的使命在哪里？文学的本质是什么？归根到底，文学是“有用”的。她的使命就在于——抚慰心灵，增进信赖，给人希望，让人感动，让人爱，进而，在没有爱的地方活出爱，从而日益完善人类生存。这是文学之为文学的真正存在价值，至于其他的，大多属于枝节问题。当代中国文学的各色表现形态以及表面上的现实主义多元化，都非文学的本质。文学的本质在于“爱”，在于教人去“爱”。这里所指的并非汉语文化语境意义上的狭隘的“爱”，而是一种源自基督宗教精神层面的“博爱”。

总体而言，20 世纪 50 ~ 70 年代的中国大陆，宗教处于受压抑的状态。相应地，中国文学与基督教文化之间在此前的互动关系也日渐疏远。随着“文革”的结束，思想解放运动及改革开放的政治背景为宗教的复苏提供了温和的社会环境。而且，经济的发展促进了物质的丰富，伴随而来的国民精神原有的价值观念和信仰体系有所松动乃至解体，国人开始摆脱一体化的价值信仰，而转向寻找自己的精神寄托。这些，无疑为基督教文化的再度发展提供了必要的心理土壤。再者，学术界、出版界也有效配合了涌动在社会中的这股精神潮流，一批知识分子开始致力于探讨基督教文化的当代意义。其实，对基督教文化的探究，又必然成为对本真世界探索的重要内容，“这一根本变化已促使许多中国人文知识分子真正告别以往批判宗教、抵制基督教的政治御用历史，告别对世俗的眷念和追求，而基于一种全新的认知视野、独立的学术地位和超越现实政治考虑的立场来重新审视基督教，深入、全面、公正、唯实、求真地研究和阐释基督教的精神、价值、意义及知识体系，旨在以其严肃的学术良心和人格自尊来向中国人介绍一个全面而公允的基督教”。[③]20 世纪八九十年代的中国以至今日，事实上已经逐步形成一股强大的基督教文化思潮。当代中国知识分子对于基督教文化的主流态度，是以国家兴亡、民族命运为观照视角的。在他们看来，中华民族的自强与复兴之路，除了需要器物、制度、文化上的变革之外，精神层面的超越转换也是必须而且迫切的。这些从文化意识、文化比较角度而进入基督教思想精神的当代知识分子，在学界被广义地称为“文化基督徒”。虽然他们与中国农村发展的“民间基督徒”和中国教会及其神学组织发展的“教牧基督徒”各有不同，而且所占比重较小，但他们在现代中国社会充当着启蒙者或先知的角色。这一现象“表明中国知识分子在超越狭隘的民族主义的基础上开始客观地正视和审视基督教，将基督教纳入现代中国文化的知识学视野之中，不再情绪化地看待基督教，并渐次走出‘五四’以来知识精英的科学主义的思想范式，使基督教成为现代中国文化精神的重要维度”。[④]

中国文化语境中的基督教背景得以发生，与中国知识分子对基督教文化的态度有着极为重要的关系。甚至可以说，正是知识分子推动了汉语文化与基督教文化的相遇、对话和发展。这也为基督教文化再次成为可以讨论和写作的文学资源提供了可能，实际上为文学提供了有效的文化价值依托。

二 相遇和对话

阎连科在其《发现小说》中将现实主义文学分为四种类型：“控构现实主义”“世相现实主义”“生命现实主义”和“灵魂现实主义”。[⑤]目前来看，“世相现实主义”是最被认可的写作，是当代作家的倾力倾情之所在，也成为现实主义向深层真实——“生命真实”和“灵魂真实”——探进的最大障碍。中国文化极为重视“处世之道”，而相对缺乏“为人之学”，对于生命意义和灵魂思辨的本质追问更为薄弱。中国是“情”的社会，而非“爱”的社会。当代中国文学流行的多是“世相”与“人情”，而极为缺少“生命”与“灵魂”；生命和灵魂的本质在于“爱”，当代中国文学精神不缺“情”，而少“爱”。“创造大文学作品，无论守持什么立场和‘主义’，都应当拥有大爱与大悲悯精神。一切千古绝唱，首先是心灵情感深处大爱的绝响。”[⑥]这种“大爱”，正是作为基督宗教核心精神的“博爱”。

保罗曾说，有信有望有爱，其中最大最要紧的是爱。对于个体而言，存在之不幸是本体论的，如法国神学家薇依所说的，“人类通过任何手段都无法最终消除生存之不幸”。基督宗教思想的独特之处就在于极度重视人的不幸处境，同时又通过“爱”在本体论上构成对于不幸的否定。薇依提出，“并不是因为上帝如此爱我们，我们就应该爱他，而是因为上帝如此爱我们，我们应该爱我们。这意味着，上帝之爱作为自甘不幸的对人的爱，最终应成为人与人之间的爱”。[⑦]基督教是“爱的宗教”，并且这种博爱的思想是通过最淳朴的语言和最易理解的故事表达出来的。“相对于那些体现了个人、民族、国家和人类的一己利益狭隘性的物欲之爱，耶稣第一次使爱具有审美的性质。”[⑧]正是“爱感文化”的奠立，结束了古代西方世界强调惩罪罚恶之大威大能的律法性上帝的犹太教文化阶段，而进入推崇舍身忘我、拯救世人之慈悲仁爱的救世主耶稣的基督宗教文化时代。在当代中国文学中，以先锋姿态步入文坛的北村，由于与基督教文化的密切关系而发生创作转型。对基督教文化“罪感”的理解与体验，使他的创作中充满了苦难与罪孽；对基督教文化“爱感”的理解与体验，又使他的创作中充满了信仰与救赎。通过自己的心路历程与文学道路，北村明白了应该如何同时做一个作家和做一个基督徒。在《爱能遮掩许多的罪》一文中，他说："爱是具有神圣感和终极性的。神就是爱，爱是神的专利和基本的性情。"[9]北村认为，"长期以来我们因为没有信心，所以认为拯救是不可能的"。而实际上，"圣经不但说'在世间有苦难'，又说'在主里有平安'。这就是我的小说对苦难得以摆脱的途径所做的解答。救赎是唯一的道路"。"我所期待的拯救者只有一位就是主耶稣。我不能否认这个神圣启示。""人的生存必须有一个引导，否则人类将面临它的后果。"[10]这个"引导者"，毫无疑问就是神及其神性之爱。

史铁生也不是文学主潮中的弄潮儿，但他却以具有浓厚宗教色彩的文学言说，标示出在当代中国文学中的独特存在。其间，除了佛禅情感的表现外，最主要的就是基督教文化精神的体现，而这又是与作者对个体及人类命运的切身思考和独特体验分不开的。1985 年前后，"先锋文学"和"寻根文学"正当火热，对此，史铁生有着清醒的思考。"说'某些作品'没有文化，大概是指此类文字对人类的困境压根儿没有觉察，更不敢用自己的脑袋做出新鲜的思索，绝不是说它没有洋征古引。""我们不能指望没有困境，可我们能够不让困境扭曲我们的灵魂。于是有一种具有更博大的胸怀、更深刻的智慧、更广泛的爱心的人类，与天地万物合成一个美妙的运动，如同跳着永恒的舞蹈。"[11]史铁生的思索偏离了文学主潮，但却成为空谷足音："教堂的穹顶何以建得那般恐吓威严？教堂的音乐何以那般凝重肃穆？大约是为了让人清醒，知道自身的渺小，知道生之严峻，于是人们才渴望携起手来，心心相印，互成依靠。孤身一人势必活得惶恐无措。这至少也是小说的目的之一吧。"[12]"知道自身的渺小"，恰恰是人类的伟大。"好的宗教必进入艺术境界，好的艺术必源于宗教精神。"[13]史铁生的文本不断地思考着宗教对于人生的意义以及命运和生死。《命若琴弦》中，一老一少两个瞎子，在莽莽苍苍的群山间行走，靠弹琴说书为生。他们的生存信念是，当一根一根尽心尽力弹断一定数量的琴弦时，就可以在琴槽内取出一张可以让他们重见光明的药方。在弹断预定的琴弦之时，他们方知晓所谓的药方仅是一张白纸。此时，他们便顿悟了生命的意义与活着的真谛：存在只是一个过程，追求的也正是过程。"干咱们这营生的，一辈子就是走……咱这命就在这几根琴弦上"，"人的命就像这琴弦，拉紧了才能弹好，弹好了就够了"。显然，"瞎子"的生命历程寄托在无尽的信仰中，也像耶稣在医治两个瞎子时所说的，“照着你们的信给你们成全了吧！”之所以如此，是因为唯有“信”“望”“爱”才是救赎之路。史铁生将自己的无尽哲思倾泻在博大精深的宗教文化中，并且以此安身立命。“爱”正是其通过自己的创作为人类苦难开出的一剂药方，在他看来，古往今来，真正的艺术家多是尝够了世间的艰辛与苦难，但他们总是对人类充满了爱，他们的作品中因而没有报复的色彩，没有狭隘的怨恨，没有歇斯底里的发泄，没有自命圣洁的炫耀。在他们看来，灵魂残疾了的人和双腿残疾了的人是一样的，都是不幸的“羔羊”，而“主”不是神祇而是“羔羊”们的不屈、自新与互爱。他们叙述苦难乃是站在人类立场上的沉思，他们剥开人类的弱点，本是为着人类趋向完美。唯此，艺术才有了更高的价值，艺术家的苦心才能获得报偿。[14]

被台湾评论界推崇的张晓风是一位虔诚的基督徒，她谈及对自己影响最大的书是《圣经》和《论语》，在其心底和笔端，“中国”与“基督”和谐存在而非矛盾对立。她虔诚地信仰基督，由对中国的热爱到对人类的深爱，进而升华到对自然万物的“诗化”与“神化”。她自然地把“爱中国”与“爱上帝”联系在一起，把中国文化与基督教文化并列，以汉语方式言说基督宗教思想，获得圆满超越。对众多宗教学者乃至思想文化界探讨不休的问题，在张晓风的文学世界中获得实质性进展。除了对中国的爱，张晓风文本中呈现出普遍的人类之爱。在《初绽的诗篇》中，借助孩子的出生，她深深感到爱的普遍性：“爱所有的脸——可爱的以及不可爱的，圣洁的以及有罪的，欢愉的以及悲哀的，直爱到生命的末端。”[15]在《情怀》中，她为救助一只被捕捉的鹰而奔走呼告，仿佛听见“有一种召唤，……那声音说：‘为那不能自述的受苦者说话吧！为那不能自申的受屈者表达吧！’”[16]这里所爱的，是世间的全部生命。她由衷地与医学院的学生们共勉：“这世界上不缺乏专家，不缺乏权威，缺乏的是一个‘人’，一个肯把自己给出去的人，当你们帮助别人时，请记得医药是有时而穷的，唯有不竭的爱能照亮一个受苦的灵魂。”[17]这样一种全心全意的爱，在《劫后》中，更升华到一个新高度。面对死者与生者，一刹那都成了“我”的弟兄。“我与那些素未谋面的受难者同受苦难，我与那些饥寒的人一同饥寒。……我第一次感到他们的眼泪在我的眼眶中流转，我第一次感到他们的悲哀在我的血管中翻腾。”[18]爱还是理解和宽恕。在《霜橘》中，张晓风劝慰友人如何对待所谓的“误会、欺诈和谗言”。只要是人，没有一位不曾被恶言中伤过；即便是神，也不能免于诟骂。在基督教文化看来，人生而有罪，人性有其局限性和弱点。因此，“你又怎能厚非他们呢？他们连自己做了什么也不晓得呢”！实际上，这正是耶稣临终时所说的话。所以，重要的是宽恕。“原谅别人总是对的。饶恕是光，在肯饶恕的地方就有光明和欢愉。”[19]爱不是荣耀，而是受伤，这是爱的辩证法。面对自然，张晓风的内心常常鼓荡着“神圣的余响”，感到“宗教的庄穆”。《归去》中，“我”带着“敬畏和惊叹”面对山色，惊异得几乎不能自信。“天父啊！”“你把颜色调制得多么神奇啊！世上的舞台灯光从来没有控制得这么自如的。”[20]《到山中去》则感叹道，“我真不信有人从大自然中归来，而仍然不信上帝的存在”。[21]她在自然中体悟生命，倾听圣言，以“博爱”之心面对大千世界，以诗性之笔实现与神性的相融。

被誉为“创造了散文阳刚之美”[22]的作家王鼎钧，开创台湾文坛一代新风。在《天心人意六十年》中，他说：“我从小跟着母亲上教堂，于今信主六十多年，虽然国事家事天下事一再发生极大的变动，时代思潮和个人的人生观不断出现修正，我仍然是一个基督徒。”[23]有人问，六十年来，基督教受到诸多的冲击而又何以维持自己的信仰呢？王鼎钧说，“没有神迹，仍然有上帝”“没有教会，仍然有上帝”“没有《圣经》，仍然有上帝”。[24]他把这三句话献给一切需要忠告的人，并且凭靠于此，信仰始终未变。王鼎钧以其独特的经历、体验与感悟，在“爱”字上做足文章。其文字阐释和实践态度，都充溢着非同寻常的个体性。《唯爱为大》中，作者以“爱”来探寻生命的最高境界。“爱是什么？爱是希望你好，尽我的力量帮助你更好，你比我好，我不嫉妒，帮助你，我不后悔。”[25]基督精神就是“爱”的持久、扩大和升高。这里就把抽象的“爱”具象化，可以把握并能够身体力行。相对于战争、天灾等造成的痛苦，有一种时时处处的痛苦，就是人加给人的痛苦。《解释与解决》中认为，“要脱离痛苦，最好的办法也许是关怀别人的痛苦，那样，自己的痛苦就转化成了力量”。[26]这就必须要有宗教情操，就要努力“舍己爱人”。神爱人，不是要人去爱神，而是要人去更好地爱人。“爱”的力量是无限的，不但减免别人的痛苦，也减免自己的痛苦。生命本就包含痛苦，而具有“舍己爱人”精神的高级宗教，则会使人在痛苦中和痛苦后，“下不致成为人间一害，上可以成为社会一益”[27]。在此只要想一想有多少人在痛苦中和痛苦后成为人间一害，就不难理解王鼎钧的话语对世人所富有的警醒意义。

人的存在必须有相应的价值标准，而这个标准就是神性的存在。“宗教必须有神，宗教徒必须信神。哲学不能代替宗教，美育也不能代替宗教，因为哲学和艺术里面没有神。”[28]故而难以形成牺牲奉献的情操，其中的感觉至多是一种心境，而不见行为规范。“爱”需要有一个超验性存在所依赖，长期以来，汉语语境拥有的至多是世俗之情，而相当缺乏普世之爱，这是否与缺少信靠的价值标准有关呢？舍己为人、损己利人这样难以达到的事情，只有通过宗教信仰才有可能。“天之道，损有余以奉不足；人之道，损不足以奉有余。”[29]宗教是“天之道”，有自足的价值系统，它和“人之道”相反。在宗教信仰的价值系统内，“神”在顶端，人在末端，神人一脉相通。在神的召唤、引导下，人逐步上升，直到站在神的左右。如此才可以明白，人为什么会信教，宗教为什么要有“神”。[30]这样阐释“爱”的存在，实得基督精神之精髓。

对于当代中国文学而言，相对于其中表现尽致的社会之“情”，与基督教文化精神的相遇和对话恰恰提供出超越于此的普世之“爱”。

三　资源和建构

在引进和借鉴现实主义的时候，出于社会政治及其实用效应层面的考量，中国文学注重的是“巴尔扎克式”的而忽略了“托尔斯泰式”的另一种现实主义。时至今日，后者已经到了成为中国文学选择的时候。这样的一种现实主义文学形态，其中并非没有批判，而是批判已经被包含在博爱之中。

批判现实主义文学的理想是为了人的解放以及建立一个完美的社会，但也必须认识到，由于人本身的“罪性”及有限性，正如新教神学家尼布尔指出的，“一个能令敏感的个人的最高道德理想得到实现的社会是根本创造不出来的，一个能令个人所有道德本性的需求获得完全满足的社会也是根本不存在的”。[31]所谓的完美社会只是一种个人主义的过于乐观的观念。况且，属于历史范畴的人的政治解放根本不能替代个体的灵魂拯救，正如天主教神学家汉斯·昆指出的，“拯救不能由解放来取代，解放只能把人从集团、阶级、女人、男人、少数人、国家或特权中解放出来，而拯救则涉及人类的整个生命的意义的获救”。“只有拯救才能使人在某种不能由解放所达到的内心深处获得自由。只有拯救才能创造出某种摆脱了罪性、有意识地把自己看作时间和永恒性的新人，创造出在某种有意义的生活和无保留地为别人、为社会、为这个世界上的危难而献身中得到解救的新人。”[32]因此，批判现实主义文学很容易失去其理想目标得以实现的基础，在把它绝对化之后就更为令人怀疑。尤其是，离开了上帝的神圣存在，就无以否定现世中的一切邪恶和不自由，也就自然丧失了否定和批判的根据。而要获得拯救，力图接近这一理想目标，则只能依靠“爱”。这正如耶稣基督用自己的“爱”向人提出的更高要求——用德国神学家索勒的话说，“就是毫无所惧地持有对生活的信赖感，就是在挚爱与希望受到现实的否定时仍然持重挚爱与希望”；亦即“基督信仰最为卓绝地体现于在不幸和受辱中对生命和生活说出含泪的肯定，在困境和孤苦中对挚爱与希望说出含泪的肯定”。[33]一个人可以没有什么信仰，但不能不存有对生活的美好希望以及对自己存在的信赖。这样看来，当代中国文学在1990年代的“新写实主义”开始呈现这种苗头，开始观照个体命运及其生存状况，但由于叙事的“零度情感”与表现的“无意义”状态，而使自己也很快丧失了可能具有的文学史价值。再一次是出现于1996年的“现实主义冲击波”作品，似乎也有意无意地正显示出这样一种写作萌芽，本应值得肯定，但在所谓“缺少批判性”的批判声中平静落幕。当代中国文学往往专注于“批判”的现实主义，而对“博爱”的现实主义则缺少最起码的认识。殊不知，这更接近于文学的本质特征和现实与人生的本来面目。

任何现实层面的批判都是经验性的，而唯有基督“神性”是超验的，“它拒绝不经考察地接受任何根据权威，根据历史所提供出来的存在原则，无论这些原则如何可能被人为地归之于自然规律或归之于历史规律；超验之问根据理性和信念的要求对在每一个时代里大家都服从的现实原则提出疑问，对那些已被视为理所当然的历史准则提出质疑，如果这些原则和准则并没有使人摆脱世界的荒唐、残酷、失败和受苦的话”。[34]超验之问的前提就是把一切历史习见都判为不确定的，从人的性命欠缺出发，重新寻求一个在人之外的认识根据。它立足于人的最本初的状态——欠缺、有限、一无所有，敞开了人的性命的真实。特别地，对于个体的人来说，存在之不幸是本体论上的。“由偶然性导致的不幸与生命会共存。悲凉会永远伴随着人的存在之偶然性，伴随着人的遗憾。”[35]由此就可以理解为什么人总是能敏锐地感受到生存之艰难，从而更渴望“爱”的慰藉。或许，种种偶然性才是真实的生活，才是真正的“必然性”。或许，揭示出人的这类存在状态的文学才是真正的现实主义文学。面对无法摆脱的“荒唐、残酷、失败和受苦”，人何以存在？靠的只能是“爱”，爱恰恰构成对于不幸的否定。从根本上说，给人以永恒的爱与无限的安慰，这是文学存在的作用和理由。

基督教文化强调“爱”是最大的律法，它具有救赎的意义。同时又并非没有批判精神，而恰恰带有根本的、彻底的批判性。耶稣说，“我的国不属这世界”[36]，仅此一句话，就充满着对现世一切的永恒批判。任何地上的国，就算已经很完美，也无法与天国相比，更不用说地上之国本就满目灾难与不幸了。在利奇蒙德看来，人类经验领域的偶然性和解释上的非自足性，都指向自身之外的一个超验的、人格的、创造性的根据，经验世界是来源于并依赖于这个根据即上帝的。[37]相对于上帝之国，现世存在的一切都是有限的、有欠缺的、不完美的，这就是最根本的现世批判。相对于批判现实主义的经验性，这恰恰属于一种超验性的绝对批判。这种超验性的“绝对批判”，恰恰构成对于经验性的“现实批判”的超越，也是对经验批判的自行消解，同时又为“博爱”精神的自行敞开提供了契机。基督文化的根基与立足点正是毫无疑问地存在于“爱”，“爱”不仅仅内含于批判之中，更是对于批判的批判和超越。对于当代中国文学而言，所希望的也并非不要批判现实主义，而是更加迫切需要一种真正关乎人存在本真状态的博爱的现实主义，以一种基督教文化的“博爱”之情与“谦卑”之心面对人生苦难、表达深挚之爱。否则，中国文学仍然难以真正摆脱附庸式的“工具”地位，从而实现文学之为文学的真正价值。通俗而言，如果把现实主义比作一棵大树，那么“博爱现实主义”是其根，其他的形态则是其枝和叶。枝叶虽然引人注目，却也荣枯变迁，极易受制于外界环境；而唯有树根深入土壤，虽从不示人，却是永恒生命力的本源和保证。

基督宗教的重要价值就在于始终为实存的人类及其世俗文化提供一种超越性的永恒参照，因为如果没有绝对的价值本源，一切存在就失去判断善恶美丑的标准，就失去本质的区别。而“爱”正是其中的“价值本源”，“爱”的精神不仅仅是真理，更是行动。对于当代中国文学而言，一种“博爱现实主义”的文学样态理应值得倡导并获得有效建构。否则，是要靠文学进行“革命”，还是要靠文学进行“批判”，抑或是要让文学去完成其他任务？若此，文学只能“异化”。概而言之，基督教文化精神可以成为当代中国文学价值选择和建构的思想资源之一。“爱是无可比的”，《新约·哥林多前书》中的话语有必要重提，“我若能说万人的方言，并天使的话语，却没有爱，我就成了鸣的锣、响的钹一般。我若有先知讲道之能，也明白各样的奥秘、各样的知识，而且有全备的信，叫我能够移山，却没有爱，我就算不得什么。我若将所有的周济穷人，又舍己身叫人焚烧，却没有爱，仍然与我无益。爱是恒久忍耐，又有恩慈；爱是不嫉妒，爱是不自夸，不张狂，不作害羞的事，不求自己的益处，不轻易发怒，不计算人的恶，不喜欢不义，只喜欢真理；凡事包容，凡事相信，凡事盼望，凡事忍耐；爱是永不止息”。㊳

---

①②夏志清：《中国现代小说史》，台北：传记文学出版社，1979，第12、502页。

③卓新平：《基督宗教论》，北京：社会科学文献出版社，2000，第359页。

④樊志辉：《汉语言哲学思想的超越取向》，天津：《天津社会科学》2001年第3期。

⑤阎连科：《发现小说》，沈阳：《当代作家评论》2011年第2期。

⑥刘再复、刘剑梅：《共悟红楼》，北京：三联书店，2009，第231页。

⑦㉛㉜㉝㉟刘小枫：《走向十字架上的真》，上海：上海三联书店，1995，第177、226、215、203~204、173页。

⑧王晓阳：《美是一种人生境界》，天津：百花文艺出版社，1993，第185页。

⑨北村：《爱能遮掩许多的罪》，南京：《钟山》1993年第6期。

⑩林舟：《苦难的书写与意义的探询——对北村的书面访谈》，广州：《花城》1996年第6期。

⑪史铁生：《随想与反省》，北京：《人民文学》1986年第10期。

⑫史铁生：《交流·理解·信任·贴近》，广州：《钟山》1986年第1期。

⑬史铁生：《史铁生散文》下卷，北京：中国广播电视出版社，1998，第183页。

⑭《她是一片绿叶》，《史铁生作品集》第2卷，北京：中国社会科学出版社，1995，第484页。

⑮⑯⑰⑱唐梦编《张晓风散文》，杭州：浙江文艺出版社，1999，第105、162、128、123页。

⑲⑳张晓风：《常常，我想起那座山》，天津：百花文艺出版社，1997，第29、36页。

㉑张晓风：《张晓风自选集》，北京：三联书店，2000，第9页。

㉒楼肇明：《谈王鼎钧的散文》，伊始编《王鼎钧散文》，杭州：浙江文艺出版社，1999，第1页。

㉓㉔㉕㉖㉗㉘㉙㉚王鼎钧：《心灵分享》，台北：尔雅出版社，1998，第2、16、25、76、79、34、47、48页。

㉞刘小枫：《拯救与逍遥》，上海：上海人民出版社，1988，第92页。

㊱《新约·约翰福音》，18：36。

㊲詹姆士·利奇蒙德：《神学与形而上学》，孙善玲、朱代强译，成都：四川人民出版社，1997，“中译本序”第3页。

㊳《新约·哥林多前书》，13：1－8。

作者简介：丛新强，山东大学文学与新闻传播学院副教授，博士。

[责任编辑：陈志雄]

（本文原刊2016年第3期）

澳门土生文学创作中“根”的意识

崔明芬

[提　要] 在人类历史发展进程中，具有非常独特的语言、人种及文化特征的澳门土生族群是丹纳“正确的设想”的实践者。澳门土生葡人的作家作品，不管是诗人若瑟心中的“神圣的花园”，飞文基戏剧中的“亚婆井”，玛尔丁妮散文中的“废墟”“老屋”，还是飞历奇小说故事里“奶奶的旧宅院”，都是土生葡人“祖根”的象征。土生葡人文学作品中凝重的“根”的意识是澳门土生文学的“精魂”。

[关键词] 澳门土生文学　“根”的意识

一

与香港文学不同，澳门文学的“根”一直与中国紧密联结，从未分离过。正如李鹏翥先生所说：“澳门文学的根须是从我们伟大祖国的文学树干伸延出来的。”[①]陶里先生也指出：“澳门文学很少受葡文影响”，“中华民族文化的强大凝聚力像磁场似地吸引着澳门文化”。[②]作为澳门文学不可或缺的部分，澳门土生文学无疑是中国文学殿堂中“名贵的瑰宝”；澳门土生葡人文学创作中凝重的“根”的意识是澳门土生文学的“精魂”。

葡国学者安娜·玛里亚·阿马罗（Dra Maria Amaro）在她写于20世纪

60年代的第一本研究土生葡人的著作《大地之子——澳门土生葡人研究》的“内容提要”中阐释：“‘大地之子’（Filhos da Terra）意指澳门土生葡人或称‘澳门人’（Os Macaenses）。作为人类历史发展和东西文化交融产物的‘澳门人’这一群体有其十分独特的人类生物、人种及文化特征。”[③]

法国史学家兼文艺批评家伊波利特·丹纳（Hippolyte Taine）在他的《艺术哲学》中说：“我们可以定下一条规则：要了解一件艺术品，一个艺术家，一群艺术家，必须正确的设想他们所属的时代的精神和风俗概况。这是艺术品最后的解释，也是决定一切的基本原因。”[④]这里，丹纳要“正确的设想”，并做出“最后的解释”的“决定一切的基本原因”，就是“一件艺术品”，“一群艺术家”，最本质的“人类生物、人种及文化特征”。

丹纳认为，人的特征是有很多层次的，“时间在我们身上刮，刨，挖掘，像锹子刨地似的，暴露出我们精神上的地质形态”。第一层是“浮在人的表面上的是持续三四年的一些生活习惯与思想感情；这是流行的风气，暂时的东西”。比如一些“时行的名称”、“背心”和“领带”。这些东西“不消几年”，“都可一扫而空，全部换新”。“在人的一切特征中，这是最浮浅最不稳固的。”第二层是“可以持续二十年，三十年，四十年，大概有半个历史时期”，像“台威利阿的版画上表现的”，1830年前后大仲马的《安东尼》、雨果戏剧中“当令的人物”，“血统簇新的平民，能力和欲望很强，第一次登上社会的高峰，粗声大气的暴露他精神上和心底里的烦恼。他们的思想感情是整整一代的人的思想感情；要等那一代过去以后，那些思想感情才会消灭”。第三层是“非常广阔非常深厚的一层。这一层的特点可以存在一个完全的历史时期”，“会统治一百年或好几百年，虽然不断受到暗中的摩擦，剧烈的破坏，一次又一次的镰刀和炸药的袭击，还是屹然不动”。比如古典时代法国人的“礼貌周到，殷勤体贴，应付人的手段很高明，说话很漂亮，多多少少以凡尔赛的侍臣为榜样，始终保持高雅的气派，谈吐和举动都守着君主时代的规矩。这个特征附带着或引申出一大堆主义和思想感情；宗教，政治，哲学，爱情，家庭，都留着主要特征的痕迹，而这整个精神状态所构成的一个大的典型，将要在人类的记忆中永远保存，因为是人类发展的主要形态之一”，“这就是原始地层”。它们“为历史时期铲除不了的一层”，“非革命，衰落，文明所能影响”。因为“这些本能与才具是在血里，和血统一同传下来的；要这些本能和才具变质，除非使血变质，就是要有异族的侵入，彻底的征服，种族的杂交，至少也得改变地理环境，移植他乡，受新的水土慢慢的感染；总之要精神的气质与肉体的结构一齐改变才行”。[⑤]从这里可以看出，丹纳是个“血统”“风俗”加“地理环境”决定论者。他认为，要想改变人最根本的特征，必须“血变质”“植他乡”，做到“气质与肉体”的彻底脱胎换骨。

澳门土生葡人族群，正是丹纳“正确的设想”的实践者。他们整整“持续”了四个（而不是一个）历史时期，完成了从欧洲葡萄牙到亚洲澳门的迁徙，经过早期与印度人、马来西亚人及日本人，后期与中国人的混血“杂交”，最终形成了历史学、地理学、生物学乃至人文学赋予他们的“最基本，最普遍，与本体关系最密切的特征”[⑥]的一群澳门人。正如《大地之子》的著者所说，“从人类生物学的角度来看，土生人为一遗传本底十分丰富的葡萄牙—亚洲人群体”。澳门是这个族群的“祖根”之地，他们生命的根在这里，心灵的根也在这里。

《广雅·释诂一》曰：“根，始也。”《淮南子·原道》：“万物有所生，而独知守其根。”四个世纪的漫长迁徙，地理环境的彻底改变，水土风俗的养育滋润，尤其是混血后，澳门祖根的营养已注入这个族群人种的血液肉体中，成为无法剥离的存在。澳门土生葡人与生他（她）养他（她）的澳门，已然是“历时几个世纪对话的产物”，是“根”与“叶”的连接。不管他们是否仍然怀有“葡萄牙儿女”情结，也不管他们跟中国人、澳门本地华人怎样疏离，甚至“朝夕相处”却“老死不相往来”；但是，在他们的心底深处已经默然体认，澳门是他们真正的故土家园，他们是真正意义上的澳门“地之子”。

澳门土生葡人的文学创作，真实地记录了这个族群四百年来，从“亲历到他们那种被没有祖国这一烙印深深折磨着的悸痛”[⑦]，到虽不心甘情愿，却又无奈、艰难地在澳门“寻根”“认根”“归根”的痛苦历程。严格意义上的澳门土生葡人文学创作分为两部分。一部分是用古老的“澳门土语”写成的，20 世纪前的作家作品，主要包括发表在《大西洋国》以及《复兴》杂志上的《土生歌谣》，登载在《大西洋国》上的一些 19 世纪初期的土生人的诗篇。另一部分为 20 世纪 40 年代以来葡文写成的作品，主要发表在澳门本地一些葡文报刊上，如《澳门消息》《南湾》《澳门》等，后期也有结集出版的。[⑧]审视这些土生作家的作品，创作语言主要是葡语，表现的文化心理、思维方式、心态特征、价值取向，甚至宗教信仰、生活习俗等亦与澳门本土华人作家作品不一样。他们的作品“从诗歌、散文到小说，反映了葡、中两种意识和心态的交汇、碰撞和交融。他们信天主教，做礼拜，但也有人信奉妈祖和观音，家里摆着两个神，也到庙里烧香。他们喜欢西洋古典音乐，也喜欢粤剧，甚至用葡语唱粤剧，他们画的画，以西洋的技巧来描绘中国的人和物，比一般洋人画得还要精彩，创造了独特的风格。他们的‘土生菜’更是吸收了非洲、印度、马来和粤菜的特点，既适合洋人又适合亚洲人的口味”。[9]（显然，带有中葡两种文化混合的特征。）但是，这些作品中澳门“根”的意识，澳门故土家园的情怀，与澳门本土华人作家作品一样深沉、炽烈。这一点，与以澳门为题材背景的外国作家作品不同，也与一些在澳门生活过的葡国作家不一样。后者或者将澳门写成冒险家的天堂，或者主要渲染澳门赌博与卖淫的罪恶，写欧洲文化与中国文化并存的“诡异”，或者是以第三者的视角表述对中国人、中国文化与文学的认知与赞美。

1938 年，“20 世纪最伟大的英语诗人奥登（W. H. Auden）”，“曾经很认真地为澳门”写下了一首“绝佳的”[10]、题为《澳门》的十四行诗。

来自天主教欧洲的一株莠草/生根于黄色的山丘与大海之间/结出色彩斑斓的石屋之果/悄悄然生长发育在中国

洛可可式的圣徒与救世主/答应给将死的赌徒以财富/屹立于青楼之邻的教堂作证/信仰可以原谅天性行为

纵欲的城市无需惧怕/那扼杀心灵的种种重罪/又何惧他们把政府和人们撕得粉碎

虔诚的教堂钟声将敲响/愚蠢的恶行是孩子低弱道德的护卫/严肃重要之事不会在这里出现

虽然奥登这首诗不仅仅写出了当时澳门的“外貌形态”，也表现了澳门的“精神意蕴”；但应该说，它主要展示的是殖民统治时代的澳门，社会的畸形与东西文化交融后的诡异、矛盾与变态。奥登笔下的澳门，宛如一个幼稚、放纵、无力抵御恶习的孩童，混乱不堪，难以掌控。澳门的人文环境，也不过是教堂、青楼、赌场、赌徒、救世主、恶行等。读了奥登的诗，揣度诗人的创作心理，似有一种若陶渊明所说的“人生无根蒂，飘如陌上尘”之感。

葡萄牙诗坛独领风骚的象征主义诗人卡米罗·庇山耶（Camilo Pessanha,

1867 ~ 1926)[11]旅居澳门半个甲子，不仅酷爱中国文化、文学与文字，还有颇深的研究造诣。他认为孔子的《论语》“像百科全书一样包罗万象，是一个民族的记录”，“表现了中国人的灵魂”。古老新奇的中国文学“具有美的魅力，会给人带来惊喜，特别是为思考人类普遍的境况拓展了广阔的精神空间，以强烈的光束照射着已经消失的文明生存方式”。他认为中国的象形文字“在所有存在或者已经消失的文字中”，是“最美妙最引人遐想的文字”，“摇曳多姿，具有巨大的视觉联想力”。中文的韵律“如行云流水，朗朗上口”。庇山耶还翻译过明朝悲歌八首等中国文学作品，留下了许多论述中国文化、艺术、语言以及文学的优秀文论。他赞美“中国人生动的想象力，对美丽事物敏锐的直觉，平衡的内心世界以及对自然细腻的钟爱，中国人的生活是富于艺术性的”。甚至，他不仅自己潜心学习中文，还热心劝说在澳门居住的葡萄牙人，在工作之余都应该学习“中国的文字和文化”，希望他们从中获取精神上的快乐。他还在自己的诗集《滴漏》卷首“题词”：“我在一个偏僻的国度看见了光明。”可是，从以上叙述可以看出，即使这位确实值得崇敬的中国悠久文化的礼赞者，也“可以说是中葡双方众多作家中，唯一一位能在其作品中呈现经过中葡文化真诚交流之后异常和谐的情调”的葡国作家，他的作品表现的也仅仅是对中国人的同情赞美，对中国文化、文学的欣赏，以及对儒家圣人的极尽推崇。他抒写的显然是西方人眼中的中国形象。还有在中国澳门教书、笔耕近 30 年的葡国女作家、著名短篇小说集《神州在望》的作者玛里亚·翁迪娜·布拉加（Maria Ondina Braga），她最为人称道的也是以“描绘了历史悠久的中国——其智慧、其传统、其神话”，以及“脉脉含情”地表现了“博爱精神”，而受世人瞩目并载入史册。

与奥登、庇山耶、布拉加的作品不同，澳门土生葡人作家是在经历了民族“脱胎换骨”的悸痛“选择”之后，以“澳门之子”的身份和情怀，由衷地赞美这块生养他们的土地，倾诉他们与这块土地骨肉相连的血缘深情。这里，不管是散文家玛尔丁妮记忆中的那个“废墟”“老屋”，小说家飞历奇怀念的“奶奶的旧宅院”，诗人若瑟心中的“神圣的花园”，还是飞文基戏剧中的“亚婆井”，都是澳门土生族群心灵深处无可替代的“祖宗”符号，是土生葡人“祖根”的象征。

二

别林斯基在他的经典论文《论普希金》（1845）中说道：“要着手研究

一个诗人，首先就要在他的许多种不同形式的作品中抓住他个人性格的秘密，这就是只有他才有的那种精神特点。”堪称澳门“土生文学之父”的诗人和戏剧家若瑟（1919～1993），他“个人性格的秘密”以及“只有他才有的那种精神特点”，就是对土生方言的忠诚与对土生族群的诞生之地澳门的挚爱。这种沉浸在他不同文体文学剧作中的特殊的情感，就是那种异乎寻常的“根”的认同感。索绪尔在论及语言、民族、种族与文化时说：“语言学和民族学的一切接触点，语言史和种族史或文化史之间可能存在的一切关系”，“在很大程度上，构成民族的也就是语言”。[13]土生方言（Patoa）是在葡语的基础上，吸收了马来语、果阿方言、西班牙语和近代英语的词汇，同时又受汉语影响而形成的一种语言。作为一种“混血语”，它是土生葡人祖先所使用的语言，是土生葡人种族的象征。这种混合语作为土生文学作品的创作语言已延续了一个多世纪，从数量上看，目前掌握的土生族群文学作品的三分之一是运用这种土语。而现在土生葡人也已经不再使用这种语言，却在若瑟的诗歌和戏剧中运用着。若瑟的创作语言都是用这种土生土语。他的作品，既表现了他对延续土语所做的努力，更表达了他对祖根澳门的热爱。

若瑟诗作的主旋律，是抒发对于澳门的迷恋与赞美。他的诗集题名《澳门，受祝福的花园》。他笔下的澳门“是一座神圣的花园，/那里有圣洁的鲜花/盛开遍地”，那里“田野、花园、松林、风景如画，/空气清新，一切有益于生命”。而这片“鲜艳、和平、纯洁的土地/是我全部的财富，/我生命的所有一切”。我们说，这是诗人若瑟，也是所有土生作家对澳门“小小祖国”赤子之心的真切抒发。人的归属感很重要，有了“根”的归属，才有一种安全感、使命感，才能在这块土地上安心生存，幸福地生活，承担社会责任。若瑟对澳门“根”的体认与热爱，以及在他生命的最后时刻，在葡萄牙统治即将画上划时代句号之时，表现出来的对于澳门未来的疑惑、担心和悲哀，大概都是发自土生葡人心灵深处对澳门“根”的看重，是一种难以言传的特殊族群的文化心理使然。因为在四百年的历史进程中，土生葡人与澳门早已生生相息，澳门已然是他们生存的依托，是土生族群生命的根蒂。

澳门土生文学中的重要诗人李安乐，他“个人性格的秘密”是“沉默、忧郁、孤僻”。他的这种“精神特点”，是个性特征，亦有“共性”情愫。他的《孤独之路》（诗集）思索与记载的是诗人自己，也是土生族群几百年来孤寂寻根、艰难认根之路。生长于澳门，与澳门有着扯不断血缘的他，深深地怀念父亲，“沉思他/为何离开了布格德阿基老村/来这儿”，寻问她“我贤淑的母亲”，“为何离开了故乡广东/来这儿”？诗人体认“你俩的灵魂在此相遇，神秘的命运把它们吸引一起，这命运也使我在此诞生”（《两座屋子》）。继承了葡中血缘的李安乐，有中国传统“子不嫌母丑”的美德，他是澳门“爱的最热情的赞颂者”。他的诗“漫溢”着对生他养他的澳门“一股爱的巨流”。他的不少诗篇，都表达了诗人火热的赤子之心。最著名的诗作是《澳门之子》：

永远深色的头发/中国人的眼睛，亚利安人的鼻梁/东方的脊背，葡国人的胸膛/腿臂虽细，但壮实坚强

思想融会中西，一双手/能托起纤巧如尘的精品/喜欢流行歌但爱听 fados/心是中国心，魂是葡国魂

娶中国人乃出自天性/以米饭为生，也吃马介休/喝咖啡，不喝茶，饮的葡萄酒

不发脾气时善良温和/出自兴趣，选择居住之地/这便是道道地地的澳门之子

他的《知道我是谁》一诗，澳门“根”的意识抒发得更是淋漓尽致：

我父亲来自葡国后山省/我母亲中国道教的后人/我这儿呢，嗨，欧亚混血/百分之百的澳门人

我的血有葡国/猛牛的勇敢/又融合了中国/南方的柔和

我的胸膛是葡国的也是中国的/我的智慧来自中国也来自葡国/拥有这一切骄傲/言行却谦和真诚

我承继了些许贾梅士的优秀/以及一个葡国人的瑕疵/但在某些场合/却又满脑的儒家孔子……

确实，我一发脾气/就像个葡国人/但也懂得抑止/以中国人特有的平和

长着西方的鼻子/生着东方的胡须/既上教堂/也进庙宇

既向圣母祈祷/又念阿弥陀佛/总梦想有朝能成/一个优秀的中葡诗人……

李安乐的诗是土生葡人身份的自我印证，不仅诚心诚意地回答了“我是谁”，也坦然真诚地表述了土生族群对祖根澳门的爱，对故土澳门的情。另外，还有土生葡人博卡热的不朽名作十四行诗《贝巴》，穿过“认祖归宗”的层面，直接描写澳门土生葡人“传统烹调术，当地的方言，各种绣工及剪纸，一些游戏及那些亲昵的小名”等，记录了土生族群与澳门水乳交融、血肉相连的情缘。

比利时学者乔治·布莱（Georges Paulet）在他的关于日内瓦学派“全景及宣言”式的著作《批评意识》中指出：“谁以一种独特的方式感知自己，就同时感知到一个独特的宇宙。”[14]中国人、葡萄牙人和土生葡人是澳门社会的三大主要族群，形成“三大文化支柱”。其中“种族混杂程度世所罕见”的澳门土生族群，无论他们的肉体结构、思维习惯、价值观念等，都具有“世所罕见”的独特性。他们以其独特的方式“感知自己”，同时，也确实感知到“一个独特的宇宙”。这种感知，形象地体现在澳门土生葡人创作的戏剧（包括喜剧和歌剧）中，深深地烙上了与葡国人和澳门本土华人不同的文化与审美印记。

自古“歌”“剧”渊源深厚。素有“诗歌之国”美誉的葡萄牙，中世纪就诞生了堪与荷马、维吉尔、但丁媲美的伟大诗人贾梅士。澳门的话剧亦肇始于土生葡人。1925 年 2 月 23 日土生葡人演出的《CAVA TUFANG 74》（《74 年台风之后》，剧作者安东尼奥·托尔贯托·德·森及其他人），以及 1928 年 2 月 14 日演出的《OS VIUVOS》（《寡妇》，作者同前），[15]道出了澳门话剧的“第一声”，开澳门现代话剧之先河。澳门土生葡人戏剧最独特的地方，就是用自己的土语（又称“澳门语”或“澳门方言”）演戏。据土生葡人回忆：“我记得每当我回忆童年、祖母、古老饭菜时，Patoa 方言便会跳出来！”[16]“我们那时候（指二次大战前）有一个习惯，就是在嘉年华节时用土语演话剧。都是中学生，有些毕了业回来，但都是用土语演戏，非常有趣。”[17]用土语演剧，大概不仅是为“有趣”，其实更深刻的意义在于表现土生葡人心灵底部对族群“根”的坚守与认定。因为这种土语已经是这个族群土生传统和特殊身份的符号证明。

澳门文学创作中“根”的意识，在有着悠久历史的“土生土语/澳门语”话剧中表现得异常鲜明突出。诗人若瑟也是有名的戏剧家，他对于土生族群最大的贡献就是为土语的保留和传播所做出的努力；对延续濒临死亡的土语功绩卓著。另外，他既是剧作家又当演员，不仅写过好几个喜剧和歌剧剧本，还扮演过卑鄙小人、阴阳人、街头知识分子和神父等。1993年，若瑟还与一批土生同仁成立以“澳门土语”进行表演的话剧社——“甜美澳门语剧社”（Os Docci Papiacam Di Macau）。剧社的取名源自若瑟同名澳门土语诗作，意在纪念若瑟为保存“澳门土语”做出的贡献。在若瑟不幸于该年逝世后，主要编剧和负责人是飞文基。

飞文基为剧社写了《见总统》《毕哥去西洋》《圣诞夜之梦》和《西洋，怪地方!》四个剧本，集中思索和表现土生葡人与葡萄牙人在语言、人种与文化方面的差异与隔膜，意在显示土生族群对澳门“根”的认同。《毕哥去西洋》通过写土生葡人毕哥退休后，决定离开故土澳门去葡国定居的矛盾与遭际，表达了土生葡人身处葡国产生的“无根”的悲哀，以及这个族群“寻根”的历程。毕哥一家到葡国，甫入里斯本机场，巴黎、法兰克福来的乘客在这里畅通无阻，顺利通关，而他们一家却受到非难。葡国海关人员对他严格盘查，不仅让他申报行李，还让他必须“打开行李”。当毕哥从行李中取出澳门带去的、澳门土生葡人日常非常喜欢吃的发菜、云耳、猪皮，以及被海关人员惊为“利器”的中国大菜刀时，葡国海关人员却听成“头发”“耳朵”“皮”，为此惊恐不已。检查时，毕哥妹妹贝拉生怕海关人员打破她“花了几小时精心制作的又香又美味的虾酱”，而海关人员却大叫“好臭”。可见，土生葡人与葡国人已经有了“质”的区别。土生葡人已经入澳门乡随澳门俗，中国人的生活饮食习惯等已经融入这些土生葡人的血液里。出了机场，毕哥一家环顾四周更加失落，他奇怪“怎么没有中国人？怎么人人都一个样子？”毕哥连声喊“惨了!”他从心底里发出了“无根”的感叹：“现在离澳门那么远了，我们认识的那些人在哪儿呢？我们怎么能生活在这样的环境里呢？最好还是回澳门吧!”这段话，不仅形象地显示了土生葡人与葡国人巨大的心理与文化差异，而且说明土生族群已经清醒地意识到，虽然他们体内有着葡萄牙的血统，潜意识里经常为此骄傲和自豪，但葡国并不是属于他们的“环境”，“澳门”才是他们“最好”的“家园”，是他们“小小的祖国”。可见土生葡人寻“根”的自觉，对“祖根”的体认。

《西洋，怪地方!》一剧，展现的是土生族群“寻祖”“找根”的痛苦历程。在里斯本酒店大堂，土生葡人阿斯泰莉等因语言误会和葡国当地人依波利都发生争执：“看你们的脸显然是中国人。”“我们不是中国人!”“那么是什么人?”“——舞台上一阵沉默……众人相视无语。”剧作家静止在舞台上的这段“无语”的“沉默”，很“深沉”，也很“煽情”，“无声胜有声”。他提醒自己、剧中人以及这个族群的所有人，把思索推向历史又拉回到现实。“沉默”之后，阿斯泰莉等人毅然抬起头，一个接一个在舞台上决然地说：“我们……我们是亚婆井的人……是讲信义的人！……是对朋友无比忠诚的人。我们的故乡是澳门，那是一个古老的地方，奇迹般的地方，和平的地方，有各色各样人的地方！”“一个有各种语言的地方！”“我们有中国人的脸，但没有人和我们一个样。”“我们是喜欢咸虾酱的牛叔，是喜欢马介休的中国人。”“我们就是这样的澳门之子。”这段台词，深情而坚定，既是悲哀、尴尬、伤感后的反诘，也是剧作家以及土生葡人族群四百年来艰难寻根历程的最后结语。他们终于有了“澳门之子”的根的归属感。

三

澳门的土生散文作家作品不多，澳门史上第一个葡文报刊女记者、女编辑、妇女专栏的主编道莲，在第二次世界大战后曾经写过一些散文，但至今尚未整理出来。郑炜明指出，“可以说是现存唯一的一部散文作品集，是由伊迪英·乔治·德·马天妮（Edith Jorge De Martini）这位后来曾在瑞士和法国求学，对艺术颇有认识，并且嫁给一位阿根廷外交官的土生作家，以英文写成的《残垣间的风——我在澳门的童年》（*The Wind Amongst the Ruins: A Childhood in Macao*）回忆录。”[18]《废墟中的风——回忆澳门的童年》是1993年由美国纽约Vantage出版社出版的一本书，作者玛尔丁妮（1943～）长期旅居国外，因积极参与慈善事业，曾获泰国和天主教教宗若望·保禄二世的十字勋章。玛尔丁妮对澳门祖根的凝重缅怀与追忆，是透过一个独到视角切入的：那是在她离开澳门几十年后，随着自己美丽的回忆，由“昨天”和“今天”两个“我”于暴风雨之夜的相见，穿越她“今天”的生活，步入已成“废墟”的“老屋”，回忆她“昨天”的澳门童年生活，完成了土生葡人历时四个世纪的寻根历程。

书的“序言”，是一段美妙动人的文字，展示的是散文家心灵深处的认祖寻根之路：“这真是奇怪而可怕！”“回忆是如此生动，我仿佛正穿越时光的隧道，奔回我四十五年前的童年，奔回我的诞生地……”玛尔丁妮深情地思念她的外婆，“她孤独地死了，遥离她的根，遥离她在那儿出生的生活，建立家庭的迷人的土地。而我却仍身处一个对我从属的那片土地一无所知的更为遥远的国度。也许因此，……她伸出了她的手，带着活在里面那个小女孩，一起跨越分隔过去和现在的漫长的时间距离，指示我走向我的根，让我更好地认识我自己。”“认识我自己”“走向我的根”可以说是一代代土生葡人的渴望。散文“昨天”一章的开头，透过暴风雨之夜5岁孩童“我”的心理独白，描绘了作者对“我的诞生地”，对记忆中的“废墟”“老屋”的担忧，“我心想着：这场暴风可会吹走痛苦、恐惧，以及近年不断侵扰我睡梦的阴暗的回忆?”“它可会吹走我为了安全刚离开的那座老屋”，“可会吹裂那老屋的墙，掀掉它的屋顶，把它从原来的地方吹向这座城市众多的废墟，成为其中的另一堆废墟?”这里，“暴风雨”象征着世事沧桑、时光蹉跎；“废墟”“老屋”则指代我的“诞生地”澳门；而多少年“侵扰我睡梦”的“回忆”，正是土生族群对祖根澳门难以割舍的情怀。散文“今天”章节中，这个漂泊45个年头、现在身处“遥远的天边”的我，心灵的小岛又一次在狂风暴雨的袭击下摇晃。这次“是在我自己温暖的家里，和我那些安全地躲在睡梦中的亲人一起”。躲在安全处却没有安全感，与亲人一起却没有感觉到温暖，这难道不正是人的生命最深层次“无根”的悲哀吗？然而，成年成熟的“我”突然看到“湿淋淋的玻璃上反映出一张5岁小女孩的脸”，那张稚气的脸对自己说：“废墟依然矗立！你生命的根扎在你出生的故地，什么样的风也无法把它吹得走。”我想，当女作家写下这行文字的时候，她的心一定平静下来了，她已经在出生的故地找到了心灵的港湾。

玛尔丁妮的散文不仅显示了土生族群心灵深处的那种强烈的寻根意识，还透过这个家庭饮食方面的习俗，咖啡、茶、米粥、刺绣、麻将等生活细节，以及父亲与澳门爆竹业的一个华人老板几十年的深厚友谊（这位华人朋友在作者家经济受到挫折打击时，慷慨解囊，使她的家庭命运得以从灾难中挽救），反映了澳门的华人与土生葡人之间难能可贵的情谊，叙述了她的家庭、土生族群与澳门生生相息的历史。玛尔丁妮的这种强烈的“走向我的根”的渴望，无疑是土生族群对自我历史的追寻和体认，显示了积淀在土生葡人心灵深处的一种强烈的“祖根”意识。

老舍认为：“小说是人类对自己的关心，是人类社会的自觉，是人类生活经验的记录。”[19]飞历奇和江道莲，是学养高出侪辈的土生小说作家。他们的小说的确表现了土生葡人对自己族群的关心，是土生族群在澳门社会“夹缝”中生活的记录。他们扎根澳门，“在几百年来葡萄牙人管治澳门的情况下”，“处于一个极为特殊，颇为关键的社会层面：因为掌握两语及本地情况，他们是葡国官员赖以治理澳门的社会基础，也是联系上层官员与广大市民的中间桥梁，因而在政治上、经济上、心理上都处于远较一般华人优越的地位。”[20]他们是澳门华人眼中的主权者，有“优越感”；但是，他们的“权”又是葡萄牙人给予的，对着“乘船而至的帝国王朝的”“发号施令者”，他们又是“从者”，有一种“自卑感”。透过江道莲、飞历奇的小说文本，我们可以去揣度这个族群微妙、不易觉察的人的心理、时代心理、种族心理和历史文化心理；理解他们希冀成为这块埋葬着他们的祖先、繁衍着他们后人的土地上“百分之百的澳门人”的渴望。

《旗袍》是江道莲的短篇小说集，副标题“中国故事集”*Cheong-sam* (*A Cabaia*)，由26个短篇连缀成书，叙述了19世纪30～40年代的澳门，不同种族男女恋爱、结婚、通婚的悲哀与悲剧。江道莲透过这些或真实或虚构的小说，试图让人们认识澳门这个中国人、葡国人以及土生葡人的“生活世界”，履行着现代小说对自己的关心。从某种意义上说，《旗袍》是一个土生葡人写下的那个时代澳门女性生活的备忘录，镶嵌着鲜明的种族学与人类学印记。

《告别》是其中摄人魂魄的一篇，读它，似“钝锯拉木头”，隐隐作痛。小说刻画了一个有着“混血儿”“私生子”双层悲哀的少年，表面孤傲“优越”、背后屈辱“自卑”的变态心理。他本应“爱”从“遥远而古老的欧洲”“翻洋过海来到中国这块土地上”的父亲，可只有“同情”和怨恨。他“从心里爱”“贫穷”“目不识丁”“整天打着赤脚”的母亲，可羞于在人前承认。孩提时代同学和朋友的“目光”，他感觉是在“他的额头上破译他的身世之谜”。父母“不明不白”的关系，使他在心底里觉得“低人一等”。以致在他即将告别故乡去远方读书的码头上，在母亲“哭天抢地”地“冲来”和他话别时，他竟然“无地自容”地急忙从背心口袋里“拿出一枚硬币”，像打发乞丐一样，“放进母亲举得高高、仿佛在热切地祈求什么的手中”。母子关系，可以说是人世间诸多关系范畴中最紧密的一对，“子不嫌母丑”这句话几乎是所有文化都认可的箴言，可在这个“混血儿”“私生子”身上，坍塌了，崩溃了。土生作家江道莲的这个震撼人心的故事，引领我们窥见土生葡人这个“种族混杂程度世所罕见”的族群，心灵底部“世所罕见”的屈辱、复杂的种族和文化心理，更理解葡国学者施白蒂的土生葡人“竹子”说：“这在最早的一些土生就已明白，乘船而至的帝国王朝的人是发号施令者，自己人虽多，但想要的自由却无一席之地。”“常常见到竹子，弯曲而不会折断，澳门土生有幸深刻感到这完全是他们自己的象征。”“当竹子在生长时弯曲了，日后再难复原，为了避免更痛苦，接受这一缺陷特征。因为拥有东方血统，所以澳门土生便生活在这种痛苦习惯中。”[21]从这里，我们也更能深刻地理解与体察土生族群焦灼地寻根澳门、真诚的认根澳门的种族心理。

飞历奇（1923～2010）是土生族群成就最高的小说家。他是18世纪中叶在澳门定居的Senna Fernandes伯爵的曾孙，著有短篇小说集《南湾》（1978），长篇小说《爱情与小脚趾》（1986）、《大辫子的诱惑》（1993）和《望厦》（1998）。短篇小说《疍家女阿张》曾获葡国科英布拉大学1950年颁发的菲阿幼德·阿尔梅达百花诗文学奖。前两部长篇小说分别于1992年和1995年由葡国和澳门电影公司拍制成电影。澳门影片《大辫子的诱惑》1996年接连获第19届《大众电影》百花奖最佳合拍片以及葡国第25届费格拉达福兹国际电影节特别大奖。

阅读飞历奇的小说，不管是“基督城”的故事还是“中国城”的叙说，最难忘抑或说感受最深的是一股“怀旧气氛”。亦如长篇小说《爱情与小脚趾》伊始“拉开帷幕”的作者道：“这是一部小说，但取材于一则古老的故事。在我的孩提时代，奶奶的旧宅院里常常举行传统的，让人怀旧的晚会。那则古老的故事，便是我在某个晚会上从人们饶有风趣的叙说中听来的。”“然而，最近几年，故事中的那些没有被我遗忘的主要情节一直在我脑海中萦回，请求我将其变成文字。”“这部小说中的主要人物是澳门土生葡人，故事情节也主要是围绕他们展开的。我竭尽全力再现那个时代。”[22]小说家竭力展示的是土生族群的时代心理。而我们，也情不自禁地跟随着小说家的故事，穿越历史时空，去感受土生族群的“根”的心理积淀过程。

故事的主人公是土生葡人弗朗西斯科。他继承了土生社会一个显赫家族的血统，也养成了纨绔子弟身上所有的种种恶习：游手好闲，不务正业，放荡无聊，胡作非为。西科最终被逐出“基督城”，败落到“中国城”。在他濒临绝境的时候，遇到了绰号“芦柴棒”的土生少女维克托利娜。“腼腆而纯洁的”维克托利娜对他产生怜悯之心，并以爱心和美德把臭脚丫西科拯救出来，最终两人将爱情的梦想变成现实。

西科的爱情故事很古老，小说的艺术也没什么新颖独到；然而，故事中洋溢的那股“怀旧气氛”浓郁而强烈。这种气氛，弥漫在宁静的南湾和老楞佐区的“基督城”，也笼罩着“熙熙攘攘的华人区”；充溢着1905年那

“一盏盏煤油灯照亮的屋子”的时代。那里有“高楼街上的高低不平的石子路面”，也有“在华士古花园或加思栏花园的圆台上演奏”的警卫队乐队，康公庙前地的“庙会”，福隆新街一带的“高级青楼”和在“塔石空地上演出的德国马戏团”，望厦山脚下和龙田村的菜地，“小院里的玫瑰和菊花”，弹奏“琵琶”的乐音，“亚婆井”的别墅，“警察署”“中医大夫”“草药师”以及“价钱便宜、又很暖和的粥店”等等。正如郑炜明所说：“作者不仅向我们讲述了一段曲折的爱情故事，而更重要的是带我们回到十九世纪末、二十世纪初的澳门，探视当年的事事物物，以及当时土生葡人的思想感情。”“也许，我们可以这样去理解飞历奇：在他笔下的怀旧气氛，其实就象征了他个人以至他的族人对澳门的一种根深蒂固的文化身份的认同和归属感。除此之外，的确想不出更合理的解释。”[23]真的这样，小说家飞历奇小说中所“怀”“忆”的“旧”，不管是“奶奶的旧宅院”的“旧”，还是“怀旧的晚会”的“旧”，不都是深埋于土生族群心底的“祖根”吗？

小说的封底，评介者写道：“通过它的作品，我们可以重温我们是其继承人的古老的澳门，这个城市介乎于以葡萄牙家庭资产阶级狭隘的价值观为特点的‘基督城’的环境和每个欧洲人皆被视为外国人的‘中国城’疏远又浑然一体，本书通过居住在这里，在这里繁衍生息的人物的道路再现了这一点。”“它以前所未有的方式展现了在这个小小的空间联结在一起的两个世界。”是的，这可能在人类文化史和生物史上都是“前所未有的”，“根”把“基督城”与“中国城”“两个世界”“浑然一体”地紧紧连接着。

---

①李鹏翥：《澳门文学的过去、现在及将来》，《澳门文学评论选》（上编），澳门：澳门基金会，1998，第34页。

②陶里：《追踪澳门现代诗》，香港：《香港文学》第80期，1991年8月。

③安娜·玛里亚·阿马罗：《大地之子——澳门土生葡人研究》，金国平译，澳门：澳门文化司署，1993，第105页。

④⑤⑥丹纳：《艺术哲学》，北京：人民文学出版社，1983，第7、350～354、356页。

⑦官龙耀：《澳门土生人特辑》“编者前言”，澳门：《文化杂志》第20期，1994年。

⑧刘登翰主编《澳门文学概观》，福建厦门：鹭江出版社，1998，第341～342页。

⑨魏美昌：《澳门华人与土生葡人》，南宁：《广西大学学报》1998年第6期。

⑩⑫⑱郑炜明：《澳门文学：1591－1999》，《澳门史新编》第四册，澳门：澳门基

金会，2008，第1182、1182、1180页。

⑪庇山耶：《滴漏》，《评介：作家与作品》，澳门：澳门文化司署，石家庄：花山文艺出版社，1997，第1~4页。

⑬Leonel Alves，*Por Caminhos Solitarios*，pp.29，34，95.

⑭乔治·布莱：《批评意识》，郭宏安译，南昌：百花洲文艺出版社，1993，第283页。

⑮田本相、郑炜明主编《澳门戏剧史稿》，南京：江苏教育出版社，1999，第131页。

⑯见巴塔亚：《澳门语：历史与现状》，崔维孝译，澳门：《文化杂志》第20期，1994，以及施白蒂：《澳门土生——一个身份的问题》等文章。

⑰吴志良：《土生诗人阿德》，《东西交汇看澳门》，澳门：澳门基金会，1994，第122页。

⑲老舍：《怎样写小说》，重庆：《文史杂志》第1卷第8期，1941年8月15日。

⑳杨允中：《土生葡人——澳门社会稳定、成长、繁荣的重要因素》，澳门：《澳门日报》1990年11月20日。

㉑施白蒂：《澳门土生——一个身份的问题》，周艳平、张永春译，澳门：《澳门研究》第1期，1993年9月。

㉒飞历奇：《爱情与小脚趾》，喻慧娟译，澳门：澳门文化司署，石家庄：花山文艺出版社，1994，第1页。

㉓郑炜明：《读〈爱情与小脚趾〉》，《澳门文学研讨集——澳门文学的历史、现状与发展》，澳门：澳门日报出版社，1998，第53页。

作者简介：崔明芬，澳门理工学院语言暨翻译高等学校教授，博士。

［责任编辑：陈志雄］

（本文原刊2012年第1期）

多元与共融：澳门文学形象的主体形塑

——以1995～2005年澳门文学奖作品为例

陈少华

[提　要] 1995～2005年的澳门文学奖作品作为回归前后澳门世态人心的描绘，具有指认与隐喻的特点。本文以这些获奖作品为主要对象，分析其所呈现的澳门文学形象的特征。一是在空间标识的叙写上，澳门成为逃亡者的“避风港”与“收容所”；二是在日常生活的记叙中，澳门作为情色与欲望的集散地，色情、赌博、生死皆统摄其中；三是在“回归”主题中“根系”的追溯和“混血”的困惑并存；四是在主体话语中表现出对自我与他者“认同”与“疏离”的辩证；五是在文化精神上体现出澳门“多元”与“共融”的特质。历时10年的澳门文学奖作品从多个方面建构着独具特色的“澳门文学形象”。

[关键词] 澳门文学奖　文学作品　文学形象

澳门文学奖为澳门文学创作奖，旨在“鼓励创作、繁荣澳门文学”，每两年举行一次。它由澳门基金会与澳门笔会合办。在第一届“澳门文学奖”颁奖典礼上，这两个组织的负责人均有出现，并向获奖者颁奖。例如澳门基金会主席卢德奇、副主席吴志良，澳门笔会会长梁雪予、副会长李成俊都出席了颁奖典礼。第二届的颁奖典礼，时任中国文化部副部长李源潮、台港澳司司长尹志良出席了颁奖典礼，可见这个奖项应该视为澳门“文化生活”中的一件重要事情。

澳门文学奖的设立，与澳门回归“本土觉醒”与“本土自我”认证相关。澳门基金会副主席吴志良在第二届、第五届的致辞都是对这一点的回应。“澳门文学形象”不只是文学意义上的奖项，它还被发起者看作是“澳人治澳”主体形象的文学阐释。在第二届澳门文学奖的颁奖典礼上，他在以《发展本土澳门文学》为题的讲演中做了这方面的勾联。

对于10年的收获，吴志良认为“澳门文学奖已走过了十年的历程，业已成为推动澳门文学发展、鼓励澳门作家创作、提升澳门文化品味的重要活动，也成为发掘和培养文学创作人才的一个有效途径”。至于题材方面的特色，他认为“创作题材和主题范围呈多元化趋向，既有对澳门人多方面生存体验的揭示，也有对人类总体命运的反思，不仅充分表达了澳门人特有的澳门情怀，也体现了我们的人文关怀”。[①] 以下就1995～2005年澳门文学奖作品做一评述。

一　空间标识：“避风港”与“收容所”

在历届讲述澳门故事的作品中，一直有一类作品入选其中，即关于澳门地理空间标识的叙写，作品中对革命的恐惧与对庸常、平和生活的慰藉形成了叙述者内心的张力。这些作者对革命未必有多么深刻的看法，却凭借本能传达出了对平淡生活的向往。这个平淡生活的处所正是小说的“逃亡者”体会出来的，即便没有获得相关的命名，澳门作为“避风港”的地理标识也非常清楚。

首先要提及的是余润霖的《澳门九景》，这是第一届澳门文学奖的“小说组”亚军。小说以一个从珠海“白藤湖”附近的村落里偷渡过来的“阿九”作为第一人称“我”讲述澳门故事，不仅在题材上符合所谓“本土”特点，而且它在叙述澳门的“本土文化”上具有鲜明特征。我之所以强调这篇小说，是因为这篇小说顾及了澳门与大陆在20世纪70年代以前的联系，从广东偷渡香港与澳门的“偷渡者”，与内地保持着千丝万缕的联系。从小说中我们知道这个阿九经常寄钱回家给自己的母亲，而这个地址被设计为小说中的与阿九青梅竹马的阿婵“偷渡”过来所必须寻觅的处所。我们要问，这个“避风港”所要规避的是什么？期望着的又是什么？

“阿九”的偷渡动机是要吃饭。他因为出身“地主”，在“围海造田”

中，虽然非常用心用力运送石块，却还是被评为“下游”。“要减米饭，还要批斗。”倔强的阿九在被奚落嘲笑之后，竟然潜入饭堂，却遭到了荷枪实弹者的围剿。阿九的“我要吃饭”的朴素的活命逻辑，使他这个没有文化的人对阿婵说起话来，却像一个导师：“你以前学的，是别人统一为你们炮制的理想。后来，逐渐知道，只不过是无法实现的幻象。言行相诡，不实莫大焉。人们开始彷徨，开始走向另一个极端，这就成为动乱的根源。”②在地理空间的对照中，可以看出，小说的苦难叙事针对的是大陆的政治运动，“避风港”的特征显示了出来。

值得注意的一点，是作者回避了在澳门底层打工的艰辛。小说开始叙述的时候，虽然涉及“我”在“蕉林园”5年的生活，以及所谓“地盘工”的辛苦，不过都是一笔带过。早在1976年，长争（张峥笔名）创作的描写澳门爆竹工人的悲惨命运的小说《万木春》（香港朝阳出版社出版），就深刻揭示了澳门工人工作环境的恶劣（八九个人挤在一起）、工作时间的漫长（11个小时）。面对同一处地理空间，《澳门九景》的叙述者却满怀感激之情。当“人间地狱”遭遇“避风港”的时候，亦此亦彼的相容性是存在的，叙述者的选择自有其理由，那就是小说名称所表述的内涵，即对有关相容的、共生的空间的追求被当作一种人性来表达。小说幽默的地方在它的开头，“每处地方皆有八景，唯独澳门多了一景”。经过小说的演绎，澳门第九景叫作宽容。

无独有偶，第二届冠军作品，廖子馨的《命运——澳门故事》同样写到一个通过劳工契约形式而来到澳门的乡下缝衣女工沈巧，在一次偶然的机会中，拼死挤进被称为“龙的行动”的“收容”行动中，从而由内地劳工身份变为本澳居民。比起《澳门九景》的作者，廖子馨一方面试图将澳门在历史上的“收容”行动写进澳门本土故事，将澳门写成了一个巨大的收容场所；另一方面她探讨作为个体的沈巧，如何在有关“收容”的故事中将自己的“被收容”转变成一种自觉自愿的行为，从而在感情上与“收容者”达成认同的问题。关于第一方面的内容，廖子馨把“收容”行动处理为一种小说背景似的东西，即小说中的情节“龙的行动”，那些偷渡的、临时居停者渴望获得澳葡当局的一张“登记纸”。

廖子馨对于“收容所”的理解颇具建设性，她赋予了这个地理空间一种情感状态，而不仅仅是抽象地、仰视地加以赞美。此外，廖子馨对“避风港”与“收容所”的苦难叙事，还体现出一种观望的态度，这使她有可能从一种交往的概念出发去讲述一个人和一个城市的如此故事。

二　生活变奏：情色与欲望

在澳门文学奖作品中，被叙写的澳门，与其他城市一样，是浑浊、喧嚣、藏污纳垢的地方，也是情色与欲望的集散地。色情与赌博、生命的游戏与沉沦、悲剧与死亡，一直是澳门本土作者创作的资源，也是阅读澳门的读者有意无意被牵引的地方。

第二届亚军作品、毛顺好的《“鸣玉楼”结业》，借用金庸武侠小说《鹿鼎记》里的人物，进行故事新编。小说借用韦小宝从小在扬州妓院“鸣玉楼”中长大之说，写他带着“七个娇妻”来到澳门，在城西盖起了一座斗角飞檐的“鸣玉楼”，生意兴旺。

这部小说实际上是“借古喻今”。在这六届的澳门文学奖中，因写妓女题材而获奖的不多，但参赛作品肯定是有的，例如阎纯德在讲述参赛内容广泛的时候，提及“有的小说涉及对于澳门民间生活和妓女命运的关注”。[③]妓女的题材其实都不易驾驭，也不容易评判，这可能是主要的原因。第二届冠军作品、吕志鹏的《在迷失国度下被遗忘了的自白录》也许是个例外。当时作为小说评委的程文超教授，对这部作品给予了充分肯定，他说：“《在迷失国度下被遗忘了的自白录》写的是一个爱情悲剧。罗锋曾有一位温柔可爱的妻子慧文。但天长日久，二人的婚姻生活中没有了激情。罗锋喜欢上了过去的学生，现在作妓女的张连蒂，终于导致婚姻的重组，罗锋与张连蒂结合了。而罗、张的干柴烈火烧过之后，激情再次消失。面对那无可挽回的婚姻，慧文与张连蒂在极度痛苦中分别自杀。罗锋也死于非命。你想不到结局会是这样。正是在这‘想不到’里，作品产生了较大的悲剧力量。作者吕志鹏并不是要简单地告诉人们一个悲惨的爱情故事，而是向人生的深处发问：生活的真谛究竟是在激情里，还是在平凡的人生里？”[④]

相对情色的探讨而言，获奖作品对于赌博的探讨更具特色。阎纯德在第六届小说组“评裁总结”中，特别提到了澳门小说对赌博的关注，“罂粟很美丽，但它也是恶之花。博彩业虽然是澳门历史形成的赖以发展的生命线，但它的存在依然是澳门社会进程中的严重问题。尽管澳门政府对社会公众进行了正面教育和劝导，然而，这个困扰澳门社会的二律背反使许多智者深为忧虑，它的放任恣肆仍然可以酿成对社会的致命威胁”。[⑤]其实，第五届的澳门文学奖已收获一篇冠军作品邓晓炯的《转运》，加上第六届澳门文学奖评出的亚军作品周家乐的《赌徒》，这两篇作品都探讨了与“赌博”相关的心理、命运等问题。《赌徒》贴近赌博这一行为，关注的是社会问题，具有浓郁的现实色彩；《转运》则借助赌博关注人生得失的形而上的问题，具有强烈的思辨色彩。

先说《赌徒》，小说描绘了丁建中关于赌博的认识、心理的活动、欣喜与崩溃的体验，以及他与因赌博而自杀的父亲达成的一种特殊的沟通与认同。文学作品中写父子关系的紧张、对立到和解与理解的方式多种多样，但是以亲身体验赌博来表达和解的父子关系的故事，也许只有澳门版本的父子故事才会出现。这使读者产生同情的时候，对赌博这一行为所引起的关注，就不仅仅停留在对个别人的悲剧的认识上，而且让人进一步思考的是在代际关系的传递与影响方面，澳门的博彩业的负面作用不可轻视。小说的叙述者采用了“非常态”的精神状态来写“常态”，不过，在“赌博”这一空间标识之中，“非常态”就是“常态”，情境的力量是无与伦比的，这使人性的发散不遵循一般的常态逻辑，那么，即便用“病态”的词汇，也不能将事情说得完整，因为这造成我们有一种“健康”的感觉。小说担负的是呈现的功能，对人性的可能性所具有的一份警惕，则应该来自与自我相关的思考。

《转运》借赌场说事，在小说的第一节里，叙事者告诉我们，他不打算讲述发财或破财的故事，“在赌场里，三更穷，五更富，一个潦倒的赌徒突然交上好运而大杀四方的例子比比皆是，没有什么值得大惊小怪”。故事引人入胜的地方，是鬼魂一样的人物李富海的出场所带来的“晕眩感”，随后，李富海的自杀更加强了这种“晕眩感”。这个在香港从事证券交易的商人与“我”是一面之交，但有让人百思不得其解的言行。在其离奇自杀之后，他留给“我”一个日记本，使我得以讲述这个离奇故事的全部过程。日记呈现出李富海与一枚神奇的筹码的故事。李富海在澳门一相士处得一转运筹码，“只要在赌局中输去的话，则可达转运之愿”。他因此去赌场赌博，逢赌必赢，但这却导致了他的自杀。一个赢钱的人为什么会自杀呢?所有写赌博的故事都是写输钱才可能导致自杀，当时小说整个颠倒过来想要说明人物什么样的动机？李富海写给“我”的信中这样说，“偶然的一次，和朋友在澳门见到一个极出名灵验的相士，求得了这个转运筹码。好奇之下，我按相士的说法去做，逢赌果然必胜”。“对着召之即来的金钱，我发现自己开始对曾经看重的一切越来越觉得索然无味！当你竭尽全力的一切原来就唾手可得，原本的动力何在？又有什么乐趣可言？”“无论我怎么费尽心机，那只该死的筹码就是输不去！也就是说，我永远也不可能重返我原本的生活。既然如此，我宁愿结束自己的生命。”“世上没有多少人能够拒绝可以改变自己命运的这样一种诱惑。”“命无定运，也许，它根本就不需要我们去将它转变？”这个文本中的赌徒的故事，讲的是生命所体验到的孤独与死亡。殷国明这样说，“那主人公为其生、为其死的、具有魔力的筹码，会让人想起在西方文学中各种令人无法抵挡的传奇故事，但是，如今它却活生生地落在了中国人的手中，最后保存在澳门文化的宝库中，并且常常引起我们思考：‘究竟，是什么在操控我们每个人的命运？那些转运灵符？抑或，是我们自己？’”。[⑥]

这是什么样的主题？也许便是小说《转运》中的一场对话与潜对话，关于“转运筹码”的对话可视为一场文字游戏。这个“必须输掉才能赢”的语义，既辩证又诡异，如果一路赢下来，必定显示其空虚、无意义的本相。欲望的集散地，堆砌以及离散的不只是那些看得见的事物，那些看不见的、却又在无形中左右着我们的“欲望”，驳杂纷呈，“欲望故事”所意指的又岂是色欲所能概括的？

三　自我审视：“根系”与“混血”

澳门文学奖第一届、第二届、第三届的获奖作品中，有相当一部分是写故土与回归的题材，无论是对祖国历史的反思，还是对故土的无比思念，都不同程度叙述了祖国曾经经历的苦难，这些作品通常以种种“意象”去表达自己的华裔身份。这三届澳门文学奖均在1999年之前进行，可以肯定，这些讲述故土与回归的主题，体现了澳门自我审视的不可延缓。所谓“根系”的主题，则是故土与回归势必显示出来的内在关系。获奖的作品形式，多为诗歌与散文。

“根系”主要讲“血缘关系”，这是自我审视部分首先要检查的“谱系”。这种“谱系”既是地理的，又是精神的。在这方面，郑卓立的诗歌创作个性突出，主题鲜明，取得了不容忽视的成绩。在六届澳门文学奖诗歌组中，他获得了五届奖项，其中，第一届冠军作品《凤凰木之魂》、第二届季军作品《黄昏的再版画》（笔名陶空了）、第三届优秀作品《邓小平——一个澳门人记录您革命的旅程》这些写于回归前的诗歌参赛作品，构成了讲述“根系”主题的板块。

“根系”叙事，基本上要靠零碎的“意象”，通过激情去演绎，这个激情的基础，就是苦难，因此“根系”叙事，其模式离不开“苦难”与“自我成长”的铺陈。例如，《黄昏再版画》，作者从曾祖父的“血色如酒/胆色如海”到祖父的“青铜胸膛”所追求的“不圆之梦”，再到父亲“穿过一层层风烟/从隔海的烽火找到生命匿藏”，从而给叙说者留下了“一代代魂系苍茫的卷帙”，但是，苦难的现实是这些奋斗的结果，只落得“坐在马交石哭乱黄昏心肠”。

诗人从族裔与民族整体观的视角进行创作，这就是“根系”思维的本质特点，当“一个澳门人”以被“赎回”的“孤儿”自况的时候，他把自己代入了一种“中华民族”的叙事之中；而另一个土生土长的澳门诗人林玉凤，在其第二届亚军作品《那年那月那日》中，也体现了这种“根系”思维的特点，她是从关切整个民族的视角进行叙述的，也同属“代入式”的思考。她通过一个孩子眼中的光、色、景、物的变化，以及这种变化在心上的投影，表现了整个民族以及时代的气息和变迁。

身份认同问题所带来的对自我的审视，涉及记忆中的“从来何处”。其中，澳门的“混血”也是“从来何处”的一个重要问题。当然，身份认同还应包括对自我的现在状态的指认，从澳门文学奖的作品内容来看，尚未见拿葡萄牙护照或别国护照的华人的故事，也许要假以时日才能够看到。但是，第三届澳门文学奖的优秀作品，廖子馨的《奥戈的幻觉世界》确实是这方面的重要收获。这篇写于过渡期的小说，将土生葡人的身份认同问题推至视野的前沿。奥戈是一个葡中混血儿，他面对的社会处于历史的转折期，而他自己的人生也因此陷入迷离、困惑的境地。他是葡萄牙人的后代，但是小时候的创伤性体验却未能消除，他曾被葡萄牙人强行鸡奸，并被骂为“中国杂种”，他的同事若泽充满嘲弄地问他不需要回答的问题：“你能算是葡萄牙人的后代吗?”而这正是奥戈极力要避免思考的问题。

“混血”的人，是被他人放逐的人，在自己的社区却不被认同为社区的一分子。对于“葡萄牙”人与“中国”人，他是生活在自己的土地中的“异乡人”；对于他自己，因为被放逐而来的“混血”的原罪感，他又是被自己放逐的人。奥戈的中国祖母带给奥戈父亲的还是葡人脸孔，但却隔代遗传，“他跌到谷底长成亚洲人的脸孔来”。成长的年代里，奥戈的周围有许多顽皮的若泽，他们是欧洲混血儿，但有欧洲脸孔可以蒙混身份，有亚洲脸孔尤其是中国人脸孔的却难免受欺凌。少年人摆脱欺凌的简单方法就是否认被欺凌的原因，而否认的直接方式就是打架。奥戈不断地被人打得鼻青脸肿，每次祖母流泪，抚着他的头说傻孩子。奥戈却不喜欢祖母干瘦的手，有时候还气恼地把她的手甩开，怒吼："都是因为你!""混血"被压抑的是对自己身体的接受，奥戈的故事讲述的是"身体的受难史"。骨骼与颜色，不仅在过去，而且在今天，不仅在小说里，而且在现实里都自行演绎其表达高下、尊卑的历史。当一个人的身体与他的意识形成对抗关系的时候，这种对抗完全可以演绎为一个人的战争。其实，身份不是可以被追寻的，身份与身体相互撕裂、否定，这就是所谓身份对自我的杀戮。

在"根系"与"混血"问题相对单一的叙写里，作者能够集中于自我审视的思路去展开，这是属于内心体验型的叙写。当"根系"与"混血"混合于历史的际遇之中，事情变得复杂起来，这大概就会冲淡有关自我的审视，而让位于另一种思考。第二届澳门文学奖优秀作品中，邹家礼的《乌啼夜》就提供了这样的情境。《乌啼夜》既有"根系"的故事，也有"混血"的故事，前者是与外族划界以及保持自尊的中国菜贩林根的命运所揭示出来的意义，后者是讲述葡人警察与中国歌女所生的"混血"阿醒的命运。这两个看上去毫无关联的事情，在作者的安排下，巧妙地镶嵌在澳门两代人的故事之中，在我看来，小说要从人性的爱恨情仇方面给予思考。《乌啼夜》横向的故事有：(1) 市政厅查牌土生葡人山度士爱上一名中国歌女并结合；(2) 菜贩林根在营地街经营菜档一丝不苟，不愿意山度士的手下随意拿菜，因此林根与山度士结仇。纵向的故事是山度士的外孙阿醒与林根的外孙女刘家欣恋爱并结婚。小说并不打算讲述葡澳婚姻的问题，作者不断渲染的是山度士与林根的敌视与对峙，正是林根的倔强使骄傲的山度士严重受挫。这种倔强就是以沉默对抗强权，以牺牲表达藐视。林根被山度士打成内伤，并因内伤导致疼痛而染上毒品，最后悲惨死去。山度士后来也被中国人打成内伤，失去了工作。"晚年的山度士被外孙送到葡国，但却常常觉得被当地的葡国人歧视。这时他开始挂念澳门，挂念这充满低等中国鬼的地方。"

应该说，这是一篇对社会充满浓郁批判色彩的小说。作者于澳门回归前所创作的《乌啼夜》，抓住澳门的主要问题，特别是黑社会问题、社会治安问题，揭示了问题的严重性（小说中阿醒就是被人打死的）。这是否在说，不管"根系"也好，"混血"也好，只有社会环境好起来，才能解决问题？这也是澳门自我审视的一个重要维度。

四 思维辩证："认同"与"疏离"

澳门四归后保持原有制度"五十年不变"是中央政府的承诺。而在回归前的三届澳门文学奖得奖作品中，不少作者用自己的创作方式提出了同样的希冀，同时也表达了一定程度上的担忧。这种与母体的"疏离"，主要是取决于保持一种自我个性化的存在方式的认识。如《澳门九景》有这样的文字，"其实，对于新一代，跑马、跳舞并不重要，我认为真正五十年不变的是：我无为而民自化，我好静而民自正，我无事而民自富，我无欲而民自朴。肥朱说的，我也体会"。

又如第一届澳门文学奖季军作品、林玉凤的《忘了——叙事诗》中有一节这样写道："记不起谁曾诉说/冷雨降自北方的冻土/冻土只长花红/不生榕绿/记不起谁曾诉说/红花正闪亮着窥探的眼睛/遍寻不再飞翔的黑鸟/染一翅膀鲜红直到死去/记不起谁曾诉说/怕那半世纪不变的诺言/不被兑现/怕冷雨后的街道/不长榕绿/只生花红/记不起谁曾诉说/即使有人/穷尽爱去忘记/谁仍是这般诉说。"这是一首写"自我"的年轮诗，作者摄取了"一九九五年的夏天""一九八九年的春天""一九九四年的冬天"等时段进行叙写，其实是为了提醒与记住"半世纪不变的诺言"。

关于与"殖民者"的"疏离"，是澳门回归伴随的一种愉悦的姿势。但是"疏离"之中，仍然会有一些可以"认同"的东西，尽管这是一种自我的禁忌。不过，第三届澳门文学奖季军作品、陈国镳的散文《送别》仍然表达了此类"疏离"中的"认同"。作者虚拟了"我们"与"葡萄牙人"的送别对话，尽管作者在虚拟对话中暴露对方自大无理的形象，却也有所接受："处于过渡期最后阶段的澳门毋须改变，并且应该沿既定路线前进。只要你们继续任用原来一套领导班子，沿用我们的管制模式，维护澳门居民的独特生活方式。固有的地位和原有的价值观不变，必可迈向新纪元。"而"我们"也承认："你们的管制经验，确有可取之处。"这些模拟的套话，也许不只是套话。

但在"疏离"的强势话语中，些微的"认同"难以被听见，例如对葡澳当局竖立的建筑物的彻底否定。在殖民管制的最后 7 年，葡澳当局总共竖立了 13 座表达中葡友谊的建筑物。其中之一为由两根铁柱构成的"东方拱门"，横跨澳门香山花园附近的罗理基博士大马路上的回环路口。"市民大众对这新的景观有不同的解释和反应。据说这巨大的拱门阻挡了视线，破坏了公众场合的景色。它就像是一把巨大的扳手，人们给它起了‘生锈铁’和‘大废铁’这样的诨名，这就毫不客气地否定了它在美学方面的吸引力。东方拱门的中文译名甚至被双关地谑称‘东方肛门’。”⑦

关于本土的体认，应该不是可有可无的。因为任何认同与疏离，都会或明显或隐约地反映到关于澳门的认同与疏离的叙写上，对澳门小城的接纳、认同、疏离、拒绝等，都折射出其他相关的认同与疏离。

第六届澳门文学奖的优秀作品、袁绍珊的散文《末世代》即是一篇澳门“疏离”之作。作者辩证“认同”与“疏离”的本土体验反抗殖民者（刺杀阿马留）却不是“我”，回归日“内心平静”可又“近乡情怯”，不想听澳葡政府的劣绩却看着葡国舞蹈，想象那些无知却又愤怒的澳门平民，想守着政权交接却偏偏睡着了。这样的表述属于那些没有历史经历者的“认同”与“疏离”的错位。没有体验而只有传说，在风暴一样热烈的中心却并无激动的感受，那么，认同与疏离又从何说起。作者属于“八十年代”出生的一代人，在她的言说中，我们能够体会到“青春”的气息，《末时代》的澳门“认同”与“疏离”，既是个体的、澳门的，又是时代的。

还有一种通过强调批判的、质疑的“疏离”式的“认同”，即质疑的过程也是建构的过程。例如第二届澳门文学优秀奖散文、邹家礼的《给你留念》，以及同届优秀奖小说、钟玉萍的《八色彩虹》，就表现了这样的认识与努力。

五　主体形塑：“多元”与“共融”

澳门叙事的动机，与对文化澳门的主体形塑的驱动相关。殷国明在评选第五届澳门文学奖的时候说：“文化澳门，首先是文学澳门。文化澳门，不仅是一种精彩的现实存在，更是一种精彩艺术想象，是一种努力找寻、发现和精心打造的过程。其实，尽管这次参赛的作品题材多样、层次不一、风格各异，但是都流露出了一种努力与信息，这就是追寻文化的澳门，发现真正的自我。从这里，我们不但能够感受到澳门人积聚在内心的焦虑、苦恼、失落与忐忑不安，而且还有深刻的反省、反思，以及不可抑制的创造新澳门的欲望。”这一描述对于澳门文学奖的作品来说，不失为解读澳门文学提供了一种有益的切入角度。“文化澳门的核心是文化魂灵，因此寻找心灵，以及心灵的位置成了很多小说的主线。”⑧文化的魂灵栖息于何处？在那些遍及小城的中西建筑中，如何能够看见精灵的飞翔？郭济修的《漫步在澳门历史城区》，这篇第六届散文组季军作品的叙述者，一直努力在“看着”：

你看，建筑物中，有西方的教堂、东方的庙宇、西方有钱人的别墅、华人富商的大屋，还有剧院、慈善机构，甚至有象征政权的兵营、炮台和市政厅等。一座座风格各异的西式建筑物相互辉映，见证着历史，显示出它的文化特色；黄色、红色、白色的墙壁，营造出温馨优雅的气氛，构成一幅和谐的画面。

如果说建筑物是澳门历史城区的中西文化交汇的象征，那么，文化就是这个华洋杂处的城区的灵魂。我想，人们在为“申遗”成功而兴高采烈之际，是否应该冷静一下，重新寻找澳门的历史定位，以自己的观点去解释澳门的文化，透过自己心里发出来的真实感情找到澳门的文化。

此文获奖的理由是“事先在材料上作了充分准备”，“文章之妙，妙在有才情学识，这篇文章在‘学’的方面十分突出”。[9]作者像一个导游，细细述说。但是，客观地讲，“漫步”只是限于对“文化”外壳的介绍。他自己也觉得，要“以自己的观点去解释澳门的文化”是多么的迫切。在“漫步”中，他“看”到了很多“文化”，却很难让人觉得他看到了“文化灵魂”。他看到了澳门“多元”文化“共融”的行迹，却看不到不同精神的交往。“多元”，不能仅仅理解为中西物象的并置，更是对既往历史之因所造成的现实之果给予一种理解之同情，没有这种“同情”，多元就无从体现，没有这种“同情”，反省、反思又从何说起？而主体炫耀的文化“共融”，也无从显示。

所幸邓晓炯的《刺客》与陈志峰的《独臂将军》给我们带来了全新的视野，作为第六届澳门文学奖小说组的冠军作品与优秀奖作品，在“文学澳门”的努力中，作者试图通过与那些栖息在石块上的灵魂进行对话，使我们看到在作者的文化“考古”与文化“挖掘”中，袒露出来的“自我”与“他者”灵魂交流的图景。这两篇小说都以澳门历史上农民沈志亮等刺杀澳督亚马留（又译为阿马留或亚马勒）这一重要事件为中心，对历史的事件与传奇进行了精彩的艺术想象，让我们看见了小城中飞翔的精灵。先说《独臂将军》。小说由以下几节构成：（1）旧区的老屋和“深婆”蔡师奶；（2）浓郁的月色和搬动重物的声音；（3）阿岚的读书笔记——关前街的密道传说；（4）石礅后的秘道和神秘的独臂男人；（5）饭后的古迹散步；（6）阿岚的读书笔记——有关独臂男人的故事；（7）阿岚的读书笔记——住在中国龙田村的中国男人；（8）睡前孩子的悸动和充满信心的打赌；（9）梦中看见住在龙田村的中国男人；（10）再遇独臂将军亚马勒。小说中“阿岚的读书笔记”部分，类似郭济修的“漫步”，是对浮出水面的历史“行迹”的“抄写”，例如有节录于徐萨斯所著《历史上的澳门》的部分，“在副官的陪同下，亚马勒开始了这次致命的行程。他走到关闸外边，去为一个靠他接济的又老又病的中国老妇送救济金。回来的路上，亚马勒一点也不知道他的最后一刻就在眼前”。也有节录于《香山县志・沈志亮传》的部分，“沈志亮，名米，以字行。先世福建人，贸迁来澳门。遂家于前山寨南之龙田村。生而倜傥，慷慨尚义”。这些“抄写”的部分总是以其年久日深的缘故而对其“真实”有所遮蔽，但是“真实是什么”？这些抄写的部分是小说作者对这个故事中的两位主角葡萄牙的独臂将军与中国龙田村的沈志亮的叙说中所能“看见”的东西，单单就刺杀这件事情来说，似乎也没有什么可再叙说之处。然而，作者却“看到”了人物命运的偶然与必然、真实与虚构如何在历史的遇合中得以呈现。小说并不借鉴那种穿梭时光隧道的写法，而是借助于一种精灵的视觉，以阿岚在外婆去世后的还魂夜的奇异经历以及印记来表述。这个还魂夜，显然被另一个魂灵的出场所演绎，其中，那些搬动重物的声音以及为另一个灵魂打开的隧道，都已经准备好。这个隧道在澳门的地理中确实存在并有记录，小说中对此也进行了“抄写”：“至关前街东便山上之三巴寺，其中那耶稣会教士昔曾由三巴寺凿一隧道，下达关前街，盖欲借此而得到海上之交通也。现关前街之李家院内，尚留有该隧道出口处之遗迹。”（王文达《澳门掌故》五十一篇《关前街》）还魂夜的阿岚梦游般来到了这个隧道，遇见了“神秘的独臂男人”，进行了一场对话。

这篇小说的构思是非常“本土”的，它把对澳门“多元”文化的思考，带到了“前沿”。还魂之夜，被杀者称呼刺杀者为“朋友”，这虽是“后设”的看法，却又是今天思考“多元”的态度，以及“共融”的态度。《独臂将军》的作者陈志峰在探讨澳门主体形塑可能的路径的过程中，以自己的想象、现实与心灵、真实与魔幻加以编织，加强了关于文化的澳门的思考。

邓晓炯的《刺客》依据的材料和描述的故事情形与《独臂将军》有相

似之处。故事的结尾也有相关的文献被抄录。小说具有新历史小说的含义，主要人物扩至两广总督徐广缙，展现了清帝国的衰败与无能。官员们无力办理洋务，对于澳督的跋扈毫无办法，最后，又息事宁人将“刺客”沈志亮法办交差。小说将冲突的性质进行了深层次的揭示。有意思的是小说对刺客沈志亮刺杀时刻的描绘，沈志亮是要向骑马而来的澳督递交文书而不是以递交文书为诡计进行刺杀，只是同行者的行动彻底改变了事件的性质。小说告诉我们，沈志亮是打算讲道理的，“这么多年来，大家一直希望每个人都能够在这片土地上和平相处”。

> 当那洋人从马上俯下身来的时候，沈志亮心里一阵狂跳：这是他第一次真正地、面对面地看见这个传说中的“独臂恶霸”。马上的洋人头顶微秃，两耳上方的头发似乎和他的络腮胡子连在了一起，穿着笔挺的军服，浓眉大眼，脸上的皱纹像刀疤一样凶恶。那兵头嘴里叽里呱啦，不知说些什么，但眼神却好像没有什么敌意。洋人嘴里的话沈志亮全听不懂，于是他把手里信封更高举了一些，那兵头也伸出手来准备接过，沈志亮心里暗暗松了一口气。

小说对情境的想象，暗含着历史可能出现的景象，也许与后来的情形完全两样。小说开头与结尾都写到了秋虫，这些独立于时间之外的生物，似乎并未改变它的习惯。“也许，就算在今后的许多许多年里，它们，仍然会在这片土地上嘤鸣不休。”小说中故事的内涵既虚无又开放，它将澳门文化“多元”与“共融”的视线拉向时间的深处。而在时间的深处中打捞出来的“传说”与“传奇”，可以作为澳门文化心灵的窗户。例如，第五届澳门文学优秀奖小说、李星儒的《忘年之恋》，讲的是一则中西文化混血的传奇，借此追寻文化澳门的历史源流与精神气息。小说既写了疍家女的爱情、神父的丑恶，又写了上帝仁慈的传递、吸血鬼的身影，将对爱情、对侠义淋漓尽致的展现，糅合成具有历史寓意的画面，叙说了作为文化澳门的历史来源，尽管它兼有神圣与邪恶，然而却是“多元”与“共生”“共融”的一个来源。

在作为一个迁徙地的澳门，“多元”与“共融”，一直是不断涌来的华族移民的汉语作品传达的一份诉求。这是 20 世纪 80 年代以来澳门汉语文学一个逐渐明显的板块，随着移居澳门的大陆居民的不断增加，他们的声音越来越多地出现在关于澳门故事的讲述之中。

第二届季军散文作品、苏洁的《莫道秋江离别难 舟船明日是长安》，以第二人称“你”抒发了到澳门10年的感受：“你说，你没有见过像葡京这般气派的赌场，十数张桌子一字儿排开，人们可以大大方方地下注，把筹码押在任何一方。你以前所见到的赌场，大都设在阴暗的角落，下注的人总担心给人撞破，提心吊胆，慌慌张张。你说，也未看见过像大三巴那样半壁颓墙的景点，因为你认为景点应该是精巧，或是壮观，或是富丽，或是堂皇，若有些微缺陷，也都要粉饰修补过。要么，就应像八达岭外倒了的长城，干脆挂上‘游人止步’的告示，不对外开放。”这些描述自然是清浅的，然而与大陆对比的含义是显而易见的。“多元”与“共融”也常常与“五十年不变”挂钩。回归前的获奖作品较多从泛政治的角度去讲述“共融”的愿望；回归后的作品，那种关于“家”和“家乡”的“共融”体验，体现为一种认同情感。例如，第六届散文组冠军作品、禤小华的《家与家乡》，获奖评语是：“《家与家乡》细腻准确地表现了从外地移民澳门的作者的内心感情变化，无论是对家乡的思念之情，还是融入新家澳门之后的居斯食斯之情，都真挚感人。”[10]

那些超越种族、地域的人性表达，道德与友谊、爱情与生死，代际沟通等永恒的主题，也是在历届澳门文学奖中涌现出来的获奖作品比较集中地关注的主题。这些作品所思考的不是区域概念，而是生活本身具有的普泛性的概念，其中探索的问题所呈现的伦理意义，是澳门文化“共融”的另一层面的演绎。第一届冠军作品、梁淑琪的《等》以爱的要义讲述了人性自我救赎的感悟；许劲生的《失去的空间》、周丽娟的《夏娃的日记》讲述的代际问题引人深思。伦理的探索在获奖的戏剧作品中更受关注，例如，第二届冠军作品、李宇梁的《请于讯号后留下口信》探索的是老年人的孤寂生活，父子关系的冲突与试图和解的努力，给人留下了深刻印象。而亚军作品、王智豪的《婆婆离家去》，写的是一个在破碎的家庭中长大的、性格被扭曲的少女，与婆婆“为命”却无法“相依”。邓晓炯的《出租妈妈》叙写的则是家庭中“生儿育女”的问题，等等。这些都是“共生共融”的生活中人们共同关注的社会问题，从一个侧面展现了澳门的现代生活。

澳门文学奖已经构成“澳门文学形象”的一个重要概念，每次参赛的作品数量大致相当，一百六七十件而已，但经过十多年的积累，成为观察澳门以及澳门文学的一个窗口。关于澳门文学奖艺术上的实践与特色，王岳川在论述第四届澳门文学奖的时候说："澳门小说的写作具有风格多样，情节结构不同，有些风格具有前现代叙事的完整性，情节首尾呼应性，有些具有对现实社会的对抗，对现实社会的那种对自己个性的坚守，也有一部分具有后现代的声光色的描写以及对那种晕眩的后现代空间的感受。"⑪对应于这种"后现代"的内涵，澳门文学在表现形式上也力图有所借鉴与创新。写心理、梦幻、以电影镜头聚焦等的手法时有应用。

李观鼎在关于澳门文学奖10年的成绩的述说中，有一段话可以用来作为澳门文学奖文学作品创作途中的小结："在澳门这座小城，却有这样一些人，能够守住并不断耕耘自己的精神家园，满腔热爱并参与文学事业，使澳门文学以其或根生，或置入，或本土，或客居，或传统，或新潮的创作形态，多元共生且蓬蓬勃勃地成长、发展着。"⑫

---

①吴志良：《颁奖礼上的发言》，澳门：《澳门笔汇》第24期，2004年3月。

②澳门文学奖第一届至第六届的作品分别收入澳门：《澳门笔汇》第10、12、14、19、24、31期。本文所引相关作品都出自其中，不再一一作注释。

③⑤阎纯德：《澳门小说创作的新收获》，澳门：《澳门笔汇》第31期，2006年1月。

④程文超：《关不住的春色》，澳门：《澳门笔汇》第12期，1999年12月。

⑥殷国明：《追寻小说中的文化澳门》，澳门：《澳门笔汇》第24期，2004年3月。

⑦郑妙冰：《澳门——殖民沧桑中的文化双面神》，北京：中央文献出版社，2003，第202~203页。

⑧殷国明：《追寻小说中的文化澳门》，澳门：《澳门笔汇》第24期，2004年3月。

⑨⑩丁启阵：《散文组评判感言》，澳门：《澳门笔汇》第31期，2006年1月。

⑪王岳川：《我看第四届澳门文学奖》，澳门：《澳门笔汇》第19期，2002年5月。

⑫李观鼎：《写在颁奖礼上》，澳门：《澳门笔汇》第24期，2004年3月。

作者简介：陈少华，华南师范大学文学院院长、教授、博士生导师。

［责任编辑：陈志雄］
（本文原刊2013年第1期）

葡语文学在澳门

张　雁

[提　要] 四百多年的开埠史，让澳门成为不少葡萄牙文人墨客流连吟咏的东方乐土。这一篇篇的文学畅想是否如安德鲁蛋挞那样成为澳门人的集体意识？本文在考察澳门人（包括华裔及土生族群）对于葡语作家及其作品的了解与认识的基础上，力图发掘葡语文学在澳门的传播脉络，探讨葡语文学与汉语文学之间的互动演进，进而凸显葡语文学在澳门文化发展历程中的座标和作用。

[关键词] 葡语文学　澳门　汉语文学

作为昔日大航海时代的霸主之一，虽然葡萄牙征服者的船队早已不复出现在世界各地的海岸线，但目前仍然有葡萄牙、巴西、安哥拉、莫桑比克、几内亚比绍、佛得角、圣多美和普林西比、东帝汶、澳门等国家和地区的逾两亿人讲葡萄牙语，延续着葡萄牙文化与其他族群文化在世界各地的交融、衍生与发展。

自16世纪末葡萄牙人蹈海而来，葡人与华人共同在澳门开埠定居，经商劳作，生生不息。时至今日，这座小城已经拥有56万人口，其中能讲葡萄牙语的居民约占2.4%，[①]虽然使用葡语的总人口数和百分比都不算多，但毫无疑问，他们参与塑造了这座城市所特有的景致，并彰显着特有的情怀。沿着漫长的葡语海岸线，文化之蚌蕴生文学之珠。四百多年的开埠史和交流史，便在澳门——这濒海一隅的小城孳生了一道独特而亮丽的葡语文学风景线。

一　文学的移植与共生

澳门的自然与人文特质注定了葡语文学最早的外来属性。开埠早期，来自葡国的文人墨客士兵商贩往往是以旅行者或探险家的身份在澳门短暂居停，仅留下数量稀少的生活记录和行迹报告，却也给澳门葡语文学的萌生与发展提供了可能与先机。澳门的葡语文学纪元是由葡萄牙诗圣贾梅士（Luís Vaz de Camões）亲自开创。在1553～1568年之间，贾梅士曾来到澳门居住了一段日子，在这期间他不仅构思了葡语文学的巅峰之作《葡国魂》（*Os Lusiadas*，又译作《卢济塔尼亚人之歌》），还留下了著名的贾梅士洞供后人凭吊瞻仰。[②]贾梅士在诗中记下了他对于澳门、对于中国的美好描述与无限向往：

> 看那便是名唤占婆的海岸，/茂密的大森林里香木参天，/交趾支那就像是一个谜团。/还有那世人不谙的南海湾，/就在这里屹立着中华帝国，/从北回归线到寒冷的北极，/全部归属她那辽阔的幅员。
>
> 你看那么难以置信的长城，/就修筑在帝国与帝国之间，/那骄傲而富有的主权力量，/这便是确凿而卓越的证明。/它的国王并非天生的亲王，/更不是父位子袭世代传递，/他们推举一位位仁义君子，/以勇敢智慧德高望重著名。
>
> ——《卢济塔尼亚人之歌》[③]

开埠之初的一个半世纪是澳门经济的繁荣时期，也是葡萄牙文化和天主教文化在澳门发展的鼎盛时期。但入清之后，由于清政府实行严格的禁教令及海禁政策，并不断强化管理，致使澳门对外贸易大减，城市经济遭受重创，城市文化日趋衰落。据1745年的教堂记录，当时澳门有5212名天主教徒，来自葡国本土的葡萄牙男子仅有90人，大部分都是葡印、葡马、葡日以及葡中混血儿。[④]在这种情况下，葡语文学显然难以扎根壮大。此期间，葡萄牙浪漫主义文学的先驱博卡热（Manuel de Barbosa du Bocage）曾于1789年10月至1790年3月来到小城，不到半年的澳门生活经验让博卡热悲叹不已：

> 一个无权的政府，/一位某某主教先生，/一批幽居贞节的修女，/三

座修道院，五千个/不够虔诚的土生男女和中国天主教徒。/一座十年如一日的教堂，/十四名身无分文的神甫，/到处都是贫困，到处都是卑贱的女人，/仅有百多个葡萄牙人住在一个不清洁的城墙里。

六座炮台，一百个士兵，一面鼓，/三座用木头来装饰的教堂，/一个无起诉人的宗教裁判庭。/两所修院，其一破坏不堪，/一所享有无上权力的议事庭，/葡萄牙在澳门就剩这么多啦！

——《一个无权政府、一位某某主教先生》[⑤]

19 世纪尤其是鸦片战争以来，伴随着葡萄牙政府对于澳门的管辖权最终为《中葡友好通商条约》所确认，数百年的经营终于让葡萄牙人获得了“永居澳门”的权力，而此时，随着居澳葡萄牙人和土生葡萄牙人数量逐渐增加，葡萄牙人对澳门的垦殖也不断扩大加深，葡语文学亦随之探根因应这块异文化的土地，并茁壮成长。

在这时期的葡语作家中，庇山耶（Camilo Pessenha）尤其值得注意。1894 年 4 月，27 岁的庇山耶从葡萄牙远渡而来，在澳门展开新的生命体验和文学旅途。庇山耶不仅学会了广东话，而且认真地翻译钻研中国文学作品，他认为中国文学“具有美的魅力，……特别是为思考人类普遍的境况拓展了广阔的精神空间”。[⑥]葡中文化的双重体验激荡着作者的创作灵感与文学天赋。1914 年 9 月、10 月，庇山耶先后在《进步月刊》（*O Progresso*）翻译并解释了《八首中国挽歌》（*Oito Elegias Chinesas*）；随后的 1915 年，他在《人马魔》（*Centauro*）杂志上发表了 15 首诗，并于 1920 年在里斯本集合出版为《滴漏》（*Clepsidra*）。在庇山耶的诗集中，“在路上”“该上路了”“我又独自上路”之类的句子屡见不鲜，充分展现作者对于漂泊者身份的固守。在《人生的旅程》中他写道：

我流浪的异国他乡还在远方，/蓝色海洋的波浪啊，把它吞没吧。/我启程之后，/不知要飘向何方。/人生的旅程，是由谁来划定？[⑦]

生命的漂泊无依与前路的渺茫不定成为诗人心中挥之不去的阴霾，无根的游子在面对无垠的海洋时，早已没有了昔日祖先们的霸气与豪情，仅余下殖民主义时代晚期的惫乏与茫然了。

进入 20 世纪，葡中两国虽皆迭经政治的风雨洗礼，但葡语文学在澳门这块土地已经深深扎根，除居澳葡萄牙人的大量文学创作之外，孕育多时的土生文学也开花结果，成为葡语海岸线上一道独特的文学风景。土生作家作品主要有江道莲（Deolinda da Coneeição）的《旗袍》（*Cheong Sam*），李安乐（Leonel Alves）的《孤独之路》（*Por Caminhos Solidários*），阿德（José dos Santos Ferreira）的《澳门，受祝福的花园》（*Macau*，*Jardim Abençoado*），飞历奇（Henrique de Senna Fernandes）的《南湾》（*Nam Van*：*Contos de Macau*）、《大辫子的诱惑》（*A Trança Feiticeira*）和《爱情与小脚趾》（*Amor e Dedinhos de Pé*），晴兰（Fernanda Dias）的《写在纸上的岁月》（*Horas de Papel*），马若龙（Carlos Marreiros）的《一日中的四季》（*As 4 Estações do Dia*）以及飞文基（Miguel de Senna Fernandes）的一些剧本。由于土生作家的作品都是两种以上文化的载体，因此，他们一方面关注自己“澳门之子”的文化身份，吟唱着自己对于澳门深深的爱恋与皈依：

> 永远深色的头发，/中国人的眼睛、雅利安人的鼻梁；/东方的脊背，葡国人的胸膛，/腿臂虽细，但壮实坚强。/思想融汇中西，一双手/能托起纤巧如尘的精品，/喜欢流行歌但爱听 fados，/心是中国心，魂是葡国魂。/娶中国人乃出自天性，/以米饭为生，也吃马介休，/喝咖啡，不喝茶，饮的葡萄酒。/不发脾气时善良温和，/出自兴趣，选择居住之地，/这便是道道地地的澳门之子。
>
> ——李安乐《澳门之子》[8]
>
> 我们的澳门、圣地，/是一个备受祝福的花园/那儿更布满美艳的鲜花，/传遍优美的歌声。/幸福健康的花儿，/因主之名我们种植她/我们的祖先更以他们的泪珠/来浇灌花儿，使她们光亮柔媚。
>
> ——阿德《澳门，受祝福的花园》[9]

另一方面，在他们的作品中，也较多反映葡、中两个民族在意识和心态上的碰撞、交汇与融合，如曾获得葡萄牙科英布拉大学 1950 年百花诗文学奖的飞历奇《疍家女阿张》《镜海垂钓》和江道莲《西洋鬼》、李安乐《疍家女之歌》等，均展现了土生作家对于异质文化交融的独特体验和生命感受。飞历奇《疍家女阿张》中，作者叙述了“澳门号”炮舰上的水兵曼努埃尔与疍家女阿张的爱情故事。温柔、善良、沉默的阿张唤醒了曼努埃尔这个在世界各地漂泊的浪荡水手对于美好情感的向往与渴求，并且两人在共同抚养女儿梅来的过程中建立了更加深厚的情感。梅来，这个“土生”女儿，其本土性的存在正彰显了澳门作为中葡文化交融之地你中有我我中有你的历史与现实。江道莲的《西洋鬼》一文亦借受到“西洋鬼”帮助、免遭饥饿寒冷之苦的澳门底层民众所说出的“老天爷保佑这些‘西洋鬼’住得久一点吧！”之语，展示了在漫长岁月中澳门不同族群共生共存的人文景观。当然，土生葡人作家也看到了作为混血儿，在经历了文化交融后所必须面对的后文化困境，如飞文基的剧本《西洋，怪地方》和《曼奴毕都去西洋》均演绎了一个个因为语言和习俗差异而导致的身份和文化隔膜的故事。《曼奴毕都去西洋》讲述土生葡人曼奴和一家大小从澳门带着猪皮、发菜、木耳等土特产兴冲冲去葡萄牙定居，结果却因语言差异被里斯本海关人员误认为是违禁物品，因此受到了歧视和刁难。在“最好还是回澳门吧！”的嗟叹声中，土生葡人的文化困境彰显无遗。

由上可见，由于土生作品中的人物、事件、感情发生的背景及时间均定位于澳门这一特殊地区，呈现中西文化互相渗透交融的历史印记和文化蕴含，因而在情节安排、艺术技巧和语言特色上均展示出与伊比利亚半岛及拉美、非洲的葡语文学不同的风格及特色，而这些都毫无疑问地丰富和深化了葡语文学的美学内涵与艺术追求。

二　文学的译介与研究

虽然有着天时地利，但由于前澳葡政府在行政、教育及语言文字推行政策上的缺失，[10]使得澳门90%以上的华人居民不谙葡语，而较熟习葡语的人士又对中文尤其是中文写作并不熟悉，因此，数百年来，葡语文学始终难以在占澳门社会主体成分的华人群体里取得共鸣。在这种情况下，首先关注到澳门葡语文学发展的学者多为葡人和土生葡人，如高美士（Luís Gonzaga Gomes）即在编辑《澳门书目》（*Bibliografia Macaense*）的过程中对葡语文学著述及其在澳门的出版发行进行了初步的整理；白妲丽（Graciete Nogueira Batalha）则在《号角报》（*O Clarim*）、《澳门新闻》（*Notícias de Macau*）、《消息日报》（*Diário de Notícias*）等葡、澳报纸杂志上先后发表了有关葡语文学及澳门葡语文学的研究文章，如《澳门土生文学》（*Literatura Macanese*）[11]、《澳门的传统诗学》（*Poesia Traditional de Macau*）[12]等，梳理并评述了澳门葡语文学的发展轨迹与艺术特色；卡洛斯·桑托斯（Carlos Pinto Santos）和奥兰多·内维斯（Orlando Neves）合编的《遥望中国》（*De Longe à China*：*Macau na historiografia e na literatura Portuguesas*）[13]所收作品亦涉及澳门葡语文学研究。此皆可谓澳门本土葡语文学研究的发轫之作。

20 世纪 80 年代起，随着国内对葡语文化研究的开展，葡语文学开始受到关注。中国社会科学院和澳门文化学会、葡萄牙古本江基金会、东方葡萄牙学会先后合作在内地和澳门出版了安东尼奥·若泽·萨拉伊瓦的《葡萄牙文学史》、卡蒙斯（即贾梅士）《卡蒙斯诗选》《卢济塔尼亚人之歌》等，推动了华语地区停滞已久的葡语文学研究。随着一批通晓葡语的内地学者如李向玉、崔维孝、李长森、吴志良、金国平、姚京明等人先后来到澳门，大量葡语文献的钩稽排比、整理出版也带动了葡语文学在澳门的翻译、推广与研究工作，如崔维孝所译《使命》（*A Missão*）[14]、《文杜拉先生》（*O Senhor Ventura*）[15]、《萨·卡尔内洛短篇小说集》（*Contos Azuis*）[16]和《南湾——澳门小说集》[17]，姚京明所译《葡萄牙现代诗人二十家》[18]，等等。

20 世纪 90 年代，因应澳门回归的文化呼唤，在葡萄牙古本江基金会、东方基金会、东方葡萄牙学会、澳门文化司署（局）等机构的赞助下，一批批优秀的葡萄牙人包括土生葡人的文学作品被移译为中文，其中最为著名的莫过于 90 年代中期由澳门文化司署和花山文艺出版社合作翻译出版的“葡语作家丛书”之“文学系列”：

《马亚一家》（上、下），埃萨·德·盖罗斯著，任吉生、张宝生译
《圣遗物》，埃萨·德·盖罗斯著，周汉军译
《巴济利奥表兄》，埃萨·德·盖罗斯著，范维信译
《大辫子的诱惑》，飞历奇著，喻慧娟译
《爱情与小脚趾》，飞历奇著，喻慧娟译
《两姐妹的爱情》，儒里奥·迪尼斯著，陈凤吾、姚越秀译
《英国人之家》，儒里奥·迪尼斯著，李宝钧、陈凤吾译
《痛苦的晚餐》，路易斯·德·斯塔乌·蒙泰罗著，陈凤吾译
《男儿有泪不轻弹》，路易斯·德·斯塔乌·蒙泰罗著，孙成敖、王锁瑛译
《索菲亚诗选》，索菲·安德雷森著，姚京明译
《短篇小说范例》，索菲·安德雷森著，崔维孝译
《一个天使的堕落》，卡米洛·卡斯特罗·布朗库著，王锁瑛译
《恶与善及其它小说》，多明戈斯·蒙特著，孙成敖译

《新生》，埃乌热尼奥·德·安德拉德著，姚京明译

《滴漏》，庇山耶著，陈用仪译

《旗袍》，江道莲著，姚京明译

《修道院纪事》，若泽·萨拉马戈著，范维信译

《葡萄牙当代短篇小说选》，孙成敖选译

稍后，澳门文化局、东方葡萄牙学会、海南出版社、三环出版社合作翻译出版了“康乃馨译丛”之“文学系列”：

《毁灭之恋》，卡米洛·卡斯特罗·布朗库著，王锁瑛译

《火与灰》，马努埃尔·达·丰塞卡著，范维信译

《首都!》，埃萨·德·盖罗斯著，陈用仪译

《盲人的峡谷》，阿尔维斯·雷多尔著，吴志良、吕平义、孙成敖译

《边界小村》，米格尔·托尔加著，范维信、蔚玲、李小玉译

《还魂曲》，贾乐安著，喻慧娟译

《猫》，菲阿略·德·阿尔梅达著，刘正康译

《葡萄牙人在华见闻录》，费尔南·门德斯·平托著，王锁瑛译

《葡萄牙民间故事选》，黄徽宪编选

里斯本和澳门本地的文化机构和团体如贾梅士学会、澳门葡文书局、葡人之家协会等亦对葡语作家、葡语文学在澳门的推广贡献良多。向以“倡导葡萄牙语言和文化”为宗旨的《葡萄牙语文学文化杂志》（*Revista de Letras e Culturas Lusófonas*，由葡萄牙贾梅士学会主办）每期均有中文节选本在澳门发行；在澳门相关文化机构的支持下，1994 年何东图书馆迎来了首届葡中诗人的诗歌朗诵会；1998 年的诺贝尔文学奖得主若泽·萨拉马戈（José Saramago）曾于 1997 年到访澳门参加《修道院纪事》的中文版发行仪式；1997 年澳门大学举办了“澳门文学国际学术研讨会”；1999 年世界诗人组织在澳门举办了“纪念世界的诗人贾梅士研讨会”；2002 年，葡语文学翻译专家范维信和陈用仪专程来澳门参加了若泽·萨拉马戈《失明症漫记》的中文版发行仪式和研讨会；著名土生作家飞历奇的小说《大辫子的诱惑》还于 1996 年在澳门被拍成电影，并荣获中国第 19 届百花奖最佳合拍片奖和

葡萄牙第25届费格拉达福兹电影节特别大奖，引起了海内外的广泛关注。这些文化活动都毫无疑问地拓展和深化了葡语文学在澳门的传播。

由澳门文化局主办的《文化杂志》虽以澳门历史及文化研究见长，但亦是澳门地区葡语文学研究及推广的重镇之一。《文化杂志》（中文版）自1987年创刊以来，在官龙耀、马若龙和黄晓峰等学者的先后主持努力下，经常刊登一些伊比利亚半岛和澳门本土葡语作家的作品译著及其研究，涉及文学的篇幅占刊面比例近10%，[19]有力地促进了葡语文学在澳门的流传和推广。作品译著如多明戈斯·蒙特罗《归》、飞历奇《疍家女阿张》、帕特里科·康纳《米格尔·托尔加短篇小说精选》、高戈《葡萄牙现代诗选萃》、阿马罗《安娜·玛丽亚·阿马罗作品》、晴兰《晴兰短篇小说》、马若龙《玉坠》、庇山耶《中国挽歌》（《中国文学》——古诗《中国挽歌》庇氏葡译及庇氏原注）等；作家作品研究如韦博文《塞萨利奥·维尔德》、鲁晏宾《埃萨·德·克罗斯和他的作品》、若昂·雷伊斯《中文版的〈玛亚一家〉》、维伊加·德·奥里维拉《卡米洛·庇山耶：诗人·法官·人》、王锁瑛《由卡米洛·卡斯特罗·布朗库代表作〈被毁灭的爱情〉联想起中国的宝黛爱情》、冯非凡《葡萄牙小说巨匠米格尔·托尔加》、姚京明《葡萄牙现代诗歌轮廓》、若瑟·奥·萨埃布拉《澳门和葡萄牙诗人》[20]等等。除此之外，《文化杂志》（中文版）第三十一期还推出了“16—17世纪伊比利亚文学视野里的中国景观文献选集”专辑，将葡语文学与中国历史结合起来呈现在读者面前，可谓“他山之石，可以攻玉”，极大地拓展了中国历史和葡语文学研究的视野。这些都毫无疑问地激发和促进了澳门本地华人学者对于葡语文学的关注与研究。

早期的澳门文学研究者对于本地葡语文学的研究多半仅限于对几个著名作家以及零星作品进行描述式的介绍或影像式的扫描，较少结合历史与文化去深入探析作品背后所隐藏的社会基因与族群密码，而随着越来越多的葡语文学作品和历史文献被移译呈现在中文读者面前，葡语文学在澳门的独特发展轨迹和形态也渐趋清晰，澳门本地的华人学者也迅速地将澳门葡语文学纳入了自己的研究范围，将之视为澳门文学不可或缺的一部分，对之展开了全面深入的梳理与探讨。如李淑仪《十六到二十世纪澳门葡语文学的探索与研究》即全面回顾并梳理了澳门从开埠至回归四百多年的葡语文学发展史，讨论并分析其间曾经在澳门生活过的葡语作家如平托、贾梅士、博卡热、亚尔隆索伯爵、庇山耶、恩索、德桑布鲁诺及土生作家群的创作历程与艺术特色。李文并整理了“十六到二十世纪澳门葡语作家作品索引”，颇见功力，极大地方便了后继研究者。

最令本地华人学者感兴趣的葡语文学无疑是自20世纪中叶开始崭露头角的澳门土生文学。土生文学的身影，是20世纪90年代以来伴随着社会、历史及语言学家对于土生葡人社群历史、文化、语言研究的拓展深化和葡语文学翻译的蓬勃发展而呈现在研究者的学术视野中的。[21]正如长期在《文化杂志》任职、熟悉澳门文学发展的黄晓峰所言：“如果看不到土生葡人文学的活生生的存在，或者把它们摒之于‘澳门文学’之外，那真是一种有眼无珠的‘天朝心理’的劣根性在作怪了。”[22]除久负盛名的飞历奇、江道莲等人的作品外，一批少有人知的土生作家的作品也被翻译整理出版，如汪春、谭美玲的《澳门土生文学作品选》即收录了李安乐（Leonel Alves）、阿德（José dos Santos Ferreira）等二十多位土生作家的五十多篇诗歌、散文、小说和戏剧，较全面系统地展示了澳门土生作家的文学风貌与艺术特质。随着土生文学的翻译和整理出版，土生文学的语言风格、美学追求、身份意识、文化体验和历史印记开始得到了较为广泛深入的讨论和探析。研究者们或从土生族群的文化身份和澳门的城市特质入手探讨土生文学总体的文化内涵和美学特色，描述土生文学在葡中文化双重栉沐下所习得的边缘性、包容性和开放性气质，如黄晓峰、刘月莲《写在澳门文学的边缘——澳门土生文学论略》[23]，汪春《澳门的土生文学》[24]《论澳门土生文学的文化身份》[25]《澳门之子——从土生土话话剧看土生文学的文化身份》[26]，莫羲世《二十世纪澳门土生葡人小说研究》[27]和崔明芬《澳门土生文学创作中“根”的意识》[28]等；有的则致力于在文本细读中发掘土生作家及其作品独特的人文情怀、人物形象、艺术技巧和语言特色，如刘月莲《澳门土生文学的两个文本》[29]、郭济修《飞历奇小说研究及其它》[30]、汪春《美丽的疍家女——土生文学中一道别样的风景线》[31]、谭美玲《试谈〈长衫〉及〈施舍〉中的女性》[32]、吴志良《土生诗人阿德》[33]、郑炜明《读〈爱情与小脚趾〉》[34]等等。

值得我们注意的是，在澳门本地的葡语文学研究中，很多研究者都通晓葡汉双语。无可置疑，双语的熟练掌握与运用会使研究更加得心应手和切中肯綮，如汪春的一系列论文著述中即注意到了“帕萄亚语”（Patoa）在土生文学中的运用及其艺术效果。郑炜明《澳门的土生文学、葡语文学与外语文学创作》[35]和李淑仪《澳门当代华语诗人和葡语诗人文化心态比较》[36]则在澳门多种语言文学创作的对比研究中，有力地凸显了澳门独特的文学景观和文化景致。这些都使得澳门本地的葡语文学研究更加丰富多元。

由以上对澳门本地葡语文学传播与接受的初步考察，我们相信，随着对澳门历史文化研究更加系统全面地展开，随着越来越多精通葡汉双语的研究者的加入，澳门本地的葡语文学研究将更加广泛和深入。

三　结语

源于历史与现实，回归以来，澳门特区政府一直努力将澳门打造成为中国与全球葡语国家之间的经济、贸易、科技、文化交流的平台，大力推行葡语培训，澳门理工学院语言暨翻译高等学校即在这一领域发挥着非常重要的作用。回归之后，将葡语作为日常语言的特区居民人数虽有明显下降，但是报读葡语培训课程的人数却不断上升。据统计，1999～2007年，参加葡语培训的人数为23558人次，中文（普通话及粤语）培训的人数为22500人次，英文培训的人数为13328人次，[37]这也显示了澳门本地民众对于政府推广葡语学习的响应和重视。但平台的建立，并非仅仅要求语言的准确对接，文化层面上的彼此了解莫逆于心更是难得的机缘，即所谓“观乎天文以察时变，观乎人文以化成天下”。[38]众所周知，文学是各民族的认知、价值、情感、审美和语言等诸多因素的综合体现，也是民族文化及其向心力、认同感的重要基础。因此，文学的体验，无疑就是文化领悟的一个极佳方式。

德国人恩格斯在谈到法国作家巴尔扎克时，曾经这样说，从巴尔扎克的小说中了解到的法国历史与现状“要比从当时所有职业历史学家、经济学家和统计学家那里学到的全部东西还要多”。[39]澳门在建设经营中国与全球葡语国家之间的经济、贸易、科技、文化交流平台的过程中，在大力推行葡语培训的过程中，不妨将葡语文学也作为推广的一部分。如自1977年开始，每年6月10日为澳门的“葡国日、贾梅士日暨葡侨日”，澳门本地葡侨都会在白鸽巢公园向贾梅士石洞献花并朗诵贾梅士诗作，澳门理工学院亦自2006年起每年都会举办葡语诗歌朗诵比赛等活动，让普罗大众在语言的学习中、日常的生活中多多体验一些葡语文学的优美与葡语艺术的经典。文学的濡染、艺术的熏陶无疑将使澳门大众对于葡语文化的理解更加全面深入，使这座城市不只是中国南海的一颗耀眼明珠，还将成为葡语海岸线上一座熠熠夺目的灯塔。

①澳门统计暨普查局《2011 人口普查详细结果》，详见 http://www.dsec.gov.mo/getAttachment/564633df-27ea-4680-826c-37dlef120017/C_CEN_PUB_2011_Y.aspx，查询时间：2012 年 6 月 1 日。

②关于贾梅士是否及何时到达澳门，学界还存在一定的争议。笔者认为，作为葡萄牙伟大诗人，贾梅士对后世葡语作家的影响无疑是持久且深远的。

③Camões, Luís Vaz de：《卢济塔尼亚人之歌》，张维迎译，澳门：东方基金会；北京：中国文联出版公司联合出版，1998，第十章第 129~139 节。

④施白蒂：《澳门编年史（十八世纪）》，澳门：澳门基金会，1995。

⑤转引自李淑仪《十六到二十世纪澳门葡语文学的探索与研究》，广州：暨南大学博士学位论文，2000，第 53 页。

⑥⑦庇山耶：《滴漏》，陈用仪译，澳门：澳门文化司署；石家庄：花山出版社联合出版，1995。

⑧⑨汪春、谭美玲：《澳门土生文学作品选》，澳门：澳门大学出版中心，2001，第 17、14 页。

⑩澳门教育学者刘羡冰概括澳门的葡语推广现象为“三得”：官方对民众不热心的无奈只好“任得”，土生葡人享有充当语言中介的特权而“乐得”，居民在忍耐中寻找亚交流方式的“忍得”。冯增俊、黎义明：《澳门教育概论》，广州：广东教育出版社，1999。

⑪*Literatura Macanese*, Batalha, Graciete Nogueira. In *Notícias de Macau*. Lisboa, 29 Nov. 1979, p. 1979.

⑫*Poesia Traditional de Macau*, Batalha, Graciete Nogueira. In *Macau*. Macau,（4）Ago. 1987, pp. 40-43.

⑬Santos, Carlos e Neves, Orlando. *De Longe à China: Macau na Historiografia e na Literature Portuguesas*. Macau: Instituto Cultural, 1-2 Vol. 1988; 3-4 Vol. 1996.

⑭Castro, Ferreira de：《使命》，崔维孝译，澳门：澳门文化司署，1987。

⑮Torga, Miguel：《文杜拉先生》，崔维孝译，澳门：澳门文化司署，1989。

⑯Mário Sà Carneiro：《萨·卡尔内洛短篇小说集》，崔维孝译，澳门：葡萄牙东方文化学会，1993。

⑰《南湾——澳门小说集》，飞历奇、李长森、崔维孝译，澳门：澳门土生教育协进会，2003。

⑱姚京明：《葡萄牙现代诗人二十家》，澳门：澳门文化司署，1992。

⑲黄晓峰：《澳门〈文化杂志〉（中文版）文学记事》，南京：《世界华文文学论坛》2000 年第 1 期。

⑳参见《文化杂志》（中文版），第2、4、7、8、9、10、11、12、17、24及25期。

㉑此类土生葡人研究著作、论文如安娜·玛丽亚·阿马罗：《大地之子——澳门土生葡人研究》，金国平译，澳门：澳门文化司署，1993；贾渊、陆凌梭：《台风之乡——澳门土生族群动态》，澳门：澳门文化司署，1995；"'澳门土生人'论文特辑"，澳门：《文化杂志》（中文版），第20期；文德泉：《澳门土生葡人的来源》，澳门：《文化杂志》（中文版），第26期；刘月莲：《蔚蓝色文明与黄色文明的融合体——澳门土生葡人的来源与现状》，北京：北京大学东方文化国际研讨会会议论文，1991。

㉒黄晓峰：《澳门世纪末的文学幻想》，见黄维樑主编《中华文学的现在和未来》，香港：护峰学会，1994。

㉓南京：《江苏社会科学》2000年第1期。

㉔见刘登翰编《澳门文学概观》，福建厦门：鹭江出版社，1998。

㉕江苏苏州：苏州大学博士学位论文，2004。

㉖㉜㉞见程祥徽、郑炜明主编《澳门文学研讨集——澳门文学的历史、现状与发展》，澳门：澳门日报出版社，1998。

㉗上海：华东师范大学硕士学位论文，2007。

㉘《澳门理工学报》（人文社会科学版）2012年第1期。

㉙澳门文学研讨会会议论文，南京，1999。

㉚郭济修：《飞历奇小说研究及其它》，澳门：澳门文化广场，2002。

㉛澳门：《澳门研究》第14期，2002。

㉝吴志良：《东西交汇看澳门》，澳门：澳门基金会，1996。

㉟见余振等编《澳门历史、文化与社会》，澳门：晨辉出版社，2003。

㊱澳门：《文化杂志》（中文版），第27、28期。

㊲张桂菊：《澳门语言状况与语言政策》，北京：《语言文字应用》2010年第3期。

㊳《周易·贲卦·彖传》。

㊴《马克思恩格斯选集》第4卷，北京：人民出版社，1972。

作者简介：张雁，澳门理工学院语言暨翻译高等学校副教授，博士。

[责任编辑：陈志雄]

（本文原刊2013年第1期）

静默的角力：论江道莲《旗袍》中的人物形象及性别书写

留婷婷

［提　要］从男性形象的“丑”与“恶”到女性形象的“美”与“善”，从父亲的暴力与守旧到母亲的仁慈与和平，也从子辈角色的失败及负心，一直到少女角色的专情与自主，江道莲以看似“传统”的《旗袍》对真正传统的父权制度进行质疑、解构与柔性反扑。她将现实的“中心”与“主体”纳入文本，予以消解、转换，并以女性视角出发，提出另一“中心”及“主体”的可能性。通过文本与作者的扣连，即使《旗袍》中幽微的性别颠覆之声被揭露，也完成了江道莲从“女性书写”过渡到“女性意识”的文字实践与思想展演。

［关键词］江道莲　旗袍　土生葡人　人物形象　女性意识

一　前言

澳门孕育了多元而复杂、中西交融的“土生葡人”群体，土生葡人留给后世最珍贵的文化遗产之一，便是所谓的“土生文学”。“土生文学”一词，顾名思义，是由身为土生葡人的作家们，立基于自己独特的族群经验、历史记忆与文化视角，书写出的一系列文学作品。“土生文学”所涉及的文类多样，包括诗歌、散文、戏剧与小说等类型。其中，生于20世纪初、经历了整个第二次世界大战时期的江道莲（Deolinda Salvado da Conceicao，1914～1957），[①]无论是在小说结集、女性创作抑或性别书写等方面，都可谓最具代表性者。

据澳门文化司署出版的《Deolinda Salvado da Conceicao 照片册》所述，[②]江道莲 1914 年出生于澳门，1957 年殁于香港圣保禄医院。其为土生葡人家庭的第二代，在家中排行第四，父亲是葡萄牙人，母亲则具有中国血统。在短暂的四十余年生命中，江道莲曾有两段婚姻。由于时局动荡，她与第一任丈夫 Luis Alves 在上海住过一阵子，并育有二子。其后，江道莲回到澳门，在一家名为《澳门消息报》（*O Noticiário Macaense*）[③]的葡文报馆工作，书写了许多与文学、艺术、时装及女性相关的文章与小说。1948 年，与同事 Dr. Antonio Da Conceicao 坠入爱河，展开另一段婚姻生活。1956 年，前往葡萄牙省亲之际，江道莲于里斯本弗朗哥书店出版了生平第一本，也是唯一一本著作，短篇小说集《旗袍》（*Cheong-Sam：a cabaia*），[④]翌年便因病去世。

《旗袍》一书，共收录 26 则短篇故事，[⑤]这既是土生葡人作者所书写的第一本现代小说，也是澳门女性作家出版的第一本文学作品，其于“土生文学”文坛，甚至是整个澳门文学史中的肇端性地位与重要意义，自不待言。此重要性，也体现在先行论述的蓬勃积累之中。迄今，相关的长短文章已逾十篇，总字数也已远远地超越了《旗袍》的文本本身，这在澳门文学的研究范畴里，是十分少见的。先行研究的篇章，主要可以研究方法及探讨对象作为划分依据，分为以下三种。其一，以历史的线性脉络为主轴，将江道莲的其人其文视为论述中的一个典型个案，但此类论文多以引介为主，较少涉及分析层次。其二，则偏重于单篇或数篇故事的探讨，以谭美玲具开创性地位的《试谈〈长衫〉及〈施舍〉中的女性》一篇为主，其后的相关文章皆或多或少地因袭了其观点，此类论文聚焦研究范围，以期谈得更加深入，但惜难以兼顾整体性的文本关照。其三，则以整部《旗袍》作为观察对象，分类以述，然而，学者们却都将重心放置于女性形象的分析部分，搁置文本中也颇为重要的“男性形象”不提，有关女性主体自觉的性别论述亦仅点到为止，整体的研究结论更是不脱谭美玲论文基调，突破之处实并不多。

笔者认为，《旗袍》是一本写“人”的小说集，文本中“少有心理描写、少对话，少景物陪衬”，[⑥]而主要皆以人物形象的刻画为主——作者塑造了一个又一个鲜明生动的男女角色，以此来说理、抒情，并展演故事情节的进程。虽则女性角色几乎是所有篇目的主要叙事视角，但以等比例之姿出现的男性形象，却也同时承担着极为重要的功能。可以说，江道莲的《旗袍》一书中有多少个女性，就有多少个男性。那么，在文本的描绘之中，这些与女性“相对”的男性形象象征着什么呢?《旗袍》里充满了与家庭相关的书写，而在家庭之中，父辈与子辈的形象刻画又是否有所不同?其内涵为何？通过江道莲观看男性、书写男性的方式与特点，我们能否窥见作者的性别观点，又是否可以从中得到反思女性议题的切入点呢？将近全数“正面”的女性形象，与几乎皆为“负面”的男性角色意味着什么？更甚者，从叙事策略的层面看来，以位居于小说文本中心的女性书写，去取代仍占有现实中心地位的男性制度，又是否可以视为一种对既有父权体系的解构与翻转呢？如此等等。本文将以《旗袍》中的男性及女性形象之探讨为开端，力求从文本出发达至作者，尝试对上述问题进行深入阐释和解答。

二　三面父辈与灾厄之子：《旗袍》中的男性形象⑦

承前所述，《旗袍》是一部写“人”的短篇小说集，且多以家庭作为重要的展演舞台。因此，综观全书，“父亲”形象均或隐或显地，以不同的姓名、外貌与个性，在不同的篇章中多次现身。主要可依性格特征及在文本中之作用，简要地概括为“开明”“传统”与“暴力”三类。然因人物形象往往立体多面，意涵亦往往并非单一，因此，上述三个类别之间并非泾渭分明，而有着互相重叠、定义交杂的灰色地带。

笔者认为，若要探讨父亲形象，点题的《旗袍》一文无疑是全书最具代表性者。在《旗袍》里，围绕着米铺的王才、酒馆的张洪，以及王才之子阿春——这三位先后得到了“父亲”身份的角色，铺展开三个家庭的故事。王才是传统父权制度的拥戴者与既得利益者，他有妻有妾而丝毫不以为异；他虽子女满堂，但仍偏心钟爱于将要继承家业的长子，为其未来及婚姻大事铺路。因此，生长于传统教诲中的长子阿春，也或多或少地遗传到了这样的老派思想：

> 在家里，除了父亲，阿春拥有绝对的权威，父亲的姨太太和姐妹们都唯唯诺诺，毕恭毕敬。男尊女卑是中国古老的传统，人们还在沿袭着这一传统。⑧

是故，当阿春一见到从欧洲留学回来的未婚妻张玉时，便清楚地体认到对方的改变。因为她不再“唯唯诺诺”，也没有“毕恭毕敬”，而是完全长成了一个“谈吐落落大方，做事胸有成竹，处处显示出自信与涵养”（第6页）的现代女性，与阿春所熟知的守旧中国妇女，有着气质乃至本质上的区别。

与象征着“传统”父亲形象的王才相异的，是无论在自我要求或待人接物等方面，都显得开明许多的张玉之父张洪。张洪膝下仅有独生女张玉，而无传统观念中用以“传宗接代”的儿子，但他“没有求神拜佛，祈求生个男孩延续香火，也没有纳妾”（第5页），而是满足于一妻一女的生活，认为这已称得上是幸福。与此同时，张洪更集中心力培育女儿，不但供其上学读书，还在女儿的多番请求之下，答应让其只身前往欧洲进修两年——这样的手笔，在如今的中层阶级家庭里，都并不常见，若是放置于五六十年前的古老中国，便真可谓创举了。诚然，以父母之命来决定子女婚姻大事的作为，仍属传统，但差异向来显现于比较之中，而与思想更为陈旧甚至近乎迂腐的王才及阿春两人相比，张洪的“开明”立场，便是毋庸置疑的了。

以战争为分界线，既为人子又为人父的阿春，其性格特征有着前后两个阶段的变化。前期的阿春虽然“呆滞而拘谨”（第7页），但仍是个“踏实肯干的好孩子”（第4页）。然而，当战火冲走了一切既有的生活规律，将他放逐到素来所不喜的异乡，并把所有生存的苦难与阴暗面皆暴露于眼前后，一切都变了样。那个位处家庭中心，被尊敬与呵护的前期“阿春”，在妻子选择出卖容颜与肉体以维持生计的瞬间便崩溃了，取而代之的是面对现实的无力感、面对妻子的愧疚与愤怒，以及面对无用自我的深层不安。诸多的负面情感，堆叠起后期“沉默寡言，郁郁不乐，情绪更加暴躁”（第11页）的另一个阿春。于是，到了小说的结尾处，当愤恨的情感积累到最高峰之际，阿春用计将陪富商出游的张玉骗回，在剧烈的争吵中，以菜刀结束了妻子的生命。

至此，阿春所象征着的，是开明与传统家庭的第二代，在相互摩擦、矛盾、碰撞之间所显现的“暴力”父亲形象。这里的“暴力”指称多样，不仅有言语上的暴力、肢体上的暴力，还有因“无能”“无为”而衍生出的暴力。像是在《罪恶的报复》一文中，那个富有、善良却无法自保的滥好人父亲，间接地断送了十五岁女儿的生命；还有《阿玲的复仇》一篇里，那个深谋远虑、将儿女视为报复仇人之工具的父亲，因为自己的无能作为与变态心理，将上一代的恩怨硬生生地嵌入下一辈的人生，也直接地促成了女儿阿玲的自杀结局。

接下来，子辈角色与前述的父辈特征相符，负心人、失败者与劫难代言人三类相互交织，堆叠出文本中一个又一个令人欷歔，却也难以同情的负面男子形象。“负心人”一项的内涵较为清晰，专指对爱情或婚姻不忠者，而他们在一定程度上，也都是情感的“失败者”、家庭的“失败者”，抑或是人生的“失败者”。诸如在《林凤的心事》里，对女工林凤的有孕感到“忧心重重，一脸不悦，甚至流露出厌烦的神情”（第 19 页），最后更始乱终弃的葡萄牙士兵“他”，在一群“趾高气扬、满脸笑容的士兵之中”（第 20 页），其实也不过是一个“并不高大魁伟”（第 20 页）、“看上去神情黯然”（第 20 页）的普通人罢了，并没有什么高人一等的地方。还有在《黎欣的爱情》一则里，那个对婚姻不忠的老书生，在毫无廉耻地勾引了和其子女同龄的黎欣之后，却又无法给予承诺，反而要求对方成为一个深居简出的情妇。然而，最终黎欣成功地走出这段畸形的恋情，迈向美满的人生时，薄情寡义而老态龙钟的书生，反倒成了被取笑、讽刺的对象，不得不“一见到她便匆匆躲开，唯恐看见她那嘲讽的笑容”（第 46 页）。在此，对于爱情的辜负不再是两个人的事，而与人格的塑成、他人的观感，以及未来的生命走向，环环相扣。

另外，“失败者”形象的部分，除却与上述“负心人”类别重叠之处外，实仍有更为纯粹的面向。像是《情思所系》里的年轻西洋建筑师，因为强烈的爱情而迫切地想与中国姑娘结婚，不料却与姑娘守旧的双亲站在了情感的对立面，于拉扯之间断送了情人的性命。此外，《告别》里的中葡混血儿“他”，也是一个颇具特色的例子：

> 父亲在遥远而古老的欧洲，穷途潦倒，备尝艰辛，绝望之余，为了逃避苦难才翻洋过海来到中国这块土地。母亲是一个贫穷的中国妇女，没有受过任何教育，目不识丁，整天打着赤脚。（第 22 页）

在“他”的眼中，失败的父亲与粗俗的母亲，是自己一出生就要背负的原罪。“他”夹在语言、文化习俗与生活习惯都截然不同甚至相互矛盾的葡国父亲与中国母亲之间，“忍受着双方的辱骂，心里对这样的生活深感绝望”（第23页）。这既是一种“屈辱的环境”（第22页），也是“不公平的命运”（第22页），更使“他”的“自尊心受到了伤害”（第22页）。然而，即便如此痛苦，但叙事者“他”却似乎从未想过要以自己的学识和努力去改变既有的生活。“他”并未尝试去成为桥梁，让父母双方慢慢经由翻译而学会对方的语言，“他”没有开解总是充满绝望的父亲，也没有为文盲母亲争取受教育的机会与平等的社会、婚姻地位。或许这一切的一切，在当时看来都如同天方夜谭，但文本中“他”的失败之处，其实便在于顺从地接受所有、怨恨所有，却退缩着不思面对、进取与改变，最终便也只能踏上了其父的命运，“为了躲避苦难才翻洋过海”（第22页），成为人生的逃避者。

最后，是有关劫难代言人的男性形象，此内涵较前两类更为抽象，指向所有在《旗袍》里揭示灾难、带来灾难，或本身即为灾难的子辈男性角色。诸如《林风的心事》里，因欲求林风而不得的工头阿昌，在西洋情人将要远离的噩耗传来之际，给林风带来言语乃至精神上的痛苦。又或是《罪恶的报复》中，那个以怨报德的嚣张仆人，不但绑架了好心主人的年轻女儿、将之送到日本人的军营里，还贪得无厌地谋财又害命，将故事推向悲剧结局。此外，《施舍》里的加害者男性，则于战争之际用计骗走了老人的家产，更假借“施舍”之名夺走了他的孙女，直接导致老人的死亡。

综上所述，以颇具代表性的《旗袍》一篇作为主要讨论对象，笔者详细地梳理了“开明”“传统”与“暴力”这三种父亲形象在文本中的起源与内涵。“开明”的父亲角色为其中最为正面者，但可惜亦最稀少，全书中仅有《模特儿》一篇里的美国籍慈父可被归于此类。“传统”的父亲形象则与“开明”相对，虽则意涵趋于负面，但仍是数量最多者，所涉及篇章亦超过全书的一半。最后，“暴力”的父亲角色是最复杂的一类，除却具体的身体暴力之外，基本上，只要对妻儿的心灵或生命造成不可抹灭之伤害或阴影者，皆可归于此项，除却前文已提及的三个例子之外，尚有《告别》中事事失败的父辈，以及《东方宿命（日本故事）》里，既酗酒又家暴，且最终成为间接杀人犯、将妻儿逼上绝路的川岛。

若将世代的时序轴线放入其中，则父辈形象摆荡于“开明”与“传统”之间，最终复归于多层次的“暴力”，但子辈形象却失去了暧昧性，是无论以什么角度去进行观察，都无法跳过其负面意涵的灾厄象征。父辈是身处于家中的权威，故其力量多集中于家庭，子辈则除却与原生家庭的缪葛之外，多了在外与他人的交际关系，因此，波及的范围往往更广。从《林风的心事》和《黎欣的爱情》中，背叛爱人的负心汉，到《情思所系》及《告别》里，无力弥补自身及他人的家庭裂缝，最终反倒伤人伤己的失败者，再到《罪恶的报复》与《施舍》等篇章中，失去所有道德底线，对求而不得的痴恋对象、善待自己的主人，乃至陌生的老汉都伸出魔爪的劫难加害者。个人、家庭及社会的防线被一一攻破，在三位一体的邪恶子辈形象中，昔日仅存的正面父辈样态，也被拆解殆尽。这是否反映了书写当下的时代面貌，抑或只是通过一面倒的书写倾向，去抒发对于男性的不满？换而言之，塑造负面男性的缘由与策略为何？若是结合当时较为传统、父权制度无所不在的现实环境以观，江道莲的文字，又是否具备解构中心的颠覆性？上述诸问，且待后续章节一并探讨。

三　大地之母与青春少艾：《旗袍》中的女性形象

对于江道莲来说，战争与苦难，几乎是她笔尖永恒的主题，两者有时甚至合而为一，幻化成一个又一个动人心弦的故事。与此同时，与作者自身的生命际遇相应，江道莲文字里的母亲永远都是“中国”或“亚洲”的，她们总是生命力强悍，但也总是饱经风霜、人生坎坷。无独有偶地，在以战事或苦难作为主题的篇章里，我们也总会看见这些母亲的身影，她们既是叙事的主轴，也是历史的见证者与战火之下的受害者，更在毅然承担所有苦果的同时，让读者窥见了母性的光辉和命运的不公。

综观全书，有一半以上的篇章，都以战争作为主要或次要的故事背景。战事的到来总是伴随着噩耗，与家道中落、财产耗尽、亲友死亡、存活者的迁徙及流离等情节相扣，将人们推向生命的谷底。像是在《泪与米》一文中，因战争而沦落异乡、身无分文的妇人，在深夜的澳门街头挨家乞讨，只为安抚背上因饥饿而号哭的小孩。又像是《疯女》里，先后失去双亲、丈夫又命丧日本军人刀下的“她”，在无可依靠的寒冬里，眼睁睁地看着自己的孩子一个个死于饥寒之中，只好在翌年将仍存活的老大送予他人，从此孤身一人，疯癫度日。此外，在《那个女人》与《饥饿》等篇目中，主角都是母亲，也都在战争的冲击下失去了亲人，只能带着仅存的孩子浪迹天涯、沿途行乞，并且，她们也都眼看着儿女走向衰病，若非夭折，便只有送人一途，与此同时，这些母亲们自己的前途也是一片灰暗，不知光明何在。

江道莲对于战争的批判态度十分明确，在她的有生之年里，完整地经历了第二次世界大战的起始与终结，这既是其创作题材的重要来源，却也在作家敏感的心中烙下了伤痕，成为生命中不可承受之重：

> 在中国广袤的土地上，在这个苦难深重的国家，每天都有成千上万的孩子像我笔下的孩子一样发出痛苦的呼喊，仿佛在乞求上天的怜悯，因为他们生活在你争我夺的世界上，人们丧失了爱心，甚至变得禽兽不如。（第30页）

而在书写、记录这些耳闻目见的苦难时，作者难掩自己强烈的情感起伏，不止一次地将自我投放进了字里行间。她口诛笔伐，以文字和语言向世人发出警呼，要让那些“你争我夺”的人们停下相互残杀的行径，正视杀戮所带来的惨痛后果，看看有多少的“妇女和孩子成了残酷战争的牺牲品”（第50页），铭刻在心，并力求改变。虽然能力有限，且微弱的呼声也似乎并没有传进该被谴责之人的耳中，但江道莲的所思所想、所作所为，就算在六十年后的今日看来，也是值得我们肯定的。

除却真实的战场之外，在传统思想与父权制度的桎梏下，“家庭”往往也如同另一个战场，而女性总是其中的主要受害者。无论是《告别》里那个同时被丈夫和儿子所轻视、孤立甚至视为陌生人的中国老母亲，还是在《阿慧的绣花鞋》中，因为生不出男孩而被公婆与丈夫嫌弃，就连此前所产下的女婴们都被一一卖掉的阿慧之母，也无论是《内心的冲突》里，明明受过教育，却被迫要接受丈夫的守旧思想，穷尽青春来侍奉家庭的开明母亲，又抑或是《东方宿命（日本故事）》中，被丈夫川岛家暴，儿子又因丈夫而死，故在残酷现实的压迫之下，决定与其他孩子共赴黄泉的母亲慧子。这一个又一个被家庭所捆绑、被夫婿所奴役、被儿女所牵绊着的母亲形象，在在都体现了女性的卑微地位、公共压力与生存困境。

“生活，对有些人来说宛如慈祥的亲生母亲，对另一些人来说如同凶煞恶神的继母。”（第124页）讽刺的是，对于《旗袍》里的这些“慈祥的亲生母亲”而言，生活、家庭和社会，在她们眼中都犹如“凶煞恶神的继母”。是故，笔者认为，在江道莲的笔下，伤害总是被赋予阳性/男性的色彩，而对于伤害的安抚与承受则是母性的。母亲们以最为宽容的温柔来面对战争的无情洗礼，以最为坚毅的仁慈来应对苦痛的连番打击，她们越是宽容，越是坚毅，就越对比出男性加害者们的可憎与可鄙。其中显现出的“大地之母”形象，也就相应地更加光明、高贵和伟大。

若“母亲”的身份往往是女性的终点，那么，具有相同比重的“少女”阶段，便可视为对起点的补充，以及对下一趟轮回开端的美好期盼。在《旗袍》的文本里，有一半以上的篇章以少女角色作为故事的主角，以及叙事的主要视角。虽则这些女性的家庭背景、性格特征、生活环境与形貌描写等要素皆不甚相同，但与母亲形象的正面特质相应，在江道莲的字里行间，少女们也都是美好而善良的，亮丽于外在，温良于内在，表里如一地美丽，也因此显得更加动人。

像《林风的心事》里，主角林凤虽为社会底层的炮竹女工，但却拥有着“青春的容貌和棉布旗袍紧裹着的诱人躯体”（第 18 页），还满心记挂着染了重病的母亲与温柔的葡国爱人“他”，愿意为他们付出一切。又像是《模特儿》一篇中，那个美艳绝伦的混血儿丹妮：“造物主慷慨地赋予她欧亚混血儿的美貌，她的皮肤白皙细嫩，头发乌黑浓密，小巧的嘴十分优雅，一双栗色的眼睛被又长又密的睫毛簇拥着，为她那沉静、清澈的眼神增添了神秘的妩媚。”（第 64 页）丹妮不但美丽，而且个性坚毅，更擅长多国语言，并在父亲因故丧生后，一肩扛起了照顾母亲、承载家庭的重担。此外，尚有《女巫》中那位受过西方的心理学教育，总是笑面迎人的现代“女巫”，“她的年龄难以猜测，清新的脸庞挂着爽朗的笑容，深邃的目光透露出她的超凡入圣和远见卓识”（第 104 页）。女巫以占卜维生，为村里的百姓解决了许多问题，但收费合宜，绝不取分外之钱财，又有真本领，便慢慢地“博得了人们的敬意和友善”（第 105 页）。

“美丽”与“善良”，不仅仅是一种乌托邦式的理想美德，也是近似于童话或民间故事的传统形象勾勒手法。更以男性形象的“丑”、“恶”面向反衬起来，更寄托了江道莲的美好寓意与关怀。我们难以辨明“善”是如何或在什么时候与“美”紧密结合的，但这两项正面特质犹如暗号一般，只要作者一在文本中提出，我们便知道了孰为正义、孰为邪恶，也知道了身为一个“旁观”的读者，我们应该要站在哪一边。

然而，“美丽”与“善良”是乌托邦式的，这也意味着永远都与现实无缘。在“善”与“美”的基础上，少女角色们的个体自觉之有无，与其命运的终局发展虽非相辅相成，却也有着殊途同归之妙。若将保守与激进的女性自觉意识分置于天平两端，在保守的一端中，《落空的预言》与《罪恶的金钱》是两个颇为极端的例子。一则以喜剧收场、一则以悲剧结尾，但其实皆称不上是什么好下场，因前者的主角美凤可能这辈子都无法自我抉择任何事情，她像是被催着成长，然后毫无反抗地、“顺从地接受了自己的命运”（第 85 页）。而在《罪恶的金钱》一则里，彩玲的结局无疑更加悲惨，因其无法意识到，于丰年屯米、荒年高价出售的地主王克，其实便是一切悲剧的源头，故而在她欣然为妾之后，也就慢慢地走向了悲剧的核心与生命的尾声。

另外，倘若较为激进的女性自觉与保守的礼法思想正面碰撞，往往会造成玉石俱焚的后果，却也更能够自既有的藩篱中挣脱，在辽阔的天地里开展属于自己的新生活。像在《曹梅的新年》一文中，尚未成亲便成了寡妇的曹梅，厌倦了孤单的独居生活，决定到城里当女佣，结识其他有着相似故事的苦命人，没想到却邂逅了妻子也因难产早逝的男主人，并在机缘巧合之下，决定顺从自己的想望，“驱散盘绕在脑中的传统偏见”（第 91 页），答应男主人的求婚，携手人生。又像《模特儿》一则里，几乎是全书中最振奋人心的女性角色丹妮——她在短暂的数年间，接连失去了父亲与母亲，就连过往引以为傲的美貌也因故大面积灼伤、无法再回复原样，但她却不气馁，也不借助别人的力量，而是自己“把自己漂亮的家变成一所艺术学校，专门收留那些无依无靠的女孩子，鼓励她们不要自暴自弃，勇敢地去面对生活中的各种磨难”（第 67 页）。

在江道莲的《旗袍》里，我们看见了许许多多美好的女子形象，她们都有着美丽的外貌与心灵，却并非所有人都具备个体的自觉。其中，趋于传统、保守的顺从者面目模糊，毫无反抗地被推向或喜或悲的人生结局；另一方面，因着曹梅、黎欣与丹妮等少女角色的勇敢自主，我们也看见了 1930 ~ 1940 年代，有别于平板、依附之外的崭新女性图景。即便在那突破桎梏的荆棘大道上，有许多女子倒在了途中，也有许多女子以生命作为反抗的代价，但我们深知成功并非天方夜谭，而星星之火虽小，也终有燎原的一天。

至此，正如同江道莲对男性形象的负面描绘并非铁板一块，其中仍有许多细微的差异和分野可循。在塑造女性人物时，作者一方面透过悲惨的人生遭遇，反衬出母性的伟大；另一方面，则扣合“善”与“美”的颜料，将之洒落于少女的内在性格及外在特征中，并明显更加偏爱具有自主能力的角色，而非无法独立、只能被他人逼着走入/走出家庭者。进而，借由对比浓重且刻意的两性形象，江道莲“他者”化了男性，也将女性推上了“中心”的位置，并展露出独特的性别意识——此一论点中的细腻转折，将会是下一章的重点。

四　从归还“主体”到夺回“中心”：江道莲的性别意识与关怀

庄园在《澳门土生文学的“半他者”视角》[9]一文中，开宗明义地将江道莲放置在了“半他者”的位置上，因之被包夹于中葡双方之间，既非宗主国那“主体性的‘自我’”，亦非全然身为“殖民地的他者”。相较于庄园，张堂锜笔下的“双重他者”之内涵便要复杂许多，其将性别两造与殖民两造的位阶关系一一罗列，认为土生葡人被葡萄牙统治者视为“他者”，而在土生葡人的社群之中，妇女亦为“附属、被动的‘他者’”。[10]与此同时，在土生群体的眼中，华人也被视为“他者”，且于华人的社会之中，女性仍未摆脱“他者”之性别地位，因此，江道莲之于《旗袍》，便成了“一个‘他者’在叙述‘双重他者’的故事结构”。[11]庄文颇有新意，但仅聚焦于殖民情境之中，并未探讨性别问题，且“半他者”之意涵实与张文的“他者”重叠。张文见解独到，但在叙述上不免有些混乱，且结论下得太过仓促，并搁置了论述过程中其实也一度沦为“双重他者”的江道莲，又要如何阐述另一个“双重他者”的故事，以及其中的幽微对立会否彼此消解、矛盾等问题，实则并不完善。

在萨依德的《东方主义》里，被殖民者对于殖民者而言，是“他者”，因为后者夺走了前者本该拥有的自由、独立与尊重。在西蒙·波娃的《第二性》中，女性对于男性而言，是“他者”，因为后者占据经济、社会与政治上的主导地位，也掠夺了前者的身体自主权与定义自我的能力。因此，我们当然可以借鉴张文与庄文，将江道莲视为被剥削的“他者”，观察其对其他个体的批判及关怀，但这未必是最理想的操作方式。因文本内外的边缘如此拥挤，女性、华人、土生葡人、书写者与被书写者，皆可以是“他者”，这样一来，所谓“他者”身份的特殊性便难以展现。更重要的，也由于以学术论述的层面观之，研究者与被研究者之间的关系，不但不等同于单纯的“自我”与“他者”，而是皆为“主体”，也并非仅要自圆其说便足够，而需兼顾到此、彼两方。很多时候，我们是主体，我们定义、论述、批判，提出自己的看法；但与此同时，被研究的对象也是主体，它们透过文字发声、留下蛛丝马迹，等待我们去细细推敲，从而更接近其所显现出来的真实。

因此，在将“主体”的位置还诸作者之后，笔者发现，来自所有不同族群的“男性”形象，其实才是江道莲所要批判的“他者”，也是其试图定义、塑造与对话的对象。在《旗袍》的文本里，不论是葡国男性、华人男性还是中葡混血男性，其实大都为“丑”与“恶”的代言人，仅有少数几位角色拥有光明的色彩。笔者认为，作者曾身负教师与记者等身份，且其生命的行迹几乎跨越了欧亚两大陆，在中国内地、香港、澳门及葡萄牙都留下了自己的足迹，因此，《旗袍》中男性形象的书写，似乎难以被断定为全然诞生于幻想。这些男性形象书写一方面在极大的程度上反映了1930～1950年代的社会面貌；另一方面，也透露出了作者的性别意识，以及其对“男性”二字的观察与看法。

更深入来谈，无论是父辈或子辈的男性角色，无论是“开明”“传统”或“暴力”，也无论是负心人、失败者，抑或是劫难的象征。这种以负面为主的人物描写，以及作者虽有怜悯却仍不失批判的书写手法，虽然有化约男性形象之虞，但也或许正因为现实大多如此——并非江道莲有意将之视为一种固定的符号，而是男性以强大的父权制度与无所不在的象征秩序作为武器，将自己武装成需要被批评、解构的对象。是故，在历史与现实中都位居主流的男性人物，于《旗袍》的文本里，被逐步推至边缘地带，与此同时，既有的现实“中心”，便也在“新中心”的书写策略中，一一被消解、击破，地位不再。

承上所述，综观先行研究，学者们都肯定了江道莲的“女性书写”姿态与性别关怀，但对于其文字中的“女性意识”意涵之有无，皆抱持着保留的态度。谭美玲以《施舍》和《长衫》[12]两篇作为主要研究对象，认为：“江浩（道）莲这两篇小说是配合实际环境来发出她的人文关怀，这并不是鼓吹女权或妇解，而是察觉女性地位的不公平、男性行为的偏差，用她那种持平的态度，提出女性之所以为女性，因女性也是人，有被尊重、受教育的‘人的基本’需要，这就是江浩莲她的女性觉醒——也是‘人的觉醒’的态度。”[13]崔明芬的切入点亦与谭文相近，提出了“《旗袍》以她多重身分的独到经验，选择女人下笔，完成了‘女人要认识世界’，‘人们要认识女人’，从而揭开‘人类心灵的隐密’，‘认识’有关人类生存的点滴的创作意图”[14]的看法。王韬的观点则更为保守，他觉得：“女性解放与自强的目的对于江道莲来说只是为了女性的幸福而不得不打破陈规陋习的束缚，而非彻底对抗男性社会权威，完全颠覆传统语境。”[15]

诚然，身为女性，并不代表就具备女性意识，也可能不自觉地将男权思想内化，沦为主流的共谋者。笔者在初阅文本之际，也曾将江道莲的其人其文视为传统的一环，并为其中批判力道的微弱而深感遗憾。然而，在多次细细读阅，并以男女双方的人物形象作为探讨对象后，却发现，一切并非最初所想得那么简单。

笔者同意谭文及崔文所言，江道莲“并不是鼓吹女权或妇解”，而是以“女人”为出发点，触及“人们”与“世界”；与此同时，作者也以文字来表达她所想要表达的，并通过这表达，来解构她所欲解构的。然而，当“女性地位的不公平”与“男性行为的偏差”，已然成为文本最主要的母题之时，当“女性也是人”的呼声出场之际，这里的“人”之内涵，其实便仅指称着“以往不被视为‘人’”的女性，而与“已为‘人’”的男性无关了。因此，并非“女性觉醒”等同于“人的觉醒”，而是“人的觉醒”等同于“女性觉醒”——“女性”作为“人”的新主体，她们自我书写，占据了文本的每一页。

《旗袍》中的26则短篇小说里，没有一篇与女性无关，而在作者为《澳门消息报》所撰写的三百余篇文章中，更是有超过二分之一的篇目，以女性的方方面面为题。[16]因此，笔者对于王文的看法也抱持着部分同意的观点，江道莲的确是“为了女性的幸福而不得不打破陈规陋习的束缚”，但她并没有止步于此。虽然未到达“彻底对抗男性社会权威，完全颠覆传统语境”的地步，却也透过对传统的批判、对男权的解构，以及对女“人”主体的肯定，在力所能及的范围之内，以书写的方式，具现了专属于女性的特殊性别意识与关怀。

在江道莲所描绘的文本世界里，女性取代了男性，成为新的中心与主体。虽然对于开明的父辈仍有眷恋，但大体而言，无所不在的正面女性，与散落于行文间的负面男性，仍形成了强烈的对比。这既反映了现实境况的不公，也达到贬抑后者以突出前者的效果，更使读者跟随着作者富有情感的笔触，而更认同于拥有良善特质、不迫害他人但总是被害的女性们。至此，由作者、文本到读者，江道莲看似温和、实则满盛着颠覆意图的女性意识，也得到了淋漓尽致的展演。

五 结语

首先，与先行研究中对于男性角色的忽视相应，在江道莲的笔下，《旗袍》里的男性人物们虽看似运筹帷幄，拥有传统社会制度所赋予的地位、尊严与权力，也往往身为家庭的中心，然而，却在一篇又一篇的负面形象书写中，被隐然地放逐到了文本的边缘以及读者的对立面。

其次，本文聚焦于女性人物的塑造层面，并明确作者性别书写的另一特征，即相对于负面男性角色而言，显得分外光明、美好的正面女性人物。

最后，综观全文，从男性形象的“丑”与“恶”到女性形象的“美”与“善”，从父亲的暴力与守旧到母亲的仁慈与和平，也从子辈角色的失败及负心，一直到少女角色的专情与自主。在书写的刻意偏重中，江道莲以看似传统的《旗袍》，对真正传统的男权制度进行质疑、解构与柔性反扑，将现实的“中心”与“主体”一并纳入文本，予以消解、置换，并提出了以女性视角出发的、另一“中心”及“主体”之可能。

诚然，将女性“女性化”、男性“男性化”，并在无意识中同时化约了两者的做法，似乎使双方的对立更显尖锐，而降低了对话的可能，也强化了男性的“加害者/强者”形象与女性的“受害者/弱者”角色，使复杂的内涵显露出来。但无论如何，在时代的限制之下，于充满冲突的殖民地背景中，作为澳门女性文学滥觞的《旗袍》，仍通过为当时的弱势女性群体发声，交出了一张富有启发性与开创性并且十分漂亮的文学成绩单。这既是《旗袍》一书的成就，也完成了江道莲从“女性书写”过渡到“女性意识”的文字实践与思想展演。

---

①又有译为“江浩莲”或“江莲达”者。见谭美玲《试谈〈长衫〉及〈施舍〉中的女性》；张剑桦《澳门土生葡人文学概论》，广西桂林：《广西师范大学学报》2012年第1期。

②转引自谭美玲《试谈〈长衫〉及〈施舍〉中的女性》，《澳门文学研讨集：澳门文学的历史、现状与发展》，澳门：澳门日报出版社，1998，第35~49页。

③《澳门消息报》(*O Noticiário Macaense*)，又译为《澳门新闻》，创刊于1869年11月1日，社长为米格尔·施利华（Miguel Ayres da Silva）。见吴志良、陈震宇主编《澳门人文社会科学研究文选·综合卷》，北京：社会科学文献出版社，2009，第308页。

④葡文书名为 *Cheong-Sam*：*a cabaia*，迄今为止共有两个译本：《旗袍》，姚京明译，

澳门：澳门文化司署；石家庄：花山文艺出版社，1996；《长衫》，金国平译，北京：中国文联出版社，1999。虽然郑炜明认为姚氏的译本“大大地削弱了江道莲小说中澳门的地方色彩和所表达的人文情感”（郑炜明：《澳门文学史》，济南：齐鲁书社，2012，第177页），但综合出版时间、政治立场及翻译方式等因素以观，姚氏的译本无疑较金氏更为顺畅、清晰、贴近原意，故在此论文中主要采用姚氏译本。

⑤金氏的《长衫》共收录27则短篇故事。在姚氏的《旗袍》序言中，林宝娜声称此文本共包含了27篇短篇小说，然综观全书，却仅有26则，独不见《新生命的诞生》一篇。因译本问题非本文重点，故今暂且存疑不论，待日后再细细考究。

⑥此特点具有共通性，非笔者一人独觉。见谭美玲《试谈〈长衫〉及〈施舍〉中的女性》，第35页。

⑦由于子辈或父辈的标签实可同时出现在一人身上，因此，对于兼有双重身份的人物，则以文本内容所重点描绘的形象层面为主，若是十分特殊甚而在两方皆具有代表性者，则将弹性待之。有关女性形象的讨论，其中的划分原则，亦可作如是观。

⑧江道莲：《旗袍》，姚京明译，第6页。以下引文出自此书者，皆随文附上页码。

⑨庄园：《澳门土生文学的“半他者”视角》，《澳门日报》（文化镜海版），2013年11月6日。

⑩⑪张堂锜：《澳门土生葡人作家小说中的华人女性形象》，《众声喧“华”：华语文学的想像共同体国际学术研讨会》，花莲：东华大学华文文学系，2013，第172页。

⑫即姚氏译本中的《告别》与《旗袍》两则。

⑬谭美玲：《试谈〈长衫〉及〈施舍〉中的女性》，第47~48页。

⑭崔明芬：《〈旗袍〉文化心理探寻》，澳门：《中西文化研究》2010年第18期，第21~22页。

⑮王韬、刘彤：《博爱的视角——江道莲小说集〈长衫〉分析》，南京：《世界华文文学论坛》2006年第3期，第76页。

⑯澳门中央图书馆：《江道莲传记及图片目录：传记及图片展览》，澳门：何东图书馆，1995。

参考文献

[1] Amaro，Ana Maria：《大地之子——澳门土生葡人研究》，金国平译，澳门：澳门文化司署，1993。

[2] 贾渊、陆凌梭：《起源问题：澳门土生的家庭与族群性》，澳门：《文化杂志》1993年第15、16期。

[3] 汪春：《论澳门土生文学及其文化价值》，澳门：《文化杂志》1995年总第23期。

[4] 张虎：《澳门“土生葡人”问题之探讨》，台北：《中国大陆研究》1998 年第 1 期。
[5] 王睿智：《澳门的土生葡人》，香港：《亚洲周刊》1998 年第 2 期。
[6] 霍志钊：《澳门土生葡人族群的起源与认同》，澳门：《中西文化研究》2006 年第 10 期。
[7] 莫羲世：《二十世纪澳门土生葡人小说研究》，上海：华东师范大学硕士论文，2007。
[8] 邓思平：《澳门土生葡人》，香港：三联书店（香港）有限公司，2009。
[9] 卡洛斯·皮特拉：《澳门土生葡人的身份认同——关于澳门学的问题》，澳门：《澳门研究》2012 年总第 67 期。
[10] 何思灵：《从女性主义出发，试读江道莲的短篇小说》，澳门：《行政》2014 年第 1 期。

作者简介：留婷婷，新竹清华大学台湾文学研究所博士生。

[责任编辑：桑海]
（本文原刊 2016 年第 3 期）

乱游与媚行：香港本土与中外文化游历的空间叙事创意*

凌　逾

［提　要］空间问题成为当今时代的热点，文学的空间叙事也不例外。香港作家们的空间叙事创意不断，各出奇招。心猿的《狂城乱马》构造本土游历剧，黄碧云的《媚行者》勾连中外游历戏，各自用新叙事法，为香港空间塑像，追寻香港符号的本质与本相。

［关键词］空间地理　叙事创意　本土游历　中外游历　香港情结

一　文学空间叙事理论发展

跨入21世纪，文学地理、空间叙事研究日益成为显学。今人热衷追求速度，太空船的航速接近音速，网速则如光速，如电光石火的闪念，人类交流因此日益便捷频密，时间距离趋零，而空间感则日益膨胀，成为焦点。古代也有哲人探究过空间问题。亚里士多德认为，空间是有方向和品质的力的场。欧几里得不但认识到物理空间，还发现了心理和精神空间，空间成为人构筑的东西。但丁《神曲》将空间分为天堂、地狱、现世三层。福柯指出，中世纪空间是层级性的，分天国、超天国、现世这三个地点。17

* 本文系国家社科基金后期资助项目“香港跨媒介文化叙事研究”（项目号：13FZW047）的阶段性成果。

世纪的伽利略打破了这种以天国为中心的层级观念，以没有焦点的无限性建构空间。19世纪以后的空间图式，引进了基地（site）概念，基地只有在同别的基地发生关系的过程中才能恰当地定位[①]，如一个商城要在一个社区的关系中确定意义。资本主义社会通过不断地航海殖民，占有空间、全球扩张，不断地生产和再生产空间关系和空间经济，造就20世纪创造发明空间的历史。爱因斯坦更进一步，从四个维度考察空间，加入了时间的系列事件。

空间意识的历史转向，给文学叙事带来了思想观念革命。1945年，约瑟夫·弗兰克提出了小说空间形式（spatial form）理论，开创了新的研究范式。此后五十多年来，各家言论迭出。早期研究注重分析物理实体空间叙述，如查特曼认为文学空间（literary space）指人物活动或居住的环境，运用位置、场景、方位、背景、区域等具体术语表述空间存在。近期研究注重心理和精神空间。龚鹏程分析小说美学基础，从小说与现实、时间与空间、结构与图式三方面论述，指出空间（space）感不是地方（place）感，空间感不是背景，而是深入小说本质，一切情节与人物都因为有此空间，才具有生命，如《红楼梦》的大观园，《水浒传》的梁山泊，若脱离了此空间，其人物与事件就难以发生，这才是成功的空间。[②]这受康德学说启发：空间只是一切外感官之现象的形式，是感性的主观条件，只有在感性这种主观条件下，外部直观对我们才是可能的。

空间分类方面，罗侬分出框架和架构空间；查特曼区分故事与话语空间；勒菲弗的《空间生产》（1974）分列物理、心理和社会空间，其《空间与政治》研究空间的政治维度；米切尔则将文学空间分为四类：字面层、描述层、文本表现的序列原则、故事背后的形而上空间；劳尔·里安也将文学空间分四类：物理空间，文本自身的建构或设计，构成文本的符号占据的物理空间，作为文本语境和容器的空间。而凯斯特纳则区分出三种空间形式：图像空间，即作者对物理空间的营造，情节的静态背景或场景，为截断时间流的"描写"；雕塑空间，指小说人物与视角形成的立体空间幻觉，作者对心理、知觉和虚幻空间的处理方式；建筑空间，即小说叙事和结构上的节奏、顺序、比例和篇幅大小等。[③]自此，文学的空间叙述研究跃升到新的台阶。

在哲学和地理学界，从福柯到伯杰，从勒菲弗、哈威，再到迈克·克朗的《文化地理学》，都有精彩的空间论述。其中最痴迷者，当属爱德华·

苏贾，在三十多年的时间里出版了《肯尼亚的现代化地理学》(1968)、《后现代地理学》(1989)、《第三空间》(1996)、《后大都市》(2000) 等系列论著，从现代跃进到后现代研究，创设第三空间关键字，形成了一套语境分析和跨学科的理论话语。后现代艺术强调同存性，对明晰性以及逻辑、理性和线性都有深层的反叛意识。叔本华、萨特、加缪等人都反对理性主义，认为世界由盲目的无意识力量或冲动推动，而不是黑格尔认为的绝对精神或绝对观念。后现代主义超越了现代主义启蒙知识的理性、科学元话语，而从平民角度用众声喧哗方式来质疑、批判元话语叙事。这些都影响了文学艺术的空间叙事和全新阐释。学界的这场"空间转向"风暴，促使建筑学、城市规划、地理学、文学文化研究诸学科日益交叉渗透，在后现代思潮裹挟下朝空间领域齐步发展。

香港作家在空间叙事拓展方面，走在前沿，开创出各种先锋实验。其突破可概括为四个方面：后现代地理志的空间意象、后现代建筑空间的拓扑结构、空间考古学的时间零叙述与历史故事、空间权力学的第三空间与异托邦空间。笔者已经撰文分析过董启章的地图空间叙事学，也斯的味觉地理叙事学、中西游牧文化地理叙事学。[④]本文以心猿和黄碧云的小说为例，对比分析本土游历与中外游历文化地理的空间叙事新意。

二　香港本土文化地理游历

以游历者的身份，书写个人眼中的城市，边走边看，边行边想，以游历的眼光，叙述香港本土文化地理，这类作品不少。在散文方面，潘国灵认同"浪游文化之父"本雅明的精神哲学，自称为"文化浪荡者"，游走于香港的大街小巷、弯路直路，自拍自写自编，出版了《城市学：香港文化笔记》[⑤]，漫谈城市空间和景观、生活的微观政治、消费主义、流行符号等。也斯挚爱摄影，也出版过自拍自写的文化随笔《也斯的香港》。前辈学者卢玮銮写过《香港文学漫步》，以文学行脚笔法，寻访香港文学历史的踪迹。

在小说方面，心猿的《狂城乱马》[⑥]是典型的香港本土游历之作，获得"第四届（1995～1996）香港中文文学双年奖"。西西以"我城、浮城、肥土镇"隐喻香港，黄碧云以"失城"隐喻香港，而心猿则以"狂城"标识香港，以"乱马"标识港人，打造出独特的叙事特点：乱马式叙述人称、狂城式避难游历、狂乱式的心猿意马意念、插科打诨式真相求索。

全书以空间游历作为架构原则。故事并不复杂，叙述乱马落入一场避难风波，陷入了不明所以的混乱空间游历陷阱之中。在扮鬼扮马的万圣节，老马去大厦赴约，黄老编约请潮菜宴，结果意外地碰到了高干私生子，老马搭救了危难中的他，并相约奔赴一场神秘的碰头会。结果，老马不小心跌入历史转折时期的缝隙，卷入混乱杂呈的事件旋涡，逃难、避祸，在狂城各处搅扰了一番，搅乱了日常生活，打碎了平常心境。《狂城乱马》开篇叙述香港本土空间的风土人情，惟妙惟肖：

> 老马站在立法局门口，想吃一串猪皮或是鱿鱼，四顾却不见小贩影踪。母鸡倒是有的，咯咯叫着迈开八字脚走路，是新界村民带来示威抗议的。有时有人带来一头跛脚鸭，有时是猪笼。老马两边张望看可有臭豆腐档没有，却只嗅到鸡毛和鸡粪的气味。
>
> 老马敞开大衣的两摆，一时觉得自己仿如香港电影中的英雄。可惜现实中这儿摆摊的小贩绝迹了，他也就无法像周润发那样吃完一串鱼蛋把牙签含在嘴里。现实里总不如电影中那样容易做英雄。一回头，瞥见后面两座巨大的机械人把他吓了一跳：三尖八角的中银大厦和国字口面的汇丰银行大厦，好似两座大山那样压在肩后，说不出那么沉重，他感到丧气了。
>
> 大门走出衣冠楚楚却善恶难辨的一群人。他连忙掏出自己的武器——照相机，把镜头对准要发言的议员。保皇党尝试为政府开脱，英雄党挑剔问难。然后，就像香港电影一样，大家斗煽情、互相抄桥段，剧本未完成就开拍，情节和人物都未好好发展下去，大吵一顿。

这段文字的空间叙述颇具特色：既有影视取景法，也有味觉牵引法；既有写实记录法，也有虚拟代入法；既有象征隐喻法，也有夸张幽默法。新界村民在权威机构立法局前的示威抗议，活像一场闹剧，叙述者开场亮相就显示出了插科打诨、天马行空、云里雾里的文体风格。全书类似这样幽默反讽的语句随处可见。第一节为“Mark 哥的万圣节”，老马的英国同事罗渣，末代鬼佬，他会说字正腔圆的普通话，喜欢将“万圣节”说成了“玩死节”，节尾的注解是，“Mark 哥下凡的话，如何应付这些日常生活的处境呢”？第二节将香港华洋杂处的胜地美景兰桂坊有意误读为“烂鬼坊”。全书二十三节标题，颇为有趣，“叫父亲太沉重、乱马变身、民族电影、香闺政治、正义木兰花、主席上身·文化圣战、红玫瑰与杂种马、同睡在恐龙的身旁、岌岌可危的家、喋血雀仔街、谁是红星？影像迷宫、历史的胃痛·政治的暗杀、普渡慈航·佛门不测、心中的险夷、充满是非的人间”等，真个叫鬼五马六，指桑骂槐。《狂城乱马》的精彩之处在于，对各种世相狂欢戏谑的游戏式感悟描述，一如斯特恩的《感伤的旅行》、狄德罗的《宿命论者雅克》。该书可以句摘的精妙语句俯拾即是。例如，“他踏遍天涯海角、不想那不是空间的问题，是时间的问题，要回到历史，然后他才找到他心中的人儿”[7]。再如，第六节，以《中国植物大辞典》的“沙田柚、科罗拉多橙、香蕉、龙眼”专有名词，表示“香港文化界隐语”，“龙眼”的词条解释为：“龙的传人，有眼毛珠。近年盛行穿唐装，谈喝茶，坐陆羽，听古琴。中华文化，只此一家。道统此中寻，排他性特强。心如止水，回首前尘往事，选择性备忘，淡泊地自我吹嘘，可又止不住总有接近权力的亢奋。”[8]全书几乎不谈爱情，但顺手也发发爱情的牢骚：“爱情，爱情，多少罪恶假汝之名。”[9]小说精当地概括了港人心态的变化，从 20 世纪 70 年代的“理想主义者、文艺青年、激进分子”，到 80 年代的“拜金主义者、愤怒中年、投机分子”，到 90 年代的“弄权分子、主持学生园地的老油条、既得利益者”。香港的空间现实确实像一出港产的英雄片，五花八门，混拌杂碎。

最初，全书有条避难穿梭的空间主线。但在狂与乱的追寻进程中，人到了什么地方，凌乱了；人逃难的意义，消散了；最后，灾难不了了之。人为什么遭了这一场罪，不明缘由，仿佛南柯一梦。小说写了一场无事之事，时间似乎凝止了，成为时间零，空间却无限膨胀起来。一如抒情诗、心理小说、处境小说、哲理小说、蒙太奇小说，都不强调时间次序，而将瞬间感情激发点的内在机理呈升到表面，是一瞬或一点，而不是一段时间，于此时间的次序不重要，而瞬间情感或经验的内在空间延展，从核心慢慢伸向圆周。[10]

托多罗夫和热奈特以叙述者大于、等于、小于人物为原则划分不同的聚焦方式。全知零聚焦，叙述者所知大于人物所知；内聚焦，叙述者所知等于人物所知外聚焦；外聚焦，叙述者所知小于人物所知。但这些理论却似乎不能涵括《狂城乱马》的叙事特点，因为其叙述聚焦可谓一团乱麻。总体而言，全书明显以全知零聚焦讲述老马故事；但是具体而言，老马为什么掉进历史的夹缝中，又被什么人放了飞机，真相是什么？结局如何收束？其实，全知的叙述者也是无从得知一切，这又成为内聚焦。有时，小说叙述者甚至比人物知道得还少，被人物牵着鼻子走，这又成为外聚焦。

主人公老马不断变身，身份混杂：杂种马、变身马、鬼马、阿 Mark、Mark 哥、国粹马、丧马、老马、小马、犹疑马、疑惑马、醉马、清醒马、西马、中马、死剩马，有时还不分雌雄。主人公身份多变，称谓不一，乱马当道，隐喻市井江湖人物各种阶层。这马既是摄像家、艺术家，带着摄影机在香港空间四处游走，寻找新闻，进行镜框绘像；这马又是小说家，以心理意识流动引领文字的游踪，秉笔直书，进行文字绘像。当然，叙事聚焦的转换，人物身份的多变，小说不了了之的收束，这些都丝毫不影响小说的整体感。不管这是男马女马，还是心猿意马，总之，乱马、乱码就是香港的百态众生相，此等故事也确实只有在香港这样的空间才会产生。

作品借符号化人物，打造一处空间区域，象征一个时代、多种心态。香港历来给人不安定的空间感，从祖辈父辈走难的经验遗传下来，香港人总是老早就做出种种逃难的准备，收拾细软，自我流亡。这种惶惑心态，类似于吴正 1988 年 3 月 19 日写的诗歌《都市流浪者》[11]："在我们认定是自由的大街上鸟，都已逃亡/摩天楼窗面窗的空间，已拔成/一深井还来不及盖顶的囚笼/而我是一尾鱼用腮，呼吸着科技的废气用鳍，划开了文明的噪音/夹杂于密密梭梭的同类间，回避着晃晃悠悠的双层巨蟹：/水草也少了至于食物，除了诱钩上的则更缺/终于潜近维多利亚公园的草坪/枕颈在一张墨绿的椅柄上仰躺一个遮额眯眼的遐想：/云，自蓝空上飘啊飘地飘过远方，它又有家吗？"小说《狂城乱马》还隐含深意：人类总是认识不清楚自身、他者以及自身与他者的关系；一直谋求弄清事件的真相，却往往只能在真相外面徘徊，有冤无处诉、有理讲不清，最终落得个不了了之的结局。该作不愧是后现代混拌和杂糅的高超时空实验作品，是部难以破案的侦探小说，而小说周边也有个悬案：作者真身到底是谁？一直以来，被各界猜测。2013 年初，也斯仙逝，香港学界才终于解开谜团，证实心猿就是也斯的笔名。因此，文本内外，形成了案中案的悬疑，侦探推理策略用得巧妙。

三　中外空间比照下的文化地理游历叙事

黄碧云喜欢满世界游历，像尤利西斯，像也斯。她借由各国文化比照认识香港；在地理文化空间对照中，省思文学书写；在自我放逐中追寻自我。其小说人物行旅频繁，时空快速切换，充满飘泊感，这些特色都与黄碧云自身的行旅人生息息相关，因其时常在方向转换途中，经历迥异于一般人。

在《血卡门》前出版的小说《媚行者》[12]，是其漂泊游历故事的集合体，众声喧哗的口述史风格，如其一年前写的小说《烈女图》。《媚行者》共六章，每一章节都采取多线交错叙事法。第一章讲述“我”丧父后觉得自由，远赴南美洲旅行；交错讲述南美洲被西班牙等国殖民的历史、印加斯王国的灭亡、古巴英雄哲古华拉和卡斯楚的抗争。第二章讲述直升机女飞行员赵眉在香港海域援救探油船难民时，遭遇风暴发生不测，断腿截肢；交错讲述在治疗中遭遇的人事，了解到医生赵重生、义肢矫型师小蜜姑娘、物理理疗师罗烈坦各自的人生苦难。第三章讲述五华客家后代陈玉的家庭妇女生涯；交错叙述旧日友人——美国洛杉矶的许之行、英国伦敦的叶细细故事。第四章讲述战争女人苦难；穿插讲述“我”采访科索沃战争，了解塞尔维亚人和阿尔巴尼亚人互相仇视的真相。第五章讲述“我”回到兴梅地区寻根问祖，追溯客家的迁徙历史，交错叙述吉普赛人的历史根源、传说寓言、人物故事。第六章，讲述女革命者坦尼亚的多重身份、献身革命的事迹，她是哲古华拉在保利维亚格兰维尔森林的秘密游击队成员；交错讲述“我”前往古巴查访坦尼亚故事的真相，却被国际友好关系组织监控行踪自由，劳而无获。

《媚行者》叙事空间搭建具有后现代建筑特点：解构直线式叙事，而将故事空间、话语空间搭建成曲线、圆形、多面立体等结构；借助穿插叙事法，将七大洲四大洋游历的故事串接起来，中西混搭，人物错接，时空交织，以复杂多元的建筑空间结构，表述难以言传的痛苦人生体验。

一是在拉美与香港地理文化的游历对比中，感悟自由与稳定的悖逆。丧父者对自由的渴盼，源于刻骨铭心的惨痛经验。十三岁的“我”离家出走，父亲送一件鸡黄色 T 恤后，开始毒打囚禁“我”，从此，“我”噩梦不断，总梦见被父亲追杀。而一旦父死，得到自由之后，却又止不住对祖辈的思念，重返客家祖居地，寻找父亲血脉，了解父亲作为训犬警师的威水史，理解其过往的苦难。但是，越是谅解，越是得不到心灵的自由，“自由与稳定，到底是否，镜子影像。从不爱之中，得到自由。从拒绝生命——我想的，我从不寻求——得到稳定”。[13]在叙述个人的自由追寻经历的同时，小说不断穿插拉美各国艰苦卓绝地争取自由的惨烈斗争片断。如巴尔干半岛的自由之战，如印加斯王国寿命不过一个世纪左右。再如，保利维亚是最不稳定的国家，从独立至今 172 年，更换政府超过 180 个，平均每个政府的寿命，不超过一年。“革命，是未来寻求自由与稳定。结果是，既不自由，也不稳定。”[14]在黄碧云笔下，个人与国家的自由追索之路困局具有同质性。1959年，古巴革命成功，卡斯楚选择长久稳定，却被称为独裁者，“自由总是相对政治压迫而言”。[15]制度的约束带来整个社会的稳定，正如人需要婚姻和家庭制度，约束行为与心，以种种美丽的语言去歌颂这种制度，以骗取人对婚姻与家庭制度的服从。人物若奇说，“只有和命运对抗，才能得到真正的自由”。[16]叙述者说：“书写就成了我生命里，最接近自由的存在。”[17]小说不仅记录了各色人物追寻自由的游历，也记述了各种丧失经历，丧父，丧肢，丧失记忆、土地、家国，最后丧失所追寻的传奇与偶像，在不断穿插叙述追寻与丧失中，促使读者深入理解自由与安稳的张力关系。

二是在吉普赛、客家与香港文化游历对比中，感悟游历漂泊血脉，感悟离散女子的痛楚生存体验。全书的主调语句回环吟咏，“她的身体，是牺牲、流血、盼望之地，是圣殿，原来最为罪恶卑贱”，点缀于第10~21页之间，如一首怨曲。书中描述了各色女子的生存苦痛。例如，K，在离开保利维亚到巴拉圭时，被陌生国家的反毒调查员肆意检查身体。陈玉，一个有才华的舞者，变身为母亲，生子如日、生女中天，含辛茹苦带大了小孩，子女成长，孩子们飞走了，52岁的陈玉陷于孤寂，开始游历世界，奔赴阿姆斯特丹狂欢节，过自己的日子。父亲教导陈玉，要柔顺、忍耐、节制。陈玉日做、夜做，过了半生，终于明白：才华是容易的，只要专注就可以；普通却很艰难，千百件琐事，尘埃一样密，此起彼落的呼喊，责任，荣誉，但没有爱，一如婚姻，足以压断背脊，“我一生。我得回，一粒糖。”[18]第二章讲述飞行员赵眉断脚重生故事，在小标题中，出现了不少关于“痛”的字眼，“烧痛、刺痛、撕痛、切痛、闷痛、扯痛、痒痛、抽痛、热痛、插痛、击痛、抽搐痛”，但再多关于痛的表述，仍然无法道尽女子心中的苦。和平地区的女子感受忠诚与背叛、牺牲与盼望；战争地区的女子感受暴烈和流血，她们被强暴摧残，怀着敌人的孩子，成为最残酷的折磨。在男英雄成名故事背后，遮蔽了大量女性革命者惨烈牺牲的真相。因此，叙述者要追寻古巴革命女子坦妮亚的悲惨故事。

黄碧云天生具有不安分的漂泊灵魂。她身上流淌着客家人的血液，之所以选择往南美洲游历，是因为她在吉普赛文化，而不是犹太文化中，发现了共鸣点。吉普赛人、香港人与客家人都有共同的家族迁徙历史，而流徙、放逐并不意味自由。移民、浪子、过客，常常有强烈的追祖问根的情结。黄碧云发现，在客家山歌、吉普赛传说中，都有女子被牺牲、被奉献的故事，如最初建造布达佩斯的自由桥，反复建、反复塌，最后，以女子的血肉之躯连接桥体，才得以建成。从此吉普赛人和客家人相互点头，看见了彼此共同的命运。在命运的道路上，盲的能够看见，张眼的就灭亡。以为自己选择了命运的道路，原来他们走的路是遗忘。有些女人说：我要的，我会用双手去争取，没有人可以阻挡我；有些女人说：做人好麻烦，死掉算。黄碧云作为叙述者，有坚守的信念，将和生活搏斗的人，誉之为“媚行者”。但是，“她寻找，并且，永不会寻见。敲门。从来没有一道，打开的门”，[19]这仿佛是生活对所有漂泊游历女子所下的咒语。

《媚行者》刻写自身的生命之痛，见出作家自传痕迹，且用媚行法：蛇的诱惑，控制很重要；放松，尝试诱惑。两年后，黄碧云《血卡门》媚行叙事法更为老辣，不再像早期作品那般张扬，而更压抑内敛，向费兰明高舞学习文的魅惑之道：奔放热烈，实则隐忍克制。暴烈不一定见血，无血而有痛，千百年来就存在。媚行，欲言又止，在不动声色中反弹出更大的空间，浮游于国界、种族、性别、语言、历史之上。未来，黄碧云说想写《沉默咒诅》，用语言讲沉默。于她而言，创作有很多选择，不停挑拣，总能总结出准确的一种。[20]有种现实主义，并不刻板地摹写现实中的人和事，而是给读者还原一种现实感，让读者感受到小说家自己的真实思想与真实感情。[21]黄碧云做到了，切实地让读者们感悟到了她跳动的心。

也斯和黄碧云叙述空间游历，不管脚踏本土，还是面向全球，念兹在兹，无非香港，总有浓郁的香港情结，总在书写中透露神秘的心理状态，强烈而无意识的冲动，一切指向是要参透香港这个独一无二空间的林林总总；文字中总有深刻的悲痛感：游历漂泊，在不同的地理文化空间之间追索，但未必能找寻到安身立命之所、人生答案，谁又能解开生存悖逆之锁呢？当然，也斯和黄碧云的游历空间叙事也显现出性别差异：雄性的历史宏观叙事，个人逃不开无边时空的驾驭，个人书写是为时代作注的；雌性的个体微观叙事，即便有宏阔的时空叙述，也是为个人作注的。

---

①汪民安：《身体、空间与后现代性》，南京：江苏人民出版社，2006，第 99 页。

②⑩龚鹏程：《中国小说史论》，北京：北京大学出版社，2008，第 23、24 页。

③程锡麟：《叙事理论的空间转向：叙事空间理论概述》，南昌：《江西社会科学》2007 年第 11 期。

④参见凌逾《后现代的香港空间叙事》（北京：《文学评论》2009 年第 6 期、《开拓

中西游牧与跨界叙事的也斯》（河南开封：《汉语言文学研究》2014 年第 1 期）、《味觉地理学的后现代叙事》（广东汕头：《华文文学》2013 年第 2 期）。

⑤潘国灵：《城市学：香港文化笔记》，上海：世纪出版集团、上海人民出版社，2008。

⑥心猿：《狂城乱马》，香港：青文书屋，1996。

⑦⑧⑨心猿：《狂城乱马》，第 201、53、132 页。

⑪吴正：《香港梦影》之《都市流浪者》，上海：上海文艺出版社，1992，第 58～59 页。

⑫黄碧云：《媚行者》，香港：天地图书有限公司，2000。

⑬⑭⑮⑯⑰⑱⑲黄碧云：《媚行者》，第 4、6、19、240、23、108、307 页。

⑳凌逾：《文拍与舞拍共振的跨界叙事》，长春：《文艺争鸣》2011 年第 10 期。

㉑马识途、曹丰：《特罗洛普"巴塞特郡"小说叙事者的情感结构》，湖南湘潭：《湘潭大学学报》2014 年第 3 期。

参考文献

[1] 爱德华·苏贾：《后现代地理学——重申批判社会理论中的空间》，王文斌译，北京：商务印书馆，2004。

[2] 爱德华·苏贾：《第三空间：去往洛杉矶和其他真实和想像地方的旅程》，陆扬等译，上海：上海教育出版社，2005。

[3] 亨利·勒菲弗：《空间与政治》（第 2 版），李春译，上海：上海人民出版社，2008。

作者简介：凌逾，华南师范大学文学院教授，博士。

[责任编辑：陈志雄]

（本文原刊 2015 年第 1 期）

后　记

在《澳门理工学报》创刊二十周年之际，我们编辑出版"澳门理工学报丛书"，期待与更多学人分享本刊近年来所发表的优秀学术成果，并借此表达对作者、审稿人和读者的敬意。

作为综合性学术理论刊物，《澳门理工学报》扎根澳门，背靠祖国，面向世界，为学界同仁和广大读者展示最新的研究成果。自 2011 年第 4 期改版至 2017 年第 4 期，本刊共发表有关中西文化研究的论文 60 余篇。本卷共选录 37 篇，其中 20 篇来自"中西文化"栏目，其余 17 篇则来自历史、文学、语言翻译等栏目，但均与"中西文化"这一主题密切相关。因篇幅所限，其他佳作未能悉数收入，不免有遗珠之憾，在此谨表歉意，尚祈作者谅解！亦有个别文章因作者已有大幅修订并收入其个人文集，本卷未再收录。

为真实反映学术发展的历程，此次选编力求整体上保持各文原貌，不作增删。各篇文章的编排次序，并未按照发表时间的先后，而是据其所论予以安排。不当之处，敬请读者批评指正。

在本刊总编辑刘泽生教授的主持下，编辑部同仁桑海、陈凤娟、李俏红通力协作，使本文集得以顺利出版。在此，我们还要特别感谢社会科学文献出版社首席编辑徐思彦、近代史编辑室主任宋荣欣的鼎力支持以及责任编辑李期耀、郭锡超的辛勤付出，他们的工作使本书日臻完善，最终得以与读者见面。

我们也期待与各方学人携手，推出更多更优秀的研究成果，共同谱写新的篇章！

陈志雄

2018 年 3 月 1 日

图书在版编目(CIP)数据

中西文化：《澳门理工学报》专栏文萃：2011～2017/
李向玉，刘泽生主编. -- 北京：社会科学文献出版社，
2018.4

(澳门理工学报丛书)

ISBN 978-7-5201-0161-5

Ⅰ.①中… Ⅱ.①李… ②刘… Ⅲ.①东西文化-文集 Ⅳ.①G04-53

中国版本图书馆CIP数据核字(2017)第219700号

澳门理工学报丛书

中西文化

——《澳门理工学报》专栏文萃(2011～2017)

主　　编／李向玉　刘泽生

出 版 人／谢寿光

项目统筹／宋荣欣

责任编辑／李期耀　郭锡超　宋　超

出　　版／社会科学文献出版社·近代史编辑室(010)59367256

地址：北京市北三环中路甲29号院华龙大厦　邮编：100029

网址：www.ssap.com.cn

发　　行／市场营销中心(010)59367081　59367018

印　　装／三河市东方印刷有限公司

规　　格／开　本：787mm×1092mm　1/16

印　张：34.75　插　页：0.75　字　数：577千字

版　　次／2018年4月第1版　2018年4月第1次印刷

书　　号／ISBN 978-7-5201-0161-5

定　　价／168.00元